陈宝良 / 著

狂欢时代

生活在明朝

KUANGHUAN SHIDAI

SHENGHUO ZAI MINGCHAO

人民出版社

责任编辑:翟金明
封面设计:周方亚

图书在版编目(CIP)数据

狂欢时代:生活在明朝/陈宝良 著. —北京:人民出版社,2020.7
　(2024.2 重印)
ISBN 978－7－01－021864－9

Ⅰ.①狂…　Ⅱ.①陈…　Ⅲ.①中国历史-明代-通俗读物
　Ⅳ.①K248.09

中国版本图书馆 CIP 数据核字(2020)第 020105 号

狂欢时代:生活在明朝
KUANGHUAN SHIDAI:SHENGHUO ZAI MINGCHAO

陈宝良　著

人 民 出 版 社 出版发行
(100706　北京市东城区隆福寺街 99 号)

中煤(北京)印务有限公司印刷　新华书店经销

2020 年 7 月第 1 版　2024 年 2 月北京第 3 次印刷
开本:710 毫米×1000 毫米 1/16　印张:36
字数:466 千字

ISBN 978－7－01－021864－9　定价:98.00 元

邮购地址 100706　北京市东城区隆福寺街 99 号
人民东方图书销售中心　电话 (010)65250042 · 65289539

史学：一门吃灰尘的学问（代自序）

何谓史学？从学理上讲，自古迄今，由于各人认知的不同或视角的差异，答案众说纷纭，见解歧出，莫衷一是。按我的朴素理解，所谓的史学，则不过是一门吃灰尘的学问而已。

学问之事，或广或狭，或深或浅，其中的甘苦自然是冷暖自知的事，非他人所能知，亦非足为他人道。学科分类不同，治学亦或稍异：研治文学，温柔敦厚，虽说以"思无邪""文以载道"为终极归趋，但有时不免也会激发出一些浪漫的情怀；探究哲学，玄思冥想，虽说以"修齐治平""内圣外王"为宗旨，但在与古人或自然的对话中，自会产生一种"逝者如斯夫"的观感；唯有考索历史，为了达臻"究天人之际、通古今之变"的目标，以钻进故纸堆中为始，以通古鉴今为终，上下求索，左右考辨，难免会沾染一身尘土，吃下许多灰尘。

何出此言？这可以从下面三点观之：

其一，人们一说到历史，多喜用"尘封已久"加以形容。既然久已尘封，当研究者前去揭示史事真相时，就难免遭受吃灰尘之苦。事实确实如此。历史上留存下来的浩如烟海且形形色色的史料，无论是官方记录、私家记载，还是那些一直被正统目录学家视为"烂纸头"的民间文书；无论资料是庋藏于皇家的金匮石室，地方学校的藏书阁，还是珍藏于私家的藏书楼，或因年代久远，或因无人整饬，无不厚积灰尘。历史学者踏进藏书楼阁，虽有目不暇接之感，徜徉书海之乐，但一等从架子上取下一函古籍，稍加抖落，空气中随即飞尘弥漫，让人呼吸不畅；随后小心翼翼地打开书籍函套，揭开书页，又会满手沾染灰尘。真正的历史研究者，无不有此亲身经历。

其二，历史研究的资料显然并不仅仅限于传世文献，尚需拓展史料收集的范围，将视野落实到出土文献。历史学家傅孟真先生有句名言，云："上穷碧落下黄泉，动手动脚找东西。"就目下科技条件而言，"上穷碧落"去找资料，尚未能付诸实施；然随着考古发掘的展开，"下黄泉"去找印证历史的资料，则久已成为史学界的共识。身负历史研究之责的考古工作者，整年吃住在发掘工地上，脸庞黝黑，一如老农，满身泥浆，可谓家常便饭，实在称得上是吃灰尘的典型例证。而随目下社会史研究热潮而来者，更使田野调查之法方兴未艾，或在田间地头、荒山野岭抄录碑碣，或走街入户征集家传的族谱、家谱乃至各类地方文书，整日风尘仆仆，显已不再满足于"读万卷书"，而是在实践"行万里路"的史家良风。

其三，即使历史研究者足不出户，利用家藏典籍治史，也同样难免吃灰尘之苦。宽敞的书斋，窗明几净，一尘不染，书架上多插皮大套精装的丛书，明眼人一看，很快就能断定，这是暴富者附庸风雅的书房。其实他们并不看书，不过是装点门面而已。对于真正的历史研究者来说，如此舒适的书斋，仅仅存在于理想世界中。实际的境遇则是，历史学家大多坐拥书城，然因条件所限，书室陋隘，书籍的放置只能架屋叠床，甚或薄积灰尘。这当然是治史者的现实窘况，却并不因此而影响他们探究史学奥秘的热忱。

古人有云："吃得三斗酽醋，方做得宰相。"其言外之意，无非是为了道出"宰相肚里能撑船"这一层意思。在此不妨效法其言，将其改为：吃得三斗灰尘，方做得治史学问。窃以为立志研究历史者，必须有此肚量，有此襟怀，甚至有此心理准备。

目　录

楔子：狂欢时代

一个客观存在的明朝，一部史实大抵已定的明史，丰富多彩，兼具多样性。不同的读者，可以有不同的观感；不同的学者，由于切入的视角不一，也会做出迥然有别的解读。一如入庐山之游。所见不同，其理则一。

以宏大叙事的视角言之：过去以唯物史观与阶级史学论为前提，自然看到了明代中期以后，出现了"资本主义萌芽"，且一直在缓慢地发展，假若没有西方殖民者的入侵，中国也会进入到近代化的社会；以费正清为代表的哈佛学派，则大张"冲击—回应"之帜，断言明代以来的中国，缺少如同西方一般的近代化因子，唯有西方势力进入中国，对中国人尤其是知识人形成"冲击"，作为一种"回应"，中国才开始步入近代化的道途；日本学者沟口雄三，则以东亚为坐标，以思想史的视野考察明代中期以来的变化，认为已经出现了前近代的意识，且中国具有自己独特的近代化路径。

抛却宏大叙事，若从社会、商业、文化等层面切入，学者的具体认知亦显不一：卜正明从商业与文化两个层面入手，以"纵乐的困惑"形容并定义明代社会与文化的特点（详见氏著《纵乐的困惑——明代的商业与文化》）；高寿仙则从社会与思想两个层面切入，敏锐地观察到明代的最大特点，在于"变与乱"（详见氏著《变与乱——明代社会与思想史论》）。

早在 20 世纪 80 年代末，笔者从动态变迁的角度，就明代的文化历程加以探究，旨在说明明代中期以后文化的变动，尤其是王学崛起以后引发的明人个性解放，犹如"悄悄散去的幕纱"（详见拙著《悄悄散去的幕纱——明代文化历程新说》）。这一概括，语出焦竑之说，他论阳明学的出现如"拨云雾而见青天"。至 90 年代，笔者研究的重心已从文化转向城市生活，进而发现随着经济的变革，城市化趋势日盛，以及城市生活日趋活跃，以礼教秩序为中心的文化传统，几成风雨飘摇之势，故又称之为"飘摇的传统"（参见拙著《飘摇的传统——明代城市生活长卷》）。

泊乎今日，随着个人对明史研究的日益深入，如何重新认识明朝所处的时代，显然已经成为笔者苦苦思索的难题。无论是政治生态与制度变迁，还是礼崩乐坏与文化活力，社会失范与生活转向，无不证明在明朝尤其是晚明，存在着一个巨大的变动。思考再三，称之为"狂欢时代"，或许大抵契合明朝这一时代特征。

所谓"狂欢"，若以西方狂欢节为坐标，中国唯有元宵节时不禁偷盗、淫奔依稀近之。元宵佳节，一年一度，即使有狂欢之相，却亦并未成为日常。之所以将明朝视为"狂欢时代"，其意无非是说礼教禁防的松懈，个人自由意志得以充分的彰显。若是揆诸明代的历史事实，至少有下面两点可以得到证实：

一是随着社会流动的加速，已如明代文人归有光所言，从士农工商职业井然的"四民异业"，转而变为士与农、商常常互动的"四民相混"。其结果，则造成明末清初学者张履祥所言，因职业互动而导致耕织难得饱暖，甚至出现从"男耕女织"向"男盗女淫"的转变。这种转变，一方面是基于士阶层的道德堕落，导致读书人"廉隅不饬，名教败裂"；另一方面，则是四民观的重新形塑，工、商职业随之受到士大夫的日益重视。

二是自出现"酒色财气"四字并列之说以来，万历年间的苏州，确乎已经有人因犯此四字而死。据沈德符《万历野获编》的记载，如虎丘僧人省吾因嗜酒而一日醉死，名士蒋高因昵于一妓而致殒，名士张献翼因涉私妓或与盗通而罹于非命，市人葛成倡义驱逐税使而被置之死法。为此，苏州人将此四人之死，凑成"酒色财气"四字。

就生活层面而言，明朝之被称为"狂欢时代"，体现在方方面面。择其要者，不妨一一叙之。

明朝是一个逐新求精的时代。民众对丰富世俗生活的追求花样百出；士人对内在心性的修养更加细腻。尽管奢靡之风泛滥得有点"反道乱德"，但是这种对传统的叛逆，总体上是与世界性的近代化历程桴鼓相应的。

明朝是一个颇有吸引力的王朝。明太祖朱元璋建立明帝国之后，倡导俭朴生活。吊诡的是，没过多少时日，这种状况就发生了变化，最直接的反映就是商业繁荣，城市生活丰富多彩，人们不屑于以圣贤为冠冕的教条，憎恶灭没真性情甚至欺世盗名的假道学，拜金、纵欲，追求个性自由，厌常喜新，转而出现了日新一日的流行时尚。

明初洪武元年（1368）的某一天，都城南京，风和日丽。一群不知礼仪、法规深浅的军人、城市游民，将靴子的高帮截短，并用金线加以装饰，足蹬短靴，穿着鲜艳华丽的服装，聚在一起，蹴鞠玩耍。突然，街上蹿出一帮公人，一把铁链，将这些人锁住，带到五城兵马司。经上报朝廷，这些人均被卸了脚。

明太祖朱元璋建国安邦之初，恢复唐代的衣冠文物制度，不同等级的人的服饰，不能混同。无论是服饰穿着怪异，还是在街上游戏，均会被治以重罪。南京街头那一群倒霉蛋，图一时兴致，触犯朝廷大法而被砍了脚，付出的代价实在太大了。

那些人如果晚生若干年，他们的脚也不至于被卸掉。时代变迁，生活随之改变，国家对礼教与法制的控制力慢慢开始松懈。随之而来者，则是奇装异服盛行一时。万历年间，一位闲居乡间名叫李乐的官员，进了一趟城，突然惊奇地发现，满街走动的秀才们，全是红丝束发，嘴唇涂抹红色的脂膏，脸上抹着白粉，还用胭脂点唇；身穿红紫一类衣服，外披内衣，一身盛妆，艳丽如若妇人。李先生感慨万千，写诗道："昨日到城郭，归来泪满襟。遍身女衣者，尽是读书人。"李先生实在是有点大惊小怪了。事实上，明代的服饰等级制度自创立起，就不断有人违例穿戴，到永乐年间更是时有所见，如当时在北京有人越礼戴"圆帽瓯头"。成化以后，服饰花样翻新，不分男女，面料也日渐奢华，官方的服饰禁令已是烂到至极，人们的穿戴不仅敢于僭礼越分，而且争奇斗艳，出现了令时人惊骇的现象，以至于被称为"服妖"。

被时人目为"服妖"的服饰，突出的就是一个"奇"字，男女错位，男穿女服，女着男装。富家公子服装，"大类女妆，巾式诡异"；妇人衣服却如文官，裙则如武官。南京妇女衣饰，在嘉靖、隆庆（1522—1572）年间，还是十多年一变。自万历（1573—1619）以后，首髻之大小高低，衣袂之宽狭修短，花钿之样式，漂染之颜色，以及鬓发之饰，履綦之工，则是不到两三年，就淘汰旧式样，流行新式样。至于青楼女子的服饰，其衣之短长，袖之大小，更是随时变易，当时有"时世妆"之称，亦即今日所谓的时装。

由于紫禁城的特殊地位，皇宫内后妃宫女的"宫装"始终与命妇及民间妇女保持一定的距离，无论面料，还是裁制式样，均自有特色，通称"宫样"。洪武时期，马皇后服用俭朴，为六宫表率。自明中期以后，宫中服饰已习奢侈，花样翻新，不胜枚举。苏州在明代一直领导着天下时尚的潮流，苏州的服装样式被称为"苏样"。明宫后妃宫女均来自民间，服饰很大程度上受民间影响，尤其是"苏样"的熏染。如崇祯时周皇后原籍苏州，田贵妃出自扬州，都习惯于使用"苏样"服饰。

明太祖朱元璋恢复汉唐衣冠，显然是一种民族意识的反映。到了弘治年间，北京居民开始崇尚一种"胡风"。每到冬天，男子一概顶戴貂狐之皮制成的高顶卷檐的"胡帽"，女子则披戴貂皮裁制的尖顶覆额的

"昭君帽"。这些无疑都无关民族意识，更多的是一种时尚的反映。弘治末年，北京的妇女还流行用头发制成的"假头"，又称"假髻"。如当时人写诗记道："东家女儿发委地，辛苦朝朝理高髻。西家女儿发及肩，买装假髻亦峨然。"

明代的服饰面料丰富多彩，不仅有国产的棉布、葛布、麻布、丝绸、毛织物，而且产自琉球、日本的兜罗绒，产自荷兰、暹罗的西洋布也随着海外贸易源源传入。在北京，马尾也成了制裙的材料，以至于京城中的马多被人割去尾巴，成为地方一害。此外，北方还流行"兽服"，用貂、狐裘皮制衣，南方则有"鸟衣"，用天鹅绒等鸟羽制衣，雨淋不湿，称为"鱼纱""雨缎"。

明朝初年，人人自食其力，民间百姓所从事的职业，主要是耕、读二业，服饰、饮食也相当俭朴。当时读书人的穿戴不过布衣衫裤、赤手芒鞋而已。宾客之间往来，仅仅只有四五道蔬菜，外加一道肉菜，这已经算是比较奢华的宴会了。自中期以后，家庭宴会慢慢变得奢侈起来。士大夫家庭开设家宴时，不但水陆毕陈，而且专用金玉所制的名贵器皿。不只如此，宴会还必须招来一些舞姬俊童，以此侑酒。

万历年间，北京一个士大夫的家常宴会。席间宾朋满座，高谈阔论。席上杯盘错致，味尽水陆，庖厨之精，令人叹赏。小唱拨弦弄丝，唱着山歌野调，在旁侑酒，煞是尽兴惬意。宴会已到了高潮，接下来就是上两道压轴的名菜，一道是火炙鹅，另一道是活割羊。所谓火炙鹅，就是将鹅罩在铁笼里，先让它饮下椒浆，直接在火上烧烤，毛尽脱落，鹅未死，肉已熟了。而活割羊，就是从活羊身上割取羊肉，用火烧烤，肉已割尽，羊尚未死。士大夫为了满足自己的口腹之欲，不惜标新立异，别出心裁，残杀生命，暴殄天物。

传统中国社会有一种最为流行的说法，叫作"开门七件事，柴米油盐酱醋茶"。这开门七件事，在明代城市大众日常生活中仍然占据着重要位置。但是，在明代城市生活中，当基本的物质生活得到满足，且闲暇时间日增之后，人们的日常生活也在悄悄地发生一些转变。新名词的出现，就是一种新生活的反映。而这种新生活，可以归纳为"新开门七件事"。这新开门七件事的享受者，非一般城市居民，而是有雄厚财力基础的士大夫与商人，但确实也渗透到当时大众的生活之中。何谓"新开门七件事"？简言之，就是谈谐（即说笑话）、听曲、旅游、博弈、狎妓、收藏（包括书籍、古董、时玩）、花虫鱼鸟。其中既有大众百姓逗闷的乐子，也有文人士大夫打发闲暇的雅趣。说白了，就是生活的享乐化与艺术化。

明代有一俗谚，道："苏州样，广州匠。"这句俗谚的背后同样蕴含着丰富的生活内容。

在明代，苏州样还有另外一个名词，就是"苏意"。明代苏州的出名，并不是人造的园林之胜，而是这座城市中的人。据说，当时的苏州人聪慧好古，善于模仿古法制物，造假古董，所临摹的书画，冶淬的鼎彝，能令人真赝难辨。苏州又引领着当时全国各地的流行时尚，举凡斋头清玩、几案、床榻，苏州人都喜欢选用紫檀木、花梨木为质料，式样崇尚古朴，不尚雕镂，即使需要雕镂，也多采用商、周、秦、汉的古式。凡是苏州人以为雅的东西，很快就会被四方之人所模仿；苏州人以为俗的东西，四方之人也就鄙之不行。因此，当时人们凡遇新鲜、离奇的服装式样，一概称之为"苏样"；见到别的稀奇鲜见的事物，也径称为"苏意"。如时有一人刚到杭州上任做官，笞打一个身穿窄袜浅鞋的犯人，枷号示众。这是当时的时尚穿着打扮。这位做官的一时想不出如何书定罪名，于是灵机一动，写上"苏意犯人"四个大字，人以为笑柄。所行虽属可笑，但正好反映了苏州时尚在明代城市生活中的影响力。

明朝人沈弘宇《嫖赌机关》与吴从先《小窗自纪》二书，对苏样与苏意别有一番解释，简单加以概括，无非就是焚香、煮茗，或者在家里布置精致，几上陈列一些玩好之物，其实也无多少特别之处。不过，一般的人仅仅注重其中的内容，也就是实用价值，而苏州人则重在这么一种形式，不过是藉此写意而已，即表达一种意境，只是重视其中的美学价值。正如文震孟在《姑苏名贤记》中所说，后来凡是一切轻薄浮靡之习，无不称之为"苏意"。显然，所谓的苏意，就是"做人透骨时样"，改用今天的时髦话，就是走在时代的前列，永远是时尚的弄潮儿。那么，怎样的人才算得上"做人透骨时样"？明末清初著名诗人吴伟业在《秣陵春》传奇中，借用一位纨绔子弟真琦之口，道出了这种生活的基本特点，也就是玩古董，试新茶。

一人倡之，众人和之，人们相习成风，于是也就有了"时尚"。明代公安派健将袁宏道专门写了篇名叫《时尚》的文章，介绍了很多苏州一带的著名工匠，以及他们所制作的流行器物。据他的记载，当时瓦瓶（即宜兴砂壶）的制作名家有龚春、时大彬，每一件器物价至两三千钱；铜炉以胡四所铸最为有名，他人仿铸，皆不能及；扇面当数何得之；锡器以赵良璧所制最为精良，一只瓶子可值千钱，敲之有金石声。这些名家制作的器物，一时好事者争相购买，唯恐不及。

时尚的形成，当然免不了一个始作俑者。这从一些已经成为人们普遍崇尚的器物中就可以得到印证。在明朝以前已经形成并在明代成为时尚的器物，很多是以一个人物命名的。如以苏东坡命名的东坡椅、东坡肉、东坡巾。明代同样存在着以人命名之俗，这在当时称为"物带人号"。如陈子衣、阳明巾，则为明代大儒陈白沙、王阳明所创。尤其是明末著名的山人清客陈继儒，他所制作的化布、化缬、缕被，以及饼饵、胡床、溲器等物，无不以他的号"眉公"命名。

明代的广州人则崇尚"奇器"。番舶贸易的存在及其兴盛，为这种城市风尚提供了社会基础，使广州人可以充分享受来自东、西洋的金银之器。事实并不仅限于此。当地的奇异特产，经广州人的巧手加工，也成为一种普遍为当地人所喜好的"奇器"。就拿酒杯为例，诸如"赢杯""椰杯""香杯"之类，不但大小形殊，其状更是千态百出。当然，广州还是以其所备的能工巧匠为当时的世人所知，这就是"广州匠"一语的出典。广州所造的锡器，号称天下最良；广州佛山镇所产的铁锅，更是行销天下；广州石湾所产的陶器，也是为天下人所喜爱，不但遍及两广，而且远销至海外诸国，所以，当时又有一句谚语说："石湾缸瓦，胜于天下。"

"杭州风"也是明代相当流行的新名词。杭州俗尚浮诞，轻誉而苟毁，道听途说，无复裁量。如某地有稀奇之物，某家有古怪之事，某人有丑恶之行，一人倡之，百人和之。当面质之，信誓旦旦，犹如目睹，其实如风一般，起无头，过无影，寻无踪迹。外地人抓住这一点，毫不客气，嗤之为"杭州风"，加以嘲弄："杭州风，会撮空，好和歹，立一宗。"杭州人喜欢掺假，酒掺灰，鸡塞沙，鹅、羊吹气，鱼、肉注水，织作刷油粉，外面漂漂亮亮，里头却是空心甚至腐败，所以又有谚云："杭州风，一把葱，花簇簇，里头空。""杭州风"反映了明代城市风尚最为重要的两个特征：一是讹言、谣传传播速度之快；二是城市风尚的虚伪，甚至作假。

明代的城市，汇聚了各色各样的人物，令人眼花缭乱——

有生活在皇宫大内里的帝王。从开国君主明太祖的勤政俭朴，到武宗淫佚好武、世宗崇尚焚修、熹宗荒诞不经，各有特点。宫中等级森严，既有后妃，也有一般的宫女。宫内后妃宫女的服饰，无论面料还是裁制式样，均自具特色。宫中饮食，无论"烹龙炮凤"，还是熹宗乳母客氏所制的"老太家膳"，不但皇帝喜爱，而且名闻遐迩。

有踌躇满志的官员。他们坐在堂堂八字衙门内，穿戴纱帽圆领，两边列着凶神恶煞的衙役，断案办公；出行时坐着各色轿子，前面有衙役鸣锣开道，显得威风八面。公余闲暇，会聚一起，狎妓饮酒，或者用"小唱"陪酒。

有科举士子，说得好听一点叫"相公"，不好听的则叫"醋大"。他们器宇轩昂，穿戴整齐，却满街闲逛。有打油诗专说这类相公："举止轩昂意气雄，满身罗绮弄虚空。拼成日后无聊赖，目下权称是相公。"至于那些落魄下第的秀才，凭着能写诗，或画得几笔画，出入衙门，陪官员解闷，成为山人清客。清客又称"篾片""忽板""老白赏"，专在嫖行里帮衬，大老官嫖了婊子，篾片在一旁陪酒、玩耍。

有行走于江湖的商人，以徽州盐商最闻名。他们以赚钱为目的，做官封荫不是理想目标；追求舒适、雅致的生活，建造画堂、园林，里面蓄养粉黛、红妆、舞女，夜夜笙歌，而且还在风月场中花里胡哨地乱窜，过着一种人间天上的生活。尽管有人提倡诚信经商，甚至倡导一些商人道德，但说谎、作假还是他们的常态。

有医卜星相。他们替人看病、卜卦、驱邪、算命、相面，游走于各地城市码头。上者出入于官府、宦族，游走于公卿之门，甚至入幕成为幕宾，可以称得上是狎客；下者则走街串巷，骗口饭吃而已。

有流氓，又称"喇虎""光棍"。城市流氓大多取有一些绰号，或者说团伙的名号，譬如"榔头""铁脸""阎王""太岁""八大王""十条龙""三十六天罡""七十二地煞"等等。这些游手好闲之徒，身穿短衣长裙，头戴高帕细网，身带秤锤、攮子一类凶器，整日在街上闲逛，靠设计诱骗、讹诈、抢劫、打人获取生计。

有青楼妓女。"妓女新兴淡雅妆，散盘头发如油光。翠翘还映双飞鬓，露出犀簪两寸长。"这是走红的"时妓"，嫖客如苍蝇逐臭，且引来很多清客陪衬。至于那些老妓，正如诗云："涂朱抹粉汗流斑，打扮蹊跷说话弯。嫖客多厌帮衬少，拉拉扯扯虎丘山。"人老珠黄，不管如何打扮，也无嫖客上门，清客也不愿帮衬，只好自己倚门拉客。苏州的虎丘，在明代是一处热闹的旅游胜地，有时这些老妓甚至去虎丘拉客。

有游方和尚。不论肚里通或未通，只要粗粗认得几字，丛林中觅几本语录，买几本注疏，坐在金刚脚下，练熟声口，假斯文结识几个禅友，就可以冒充得道的大和尚，实则茹荤饮酒，奸淫妇女，无所不为。有诗说此类和尚道："三件僧家亦是常，赌钱吃酒养婆娘。近来交结衙门熟，篾片行里又惯强。"

有乞丐，又称"叫花子"。诗说乞丐道："蓬头垢面赤空拳，褴褛衣衫露两肩。短簿祠前朝暮立，声声只说要铜钱。"他们整天蓬头垢面，衣衫褴褛，出入于灯节庙会，寺院祠庙，伸手向人要钱。

说到见的世面多，且又眼眶子大，还得数生活在天子脚下的北京人。明代北京，妇人遇到官轿可以不避让。史载当时有一位吏部尚书，坐轿来到长安街，途中遇一老妇，脸上包着头巾，不加引避。抬轿的轿夫误以为是男子，就对她大加呵斥。老妇摘下头巾，当面斥责这位尚书道："我在京城住了50多年，这些见了千千万万，谁稀罕你这蚁子官？"说完，头也不回，坦然离去。

城里人天生有一种优越感，一向瞧不起乡下人，专门欺骗乡下人。他们以为乡下人愚笨，于是称乡下人为"柴头"（北京人土语）、"豺头"、"杓头"、"艮头"（杭州人土语）、"酒头"（嘉兴人土语）、"鹅头"（苏州人土语）。这些带有蔑视性的土语，反映了城里人对待乡下人的态度。所谓"柴头""豺头""杓头""艮头"，无非是说乡下人的脑子如同木头棒子一般不开窍。至于"酒头"，则是城里的游手好闲之徒，视进城的乡下人为替自己送酒钱来的憨头。所谓"鹅头"，则是将乡下人喻为伸长脖子的鹅头，等着人来拿、来讹。

"上有天堂，下有苏杭。"这一句在明代已经盛传的谚语，原话是"上说天堂，下说苏杭"。明代苏州、杭州的旅游之风，虽说不相轩轾，但杭州的繁华程度显然还是超过苏州。杭州自宋以来，已被人们称为"销金窟"。谚语将苏州列在杭州之前，不过是出于文字押韵的考虑。

杭州，每当暮春时节，春风和煦，独可人意。桃柳芳菲，苏堤六桥之间，一望如锦。于是，阖城士女，尽出西郊，逐队寻芳，纵苇荡桨，歌声载道。游人笑傲于春风中，乐而忘返。四顾青山，徘徊烟水，真如移入图画。

崇祯初年的某一天，苏堤上更是演出了一幕幕春光活剧。当时的杭州知府刘梦谦与士大夫陈生甫，在苏堤上作胜会，从城里收罗了几万盏羊角灯、纱灯，遍挂桃树、柳树上下。再以红毯铺地，一些冶童、名妓，纵饮高歌。到了晚上，百蜡齐烧，光明如昼。人在西湖游船上，遥望堤上万蜡，湖影倍之。箫管笙歌，昼夜相闻，真堪称人间天堂。

扬州，每当清明节时，城中男女毕出，家家前去扫墓。有钱人家，当然可以轻车骏马，箫鼓画船。即使是那些平民小户，也携带肴盒、纸钱，前去墓地。祭扫完毕，大家席地而坐，一起饮酒。钞关、南门、古渡桥、天宁寺、平山堂一带，确实可以说得上是青妆藻野、祛服缛川。无论是墓地四周，还是扫墓必经之地，更是热闹非凡。有货郎，在路旁卖古玩及小儿玩具；有赌徒，持小凳坐在空地上，呼朋引类，以钱掷地。清明这一天，无论是四方流寓、徽商西贾、曲中名妓，还是一切好事之徒，无不聚集在一起。长塘丰草，走马放鹰；高阜平冈，斗鸡蹴鞠；茂林清樾，劈软弹筝。浪子相扑，童稚纸鸢。老僧因果，瞽者说书。熙熙攘攘，煞是热闹。等到日暮霞生，车马纷纷回家。正当此时，即使是官宦人家小姐坐的车子，幕帘也尽都敞开，不怕人看。至于那些丫鬟、姬妾，尽管已是一脸倦容，但还是会摘一些山花斜插在头上，臻臻簇簇，让人一看就是野游而归之人。

南京，秦淮河边，河房鳞次栉比。每年端午节，士女填溢，竞看灯船。更有一些好事之徒，聚集百余只小篷船，篷上一律挂着羊角灯，如联珠一般。灯船首尾相衔，多者甚至十余条船连在一起。灯船如烛龙火蜃，屈曲连蜷，蟠委旋转，水火激射。灯船中还有精彩的演出，燕歌弦管，腾腾如沸。士女凭栏哄笑，声光凌乱，耳目不能自主。到了午夜，曲倦灯残，星星自散。竟陵派诗人钟惺作有《秦淮河灯船赋》，备极形致。桨声灯影里的秦淮河，确乎堪称人文又一胜景。

苏州，至八月半，游况空前。这天夜里，不论是土著流寓、士大夫眷属、女乐声伎，还是民间少妇好女，崽子娈童及游惰恶少、清客帮闲之辈，无不鳞集于虎丘。从生公台、千人石、鹤涧、剑池、申文公祠，下至试剑石、山门，全铺上毡席，人们席地而坐。登高望之，如雁落平沙，霞铺江上。到了天暝月上时分，有百十处掀起鼓吹，大吹大擂，翻天动地，就连呼叫声也很难听清。到了更定，鼓铙之声渐歇，丝管之乐繁兴，还杂以歌唱。更深，人渐散去，士大夫家眷开始下船嬉水。席席征歌，人人献技，南北杂之，管弦迭奏。到二鼓人静，管弦之声又开始撤去。此时洞箫一缕，哀涩清绵，使人感到好不凄凉。至三鼓，人皆寂静，突然一人登场，高坐石上，没有伴奏，纯粹是一曲清唱，但声出如丝，裂石穿云。听者心血为之而枯，不敢击节叹赏，唯有点头而已。

北京，水关一带，有积水潭、海子，有净业寺、德胜桥、莲花池。当盛夏时，莲花刚开，莲香扑鼻而来，附近园亭尽皆宴赏，选席征歌。当中元节夜里，更是设有盂兰盆会，寺僧云集，将灯放在莲花中，称为"花灯"。还在湖中放烟火，形状各异，或为凫、雁，或为龟、鱼，水火激射，令人耳目一新。尤其到了冬天，水结成坚冰，人们就开始玩一种被称为"冰床"的游戏。用一个木制小兜，人坐其中，再由人在前面拉，驱使如飞。大雪过后的晚上，游人聚集十余座冰床，一起饮酒、玩耍。此时，月在雪，雪在冰，煞是好看，也算是独特一景。

明武宗是一位生性好动而又最喜出游的皇帝。武宗出外游幸，尤其喜欢宣府镇城，称之为"家里"，所以凡是有人仍称宣府为"口外"，就会被处罪。仅正德十二年（1517），武宗就到处出游：七月，私幸南海子，向西行经畏吾村大佛寺，登临西山；八月，微服从德胜门外出，前往昌平游幸；九月，驻跸宣府，在宣府建造镇国府第，作为自己居住之处，乐而忘返。正德十三年，又两次到宣府。正德十四年，江西宁王宸濠叛乱，他又开始亲自南征。九月，从京城奉天门出发，沿途经过德州、临清、济宁、徐州，最后到达南京。其实，所谓的亲征，就是一次对江南的游幸。

用"明人好游"四字来概括明朝人的旅游生活，无疑最为合适。商业的发展带动了"社会流动"的加速；在一些城市乃至市镇中，专门服务于旅游一类流动人口的客店、酒店，甚至供那些寻芳客冶游的青楼，已是相当繁盛。如此等等，显然为人们外出旅游提供了诸多方便。

在中国的文字中，就字源的本义而言，旅、游二字都与宗教颇有一些关系。烧香礼佛本是宗教的礼仪，在明代却成为城市普通百姓旅游的借口。许多过去大门不出、二门不迈的妇女，也成为春游、秋游甚至进香之旅的游客主体。在旅游旺季，泰山一天的游客数量可达2万之众。

明代民间借烧香的名头而外出旅游，与士大夫的旅游迥然不同。缙绅士大夫资财丰厚，可以享受朝廷给予的特权，所以他们去的都是一些风景秀丽、人迹罕至的胜地，如嵩山、庐山、雁荡山、武夷山等地。士大夫所需的车马饭食，全需要沿途或旅游地百姓筹办。而民间百姓的旅游则不同。他们去的都是一些烧香圣地，自备车马，不远万里。到了圣地，还要布施，交香税。这就是当时官、民旅游的区别所在。

旅游是大自然对人们的召唤。这是明末人王思任对旅游别具一格的见解。他将自己的旅行记，定名为《游唤》，显然是为了表达这么一层意思。换句话说，人之出行，不仅仅为了增长见识，开拓视野，而是顺应大自然的一种召唤，也就是所谓的"游唤"。

明朝正德至万历年间，城市处于鼎盛时期。正德初年在南京市面上，猪肉每斤，好钱7文或8文；牛肉每斤，4文或5文；水鸡1斤为一束，只需四五文；莲肉用抬盒盛卖，每斤四五文；干燥而大的河柴，银1两可买30担；鱼、虾，每斤四五文。柴米油盐，鸡鹅鱼肉，诸般食用之物，无一不贱。数口之家，每天吃大肉，所费不过银子二三钱。权贵富豪乃至大贾，当然可以过着花天酒地的豪奢生活。即使那些小户人家，肩挑步担或引车卖浆之流，每日赚得二三十文钱，也可过得一天了。到了晚上，还要吃些酒，醉醺醺说些笑话，唱吴歌，听说书，冬天烘火，夏天乘凉，百般玩耍，活脱一幅升平安乐图。但是好景不长。到了天启年间，物价骤贵。南京城内，鹅1只，钱500余文；鸭1只，钱200余文；鸡1只，钱200余文；猪肉1斤，钱40余文；羊肉1斤，钱

40 余文；牛肉 1 斤，钱 20 余文；驴肉 1 斤，钱 20 余文；红布 1 尺，钱 15 文；绿布 1 尺，钱 15 文。

崇祯年间，李自成已经起兵，马鸣嘶嘶，落叶萧萧。可是，江南的民众还是过着醉生梦死的生活。明末人祁彪佳所写《寓山士女游春曲》，如实地反映了人们只当还在"太平盛世"中的景况：天不亮，游人就坐船从郊外赶到寓山（山阴祁氏名园），姑娘们打扮得花枝招展、油头粉面，甚至到了脂水涨腻的程度；轻薄少年用他们惯用的伎俩，穿梭于姑娘之间，乘机挑逗，致使她们面红耳赤，不敢抬头。春景宜人，游人玩兴甚浓，直到夕阳西下，船上传来催人回家的阵阵鼓声，游人还站在埠头上流连忘返。

然而，这好光景，过了没有多久，随着明清两朝的鼎革，明朝繁华的生活音符戛然而止。明朝，有盛有衰，且由盛转衰，最后在烟花烂漫中坠落。

导　论

　　就其本质而言，明代社会群体之角色转换乃至业余精神之勃盛，显是一种社会异动，亦即在广泛的社会流动背景下所产生的职业兴趣转移。这种风气一旦形成，且蔚为大潮，势必导致士商相混、僧俗相混现象的出现，进而对士、农、工、商等级秩序形成冲击，甚或妇女向"女丈夫"人格转变。

一、游逸嬉玩：社会流动与文化的转向

　　如何认识晚明社会与文化的变动，史学界已有的研究成果众说纷纭、仁智互见。既然主观的论定尚有分歧，一时难以得出趋同之见，倒不如回到固有的史实中去，透过身处晚明变迁时代之人的认知，进而细绎其间内在变迁的理路。晚明社会与文化的变化相当明显，生活在这一时代的人无不感同身受，将晚明时代视为"势利世界"与"衰世"。①

　　无论是"势利世界"之说，还是"衰世"之论，究其本质，无不都是商业社会的基本特征。若转换考察的视阈，以晚明的社会流动与文化转向为考察对象，那么，"游""玩"二字大抵可以概括晚明社会与文化的异动。从学理上说，游是一种社会状态，玩则是当时人们的一种心态；游是个人的生活历程，而玩则是个人的生活目的。从目的、结果来看，游逸所致，必成嬉玩。换言之，游与玩堪称相辅相成，且终成"游玩"一词。

　　所谓"玩"，王夫之认为就是"喜而弄之之谓"②。在以苏州为中心的吴语系统里，"白相"一词显是玩的通义。据史料所载，白相又作

_____

　　① 吕坤：《呻吟语》卷4《外篇·御集·世运》，吴承学、李光摩校注，上海古籍出版社2000年版，第215—216页。

　　② 王夫之：《俟解》，载杨家骆主编：《梨州船山五书》，台北世界书局1988年版，第1页。

"白象""亭相""薄相"，其义均为"游玩"，[1] 或为"嬉游"之意。[2]
鲁迅先生将上海人所谓的"白相"，用普通话翻译成"玩耍"，[3] 可谓
深得此词真义。

游逸：社会之流动及其"活力"

传统的观念无不认为，三代无"闲人"，百官无"剩役"。明初立
国，朱元璋在《大诰》中，有《明游食》一篇，极重游民之罪，甚者
若是一月不务生理，即被拿送京城，以除民患。一至晚明，"名利不如
闲"一类的诗句甚嚣尘上，随之而来者，则是"官有侈尚，而舆皂之
役多；民无常业，而挂搭之徒众。为四民者十五，既多缓心而怠事；不
为四民者十五，尽游手以耗农"[4]。至于僧道、山人、倡优、剧戏，更
是盛行一时。下面从官员、士人、农民、工商、僧人、妇女诸方面，就
晚明的游逸之风细加论说。

（一）官绅之游：沉湎曲蘖、游戏倡乐

在晚明官宦缙绅群体中，存在着一种以官事为苦事，却喜沉湎
曲蘖、游戏倡乐之风。如江盈科，他对自己在长洲做官的生活，一
直表现出一种厌倦的情绪，在诗中称"六年苦海长洲令"，甚至将
名场视为戏场："看破名场是戏场，悲来喜去为谁忙？""无心更与
时贤竞，散发聊便卧上皇"。[5] 在很多诗歌中，江盈科均表达了对做

① 姚旅：《露书》卷9《风篇下》，福建人民出版社 2008 年版，第 220 页。
② 王德乾：《真如志》卷8《礼俗志·方言》，收入上海地方志办公室编：《上海
乡镇旧志丛书》第4册，上海社会科学院出版社 2004 年版，第 243 页。
③ 鲁迅："吃白相饭"，载《鲁迅选集》第 3 卷，人民文学出版社 1983 年版，
第 321 页。
④ 吕坤：《实政录》卷 2《民务·小民生计》，《吕坤全集》中册，王国轩等整理，
中华书局 2008 年版，第 949—950 页。
⑤ 江盈科：《雪涛阁集》卷 4《闻报改官》，载《江盈科集》上册，岳麓书社 1997
年版，第 185 页。

官的厌烦，不愿再做宰官之身，如诗云："解绶便安逸，抽簪得隐沦。为偿牛马债，一见宰官身。笑面人前假，攒眉背后真。从今登觉路，无喜亦无嗔。"① 厌倦官场生活之后，这些士大夫所羡慕乃至最后的归路，除了遨游天下或徜徉山水之外，尤喜逃禅，以与僧人相交为高。江盈科在给月空长老的诗中云："逃禅余有意，欲撇进贤冠。"② 所云即此。这种现象同样发生在袁宏道的身上。当袁宏道移病南归时，江盈科赠予他一诗，明确指出袁宏道原具佛性，不是一般的官场失意之后的"逃禅"。诗有句云："宰官原佛性，不是学逃禅。"③

晚明的史料已经证实，在官宦缙绅群体中，官居高位的"通显大夫"，自然是门生故吏布满天下，使之具有出游的条件；即使那些"位虽不尊"的普通官员，亦不乏"交游遍海内"之人。④ 官员缙绅出游之风，顿成一时风气。然揆诸晚明官宦缙绅之出游，正如明末清初著名诗人吴伟业所言，不过是"或沉湎曲蘖，或游戏倡乐以自晦"而已。至于远涉名山，游历五岳，能真正做到"与人无患""与世无争"，唯有贫贱之士方为可能。⑤ 晚明以山人清客为代表的职业"游客"的崛起，显已证明吴伟业的说法颇具远见卓识。

（二）士人之游：职业"游客"的出现

按照儒家的观念，即使是山水之游，也必须遵循"仁者乐山、智者乐水"的准则，尤其讲求人与山水之间"相契气味"。反观晚明上

---

① 江盈科：《雪涛阁集》卷1《书怀》，载《江盈科集》上册，第49页。

② 江盈科：《雪涛阁集》卷1《月空长老》，载《江盈科集》上册，第34页。

③ 江盈科：《雪涛阁集》卷1《袁中郎移病南归》，载《江盈科集》上册，第37页。

④ 佘自强：《治谱》卷9《待人门·士夫十段》，载《官箴书集成》第2册，黄山书社1997年版，第178页。

⑤ 吴伟业：《吴梅村全集》卷31《文集九·余澹生海月集序》，上海古籍出版社1999年版，第708—709页。

人，一则"矻矻势利，役役声色，坐为得意"，将遍游天下视为迂阔。这是局量偏狭、思虑污浊的一面相。① 二则士人即使游览山水，却又与山水毫不相干，只不过是"资观玩耳"。② 这是出游的娱乐化。

如此士风，正好与后世士人理想中的三代士风形成鲜明的对比。三代所谓的"士"，均为"有职之人"。进入晚明，士人已是"群萃而州处"，而四民"各自为乡之法"。③ 此论的社会背景，显为"山人""游客"的崛起。从山人的出现乃至流行，大致可以断定，晚明已经形成一种职业的"游客"群体，以致当时"山人"与"游客"并称。如李邺嗣有云："余尝见近世士大夫所传集，率诗多文少。诸山人游客所赏行卷惟以诗，亦有生未甚读书，一札八行，不能自达，而学诵于麟诗选，能和人七言律。若是，夫诗其易也。"④ 此即典型例证。

晚明以山人、游客为典型的游士群的兴起，最终导致"处士"向"游士"的转变。关于士人之游，汉人荀悦有"三游"之说，并将学问志节之士与游侠等同齐观。对此，清初思想家王夫之持反对的态度。⑤ 鉴于明代现实，王夫之对游士也持一种批评的态度。他说："夫游士者，即不乱人国，而抑不足以系国之重轻，民望不归也。"⑥ 而张履祥认为，士人"饱食终日，无所用心而已；群居终日，言不及义而已"⑦。究其为害，更为甚于游民。

---

① 王褒：《台江夜泛诗文后序》，载黄宗羲编：《明文海》卷297，中华书局1987年版，第3083—3084页。
② 吕楠：《泾野子内篇》卷7《鹭峰东所语》，中华书局1992年版，第56页。
③ 顾炎武撰、黄汝成集释：《日知录集释》卷7《士何事》，中州古籍出版社1990年版，第168页。
④ 李邺嗣：《杲堂文钞》卷2《钱退山诗集序》，载张寿镛辑：《四明丛书》第3册，广陵书社2006年版，第1554页。
⑤ 王夫之：《读通鉴论》卷3《武帝》，中华书局2002年版，第58页。
⑥ 王夫之：《读通鉴论》卷12《惠帝》，第324页。
⑦ 张履祥：《杨园先生全集》卷36《初学备忘》上，中华书局2002年版，第992页。

（三）农民之游：从"定业"到"迁业"

根据明人何良俊的记载，正德前后，农民开始分化，亦即从"定业"向"迁业"的转变。正德以前，百姓十一在官，十九在田。换言之，明初四民各有定业，百姓安于农亩，别无他志，官府役使农民，亦不加烦扰，为此形成"家家丰足，人乐于为农"。自正德以后，赋税日增，徭役日重，民命不堪，于是纷纷迁业。至于农民社会流动的趋向，大致有以下几类：一是流入乡官家中，成为仆人；二是投身衙门，依靠官府吃饭；三是趋于逐末，改业成为工商业者；四是游手趁食，成为游手好闲之人。①

顾炎武的回忆，大抵亦证明晚明农民社会流动之频繁。这种变化轨迹，顾炎武已经作了仔细的描摹：原先的山野之民，安于畎亩，终生不至城市，甚至白首不见官长。一至晚明，役繁讼多，农民一年的时间，大致有一半服务、奔走于官府，以致百姓有"家有二顷田，头枕衙门眠"的谚语。至明末，因为"山有负嵎，林多伏莽"，社会趋于大动荡，农民只好舍弃田园，迁居城市。②

（四）工商之游：末作求利

明代的工匠体制，先有军匠，后改民匠。民匠有住坐、轮班两种。这些民匠，一方面需要"常川上工"，且每户需出两三名甚至三四名在官府当差；另一方面，民匠又要当"该季班匠"，即轮班匠，这显然成为一种重役。其结果则造成："常工者经年逃去，不来上工，转班者累次拖欠，不见当班。"③尤其是那些轮班匠，大多来自灾伤之民，家中并不富足。当轮班之时，只得典卖田地子女，揭借银两、绢布，至京城买通作头，代为应答。作头在收取月钱之后，就多有卖放。若是工匠无

---

① 何良俊：《四友斋丛说》卷13《史九》，中华书局1983年版，第111—112页。
② 顾炎武撰、黄汝成集释：《日知录集释》卷12《人聚》，第291页。
③ 林聪：《修德弭灾二十事疏》，载《明经世文编》卷45，中华书局1997年版，第351页。

钱买通作头，就只好替人佣工乞食。可见，所谓的轮班匠，其实也是"有当班之名，而无当班之实"①。

自班匠银制实施之后，工匠显已取得了部分流动的自由。为了求利，苏州、松江两府的工匠，纷纷流向南北两京。这些工匠进入北京之后，通常投靠那些"豪匠"，假冒其义男、女婿，领牌上工。有些则在南北两京开设店铺，或在粉壁上题写"监局"的名头，冒充官作；或在木牌上写上"高手之作"，藉此招揽顾客。所有这些流向北京、南京的工匠，应天府不知其名，顺天府亦无其籍，② 显已获得社会流动的自由。工匠取得部分的身份自由之后，就会为逐利而流向四方，即使像陕西西安府华州柳子镇这样的偏僻之地，亦集聚了"千家铁匠"，专门制作刀、剑、剪、斧。③

至于商人，明代的行商更是足迹遍布天下，尤以山西、徽州两地商人最为著名，此外江西商人流向北方的动向亦颇为值得关注。据李贤《古穰集》卷九《吾乡说》所载，四方商人集聚河南邓州，尤以江西商人居多。在邓州，这些商人主要以高利贷为业。每当初春、初夏新麦、新谷收获之际，"预时而散息钱，其为利也不啻倍蓰"④。至于南京，更是外地人大量进入南京城内。史称南京城内自"薪粲而下，百物皆仰给于贸居"，导致诸多赚钱的买卖，均拱手让给"外土之客居者"。如典当铺，在正德以前，尚大多为南京本地人所开，至嘉靖以后，典当铺与绸缎铺、盐店，均为"外郡外省富民所据矣"。⑤

（六）僧人之游：行脚募缘

明代江南，崇尚释道之风甚盛。尤其是自明代中期以后，苏州、松

---

① 林聪：《修德弭灾二十事疏》，载《明经世文编》卷45，第349页。

② 周忱：《与行在户部诸公书》，载陈子龙等编：《明经世文编》卷22，第174页。

③ 顾炎武：《肇域志》第3册《陕西·西安府·华州》，谭其骧、王文楚、朱惠荣等点校，上海古籍出版社2004年版，第1349页。

④ 陈全之：《蓬窗日录》卷5《事纪一》，上海书店出版社2009年版，第258页。

⑤ 顾起元：《客座赘语》卷2《民利》，中华书局1997年版，第67页。

江两府的僧道，更是流向全国各地，甚至有"弥满于四海"之叹。关于此，周忱已经作了相当全面的揭示：

> 天下之寺观，莫甚于苏、松。故苏、松之僧道，弥满于四海。有名器者，因保举而为住持；初出家者，因游方而称挂名。名山巨刹，在处有之。故其乡里游惰之民，率皆相依，而为之执役。眉清目秀者，称为行童；年纪强壮者，称为善友；假服缁黄，伪持锡钵，或合伴而修建斋醮，或沿街而化缘财物。南北二京，及各处镇市，如此等辈，莫非苏、松之人。以一人住持，而为之服役者，常有数十人；以一人出家，而与之帮闲者，常有三五辈。由是僧道之徒侣日广，而南亩之农夫日以狭矣。①

这显是游惰之民流向僧道，而僧道之徒日趋广泛的典型记载。而在僧人群体之社会流动中，则游方行脚尤其值得关注。

晚明僧人外出行脚之风，史不乏例。公安派诗人袁宏道笔下的僧人，多以行脚著称。如《题常觉和尚卷》诗中的常觉和尚："手题顶骨数珠，腰悬生铁戒尺。走遍南阎浮提，要与英雄结识。"② 又《送峨嵋僧清源，时源请有檀香佛，刻镂甚精》诗中的峨眉僧人清源："师从峨嵋来，往返经几宿。兹山闻最高，几许到天竺。师行遍天下，无乃是神足。竦身入梵宫，镂此旃檀佛。"③ 一个是"走遍南阎浮提"，另一个则是"行遍天下"。正因晚明僧人外出募缘，已属相当普遍，故而在苏州一带出现了"吴下三厌"之说。如明人冯时可所著《雨航杂录》中，

---

① 周忱：《与行在户部诸公书》，载《明经世文编》卷22，第175页。
② 袁宏道撰、钱伯城笺校：《袁宏道集笺校》卷1《敝箧集》之一《诗》，上海古籍出版社2008年版，第47页。
③ 袁宏道撰、钱伯城笺校：《袁宏道集笺校》卷1《敝箧集》之一《诗》，第44页。

已经明确将"平山人诗卷""士大夫干请之书"与"僧徒募缘之册"合在一起，称为"吴下三厌"，[①] 从中不难看出僧人募缘，在苏州一带已是蔚然成风。

（七）妇女之游：内职不讲

按照传统的家庭职业分工，有男主外、女主内之说，妇女所承担的则以"主中馈"一类家务事为主体的"内职"。然在晚明时代，妇女内职不讲，已成一时风气。以山西省会太原为例，当地的妇女已是"更无生活"。富贵人家的妇女姑且不论，即使是市井贫贱家庭的妇女，亦是"百事不为，群集讲话，衣饰是尚，口腹为恣"。更有甚者，有妇女裂衣毁裳，藉此换取果饼，有"身贫肚不贫"之说。[②] 这是妇女游惰的典型征候。

妇女游惰的极致，就是好游玩耍成风。如史称北京人好游，而妇女尤甚。每年正月元旦，就开始拜节。正月十六日，妇女穿着白绫衫，结队宵行，说是可以免除腰腿诸病，叫"走桥"，也叫"走百病"。到了三月，东岳帝诞辰，又有"耍松林"一说，往往三五成群，脱裙围松树而坐，游兴一直到中秋后方歇。[③] 一个"耍"字，就已道出了北京妇人的好游之风。至于晚明妇女群体中脱颖而出的"女山人"与"女帮闲"，无不证明妇女游惰的结局，必会产生女性职业"游客""帮闲"。

嬉玩：社会之心态及其转向

游逸一旦成为社会常态，其结果必会导致嬉玩成风。换言之，无论

---

① 俞樾：《茶香室四钞》卷10《吴下三厌》，载《茶香室丛钞》第4册，中华书局1995年版，第1630页。

② 吕坤：《实政录》卷2《民务·小民生计》，载《吕坤全集》中册，第949页。

③ 王士性：《广志绎》卷2《两都》，中华书局1981年版，第18页；刘侗、于奕正：《帝京景物略》卷2《春场》，北京古籍出版社1983年版，第65—72页。

是士大夫之游逸，还是普通民众的游逸，最后必会归结到一个"乐"字。如晚明士大夫的娱乐，已是相当丰富。凡是邀宴众宾，无不都以围棋、双陆、投壶、抹牌、赛掷之类为乐。① 至于民间百姓，他们举行迎神赛会的目的，明人王穉登更有如下揭示："里社之设，所以祈年谷、被灾禳、洽党闾、乐太平而已。"② 一个"乐"字，已经道出了参与迎神赛会百姓的嬉玩心态。

（一）读书心态之玩

众所周知，清朝人尤其是乾嘉学者，无不批评明朝人不读书。其实，明朝人并不是不读书，而是所读之书比较博杂，与清人有异。此外，明朝人读书的心态也与清人不同，而是抱着一种娱乐的心情。正如清初学者王夫之所言，晚明的流俗之情已经渗透到了各种书籍之中，而书籍的出版，显然也是为了迎合流俗的嗜好与需要。反观读书人，确实也同样"以流俗之心"来读书，仅视读书的方式为个人的一种"嗜好"而已。王夫之进而以"三淫"概括这种读书方式。③ 一个"淫"字，已经道出了晚明人读书泛滥而无范围的基本特点。

毫无疑问，玩是一种兴趣。生活在晚明的人们，其兴趣之广泛，应该说前无古人，致使当时人的读书心态仅仅限于玩的层面。鉴于此，用"博杂"二字概括晚明士人的学问，或许并不过分。究晚明学者的博杂之病，还是因为当时知识人读书的目的不过是为了快乐自己而已。考究晚明人的读书之乐，大抵可以析为下面两个层次：一是纯粹的个人娱乐，甚至感官的刺激。这种乐趣主要存在于下层知识阶层或识字不多的庶民百姓之中，而大量出现的商业化出版物，显然就是为了迎合这些人的读书需要。二是儒家学者的读书之乐，而晚明儒家学者的读书之乐也同样出现了新的分化：其中一部分传统的儒家学者，读书的目的是为了

---

① 施闰章：《矩斋杂记》卷上《戒戏具》，黄山书社1992年版，第61页。
② 王穉登：《吴社编》，载《说郛续》卷28，清顺治三年（1646）刻本。
③ 王夫之：《宋论》卷2《太宗》，中华书局2003年版，第44页。

求道，或者说通过多读书，以使自己的个人人格达臻至善；而另一部分儒家学者尽管内心仍不乏求道之责，但这一求道的过程，却并不十分烦琐，是一个简单而又快乐的过程。这可以拿晚明声名远播的李贽为例加以剖析。李贽一生，老而乐学，但他的读书之乐，最终还是为了"自乐"。李贽读书乐的见解，深得公安派袁宗道的欣赏，并自引为同道之人。他在《书读书乐后》诗中，对李贽读书乐的见解深表叹赏之情，并称自己为李贽的"赏音人"。①

（二）著书心态之玩

通观晚明文人学者之撰文著书，无不抱着一种玩的心态，既快乐自己，又娱乐他人。清初思想家王夫之凭其敏锐的洞察力，将晚明流行一时的著述，诸如《千百年眼》、《史怀》、《史取》、屠隆《鸿苞》、陈继儒《古文品外录》、李贽《藏书》等，用一个"玩"字加以概括，可谓一语中的。②

在晚明的文体尤其是小品文的流行过程中，这种娱乐的心态表现得尤为明显。如郑元勋编选的小品集《媚幽阁文娱》，所选均为隆庆、万历以来之小品文。在论及编选宗旨时，郑氏已将"文"与"六经"对举，以为六经如基本衣食所需，而小品文则为怡人耳目、悦人性情。③书名中打出"文娱"的旗号，已经明白道出了编选者的娱乐态度。

无论是著书，还是写文章，晚明的知识人无不抱着一种"快乐"自己的心态。若从当时具体的作品来看，或是为了著书自玩，或是为了追求"赏心悦目"的效果。早在弘治年间，阎秀卿在谈及自己著述《吴郡二科志》一书时，就明确表示，其目的就是为了"自玩"。④ 当

---

① 袁宗道：《白苏斋类集》卷1《古诗类》，上海古籍出版社1989年版，第7页。

② 王夫之：《俟解》，载《梨州船山五书》，第1—2页。

③ 郑元勋：《媚幽阁文娱初集·自序》，转引自曹淑娟：《晚明性灵小品研究》，文津出版社1988年版，第33页。

④ 阎秀卿：《吴郡二科志叙》，载《吴郡二科志》前附，收入沈节甫辑：《纪录汇编》，上海商务印书馆1938年影印本。

然，晚明学者著书立说，有些更是为了娱乐他人。史称明末人叶文通著书，最讲究"娱乐他人"。据周亮工的说法，明末很多冒名李贽的书籍，其实均由叶文通评点。叶文通所著甚多，流传下来的只有《悦容编》一书。从书名不难发现，其出发点是"女为悦己者容"，显然还是为了迎合读者大众的需要，是为了娱乐他人，尤其是成为"闺中清玩之秘书"。①

（三）佛学之玩

通观晚明佛教史的演进，无论是士人学佛，还是佛僧行为，无不带有"玩"的色彩。就前者来说，晚明学者，大多信佛，并主张儒、佛、道三教合一，其中有些甚至还逃禅。虽然他们信佛的原因各有不同，但其中有一点无不归趋一致，亦即以佛为游戏。

李贽可谓以佛为游戏的典型。李贽自己承认，他学出世之法，不过是"与诸佛诸祖同游戏也"。② 李贽曾有联句云："僧即俗，俗即僧，好个道场；尔为尔，我为我，大家游戏。"③ 李贽一向坦承自己是学佛之人，但其学佛的态度显然是游戏的，而不是真诚的。

晚明学道（即学佛）的士人，不但爱财、爱色，而且还爱交游玩好，却自以为学道，并振振有词地为自己开脱："此何碍于道？"当时的公安人王以明甚至公开说，无"杂念不可学道"。④ 此外，晚明一些学者还从禅宗的话头出发，公然提出为善惧"着心"，为恶不惧"着心"之说，甚至认为"为恶无碍"。这就是所谓的"无碍禅"，在禅学

---

① 卫泳：《悦容编》，载虫天子编：《中国香艳丛书》第 1 册，董乃斌等校点，团结出版社 2005 年版，第 28 页。按：关于《悦容编》的作者，有两种说法：一为叶昼所编，清初学者周亮工主此说；二为卫泳所编，清末杨复吉主此说。分见周亮工：《因树屋书影》卷 1，张朝富点校，凤凰出版社 2018 年版，第 22 页；杨复吉：《悦容编跋》，载《中国香艳丛书》第 1 册，第 32 页。

② 李贽：《焚书》卷 4《因记往事》，中华书局 1975 年版，第 157 页。

③ 李贽：《焚书》卷 4《寒灯小话》，第 192 页。

④ 谭元春：《谭元春集》卷 28《答金正希》，陈杏珍标校，上海古籍出版社 1998 年版，第 783 页。

上一知半解，却自谓透脱，至于他们的立身行己，一无可观，甚至流于肆无忌惮。① 所有这些，不仅仅是佛教世俗化的典型之说，而且使儒、佛两家在世俗化大潮中渐趋合流。

就后者来说，习俗移人，即使是贤智之人也很难避免。在晚明时尚之风的影响下，在佛教僧人中也开始流行两种时尚：一为"僧务外学"，② 二为"僧务杂术"。③ 无论是"僧务外学"、"僧务杂术"，还是僧人主动与士大夫交游，追求"诗僧"的名头，无不说明佛僧为了迎合时尚，带着一种玩家的心态，并在追逐嬉玩的过程中，使佛教清净门风荡然无存。

新奇：文化之"多样性"及其商业化

通观晚明文化的基本特质，一方面，从知识兴趣乃至行为特征来看，人们开始崇尚新奇，有时又是新奇与庸常并行，体现了文化的"多样性"色彩。另一方面，在晚明，印刷业的商业化和新的文学集团的出现，显然导致了一些不可改变的变化。④ 这就是适应较少文化的新的大众的口味。换言之，就是出版的商业化、大众化与通俗化。

---

① 焦竑：《澹园集》卷 48《古城答问》，中华书局 1999 年版，第 736—737 页。按：焦竑对盛行于晚明的"为恶无碍"之说与禅宗之间的关系作了考辨，认为此非禅宗本意，而是学者的误读。他说："以彼所托，意出禅宗。顾禅宗无是也。内典云：'无我无作无受，善恶之业亦不亡。''无作无受'者，言于有为之中，识无为之本体云耳。未尝谓恶可为，善可去也。有云：'善能分别诸法相，于第一义而不动。'言分别之中，本无动摇耳，未尝谓善与恶漫然无别也。"云云。参见氏著：《澹园集》卷 12《答耿师》，第 80—81 页。

② 袾宏：《竹窗二笔·习俗》，载《莲池大师全集》下册，张景岗点校，华夏出版社 2012 年版，第 134 页。

③ 袾宏：《竹窗三笔·僧务杂术（一）》，载《莲池大师全集》下册，第 161 页。

④ Anne E. Mclaren, *Chinese Popular Culture and Ming Chantefables*, Leiden: Koninklijke Brill NV, 1998, pp. 1–2.

（一）文化的"多样性"

晚明文化的"多样性"色彩，大抵体现在以下两个方面：一为崇尚新奇，二为新奇与平常并行。

晚明是一个崇尚新奇的时代，无论是知识界的学术思想及行为，还是一般大众的生活好尚，无不以新奇为美，以新奇为时尚。崇尚一种新奇，当然也是源于人们的一种世情。照理说来，厌恶平常而喜欢新奇，这是人之常情，本亦不足为怪。但在晚明成为一种世风，这就不能不引起我们的关注。① 晚明之人，多喜放言高论，甚或被正统人士视为异端邪说。晚明人的著作，纷纷取名为《危言》《放言》《狂言》《焚书》《快书》等等，显然也是为了迎合这种追求新奇之风。晚明人以敢说著称。如贺道星，是地方学校中的高材生，因数次考试被摈，郁郁不得志，于是发愤当世，手次《危言》22篇，其中所言，"奇崛卓荦，晓畅今古，非惟缙绅学士所不敢言，抑亦所不能知者"②。李贽著有《焚书》，所言大抵"多因缘语，忿激语，不比寻常套语"，取名《焚书》，其意是"言其当焚而弃也"。③

知识人的著作如此取名，其实不过是为了迎合当时大众追逐奇书的愿望。如李贽所著《藏书》《焚书》刊行之后，很快就"人挟一册，以为奇货"。④ 至于像徽州人闵景贤所刊刻的《快书》，前后更多达百种。尽管此书不过是沿袭何伟然、吴从先的"恶习"，而且"最恶滥"，结果却是"最行世"，⑤ 成为时人争相购买的畅销书。流风所及，即使像

---

① 如罗钦顺云："近时学子，大抵悦新奇而忽平实。"参见罗钦顺：《困知记》附录《与钟筠溪亚卿》，中华书局1990年版，第161页。
② 茅坤：《茅鹿门先生文集》卷32《读贺道星危言引》，载《茅坤集》上册，张梦新、张大芝点校，浙江古籍出版社1993年版，第860页。
③ 李贽：《焚书》卷1《答焦漪园》，第7页。
④ 朱国祯：《涌幢小品》卷16《李卓吾》，王根林校点，上海古籍出版社2012年版，第312页。
⑤ 周亮工：《因树屋书影》卷6，第160—161页。

代圣人立言的科举八股文，其时风也是追逐"标新竞爽"，"好其心于离跂仄陋之场，戛戛乎纤薄溪刻是务"，凭借新奇求得考官的赏拔。[1]

当然，这仅仅是问题的一个方面。在晚明的知识界，同样出现了一股崇尚"平常"之风，其最明显的表现就是从宋代理学的玄远转向平常、世俗。李贽就认为，天下之"至新奇"，莫过于"平常"。他说："日月常而千古常新，布帛菽粟常而寒能暖，饥能饱，又何其奇也！是新奇正在于平常，世人不察，反于平常之外觅新奇，是岂得谓之新奇乎？"[2] 可见，新奇、时尚与俗套之间，其实只有一线之隔。毫无疑问，追求新奇显然是出于一种对俗套的厌恶，但新奇一旦形成一种时尚，其流弊则为形成一种新的俗套。

（二）文化的通俗化

晚明文化的通俗化，大抵可以从儒学的庸俗化、教育的平民化与文章的口语化三个方面加以考察。

晚明时代，儒家学说中最为重要的概念，如"太极""中庸"之说，已经开始异化，甚或通俗化、庸俗化。以"太极"为例，原本为"无极"之意。自宋代周敦颐加上一圈之后，后世的迂儒真的开始铸造一种样式如圈的"太极圈"，随之被后人误解为太极就是"匾而中空"。到了明代，大儒吴与弼每次遇到人，就用两手作圆圈之势，自称"无时不见太极"，为此招致浮薄之人的戏弄，将芦菔投其圈中。晚明人对"太极"概念的庸俗化使用，其例尚有许多。如有一显官，因为隶人裸露不穿衣服，就将其治罪，定其罪名为"冲破太极"。为此，有人专门写了一篇《太极诉冤文》，加以辩白。在嘉靖年间，罢任府丞朱隆禧，擅长房中术，制作了一件"太极衣"，进献给明世宗，得到世宗的宠幸；又云南地方官场，文武官员流行以缅铃互相馈赠，且在文书中称之

---

① 魏大中：《答萧元恒》，载周亮工辑：《尺牍新钞》卷12，米田点校，岳麓书社1986年版，第462页。

② 李贽：《焚书》卷2《复耿侗老书》，第60页。

为"太极丸"。① 诸如此类的例子，无不说明，其中蕴含着圣贤道理的"太极"一称，已经受到时人的"亵慢"，流于庸俗化。至于"中庸"之说，在孔子那里，只是"不为已甚"之意，在本分之外，不加毫末，要求学者从性体上加以发挥，像贤者过之，智者过之，便属于"已甚"。然到了晚明，将"中庸"作了庸俗化的理解，只要遇到凡事将就宽恕，就自称"不为已甚"。儒家又有"无可无不可"之论，语意与君子之于天下"无适无莫"相似。如孟子云："可以仕则仕，可以止则止，可以久则久，可以速则速。"这是说人起初不可有一点"可"或"不可"的成心，其实就是"物来顺应"的意思。对于此说，晚明人也将其庸俗化。凡是遇到事情，"含糊不决裂"，不能遽下决心，通常亦借口称"无可无不可"。②

学校的增加和通俗文学的普及，导致了明代教育机会和大众识字率的固定增长。③ 进而言之，晚明教育的通俗化职责，并非由官方设立的学校得以承担，而是通过读书人的结社乃至日用类书的盛行这两种主要方式才得以完成。据日本学者大久保英子的研究，明末结社中的参加者，多为科举不遇的诸生，以及下层贫乏的读书人。他们的结社组织活动，不仅仅具有政治参与的特色，同时也是热心的教育活动参与者，对教育的通俗化起了不小的影响。④ 在晚明，有一个相当值得注意的变化，就是教育的平民化。⑤ 尤其是晚明盛行一时的日用类书，不但在知识阶层中具有很大的权威性，而且与民间的"庶民教育"休

---

① 沈德符：《万历野获编补遗》卷 3《佞倖》，中华书局 2004 年版，第 890 页。
② 李乐：《续见闻杂记》卷 11，上海古籍出版社 1986 年版，第 999—1000 页。
③ Evelyn Sakakida Rawski, *Education and Popular Literacy in Ch'ing China*, Ann Arbor：The University of Michigan Press, 1979, p. 6.
④ ［日］大久保英子：《明末读书人结社と教育活动》，载［日］林友春编：《近世中国教育史研究》，东京国土社 1958 年版，第 157—206 页。
⑤ Joanna F. Handlin, *Action in Late Ming Thought：The Reorientation of Lu Kun and Other Scholar-Officials*, Berkeley and Los Angeles：University of California Press, 1983, p. 24.

戚相关。① 尽管从学术的角度来看，正如清代四库馆臣所言，明朝人以类书为学问，显示出学问浅陋的特点。但这正好体现了明、清两代文化的根本差异，也即明代在教育的通俗化方面，似乎远远走在清代的前列。

明末文人写文章，多喜将口头俗语用在文章里面。这尽管不符合古文义法，却大抵反映了晚明学术的基本风气，也就是通俗化与平民化。如在晚明，苏州一带将出门游玩称为"白相"，原本不过是一句口头俗语，但项皋却以此语入文。其所著《学易堂四笔》自跋有云："余年三十三之前，不白相，不读书。四十六之后，又读书，又白相。自今以往，不知读书之为白相，白相之为读书。"② 将"白相"一语，用入文章，这是在晚明以前很难见到的事情。读书就是"白相"，"白相"就是读书，这是晚明学术以"玩"为精髓的例证。

（三）文化的商业化

时至晚明，文化开始与商业结缘，且日趋商业化。无论是出版界中评本书的流行，书坊伪刻书的盛行，还是小说、戏曲、民歌等通俗文学的风行，无不都是文化商业化的典型表征。

在晚明，学术界出现了一股评论古书的风气，或许评论者的本意是为了"谋利"甚或"求名"，但确实在学术界引起了轰动，并且日趋商业化。评点者为了迎合读者的需要，不得不采用下面两种手段：一是"评语取多，不知其赘"；二是"议论取新奇，不顾害理，搜剔幽隐，抉摘琐细"。这种评点书的商业影响力实在不容低估，正如归庄所言，"乃有丹黄未毕，而贾人已榜其书名悬之肆中"。③

---

① ［日］酒井忠夫：《明代の日用类书と庶民教育》，载《近世中国教育史研究》，第26—154页。

② 刘声木：《苌楚斋续笔》卷7《明张氏藏书十种等谬妄》，中华书局1998年版，第383页。

③ 归庄：《归庄集》卷4《书葛家板书记后》，上海古籍出版社1984年版，第294页。

　　按照一般的说法，中国自古以来只有儒佛道三教，但从明代以来，又多出一教，也就是"小说"。① 晚明小说在民间相当流行。根据叶盛的记载，当时的南方人，大多喜欢谈论诸如"汉小王"（光武帝）、蔡伯喈（蔡邕）、杨六使（杨文广）一类的故事，而北方人则喜欢谈"继母大贤"一类的故事。至于记载这些故事的小说，更是"农工商贩，钞写绘画，家畜而人有之；痴騃女妇，尤所酷好"。② 大量通俗故事小说在民间的流传，固然是书坊出于"射利"的目的而致，然亦与那些"轻薄子"的行为有关。换言之，轻薄子出于一时好恶，就编造故事，伪为小说。如在苏州，专门有一批"惯造小说"之人，他们可以将"无影之事，平空撰撰，务极淫秽"，而究其目的，则无非是为了"迷惑狂徒，争先购买，为取利计"。③

　　至于戏曲作品，上自帝王，下至文学知识粗鄙的武将，乃至普通民众，无不趋之若鹜。明代的皇帝颇为喜欢词曲。洪武初年，当亲王就藩之时，明太祖朱元璋就赐给他们词曲 1700 本。明宪宗好听杂剧及散词，为此搜罗海内词本殆尽。明武宗亦好戏曲，凡是有人向他进献词曲，必能得到厚赐。当时如杨循吉、徐霖、陈符所进，不止数千本。④ 而在晚明，诸如《西厢记》《碧云騢》之类戏曲故事，流传已久，甚至泛滥一时。历史上如晋朝王休徵，宋朝吕文穆、王龟龄诸名贤，亦纷纷被塑造成为戏曲人物，以为"佐酒乐客之具"。⑤

　　民歌在晚明亦风行一时。从明代民歌的流传史来看，正德初年，市井百姓喜欢《山坡羊》。至嘉靖初年，民间又开始崇尚《锁南枝》。就

---

　　① 钱大昕：《正俗》，载贺长龄、魏源编：《清经世文编》卷 68，中华书局 1992 年版，第 1711 页。

　　② 叶盛：《水东日记》卷 21《小说戏文》，中华书局 1997 年版，第 213—214 页。

　　③ 陆文衡：《啬庵随笔》卷 5，清光绪二十三年（1897）刻本。

　　④ 李开先：《闲居集》卷 6《〈张小山小令〉后序》，载《李开先全集》上册，文化艺术出版社 2004 年版，第 533 页。

　　⑤ 叶盛：《水东日记》卷 21《小说戏文》，第 213—214 页。

这两种民歌的曲调而言，一则属于商调，即偏重于感伤；一则是越调，亦即偏重于愉悦。《山坡羊》有二，一北一南，北简而南繁，歌声繁简亦随之相类；《锁南枝》亦有二，有南无北，一则句短而碎，一则长短夹杂，而歌声迥然不同。这两种曲调的民歌，在当时已是"哗于市井"，即使是初学说话的儿女子，也无不知道唱这些民歌。①

除了小说、戏曲、民歌之外，晚明尚有诸如鼓板、平话、弹唱、说书之类的民间艺术形式，也已经被视为"时调新曲"，而在民间得到广泛流行。这些艺术形式通常是半说半唱，内容极浅极俗，甚至不用一字文言，全是白话，于是就得到了"妇人童子"的喜爱。②

晚明商业文化的盛行，除了其通俗性、大众性的特征之外，最为突出的就是情色文化的泛滥。在晚明，淫秽的戏曲小说不但为一般大众所喜欢，甚至像"公子"一类的读书人，尽管尚扭捏作态，不敢公开向书商购买，但追求"曲本"与"春意小说"的劲头，也如同嗜好鸦片一般。③ 毫无疑问，情色作品会导致读者"魂摇色夺，毁性易心"。即使如此，创作者与出版者仍是乐此不疲。究其目的，还是为了藉此"网取蝇头耳"，④ 亦即追求最大的商业利润。对此，时人已是一语道破："今书肆邪刻，有百倍于画眉者，其迹近于儿戏，其见存于射利，其罪中于人心士习，祸且不可言。"⑤ 可谓一语中的。

若以社会史的变迁为视角，那么晚明的社会是一个"惟利是趋"的社会，甚至"视仁义若土芥，不复顾惜"。一旦蔑弃仁义，随之而来

---

① 李开先：《闲居集》卷6《市井艳词序》《市井艳词后序》，载《李开先全集》上册，第469—470页。

② 吕坤：《实政录》卷2《民务·存恤茕独》，载《吕坤全集》中册，第965—966页。

③ 张履祥：《杨园先生全集》卷32《言行见闻录》2，第949页。

④ 张缵孙：《正同学书》，载《尺牍新钞》卷12，第438—439页。

⑤ 沈光裕：《与友》，载《尺牍新钞》卷12，第455页。

的必是蔑弃君亲。所有这些，必然会被传统的卫道人士称为"大乱之兆"。① 这无疑是一种社会异动。若以文化史的变迁为视角，晚明又是一个极度注重"玩"的时代。如果说传统的中国社会通过勤俭劳作的生活观念，乃至礼教的等级制度规定，藉此维持社会的"和谐"，那么，晚明社会大众共同持有的"玩"的心态，既是社会商业化的产物，又会对传统等级森严下形成的"和谐"造成一种冲击，于是给人以一种"失范"社会的感觉。但值得指出的是，当"玩"成为社会的精英乃至大众的普遍心态或生活态度之后，一种新的规范乃至社会秩序随之开始逐渐建立，这就是玩家的规矩。

卜正民（Timothy Brook）从明代的商业与文化的关系中，得出了晚明社会所特有的"纵乐的困惑"这一特点。"纵乐"无疑是晚明学术与文化的最大特点，至于"困惑"的由来，应该说含有下面两层意思：一是来自保守的儒家人士的困惑，他们对如此风俗浇漓的失范社会感到一种担忧；二是正在充分享受"玩"的儒家精英人士乃至社会大众的困惑，是社会走向商业化以后因为缺乏新的社会秩序的一种迷惘。

一至清初，李渔所著《闲情偶寄》一书，其中的"闲情"已经不同于晚明知识人的认知。细究之，大抵有以下三个方面：一是从奢侈转向俭朴，在"创立新制"的过程中，却又"寓节俭于制度之中，黜奢靡于绳墨之外"；二是将极新极异之谈"轨于正道"，即在保持"新异"的过程中，又使"新异不诡于法"，进而达到"新之有道，异之有方"；三是在闲书中内含"警惕人心"之意，即通过旁引曲譬，在谈风雅中，起到劝世之效。② 由此可见，随着社会乃至礼教秩序的重建，社会与文化开始出现另外一种转向。

---

① 伍袁萃：《林居漫录别集》卷3，《四库全书存目丛书》本。
② 李渔：《闲情偶寄·凡例七则》，江巨荣、卢寿荣校注，上海古籍出版社2000年版，第10—11页。

二、不务本业：群体角色的转换与业余精神的勃盛

若以文字训诂为视阈，所谓的"业"，原本为上古无文字之时，刻木如巨齿之状，藉此记录每日所行之事数。每当一事完毕，则去除一刻；所有事情完毕，则尽去其刻，称为"修业"。变更所业之事，则重新如前加刻巨齿。凡有大事，则大刻，称为"大业"；凡有多事，则多刻，称为"广业"；士、农、工、商所业不同，称为"常业"；农民改业成为读书人，则改刻，称为"易业"。基于"业"字训诂之义，有学者进而加以引申，得出重业之论，即古人一生无不都有所业之事，每日无不处于修业的状态，通过身修事理，藉此避免怠惰荒宁。反之，若是"无业"，则会流于昏昏荡荡，偷安惰行而死。①

在传统中国的等级制度下，民安其业或者说四民各有定业，既是知识阶层的理想追求，又是历朝统治者确立大统之后付诸社会控制实践的基本国策。正如六朝时人颜之推所云，人生在世，需要各具本业，诸如农民之"计量耕稼"，商贾之"讨论货贿"，工匠之"致精器用"，伎艺之人之"沈思法术"，武夫之"惯习弓马"，文士之"讲议经书"，②都是他们应尽的本等职业。先秦时期管子确立士、农、工、商四民等

---

① 吕坤：《呻吟语》卷2《内篇·乐集·修身》，第103页。

② 颜之推撰，王利器集解：《颜氏家训集解》（增补本）卷3《勉学》第8，中华书局2002年版，第143页。

级，使之成为不再游移杂处的"石民"，其目的就是为了避免"言吪""事乱"的杂处之弊。其后的儒家学者，倡导士人安处闲燕之地，农民辛勤耕作于田野，工匠服务劳作于官府，商人奔走于市井，通过旦暮从事于各自的本等之业，不再见异思迁，藉此以安民心，以定民志，最终达到天下大治。①

就传统中国的职业观而言，显然具有以下两大特点：一则"有事必有业"，"人各有业"，肯定各类职业存在的可能性乃至必要性。换言之，职业固然有贵贱之分，然均可藉此"营生"。一旦具备维持家庭生计的内在推动力，即使所从事的是"淘圊"之类的低贱职业，亦能达臻"鼻忘其臭"的境界。②"学业""农业"诸称，以及农民有畎亩之事，工匠有器用之事，商贾有市肆车牛之事，已经足以证明"未有为其事而无其业"这一基本准则。③一旦废业游手，就会流于不肖。随之而来者，则是在传统史料中，"不事本业""不务本业"之说，通常与"游手好闲"之"光棍"并称，亦即将"不事本业"者归于无赖游民一类，④藉此形成一种"各业其业""各事其事"的理想境界。⑤换言之，人若不列四民之中，则称"闲民"。⑥无论士、农、工、商，吃一日饭，做一日事，都是世间良民。若是游手嬉闲，浪度岁月，就会沦为匪僻之流。⑦二则职业各有等差，甚至有贵贱之别，择术不可不慎。在

---

① 何良俊：《四友斋丛说》卷 20《子二》，第 179—180 页。
② 徐学谟：《归有园麈谈》，载诸伟奇、敖堃主编：《清言小品菁华》，海天出版社 2013 年版，第 21 页。
③ 张履祥：《杨园先生全集》卷 27《愿学记二》，第 760 页。
④ 如清代史料云："间有一种光棍，不务本业。"云云。可见，"不事本业"或"不务本业"者通常归于"光棍"之列。相关的记载，可参见陈朝君：《莅蒙平政录·为严拿光棍诈骗以除地方大害事》，载《官箴书集成》第 2 册，第 701 页。
⑤《义门裴氏先世族约》，收入余治：《得一录》卷 9《义门族约》，载《官箴书集成》第 8 册，第 603 页。
⑥ 齐学培：《见吾随笔》，载《清言小品菁华》，第 567 页。
⑦ 齐学培：《见吾随笔》，载《清言小品菁华》，第 578 页。

士、农、工、商四种职业中，士为四民之首。按照传统的观念，除了"耕读"二事，其他无一可为，诸如：商贾近利，容易坏人心术；工技为人所役使，近于贱业；医卜之类，又下工商一等；此外各业，则更为低贱。① 传统观念所谓的快乐，仅仅肯定"读书乐""田家乐"两种，足以证实只有务本业之人，方可其境常安。②

时至明代，职业分化渐趋明朗化。以苏州一带为例，农业获利最少且又辛劳，只有"愚懦之民"尚以农耕为业；奇技工匠能获二倍之利，且又兼辛劳，唯有"雕巧之民"仍以此为业；商贾可获三倍之利，且又轻松安逸，于是"心计之民"纷纷以此为业；贩盐可获五倍之利，且又无辛劳，更使"豪猾之民"以此为业。③ 与此相应，即使作为四民之首的士人，其职业亦日趋变化：一方面，由于汉、宋两代儒家学者的误导，使士人专攻章句之学，再加之科举的引导，士人更是汲汲于帖括八股。其结果则使自古以来士人通过礼、乐、射、御、书、数等业借以谋道之术，荡然无存，而儒家士人转而不得不借助农圃、风鉴、医、卜之术谋生。④ 另一方面，那些世代簪缨的世家子弟，既不读书，又无一业自给，只是终日嬉笑，坐食山空，最后沦为游惰之民，甚至身为臧获皂隶，为盗为娼。⑤ 这无疑是明代社会流动加剧大背景下的职业分化。

朱元璋建立明朝以后，通过一系列社会控制措施的实行，四民等级秩序得以重建。自明代中期以后，随着社会流动的加速，随之出现了"世事十反"的特殊现象。何谓"世事十反"？根据明末人冯梦龙的概括，主要表现为以下十种表象：达官不忧天下，草莽之士忧之；文官多

① 张履祥：《杨园先生全集》卷47《训子语上·子孙固守农士家风》，第1352页。
② 王永彬：《围炉夜话》，载《清言小品菁华》，第593页。
③ 顾炎武：《天下郡国利病书》第1册《苏州备录》上《常熟县·郊聚》，黄珅等点校，上海古籍出版社2012年版，第468页。
④ 钟錂编：《颜习斋先生言行录》卷下《学问》第20，载《颜元集》下册，中华书局2012年版，第695页。
⑤ 钱泳：《履园丛话》7《臆论·所业》，中华书局1997年版，第189页。

喜谈兵，武官却不肯厮杀；有才学人不说文章，无学之人偏喜说文；富人不肯使钱，贫人却肯使钱；僧道茹荤，平人却多持素；闾阎会饮大多通文，秀才却反显粗卤；有司官多裁抑豪强，乡宦却又把持郡县；官愈尊则愈言欲退休，官愈不达则愈自述宦迹。① 由此可见，所谓"世事十反"，既是十种反常的社会现象，又是明代社会群体角色转换乃至业余精神勃盛的典型征候。

毫无疑问，这是一种时代风尚，其结果则造成时人纷纷追求业余爱好，无不以此作为一种时髦。这更是一种不务本业的特殊现象。细究之，又可分为以下两类：一是地方官员任意役使很多职业人士，令其整日在衙门中伺候，使他们无暇从事自己的本业，尤以阴阳生、医生、塾师为甚。② 这可称之为被动的不务本业。二是很多职业人士，由于受到当时社会风气的影响，不再坚守自己的本业，而是更喜欢从事与本业无关的事务：诸如虽不擅长书法，笔砚却讲求精到；虽不以医为业，家中却多存有经验之方；虽不工于弈棋，书斋案头却必备楸枰。③ 这可称之为主动的不务本业。两种现象结合在一起，不仅造成了明代社会群体角色转换的频繁，更使业余精神达臻勃盛。

"缙绅余技"：士大夫之业余精神

明代中期以后，士大夫的社会角色转换颇为频繁，业余精神更趋勃盛。究其社会史的原因，显然与士之失职甚或游士层的形成有关。自古

---

① 冯梦龙纂：《古今笑史》第 36《杂志部·世事十反》，刘英民、赵同璧等选注，花山文艺出版社 1985 年版，第 590—591 页。

② 如明代史料记载："阴阳、医生、教读等，尝见各处府司视为在官之人，一概差用，不使专务本业，是岂祖宗设立之美意！或令后阴阳生轮流日守日晷时牌，夜收更漏，医生亦轮流日守惠民药局，教读分教各里童生，使各专务本业。"即其典型例证。参见不著撰者：《居官格言》下篇《阴阳医生教读》，载《官箴书集成》第 2 册，第 80 页。

③ 张潮：《幽梦影》，载《清言小品菁华》，第 517 页。

以来，学者栖息有所，出游有方，游学属于不得已之举。遐方僻郡的士人，前往中原求学，或游于京师，其目的大者在于成就自己的学问，小者则为成就名声。一至明代，士穷失职，伏处闾巷，不仅难以获取生计，更难成就名声，于是不得不奔走四方。等到倦游而归，却又大多无半亩一丘之地可以营造草堂，安置书籍，藉此徜徉忘老。士人出游，盖有其因。明代士人不仅好游，而且出游无方。这就是说，明代士人大多好游，有得则忻，无得则戚，甚且因老困而无所归趋，由此形成一种"游病"。① 所谓士人的"游病"，就是士人出游，不再追求学问，仅是为了成就自己的声名。在这些出游的士人群体中，其中卑卑曳裾之人固可无论，即使那些所谓的高尚之士，亦不过是"挟一策一卷，往而师一先生，谒当世大人数辈，投刺名下士数辈，归而索赠言十数通，评文满纸"，希望藉此在众人之前大加炫耀，宣称"某吾师也"，"某吾友也"。② 可见，自明代中期以后，在士、农、工、商四民之中，无不习染"游惰之习"，其中又以士人为甚："饱食终日，无所用心而已；群居终日，言不及义而已。"③ 究其为害，甚至更甚于"游民"。④

按照六朝人颜之推的说法，儒家士人原本应该秉持一种"素业"，亦即"清素之业"。这就引出了士人的"本业"问题。赵孟頫曾给人写过一封书信，颇有自悔之意，其中有云："自冠便知读书属文，中间不幸为杂好所分，如弹琴绘画吹箫之事，日夜不休尔。后觉吹箫不甚佳，最先弃去。次知琴之为理甚长，而世俗皆不解，于是极意讨论。既得其说，亦弃去不复为。独于画，未能忘情，而人不知其用心之苦。"此等话语显然均是赵氏实历而得，却并未涉及自己擅长的书法之技，足见在

① 施闰章：《施愚山集·文集》卷8《送魏惟度归武夷序》，黄山书社1992年版，第161页。
② 曾异撰：《送林守一重游吴越序》，载《明文海》卷296，第3077页。
③ 张履祥：《杨园先生全集》卷36《初学备忘上》，第992页。
④ 张履祥：《杨园先生全集》卷36《初学备忘上》，第992页。

他的心目中，举凡"读书属文"与"书法"，自然都是士人"本业"。鉴于此，明人李日华告诫自己的儿子，不可泛滥于箫、琴、画三者，以致"杂而不精"，若有余力，则"且以八法自娱自恣可也"。①

细加考察不难发现，早在六朝，士大夫已有不务本业之习，此即所谓"耻涉农商，差务工伎，射则不能穿札，笔则才记姓名，饱食醉酒，忽忽无事，以此销日，以此终年"。其结果则"及有吉凶大事，议论得失，蒙然张口，如坐云雾；公私宴集，谈古赋诗，塞默低头，欠伸而已"②。在明代的士大夫群体中，这种现象得以再现，且较之六朝士大夫更甚。借用晚明名僧袾宏的说法，就是出现了一种"儒昧当务"现象。举例来说，如孔子号称儒之宗主，理当被青衿之士朝夕礼拜而加以供养；然明代的士人舍弃孔子不拜，却去事奉文昌帝君，且极尽恭敬之能事。《六经》《论语》《孟子》，理当为士人朝夕信受而加以奉持；然明代士人舍弃这些不读，却去奉持《准提咒》，且竭其虔诚之能事。如此不分"当务"之事，其目的均在于藉此求取富贵。③

揆诸明代士大夫之角色转换乃至业余精神，大抵可以从以下两个方面论之：一为文人尚武之风的形成；二为业余精神之勃盛。

（一）文人尚武之风

从仕途的角度而言，对明代的文、武关系大体可以概括如下：明初文武合一，甚或重文轻武；明代中期以后，文武异途，甚或重文轻武。自正德、嘉靖以后，出现了一种"儒将"的说法。"将"而又"儒"，并非是"文武全才"的典型，而是武将抛弃自己的习武本业，去附和文士的习气。与此相应，巡抚、巡按也以文字的优劣作为荐扬武将的标

---

① 李日华撰，屠有祥校注：《味水轩日记校注》卷5，万历四十一年九月二十一日条，上海远东出版社2011年版，第370页。
② 颜之推原撰，王利器集解：《颜氏家训集解》（增补本）卷3《勉学》第8，第143页。
③ 袾宏：《直道录·儒昧当务》，载《莲池大师全集》下册，第228页。

准，兵部也据此作为任用的尺度。而晚明文、武关系的实际演进过程，却是文人尚武精神的形成，进而投笔从戎。这一风气由丘濬开其端，倡导"文武一途"，继之者有唐顺之、赵本学、郑若曾、陈第、茅元仪、曹飞、陆世仪等，从而形成一股"尚武"与"重兵"的风尚。[1]

传统文人大多胸怀大志，然一旦科场失意或干谒不成，就只好投身边塞戎幕，以为晋升之阶。明代的文人也不例外。如嘉靖年间，倖臣胡宗宪、赵文华辈，开府浙江。时世宗方喜祥瑞，争以表疏称贺博宠，词人纷纷入幕，诸如胡宗宪幕府之徐渭、沈明臣、赵得松、朱察卿。[2]文、武失其本色，是晚明的基本特点。对文人来说，时势动荡，正是他们大显身手的时机，于是纷纷"抵掌而谭孙吴，恨不得一当单于，以暴其能于天下"。[3] 如以文士著称一时的赵时春，却"喜骑射谈兵，日以边备不修为恨"，其志向则"专在攘夷狄复祖宗之疆宇，遗后世以长治久安"。[4] 更有一些文人，效班超投笔故事，毅然弃去文章之事，以武胄起家，成为将军。如何南吉，死后被茅坤称为"谁言将家子，耻做一文儒"。[5] 至于陈第，更是投笔从戎的著名文人与学者，其例在此不赘。尽管明代文士娴习骑射，其目的或许是为了达到"立致边都"，[6]起到躐等而用的效果，却不能不说是明代士大夫业余精神勃盛的一大佐证。

（二）业余精神

明人沈德符以"缙绅余技"概括士大夫业余精神之勃盛。所谓

---

① 关于晚明的"尚武"精神，可参见陈宝良：《晚明的尚武精神》，载中国明史学会主编：《明史研究》第 1 辑，黄山书社 1991 年版，第 248—259 页。

② 沈德符：《万历野获编》卷 17《武臣好文》，中华书局 1959 年版，第 434 页。

③ 叶春及：《石洞集》卷 13《廷珪中将军之长乐序》，上海古籍出版社 1993 年版，第 664 页。

④ 张怡：《玉光剑气集》卷 19《艺苑》，中华书局 2006 年版，第 723—724 页。

⑤ 茅坤：《白华楼吟稿》卷 4《吊南吉何都阃诗》，载《茅坤集》上册，第 39 页。

⑥ 徐学谟：《归有园麈谈》，载《清言小品菁华》，第 21 页。

"缙绅余技"，大抵是指士大夫安享太平之乐，纷纷将他们的聪明才智"寄之剩技"，即各自有业余爱好，甚至达到专精的境界。如吴国伦擅长击鼓，技艺高超，甚至到了渊渊有金石声的境界；苏州一带的士大夫大多留意声律，太仓人张新、吴江人沈璟、无锡人吴澄时，无不工于度曲，每次广坐命技，即使老优名倡，亦多皇遽失措，真可谓不减江东公瑾；至于京城，驸马王昺、锦衣卫指挥张懋忠等，亦是擅长蹴鞠，堪称精绝。①

尽管儒家学说中不乏"游于艺"之说，然其终极追求还是在于修齐治平之术。即使闲暇时所习之"艺"，明代学者仍将其定出轻重之分，即所谓的"学文胜学诗，学诗胜学书，学书胜学图画"。这就是说，诸如学文、学诗、学书、学图画之类的技艺，可以起到垂名法后之效。下此一等，则为弹琴、弈棋，尚不失为清士之举。除此之外，则均可归于"末技"。②

仔细考察明代士大夫的业余精神，大抵集中于精于书画、文具、器械诸方面，甚至不乏精于卜筮、禄命之学的例子。

清人钱泳曾有言："大约明之士大夫，不以直声廷杖，则以书画名家，此亦一时习气也。"③ 抛开"直声廷杖"不言，所谓的"以书画名家"，显已一语道破了明代士大夫业余精神之勃盛。钱氏之论的依据，显然是指如文徵明、祝枝山、董其昌、吴宽、李贞伯、陆子传、王雅宜、张东海、娄孟坚、陈鲁南、王百谷、周公瑕之流，无不以善书著称一时，且成为当时案头的珍玩。事实确乎如此。明代苏州善于书画的名流，如文彭、王宠，都是精通画学，显然是受到了唐寅、文徵明等人的传习熏染。此外，如刘基之精于山水，酷似李营邱；岳正之精于蒲桃，

---

① 沈德符：《万历野获编》卷 24《技艺》，第 627 页。
② 叶盛：《水东日记》卷 4《范启东述前辈语》，第 41 页。
③ 钱泳：《履园丛话》10《收藏·总论》，第 263 页。

几同温日观；王直亦工绘事，尤非后生所及知。① 从董其昌给李日华画的扇面所作题跋可知，晚明工习山水画的士大夫，分别有邹迪光、郝敬、米万钟、李日华，"俱寄尚清远，登高能赋，不落画工蹊径"②。

士大夫之精于文具制作，则可以沈炼、周岐凤两人为例加以说明。史称沈炼因得罪权臣严嵩，系狱长达 18 年。在狱期间，读书之暇，傍攻匠艺，不用斧锯，仅以片铁日夕磨琢。沈炼曾以尺许香楠为材料，雕琢文具，制成三个大匣、七个小匣、二个壁锁，又用棕竹数片，制成扇子一把。其制作之精好，巧匠亦叹为弗如。此外，沈炼还以粥炼土，经过数年之久，制为两只铜鼓，可以声闻里许，品质远胜暹罗铜鼓。又周岐凤，不但能诗，而且深具巧思，"文房器用、裳衣冠屦悉自制，良工莫及"③。

至于士大夫深具巧思，精于器械制作，则以黄子复、严寅为典型。史称黄子复，擅长巧思，所制木偶，靠机关运作，无异生人。他曾用木头制作一个美女，手捧茶橐，可以自行移步供客。客人举瓯啜茗，即站立以侍，茶瓯返于橐，即转过其身，仍内向而入。又制作一个小木偶，在席间以木偶传筋。其行止一视筋之举否，周旋向背，不借人力。此外，他还用木头制成一犬，上面蒙上真皮，犬口可以自行开合。在牙端攒聚小针，可以衔人衣裔，挂齿不脱，与真犬一般无异。④ 严寅在正德、嘉靖年间曾为府学生员，后因哄闹提学御史，被褫夺生员科名。史称其字法米帖，粗能写诗及画兰竹，收藏古法书名画颇多。严寅又精于制作，所制藤床、藤椅，均以藤制成，不加寸木。他还制作了枣根香几，天然为之，不加凿削，最称奇品。此外，他又精于煮茶，所用茶

① 沈德符：《万历野获编》卷 26《玩具·名臣通画学》，第 653 页。

② 李日华撰，屠有祥校注：《味水轩日记校注》卷 4，万历四十年正月八日条，第 223 页。

③ 黄暐：《蓬轩吴记》卷上，载王稼句点校、编纂：《苏州文献丛钞初编》上册，古吴轩出版社 2005 年版，第 192 页。

④ 姜准：《岐海琐谈》卷 7，上海社会科学院出版社 2002 年版，第 115 页。

具，无不佳妙。①

星相、堪舆，均可归于术数之学，非儒家倡导的正学。反观明代的士大夫，却对这些术数之学，"人人能讲，日日去讲"。② 朱升、万祺的例子，已经足证此说不诬。史载朱升博综群书，即使是数学、卜筮，亦"靡不精究"。③ 史称万祺少时曾遇到异人，曾传给他《禄命法》一书。经过钻研，万祺精通其学，"以卜公卿贵人，多奇中"。④

何以明代士大夫业余精神如此旺盛？究其原因，还是因为名士风流之风的影响。至于名士风流，明人何良俊曾以王西园为例，加以定义性的阐释。王西园曾为岁贡生出身，任太顺训导，被何氏许为"最有胜韵"。那么，他的"风流"乃至"胜韵"包括哪些？何良俊进而阐述道：其一，王氏"善书画"，"每一入城，好事者争趋之，其舟次常满"。其二，"喜歌曲"，"曾教妆戏者数人，名丹桂者亦有声"。其三，"其室中畜侍姬三四人"，以供"笔砚图书"。⑤ 由此可见，业余精神大抵已经成为名士风流的精髓。

"经文纬武"：武将之业余精神

自弘治、正德以后，一些武将开始沉浸于翰墨之事，且以习文为雅事。武之好文，成为一时风尚。究厥所由，明代学者唐枢有下面一番剖析：

> 国初以将对敌，举动自由，以渐而制于群珰之出镇，乃设巡抚

---

① 顾起元：《客座赘语》卷6《严宾》，第177页。
② 朱国祯：《涌幢小品》卷25《星相堪舆》，第508页。
③ 黄瑜：《双槐岁抄》卷1《枫林壬课》，中华书局1999年版，第9页。
④ 黄瑜：《双槐岁抄》卷8《万祺禄命》，第164页。
⑤ 何良俊：《四友斋丛说》卷17《史十三》，第150页。

以制群珰，又渐而制于巡抚之总督。重臣握兵权，藉巡按以为纠参，又以渐而制于巡按之翻异。随在掣肘，不得不文，以为自御之计。且文臣轻辱鄙陵，动以不识字为诮。及其荐刺，则右文而后武，又不得不文，以为自立之途。于是天下靡然，莫知其自为武，岂安不忘危之道哉！①

武将好文，盖有其因。明人徐学谟云："武人而耽翰墨，即阶阃帅。"②此说可作前论的补充。

明代武将耽于翰墨，专力于业余精神，大抵可以从以下两个方面论之：一为武将擅长诗文，甚至不乏精通词曲之例；二为武将喜与文人交往，且聘幕成风。

（一）武将耽于文艺

武人能诗，自古以来，不乏其例，尤以晚明成为一时风气。明代武将能诗者，有沐昂、俞大猷、郭登、李言恭、万表、陈第等，其诗"皆见英雄本色，有文士所不能道者"，③并非只能写"明月赤团团"一类俗句。尤其是戚继光，因深得文坛名人汪道昆、王世贞的称道，俨然以风雅自命，幕客郭造卿辈，尊之为"元敬词宗先生"，几与缙绅分道扬镳。又萧如薰，亦以翰墨自命，山人辈纷纷投入幕中，尊称其为"季馨词宗先生"。④其他如杜弢武，亦甚好文，建曲馆，以"经文纬武"颜其斋，作有《餐霞外编》。⑤如此等等，不胜枚举。

根据清朝人刘廷玑的记录，明朝武将能诗之人，分别有：定襄伯郭登，著有《联珠集》，其代表作有《滆牙山》《普安道中》《入缅取贼

---

① 张怡：《玉光剑气集》卷 8《武功》，第 366—367 页。
② 徐学谟：《归有园麈谈》，载《清言小品菁华》，第 21 页。
③ 王士禛：《池北偶谈》卷 17《儒将诗》，中华书局 2006 年版，第 420 页。
④ 沈德符：《万历野获编》卷 17《武臣好文》，第 435 页。
⑤ 谢肇淛：《小草斋文集》卷 5《餐霞外编》，收入《四库全书存目丛书》集部第 175 册，台南庄严文化事业有限公司 1997 年版，第 674 页。

早发金沙江》《军回》《寄泾州守李宏》《梅子》《塔顶》诸篇；参将汤胤勋，其代表作有《题壁》一诗；戚继光，著有《止止堂集》，其代表作有《登石门驿新城眺望》《盘山绝顶》《度梅岭》诸诗；俞大猷，著有《正气堂集》，其代表作有《挽薛养呆》一诗；万表，著有《玩鹿亭稿》，其代表作有《悯黎吟》《山亭纳凉》《宫女叹》《和徐东滨》诸篇；参将余承恩，著有《鹤池集》，其代表作有《感兴》《答草池约泛蓉溪》《放舟行》《望忠州》诸篇；都督张通，著有《游西林庵》一诗；京营都督周于德，著有《平乌剌江》一诗；指挥张元凯，著有《伐檀集》，其代表作有《春日游西苑》《西苑宫词》诸篇；千户李元昭，著有《峋嵝山房集》，其代表作有《送周虚岩归吴》一诗；参将黄桥栋，著有《听秀上人弹琴》一诗；右都督张如兰，著有《功狗集》，其代表作有《吴门夜泊》一诗；参将狄从夏，著有《月夜同刘天山作》一诗；守备袁应黻，著有《郑司马入塞歌》；百户奚汝嘉，著有《旅怀》一诗；百户陈鹤，著有《海樵集》，其代表作有《夜坐见白发寄别朱仲开、张瓯江》《高邮赠龚山人》《泊京口望金山寺》《题杨法部容闲阁》《写山水》《题画赠姜明府》《送张伯淳还关中》《送王谏北山》《吹笛怀友》；游击将军陈第，著有《寄心集》，其代表作有《岁暮客居呈焦弱侯》《邵武舟次》《禹碑行》《山中蚤秋》《江心寺除夜》《闽关旅夜》《维扬谒文信公祠》《过蓟州》《追怀宜黄大司马谭公》《元夕宿泉州洛阳桥》《送戚都护》《塞外烧荒行》诸篇；临淮侯李言恭，著有《青莲阁》《贝叶斋》《游燕》诸集，其代表作有《花朝》《赋得匡庐山》《送仲弟南还兼怀老亲》《李金宪招饮黄鹤楼》《显灵宫》诸篇。①

　　明代武将不仅精于诗歌创作，而且对文章的创作理论，亦别具一番见解。如千户姚福，曾对《六经》而下历代文章名家，一一作了自己的评述。他认为，左丘明所作《春秋》，堪称后世文章的鼻祖；司马迁

---

① 刘廷玑：《在园杂志》卷 1《武人能诗》，中华书局 2005 年版，第 69—80 页。

的《史记》，力量超过《左传》，可谓汉代"文中之雄"；韩愈深醇正大，可称唐代"文中之王"；欧阳修渊永和平，可称宋代"文中之宗"。此外，诸如班固之详瞻，柳宗元之精核，曾巩之竣洁，王安石之简淡，苏轼之痛快，① 均可谓文中名家。如此评论，不乏精到之见。

更有甚者，明代一些武将，尚精通词曲。陈铎堪称典型一例。史称陈铎虽为"金带指挥"，却以词曲驰名，平日随身带着牙板，能随时"高歌一曲"。② 尽管此举被当时的魏国公贬斥为卑陋行径，但至少说明在当时的武将群体中，确乎不乏"不与朝廷做事"，只是热衷于业余爱好的风尚。

（二）武将聘幕之风

明代很多能文的武将，大多喜欢与文人交往。如戚继光与当时著名的文人王世贞、汪道昆、李攀龙均有交往，甚至雅歌相和，篇章交映，体现出一种"质有文武"的特点。③ 此外，戚继光在蓟镇时，凡是招待前来阅兵的官员，亦极尽招待曲奉之能事。根据钟羽正的揭示，戚继光一次招待阅兵官员，多用奇花排列，共花费了 200 多两银子。而那些参与阅兵的官员亦大多不加自爱，喜欢带上很多伶人游客，人数多达数十人，日夕酣歌，流连光景，登高览胜，伐鼓飞觞。④

与此同时，明代武将聘幕也蔚然成风。显然，这是晚明武将尚文风气影响所致。此外，武将幕中又多山人幕客。史称隆庆以后，"款市既成，烽燧少警，辇下视镇帅为外府。山人杂流，乞朝士尺牍往者，无不

---

① 周晖：《续金陵琐事》卷下《千户论文》，南京出版社 2007 年版，第 242 页。
② 周晖：《金陵琐事》卷 3《牙板随身》，第 110 页。
③ 著名文人李攀龙称戚继光，"唯公建大旗鼓，扫清海上，大小百战，无不奇捷，遂壮皇朝之气，而遥制江、广，使诸偏裨得贾余勇，填荡潢池，功不且半天下乎！"云云。对戚氏武功多有称颂。参见《李攀龙集》卷 28《报戚都督》，齐鲁书社 1993 年版，第 616 页。
④ 钟羽正：《条议阅视事宜以图实效疏》，载《明经世文编》卷 412，第 4471—4472 页。

餍所欲"①。尤其是万历中叶以后，边镇专阃将帅以能诗名者很多，戚
继光、萧如熏、杜文焕即其中之佼佼者。戚继光尤好延文士，倾赀结
纳，取足军饷。② 萧如熏亦能诗，士趋之若鹜，宾座常满。

山人杂流多投奔边帅幕中，武将亦多以聘幕为荣，以便与文臣往
还。③ 陈第、颜钧为著名的王门学者，均曾入俞大猷幕，成为参谋、军
师。④ 至明季，武将多聘记室、幕客。当东平侯刘泽清开府淮阴时，贾
开宗"掌其军书记"。⑤ 即使如卫所指挥，解粮进京，也要寻一个"通
文理，记得帐"的幕宾。⑥ 聘幕宾，专为记账，这与请钱谷师爷基本
相同。

"释中名士"：佛僧之业余精神

按照常理说来，僧人的本分是在寺院念经、礼佛，体现出一种禅静
的境界。令人称奇的是，在业余精神日趋兴盛的明代，僧人却不再安分
守己，踟蹰于寺庙一隅，而是纷纷外出，与士大夫相交，反而显得忙忙
碌碌。晚明南京有"十忙"之说，都是各行各业的名人，显得十分忙
碌，分别为：祝石林写字忙，何雪渔图书忙，魏考叔画画忙，王尧卿代
作忙，雪浪出家忙，马湘兰老妓忙，孟小儿行医忙，顾春桥合香忙，陆

---

① 《明史》卷 239《萧如熏传》，中华书局 1974 年版，第 6222 页。

② 如史载戚继光以方元沂为重客。方氏死后，"戚方镇莅南海，殓之正堂。发引之
日，枢从中门出，服朋友服，步送之葬所"。参见姚旅：《露书》卷 11《人篇上》，第
268 页。

③ 孙静庵：《明遗民录》卷 23，载谢正光、范金民编：《明遗民录汇辑》上册，南
京大学出版社 1995 年版，第 43 页。

④ 钱谦益：《列朝诗集小传》丁集中《陈将军第》，上海古籍出版社 1983 年版，
第 542 页；颜钧：《颜钧集》卷 3《自传》，中国社会科学出版社 1996 年版，第 28 页。

⑤ 抱阳生编：《甲申朝事小纪初编》卷 8《贾开宗纪》，书目文献出版社 1987 年
版，第 196 页。

⑥ 华阳散人：《鸳鸯针》第 2 回，春风文艺出版社 1985 年版，第 26—27 页。

成叔讨债忙，程彦之无事忙。① 其中雪浪和尚"出家忙"一说，大抵已经道出晚明僧人之山人化倾向，争相竞逐"诗僧"的名头，随之出现了"释中名士"一称。

明代僧人业余精神的勃盛，主要体现在以下两个方面：一为僧务"外学"；二为僧务"杂术"。

（一）僧务"外学"

业有专攻，这无疑是众所周知的道理，更是职业精神的反映。然值得注意的是，在晚明僧人群体中，流行一股"僧务'外学'"之风。正如当时的名僧祩宏所言，僧人"不读佛经而读儒书，读儒书犹未为不可，又至于读《老》《庄》，稍明敏者，又从而注释之，又从而学诗、学文、学字、学尺牍"②。这同样可以称之为"事外而忘内"，如当时南京寺庙中的僧人，"往往好通文雅，而鄙戒律为寻常"。③ 可见，僧人不再以学习内典为荣，而是与文人士大夫交往，学习儒家经典，并赋诗习文。

至于僧务"外学"的具体表现，则可从下面三个方面加以考察：

一为僧人走出禅房，与士大夫相交成风。这种事例，不胜枚举。明人盛时泰所著《牛首山志》载，嘉靖初年，"顾司寇、陈侍讲，致政家居，数来牛山。于是祝禧寺僧福全、崇明寺僧寄芜每随之。……陈侍讲有云：'相随一童子，作伴两山僧。'"④。又载："内江赵大洲先生，自谪所起为南铨，深嗜禅理，多所访问。是时，嘉州毛起元善、宝应朱曰藩子价、嘉兴陆光祖、仁和王子卿原寀、华亭何良傅叔毗、南海黎民表惟敬，先后俱在郎署，而云谷老禅住摄山团瓢，号曰古佛庵。时入城，

① 姚旅：《露书》卷12《谐篇上》，第286页。

② 祩宏：《竹窗三笔·僧务外学》，载《莲池大师全集》下册，第160页。

③ 曹学佺：《曹能始先生小品》卷2《鹫峰寺前修路疏》，载《曹学佺集》，江苏古籍出版社2003年版，第102页。

④ 盛时泰：《牛首山志》卷下，南京出版社2010年版，第80页。

则群公各迎于家，或与同游牛山，清谈雅论，杂以诗句。"① 又苏州竹堂寺僧人福懋，文墨标雅，诗画兼工，"吴之名公巨卿，皆折节与交，而郡使一方之尊，亦礼遇之，缁衣莫不啧啧称羡"②。再如公安派文人袁宏道，喜与不知其名、不识面貌之怪僧交游。而当时的僧人冷云，过柳浪时，"出茂才张君时艺若干求评"③。僧人交游，于此可见一斑。

到了万历年间，在士大夫中形成了一股狂禅习气，而在佛僧中也崭露一批名僧，诸如紫柏、憨山、达观、雪浪、莲池几位大师，士僧相交，更成一时佳话。④ 尤堪注意者，士大夫不仅与僧人相交，而且与僧人结成诸如"放生社""澹社"一类的团体。⑤ 一至明季，又出来一位名僧三峰大师。三峰性高旷，不关心寺院事务，喜欢留心笔墨之间，阐题拈韵，与同里薛敷政辈相倡和。为此，"宰官居士，皈依遍天下，其最醉心法乳者，文文肃、姚文毅、周忠介、蔡忠襄、金太史声、熊黄门开元、刘孝廉道贞，而孝廉犹称入室"⑥。

二是僧人近儒，学习诗文，导致"诗僧"辈出。早在明代初期，就有一些僧人善于词翰，与士人交往密切。如福严寺僧至纳、无言，擅长词翰，所交皆一代名人，如赵松雪、冯海粟、柯丹丘、郑尚左、陈众仲、钱惟善

---

① 盛时泰：《牛首山志》卷下，第 79 页。

② 万表：《玩鹿亭稿》卷 3《送天池山侍者行山还山卷引》，载《四明丛书》第 27 册，第 16848 页。

③ 袁宏道撰，钱伯城笺校：《袁宏道集笺校》卷 10《碧晖上人修净室引》上册，第 468—469 页；卷 35《张茂才时艺小引》，下册，第 1115—1116 页。

④ 关于紫柏、憨山、达观、雪浪、莲池事迹，参见沈德符：《万历野获编》卷 27《紫柏祸本》《憨山之谴》《雪浪被逐》《禅林诸名宿》各条，第 690—693 页。

⑤ 如冯梦祯，"以时与僧莲池、邵重生、虞淳熙兄弟、朱大复诸公结放生社，人以为无愧太白傅苏长公云。"万历三十九年（1611），吴之鲸与佛石禅师、胡木仲、卓去病"共订澹社，为无言清坐之会"，参加者尚有一些"有韵衲子"，主持其事者仍为冯梦祯。吴之鲸：《澹社序》，收入吴之鲸：《武林梵志》卷 3《城外南山分脉·理安禅寺》，载王国平主编：《西湖文献集成》第 22 册，杭州出版社 2004 年版，第 69—71 页。

⑥ 计六奇：《明季北略》卷 11《三峰大师传》上册，中华书局 1984 年版，第 190—191 页。

等。纳言的诗卷真迹藏在孙叔英家，而无言的诗卷则留存于寺中。① 又如福严寺老僧景燮，"颇能诗"，景燮瘦削，有寒士气；淀山僧人宗潮，丰厚而凝重。二僧均为一时乡里所推，有"潮外而燮内"之称。②

一至晚明，僧人习诗之风更盛。钟惺著有《秣陵桃叶歌》36 首，堪称金陵风土信史，其中有诗句云："衲子称诗也不妨，西方亦自有词场。开函首检新题额，春日邀同某部郎。"③ 显已道出"衲子称诗"的实情。至于莲池大师与憨山大师二人，更是堪称典型之例。两位大师均为佛教界的耆宿，诗文并传于世，尤其是憨山，其诗清娟要渺，学士大夫"多颂美之"。④ 明人冯梦祯曾说："和尚作诗，正如秀才家唱曲。"这句话的意思是说，和尚作诗，虽然说不是一件过恶之事，但终究失去了他们的本分。

三是僧人追袭缙绅，争学书画。对此，晚明名僧祩宏已是一语道破："末法僧有习书、习诗、习尺牍语。而是三者，皆士大夫所有事，士大夫舍之不习而习禅。僧顾攻其所舍，而于己分上一大事因缘置之度外，何颠倒乃尔！"⑤ 祩宏之论，并非空穴来风，而是道出了当时僧人群体的风气。如杭州僧人笑鲁，曾任学士桥侧笑隐庵的住持，此庵又名法喜院。据笑鲁自述，他与董其昌、陈继儒等人交游，故其书法，能做到不落时蹊。此外，他还朝夕往来于学士桥畔，眺望湖山，意有所得，就赋小诗。笑鲁的徒弟彬远、奕是，亦均以能诗著称。尤其是彬远，别字秋蟾，所赋之诗颇为超纵，大有青莲、长吉风味。⑥ 相同的批评亦见

---

① 叶盛：《水东日记》卷 3《僧无言》，第 26 页。
② 叶盛：《水东日记》卷 3《僧景燮宗潮》，第 27 页。
③ 姚旅：《露书》卷 9《风篇中》，第 200 页。
④ 宋琬：《重刻安雅堂文集》卷 1《送绍玄上人南归序》，载《宋琬全集》，齐鲁书社 2003 年版，第 127 页。
⑤ 祩宏：《竹窗随笔·僧习》，载《莲池大师全集》下册，第 81 页。
⑥ 胡祥翰辑：《西湖新志》卷 12《方外·笑鲁》，上海古籍出版社 1998 年版，第 531 页。

诸汪道昆之论。他说："当世苾蒭，倍无学而趋义学，藉令诗如灵一、齐己，书如智果、怀素，绘事如臣然，何益哉！舍己田而芸人之田，病也。"① 此外，汪道昆在《长歌送无学归摄山》诗中亦云："近者袈裟袭缙绅，翻从点画斗心神。江东竞学祝希哲，白下争传徐子仁。"② 细绎袾宏、道昆两人之意，足见晚明僧人习学书画，已是蔚然成风。无论是士大夫之习禅，还是僧人之习书法，均属"舍己田而芸人之田"。这种职业颠倒现象的出现，大抵已经说明在晚明的僧人与士大夫之间，角色互换已成一时风尚，更是社会病态的一面相。

（二）僧务"杂术"

与僧务"外学"相应者，则是明代僧人专务"杂术"之风。所谓僧务"杂术"，就是僧人不再秉持在寺院念经修行的清净之风，而是多务"杂术"，学习诸如相术、地理一类的江湖杂学。

当然，所谓的杂术，根据晚明名僧袾宏的揭示，其间亦不一：有作地理师者，作卜筮师者，作风鉴师者，作医药师者，作女科医药师者，作符水炉火烧炼师者。③ 尤其是僧人行医，更是成为一时风气。

为示明晰，不妨引用诸多例子加以说明。就地理师来说，明代僧人不但讲究风水，无论是寺庙建筑乃至丧葬之塔，大多重视风水的选择，而且一些僧人，开始担当起风水师一类的职责。如僧人集庆，精通郭璞所传地理之术。明帝陵献陵之建，集庆曾预效劳。④ 就卜筮师来说，明代很多著名的方术，如卜筮之技，无不来自僧人的传授。如号称能"召风雨、役使鬼神"的吉道人，就是在福建时，遇到了一位"神僧"，传给他"神通秘术"；⑤ 又徽州人汪龙，"受数学于异僧，著奇验"。⑥

---

① 汪道昆：《太函集》卷 86《华严血本经跋》，黄山书社 2004 年版，第 1782 页。
② 汪道昆：《太函集》卷 108，第 2280 页。
③ 袾宏：《竹窗三笔·僧务杂术（一）》，载《莲池大师全集》下册，第 161 页。
④ 杨士奇：《东里文集》卷 25《敕赐广福寺碑》，中华书局 1998 年版，第 368 页。
⑤ 姚旅：《露书》卷 12《技篇》，第 296 页。
⑥ 姚旅：《露书》卷 12《技篇》，第 298 页。

就风鉴师来说，僧人精通此术，亦不乏其例。如释清上人，凭借精湛的相术技艺游历并居住在京城，甚至"相名满天下"；① 又南京高座寺僧人道清，亦"善风鉴，往往有奇中"。② 就医药师来说，明代僧人行医亦成一时风气。如僧人止庵，"以接骨治创为业，其效至神，擅名一方"；③ 又苏州大云庵的住持僧人，亦"攻岐黄，就医者舟楫弥洲渚"。④ 就烧炼师来说，明代很多僧人热衷于黄白之术。如苏州有一位老僧，为了兴造佛殿，每天诵读《法华经》七卷，念佛号万声，"祈丹事早成"，即使屡被诓骗，亦不退悔；⑤ 又有一位朱和尚，"负干汞之术，资以自给"。⑥

"粉黛山人"：妇女之业余精神

按照儒家传统的观念，自从混沌初分以后，自然是乾道成男，坤道成女。尽管造化无私，却也是阴阳分位，亦即阳动阴静，阳施阴受，阳外阴内。正是基于这样一套阴阳理论，儒家文化已经将男女之职各自作了区分：男子主四方之事，女子主一室之事。主四方之事的男子，顶冠束带，所以称之为"丈夫"。出将入相，无所不为，全要博古通今，达权知变。主一室之事的女子，三绺梳头，两截穿衣。一日之计，只不过饔餐井臼；终身之计，则不过是生男育女。一些仕宦家族中的闺女，其家长虽然也让她们读书识字，但不过是教她们识些姓名，记些账目。她

① 庄昶：《赠禅老清上人授僧录左觉义序》，载《明文海》卷323，第3328页。
② 黄暐：《蓬轩吴记》卷上，载《苏州文献丛钞初编》上册，第204页；周晖：《续金陵琐事》卷上《风鉴》，第223页。
③ 张履祥：《杨园先生全集》卷32《言行见闻录二》，第923页。
④ 徐崧、张大纯纂辑：《百城烟水》卷1《苏州府》，江苏古籍出版社1999年版，第13页。
⑤ 袾宏：《竹窗三笔·烧炼》，载《莲池大师全集》下册，第179页。
⑥ 姜准：《岐海琐谈》卷7，第114页。

们毋须应科举，更不必求取名誉，所以，诗文一类的雅事，与她们全不相干。①

然究之晚明妇女史的实际演变之态，却与传统儒家的观念多有相左之处。一方面，正如明人吕坤所云，晚明时代，"内职不讲"，已成一种普遍现象，"市井贫贱妇人百事不为，群集讲话，衣饰是尚，口腹为欲"②。另一方面，当时的一些妇女已是不务女红，只好诗书。闺房之中，"都无针线箧"，但有"图书箧"。这确实是晚明妇女业余精神勃盛的典型征候。

（一）谈禅好道

在晚明的士大夫阶层中，已经形成一股禅悦之风，其影响及于他们家庭中的很多妇女。如明末人张履祥说："近世，士大夫多师事沙门，江南为甚，至帅其妻子妇女，以称弟子于和尚之门。兵饥以来，物力大诎，民不堪生，而修建寺宇，斋僧聚讲，殆无虚日。民间效之，都邑若狂。"③又崇祯年间，有一僧人，名金台，善于惑众。在杭州皋亭建禅院，"自尚书、状元，率其命妇女子皈依之"④。

在这股士大夫家族女子谈禅好道之风中，涌现出了两位较具代表性的人物，即梅国桢之女澹然，以及王世贞的仲女昙阳子。

在与李贽交往并深得其欣赏的妇女学佛之人，最著名者当数澹然。此外，尚有善因与明因。澹然，为梅国桢之女，被李贽称为"澹然师"。其人有才色，嫠居之后，结庵事佛，颇于宗门有悟入处。⑤这位梅澹然，深得李贽器重，甚至称她是"出世丈夫，虽是女身，然男子

---

①　关于男女之职的分析，明刻话本小说《女翰林》的作者作了较为详细的探讨。参见《明刻话本四种》，载《古本平话小说集》上册，人民文学出版社 1984 年版，第 74 页。

②　吕坤：《实政录》卷 2《民务·小民生计》，载《吕坤全集》中册，第 949 页。

③　张履祥：《杨园先生全集》卷 27《愿学记二》，第 748 页。

④　张履祥：《杨园先生全集》卷 31《言行见闻录一》，第 883 页。

⑤　沈德符：《万历野获编》卷 23《假昙阳》《黄取吾兵部》，第 593—595 页。

未易及之"①。澹然出家为尼的行为，并不为其父梅国桢所禁。澹然戒律甚严，对佛法颇有心得，甚至"父子书牍往来，颇有问难"②。

李贽在给周友山的书信中，有言："此间澹然固奇，善因、明因等又奇，真出世丈夫也。男女混杂之揭，将谁欺，欺天乎？即此可知人生之苦矣。"③可见，除了澹然、善因之外，当时跟随李贽学佛的妇女，还有一位明因。

上面所提到的几位妇女，均为晚明妇女好禅的典型例子。而在晚明名噪一时的昙阳子，不仅谈禅念佛，而且好道。她曾手书《阴符经》赠给一位姓徐的学使，而且还手书《心经》，赠予王世贞。梅鼎祚称其所书"鸟迹龙文，若出造化，其原反终始，必归轨于正经"④。在她得道"化去"之时，更是引得当时诸如沈懋学、屠隆、冯梦祯、瞿汝稷将近数百名士前来顶礼膜拜，并且自称"弟子"，甚至出现"以父师女"之事⑤。这在当时轰动一时。

（二）风流好文

明末清初人李渔的记载已经证实，当时的妇女中确实出现了一些专攻"男技"之人，反不屑女红，"鄙织纴为贱役，视针线如仇雠，甚至三寸弓鞋不屑自制，亦倩老妪贫女为捉刀人者"⑥。传统女子原本应以女红为正业，而晚明的妇女反而迎合时尚，专门去习以文字翰墨为主的"男技"，这就不是简单的"借巧藏拙"，而是当时妇女业余精神勃盛的最好体现。

---

① 李贽：《焚书》卷4《豫约》，第183页。
② 袁中道：《珂雪斋近集》卷3《梅大中丞传》，上海书店1982年版，第56页。
③ 李贽：《续焚书》卷1《与周友山》，中华书局1975年版，第15页。
④ 梅鼎祚：《鹿裘室集·昙阳子书阴符经跋》，收入厉鹗《玉台书史》，载《中国香艳全书》第1册五集卷1，第532页。
⑤ 沈德符：《万历野获编》卷23《假昙阳》《黄取吾兵部》，第593—595页。按：昙阳子是王世贞之女。
⑥ 李渔：《闲情偶寄·声容部·习技第四》，第166页。

晚明妇女之诗文风流，大多与家庭环境有关，而且出现家族化的倾向。如杭州黄氏家族中的顾若璞，是黄汝亨的儿媳。早年夫亡，但人有绮才。所著有《涌月轩稿》行世，其中包括替自己舅姑所撰写的墓志铭及为丈夫所写的行状，号称文章"详赡"。她的孙女埈儿，生而端丽，能作诗歌小令。其中《宫词》一首云："长信宫中侍宴来，玉颜偏映夜光杯。银筝弹罢霓裳曲，又报西宫侍女催。"又《咏雪》一首云："霏霏玉屑点窗纱，碎碎琼柯响翠华。乍可庭前吟柳絮，不知何处认梅花。"① 清警殊甚。宁波屠氏家族亦多出能文之女。如屠瑶瑟，字湘灵，著名文人屠隆之女，士人黄振古之妻。沈天孙，字七襄，沈典之女，屠隆的儿媳妇。此二女少皆明慧，读书能诗。七襄嫁入屠家之后，湘灵"时时归宁，相与征事紬书，分题授简，纸墨横飞，朱丹狼藉"。当时屠隆的夫人亦谙篇章，每有讽咏，就与她们一起商定。为此，屠隆诗云："封胡与遏末，妇总爱篇章。但有图书箧，都无针线箱。"又云："姑妇欢相得，西园结伴行。分题花共咏，夺锦句先成。"② 这确乎可称一家之盛事，亦一时之美谈。

明代妇女能诗之人，代不乏人。尤其是到了晚明，小品文渐趋流行，山人更是到处可见，妇女亦渐为这种风气所染，于是，晚明女子所作小札，多有小品气象。最典型的例子是杭城妓王琐，娴诗歌、尺牍，其所作尺牍，致妍韵冷，置诸晚明文人小品之林，毫不逊色。③ 明季，常熟有柳如是，云间有王修微，钱塘有李因，皆以"唱随风雅闻于天下"，④

---

① 陈维崧：《妇人集》，载《中国香艳全书》第1册一集卷2，第44页。
② 张怡：《玉光剑气集》卷27《列女》，第962页。
③ 王琐致程静致小笺云："昨日下雨，今日又下雨。老天闷人，足下斋头攻书。曾知下雨，必知闷人。知闷人，不妨过来走走。"又曰："连日冷冷，足下独居冷不？无事过我冷斋，说几句冷话，万勿以我为冷人也。"寥寥数笔，小品之性已具。详见郑仲夔：《耳新》卷5《谐艳》，载《明史资料丛刊》第3辑，江苏人民出版社1983年版，第196页。
④ 黄宗羲：《黄梨洲诗文集·文集》卷5《李因传》，见《传世藏书·集库·别集》第12册，海南国际新闻出版中心1996年版，第239页。

鼎足而三。又据钞本《明事杂咏》云："山人一派起嘉隆，末造红裙慕此风。黄伴柳姬吴伴顾，宛然百谷与眉公。"注云："黄媛介常在绛云楼伴河东君，吴岩子常与横波夫人游，所谓女山人也。较之山人，尤风流可传。"① 上面所谓的"河东君"，指钱谦益之妾柳如是，而"横波夫人"则指龚鼎孳之妾顾媚。可见，当时的女山人、女清客者流，或以书画，或以诗词，均非幸致。

妇女对文学的主动参与，必然导致妇女文学的发达，这可以从晚明大量的女子诗歌总集中得到证明。明人纂辑女子诗总集的历史，可以上溯到嘉靖时期，至万历、天启时期达到极盛，流传至今者有《诗女史》《淑秀总集》《彤管遗编》《名媛玑囊》《秦淮四美人诗四集》《青楼韵语》《古今名媛汇诗》《古今青楼集选》《花镜隽声》《古今女诗选》《闲情女肆》《女中七才子兰咳集》《名媛诗归》。②

明代各色社会群体不务本业，转而将精力更多地投入业余爱好之中，无疑又与时代风尚桴鼓相应。晚明时期，名士之风甚盛。社会各色群体，无不转换角色，藉此追求"有致"的名士风范。何谓有致？明末人陈继儒作了如下解释："名妓翻经，老僧酿酒，将军翔文章之府，书生践戎马之场，虽乏本色，故自有致。"③ 又云："武士无刀兵气，书生无寒酸气，女郎无脂粉气，山人无烟霞气，僧家无香火气。换出一番世界，便为世上不可少之人。"④ 可见，所谓的有致，就是不再追求本色、安于本业，而是一种矫情，甚至是故作标致，藉此"换出一番世界"。

① 谢兴尧：《谈明季山人》，载《堪隐斋随笔》，辽宁教育出版社 1995 年版，第241 页。
② 详细阐述可参见陈正宏、朱邦薇：《明诗总集编刊史略——明代篇（下）》，载朱立元、裴高主编：《中西学术（二）》，复旦大学出版社 1996 年版，第 124—129 页。
③ 陈继儒：《岩栖幽事》，载《清言小品菁华》，第 336 页。
④ 陈继儒：《小窗幽记》卷 9《绮》，上海古籍出版社 2000 年版，第 125 页。按：此说亦见于吴从先：《小窗自纪》，载《清言小品菁华》，第 323 页。

明代各色人物群体不务本业现象的出现，固然以社会流动之加速乃至职业分化为社会史背景，然若细究之，仅仅是角色本体与所业之事的分离而已。换言之，所谓不务本业，既非改业、易业，更非无业浪游，而是一种角色转换。进而言之，无论是文人尚武乃至专注于"余技"，武将耽于文艺，还是僧人专务"外学""杂术"，妇女内职不修，甚至工匠修治文艺及"儒匠"的出现，① 无不都是职业精神沦丧、业余精神勃盛的典型反映。

美国学者列文森将明代视为文人业余精神最昌盛的时代，而明代文化也是"最典型的文人业余文化"。至于业余精神，其实就是基于一定经济基础或稳定生活之上的消闲精神。② 这种文人业余精神的勃盛，显然得力于社会群体角色的转换。在这一角色转换过程中，文人士大夫始终占据中心的位置。在明代的传播媒介体乃至大众评价体系中，文人士大夫在专精文艺之余，可以将闲暇时间专注于其他技艺，且受到社会舆论的正面评判。至于其他社会群体之好文，诸如：生员言诗，藉此掩饰其训诂之陋；武人拈韵，藉此文饰其剑槊之粗；甚而托钵之僧、倚市之女之类，亦雅附于声诗，藉此自别于不韵无文之俗髡、凡妓。究其原因，则是因为经生士子因为依靠本业不足以致身，只得遁于诗坛，凭借诗才贩卖于王公大人之门；武弁起于行间，力单援寡，只得依附词坛，不但藉此可以博取雅歌之誉，亦可拓展他们的交游网络，达到"连其奥援，身名俱泰，金多而取大位"的目的。至于吟僧、诗妓，他们从事于诗歌创作，目的亦无非是藉此"仰衣钵丁冠盖，来门前之车马"③。由此不难发现，上述所有不务本业且力图跻身诗人行列之人，其目的无

---

① 明代工匠业余精神之勃盛，乃至"儒匠"之广泛出现，当另撰一文予以探讨，在此不赘。

② ［美］列文森（Joseph R. Leveson）：《从绘画看明代及清初社会的业余精神》，载《中国思想与制度论集》，张永堂译，台北联经出版事业公司 1977 年版，第 421—422 页。

③ 曾异撰：《叙施造仲将军诗》，载《明文海》卷 275，第 2855—2856 页。

非是通过模仿士大夫之生活乃至角色转换，藉此提高自己的社会声誉。

就其本质而言，明代社会群体之角色转换乃至业余精神之勃盛，显是一种社会异动，亦即在广泛的社会流动背景下所产生的职业兴趣转移。这种风气一旦形成，且蔚为大潮，势必导致士商相混、僧俗相混现象的出现，进而对士、农、工、商等级秩序形成冲击，甚或妇女向"女丈夫"人格的转变。① 与此同时，文人好武，多纸上谈兵而已，不切实际；而武士习文，亦非本色当行。对内忧外患的晚明时代来说，这种文恬武嬉，绝非是一件幸事，却是当时职业精神沦丧或业余精神勃盛的实录。

---

① 如谢肇淛称妇女写诗好名，堪称"女丈夫"。钱谦益亦称女山人王微与黄皆令，一则近于"侠"，一则近于"僧"。分见谢肇淛：《五杂组》卷8《人部四》，上海书店出版社2001年版，第144页；钱谦益：《牧斋初学集》卷33《士女黄皆令集序》，载《钱牧斋全集》，上海古籍出版社2003年版，第967页。

上　编

政治生态与制度变迁

在明代文武关系的流变中，存在着武将好文、文人尚武两大风习。这是相当值得关注的时代特征。无论是武将好文，还是文人尚武，从好的面相看，固然迎合了当时追求文武合一的时代风气，然其弊端亦复不少。就武将好文而言，武将一旦以工诗作赋为风尚，反而会对兵家要义，终身不学，绝口不谈。

一、为己而仕：官场生态与官场病的形成

　　追溯"五瘴"之论，理应从宋人梅挚所写《瘴说》一文说起。自唐宋以后，岭南以瘴气闻名，成为仕路的一大难途，避之犹恐不及，深怕自己在官路上为瘴气所染，客死他乡。故岭南之地，多为京官贬窜之处。宋景祐初年，梅挚出知昭州，专门撰写《瘴说》一文，镌刻在崖石之上，并以"瘴气"为喻，对当时官场中的五种瘴气之病——加以揭示。据梅挚所言，"五瘴"云云，实为宋代官场的五种瘴病，即"急征暴敛，剥下奉上"的"租赋之瘴"，"深文以逞，良恶不白"的"刑狱之瘴"，"昏晨醉宴，弛废王事"的"饮食之瘴"，"侵牟民利，以实私储"的"货财之瘴"，以及"盛拣姬妾，以娱声色"的"帷簿之瘴"。[①] 细绎梅氏之意，"五瘴"之病，并非像岭南这样的远方官场所独有，即使在辇毂之下，亦在所难免，只是仕者或不自知，于是将其归咎于"土瘴"。

　　梅氏借喻岭南瘴气，提出"五瘴"之说，堪称切中官场膏肓。在明人汪天锡所辑《官箴集要》中，亦收录了梅挚的《瘴说》，旨在说明瘴气的危害，不仅仅限于"地瘴"，而是另有一种"仕瘴"，地瘴未必

---

　　① 钮琇：《觚賸》卷7《粤觚上·五瘴》，上海古籍出版社1986年版，第128页。按：此文亦为清人陈宏谋所辑《从政遗规》卷上《常言》所引，仅个别文字稍异。参见《官箴书集成》第4册，第233页。

能死人，反而是"仕瘴"，更容易死人。① 那么，何以避免此五瘴之病？清初人钮琇在引述梅氏之说后，提出了治疗之方，此即"知而反之"。假若如此，不但能"却疾"，而且可以"延生"，成为一种"疗瘴之良方"。②

然吊诡的是，由于自然环境的优劣之异，再加之经济发展水平的参差不一，必然导致仕宦之地的苦乐不均。随之，在明代的官场上开始流行"命运低，得三西"的谚语。③ 所谓的"三西"，即山西、江西与陕西，或因处于边地，或因经济落后，或因民风刁讼，为官甚难，且无多少油水，百官视为仕路畏途，避之犹恐不及。除了"三西"之外，四川亦是明代官员规避出任之处。史载张悦任吏部侍郎时，有一位四川监司官前来请教为官之道。张悦直接告之："川行甚险，州县卑官，携妻孥往者，实以躯命博升斗禄，脱不测，举家葬鱼腹矣。幸毋以微罪斥去之。"④ 于是，诸如蓟州、辽东、山西、陕西等沿边有司，"乃官其地者，非杂流，则迁谪；非迁谪，则多才力不堪之人，谓以劣处之也"⑤。

事实确是如此。明末时任陕西巡按御史的吴牲，曾就由于为官之地不同而造成的苦乐不均，作了较为形象的剖析。据他的观察，当时的官场已将中原视为"腹心之地"，而江浙是"靡丽之区"，闽粤为"僻腴之乡"，若是能出仕这些地方，不但衣冠甚都，驺从如云，甚至俸薪之入，公费应酬之需，无不取之裕如，而且讼牒科罚，征求羡耗，亦岁入不赀。其中的贤者，只要稍知砥砺，则很快声誉鹊起，至于那些高才捷足之徒，将所得好处的一部分用来要结夤缘，一等俸期将及，无不擢迁

① 汪天锡辑：《官箴集要》卷上《职守篇·瘴说》，载《官箴书集成》第1册，第269页。
② 钮琇：《觚賸》卷7《粤觚》上《五瘴》，第128页。
③ 谢肇淛：《五杂组》卷4《地部二》，第74页。
④ 张怡：《玉光剑气集》卷15《德量》，第600页。
⑤ 高拱：《边略》卷1《议处边方有司以固疆圉疏》，载《高拱全集》，岳金西、岳天雷编校，中州古籍出版社2006年版，第559页。

美官。而其中的不肖之流，则胗削膏脂，充润囊橐，即使不幸遭到弹劾，轻则降调，重则罢斥。然即使罢官回乡，尚可以利用为官时的财产积累，装构园亭，盛设车骑，招待宾客，肥酒大肉，以自娱乐。且多买良田美宅，留给子孙。诸如此类的行为，虽不为清议所齿，然并无刑戮之忧。而出仕陕西延安、庆阳的官员，则正好与其相反。这些贫瘠的地方，大荒连年，群盗如毛，课税既停，缗算复绝，官无俸钱，役无工食。其中的贤者只能自办资斧，以糊其口。他们孑然一身，整天怀抱印绂，夜里留宿于雉堞之上，在戎马烽火之中，与鸠形鹄面之人为伍，不但没有做官的荣耀，而且少有生人之乐。又如在中部、保安、安塞、合水等县，煨烬之余，县官只得栖止于民房，即使出骑款段，亦无力置办轿舆。① 由此可见，同为朝廷司牧，绾半通之纶，受一命之寄，而苦乐异趣，一至于此。

客观上的环境之异，自然造成为官之地的肥瘠之别，致使官员苦乐不均。对为官之地的挑肥拣瘦，固然不能遽断为一种官场病态，但至少说明官场生态已经开始发生根本性的转变，即为官者弃"事君""惠民"于不顾，而是更多考虑"事亲"，甚至是一己之私，并与儒家所倡导的为官本义渐行渐远。此即自宋以后儒家士大夫所常言的古之仕者"为人"，今之仕者"为己"。

官场生态与吏治变迁

官场生态的形成乃至变化，其最为关键的一点，则牵涉到如何理解为官的本义。换言之，为官本义上的"为人"与"为己"之辨，甚或"致君泽民"与"营私肥家"之别，确实关乎士大夫内在的精神世界。

---

① 吴甡：《柴庵疏集》卷 10《边地有司减俸行取疏》，浙江古籍出版社 1989 年版，第 215—216 页。

假若出仕者抛弃久已信奉的儒家为官准则，那么必然会引发官场生态的异变，乃至士风的堕落，进而导致吏治的变迁。

（一）为官本义及其沦丧

就为官本义而言，随着时代的变迁，其实已经发生了两大转向：一是从设官"为民"转向设官"为君"；二是从设官"为君"转向设官"为贵人"。由此而来者，则是从"忘己"向"树己"的转变，进而沦为"固己"，其不可避免的结局则是为官不再"为国"，而是仅仅为了"中饱"私囊。[1]

这就需要从儒家政治文化的视角重新对为官本义加以审视。按照儒家传统的政治道德观念，为官的本义理应是"事君""惠民"与"事亲"。所谓"事君"，就是官员"上馨其诚以报其主"。所谓"惠民"，就是官员"下竭其力以惠其民"。换言之，士人做官，并非以享爵禄、操利势，使人奔走承奉为荣，而是必须惠泽及于百姓，使百姓爱戴自己犹如"父母"，令名垂于无穷。《诗经》云："彼都人士，狐裘黄黄。其容不改，出言有章。行归于周，万民所望。"所言即君子以道得民，百姓爱护其德，进而借咏歌形容其容貌言语之美。所谓"事亲"，则指官员通过出仕而获取廪禄与华贵，以廪禄"养亲"，以华贵"敬亲"，进而使双亲"尊而且荣，安而且寿"。[2]

综上不难发现，真正能将儒家理想乃至精神人格付诸实施者，做官的目的显然是为了"致君泽民"。明代学者章懋对其侄子章拯的劝谏，可以作为典型一例。史载章懋的侄子章拯，官至工部尚书，做官为人清操淳朴。致仕回到家乡，有积俸500两银子。此事被章懋知晓后，大为不悦，对侄子道："汝此行做一场买卖回，大有生意。"章拯听后，面

---

① 姚旅：《露书》卷6《华篇》，第152页。

② 赵时春：《浚谷文集》卷1《贺顾孔振母封安人并寿七十序》，载《赵时春文集笺校》，杜志强整理，天津古籍出版社2012年版，第37页；归有光：《震川先生集》卷11《送周御史序》，周本淳校点，上海古籍出版社2013年版，第248页。

露愧色。① 官至尚书，致仕后仅有积俸银 500 两，理当属于清操之官，那么为何章懋尚以"买卖"二字加以讥讽？究其原因，还是因为儒家学者所秉持的是义利之辨。进而言之，在出仕为官方面，人人必须过得"义利"之关。他们所崇尚的是"义"，而不是"利"，即使"大利"，亦"不换小义"，更遑论"以小利坏大义"？② 换言之，士人之"廉"，犹如处女之"洁"，"一朝点污，终身玷缺"。③

反观明代官场，儒家政治文化中的为官本义已经丧失殆尽，很多人将出仕做官当作一桩"买卖"或者"生意"。在这单生意中，所有前期诸如参加科举考试之类的付出，必须在出仕以后获得相应的回报，甚至有利可赚。于是，世人更重"官荣"，致使"仕路丧天真"成为一种普遍的现象。④ 至于其具体的表现，则可析为以下三点：一是仕宦追逐名利，不再有实惠及于百姓，"卑者汨利，高者骛名"。⑤ 二是仕宦有"市井之心""盗贼之行"，上焉者只是"务名以干上司之知，其弊徒受虚文，无恻怛之实"；下焉者，则"惟知渔利，人面而鬼心"。⑥ 三是为官不再为国，而是仅仅为了满足一己私欲，"谋国事似甚拙，而谋富贵又甚巧；为朝廷干办似甚疏，而为身家私图又甚密"。⑦

为了保持一己的富贵之欲，在明代官员中普遍流行恋官之风。按照儒家的政治观念，士大夫居官，常要思量此官今日要回就回，明日要回就回，有如此见识、度量，方不失为官本义。然揆诸明代官场，官员恋栈之例，俯拾即是。即使是尊官大吏，一听说自己被罢职，就茫然自

---

① 张怡：《玉光剑气集》卷 11《清介》，第 458 页。
② 吕坤：《呻吟语》卷 1《内篇·礼集·存心》，第 31 页。
③ 徐榜：《宦游日记》，载《官箴书集成》第 1 册，第 381 页。
④ 郎瑛：《七修类稿》卷 15《义理类·丧天真》，上海书店出版社 2001 年版，第 146 页。
⑤ 李容辑：《司牧宝鉴·先贤要言》，载《官箴书集成》第 3 册，第 203 页。
⑥ 李容辑：《司牧宝鉴·先贤要言》，载《官箴书集成》第 3 册，第 204 页。
⑦ 吴甡：《柴庵疏集》卷 1《王言太亵国法陵夷为今日隐忧疏》，第 36 页。

失，甚至"哭泣嗟咨继之"。① 有的官员尽管已经外补、左迁、革职，但还是书写以前的官衔，足证他们深具眷恋美官而难以割舍之情。② 其中最为典型的例子，当数万安与杨一清。史载万安失势之后，即使收到皇帝的谕旨，尚不肯离官，直至皇帝让太监前去逼夺牙牌，才不得已上疏告去。在回家乡的途中，犹夜望"三台星明否"。三台六星，代表着人间的三公，万安此举，实有冀希复用之意。③ 杨一清自内阁大学士归田之后，被重新起用为三边总制。在上任途中，路经洛阳，前去谒见刘健。刘健出来相见，但辞色甚倨，道："汝亦曾为阁老，复出作总制，内阁体统为汝一人坏尽矣。"杨一清云："朝廷简命，不得不赴。"刘健云："进止有汝，何得乃尔！我老，不能对客。"随后命二孙陪茶。杨一清惭愧而出。④

何以如此恋官？正如明代介丘和尚所言，还是因为这些官员的心中，存有一个"得失"的念头。作为富贵人的官员，一旦享用了服食起居方面的荣华富贵，就"淡薄不得"，在任时的热闹场面，经历过了，就"冷落不得"。得不到，就称之为"失"。得失的念头，常转于胸次，所以在学道之时，不能做到"悬崖撒手"。⑤ 更有甚者，为了保持富贵荣华，有些官员不惜做出"抢官"之举。冯惟敏所著散曲《八不用》八首，其中一首云："乌纱帽满京城日日抢，全不在贤愚上。新人换旧人，后浪催前浪，谁是谁非不用讲。"⑥ 所言即此。

做官初意一差，其后的行政必然一塌糊涂，吏治之坏，由此而致。在如此风气浸染之下，当官者宁可得罪于"朝廷"，不愿得罪于"官

---

① 李乐：《见闻杂记》卷6，上海古籍出版社1986年版，第551页。
② 陆容：《菽园杂记》卷3，中华书局1997年版，第30页。
③ 梁维枢：《玉剑尊闻》卷10《黜免》，上海古籍出版社1986年版，第683—685页。
④ 梁维枢：《玉剑尊闻》卷4《方正》，第271—272页。
⑤ 张怡：《玉光剑气集》卷24《嘉言》，第866页。
⑥ 冯惟敏：《冯惟敏全集·散曲》，谢伯阳编纂，齐鲁书社2007年版，第138页。

长"；宁可得罪于"小民"，不愿得罪于"巨室"。究其原因，得罪朝廷，尚可盗取"批鳞"的声名；得罪小民，亦上有弥缝之术可以施救；惟有得罪官长、巨室，不免"朝忤旨而夕报罢矣"。① 为此，即使所谓的能吏，也不再以"爱民"为己任，而是仅仅凭借自己的才智"驰骋"，或者"趣办于簿书期会之间"。②

流风所及，明代官员仅仅满足于"当官"，而不再"做官"，或仅知"做官"，不晓"做人"的道理。正如明人徐学谟所言："六卿但知从政，不知执政，是以题覆屡至变更；有司但肯当官，不肯做官，是以施为一切苟且。"③ 尽管只有一字之别，当官者只是满足于一己之私，以苟且两字聊以塞责；而做官者则需为朝廷、百姓做事。照理说来，真正的做官，既得小民之欢心，何暇计上官之谩骂？既树居官之气节，何须畏当路之厌薄？若能如此，虽然会遭遇世路风波，但"做人"两字还是绰绰有余。事实并非如此。明代官场的官员，不免工于欺世之"小术"，甚至假托"时中"两字，一开口，一举足，不问自己"慊不慊"，但问别人"喜不喜"，④ 官场已无真实做官之人。

（二）官场生态的变化

为官本义一旦沦丧，必然殃及官场生态。若论明代官场生态的变化，不妨先引朱元介所著《风筝》诗一首为例加以说明，诗云："自负云霄早致身，安排线索靠他人。摩天手段乘风展，掉尾精神逐日新。暂耸观瞻喧里巷，终嗟破碎委埃尘。牵来拽去成何用，骤雨淋头断送春。"⑤ 诗句以风筝为喻，点破明代官场世态。

细加概括，明代官场生态的变化，大抵体现在以下五个方面：

① 谢肇淛：《五杂组》卷13《事部一》，第274—275页。
② 归有光：《震川先生集》卷11《送吴县令张侯序》，第255—257页。
③ 徐学谟：《归有园麈谈》，载《清言小品菁华》，第20页。
④ 孙奇逢：《夏峰先生集》卷1《复许紫垣》《复贾太公衔怗》，中华书局2004年版，第6页。
⑤ 姚旅：《露书》卷3《韵篇上》，第91页。

其一，假借养病，规避营私。按照明代史部所行事例，凡是京官养病，到家调理，痊愈之后，必须按期赴部听用。若有托故延住三年之外者，照例革职。① 嘉靖八年（1529）十一月，明世宗更是下诏："这御史但有养病三年以上的，都革了职，着冠带闲住。"② 事实并非如此，史料有如下揭示：

> 近来大小诸臣，凡迁转除授等项，往往身家念重，王事为轻，本枉道过家，乃称病改限。各省巡按不加严查，多称据有患帖，代奏究免。至于违限已久，例应起送者，原畏参查，乃先自具奏求退，以图立案幸免。既文其迁延之罪，又借以恬退之名。支吾既过，旋复之官。欺怠成风，恬不畏惧，致使官司无主，动经岁年。事皆废弛，民无依倚。其为害治，良非细也。③

假借养病，既可文饰迁延之罪，又可藉此获取"恬退"的高名，难免官场仿效成风。

在此风气的影响下，凡是公家之事，只要不关系个人的身家利益，官员莫不替自己算计，有时甚至将人、己合在一起通算妥帖，才做决定，朝野皆然。如六科官员出使琉球之差，因渡海有风波之险，躯命所关，无人愿意承担此差，只好轮流充任。万历年间，有一位官员轮当此差，就"先期告病归，自谓得计"。④ 至于那些号称养病的官员，大多延违年限，或借口"限内起文"，或借口"中途再病"，让人无凭查考。

---

① 高拱：《掌铨题稿》卷 9《参处郎中费懋乐疏》，载《高拱全集》，第 240—241 页。

② 高拱：《掌铨题稿》卷 5《申议养病事例以一法守疏》，载《高拱全集》，第 212 页。

③ 高拱：《掌铨题稿》卷 27《覆贵州巡按御史蔡廷臣参参议曹司贤疏》，载《高拱全集》，第 400 页。

④ 李乐：《续见闻杂记》卷 10，第 882—883 页。

究其目的，不过是"假托营私"，或通过养病规避，恣意家居，等到过期之后，再"巧图援引"。①

借病请告规避，显已成为明代官场的惯例。当然，病与不病，完全取决于职位、任职地的肥瘠。正如时人舒弘绪所言："官藩臬则病，擢京堂则不病，是京堂者救藩臬之药石也。官留都则病，擢京师则不病，是京师救留都之药石也。"伍袁萃对舒弘绪之说有所增定，云："阁部大臣，不论劾则不病，论劾则病，是言官之论劾，大臣之疫疠也。不慰留则病，慰留则不病，是主上之慰留，大臣之良剂也。"② 为了对官员称病规避之风有更深入的了解，不妨引用下面一则事例加以说明。明代有一位担任行人司行人的官员，一天到龙霓家中，与其商量，道："吾欲注门籍几日，何如？"上面所谓的"门籍"，实为京官的书名簿，置于长安门，京官若是有病，可以在门籍中注明，免于朝参，称为"注门籍"。龙霓听后，问其原因。这位行人答道："近有楚差，将避之。"龙霓云："湖广非险远，况尊公在堂，便道一省，不亦善乎？避何为者？"行人道："不然。闻吏部将选科道，承此差恐不得与，避之，则同官杨子山当行。"龙霓云："然则听子。"这位行人最后称病"注门籍"。然人算不如天算，这次吏部开选科道官员，规定"乍告病者"不得出选，杨氏反而应选擢升吏科给事中。这位行人因此大为悔恨。③ 这虽可为规避阴谋者戒，但至少说明称病规避在明代官场已是蔚然成风。至于官员规避，有时则是为了逃避边方之任。如在明代，边方司道官员，虽然职司防御，但确实很少有人愿意担当。再加之地方苦寒，每次升补此职者，往往回原籍迁延，"不肯速赴"，完全失去人臣"鞠躬尽

---

① 高拱：《掌铨题稿》卷5《申议养病事例以一法守疏》，载《高拱全集》，第212—213页。

② 张怡：《玉光剑气集》卷4《国是》，第174页。

③ 龚炜：《巢林笔谈》卷3《诡避失选》，中华书局1997年版，第58页。

瘁之义"。①

其二，因循苟且，"善宦"成风。明代官场，能臣颇乏，很多不过是因循苟且的庸吏。如明代新官到任之后，地方很快就会有所品评。如凡事都听佐贰官者，谓之"佐贰官"；凡事都听六房书吏者，谓之"吏书官"；凡是皂隶亦可上堂说话者，谓之"一堂官"；凡是官员喜欢多出告示，谓之"告示官"；凡是官员少有性气，谓之"公子官"；凡事做得过当，谓之"子孙官"；凡事均喜妆饰，谓之"泥巴官"。② 在民间舆论的观照之下，诸如此类的官员，无不是庸吏成风的明证。

流风所及，则形成两大官场病态：一是"善宦"。所谓善宦，通俗言之，即为善于或巧于做官，譬如当官者"率务裂纲纪，以市私恩，纵奸慝以为盛德"。他们不但在未发之前，"不行觉察"；而且在既发之后，亦"曲为容隐"。③ 二是"痞政"。所谓痞政，显是政治缺乏清明的典型症候，且丧失了设官的本意。这可以从下面史实中得到印证。如山西洪洞县有一位王姓国子监生，将家中资本委托他人营利，受托者将资本荡费殆尽。王氏初时尚不知实情，要求加以清查，不料其人投缳而死。洪洞县丞因王氏家富，索贿不遂，就肆意断为："王太学持刀杀之。"并拟将王氏置之重典。巡按御史对此狱持怀疑态度，下发此案，让当事者重审核实。当事者"恐其富污己，竟高阁不敢措手"。设官的本意原本是为了"理枉"。然在此案的审理过程中，一个官员为索贿不遂而锻炼成狱，另一个官员则怕受屈者家中富有而影响个人的清誉，"灼见而莫敢矫其非"。④

其三，官员入幕，给事私门。自隆庆末年、万历初年以后，随着内

---

① 高拱：《掌铨题稿》卷17《覆总督王之诰条陈疏》，载《高拱全集》，第297页。

② 佘自强：《治谱》卷2《到任门·知鉴》，载《官箴书集成》第2册，第93页。

③ 高拱：《掌铨题稿》卷10《查究假官以正国法疏》，载《高拱全集》，第247—248页。

④ 姚旅：《露书》卷8《风篇上》，第194页。

阁首辅权力的更替，很多政府官员均入执政大臣之幕，给事私门，导致中央政府各衙门的堂官，对下属官员难以约束。这些属官，"恣其胸臆，旁若无人，自称风采焉。习以成风，彼此相效"。至于外省，巡按御史见到那些进士出身的推官、知县有科道之望，就曲加护庇，引为"私人"，甚至委托他们查访布政、按察二司官员的贤否，"悉出唇吻，有所不悦，遂以萋菲而祸终不免"。于是，二司官员反而畏惧推官、知县，遇到他们前来谒见，"每每留饮幕中，亲陪谈笑，以结其欢心"。①

其四，官员撒泼，骂座打架。在明代官场，一些官员为了官位升迁一类的个人私利，不惜置士大夫的身份于不顾，互相詈骂，一如街头泼皮。这可以下面两个事例加以说明。第一个例子是傅策与张明化交恶相骂。傅策，字元汉，上海县人。曾为刑部主事，因上疏论劾严嵩，谪戍广西，为此声望日重。穆宗登极，补任吏部，后历转南京礼部侍郎。同里人兵部主事张明化，拿300两银子前去谒见傅策，希望能居间谋得升迁之职。傅策听后，不免勃怒，大骂明化。明化遭此奇辱，亦攘臂大诟，甚至历数傅策的过失。傅策更是怒甚，骂道："竖臭子，我为若推星运，不过十年官，今宜尽矣。"明化反唇相讥，骂道："若论星运，汝不久且丧元。"说完拂衣而去。② 第二个例子是刘芬与吴鹏交恶相骂。嘉靖年间，景王就任封国，理当除授王府中的长史。有人与中书舍人刘芬开玩笑，道："吏部将以尔为之。"刘芬听后大怒，飞速前往吏部尚书吴鹏的家，裂冠毁裳，戟手大骂而去。③

有时地方官员饮酒聚会行令，一言不合，亦时有骂座之例。如广平知府刘芳誉，出身进士，与属官进士出身的曲周知县高出关系颇为融洽，平日宴会，互相嬉戏，大有名士之风。一日饮酒聚会期间，广平府

---

① 高拱：《掌铨题稿》卷25《覆南京户部尚书曹邦辅参主事张振选疏》，载《高拱全集》，第381—382页。

② 梁维枢：《玉剑尊闻》卷5《识鉴》，第308—309页。

③ 梁维枢：《玉剑尊闻》卷10《忿狷》，第708—709页。

一位贡生出身的通判亦参与聚会，一起饮酒行令。通判举一令，以字貌相类者为觞政，不能者有罚。于是先出令道："左手相同绫绢纱，头上相同官宦家，不是这官宦家，如何用得他许多绫绢纱。"酒令所用之语，颇为鄙俚。高出大为憎恶，就续令道："左手相同姊妹姑，头上相同大丈夫，不是我大丈夫，如何弄得你许多姊妹姑。"令语之中，实有讨通判便宜之嫌。通判听后大怒，骂座而起。刘芳誉又续令道："左手相同糠秕粝，头上相同尿屎屁，不吃这些糠秕粝，如何放出许多尿屎屁。"其意是替双方解围，而通判不平愈甚，乃至互相揭对方的老底。①更有甚者，明代官场中人，一语不合，诉诸武力者亦有其例。如万历二十八年（1600）八月广东乡试，无锡人巡按御史顾某，在试院堂上，与绍兴人布政使王泮，议论不协，顾氏以手掌打王泮，王泮不让，反手击打，顾氏披发倒地，身且去服。王泮疾行出院，衣冠体面，丧失殆尽。②

其五，士气衰落，趋名趋利。士气云云，乃国家之元气。而揆诸明代官场，人心士习，日趋颓靡。在明代官场，官员不知有公道是非，袭套献谀，虚美熏心，互相效仿，靡然成风。大官皆然，尤以相门为甚。当时的官员，尤其崇尚"老成"与"善处"。所谓老成，就是不喜人言，见人俯首深揖，口中讷讷，不吐一词。所谓善处，就是不喜人直，遇事圆融委曲。③时风所至，则无不将立节之人视为"好异"，将守正之人视为"矫情"，只是取模棱软媚之人。于是，巧猾无耻之徒，"乘间斗进，天下靡然顾化"，而所谓真气节者，则"折北而远避"。④

究士气衰落之由，实际上还是因为"名利"二字作祟。譬如，北京是当时天下奇人所荟萃之区。然这些所谓的"奇人"，他们汇聚在京

① 沈德符：《万历野获编》卷22《府县·刘际明太守》，第578页。
② 李乐：《续见闻杂记》卷11，第1024页。
③ 刘应秋：《上山阴王相国书》，载《明经世文编》卷431，第4713页。
④ 刘应秋：《上山西王相国书》，载《明经世文编》卷431，第4715页。

师，其目的正如袁宏道云："大约趋利者如沙，趋名者如砾，趋性命者如夜光明月，千百人中，仅得一二人，一二人中，仅得一二分而已矣。"① 可见，仍然不脱"名""利"二字，很少有人能悟得自己"性命"的真正价值。所谓的奇人尚且如此，更遑论普通的读书人。关于此，袁宏道作如下揭示：

> 人生愿欲，决无了时。作童生者，以得青衿为了，然一入学官，而不了犹故也。作孝廉者，以得乌纱为了，然一登甲第，而不了犹故也。未得则前途究竟，途之前又有途焉，可终究欤？已得则即景为寄寓，寓之中无非寓焉，故终身驰逐而已矣。且夫生之急于贵，死之甚于贱审矣，一童子辨之，岂必贤知而后决哉？然而今之作推知中行者，恨不一日即三载也。何也？以促三载，有京官之利也。官台省者，恨不一日即八九载；官翰苑者，恨不即时发白齿落也。何也？以老科道有堂卿之利，老翰林有入阁之利也。爱富贵之心，甚于爱生；恶贫贱之心，狠于恶死。茫茫不返，滔滔皆是，即贤智或不免焉。②

足见当时的官场中人，普遍存在着一个富贵情结，爱富贵之心，了无止境。官味淡然，谈何容易。礼部尚书汪镗与大学士王锡爵的一段对话，已经明白道出明代官员的富贵情结。史载礼部尚书汪镗草疏乞休，对王锡爵云："官味淡然，何苦逐逐不止？"王锡爵答道："先生试少尝无味之味，待知味后能放筋，乃佳耳。"③

① 袁宏道撰，钱伯城笺校：《袁宏道集笺校》卷5《锦帆集》之3《尺牍·家报》，第203—204页。
② 袁宏道撰，钱伯城笺校：《袁宏道集笺校》卷6《锦帆集》之4《尺牍·与顾绍芾秀才》，第295页。
③ 梁维枢：《玉剑尊闻》卷7《规箴》，第446页。

（三）吏治变迁

究明代官场吏治变迁，实有"清平之世"与"否塞之世"的区别。明人陈第有《二疏咏》诗，其中有句云："君不见清平之世吏多廉，归居卑室耕薄田；子孙刻砺谋树立，青云接踵称英贤。又不见否塞之世吏多贪，满堂金玉堆琅玕；子孙骄侈旋破败，冬或衣葛朝无餐。奈何荐绅弗明觉，一入膴仕忘旧学。公然剥削殖资财，泾水侵淫渭亦浊。"① 细绎诗句之意，两者之别，在于一为"吏多廉"，一为"吏多贪"。

世道的变迁，实关乎士风的兴衰。考明代士风的衰落，显然始于弘治以后。按照丘濬的说法，在正统、景泰以前，气化隆洽，人心淳朴，士风尚未至于浇漓。当时的士大夫，制行立言，"类以质直忠厚、明白正大为尚，而不为睢盱侧媚之态、浮诞奇诡之辞"②。至弘治年间，士风趋于转变。弘治十二年（1499），南京刑部主事胡世宁在上疏中，已经直言士风之邪正，关系到天下之安危。他说：

> 今我国家承平日久，朝士安于豢养，狃于因循，廉节扫地，趋媚成风。以通达为高致，以廉退为矫激，以推奸避事为老成，以党恶和光为忠厚。其群居言议所及，心志所向，不曰升官，则曰成家。其有语及国事当忧，民瘼当恤者，则众怒群猜，百口排斥，不曰生事，则曰好名，使必无所容身而后已。至于公差所过地方，则论有司逢迎迟速以为贤否。事故回，还原籍，则视官府嘱托行否以为毁誉。③

---

① 陈第：《五岳游草》卷 2《二疏咏》，载《一斋诗文集》，郭廷平点校，福建教育出版社 2012 年版，第 190 页。

② 陈建：《皇明历朝资治通纪》卷 27，载《皇明通纪》，钱茂伟点校，中华书局 2008 年版，第 1005 页。

③ 陈建：《皇明历朝资治通纪》卷 27，载《皇明通纪》，第 1004 页。

可见，至弘治年间，士风已经开始发生转变，最终导致贤否混淆，是非倒置，甚至天下不治，民生不安。这种士风的转变，最为明显的标志，就是官员的志趣出现变化，一如凌翰所云：

> 今士大夫相与叙寒暄道旧之余，或谈星命，或论相术，或指画地理，或以职任之炎冷为忧喜，或以升迁之迟速为欣戚。盖至于京师之中，缙绅之士，其所竞传以为美谈者，必曰围棋、金华酒、杜诗、《左传》文，悉相尚以为高致。而君德成败，生民休戚，国体弛张，鲜或萦其抱焉。是故，东方明矣，遂队而入，以朝于天子。朝既退矣，复遂队而入，以升政事堂。大臣坐镇雅俗，小臣谨守簿书，上下相安，苟卒岁月。至于敦世厉俗，无说焉。群聚而谈，而不安乎流俗而稍自振拔者，则众共反唇而稽，不曰邀名，则曰立异，而相与诋排之。①

士君子原本以磊砢自许，且莫非圣贤古训。一旦通过科举而进入官场，就将平昔所曾诵读的圣贤之语置之脑后，开始依违于众人之常谈。据凌氏之言，可见嘉靖年间士风之弊，视弘治前为尤甚。

与士风变迁相应，明代的吏治也开始发生不同程度的转变。根据清代史家赵翼的观察，明初洪武年间，明太祖起自闾右，熟悉墨吏对民生吏治的危害，尝以极刑处之。然太祖施政，并非专任刑法，尚通过旌举贤良，以示奖劝。故自洪武以来，吏治澄清，长达百余年。当英宗、武宗之际，即使内外多故，而民心尚无土崩之虞。究厥其由，还是因为吏鲜贪残之故。自嘉靖、隆庆以后，吏部考察之法徒为具文，而人人不自顾惜，且抚按之权太重，举劾唯贿是视，官员均凭贪墨奉承上司，于是

---

① 陈建：《皇明历朝资治通纪》卷27，载《皇明通纪》，第1004—1005页。

吏治日媮，民生日蹙，明朝随之覆亡。①

官场病的形成与症状

明代官场病的形成，起源于弘治年间，至嘉靖、隆庆以后更是病入膏肓。至于官场病的症状，因观察者的视角不同，其概括亦稍有差异。最为简单的概括，当数李三才，他在上奏中，用"泄泄沓沓，以社稷为戏"九字加以论断，② 可谓切中时弊。嘉靖元年（1522），羽林卫指挥使刘永昌在上奏中，将"人臣之恶"亦即官场病症概括下面六种，分别为"贪赃""嘱托""私意""苟延""骄纵""淫滥"。③ 明代理学大家吕柟，更有"居要九病"之说，即将位居要地官员的九种病症加以揭示，即"见善忘举"的"妒"病，"知恶不劾"的"比"病，"依违是非"的"谲"病，"借公行私"的"佞"病，"意存觊觎"的"狡"病，"惧祸结舌"的"偷"病，"指摘疑似"的"刻"病，"怒人傲己盖其所长而论"的"忿"病，"喜人奔竞护其所短而薦"的"贪"病。④

上述诸家所论明代官场病症，虽属简要，却不够详尽明晰。唯有高拱之论，不但详尽，且可谓一针见血。高拱云："今有司多袭旧套，支吾岁月。即其良者，亦不过饰虚文，奉上官为声价而已，固无实惠及民也。"⑤ 这是就为官者丧失做官本意立论。至于明代官场的具体病症，高拱更是将其概括为"八弊"：一为"坏法之习"。"自通变之说兴，而转移之计得。欲有所为，则游意于法之外，而得倚法以为奸；欲有所

① 赵翼：《廿二史札记校证（订补本）》卷33《明初吏治》，王树民校证，中华书局1984年版，第759—760页。

② 李乐：《续见闻杂记》卷11，第1007页。

③ 沈德符：《万历野获编》卷20《言事·武弁建言太黩》，第513页。

④ 刘献廷：《广阳杂记》卷1，中华书局1957年版，第29页。

⑤ 高拱：《政府书答》卷3《答山东梁巡抚一》，载《高拱全集》，第524页。

避，则匿情于法之内，而反借法以为解。爱之者，罪虽大而强为之辞；恶之者，罪虽微而深探其意。"二为"赎货之习"。"自包苴之效彰，而廉隅之道丧。义之所在，则阳用其名，而阴违其实，甚则名与实兼违之；利之所在，则阴用其实，而阳违其名，甚则实与名兼用之。进身者以贿为礼，鬻官者以货准才，徒假卓茂顺情之辞，殊乖杨震畏知之旨。"三为"刻薄之习"。"事有当然，故抑滞留难以为得；赋有定数，必剥民多羡以为能。罪不原其情，而以深入为公；过不察其实，而以多讦为直。"四为"争妒之习"："事出于己，虽甚不善而必要其成；事出于人，虽甚善而每幸其败。如弗败也，犹将强猎其功；苟无成也，必且曲嫁其祸。"五为"推委之习"。"今也，一日之事，动滞数年；一人之事，动经数手。去无程限，来不责迟；苟有微嫌，遂成永避。常使薰莸同嗅，功罪并途。漏网终逃，国有不伸之法；覆盆自苦，人怀不白之冤。"六为"党比之习"。"今也，武则非文，文则非武。出诸科甲则群向之，甚至以罪为功；非出诸科甲则群抑之，甚至以功为罪。常使多助者昂，寡助者低。昂者志骄，每袭取而鲜实；低者气沮，多隳堕而恬污。"七为"苟且之习"。"无事则不为远虑，而聊徇故事，图侥幸于目前；有事则颠顿仓皇，而不度可否，徒撤拾以塞责。名为救时，而适增其扰；名为兴利，而益重其害。"八为"浮言之习"。"事方立而忽夺其成，谋未施而已泄其计。苍黄反覆，丛杂纷纭。谈者各饰其私，而听者不胜其眩。"①

（一）官场病症

下面顺着高拱之论，再参之明代诸家之说，将明代官场病症厘定为下面六种症状。

1. 官场病症之一：为己徇私

一个"私"字，已经明确道出明代官场病态实况。所谓"私"，又

---

① 高拱：《南宫奏牍》卷1《挽颓俗以崇圣治疏》，载《高拱全集》，第114—116页。

可析为以下两种情况：一是做官为己，不为百姓谋福利，只是打自己心中的小算盘；二是在官员选拔上，亦多徇私情。

按照明制，官员考察乃至选拔，事权均集中于吏部，故吏部有"铨部"之称。然自嘉靖年间孙丕扬创为"掣签"之法，于是吏部又有"签部"之号。当时一位山人赋有一诗加以讥刺，云："冢卿无计定铨衡，枯竹拈来知有灵。若使要津关节到，依然好缺作人情。"又云："吏部只今成例部，铨司但合号签司。明试奏言都不管，编荆树棘总成私。"① 可见，掣签之制，貌似公平，实则还是徇私，关节人情，满目皆是。如史载选官掣签之日，官员"多以银一锭及历日扎于右手腕，流俗相传，莫知所谓"，② 足证掣签时还是必须以银子开路。

各级官员之综核、考察乃至选擢，公则明，私则闇。这是公认的道理。此外，各级地方官员的劝惩，系于黜陟之法，而黜陟所凭，则在于巡抚、巡按之举劾。揆诸明代的官场，巡抚、巡按并非时时体访，务在的确，将殃民不职的官员拿问、参奏，而是徇私市恩，讲私情，顾体面，听嘱托，最终导致"法为情徇"。以阅边为例，每当钦差未出京城之时，地方官就"或投书启，或用禀揭，通于京师"。钦差到了地方，则有"宴会下程"。钦差离开地方，尚有"谢仪祖饯"，丰盈腆厚，深相要结。钦差既与地方官交结，就不免与其狎昵；一旦与之狎昵，就会替他们掩饰，不可能再明目张胆地摘发其罪。③

2. 官场病症之二：虚文矫饰

明代官场虚文矫饰之病，实则包括两个层面：一是习尚繁文，将精力专注于趋谒、酬酢之类的官场应酬，无暇甚至无心处理公务；二是工

---

① 张怡：《玉光剑气集》卷25《俳谐》，第888页。

② 姚旅：《露书》卷8《风篇上》，第193页。

③ 钟羽正：《条陈科中事宜以明职守疏》，载《明经世文编》卷412，第4470—4471页；高拱：《掌铨题稿》卷3《议处广东举劾以励地方官员疏》，载《高拱全集》，第202页。

于虚伪，托诸空言，讲求声称，不再实心做事。

承平既久，明代官场习尚繁文，已成一时风气。当官者不再专心于自己的职守，而是好为趋谒，酬酢多端。按照明代的制度规定，官员相见之礼，即使是属官拜见堂官，亦不过是行两拜之礼。只有上朝参见皇帝，才行五拜三叩头之礼。而明代的官场交际，尤其崇尚繁文缛节，将朝参之礼用于官场交际。如"三让已多，务以百数；一揖既足，务相回旋；甚者动辄四拜，而叩头在无算之数"。每日时刻有限，一人精力有限。假如官员整日应付繁缛的官场交际，势必影响到处理公务，其结果则是"始入衙门，办理公务，苟了前件，又复出应人事。每见人无遗力，日无暇时，而公家之事曾无一二"①。官场习尚繁文之风，影响及于官员的结衔书写，亦以专尚虚夸为尚。举例来说，按照唐代的制度，尚书省下属有六尚书，相当于明代的六部，故唐人结衔通常称为"尚书某部某官"。其中的尚书之称，实为省名。明代之六尚书，不过是六部官名。六部之属，称为清吏司，各有郎中主之，员外郎、主事为佐。但明人书衔，往往蹈袭古式，不讲当朝制度，还是称"尚书某部某官"。还有唐、宋人于本衔之外，通常还书"赐紫金鱼袋"，或者书"实食若干户"之类，这通常是指"常得服用者"。但明代官员还是一味追求虚夸。如京官出使外国，"摄盛而行"，则终身书"赐一品服"。若官员曾经参与编修《一统志》，则书"国志总裁"。或前任南京国子监祭酒，后任北京国子监祭酒，则书"两京国子祭酒"。②诸如此类，不一而足。

明代官场不但习尚繁文，而且工于虚伪。当时的官场，正如高拱所言："今之有司实心干理者固多，然亦有饰伪以要虚名，徇情以投时好，遂称贤良，卒冒奖荐，是非倒置矣。"在追求虚名的风气影响下，

---

① 高拱：《南宫奏牍》卷1《厘士风明臣职以仰俾圣治疏》，载《高拱全集》，第118页。

② 陆容：《菽园杂记》卷3，第30页。

官员率多务名，而人亦徒徇其名，不责其实。于是，"机警辩捷者，目之为有才；狡伪熟猾者，目之为有智"。至于那些恂恂无华，不肯与世浮沉的官员，反而"不见称于人"①。吏习趋巧、工于虚伪，其最直接的后果就是人事多而官事少，官事多而民事少。至于上官考察下属的考语，如推官、知县以上，无不是"大圣大贤""川岳风云""冰玉麟凤"的话头。即使官员在任期间，流离满眼，怨声在途，毫无政绩可言，还是得以被署为"上考"②。风气所至，实心爱民，视官事如家事，视百姓如子弟的官员，实不多见。更多的官员，不过是"剥下奉上，以希声誉；奔走趋承，以求荐举；征发期会，以完簿书；苟且草率，以逭罪责"③。官场上下，矫饰成风。

在官场上下讲究虚文的情势下，官员议论太多，章奏繁多，但大多托诸空言，流于俗套，缺乏实效。明代的官场流行一句俗谚，云："姑口顽而妇耳顽。"其意是说，在上者虽督责谆谆，但在下者听之藐藐。譬如言官上奏，建议一法，朝廷下旨说"可"，通过邮传下发四方，则言官的职责已算完成，不必管其法是否可行；部臣上奏，建议厘革一弊，朝廷下旨说"可"，通过邮传下发四方，则部臣的职责已算完成，不必看其弊病是否厘革。"征发期会，动经岁月，催督稽验，取具空文，虽屡奉明旨，不曰着实举行，必曰该科记着"④。又如地方上的总督、巡抚大臣，初次上任，照例有条陈一疏，或漫言数事，或更置数官，文藻竞工，览者常常为其所眩，不说"此人有才"，即说"此人任事"。其实，莅任之始，地方利病，岂能万全周知，属官贤否，亦未必

---

① 高拱：《掌铨题稿》卷18《覆吏科给事中吴文佳条陈疏》，载《高拱全集》，第311页。

② 冯琦：《铨部议核实政》，载《明经世文编》卷441，第4838页。

③ 张居正：《请择有司蠲逋赋以安民生疏》，载《明经世文编》卷325，第3467页。

④ 张居正：《请稽查章奏随事考成以修实政疏》，载《明经世文编》卷324，第3460—3461页。

洞察，不过"采听于众口耳"，未必尽有实效。① 更为甚者，当时的官场还流行一种风尚，就是"务为声称"，有名无实。官员出位建白条陈，连篇累牍，一旦考核他们的本等职业，反而茫昧无知。如掌管钱谷的官员，"不对出纳之数"；职司刑名的官员，"未谙律例之文"。② 其结果则造成官守既失，名实分离。

3. 官场病症之三：软熟诂佞

明代官场软熟诂佞之病，一则软熟，讲究"养态"；二则诂佞，阿谀逢迎。所谓"软熟"之症，实为"软美"之态。究其实，"柔嘉"不是"软美"，两者似有一线之隔。君子做事，并非要与他人乖戾，但因自有正情真味，难免会与人不同。故沾沾煦煦，柔润可人，反而是大丈夫的耻辱。③ 官场之病，若是病在率直粗放，并无别肠，尚容易医治；若是病在细软谦卑，又多别肠，则不易治愈。

明代官场流行一种"软熟"病。儒家讲究"无欲则刚"。人一有了欲望，就难免显得"软熟"了。很多官员，为了保持自己的官位乃至富贵，对朝廷的弊政就不闻不问，表面上是通过谦卑逊顺之态，维持自己的一种"体面"，并藉此博取一种好的名声，实际上还是为了维护自己的富贵。这在内阁大臣中表现得尤为突出。按照明代的惯例，内阁大臣一般多起家翰林，这些人做官确实是一路"淡薄"，才能最后"进步黄扉"。但一旦进入"黄扉"，就不再变得淡薄，而是一条"膻路"，功名一日到手，便有无数好处。为了保持这条"膻路"，他们不得不变得小心翼翼，不再敢于直言相谏，甚至面对下属官员也保持一种"谦卑逊顺"之态。于是，当时北京的官场专门嘲讽这些翰林官入阁是"吃蔗头"。何以言此？这是因为甘蔗多带有甜味。翰林一入阁，就犹如

---

① 张居正：《陈六事疏》，载《明经世文编》卷 324，第 3450 页。
② 张居正：《请稽查章奏随事考成以修实政疏》，载《明经世文编》卷 324，第 3460—3461 页。
③ 吕坤：《呻吟语》卷 2《内篇·乐集·修身》，第 112 页。

"既思其甘，又思其苦，故富贵功名，愈咀嚼，愈有味"①。软熟之病，实则细软谦卑之症。何为细软谦卑之症？这可举一典型事例加以说明。万历年间，嘉兴知府入觐回任，李乐前去拜访。当时有一位士大夫在宾馆，李乐就问他见知府是否需要行拜礼。这位士大夫竟然答道："先四拜，后复四拜。"其中的意思，先四拜，表示"久别"之礼，后四拜，则表示"复任"之礼。这就是细软谦卑之症。其结果则造成官员一如"妇人"，"委婉听从，人哭也哭，人笑也笑，人贪也贪"。② 宋人有言：举朝皆须眉妇人。明代官场，堪称其例。

明代官场处世哲学，大抵已经岐为以下两类：一是"刚"，见不得歪风习气，动辄加以批评，而且实心任事。岳正堪称典型一例。从史料记载可知，岳正"性不能容人"。当时岳正已经贵为内阁大学士，所以有人质问岳正："不闻宰相腹中撑舟乎？"但岳正却有自己的理由，他直接回答道："顺撑来可容，使纵横来，安容得耶？"不能容人，显然与官场之油滑相不同。这是一种不随波逐流的"大胆"行为。即使是皇帝，亦不得不承认道："好个岳正，只是大胆。"当然，这种与众不同，必然会付出代价。所以，后来岳正被"谪戍于边"，但还是我行我素，干脆自题其像云："好个岳正，只是大胆。从今以后，再敢不敢？"这不过是一种自我解嘲，其实言外之意还是本性不改。二是"柔"，从好处说，显得自己能容下不同政见，其流弊则为随波逐流，甚至沆瀣一气。胡濙则是此类处世哲学的最好实践者。据史料记载，白昂中进士之后，曾经前去拜访胡濙，向他请教处世的要诀，胡濙授以二语："多栽桃李，少种荆棘。"③ 桃李芬芳，自是为人所爱；荆棘多刺，并能扎人，当然会被人所斥。可见，这是一种老好人的处世哲学，尽量不得罪人，其目的还是为了使自己官运亨通。

---

① 沈国元：《两朝从信录》卷1，明刻本。
② 李乐：《续见闻杂记》卷10，第917—919页。
③ 岳正、胡濙之例，参见梁维枢：《玉剑尊闻》卷7《规箴》，第470—473页。

自明初立国，经过洪熙、宣德两朝以"仁厚立业"，时日一久，在官场中已经形成一股"持重博大"之风。换言之，官员只要"选耎蓄胸""因循自恕"，就足以获取持重博大之名。假若有官员稍出廉隅，有所建画，往往被人谤以"喜事徇名"。其实，官员不过是在"持重博大"的盛名之下，借助于国家无事，而掩饰自己"瘝旷之愆"。① 所谓的持重博大，究其实就是士大夫的"养态"陋习。这显然是对君子"养德"之说的误解。真正的君子养德，道德已成，显露于外者则为"德容"。见到可怒之人与事，则有"刚正"之德容；见到可行之事，则有"果毅"之德容。当言之时，则"终日不虚口，不害其为默"；当刑之时，则"不宥小故，不害其为量"。反观明代的官场，士大夫"以宽厚浑涵为盛德，以任事敢言为性气，销磨忧国济时者之志，使之就文法，走俗状，而一无所展布"。如此养态，国家当承平之日尚无大碍，一旦国家多故，正如吕坤所云，"不知张眉吐胆、奋身前步者谁也"②？

软熟养态的极端，势必导致"佞风谀俗"，弥漫官场。按照传统儒家的观念，在个人的行为处世方面，无论是足恭过厚，还是多文密节，无不是名教的"罪人"，儒家追求的是"中正"之道。明代的官场士人却并非如此。其中的"乡愿"之人，邀名惧讥，希进求荣，辱身降志，无所不恤，随之形成"举世通套"。即使是那些直道清节的君子，若是稍无砥柱之力，不免也会逐波随流。至于那些尚能中流砥柱者，则更是难免得罪官场中人。③ 其实，喜欢他人奉承，说到底也是一个"愚障"。凡是奉承他人者，甘言卑辞、隆礼过情，无所不用其极，其目的还是为了"得其所欲，而免其可罪也"。④ 尽管如此，通观明代官场，已是

---

① 文徵明：《甫田集》卷16《送侍御王君左迁上杭丞叙》，陆晓东点校，西泠印社出版社2012年版，第205页。

② 吕坤：《呻吟语》卷3《内篇·射集·应务》，第165页。

③ 吕坤：《呻吟语》卷2《内篇·乐集·修身》，第105页。

④ 吕坤：《呻吟语》卷3《内篇·射集·应务》，第159页。

"谄佞盈朝"，并将不阿谀逢迎他人者视为"迟货"，① 即时代的落伍者。

明代官场阿谀逢迎之风，大抵与权监、权臣擅权同步而生，其例更是俯拾即是。正统年间，太监王振擅权，大臣王文附和王振，"见必长跪鼠伏，奔走甚欢，尤为士论所薄"②。又户部侍郎王裕，出入王振之门。王裕貌美而无须，善于察言观色，甚得王振眷顾。王振一日问道："王侍郎，尔何无须?"王裕答道："老公公无须，儿子岂敢有须!"③天顺年间，曹吉祥、石亨用事之时，文人武士"出入其门以盗名器者，不可胜数"④。

成化年间，明宪宗信任太监汪直，朝绅谄附，无所不至。当汪直巡边之时，经过地方的巡抚大臣，无不铠甲戎装，迎至二三百里之外，"望尘跪伏，候马过乃起"。等到汪直驻扎于宾馆，则换成小帽曳散，"趋走唯诺，叩头半跪，一如仆隶"。于是，当时有谚语云："都宪叩头如捣蒜，侍郎扯腿似烧葱。"奔竞之甚，一至于此。⑤

嘉靖、万历年间，首辅严嵩、张居正擅权，士风、士气尤为低落。为了巴结严嵩、张居正，甚至一些大臣亦纷纷自认"干儿"。为此，杨时乔专赋《干儿谣》一诗加以揭示，其序有云：

> 予从缙绅后，则闻所谓干儿于分宜、江陵者。盖司空某妇入省分宜妪，至袒韝蔽自上食。已哀金豆散诸傔，亡不啧啧司空妇矣。妪槎过武陵，制使太保某跣齐衰舁入哭。而江陵方炙手可热也，按楚御史某语三司："老父顷书至。"有窃哂者。噫吁，至是哉! 谣

① 徐学谟：《归有园麈谈》，载《清言小品菁华》，第20页。
② 梁维枢：《玉剑尊闻》卷4《方正》，第249页。
③ 张怡：《玉光剑气集》卷31《惩诫》，第1079—1080页。
④ 张怡：《玉光剑气集》卷9《识鉴》，第385页。
⑤ 张怡：《玉光剑气集》卷31《惩诫》，第1082页。

之，志秽尔。①

"志秽"云云，确乎堪称当时官场士人秽迹的实录。为了庆祝严嵩的生辰，一些地方总督纷纷进献祝贺生日的寿幛、器物，既供一时之玩，又悦奸臣之心。如"以紫金镂为文字，缀以锦绮，以珍珠为缨络，以珊瑚为阑干，杂以宝石，砻以香药，网罗园绕，彩绣灿烂，眩目骇人"。此外，尚有八宝溺器、金丝帷帐，以及一些"违禁诸异具"。② 至于王天华，更是向严嵩之子严世蕃进献"双陆图"与"肉双陆"。即先用锦罽织成点位，即"双陆图"。此外，别设 32 位美人，一半穿缁色之衣，另一半穿素色之衣，称为"肉双陆"。每次对打，美人"闻声应在某点为，则自趋站之"。③ 其献媚巧思，可谓无所不用其极。张居正柄国，威权赫奕，群臣无不极意卑谄。譬如向居正馈赠礼物，其中的礼帖不再用纸，而是改用织锦，以"大红绒为地，青绒为字，而绣金上下格为蟠龙之状"。其中有一位丘岳，由侍郎左迁布政司参政，曾以黄金制对联赠送居正，希望藉此获得居正的青睐。其中的联语，亦尽是颂谀之词，云："日月并明，万国仰大明天子；丘山为岳，四方颂太岳相公。"④ 在万历初年，太监冯保与首辅张居正互相依凭，亦是势力张甚。如皇亲见冯保，"叩头惟谨"，而冯保仅稍加屈膝，算是还礼，道："皇亲免礼。"至于驸马叩头，则冯保不过"垂手小扶，不为敬也"。更有甚者，言官亦有向冯保"屈膝"之例。⑤

天启年间，太监魏忠贤专权，贵为内阁大学士的魏广微，为了求得魏忠贤的庇护，亦与魏忠贤相通。凡是有书札，魏广微均亲笔行书，外

① 张怡：《玉光剑气集》卷 23《诗话》，第 828 页。
② 张怡：《玉光剑气集》卷 31《惩诫》，第 1096—1097 页。
③ 梁维枢：《玉剑尊闻》卷 10《汰侈》，第 689 页。
④ 张怡：《玉光剑气集》卷 31《惩诫》，第 1106—1107 页。
⑤ 张怡：《玉光剑气集》卷 31《惩诫》，第 1105—1106 页。

面题称"内阁家报"，钉上书封，上钤盖白文"魏广微印"，而后将书札送至惜薪司王朝用处。这位王朝用，是魏忠贤的掌家，得书之后，再在上面加封画押，送到魏忠贤的直房，付与李朝钦收掌。① 此段记载，大抵说明以下两点：一是"家报"云云，实是明代官场惯用伎俩，与自认干儿如出一辙；二是贵为内阁大学士，不为朝廷做事，处理政务却先通报太监魏忠贤，同样也是极尽谄媚之能事。

官场士风谄佞之风，从官员谒见权贵时之自称可以稍见端倪。如正德年间，有官员前去拜见太监刘瑾，自称"门下小厮某上恩主老公公"。嘉靖年间，新进士前去谒见各位阁老，名刺自称"渺渺小学生某顿首千拜"。先见夏言，"膝行而前"。夏言怒甚，将其叱出。次见严嵩，严嵩喜道："后生辈当如是。"于是引入己幕，认为干儿。嘉靖年间，有一位礼部官员拜谒翊国公郭勋，亦自称"渺渺小学生"。此外，官员拜见权势之人时，尚有一些怪诞不经的称谓，如自称"通家治下牛马走""湖海生""形浪生""神交小子""未面门生""沐恩小的""何罪生"，② 等等，令人作呕，不堪捧腹。

设官本意，原为朝廷、百姓做事，事实上却成为权门的看门狗。明末清初人钮易庵《贞白楼诗稿》中有《今乐府》多首，其中一首为《权门犬》，专门揭示依附权门官员的谄态。其中有云："权门犬，吠权门。好官我自为，笑骂谁复论。嗥以南，嗥以北，权门有窦恣出入。卤簿都城天地黑，徒令志士空叹息。一朝权门冷落车马稀，群犬猖猖失所依。犬兮犬兮良可悲，摇尾权门空尔为。"③

官场谄媚之风，不仅盛行于京城，而且开始弥漫于地方官场，使得地方官员也是贪位慕禄，阿谀逢迎成风。如曾有一位巡按御史按临经过所属小县，知县下令所属大小镇店，逐门逐户，各自准备香案、花灯与

① 张怡：《玉光剑气集》卷31《惩诫》，第1115页。
② 张怡：《玉光剑气集》卷31《惩诫》，第1098页。
③ 钮琇：《觚賸》卷1《吴觚》上《今乐府》，第23页。

围裙，迎候巡按御史的到来。巡按经过之处，有些属于村野地方，无力准备，只好弄虚作假，如有的用泥土捏成香炉，外面包上锡箔；有的用柴筒当作蜡烛，草棍当作香；有的则将孩童的裙幅或有色的被子当作围裙。城门之上，使用全红大纸，悬贴"迎恩"两个大字。城内街市，均铺上新席，挨门逐户，排设香案、桌椅、围裙、古铜炉瓶及灯架、灯笼，直至察院之前。察院门外，高结彩楼，盛如迎王，铺设至堂檐之上，及两旁栅栏，俱用缕布结球。至于地上铺垫，自前至后，所用都是新红毡条，穿廊之内，陈设香几、玩器、盆景、山石、瑟棋、古琴。甚至送到察院供巡按使用的木炭，也都刷上红色。① 如此铺张浪费，其费虽皆取之于民，但仅供巡按驻扎一宿之用，足证当时官场，上司喜欢迎合，下属就不得不极尽奉承，以迎合上司之意。

尽管明代的官员无不以揣摩为仕途的妙诀，藉此迎合当路之意，然过分的揣摩，有时反而害事、害人。如万历初年，张居正当政，有一位姓鲍的御史，理当巡按浙江。临行之时，前去辞谒居正。居正对他说："此行就要管大计了。"听闻此言，鲍御史出来告诉知己，这位知己对居正之言加以揣摩演绎，道："相公止言大计，而不言科场，或不欲兄管场事耶？"鲍御史听从知己之言，随即注门籍不行。浙江方面早已听说鲍氏辞朝，吴姓巡按至浙境迎候鲍氏接替自己，最终鲍氏没有赴任。当时已是七月二十日之后，乡试场事迫近。无奈之下，布政、按察二司官员只好再去境上，请吴姓御史还任浙江。吴氏再三推辞，不得已还任，直至八月初才入省进帘。② 其实，居正虽以大计为重，其言何尝有说鲍氏不足以管浙江场事之意？中间事体舛错，难以颖悉，均因鲍氏自己一言揣摩而起。更有甚者，若是碰到执守自重之人，过分的献媚不仅没有益处，反而会遭受奚落。如太监王高，颇执守自重，曾因休沐而暂

---

① 不著撰者：《居官必要为政便览》卷上《兵类》，载《官箴书集成》第 2 册，第 64 页。

② 李乐：《见闻杂记》卷 5，第 435—436 页。

时住于庆寿寺。有一位兵部尚书打算前去拜谒，与兵部侍郎先后离开兵部，各自谎称去别处。不久，两人一同到达庆寿寺，进退惶恐，颇为尴尬。当时都御史王越、户部官陈钺已先到达。王高久不出见，只是让主僧带话，说："请诸公拜佛。"众人不敢违背，刚拜佛完毕，王高出见，道："诸公今日富贵，皆前世所积，非佛力而何？"王高言下之意，是讥诮众人之官，非才德所致。既而就座之后，王高接着说："昔王振用事，六卿多通私谒，人以为擅权。今诸公见访，安知外人不议高耶？且诸公访高，不知以高为何如人？"那位兵部尚书云："公真圣人。"王高作色道："大而化之谓圣，孔子尚曰'则吾岂敢'，高何人，而敢当此！"辩之叠叠，众人屏气不言。① 原本为了献媚迎合，藉此得利，结果反而讨得一场羞辱。

4. 官场病症之四：苟且推诿

明代官场之病，吕坤用一个"苟"字加以概括，云："而今只一个'苟'字支吾世界，万事安得不废弛？"② 此即明代官场的苟且推诿之病。此病之状虽多，却可以从下面几点观之：

一是官员互相推诿责任，不再实心任事。换言之，明代的地方官员，往往不尽其心，只要稍微涉及利害疑难，就观望推诿，不肯身任其责。事不关己，虽"偾事殃民"，亦不加顾惜。③ 其实，任事之难，并非缺乏干才，而是缺少实心为国之人。古之名臣君子，一旦任职，就毕能其官，不问劳怨，并替百姓兴百世之利。然反观明代官场，官员虽身在局中，反而漠然视之，将自己置身局外。"明不足也，而文之曰'浑厚'；赡不足也，而文之曰'镇静'。"④ 究其目的，无非是避免"生

① 张怡：《玉光剑气集》卷31《惩诫》，第1084页。
② 吕坤：《呻吟语》卷3《内篇·射集·应务》，第175页。
③ 高拱：《掌铨题稿》卷18《覆吏科给事中吴文佳条陈疏》，载《高拱全集》，第310页。
④ 袁中道：《珂雪斋集》卷9《送观察周公迁光禄少卿序》，钱伯城点校，上海古籍出版社2013年版，第419页。

事"之名，使自己处于一种"无毁无誉"的境界，只要能安然得到自己所欲，就可以离官而去，将官署视为传舍。简言之，就是拙于任事，巧于避事。

二是诏旨废格，纪纲不肃。自明代中期以后，朝廷诏旨，已是大多废格不行。诏旨抄到各部，"概从停阁"，甚至有的已经题奉钦依的谕旨，也是"一切视为故纸"。至于那些理应勘察、回报的圣旨，在下发到地方时，地方官更是相当迟慢。如查勘一事，十数年尚未完毕，致使"文卷委积，多致沉埋，干证之人，半在鬼录，年月既远，事多失真，遂使漏网终逃，国有不伸之法，覆盆自告，人怀不白之冤"①。诏旨废格的恶果，就是纪纲不肃，法度不行，"上下务为姑息，百事悉从委徇"。当时官场流行两种处事方式，即"调停"与"善处"。所谓调停，即处事时模棱两可，以免担责；所谓善处，就是委曲迁就，免于得罪。其结果则造成礼法废弛，"陵替之风渐成，指臂之势难使"②。

三是婐婀雷同，圆融已极。明代官场陋习，其弊已久。当时的官场士大夫，无不以"婐婀雷同"为尚，碰倒难为之事，通常持一种"无所可否"的态度，并以此自诩"识时达变"。若有官员稍自激励，想"举其职事"，干出一番事业，反而"世共訾笑之"③。可见，所谓的婐婀雷同，不过是处世圆融的另一种表述方法而已，甚至流于圆滑。明初所定典制，随着岁月的变迁，寝阁已久。官员出于"狃安计便"，反而以"私"为"经"，以"公"为"纬"。"圆于徇私"之人，纷纷被官场尊为"通达"；而"方于奉公"之人，则被叱为"迂拙"。如此圆滑的为官之道，势必导致苟且因循成风，甚至"要路之竿牍如山，倖门之金钱如海，胥吏之狡狯如神"，先朝典制，日以夷陵。④

① 张居正：《陈六事疏》，载《明经世文编》卷324，第3452页。
② 张居正：《陈六事疏》，载《明经世文编》卷324，第3451—3452页。
③ 归有光：《震川先生集》卷2《雍里先生文集序》，第25—26页。
④ 袁中道：《珂雪斋集》卷11《应天武举乡试录序》，第509页。

四是怠缓悦从，虚应故事。明代官场，怠缓悦从，蔚成风气。怠缓悦从，所包甚广，未易指数，仅就新官初任、官员入觐、赍捧表文三件事论之。照理说来，新官初任，是人臣事君之始，然当时官场，新官通常优游在家，并不急于赴任。地方官员入觐，属于国家大典。按照制度规定，除了云南、贵州、广西、四川较为僻远之外，通常二月辞朝，八月即可抵原任。至于赍捧表文，九月辞朝，第二年正月、二月可抵原任。事实并非如此。有些入觐、赍捧表文官员，十个月过去，尚多在家料理家事，而不急于回任，且恬不为异。此即"怠缓"之病。面对官场如此"怠缓"之风，无论是中央衙门的吏科，还是地方上的巡抚、巡按，无不采用一种"悦从"之态。譬如吏科原本有限凭之制，限期官员抵任，但事实上并不按照规定实施，而是"俱务宽纵，不照旧规"。至于巡抚、巡按，因恐得罪下官，官员抵任来迟，亦"绝不问故"。①

怠缓悦从的极端，则是官场无不以虚文互相应酬，官员不再尽职尽责。明人谢肇淛言："今世之仕者，为郡县则假条议以济其贪，任京职则假建言以文其短，居里闬则假道学以行其私。举世之无学术事功，三者坏之也。"② 堪称一针见血。明代官场，尤其是地方官员，大抵不再留意政事，将一切付之手下之胥吏。而胥吏所奉行者，则不过是已往之旧牍、历年之成规，不敢有分毫之逾越。在上的官员以此责下，那么在下之人也就不得不以故事虚文加以应付。尤其可怪的是，明代府县官员所颁发的禁约文告之词，布满郊野，条陈利病之议更是连篇累牍，看似有"伯夷之清，龚、黄之才"，究其实不过是官场套路而已，并未真正付诸实践。对此，明人王穉登有言："庖之拙者则椒料多，匠之拙者则箍钉多，官之拙者则文告多。"③ 此说不仅有味，实则击中明代官场虚文之习。如在明代地方官场，上官莅任之初，必有一番禁谕，称之为

---

① 李乐：《续见闻杂记》卷 10，第 866—867 页。
② 谢肇淛：《五杂组》卷 15《事部三》，第 301 页。
③ 谢肇淛：《五杂组》卷 15《事部三》，第 301 页。

"通行"，其实不过是胥吏剿袭旧套以欺骗长官，而长官亦假意振刷以欺骗百姓而已。至于"参谒有禁，馈送有禁，关说有禁，私评有禁，常例有禁，迎送有禁，华靡有禁，左右人役需索有禁"，诸如此类的地方禁令，更是"自禁之而自犯之，朝令而夕更之"。至于文移之往来，岁时之申报，词讼之招详，官评之册揭，"分沓重积，徒为鼠蠹、薪炬之资，而劳民伤财不知纪极"①。

5. 官场病症之五：奔竞钻营

俗语有云：争名于朝，争利于市。可见，名利之争，其来已久。揆诸明代官场，士风不再恬静，竞者得行，静者日少，已经形成一股奔竞之风，甚或钻营之习。

明代官场奔竞之风的盛行，显然导源于良心的沦丧。所谓良心，即孟子所言恻隐、羞恶、辞让、是非四端，均由仁义礼智而发。士大夫有恻隐之心，则不忍害人；有羞恶之心，则无贱辱妄苟之行；有辞让之心，则不受其所臧；有是非之心，则不以私意乱黑白。反观明代官场，尽管科道诸臣在条陈铨政时无不痛斥干进之害，希望奖恬抑竞，然因良心为富贵所汩没，最后难免"以干进为当然"。良心一旦丧失，势必导致"干之则力为推毂，不干则任其淹滞"，所谓的奖恬抑竞，也就流于空言而已。② 而用人制度上的缺失，更使奔竞之风越发加剧。按照常例，用人当论才品，竞进之徒，其实就是孔子所谓的患得患失之鄙夫，已无品德可言。此外，人心不能两用，这些竞进之徒，整日营营焉以钻刺结纳为事，则其居官亦必虚饰务名，而不尽力于职业，并无可称之才。令人称奇的是，明代掌管铨政之人，因为缺乏清正之操，反而喜人趋走，或诡随无捍，而狥人干托，或不竭心询察，而听人毁誉，最终导致"竞者至而静者远矣"。③

① 谢肇淛：《五杂组》卷 14《事部二》，第 278 页。
② 赵南星：《再剖良心责己秉公疏》，载《明经世文编》卷 459，第 5023—5024 页。
③ 赵南星：《覆陈给事疏》，载《明经世文编》卷 459，第 5022 页。

官场躁竞之风，又源于名利之争。然相比之下，过去的争名夺利，尚有所顾惜自己的声名，只好在昏夜偷偷摸摸地干；而明代官场的争名夺利，则已是在白昼大张旗鼓地做。宋人苏轼在论及宋代官场弊病时，曾说当时官场一官出缺，有三人争夺，即居者一人，去者一人，而伺者又一人。明代官场，一官出缺，伺者不止一人。如巡抚缺出，至拟更定三四人，而犹不定，其他善地美官，莫不皆然。更有甚者，有些官员坐席未温，又图他迁。虽说官场不乏恬淡无营的君子，然在"十人竞而一人恬"的大势下，势必导致"恬者亦不能自立"。①

明代官场的奔竞之风，可以从以下两个方面加以考察：一是"面皮世界，书帕长安"之说。譬如明代吏部文选司，掌管官员的考核升黜，每次退朝之后，就会被群臣遮留，或讲升调，或讲地方，或讲起用，"恒至嗑干舌敝而后脱"。回到公署，尚不得清静，公书私书，阗户盈几，应对不暇。假如不从，则又写信切责，以为有违公论，"必欲如所求而后已"，于是时有"面皮世界，书帕长安"之说。② 寥寥数语，可谓切中时弊。"面皮"云云，是说官场讲人情成风；"书帕"云云，则是说官场行贿成习。二是"讲抢嚷"之嘲。明代官场士大夫的风气，显已"官邪风坏"。恬退者众诮其拙，奔竞者咸嘉其能。一登仕宦之途，即存侥幸之志，"或以谄谀舐，或以贿赂求，或以奉承得"。如一官出缺，官员就各自奔趋权势之门，讲论年资体例应得之故。此即所谓的"讲"。先讲之人既已得官，那么后讲之人势必不能得缺，于是官员无不"争先趋走，抢而论之，往来频数"。此即所谓的"抢"。讲而不得，则只好"喧嚷腾谤"，即使吏部亦深感难于处措，此即所谓的"嚷"。③

---

① 叶向高：《条陈时务疏》，载《明经世文编》卷462，第5078页。
② 张怡：《玉光剑气集》卷4《国是》，第177页。
③ 王廷相：《浚川奏议集》卷9《天变自陈疏》，载《王廷相集》第4册，王孝鱼点校，中华书局2009年版，第1353—1354页。

随官场奔竞之风而来者，则是官场钻营之习。这种钻营之习，士人新中进士时就已经存在。如明末人吴甡记自己中进士后，就有人劝他拜托贵要，以求得美缺，虽吴甡秉持始进时"当静听朝除"，且不可"向人营求"的观念，① 拒绝钻营之举，但至少说明新进士钻营确有其例。换言之，在新进士面临选官时，当时已经盛行一种"钻营"习气。关于此，明代史料有如下记载："临选时，制科托讨简僻地方，此或无害。若孝廉而下垂膻地，营求打点，不惟到任后为债主所逼，凡事掣肘，且有即时物议，遂至削籍者。"② 堪称其例。

为了求得好官美差，明代官员的钻营之法，可谓无所不用其极，随之也就有了"佛钻"的说法。如陆五台（陆光祖，号"五台居士"）任吏部尚书时，好佛教，于是朝士无不"起而佞佛"。为此，有人作诗加以揭示，云："谈经不为天花坠，说法惟求太宰知。"此即所谓的"佛钻"。③ 更有甚者，在明代的官场，形成了一股"攫"之风，其实就是抢官成习。如明人赵时春撰有《攫说》一文，其中有云："子不闻士之处世，如群羽之翔丛林，丛林无适主，则唯攫之，攫之力则获之多，不力则少获，不攫则不获。"④ 这是以主客设问的寓言形式，借丛林中猛禽的弱肉强食，讽刺当时官员为了攫取一己之利而不择手段。

6. 官场病症之六：贪贿黩货

明代官场，纳贿受赂，公行无忌，最终导致士风大坏。不妨先引以下两个例子，以示说明。如王恕任吏部尚书时，在官衙的门上专门写上如下署书："宋人有言：受任于朝者，以馈及门为耻；受任于外者，以包苴入都为羞。今动曰赆仪，而不羞于人，宁不自耻哉！"⑤ 究王恕的本意，

---

① 吴甡：《忆记》卷1，浙江古籍出版社1989年版，第388页。

② 佘自强：《治谱》卷1《初选门·戒钻营》，载《官箴书集成》第2册，第86页。

③ 张怡：《玉光剑气集》卷23《诗话》，第830页。

④ 赵时春：《浚谷文集》卷2《攫说》，载《赵时春文集笺校》，第52页。

⑤ 张怡：《玉光剑气集》卷2《臣谟》，第71页。

则是为了杜绝行贿受贿，但至少说明当时以"赆仪"为名的官场贿赂，已是蔚然成风。此外，浙江温州府乐清县衙门的春联变化，同样可以看出当时官场贪墨之风之盛行。史料记载，乐清县门原本有春联，云："乡下有田宜早种，县中无事莫频来。"关于这副衙门春联，一说是知县潘潢所撰，另一说则认为是从前留下来的劝农息讼之语。这副简单的春联，后因墨吏虐民，好事者戏着在下面添上注脚，云："乡下有田宜早种，种出十石五斗；县中无事莫频来，来者一两三钱。"① 上面所云"十石五斗"与"一两三钱"，其实也有出典，正好是罚罪银谷折纳之数。

上自中央的吏部衙门，下至县衙门，署书、春联的出现乃至变化，固然事关官箴，但确实反映了明代官场习尚的变化，即贪贿黩货的风行。在清代苏州一带，流传着这样一句谚语，叫"纱帽底下无穷汉"。清人王有光通过对明代官场神宗、熹宗前后的对比，对这句谚语作了详尽的阐释，亦即从戴纱帽之人的"清风两袖"，到居官"簏簏不饬"的变化。② 事实确乎如此。早在明代，与上述谚语相近者，还有一句俗语，即"无饿死进士"。其意是说，书生一旦做官，便有一种为官的气势。一旦履任，"望见便如堆积金银"。③ 为此，明人徐学谟云："世以不要钱为痴人，故苞苴塞路。"④ 明末清初学者顾炎武亦说："自神宗以来，黩货之风，日甚一日，国维不张，而人心大坏，数十年于此矣。"⑤ 王廷相更是直言，明代朝野，贪污之风大行，"一得任事之权，便为营利之计；贿赂大开，私门货积；但通关节，罔不如意，湿薪可以点火，白昼可以通神"⑥。

---

① 姜准：《岐海琐谈》卷8，第134页。

② 王有光：《吴下谚联》卷3《纱帽底下无穷汉》，中华书局2005年版，第76页。

③ 归有光：《震川先生别集》卷8《与沈敬甫十八首》，周本淳校点，第910页。

④ 徐学谟：《归有园麈谈》，载《清言小品菁华》，第20页。

⑤ 顾炎武撰、黄汝成集释：《日知录集释》卷13《贵廉》，第322页。

⑥ 王廷相：《浚川奏议集》卷9《天变自陈疏》，载《王廷相集》第4册，第1353—1354页。

当然，明代官场贪贿之风的形成，实与借债做官的现状大有关系。科举制度的相对公平性，使得出身贫寒的子弟得以进入仕途。然贫士做官，官俸微薄，有时甚至谒选的路费都需要向人称贷。关于此，有一则典型的事例可以证明。如张三崖谒选之时，向人称贷路费，自嘲道："样样借人的，如贫汉种田，工本都出富翁，比及秋成，还却工本，只落得掀盘帚。我们借债做官，他日还了债，只落得一副纱帽角带。"闻者均信其然。① 在明代官场，"京债"已经成为一个专有名词，足见在京谒选官员借债成风。且京债利息甚高，按照惯例，京城借贷，"利半其本"。② 如此的高利贷，那么官员得官之后，其中的清官，当然还债之后，只是落得一副乌纱角带而已。至于其中的贪者，为了还债且享受奢华的生活，只能贪贿黩货。

照理说来，"黩货"应属小人之恶行，"却贿"则为君子之美节。为政之道，关键在于使小人"不得肆其恶"，而君子"得全其美"。反观明代政治生态，显已是非不明，议论颠倒。一方面，行贿之人并非得到严肃处理，而受贿之人同样得以逍遥法外；另一方面，反而对却贿之人深求苛责，不是说"此必素以贿闻者，不然此物奚宜至也"，就是说"此必平日所受者多，而故假此以掩之也"，甚至还说"此乃有人知见，不得已而为之却也"。却贿之人，反受指摘，甚至被形诸章奏弹劾。其结果则造成是非完全颠倒的局面，即"受贿者泯于无迹，而却贿者反为有痕；受贿者恬然以为得计，而却贿者皇然无以自容。而行贿之人则公然为之，以为如其受则得以济事，幸也；如其不受直不受而已，而彼固不敢言，吾固无恙也，而又何畏乎"③？是非之颠倒，再加之法律惩治的缺失，难免使官场贿赂之风盛行。史载崇祯年间周延儒在出任内阁

① 江盈科：《谐史》，上海古籍出版社 2000 年版，第 246 页。
② 邹应龙：《贪横荫臣欺君蠹国疏》，载《明经世文编》卷 329，第 3523 页。
③ 高拱：《掌铨题稿》卷 16《议纪录却贿三臣疏》，载《高拱全集》，第 291—292 页。

首辅之后，揽权通贿，京师盛传"十子"之谣，云："银子贱，要金子，金子贵，换珠子，认皇亲，称侄子，宿朝房，携婢子，叫总兵，放达子，嘱试官，中公子，纵群妾，养汉子，用吏部，作牙子。"① 时传周延儒的小妾萨美人多外遇，而吏部文选司郎中吴昌时为之招摇鬻爵，故有"纵群妾，养汉子，用吏部，作牙子"之说。又崇祯十二、十三（1639—1640）年间，有揭帖贴于长安门，对官场贿赂之风加以揭示，其中有云："督府连车载，京堂上斗量。好官昏夜考，美缺袖中商。"② 又云："铨司二万外，科道十千头。今日求人得，明日受人求。"至崇祯十六年，更是有"二十四气"之谣，有人题其后云："二十四气，酒色财气，金银满赢，便是一气。正人君子，只怪铅气。"③

明代官员贪贿，其法众多。除了最为常见的卖官鬻爵之外，细加勾勒，尚有下面三种：一为多准词状取财。朝廷设立官府之意，原本是替民间分忧息争，使争讼一一和解。明代官员已不知设官之意，只知一味准状，以为"取钱之媒"。④ 这有一则笑话可以为证。如浦口赵甲与赵乙争讼，将官司告到一位姓侯的守御那里。赵甲以钱 3000 文行贿，赵乙知道后，亦以钱 1500 文行贿。侯守御私下对赵甲说："赵乙亦理直，难求胜。"赵甲明白其意，但自恃所送之钱多于赵乙，就对侯守御说："拶赵乙之妻足矣。"等到上堂正式审理，侯守御责问赵乙之妻道："夫生事，皆汝不劝之过。"打算加以责罚。赵乙之妻哀恳道："妾不避惩，只求一言。妾实苦劝，乙不听耳。妾劝之曰：'今世官糊涂，左右赆。前此讼，鬻一女矣；今讼，鬻一男。若非官慈仁，不鬻及妾乎？'"侯守御听言，面红耳赤，急忙退堂离去。⑤ 这是典型的"左右赆"，即吃了

① 张怡：《玉光剑气集》卷 31《惩诫》，第 1113 页。

② 谈迁：《枣林杂俎》智集《揭长安门》，中华书局 2006 年版，第 82 页。

③ 张怡：《玉光剑气集》卷 30《杂记》，第 1070—1071 页。

④ 佘自强：《治谱》卷 4《词讼门·准状不妨多》，载《官箴书集成》第 2 册，第 108 页。

⑤ 姚旅：《露书》卷 8《风篇上》，第 194 页。

原告吃被告。二是收受入京浮费。按照明代官场惯例，上官入京，其所需费用，均由属官供应，包括"代赁房屋""馈送长夫""米粮搬运""借民间之车骑""坐用驿递之马"。① 尤其是馈送长夫一项，更是成为官员贪贿的最好借口。譬如在广州，凡是遇到原被告搆讼，贪婪官员无不向双方勒索长夫。父告其子，则向其父勒索长夫；兄告其弟，则向其弟勒索长夫。他们的子弟亦不得幸免，均被勒索长夫。若是家中有美花珍果，墓地有乔木，亦必藉此勒索长夫。一个长夫，折银 14 两。② 三是州县费用摊派。明代州县官员，其中的公私之费，已日渐增多。明代的州县，设有条编规则，假若量财制用，完全可以应付这些公私之费。事实并非如此。明代的州县官员，只要遇到一件事情，所需费用并非出自原额条编，而是额外加派。举例来说，如朝觐、到任的仪节，官舍的应付，不用官银支销，而是另外向里甲摊派；不从有定数的官马中拨用，而是向富户借拨马匹使用。拿地方的土产奉迎上司，所需之钱则由花户摊派；所需器具用来营私，却让百姓替他劳作，甚至迄无宁岁。迎送官员眷属，征派夫役，使百姓久稽于程途；输送钱财频繁，亦让百姓服役，使百姓不得归家。和籴出息之银，预先支用，最后仅以罚谷报完；修筑器械之费，挪补他孔，甚至敛集百姓之财完事。③

明代官场贪贿之病，亦有以下两大转向：一是从偷偷纳贿受赂，到公开纳贿受赂。关于此，王廷相有所揭示，称原先的纳贿受赂，尚是"暮夜而行，潜灭其迹，犹恐人知"；其后纳贿受赂，则已是"公行无忌"。④ 明代有一位姓赵的山人，将贪墨之吏比喻为"娼家"。然即使行如娼家，他亦认为存在着前后变化。起初还"存些廉耻，掩房避

---

① 冯琦：《铨部议禁浮费》，载《明经世文编》卷 441，第 4839 页。
② 屈大均：《广东新语》卷 9《贪吏》，中华书局 1985 年版，第 303—304 页。
③ 冯琦：《铨部议禁浮费》，载《明经世文编》卷 441，第 4839 页。
④ 王廷相：《浚川奏议集》卷 9《天变自陈疏》，载《王廷相集》第 4 册，第 1353—1354 页。

人"，随后则"径在大路上，青天白日淫媾，全不怕人看见"。① 二是纳贿受赂之数，由少至多。正如王廷相所言，起初官场亦有纳贿受赂之事，然只要"馈及百两"，人已"骇其多矣"，其后则"动称数千，或及万数矣"。② 明人李乐亦有相同的记载，认为起初知县只要贪贿银子三四千两，就会被上司处治，罢官而去。随后，只要中个进士，做知县，即使赃至银子二三万，或五六万，上官也会顾惜体面，或者接受嘱托，贪贿的官员可以不受笞辱，不入囹圄，不问徒罪，仅仅处以"不及浮躁"，降级轻处，最后还是衣锦还乡，所得富贵，让人羡慕。③

综上可知，在明代，做官即可得利，这已成官场的共识。进士一旦位居要地，其富有即可超过数十年积累的财主，更不用说那些位居高位的九卿。④ 当然，官员如此贪婪，究其原因，还是因为上官的"诛求"。正如明代广东一位贪官婪吏所云："吾不若是锱铢之取也，吾则无以应上官之诛求也。"可见，明代官场，大抵已经分为上、中、下三等贪官，"上官耽耽乎中，中复耽耽乎下，下则无所耽耽也，亦惟于匹夫匹妇之微，穷其巧力而已矣"。至于京城，则已成"饿虎之山"；而权贵之人，更是"择肉之主"。⑤ 官场上下，一概以攫金为事。

（二）官场病的传染与扩散

官场病态一旦形成，且牢固胶结，其危害自然会传染扩散。换言之，胥吏差役、家人、子弟、亲串等，凭借官员的权势，不但舞文乱法，且藉此暴横乡里，甚至垄断牟利。

明代官场病的传染之症，大抵体现在以下几个方面：

一为胥吏、差役之害。明人田艺蘅曾将明代的胥吏之害概括为

① 李乐：《续见闻杂记》卷10，第862页。
② 王廷相：《浚川奏议集》卷9《天变自陈疏》，载《王廷相集》第4册，第1353—1354页。
③ 李乐：《续见闻杂记》卷11，第1003页。
④ 郎瑛：《七修类稿》卷18《义理类·财》，第183—184页。
⑤ 屈大均：《广东新语》卷9《贪吏》，第303—304页。

"十弊"，分别为"上堂禀事""棍徒充役""吏犯照会""司府通连""出巡关节""阁灭卷宗""积书把持""那移钱粮""仵作诈害""白役下乡"。① 明末清初学者顾炎武亦直言州县之弊，在于"吏胥窟穴其中，父以是传之子，兄以是传之弟"。尤其是胥吏中的那些桀黠之辈，更是"进而为院司之书吏，以掣州县之权"。② 至于胥吏与差役之害的差别，仅仅在于差役是"借势扰民"，而胥吏则"舞文乱法"。③

二为家人之害。明代士大夫，尤其是江南的士大夫，多有蓄养家人之风。只要一登仕籍，家人纷纷麇集门下，称为"投靠"，多的达到千人，在江南的苏州，士大夫家族门下的家人，更是多达一二千人。在士大夫家庭中，举凡主人的起居食息，以至于出处语默，无不受到家人的节制。而家人又凭借士大夫的势力，在乡里"专恣暴横"。④ 家人所做不法之事，又非一端。以嘉靖年间权臣严嵩一府为例，家人为恶，已是罪行累累，诸如：家人严珍一，窝藏强盗，白昼行凶；严寿二，阴养刺客，昏夜杀人；严艮一、严艮二、严思一、严来童等，夺人妻女；严和鸣、严鸣凤、严樊之、严端明等，或受人投献，或殴伤人命；严富、严景、严臻富、严进寿、严琴、严珍、严七、严积等，则夺人田地，负累赔粮；严保、严思、严勤、严珍、严二汉、严仲一、严富二、严艮、严志、严珍二等，则夺人房基，且揸价不给。⑤

三为子弟之害。明代百姓之穷困，不特由于有司之侵渔，亦多迫于势豪之暴横。换言之，官豪势要之家，之所以能堂宇连云，楼阁冲霄，

---

① 田艺蘅：《留青日札》卷37《非民风》，上海古籍出版社1985年版，第1191页。

② 顾炎武：《亭林文集》卷1《郡县论》8，载《顾亭林诗文集》，中华书局1983年版，第16页。

③ 叶梦珠：《阅世编》卷4《宦迹》，上海古籍出版社1981年版，第90—91页。

④ 顾炎武撰，黄汝成集释：《日知录集释》卷13《家事》《奴仆》，第325—326页。

⑤ 林润：《申逆罪正典刑以彰天讨疏》，载《明经世文编》卷329，第3526—3527页。

实则多因"夺民之居以为居也"；之所以田连阡陌，地尽膏腴，实则多因"夺民之田以为田也"。至于那些官员子弟，更是"恃气凌人，受奸人之投献，山林湖泺，夺民利而不敢言"。其结果则是天下财货，"皆聚于势豪之家"。① 尤其是在明代全盛之时，江南的贵公子孙，"争以结纳宾客相高，或溺于声色饮食玩好，为游闲之风"。至于那些下流的官员子弟，则"往往把持有司，数为人关说，以夸耀其乡党"。②

四为亲串之害。明代仕宦纳贿受赂，并不以此为满足，而是将这些贪贿受赂得来的钱财，委派自己的亲串经商，垄断罔利，随之出现了大量的"官贾"，且与"民贾"争利，最终导致官贾"日富"，民贾"日穷"。尤堪注意者，则是"官"与"贾"之间出现了互动的征候。即"无官不贾，且又无贾而不官"。③

官场病的病根与病因

究明代官场病的病根乃至病因，大抵可以归结为以下四个方面：一是科举导致学仕分离，士风不振；二是用人制度的弊端，导致官员行同盗跖，心劣商贾，士风益偷；三是考察监察制度的缺失，导致进贤、退不肖之制完全失衡；四是官俸微薄且追求享受，导致官员别开径窦。

（一）科举导致学仕两分

科举选士制度的出现，固然使人才登进制度趋于相对的公平，但亦不免使读书士子陷入俗学的境地，读书治学目的不再端正。早在唐代，号称"有道之士"的韩愈，他所撰写的训子之诗中，不乏"一为公与

---

① 王邦直：《陈愚衷以恤民穷以隆圣治疏》，载《明经世文编》卷 251，第 2636 页。

② 汪琬：《钝翁前后稿》卷 44《文稿》32《墓志铭》2《朱君子葛墓志铭》，载《汪琬全集笺校》，李圣华笺校，人民文学出版社 2010 年版，第 830 页。

③ 屈大均：《广东新语》卷 9《贪吏》，第 304—305 页。

相，潭潭府中居"之句，已有劝子追求功名富贵之意。自宋以后，民间更是流行《劝学文》，以俗诗劝世，有"书中自有黄金屋"等语，语言越发俚俗，见识更趋鄙陋。于是，士子自束发读书之时，所接受的教诲，不过所谓的"千钟粟、黄金屋"一类话头，所以一旦服官，即以追求个人的欲望为目的，"君臣上下，怀利以相接，遂成风流，不可复制"①。换言之，科举导致明代士子读书治学，仅仅是"为利而已"。②一旦将教子读书的目的仅仅限于"取科第"与"取富贵"，而不再关心子弟的立身行己，那么，子弟一等中举腆仕，就难免会变成贪虐恣睢之人。因为在这些读书士子的心中，自以为幼年所受的苦楚，正是为了今日的高中，所以得中之后，势必志得意满，"不快其欲不止也"③。进而言之，富贵易溺，道义难行。明代科举取人，导致举业日盛，经学日浅，尤其使人心"入于利也"，最终导致贿赂公行，谄谀日盛，风俗浇薄，"在上者好古矫俗不能保其位，在下者特立操行不能存其身"。④

自科举之学兴盛之后，导致治学与出仕歧为两橛。按照儒家的传统观念，学而优则仕，学与仕可以合为一体。反观科举风气下的士子，无不以"得第"作为"士之终"，而以"服官"作为"学之始"。科举士子，无论贤者还是不肖，一旦由科目登进，那么终身可以无营，而显荣可以立望，士子亦称"吾事毕矣"，此即所谓的"士之终"。然占毕之事，不可以莅官；偶俪之词，不可以临民。士子高中科举，出仕做官，犹如刚刚入学，此即所谓的"学之始"。由于没有预养学术根柢，且乏道德修养，一旦进入官场，其结果则是"柔者巽懦而不立，而刚者又好愎而自用；佞者淟涊以自谋，而直者矫激而忘物；宽者废弛而自纵，

---

① 顾炎武撰，黄汝成集释：《日知录集释》卷13《名教》，第312页。
② 顾炎武：《亭林余集·与潘次耕札》，载《顾亭林诗文集》，第166页。
③ 谢肇淛：《五杂组》卷13《事部一》，第260页。
④ 郎瑛：《七修类稿》卷15《义理类·世道》，第154页。

而严者凌谇尽察而无所容"①。

（二）用人制度的弊端

明初人才登进之制，其途非一，其中最为重要者，即所谓的"三途并用"。在三途并用的体制下，选拔人才的标准，完全在于量才、量品，事出公典，于是像况钟之辈，皆能位至显官。当然，明初所谓的三途并用，亦有一个主次之分，即"荐举为重，贡举次之，科举为轻"。即使在科举一途中，进士、举人之分，尚未明显。举人出身之人，同样可以登八座甚至成为名臣。

然自明代中期以后，人才登进制度发生了巨大的变化，亦即转而变为"科举为重，贡举次之，荐举不行"。这是从不拘资格向专求资格的转变。于是，世俗之情，无不以中进士为荣。即使中了举人，只要"未第于南宫"，"儼然犹诸生也"。② 无论是世俗之情，还是父母之情，无不如此。在资格盛行的官场社会中，将选贡出身的官员称为"皂靴官"，意思是说所穿皂靴，三年即烂，穿三年，不穿亦三年，并无多少前途。更有甚者，官场开始流行"选贡瘟、举人瘴"之说。其意是说选贡出身的官员，其前途如同得了瘟病，没有不死之理；至于举人出身的官员，其前途则犹如得了瘴病，尚有死与不死之别。③ 事实确乎如此。那些选贡出身之人，只能出任"末职"。即使微末之职，在京城候选尚颇费时日，限于财力，其中很多候选者只能从事裁缝这一职业度日。一旦及选，可以纱帽拜客了，还是不被官场认可，如当时有诗句讥讽这些末职云："风吹展翅乌纱断，分明一对剪刀圈。"④

照理说来，无论是委任官员，还是责成官员，理当论其才能与政绩，不当问其是否进士出身。然在明代的官场，无论是官员选拔，还是

---

① 归有光：《震川先生集》卷 9《送王汝康会试序》，第 192 页。
② 归有光：《震川先生集》卷 13《宁封君八十寿序》，第 317—318 页。
③ 姚旅：《露书》卷 8《风篇上》，第 192 页。
④ 姚旅：《露书》卷 12《谐篇》，第 293—294 页。

官员考成，重甲科、轻贡举已成一种不成文的惯例。以官员荐举为例，甲科进士出身的地方官员，固然不乏砥砺名节、志期远大之人，然贪肆不检之人，亦往往有之，"率以过小见宥"。反观举人、贡生出身的地方官员，固然多为日暮穷途、甘心丧气之辈，然奋励自立之人，并不仅见，却"每以限数见遗"。在明代的州县官员中，无论是正官，还是佐贰官，都被视为亲民官。大抵说来，在州县正官中，甲科进士出身者占十分之二，举人、岁贡出身者占十分之八。至于州县佐贰官，出身岁贡者更是达到十分之五。概言之，在亲民官中，大约一半多出自岁贡，但"概以穷途无用，轻且弃之"，其结果则只会消磨他们的意气，自己去寻"末路囊橐之计"。① 且不说贡途，即使同为科目出身，进士、举人亦大有差别。凡是进士出身的官员，则"众向之，甚至以罪为功"；而举人出身的官员，则"众薄之，甚至以功为罪"。至于保荐，则"进士未必皆贤，而十有其九；举人未必皆不贤，而十曾无其一也"。至于升迁，进士出身的官员，即使政绩最差，还是胜过政绩最好的举人出身官员。即使举人出身的官员侥幸能与进士一同升迁，然日后的仕途还是差别明显，进士出身的官员，即使积俸很少，也能升官又高；举人出身的官员，即使积俸很多，还是升官又劣。至于像京城堂官一类的要职，几乎已经成为进士出身官员的专职，举人出身者再也很难觊觎。②

选拔、考成官员，完全凭借"资叙"，而不论贤或不肖，其结果则造成公论的丧失，有识之士，只能掩郁丧气而长叹。凡是进士出身者，交驰横鹜，布列天下的要位，得以行其恣睢之意。即使穷阎之民，愁苦吁告，他们亦能扳援凭藉，巧文掩护，时常得到"忠勤"的褒奖；至于仁人志士，因无进士身份，只能"不幸偃蹇于卑服，竭力以行其所

---

① 张瀚：《松窗梦语》卷 8《铨部纪》，中华书局 1985 年版，第 150 页。
② 高拱：《掌铨题稿》卷 5《议处科目人才以兴治道疏》，载《高拱全集》，第 214—215 页。

志，而蒙其恩者交口赞颂，上之人犹掩耳弗闻，而独以其意制轻重于其间"。① 用人制度出现如此偏差，不能不使进士之气常盈，举人之气常怯。其结果更使"盈者日骄，每袭取而寡实；怯者日沮，率躐堕而恬污"。② 换言之，只要能"染翰为文"，写得一手好八股文，即使行同盗跖、心劣商贾之辈，同样可以进入仕途，甚至不乏高官厚禄。③ 国无善政，士风益偷，民生难安，盖有其因。

此外，明代中期以后纳粟入监制度的实施，非但难以对用人制度起到补偏救弊的作用，更使明代官场盛行"商贾之道"。有一则记载，颇能说明问题。如有一位纳粟监生，出身富家，曾官拜余姚县县丞。因事罢归，居常怏怏不乐。叶权劝慰道："公，白丁，以赀官八品，与明府分庭，一旦解官，家又不贫，身计已了，何不乐也？"不料这位县丞听后，以实情相告，道："自吾营入泮宫，至上纳费金千两，意为官当得数倍。今归不勾本，虽妻子亦怨矣。"④ 以"勾本获赢"之心，出而为百姓的父母官，势必会以"商贾之道"治理政事。卖爵之弊，何所底止。

（三）考察与监察制度的缺失

尽管明代具有一整套颇为完备的考察与监察之制，藉此考察并监管各级官员，然在具体的实践过程中，这套制度已陷入流于形式的尴尬境地。

从源头上讲，明代的"用世之具"与"官人之术"已经两失。照理说来，官员的任用理应"论定而后官之"，不应"官而后择也"。随才授官，终于其职，且无序迁例转。唯有如此，方能"人各举其职，

---

① 归有光：《震川先生集》卷9《送夹江张先生序》，第189页。
② 高拱：《掌铨题稿》卷5《议处科目人才以兴治道疏》，载《高拱全集》，第214—215页。
③ 霍韬：《第三札》，载《明经世文编》卷185，第1897页。
④ 叶权：《贤博编》，中华书局1997年版，第20页。

官各得其人"，治定而后功成。反观明代的"用世之具"与"官人之术"，议论繁多，毁誉互起，循资升降，"既不胜其患得患失之心，任意雌黄，又难当夫吠形吠声之口"。其结果必然"历官半世而尺寸未闻，立身累朝而夷跖不定"。① 在科举资格大行其道的明代官场，读书士子即使起始不过"嬴然一书生耳"，一旦中进士，释褐进入仕途，即能"百物之资立具"。究其实，不过是奔走富贵而已，并未替朝廷、百姓出分毫之力。冠带褎然，舆马赫奕，自喻得意。内以侵渔其乡里，外以芟夷其百姓。官员们日夜孜孜，所想唯恐囊橐之不厚，迁转之不亟，交结奉承之不至。于是，"书问繁于吏牍，馈送急于官赋，拜谒勤于职守"。即使为官如此，他们的同党又能相为引重，为其开脱，道："彼名进士也。"即使官员荦然肆其恣睢之心，监察之吏，却"冠盖相望，莫能问也"。过不了多久，即可升擢而去。②

无论是官员的考察，抑或对官员的监察，其目的均在于"进贤"与"退不肖"，以保持二者的均衡。当然，在实际的操作过程中，"进贤"理应多于"退不肖"，犹如人之养生，应该多进"粱肉"，少下"药石"。反观明代官场，一旦有人"荐贤"，则被称为"市恩""植党"。至于攻击丑诋，则不遗余力，"秽行俚言累累蒲纸，初若令人怒发冲冠，不可忍耐，久亦习以为常矣，不但言人者嗬笑都不由中，而被其言者亦恬不以介意矣"。其结果则导致官员"顽不知耻而砥砺之道丧矣"。官员一旦不再以指摘为羞，那么就会"言者愈轻，则听者愈无所适从，而大贪巨蠹潜入其中不复之能辨矣"③。贤者难得举荐，不肖者亦难以黜退，最终使"进贤"与"退不肖"处于一种失衡状态。

通观明代的政治体制，尽管建立了相当完备的监察体制，藉此考察官员，但究其实不过流于形式而已。譬如明代设立巡抚、巡按之官，均

---

① 谢肇淛：《五杂组》卷13《事部一》，第274页。
② 归有光：《震川先生集》卷9《送吴纯甫先生会试序》，第188页。
③ 谢肇淛：《五杂组》卷13《事部一》，第275页。

以"巡"为名，其意是说天子巡狩之礼难以恢复，于是设立巡抚、巡按之官，代替自己巡行天下。而巡抚、巡按的职责，以"举刺"地方为大。"举刺当，则吏治清，而民生遂矣。举刺不当，则吏治浊，而民生苦矣。"可见，巡抚、巡按之举刺，理当出于公论，而不是一己的私意，既不能"卤莽于耳目之托"，更不可"凭一己之私怒"，肆意参论。① 然御史所至，并非尽心尽职，而是"汲汲于问其官之所自"。只要是进士出身，即使官员如何不肖，巡按御史亦必改容加以优待，甚至加以荐举，吏部则根据巡按御史的推荐而加以陟升。不久罪迹暴著，需要加以罪罚，还是犹豫不决。反之，若不是进士出身的官员，即使如何贤能，巡按御史亦并不改容加以优待，并将他们列入荐牍，吏部则根据巡按御史的考语而加以黜退。不久政绩显著，需要加以奖赏，还是面露难色。其结果则是进士出身的官员，不论如何恣睢于民上，亦难以惩治；而豪杰之士，因为不出于进士之途，只能终身俛首，再无自奋之志。② 又如分守道、分巡道一类的官员，一般被称为"守巡道官"，同样有监察府州县官员的职责。按照制度规定，他们必须每年一次巡历所属地方，且须"躬行阡陌，问民疾苦"。然这些监司官员，同样难以担当起巡视的职责，而是苟且塞责，或者屑屑较计于传厨之间。地方官员"少不当心，辱官笞吏，口出恶声，以致极意供应，所费不赀"，甚至还接受地方官员的馈谢。③

明初立法，综合吏治，对于枉法受贿的官员，往往处以重治。其后稍为姑息，人心怠玩，以致廉隅磨缺，名检堕失，寝以成风，不可禁制。鉴于此，何瑭建议，凡是官员受贿满贯以上，应该籍没其资产。万历初年，内阁大学士张居正亦建议将赃私严行追并。可见，当制度一旦加严，并认真加以执行，贪酷之风马上得以肃清。如后来在条例中，增

---

① 赵南星：《覆陈给事疏》，载《明经世文编》卷459，第5022页。
② 归有光：《震川先生集》卷13《杨渐庵寿序》，第329页。
③ 赵南星：《覆陈给事疏》，载《明经世文编》卷459，第5022页。

加了"贪黩者仍提问追赃"一条，于是"数年之内，仕路肃清"。然惩治贪赃官吏之法并未得到很好的贯彻。事实上，地方巡抚、巡按大僚，仅仅将耳目委诸下属官员，且多被欺蒙。即使赃官有所败露，又以"宽纾容隐为良，曲意回护以树私恩"。所以，在巡抚、巡按对地方官员的考语或奏劾疏文中，所劾贪官不到十分之一。吏部根据这些考语或奏劾，加以惩创，轻者改调，或升王府官属；重者褫其职任，如此而已。唯有赃私狼藉，众所共愤的官员，才请旨提问，其结局最多不过是一个罢官为民。其实赃吏之愿，原本不在乎自己的名声。所以，即使罢官为民，他们尚能在家乡觅取良田美宅，扬扬自谓得计，而旁人也反而认为他们能居官致富，以"雄杰"目之。如此轻松的惩罚惯例，最终必然导致"效尤者，恬不为异"。①

（四）官俸微薄且奢靡成风

无论是《明史·食货志》，还是明末清初学者顾炎武，无不认为明代官俸最薄。导致明代官俸微薄的原因，主要在于官员俸禄不是实支俸米，而是采用折色之法，先是以钞折米，后来又以布折钞，甚至还定有折银之例。官员俸禄微薄，且官场又奢靡成风，其恶果就是导致官员贪贿成风。

明初百官的俸禄，均取给于江南官田。其后令还田给禄。洪武十三年（1380），大抵已经确立了文武官禄米俸钞之数。二十五年，更定官禄，分别为：正一品，月俸米 87 石；从一品至正三品，分别递减 13 石；从三品，26 石；正四品，24 石；从四品，21 石；正五品，16 石；从五品，14 石；正六品，10 石；从六品，8 石；正七品至从九品，递减 5 斗，至 5 石而止。

洪武年间，官俸全给米，间以钱钞，一般为钱一千、钞一贯抵米 1 石。官高者支米十之四五，卑者支米十之七八，九品以下全部支米。后

---

① 高拱：《掌铨题稿》卷 18《覆科道官条陈考察事宜疏》，载《高拱全集》，第 302 页；陈以勤：《披衷献议少裨圣政疏》，载《明经世文编》卷 310，第 3280 页。

来施行折钞，凡是 1 石米折钞 10 贯。又凡是折色俸禄，上半年给钞，下半年则给苏木、胡椒。成化七年（1471），户部因缺钞，于是将官俸折布，每布 1 匹，折钞 200 贯。当时钞一贯仅值钱二三文而已，那么米 1 石折钞 10 贯，1 石米仅值二三十文钱。布 1 匹亦仅仅值钱二三百文，那么折米 20 石，1 石米仅值十四五文钱。

明代官俸包括两部分，即"本色"与"折色"。其中本色又分为三部分，分别为"月米""折绢米"与"折银米"。凡是月米，不问官之大小，都是 1 石。折绢之俸，绢 1 匹当银 6 钱。折银之俸，银 6 钱 5 分当米 1 石。这显然比原先以布折钞稍优。其折色亦有两种，分别为"本色钞"与"绢布折钞"。本色钞，20 贯折米 1 石。绢布钞，绢 1 匹折米 20 石，布 1 匹折米 10 石。一品官员，本色仅占俸禄总数的十分之三，递增之从九品，本色占俸禄总数的十分之七。①

尽管官员俸禄微薄，官场却是奢靡成风。明初立国，家法忠质，宫廷洁清，既无别馆、离宫之崇饰，龙舟、步辇、驰道旁午之游观，又无置骑、飞舸、千里割鲜、铜狄花石之供应，乃至算车、料产、均输、酒酤、香药、子母责息之利谋。再加之法制谨严，明初官场贪风不炽。自明代中期以后，士子一入仕途，就凭陵意气，涂饰耳目，宁可家贫，亦不愿身贫，宁可亲贫，亦不愿宾贫，更不愿在官场上显露出寒酸的本色。这种官场崇尚奢靡之风，尽管源自那些"贵公子"，然其影响已经及于普通家庭出身的士子，以致一中进士，便学奢侈。如隆庆二年（1568）科的进士，大抵还只是一人雇佣一个皂隶，间有巨室贵介公子，则雇二三个皂隶。至隆庆五年、万历二年（1574）两科，则新科进士无不两位皂隶带马跟随，且底下家人众多。有一位进士，好制衣服，甚至不惜花费三四百两银子。②

---

① 赵翼撰，王树民校证：《廿二史札记校证》卷 32《明官俸最薄》，第 750—751 页。
② 李乐：《见闻杂记》卷 3，第 229 页。

那么，如何维持富贵荣华的生活？其结果则不能不"别开径窦"。①
所谓别开径窦，其实就是另找维持奢靡生活的路子，对于官员而言，就
是贪污受贿。究其原因，还是因为"法教不施而风俗苟简"所致。② 就
人心而言，原本至公至明，尘埃不滓。一旦为利欲所诱，就会蒙蔽昏
昧。对于那些贪官来说，当然知道民冤当雪的道理，但一旦念及"宫
室之美，妻妾之奉，御服之华，玩好之饰，广仆从以耀闾里，置阡陌以
子孙"，就不免"浚民肝脑，剥民脂膏，朝通百镒，则夕蒙百镒之利，
夜纳千金，则且受千金之赐，百计诛求，多方鞭朴，惟恐私橐之不克，
民财之不罄"。③

官场病的应对与治疗

官场病一旦形成，其最为直接的危害就是对百姓造成伤害，导致民
瘼日深。对明代百姓而言，天灾固然可怕，但最让百姓恐惧的还是
"官邪"之病。究其原因，诸如水旱凶荒一类的天灾，不过是偶然一
遇，面对天灾，百姓尚可以通过流移自食而苟全性命。若是官邪成风，
则贿赂公行，是非不白，利害莫恤，致使百姓控诉无门。④ 这仅仅是官
场病危害的一个侧面。更令人担忧的是，官场病尚可互相传染，败坏士
风。起初不过是"以人移俗"，进而导致"以俗移人"，转相渐摩，沦
胥而靡。且"父诏其子，兄勉其诸弟"，最终导致"恬熙久而巧伪滋，
巧伪久而趋向贰"，甚或"以沿袭为至法，以诬诳为恒谈"。⑤

<hr>

① 李延昰：《南吴旧话录》卷上，引《祝无功集》，上海古籍出版社 1985 年版，第 87 页。
② 王夫之：《黄书·大正第六》，载《梨州船山五书》，第 29 页。
③ 不著撰者：《初仕要览》，载《官箴书集成》第 2 册，第 31 页。
④ 田艺蘅：《留青日札》卷 37《非民风》，第 1190 页。
⑤ 高拱：《南宫奏牍》卷 1《挽颓俗以崇圣治疏》，载《高拱全集》，第 116—117 页。

面对积弊日深的官场病态，明代的士大夫群体出现了以下两分的应对之法：

一则消极逃避，视官场为"活地狱"。出仕做官，为官清廉固然值得称道，且是士人的美节，而为官"耐烦"看似平平之语，却更显重要。早在宋代，陆九渊就有"耐烦是学脉"之论，明人耿定向对为官耐烦之义更有详尽的阐释。即以地方官知县为例，对上司而言起到承宣的作用，对下又是百姓的寄命，每天面对的事情繁杂。对上而言，即使知县如何尽心尽职，他们的关白、谳审，有时还是会遭到上司的驳斥，假如不耐烦，势必会心生愤怼。一旦心生愤怼，则上下之情暌隔，难以获得上司的欢心，百姓很难得治。既然不可逆上以怼，且内心又不甘违道以徇，那么就只能靠"耐烦"二字，并通过积诚感动上司。对下而言，事情林林总总，百姓形形色色，需要知县去处理。假如突然有一百姓上堂，前来告状，诉说冤情，但其人习惯于粗戾，在知县面前咆哮不断，知县若不耐烦，就会顿显淫怒，百姓不免会毙于非命。当此之际，必须能耐烦，而后才能原谅百姓的"无知之愚"，甚至明察百姓的"愤惋之情"。[1] 可见，耐烦既是做官的第一要务，也是众善之所集。居官莅事，牒诉纷错，日出事生，若欲每件事都躬亲料理，无不以此为苦。当官者一有厌苦之心，便会产生不耐之意，或草率了事，或假手他人，或阘茸稽延，或急遽无序，百姓多蒙其累，诸事不得其平。[2]

正是因为不耐于烦，一些官员才将官场视为"活地狱"，面对官场的诸多病态，采取一种消极应对的态度。袁宗道与袁宏道两人的仕道观乃至他们的官场行为实践堪称典型。作为一个文人，尽管袁宗道深感在京城做官，也有两件乐事，亦即"第一多美酒，第二饶朋辈"，藉此可

---

① 陈宏谋辑：《从政遗规》卷上《耐烦说》，载《官箴书集成》第 4 册，第 244—245 页。

② 陈宏谋辑：《从政遗规》卷上《耐烦说》，载《官箴书集成》第 4 册，第 244 页。

以"欲得不思归，呼朋时一醉"。① 但从总体上看，他还是对仕宦生活感到颇为厌倦，正如他在一首诗中所言，做官"有似鱼入网，又类雉居樊"。② 当然由此并不能证明像袁宗道一类的文人，真是喜欢过一种隐居生活。究其原因，还是因为他们的纯文人性格或许与当时的官场显得有些格格不入。事实上，如果真让他们在官场混，他们也决不会成为一个"能臣"，因为性格已经决定了他们缺乏一些治理国事乃至民事的经验，更何况他们的兴趣也不在政治上。那么，这种文人的性格又有什么特点呢？用袁宗道自己的话说，一是"骨粗"，二是"性懒"。正是因为骨粗，所以他们时常会做出一些"妨礼乐"的事情；也是因为性懒，才导致他们"怯衣冠"。③ 这应该说是文人的自知之明。那么，最适合他们的生活则无非是处于仕与隐之间，用仕的俸禄以及相关的好处，以维持他们的诗酒风雅的生活，并从某种程度上维持一种高士的姿态。袁宏道将"吏道"分为三等：上等者有"吏才"，稍次者有"吏趣"，最下者则是"有之以为利焉"。"吏才"云云，是"吏而才也"。有才之吏，是国家大可倚靠之人，势必会被国家所重用。"吏趣"之人，其人未必有才，亦未必不才，只是觉得做官有无穷的滋味，愈劳愈佚，愈苦愈甜，愈淡愈不尽，不穷其味不止。假若有人剥夺其官，便如抢去婴儿手中的鸡蛋，随之啼哭不已。至于"有之以为利"之人，不过是一群贪欲无厌之人。只要有一分利可趁，他们便"作牛亦得，作马亦得，作鸡犬亦得"，最为汙下，最为可厌。④ 袁宏道自视游离于三类人之外。他自认是"不才"之人，且与乌纱无缘，既不能负重致远，又不安于司晨守夜，所以不愿再居处人间繁苦之地。可知，袁宏道的决

---

① 袁宗道：《白苏斋类集》卷2《古诗类·对酒》，第12页。
② 袁宗道：《白苏斋类集》卷2《古诗类·独坐》，第12页。
③ 袁宗道：《白苏斋类集》卷4《今体·北发》，第39页。
④ 袁宏道撰，钱伯城笺校：《袁宏道集笺校》卷6《锦帆集》之4《尺牍·张幼于》，第257页。

意求归以逃避官场，正如他自己所言，绝不是"效令伯之颦，学元亮之步"，而是耐不得做官之烦，使自己心神俱困。①

　　二则积极应对，且提出诸多的治疗之方。治疗官场积弊，犹如治病。这是明代一部分士大夫的共识。事实确乎如此。官场之病，一如人身之疾。譬如人身得痞疾，开始不过是缘于客火为逼，血脉聚而为痞。其路既通，而又逼之不已，则痞日积而血脉日微，最后难于救药。② 一方面，善医之人与善治之人，其法相通。人之受病有形，则可循方而理；至于膏肓之痼，难以语人，而起居之常犹若其旧，则会积之甚久，受之甚深。所以，"善医者有抉肠涤胃之方，而善治者有剔蠹厘奸之术"。③ 另一方面，"庸技"与"国医"治病，其法又有高低之分。医者看病，以寒攻热，以热攻寒，随其所试而有功效，此不过"庸技"祛除小患之法。一个元气已耗，肢体已瘫，颓然而等死之人，若非"国医"，很难起死回生。国医治病之法，亦不过是灼见病源而徐加调理而已，等待病人元气的恢复，而后实施正治之法。当百姓元气耗尽之时，若是治理者"崇振励之威，略休养之实，急旦夕之效，遗经远之图"，名为"施惠"，实则"增其扰"，名为"兴利"，实则"益重其害"。④ 针对官场热病，明人戏出一解热清凉之剂，即"七味解热丸"，用骡、驴、人、马、牛、犬、豕之粪，"以大骡车罗过"，加上"久年阴沟秋实和之"，专治"争名争利的热火"。⑤

　　在积极应对官场疾病的同时，明代的一些士大夫纷纷提出治疗官场

　　① 袁宏道撰，钱伯城笺校：《袁宏道集笺校》卷6《锦帆集》之4《尺牍·张幼于》，第257—258页。

　　② 高拱：《掌铨题稿》卷3《议处广东举劾以励地方官员疏》，载《高拱全集》，第202页。

　　③ 高拱：《南宫奏牍》卷1《挽颓俗以崇圣治疏》，载《高拱全集》，第117页。

　　④ 高拱：《诗文杂著》卷2《山东大参丘荆野之任序》，载《高拱全集》，第721页。

　　⑤ 姚旅：《露书》卷12《谐篇》，第290页。

病态之方。细加罗列，大抵有以下几种：

（一）心理治疗：正心诚意

正心诚意之说，原本是儒家古老的话语。在明代的士大夫看来，官场病的形成乃至流行，实则源于内心之病，即多了自私自利之心，少了公己公人之心；多了富贵好欲之心，少了清心寡欲之心。

首先，若欲正心诚意，需要去除心中之"伪"。所谓"伪"，并非限于言行之间。即使实心为民，中间羼杂一丝让人感恩戴德之心，便是"伪"；实心为善，中间羼杂一念求知之心，便是"伪"；从道理上讲该做十分，只争一毫未满足，便是"伪"；汲汲于向义，才有二三之心，便是"伪"；白昼所为皆善，而梦寐中尚有非僻之干，便是"伪"；心中仅有九分，外面做得恰像十分，便是"伪"。[①] 当然，心中之"伪"的产生，还是因为内心充满了富贵之念。士君子出仕做官，把天下国家的大事担在自己的肩上，势必要将"本身除外"，此即所谓的"策名委质"，其意是说，士君子策名进入仕途之后，身非自己所有，何况富贵？若是营营于富贵身家，这是将社稷苍生委质于自己，其实就是"君之贼臣"与"天之僇民"。[②] 所以，在吕坤看来，天下兴亡，国家之乱，万姓死生，均在于区分自己内心的公私，即"充一个公己公人心，便是胡越一家；任一个自私自利心，便是父子仇雠"[③]。

其次，若欲正心，必先养心，调理元气。养心之说，来源于孟子"养心莫善于寡欲"之说。养心之道，犹如养田。天下之农，善于养田者，通常是"先之以耕，继之以种，耨之以去其害，时焉而俟其成"。养心亦然，"其莹然觉者不可以有窒也，其犁然真者不可以有亏也，其粹然纯者不可有杂也，其油然顺者不可以有戕也"。所以，君子"以讲

---

① 吕坤：《呻吟语》卷1《内篇·礼集·存心》，第16页。
② 吕坤：《呻吟语》卷3《内篇·射集·应务》，第176页。
③ 吕坤：《呻吟语》卷1《内篇·礼集·存心》，第29页。

学为先，以主敬为要，以克己为功，以自得为期"。① 当然，在高拱看来，养心之法，在于善于调理元气。譬如人之一身，荣卫自足，假如能"呕除其大蠹，而徐调其元气，则不惟弱可使强，而调之既久，延长之道固在斯矣"。治理官场之病亦然："夫舞文无赦，所以一法守也；贪婪无赦，所以清污俗也；于是崇忠厚，则刻薄者消；奖公直，则争妒者息；核课程，则推诿者黜；公用舍，则党比者除；审功罪，则苟且无所容；核事实，则浮言无所售。"②

再次，若是落实到具体的施政实践中，正心之法甚多，可以包含"体民心""不欺""公正""诚爱生智""清心"诸项。明人汪天锡辑《官箴集要》，开篇就是"正心篇"，通过"正心"之说，对官场病加以诊治。细究之，主要包括下面几点：一为"体民心"。他断言，惟有得民心者，方可称"为官"；若是失去民心，则难当"为官"之名。③ 二为"不欺"。他认为，最不可欺者，有天、父、君、民。若是欺天、欺父、欺君、欺民，就是"滥官污吏"。④ 三为"公正"。居官守职，以公正为先。公则不为私所惑，正则不为邪所媚。官员行事，涉及邪者，均因不能做到公正所致。所以，他认为，"至公至正，虽有邪私，亦不为媚惑矣"。⑤ 四为"诚爱生智"。他认为，诚可生爱，爱可生智。惟有做到诚，方能爱无不周；惟有能爱人，才能智无不及。假若官员有爱民如子之心，则"不患其才智之不及矣"。⑥ 五为"清心"。清心省

① 高拱：《诗文杂著》卷 1《养心说》，载《高拱全集》，第 704 页。

② 高拱：《南宫奏牍》卷 1《挽颓俗以崇圣治疏》，载《高拱全集》，第 117 页。

③ 汪天锡辑：《官箴集要》卷上《正心篇·体民心》，载《官箴书集成》第 1 册，第 262 页。

④ 汪天锡辑：《官箴集要》卷上《正心篇·不欺》，载《官箴书集成》第 1 册，第 262 页。

⑤ 汪天锡辑：《官箴集要》卷上《正心篇·公正》，载《官箴书集成》第 1 册，第 262 页。

⑥ 汪天锡辑：《官箴集要》卷上《正心篇·诚爱生智》，载《官箴书集成》第 1 册，第 262—263 页。

事，居官守身之要。所以，只要心静，自能处理好政务，且一旦心地干净，自然宽平。①

（二）立志修身：行为实践

若是落实到行为实践上，明代士大夫治疗官场病之方，则大多将视点集中于个人的立志修身之上。在明代士大夫看来，若要取得令人敬仰的政绩，必须以"先圣格言"为志。士人当草茅之时，他们的志向固然不同；一当莅仕之日，百感眩惑其心，志向不免有所改变。所以，士人必须怀抱确然不变之志，以古之循吏良牧自期，以今之名宦硕辅自任。志所欲为，既可矢天日，又能质鬼神，且利欲不能移，权势不能挠，则终身鸿勋伟绩，由此奠定。②

做官与读书并不矛盾。商辂云："此生不学，此日闲过；此身一败，君子之三惜。"③ 何乔新云："一日不读书，便觉于政事有碍。"④ 当然，读书为学，其目的在于"自检"，即检束自己之心，更是为了"容人"，即容得下他人的不同意见；反之，"检人则隘"，"自容则拙"。⑤

在明代的官署中，通常设有戒石与座右铭，既是对为官者的警醒，同时亦督促官员立志修身。在明代府州县衙门的甬道上，大多立有一石，用亭子覆盖，并在亭前镌刻"戒石"两个大字。石头背面，又刻有"尔俸尔禄，民膏民脂。下民易虐，上天难欺"十六个字。按照通行的说法，戒石之文，始由蜀主孟昶所作，且其文尚多，共有二十四句。入宋以后，宋太宗删繁取简，摘取其中的十六字，颁行天下。至宋高宗绍兴年间，又以黄庭坚所书铭文，命州县长吏刻铭座右。至元代至

---

① 汪天锡辑：《官箴集要》卷上《正心篇·清心》，载《官箴书集成》第1册，第263页。
② 不著撰者：《初仕要览》，载《官箴书集成》第2册，第31页。
③ 张怡：《玉光剑气集》卷24《嘉言》，第845页。
④ 张怡：《玉光剑气集》卷24《嘉言》，第847页。
⑤ 张怡：《玉光剑气集》卷24《嘉言》，第846页。

元三十年（1293），浙西廉司移治钱塘县，参政徐容斋将其铭文修改，定为"天有昭鉴，国有民法，尔畏尔谨，以中刑罚"十六字。① 此外，明代浙江温州府的官署中，尚保留着十六字的座右铭，其铭文为："净洗眼睛，紧缚肚皮，硬竖脊梁，牢立脚跟。"据史载，此铭文是由元代浙江廉访副使臧氏所作。其后，董师谦对这十六字座右铭每句加了赞语，进而发明其中的刚介特立之意。②

由此可见，通过戒石、座右铭等形式强调官德，进而促使官员立身修己，这是自五代以后救治官场病的重要方式，有些铭文甚至沿袭至明而不改。在继承前代戒石、座右铭的同时，明代士大夫尚通过衙署对联、榻铭、箴言等形式，强调官德，纠正官场病态。如胡世宁曾自署云："瞒人之事勿为，害人之心勿存，有利于国之事，虽死不避。"③ 嘉靖年间，布政司参议钱嶫可写下一副署联，下令所属衙门张贴，其联云："宽一分，民受一分，见祐鬼神；要一文，不值一文，难欺吏卒。"④ 吕坤在任职山西按察司的时候，新置一榻，并在榻上刻下铭文，左边云："尔酣余梦，得无有宵征露宿者乎？尔炙重衾，得无有抱肩裂肤者乎？古之人卧八埏于襁褓，置万姓于衽席，而后爽然得一夕之安。呜呼！古之人亦人也夫？古之民亦民也夫！"右边云："独室不触欲，君子所以养精；独处不交言，君子所以养气；独魂不着碍，君子所以养

---

① 关于戒铭的记载及其考证，可分别参见田艺蘅：《留青日札》卷18《戒石》，第614页；梁章钜：《浪迹续谈》卷1《戒石碑》，中华书局1997年版，第254—255页；郑端：《政学录》卷3《戒石铭》，载《官箴书集成》第2册，第272页。按：据郑端记载，蜀主孟昶所作戒铭原文，共二十四句，云："朕念赤子，旰食宵衣。言之令长，抚养惠绥。政存三襏，道在七丝。驱鸡为理，留犊为规。宽猛得所，风俗可移。无令侵削，无使疮痍。下民易虐，上天难欺。赋舆是切，军国是资。朕之赏罚，固不逾时。尔俸尔禄，民膏民脂。为民父母，莫不仁慈。勉尔为戒，体朕深思。"

② 姜准：《岐海琐谈》卷3，第53—54页。

③ 张怡：《玉光剑气集》卷24《嘉言》，第856页。

④ 郎瑛：《七修续稿》卷5《事物类·王钱门对》，上海书店出版社2001年版，第604页。

神；独寝不愧衾，君子所以养德。"① 通过"养精""养气""养神""养德"之类的个人修养，其终极的目的还是在于关注民生。张鼐亦著有《却金堂四箴》，四箴分别为：一是"士大夫当为子孙造福，不当为子孙求福"，藉此区分"造福"与"求福"。他认为，造福之人，"澹而长"；求福之人，"浓而短"。二是"士大夫当为此生惜名，不当为此生市名"，藉此区分"惜名"与"市名"。他认为，惜名之人，"静而休"；市名之人，"噪而拙"。三是"士大夫当为一家用财，不当为一家伤财"，藉此区分"用财"与"伤财"。他认为，用财之人，"损而盈"；伤财之人，"满而诎"。四是"士大夫当为天下养身，不当为天下惜身"，藉此区分"养身"与"惜身"。他认为，养身之人，"静而大"；惜身之人，"膻而细"。② 四箴所云当为者，实则孟子所谓"求在我"之意；而不当为者，即孟子所云"求在外"之意。

这些官员衙署、书室对联，大抵反映了官员的道德追求，并希望藉此扭转官场不良之风。当然，所涉内容，最为关键的还是如何处理好"德业"与"名位"之间的关系。倪宗正书室对联云："德业观前面人，名位观后面人。"其意思说，在德业方面，必须看前人，就会发现我不如人，从而立下思齐之志；在名位方面，必须看后人，就会发现人不如我，自然就会消除蹭蹬之忧。③

至于养德之法，明代的士大夫大多将其定位为俭朴，随之出现了"俭以养德"之说。譬如徐榜就将俭朴定为"四益"，其中二种益处，显然是就官场病的治理而言：一是官员因为奢侈，而后导致有"贪淫之过"。若是自持俭朴，那么就会不贪不淫，可以"养德"。二是官员因为奢侈，就会"妄取苟求，志气卑辱"。假如平日生活一概俭约，则

---

① 吕坤：《呻吟语》卷 2《内篇·乐集·修身》，第 125 页。
② 陈弘谋辑：《从政遗规》卷上《四箴》，载《官箴书集成》第 4 册，第 261 页。
③ 张怡：《玉光剑气集》卷 24《嘉言》，第 848 页。

于人无求，于己无愧，可以"养气"。① 至于官员持廉之法，汪天锡辑《官箴集要》，将其定为以下四种：一是"律己以廉"。士大夫即使万分廉洁，亦只是"小善"而已；只要有一点"贪污"，就会成为"大恶"。不廉之吏，假如蒙受"不洁"之名，"虽有它美，莫能自赎"。② 二是"正身修己"。为政之要，"以正为本，以廉为先"。官员惟有能"正己"，才能避免"偏私之病"。一旦稍有私欲，就会被人迷惑。③ 三是"节俸禄"。官员上任之后，凡是应得的俸禄，均须让皂隶明白关支，并根据家口日用之费，"量入为出撙节之，大不可妄用虚费"。④ 四是"正始"。官员自到任之后，常常要"点检身心，持守礼法"，且不可擅自立新法，以示有所作为，更不宜"与人泛接"。⑤

（三）名教匡正：礼制约束

明代官场病的盛行，究其病因，还是因为风衰义缺之故。如何扭转官场病态之风，明末清初诸如顾炎武、张履祥之类的学者，痛定思痛，深感必须借助名教加以匡正，进而以礼制约束官员的行为。

"名教"云云，或称"名节"，或称"功名"。顾炎武认为，纠正官场弊风，使天下趋于大治，惟有"名可以胜之"。有名或立名之人，不难被朝廷所用，于是忠信廉洁之人，就能"显荣于世"；无名或污名之人，会被朝廷所弃，于是怙侈贪得之人，就会"废锢于家"。在崇尚名教的风气之下，尽管不无一二矫伪之徒，但还是胜过"肆然而为利者"。换言之，名教即使不能让天下之人都"以义为利"，但还是可以

---

① 徐榜：《宦游日记》，载《官箴书集成》第 1 册，第 382 页。
② 汪天锡辑：《官箴集要》卷上《持廉篇·律己以廉》，载《官箴书集成》第 1 册，第 266 页。
③ 汪天锡辑：《官箴集要》卷上《持廉篇·正身修己》，载《官箴书集成》第 1 册，第 266 页。
④ 汪天锡辑：《官箴集要》卷上《持廉篇·节俸禄》，载《官箴书集成》第 1 册，第 266 页。
⑤ 汪天锡辑：《官箴集要》卷上《持廉篇·正始》，载《官箴书集成》第 1 册，第 266 页。

让他们"以名为利"，虽非纯王之风，但终究可以挽救"积洿之俗"。所以，顾炎武断言，变化人心、荡涤污俗的关键，还是在于"劝学"与"奖廉"。① 张履祥亦认为，古人行己有耻，能有所不为，所以不必看重名节，也能做到"大德多不逾闲"。时至明代，廉耻道丧，士人无所不为，就"不得不重名节"。②

进而言之，礼义是治人的大法，廉耻是立人的大节。若是不廉，则会无所不取；若是不耻，则会无所不为。人而如此，那么祸败乱亡，亦无所不至。何况身为大臣，若是他们无所不取，无所不为，则天下岂能不乱？国家岂能不亡？顾炎武认为，在礼义廉耻四维之中，"耻"最为重要。究其原因，人之不廉，而后至于悖礼犯义，均源出于"无耻"。所以，士大夫之"无耻"，自然就是一种"国耻"。③ 可见，惟有行己有耻，方可扭转官场风气。

（四）神道威慑：宗教警示

传统中国的政治架构，通常是"人治"与"神治"趋于合一。古人曾有"有基筑室"之说。就官员来说，志向就是万事之基。官员在视事之初，必须预先立下一定不再变易之志。譬如自古以来的循吏名宦，在上任之日，通常有一道"矢诸天日，盟诸鬼神"的程序，并在誓言中，立志让自己"不惑于奸吏，不夺于妻子，不沮于权贵"，而且能够守之终身，以成就正大高明的事业。④ 这种官员莅任时的矢盟之举，其实就是神治意识。官场病态一旦形成，为了治疗其病，除了制度建设之外，尚须借助神道的力量，通过神道之威慑，因果之恫吓，进而让"公门好修行"之说成为官场的一种共识。

在神道设教的过程中，明代官场最为流行的就是《当官功过格》

---

① 顾炎武撰，黄汝成集释：《日知录集释》卷13《名教》，第312—313页。
② 张履祥：《杨园先生全集》卷39《备忘一》，第1053页。
③ 顾炎武撰，黄汝成集释：《日知录集释》卷13《廉耻》，第314页。
④ 吴遵：《初仕录·崇本篇·定志》，载《官箴书集成》第2册，第36页。

的流行及其对官员的警示。所谓的《当官功过格》，其实就是在晚明官场风行一时的《为官功过格》，由袁黄编纂而成。在此之前，功过格一类的善书，比较有名的是《太微仙君功过格》。名僧莲池大师在此基础上加以增定，编成《自知录》一书，流传甚广。自卿相以及编氓，无不将此书奉为"蓍蔡"。而袁黄《为官功过格》的编成乃至流行于官场，其最大的功效在于让为官者明白如下的道理，即一笔可以立判生死，一言可召来灾祥，一念可分出寒暖。俗语云："当官若不行方便，如入宝山空手回。"所言亦是相同的道理。官员头戴进贤冠，并非只有福报，一朝失足，同样面临堕落泥犁之忧。换言之，"以之种德，则进贤即九品莲台之阶级；以之酿恶，则进贤即三途苦趣之津梁"①。

明人陈继儒云："当官若不行方便，做甚么？公门里面好修行，凶甚么？"② 此语前半句，就是演绎功过格之义，后半句则倡导公门修行的理念，即藉因果之说而恫吓官员不再为恶。相同的见解亦见诸明代思想家王艮，他曾教导官员说："心地好，前程保。"③ 那么，公门中好修行之说，其义究竟如何？这可以从明末较为流行的善书即颜茂猷所著《迪吉录》一书中得到很好的解释。在明代的衙门中，"常常比较，时时刑罚"，几乎已成公门日课。在这些受到"比较""刑罚"的人中间，很多是因为贫而负累，冤而获罪，愚而被欺，弱而受制，甚至叫天控地，无可告诉。只有公门中人，下接民隐，上通官情，在百姓艰苦孤危之时，"扶持一分，胜他人方便十分；宽假一分，胜他人方便十次"。假若官员能够"释贫解冤，教愚扶弱，无乘危索骗，无因贿酷打，无知情故枉，无舞文乱法"，那么一天之内，可行"十数善事"，积累三年，就会有"数万善事"。行善积德的结果，除了受到百姓的感恩戴德

---

① 觉罗乌尔通阿编辑：《居官日省录》卷2《功过格·马惠我先生当官功过格序》，载《官箴书集成》第8册，第48—49页。
② 陈弘谋辑：《居官戒录》卷1《总论》，载《官箴书集成》第4册，第620页。
③ 陈弘谋辑：《居官戒录》卷1《总论》，载《官箴书集成》第4册，第620页。

之外，尚可得到神明三尺的保佑，自然会"吉庆日至，子孙昌盛"。如或不然，"怨毒之财，得亦非福也"。① 可见，所谓的公门中好修行之说，就是通过因果报应之说，让官员在衙门中行善积德。

（五）制度建设：修举实政

无论是正心诚意式的心理治疗，立志修身式的行为实践，还是名教匡正、礼制约束，甚至神道威慑、警示，所有这些对官场病的应对之法，固然可以部分解决官场弊端，但终究不如制度建设更显实效。

任何制度性的建设，大多均有针对性，且多为有的放矢。细加罗列，大致体现在以下两个方面：

一是修举实政，综合名实，进而使"巧宦者罔售其诈，而举职者莫掩其真"。② 换言之，就是通过恢复"祖宗之法"，藉此唤醒"久迷之心"；通过破除"拘挛之说"，藉此振发"久隳之士气"，使官员不再"苟然而为"，而是"循名核实"。③ 这就需要重振衙门纪纲。若是官员因循苟且，萎靡不振，那么"吏胥将纵其奸，小民均受其害"。反之，纪纲一定，则衙门严肃，吏卒敬畏，公事容易办集。④ 针对官员规避边方任职之弊，则通过确立"减俸""优擢"之例加以解决。譬如明末时吴牲建议，凡是延安、庆阳府各州县一类的兵荒边地，其知府、推官，不论科举出身，还是贡举出身，只要任期内有实效，理应行取者，"减俸一年，以三年四月为期，即与截取，考选科道部属"。至于其中的同知、知州等官，"以三年为满，即加优擢，与以善地"。⑤ 一旦出任边地官员有"减俸之例"与"考选优擢之荣"，那么官员就会争思奋厉于功名之路，不再择地而蹈，规避不前。

---

① 陈弘谋辑：《居官戒录》卷1《总论》，载《官箴书集成》第4册，第620页。
② 高拱：《政府书答》卷4《答同年陈豫野书》，载《高拱全集》，第540页。
③ 高拱：《政府书答》卷4《答同年符后冈书》，载《高拱全集》，第543页。
④ 汪天锡辑：《官箴集要》卷上《正己篇·纪纲》，载《官箴书集成》第1册，第264页。
⑤ 吴牲：《柴庵疏集》卷10《边地有司减俸行取疏》，第216—217页。

二是通过立法解决官员贪污问题。明代姑息之政，甚至超过宋世。譬如败军之将，尚可免死；赃吏贪赃巨万，仅被处以罢官。在永乐年间，赃吏尚谪令戍边。至宣德年间，法律浸至于宽，将其改为运砖纳米赎罪。可见，"法不立，诛不必，而欲为吏者之毋贪，不可得也"。① 古有刑乱国用重典之说。孔子亦曰："政宽则纠之以猛，猛则施之以宽。"惟有宽猛相济，方能政和治平。明太祖立国之初，有鉴于元末法度废弛，所以专用重典以肃天下，而人始帖服。承平一久，当重熙累洽之后，士大夫一切行姑息之政，重典之法，荡然无遗。为此，明人何良俊提出，为了使国政不再"丛脞而不可为"，必须"纠之以猛"，"重典肃之"。② 有鉴于赃吏仅处罢官，而不追赃，最终导致贪官污吏"掉臂而乐去"。陈以勤主张，对于那些贪赃官员，不但要处以罢官，而且要将赃私如数追出助边，"轻者追完放归，重者仍依律问断，即撄木索，受笞辱，亦不足惜③。换言之，通过法律重典或法律制度的完善，进而澄清士风。

三是加薪养廉。景泰年间，张纯在奏疏中，有"增禄养廉"一策。张纯认为，人皆患吏之贪，而不知去贪之道；人皆喜吏之清，而不知致清之本。那么，如何"去贪致清"？在他看来，最为方便的方法是"厚其禄，均其俸"。为此，他建议，内外大小官员，除了月俸60石以上的官员，将其余官员的俸禄量添一二，以给身家之用，"如此则国家有养廉之资，臣下有守廉之志矣"。④ 加薪养廉之法，虽在明代一直并未实施，但至少已为清代官员养廉银的出现提供了可靠的改革思路。

---

① 顾炎武撰，黄汝成集释：《日知录集释》卷13《除贪》，第320页。
② 何良俊：《四友斋丛说》卷13《史九》，第107页，。
③ 陈以勤：《披衷献议少裨圣政疏》，载《明经世文编》卷310，第3280—3281页。
④ 张纯：《复仇疏》，载《明经世文编》卷23，第179页。

明代官场生态的变化乃至官场病的形成，固然其病根不一，然最为重要的一点，还是因为人心趋变所致。按照儒家的正统观念，一家仁，则一国兴仁；一家让，则一国兴让；人人亲长，则天下太平。可见，明代"世界之坏"，乃至官场病态的形成，不过是"人心为之"。明代中期以后的人心，一向不良于行且不听父兄教诲者不必言，即使是那些号称礼义之家、诗书之子，也是不亲不逊之极，满腔恣睢，百事乖谬，比比皆是。①

人心一坏，势必导致为官本义的沦丧，官员不再讲究风节。对于士人而言，名节最为重要。有了名节，虽乏金币，自亦富足；虽不轩冕，自然而贵。士无名节，犹如女不贞洁，虽有他美，不足救赎。要言之，爵禄易得，名节难保。爵禄或许也会失去，但终究还能恢复；至于名节，一旦亏缺，那么终身不复。可见，士人风节，关乎居官之德，只有保守名节，将此言铭记在心，且付诸实践，方可不易官守，更不会趋炎附势。

为官之要，在于克终善后。如何克终善后，则关键在于正确处理好名实、忧乐、义利、进退、己人之间的关系。

为官的名实之辨，其要在于官员不可自鬻。官场病态，无论是让百姓立碑颂德，脱靴、万民伞之举，还是让百姓鸠集钱帛以佐路费，建立生祠以图不朽之名，都非士君子之事。离任官员，若要分出等次，自以为善而不求人知者为上，知而不自有其善者次之，呶呶焉自谋自鬻，惟崇虚誉者为下。可见，为官一任，造福地方，令百姓享受实惠，才是本分之义，而不在虚誉美名。

忧乐之辨，关键在于正确理解先忧后乐。士人出仕做官，有了职位，自然也有相应的责任；有了责任，自然会操心忧虑。身任一县之责，则所忧者为一县之事；身任一州之责，则所忧者为一州之事；身任

---

① 孙奇逢：《夏峰先生集》卷2《与杜君异》，第46页。

一路之责、天下之责，则所忧者为一路与天下之事。可见，任重则责重，责重则忧深。官员应以责为忧，却在忧虑之中包含着官位之乐。若是专以官位为乐，则不过苟窃其位而已。

义利之辨，其终极目标在于为官者不竞。义利二者，势不并处。义亲则利疏，利近则义远。为官一方，自当成为百姓的表率。若是专务于利，必然会聚怨纳侮，反而不若市井小人。所以，君子从政，宁公而贫，不私而富；宁让而损己，不竞而损人。区分公私，这是最为重要的为官准则。

义命之辨，关乎进退。按照世俗的观点，穷达进退，均由命所定。命之穷者，无论如何竭蹶求进，最终还是难以摆脱困境；命之达者，即使远逝深藏，亦难以退藏。这不过是星翁术士的常谈，并非儒家君子所尚。按照儒家的观点，君子必须以义处命，而不是以命害义。可以进则进，可以退则退；乐则行之，忧则违之，根本不为命所左右。那些沉溺于富贵利达之境而不能自拔者，则往往托命以自诬，且文饰其热中之病。正如东坡所言，蜗涎不满壳，聊足以自濡；升高不知疲，竟作粘壁。东坡此言，可为知进不知退者下一针砭。人事之役役，实则疏于计谋而已。一般人都认为，人事可以致富贵，计谋可以致功名，因此役役敝敝于百年之间，没有片刻的安逸。这显然是只知进，不知退。所以，官员一旦致仕，多见其怏怏不乐，反而为识者所笑。其实，宦途犹如筵席，天下无不散的筵席。可见，知退比知进为愈。

己人之辨，则又关系到官德。这就是说，为官者当求进于己，而不可求进于人。所谓求进于己，就是精于道业学术。所谓求进于人，就是专求富贵利达之荣。为官之人，不当以富贵利达为心，而是应以行道为职责。若是道不行，即使富贵利达，亦是士人之耻，不以为荣。就此而论，传统社会官箴、官德的关键，仍然难以摆脱"致君泽民"之心。

二、致君泽民：地方官的矛盾心态及其施政实践

　　所谓地方官，过去的研究者大多从狭义的角度加以定义，将其限定在州县官上，从而将府官排斥在地方官之外。如瞿同祖即通过"治事之官"与"监督官"两个概念的辨析，将州县官（知州、知县）定义为"治事之官"，认为州县官尽管在地方官系列中品秩较低，但在地方行政中扮演着极其重要的角色。进而言之，唯有州县官才称得上是真正的行"政"之官，意思是说州县官是"负责实际事务的官员"。至于府官（知府）则属于"监督官"，亦即是"治官之官"，意思是说知府是"负责监督官员的官"。进而言之，州县官可以被称为"亲民官"或"地方官"，而他们管治下的百姓则称他们为"父母官"。[①] 然从较为广义的角度加以定义，将府官（知府）列入地方官亦未尝不可。这基于以下两个理由：一则就地方行政体制而言，制度层面通常可以"郡县"并称，如顾炎武所著名篇《郡县论》，显是就此立意，[②] 明代的

　　① 瞿同祖：《清代的地方政府》，范忠信、晏锋译，法律出版社 2003 年版，第 29 页。
　　② 顾炎武《郡县论》合计九篇，也是"守令""令长"并称，进而将"守令"与"监司""督抚"有所区别。参见顾炎武：《亭林文集》卷 1《郡县论》1，载《顾亭林诗文集》，第 12 页。

诸多史料亦大抵将府州县官通称为"守令"；① 二则就民间称谓而言，百姓称知州、知县为"父母官"，同时又称知府为"祖父母"或"公祖"。②

对于国家与地方来说，府州县官的选择显得尤为重要，无论是"民社存亡"，还是"百姓死生"，无不取决于府州县官的贤否。③ 从国家的层面来看，国家对府州县官"寄以地方，寄以百姓，寄以城池府库，寄以钱粮征收，责任尤重"④。从地方的层面来看，府州县官又需要"为民作主，愚者觉之，弱者扶之，屈者伸之，危者援之，阙者完之，隐然一方之保障"⑤。正如有的研究者所言，府州县地方官"与国家政权安危和地方社会兴衰息息相关"。⑥

揆诸明代地方官的官守以及行政才能，可谓好坏不一，长短不齐。"庸吏""傲吏"固不待言，即使是"才吏"与"清吏"，也有道德或才能偏于一隅之弊。唯有"循吏"，才能保护"群黎"，使百姓摆脱

---

① 如明永乐元年（1403），明成祖曾对吏部都察院说："为国牧民，莫切于守令。守令贤，则一郡一邑之民有所恃，而不得其所者寡矣。"永乐十年，又下谕吏部曰："守令一郡一邑之长，昔人每戒数易。盖牧守治寄甚重，须久于其职。"以上资料，已足证守令可以并称，且均有"牧民"或"牧守治寄"之责。参见龙文彬：《明会要》卷41《职官十三·府》，中华书局1998年版，第724页。

② 清人刘廷玑云："近日士大夫称知县曰父母，称知府为公祖。百姓称知县为大爷，知府为太爷。是县为父，而府为祖也。"足见在乡士大夫的眼里，知县与知府均属亲民的父母官，只是存在着层级差别。参见刘廷玑：《在园杂志》卷3《老爷奶奶》，第122页。

③ 明末清初人魏禧云："天下之乱，莫不始于州县。州县得人，则乱不及府；府得人，乱不及省会；省会得人，乱不及京师。"参见魏禧：《魏叔子文集外篇》卷8《殉节录序》，中华书局2003年版，第372页。

④ 阎敬铭：《请道府州县四项无庸减成疏》，载《皇朝经世文续编》卷17，清光绪二十七年（1901）上海久敬斋铅印本。

⑤ 徐栋：《牧令书》卷1《治原》，引袁守定《居官通义》，清道光二十八年（1848）安肃李炜刻本。

⑥ 柏桦：《明清州县官群体》，天津人民出版社2003年版，第20页。

"水旱之流离，兵燹之疮痍"的困境。① 然欲达臻"循吏"这一境界，既得朝廷之赞赏，又结治下百姓之欢心，谈何容易。作为官员层级序列中的地方官，同样必须遵循官场规则，而后达到"致君泽民"这一理想。为了"致君"，地方官必须忙于"催科"，更多地替"国计"着想，以便解决朝廷的财政危机；为了"泽民"，地方官又必须以"抚字"为先，不得不替"民生"多做考虑，以便安定地方秩序。于是，在"国计"与"民生"之间，明代地方官不免陷入一种矛盾的心态，随之而来者，则是对"民瘼"的关切，以及地方官在施政实践中更为偏向于解决"民生"问题。

制度变迁：府州县官的职掌

考察明代府州县地方官的职掌，理当追溯至汉代，以及相关制度在唐宋两代的变迁。就府而言，事实上存在着一个从"刺史"到"知府"的演变历程。在汉代，汉武帝曾遣刺史周行郡国，"省察治状，黜陟能否，断治冤狱，以六条问事"。然汉时的刺史，其职掌仅仅限于以六条考察郡国，并不参与守令之事。② 至隋开皇三年（583），隋文帝下令罢设郡，改为以州统县。自此以后，刺史名存而职废，后虽有刺史，均是太守之互名，不再是原先刺史之职，不过是统理一郡而已。如有时改郡为州，则称之为"刺史"；有时改州为郡，则又称之为"太守"。名不

---

① 关于此，明末清初人张怡曾有如下辨析："世有庸吏，积日待移，而官守则隳；亦有才吏，事至□□，□举念或私；乃有傲吏，视在上若等夷，或壮于趾而缺于慈。岂无清吏，护尺寸若藩篱，或长于守而短于为。惟真循良，有真调剂，鞭朴不施，案牍不羁，酬应不疲，赋税不亏。豪右无所用其把持，便佞无所用其诡随，谗口无所用其排挤。纲纪以治，教化以宜，桑麻以滋，保我群黎，不识不知，以恬以熙。及其谳大狱，断大疑，片言立决，如持利剑以斩乱丝，有见睍之庆，而无覆盆之悲，又何患乎水旱之流离，兵燹之疮痍？"参见张怡：《玉光剑气集》卷7《吏治》，第307页。

② 顾炎武撰，黄汝成集释：《日知录集释》卷9《部刺史》《六条之外不察》，第207、209页。

同，实则相同。鉴于此，顾炎武认为，汉代的刺史，相当于明之巡按御史；魏晋以下的刺史，相当于明之总督；而隋以后的刺史，则相当于明之知府与直隶知州。① 至唐，开始将京郡改称为"府"。至宋，凡是潜藩之地，均升为府。如宋初太宗与真宗，都曾经出任过开封府尹。因后继无人，于是设"权知府"一人。至崇宁三年（1104），蔡京上奏请求罢去"权知府"，改设"牧"与"尹"各一员，牧以皇子统领，尹以文臣充任。可见，所谓的"权知府"，不过是为了避京尹之名。然至明代，则直接称为"知府"，从制度层面来说虽非得当，但基本已经成为定制。② 综上可见，从"刺史"到"知府"，其职掌渐渐从监察的层面转而变成牧民治事。

就州而言，唐代已分上、中、下三等。据宋人叶适之说，宋代知州的设立，目的在于削弱刺史之权，通过让文臣"权知州事"，使其"名若不正，任若不久者，以轻其权"。宋初尚设有刺史，其后，罢刺史而专用知州，知州虽仍有"权设"之名，但已经成为"经常之任"，属于一种常设之职，州制由此而定。③

就县而言，汉时县制，分为两等：万户以上者称"令"，其品秩为1000 石至 600 石；少于万户者则称"长"，其品秩为 500 石至 300 石。所谓的知县，并非以前的县令，其意无非是"知县中之事"，其中的"知"字，相当于"管"的意思。唐人姚合任武功尉，作诗云："今朝知县印，梦里百忧生。"故唐人又将知县称为"知印"。至于知县一职，始于贞元之后，最初尚带有一个"权"字。"权知"之意，足证当时的知县是一种"不正之名"。至宋初，才普设知县。然宋时知县结衔，多称"以某官知某县事"，足见当时的知县尚不可称为此县的正官，而仅

---

① 顾炎武撰，黄汝成集释：《日知录集释》卷 9《隋以后刺史》，第 209 页。
② 顾炎武撰，黄汝成集释：《日知录集释》卷 9《知府》，第 212 页。
③ 顾炎武撰，黄汝成集释：《日知录集释》卷 9《知州》，第 211—212 页。

仅是"任其事"而已。①

至明代，知府、知州、知县已经成为正式的地方官。明初，将诸路改为府。洪武六年（1373），将天下之府分为三等：税粮 20 万石以上的为上府，知府的品秩，则为从三品；税粮 20 万石以下的为中府，知府的品秩，则为正四品；税粮 10 万石以下的为下府，知府的品秩，则为从四品。其后，一律将知府品秩定为正四品。

在明代，府设知府一人，正四品；同知、通判无定员，正六品；推官一人，正七品。知府之职掌，"掌一府至政，宣风化，平狱讼，均赋役，以教养百姓"。同知、通判，"分掌清军、巡捕、管粮、治农、水利、屯田、牧马等事"，既无常职，又无定员。至于推官，则专门负责"理刑名，赞计典"。②

按照制度规定，明代地方上的地土、民籍仅仅属于州县管辖，知府并不直接管辖地土、民籍。尽管府不同于州县，然州县之政无一不与知府相干，知州、知县之事无一不与知府相同。所以，知府可以称得上是"州县之领袖"，是"知州、知县之总督"。③ 明代知府别称"太守"。自秦汉以来，太守之官颇受尊重，汉代尤重。即使到了宋代，其体面亦不轻。至明代，在洪武、永乐、宣德、天顺、成化、弘治年间，知府尚相当有体面。一至嘉靖、隆庆、万历年间，知府体面转而变轻，尤其是万历年间，更是"轻不可言矣"。知府官尊受轻视，其结果势必造成如下恶果："轻则亵，亵则下属百姓咸卑鄙之，令不行，禁不止，有太守名，无太守实矣。"④

在明代，州设知州一人，从五品；同知（从六品）、判官（从七

① 顾炎武撰，黄汝成集释：《日知录集释》卷 9《知县》，第 210—211 页。
② 《明史》卷 75《职官四》，第 1849 页。
③ 吕坤：《实政录》卷 1《明职·知府之职》，载《吕坤全集》中册，第 928—929 页。
④ 李乐：《续见闻杂记》卷 10，第 878—879 页。

品）无定员。明代的州分为两类：一为属州，一为直隶州。属州相当于县，直隶州相当于府，品秩则相同。知州职掌，掌一州之政。至于同知、判官，"俱视其州事之繁简，以供厥职"。①

吴元年（1367），将县定为三等：税粮10万石以下的为上县，知县从六品；6万石以下的为中县，知县正七品；3万石以下的为下县，知县从七品。其后，知县品秩一律改为正七品。② 牧民之职，莫重于县官。明代知县一职，其职责主要在于"治百里之地，抚百里之民，以上承乎治化者"③。在明代，县设知县一人，正七品；县丞一人，正八品；主簿一人，正九品。明代知县，掌管一县之政，其职掌大抵分为三大类：第一类是赋税的征收与徭役的摊派，如："凡赋役，岁会实征，十年造黄册，以丁产为差。赋有金谷、布帛及诸货物之赋，役有力役、雇役、借倩不时之役，皆视天时休咎、地利丰耗、人力贫富，调剂而均节之。岁歉则请于府若省蠲减之。"第二类内容众多，涉及养老、祀神、贡士、读法、表善良、恤穷乏、稽保甲、严缉捕、听狱讼等，无不"躬亲厥职而勤慎焉"。第三类是土贡，"若山海泽薮之产，足以资国用者，则按籍而致贡"。知县之下，县丞、主簿分掌粮马、巡捕之事，典史则掌管文移出纳。④

明代政治体制中的内外轻重之变，一般史家认为存在着一个从"重内轻外"到"重外轻内"的演变历程。明代初年，最重视六部郎署之职，即使像都察院的监察御史，也必须九年考满称职，才得以升任六部的主事。随后，渐重台省之职，若有大臣保荐，得以与部属官一同出任布政司、按察司官与知府。至于六科给事中与御史，则多从新中进士

---

① 《明史》卷75《职官四》，第1850页。
② 《明史》卷75《职官四》，第1851页。
③ 杨自惩：《梅读先生存稿》卷9《送贰尹范君某之黄陂序》，载张寿镛辑：《四明丛书》第29册，第18307页。
④ 《明史》卷75《职官四》，第1850页。

中除授，最终导致外官渐轻。如程敏政就认为，在明初，知县大多由他途除授。至成化年间，明宪宗开始重视亲民官，才改为由第三甲进士出任。然仕途久袭"重内轻外"之说，知县一则必须自任其劳，一则又要受人之挫，导致知县情多不堪。正如罗伦所言，士人一中进士，"上者期翰林，次期给事，次期御史，又次期主事，得之则忻"。他们看待知州、知县之官，犹如鹓鸾之视腐鼠，一旦获悉自己被授知州、知县，则"魂耗魄丧，对妻子失色，甚至昏夜乞哀以求免"。由此足以证明，知县一职，已经颇为士人轻视。自从实行考选法之后，科道官必须由评事、博士、中书、行人、知县、推官选任，由此导致"外吏骤重"。尤其是知县，更是人多乐意就任。究其原因，就任知县之后，通过宦橐之入，可以结交要路，取誉上官。又往后，知县大多可以出任本省乡试的同考官，更使知县"门墙桃李，各树强援"。三年考绩为优之后，即使是上司衙门，亦将知县视为科道官，"降颜屈体，反祈他日之陶铸"。至于那些中了二甲进士之人，尽管被授予六部主事之职，通过积资待次，最多不过出任布政司、按察司的官员以及知府，反而要仰视那些由知县选任的科道官。若想走清华一路，只有调任吏部文选司一职，然必须深缔科道官的欢欣，才可以得手。其结果，则造成三甲进士一旦出京担任知县一职，同年反而有"登仙之羡"。①

其实，这仅仅是就其大概而言，因为知县能选任科道官的毕竟属于少数，其中大多数知县一类的地方官，明代后期的地位反而低于明初。究其原因，大致有以下三端：

其一，朝廷给予府州县官的待遇开始下降，事实上最终形成了一种"重内而轻外"之风。明代的制度规定，凡是新授的府州县官，均给予"道里费"，有时甚至还可以得到"厚赐"。洪武元年（1368），下令征召"天下实才"，出任府州县官，"敕命厚赐，以励其廉耻"。在整个明

---

① 沈德符：《万历野获编》卷22《府县·邑令轻重》，第579页。

代初期，凡是府州县官能够做到"廉能正直"，皇帝一定会派遣行人"赍敕往劳，增秩赐金"。此类厚赐制度，在洪熙、宣德年间尚是如此。自明英宗、明宪宗而下，就日益罕见。其后，更加"重内而轻外"，厚赐地方官之风，几成绝响。①

其二，府州县官的选任开始讲究出身，进而形成一种重甲科、轻乙科的局面。明代州县官的选任，明显具有资格之别，分别有甲科进士、乙科举人与监生三类。出身不同，无论是在民间的声望，还是在考核时，均会得到不同的待遇。即以浙江桐乡县为例，当地的秀才，凡是遇到父母官出身甲科进士的，就"不胜谄事"；若是父母官仅仅出身乙科举人，就五六成群，"嘱托以求必济，苟不如意，便加词色犯之"②。在考核地方官时，同样讲究出身，明显很不公平。如隆庆四年（1570），给事中贾三近在上疏中就明确指出，当时对州县的考核，最重甲科进士，轻视乙科举人。同是以一个"宽"字行政，若是州县官出身进士，则称之为"抚字"；若仅仅出身举人，则直斥为"姑息"。同是以一个"严"字行政，若是州县官出身进士，则称之为"精明"；若仅仅出身举人，则直斥为"暴戾"。其结果，则造成"低昂之间，殿最攸异"。③

除了出身进士、举人之外，明代中期以后，监生出身的州县官逐渐增多。比较而言，出身进士、举人的州县官，还能"多得其人"，而出身监生的州县官，就"鲜有能称其职"。究其原因，弘治十五年（1502）尚书马文升在上疏中已经有所解释。他认为，监生在国子监学习一直到吏部听选，必须长达20余年，才得以出身。等到除授为官，大多年已50岁以上，神志昏倦。这些监生出身的州县官，认为到任不久，就会面临被黜退的窘境，自己很难得到升用，所以"惟便身图，

---

① 《明史》卷75《职官四》，第1851页。
② 李乐：《续见闻杂记》卷11，第1040页。
③ 龙文彬：《明会要》卷41《职官十三·州》，第729页。

罔有治民之心"。① 天顺三年（1459），建安的老人贺炀在上书时论及时事，也有相同的解释，认为这些老监生一旦被授予州县官，任满九载之后，多已"年几七十"，所以就变得"苟且贪污"。②

其三，府州县官的选任之法，或行掣签法，或又讲南北互选，最终还是不脱讲求资格。明代礼部取士，以糊名取之，已有举其所不知之弊。至于地方官员的选举，曾经采用掣签、南北互选二法，更使地方政治弊窦丛生。按照明代制度，在外的府州县官员，均属于常选官，他们的选授迁除，均由吏部掌管。吏部选授官员，最初采用的是"拈阄法"。至万历二十九年（1601），吏部文选司员外郎倪斯蕙条上铨政18条，其中一条就是主张选官改用"掣签"，得到吏部尚书李戴的采纳，上报朝廷实施。其后，吏部尚书孙丕扬踵行此法，一直到明亡不再更改。③ 掣签选官，其创立之意，无非是为了避免"中人请托"，进而达臻选官至公的目的。殊不知，此法不免陷于以弊治弊，显是一种懒政，其弊甚多。众所周知，被选之士，人才长短，各有所宜；资格高下，各有所便；地方繁简，各有所合；道里远近，各有所准。若是一概付之于掣签，无疑就是"掩镜可以索照，而折衡可以坐揣也"。这无疑是将衡鉴之地，降而为一吏之职。在掣签法未行之前，在地方官员的选任上，吏部文选司官员虽不免多有"为人择地"的弊端，但还是能做到"为地择人"。自掣签法实施之后，将地方官员的选任听之不可知之数，最终导致"繁剧之区，有累任不得贤令，相继褫斥者"。南人选南，北人选北，此乃过去旧例。如宋政和六年（1116），就曾下诏知县注选，即使很远，也不可超过30驿，即不超过900里。自南北互选之法实施后，官员赴任，动辄数千里，赴任宁家之费甚多，必须举债，方得到任。到任之后，又面临土风不谐、语言难晓的窘境，最后导致"政权所寄，多在猾胥"。这就是说，地方

---

① 龙文彬：《明会要》卷41《职官十三·州》，第728—729。
② 龙文彬：《明会要》卷41《职官十三·县》，第733页。
③ 《明史》卷71《选举三》，第1716页。

官赴任之后，人与地不相宜，则吏治堕；吏治堕，则百姓畔；百姓畔，则干戈兴。① 明代地方政治的一蹶不振，盖有其因。

进而言之，州县之制，理应以差选人。在唐、宋两代，将州县分为畿、赤、次、雄、望、紧、上、中、下九等，以此作为官秩之崇卑，出身之优劣，升迁之上下。事之繁简，任之轻重，人才之进退，以此而分，其法诚善。至明代，吏部注选府州县官员，则分为瘠、饶、淳、顽，进士、乙科、乡贡、任子，将地域、资格之别混合一处注选。将府州县之地分为繁、简，这还说得过去。若是再细分为顽、淳，显非奖励风俗、责成教养之道。若是又从中分出个地域的饶、瘠，则更是"羡之以贪而悼其廉也"。地方官上任之初，在胸中已经有了"饶瘠"两字，为了得到饶地，或者上任之后得到一个好的考评，就免不了去走门路，上自吏部、都察院，下至布政司、按察司，一一干求行贿。如此选官除授，既不可使士有廉耻之心，而地方上的百姓，更是难得"生理"。②

催科抚字：府州县官的矛盾心态

在明初，地方行政制度相对比较完善。这主要体现在以下两个方面：一方面，朝廷对守令官相当重视。如永乐元年（1403），明成祖就对吏部、都察院官员说："为国牧民，莫切于守令。守令贤，则一郡一邑之民有所恃，而不得其所者寡矣。如其不贤，当速去之。"考虑到吏部选授守令之时，往往出于仓促之间，未能全部了解这些官员的才能。所以，明成祖又下令给巡按御史与按察使，要求他们对府州县官上任半年以上者，必须考察他们"能否廉贪"之实，具奏上报。永乐十年，明成祖又下谕吏部，认为守令官必须"久于其职"，不可数易其官。此

①　顾炎武撰，黄汝成集释：《日知录集释》卷 8《选补》，第 191—193 页。
②　王夫之：《噩梦》，又《黄书·大正第六》，载《梨州船山五书》，第 5、29 页。

外，进一步要求守令官的上司，不能因为其他公务而擅自差遣守令官，以便让守令官可以"专职理民"。① 至宣德五年（1430），明宣宗暂弃资格不用，进而采用会推知府的制度。如当时擢郎中况钟任苏州知府，赵豫任松江知府，莫愚任常州知府，罗以礼任西安知府，员外郎陈本深任吉安知府，邵旻任武昌知府，马仪任杭州知府，御史何文渊任温州知府，陈鼎任建昌知府，都赐予敕书，让他们驰驿上任。同年冬天，又以会推之法，选任薛广等29人出任知府。这些通过会推上任的知府，多有治绩，而且连任长达一二十年，"吏称其职，民安其业。一时蒸蒸称盛"。② 另一方面，明初府州县官行政程序相对简化。如洪武六年（1373）九月，明太祖下令，将地方有司庶务的月报，改为季报，而后将季报合为岁报。至于府州县的狱囚，不论轻重，一概依律断决，不必转发。若是其中果有违枉，才由御史、按察司纠劾。此令一出，"天下便之"。③

至明代中期以后，府州县地方行政制度日趋繁复，府州县官行政大受上司的掣肘，不得施展其能，以致地方官有为官不易之叹。此外，在实际的行政过程中，地方官在国计（催科）与民生（抚字）的选择上，同样面临着两难的抉择，存在着一种矛盾的心态。这首先源自明代地方政体的自相矛盾。就地方官的职掌而言，无非就是"洁己爱民""修政立事"两端。洁己，就是要做到"一尘不染"；爱民，即"安民"，就是要"以我从民"，而不是"强民从我"。修政立事，就是政体主于宽厚，政令全要严明。简言之，府州县之政，不是为国，就是为民。就此而言，在为国还是为民的选择上，明代大多数地方官并非选择其一，而是选择了"为己"，即为了一己私利。随之而来者，则是地方行政上普遍缺乏循吏，而多是"喜事之吏""木痹之吏""昏庸之吏""耗蠹之吏""惰慢之吏""柔邪之吏""狡伪之吏""谄谀之吏""酷暴之吏"

---

① 龙文彬：《明会要》卷41《职官十三·府》，第724页。
② 龙文彬：《明会要》卷41《职官十三·府》，第724—725页。
③ 顾炎武撰，黄汝成集释：《日知录集释》卷8《法制》，第190页。

"贪鄙之吏",① 既不尽为国之职,又难当为民的父母官之称。

究其原因,还是因为地方政体本身的矛盾性所致。一方面,地方官号称是"父母官",庶民百姓尊之为"父母"与"祖父母",在行政上必须以"爱民"甚或"教民"为先务。只有做到"爱民如子",方可使百姓"爱之如父"。② 另一方面,地方官又号称"州牧""县宰",必须担负起替朝廷治理乃至控制百姓的职责。作为地方上的行政首脑,地方官显然具有共同的职责,需要对辖区内的所有事情担负起责任,尤其必须维持辖区内的治安秩序。除此之外,最为重要的则是税粮的征收与司法事务,这就是牧令之则要求地方官以"刑名钱谷二事为先务"。③ 因为这两项,关乎他们政绩的考成。只要不是有意忽略,其他职责并不影响他们的考成,所以地方官只以很少的精力去应付。④ 于是,关乎个人考成的税粮征收,与儒家理想所要求的"爱民如子"的仁政,必然会产生矛盾,进而令地方官彷徨徘徊,甚至在具体施政上有无所适从之感。

(一) 为府州县官之难

明代府州县地方官,无不有一种为官甚难的感觉。这种为难的感觉,主要因为施政受到各级上司的掣肘。正如顾炎武所言:"且守令之不足任也,而多设置监司;监司之又不足任也,而重立之牧伯。积尊累重,以居乎其上,而下无与分其职者,虽得公廉勤干之吏,犹不能以为治,而况托之非人者乎?"⑤ 其结果则造成冗事于一官,或者冗官于无事,官与事趋于两分。

仔细探究明代地方官员行政之难,主要来自以下两个方面:

---

① 吕坤:《实政录》卷6《风宪约·按察事宜·按察十吏》附《太原谕属》,载《吕坤全集》中册,第1116—1120页。

② 张萱:《西园闻见录》卷96《政术·前言》,引罗公侨谕属吏,哈佛燕京学社1940年铅印本。

③ 刚毅:《牧令须知》卷1《莅任》,清光绪十五年(1889)江苏书局刻本。

④ 瞿同祖:《清代的地方政府》,第31—32页。

⑤ 顾炎武撰,黄汝成集释:《日知录集释》卷8《乡亭之职》,第181页。

一则受制于上官，尤其是监司官。明代州县之官，大多从布衣诸生中选任，寄之以百里之命。未及三年，即迁官而去。而州县的考察，即他们是"贤"，还是"不肖"，则"悉听于监司"。其中监司官所奏罢的姑且不论，即使是他们所荐举的官员，尽管极其褒美之词，等到迁任之后，未必多有治绩。可见，吏之贤否，出于名者多，并不名副其实，上官亦"以名求之而已"，对于百姓并不有益。①

事实确是如此。以知府为例，其行政大多受到分巡道、分守道、兵备道这些监司官员的掣肘。更有甚者，一省所设之监司官，有时远多于府官。如山东只有 6 个府，却设有 16 个分司官；山西只有 5 个府，却设有 13 个分司；陕西只有 8 个府，却设有 24 个分司；四川只有 9 个府，却设有 17 个分司。② 以知县为例，曾经做过知县的归有光深有体会，断言："令之难非难于为官，而难于其为其官之上者。"为此，归有光进一步加以说明，认为明代的知县，在施政上完全受制于上官，即"今以一令而大吏数十人制于上"。知县"欲左"，而上官则"掣之使右"；知县"欲右"，而上官"掣之使左"。于是，知县只能"勤苦焦劳，日夜以承迎其上"，反而别无他事可做。③ 知县行政之难，有时远超秀才。做秀才的时候，最难耐的是提学官，却只有一个。一旦出仕做了知县，则必须受到十数人的牵制。这些人"皆能以咳唾为风波，即顷刻变霜露"。④ 基于此，谢肇淛提出"为令者有八难"之说，⑤ 系统

---

① 归有光：《震川先生集》卷 10《赠俞宜黄序》，第 237—238 页。

② 王夫之：《黄书·宰制第三》，载《梨州船山五书》，第 8 页。

③ 归有光：《震川先生集》卷 10《送陈子达之任元城序》，第 227—228 页。

④ 徐日久：《复闻子将》，载《尺牍新钞》卷 9，第 328 页。

⑤ 谢肇淛所概括的为令者八难，大抵如下："勤瘁尽职，上不及知，而礼节一疏，动取罪庋，一也。百姓见德，上未必闻，而当道一怒，势难挽回，二也。醇醇闷闷，见为无奇，而邪驵蜚语，据以为实，三也。凋剧之地，以政拙招尤，荒僻之乡，以疏遂见弃，四也。上官所喜，多见忌于朋侪，小民所天，每见仇于蠹役，五也。茧丝不前，则责成稠至，包苴不入，则姜菲傍来，六也。宦成易怨，百里半于九十，课最盈亏，衔橛伏于康庄，七也。剔奸厘弊，难调驵侩之口，杜门绝谒，不厌巨室之心，八也。"参见王嗣奭：《管天笔记外编》卷下《世道（兼治术）》，载《四明丛书》第 2 册，第 1169 页。

道出了明代地方知县行政之难。

二则分权于佐贰等属官。众所周知，明代每府设知府一人，同知一员，通判一员或二员，推官一员。知府统理一府各属州县各项事务，同知则同知一府之事，通判专用硃墨笔佥判文牒，兼管粮储、水利等事，推官专理一府刑名，清晨同坐大堂，率领各吏办理诸务。事虽各有分责，其权却统于知府一人。至后，渐不遵循旧制，率多分管，诸如清军、驿传、河防、江防、海防、捕盗、马政、巡盐、运粮、水利之类，佐贰官"各司其事，各有处分"。① 换言之，知府治其所属，已无专断之权，他们不但要受到分巡道、分守道、兵备道这些监司官员的掣肘，而且很多事情还要受到同知、通判、推官的阻挠。② 而其恶果，则造成知府施政下令，同知、通判、推官"不听命焉"；知县施政下令，县丞、主簿"不听命焉"。③ 佐贰官尽管可以阻挠知府、知县这些长官的举措，却并非专任其职，考课并不涉及这些佐贰官的实际职责。随之而来的，那些还能坚守洁身自好的佐贰官，不过"持禄以待选"而已，否则就是"法外生事以扰民"，所以政事反而集中于知府、知县一人，致使他们无暇去顾及农桑、学校一类的事情，更遑论去承担诘戎、捕盗、督粮、问刑之类的职责了，其结果则是"冗事于一官，而冗官于无事"，一如王夫之所言，是一种"两失之道"。④

从制度的层面来说，明代当然有一套完整的考成体系用以考课地方官员，然在实际的考课过程中，政绩的考成还是取决于出身的资格。照理说来，府州县一类的地方官，任用不应限于一途，选授更应凭实际的干才而定，如此方可使人人自尽其力。一旦选任之后，则应"责其成"，亦即当考核其"才不才"，或者其事"治不治"，不当顾及他们的

---

① 刘廷玑：《在园杂志》卷1《明初府之建置》，第8页。
② 王夫之：《黄书·宰制第三》，载《梨州船山五书》，第8页。
③ 王夫之：《黄书·任官第五》，载《梨州船山五书》，第23页。
④ 王夫之：《噩梦》，载《梨州船山五书》，第22—23页。

出身资格。事实并非如此。自从天下独重进士甲科之后，地方纷纷"不得其平"。譬如朝廷每年派遣御史按行天下，藉此考察地方官员之贤否。这些御史到了地方上，不去考察地方官的政绩如何，反而"汲汲于问其官之所自"，亦即他们的资格出身。假如地方官出身进士，即使属于不肖之人，御史就"必其所改容而礼貌之，必其所列状而荐举之也"，得到吏部擢升的通常也是这些出身进士之人。等到这些出身进士的地方官罪迹暴露，需要加之罪罚，还是感到很是为难。反之，假如不是进士出身，即使属于为政有实迹且为百姓爱戴的贤官，御史就不会"改容而礼貌之"，也不会"列状而荐举之也"，得到吏部黜退的通常就是这些不是进士出身的人。等到这些不是进士出身的官员政绩显著，需要加以奖赏，还是感到很是为难。其结果，则造成"暴吏恣睢于民上，莫能谁何必；而豪杰之士，一不出于此途，则终身俛首，无自奋之志。间有卓然不顾于流俗，欲少行其意，不胜其排沮屈抑，逡巡而去者多矣"。①

诚如前述谢肇淛所言，明代的知县已有"八难"之说。然正如王嗣奭所论，地方官若是能以清正自持，其行政难则可减去一半。在此基础上，再能以义命自安，则所有困难都不足为虑。若是地方官能以实心行实政，更可以让百姓普遍受到恩惠膏泽。② 其实，王嗣奭之论，不过是为上上者说法而已，对于绝大多数的明代地方官而言，如此的政治环境，势必给地方官造成很大的压力，致使他们产生一种畏难情绪，甚至会滋生讨厌做地方官的情绪。以知县而论，我们不妨找出一些资料，对他们的左右为难的心态加以部分的揭示。譬如有人就将知县作了如下比喻："作令如入螺蛳壳中，愈入愈曲；又如行十八滩，一上一叹苦。"这种苦处实出有因。如一旦考成在即，很多钱粮多是旧逋，很难清缴完

---

① 归有光：《震川先生集》卷 13《杨渐庵寿序》，第 329 页。

② 王嗣奭：《管天笔记外编》卷下《世道（兼治术）》，载《四明丛书》第 2 册，第 1169 页。

毕，因此替他人受过尚可，若是替他人代偿，就不免是一件难事。于是，小小的一个知县，成了"愁债之客""愁米之妇"，这确实是一件"大屈事也"。① 面对民生日蹙，作为一个知县，"宽则废事，严则速谤"，② 已是左右为难。无奈之下，当时的知县只好抱持如下两种心态：一是把做知县看作"当家老婆子"，但求无事，"不妨平平结案耳"。③ 二是厌官心态。一个士子读书半生，一旦做了知县，就好像是一个修行人，成不了佛，升不了天，反而堕落在"鬼神道中"。尽管还是掌管着人间生死，东岱南岳，职掌不轻，但终究需要仰视天曹的鼻息。为此，任过知县的李陈玉不免对朋友坦露心声，直言道："仆已厌弃。"④

（二）催科与抚字之间的矛盾心态

明代的府州县地方官，一方面是"亲民官"，而且被民间百姓称为"父母"。所谓"父母"，即为"生我养我者也"。民间百姓称府州县官为"父母"，其实是期望府州县官像父母一样，"生我养我"。为此，地方官就必须担当起关注"民生""民瘼"的职责来，使治下百姓无不"安生"："民情所好，如己之欲，我为聚之。民情所恶，如己之雠，我为去之。使四境之内，无一事不得其宜，无一民不得其所。"唯有如此，方可使治下百姓，"如坐慈母之怀，如含慈母之乳，一时不可离，一日不可少"，才是"真父母"。⑤ 另一方面，地方官又是牧民之官，需要替朝廷担负起控制乃至管理治下百姓的职责。随之而来者，则使地方官在"亲民"（抚字）还是"牧民"（催科），或者说在"民生"与"国计"的选择上，常有一种两难的心境。无论是从制度的设计层面，还是具体的考课层面，无不促使明代的地方官更多地选择"牧民"，通

---

① 李陈玉：《复门人吴求履》，载《尺牍新钞》卷6，第195页。

② 李陈玉：《复门人吴求履》，载《尺牍新钞》卷6，第195页。

③ 李陈玉：《复钱孝廉尔斐》，载《尺牍新钞》卷6，第194页。

④ 李陈玉：《与门人廖田生》，载《尺牍新钞》卷6，第197页。

⑤ 吕坤：《实政录》卷1《明职·知州知县之职》，载《吕坤全集》，第923—924页。

过"催科"而完成"国计"，进而使自己在仕途上得以擢升。

先来看制度设计。因为税粮的征收关乎国计，所以朝廷为了加强税粮的征收而大量增设地方上的佐贰官。如成化三年（1467）八月，巡按御史上疏认为，江西一省，赋税繁杂，但官员很少，导致赋税的催征不力，"逋负者多"。为此，请求增设司府佐贰官，由这些佐贰官专门负责税粮的督理。于是，朝廷增设江西布政司参议一名，另在南昌、吉安、抚州、袁州、临江、饶州、瑞州七府各增设同知各一名。① 大致说来，明代府州县佐贰官的大量增设，很多都是为了加大税粮征收的力度，基本已经可以说明，对于地方官来说，催科尤为重要。

再来看地方官员的考课。明代地方官员的考课，大致分为"考满"与"考察"两类，而且两者相辅而行。所谓考满，就是"论一身所历之俸"，分为"称职""平常""不称职"，亦即上、中、下三等。所谓考察，即为合天下内外官一同考课，分为"贪""酷""浮躁""不及""老""病""罢""不谨"八等。② 考满、考察的结果，是地方官擢升、降职、罢职的主要依据，关乎官员一生的仕途。从具体的考察实践来看，似乎"民生"不太重要，更多的还是以"催科"作为考核地方官员的主要依据。正如王夫之所言："自以催科为急，于是有藉口钱粮任重，而郡县长吏有终身不入都者。升降皆遥为除受，其陟其黜，一听之上官，上且不知有天子，而况有廷臣之公是非乎！上官者唯知己之好恶，又其下则唯知食贿已耳。"③ 即以山西为例，很多地方官因为催科不足而被查参。受灾之后，对地方官税粮的征收通常减去一分，以收足八分为称职。即使如此，在灾荒之后，还是有很多地方官很难及格。如沁州、吉州、隰州三州，以及武乡、石楼、永和三县，税粮的征收很少能达到五分，若是地方在税粮征收上达到六分，因尚未到八分的及格

---

① 龙文彬：《明会要》卷41《职官十三·府》，第726页。
② 《明史》卷71《选举三》，第1721—1723页。
③ 王夫之：《噩梦》，载《梨州船山五书》，第14—15页。

线，还是不免降俸、住俸，甚至不准升迁、给由。尤其是武乡一县，从来没有不降调之官，官员一选此县，"如投荒徼"。① 因为旧日积欠太多，地方官即使"星火催科"，也是难以完成。其结果，则造成"逃民愈众，则荒地愈多；荒地愈多，则钱粮愈累。是带征者无益往年之逋负，只累见在之钱粮。彼固以为完不可胜完，百欠总成一欠。民无余力，官无巧术，是以年年之带征贻年年之拖欠也"②。这似乎已经成了一个死结。

自明代中期以后，由于灾荒频仍，国家财政日益困难，民生日趋凋敝，国计与民生之间的冲突更趋明显。根据吕坤的回忆，出现"连岁之凶"与"数省之歉"，已是相当频繁。尤其是万历十年（1582）之后，更是"无岁不告灾伤，一灾动连数省"。③ 灾荒频仍，导致财用"耗竭"，国家财政面临前所未有的困难。即使如此，朝廷还是兴作不断，譬如寿宫之费多达几百万，宁夏用兵之费花去几百万，采木之费又达几百万。所有这些支出，"半非岁额"，只能依靠加派赋税。④ 于是，民生日趋凋敝。因为天灾叠见，导致"官仓空而库竭，民十室而九空"，"小民生计，所在萧条"。正如吕坤所揭示，当时各处百姓，"冻骨皴肌，冬无破絮者居其半；饥肠饿腹，日不再食者居其半。流民未复乡井，弃地尚多荒芜，存者代去者赔粮，生者为死者顶役。破屋颓墙，风雨不蔽；单衣湿地，苦藁不完。儿女啼饥号寒，父母吞声饮泣"⑤。民生如此艰难，地方上的巡抚、巡按认为，"赈济不可屡求，存留不可终免，起运不可缺乏，军国不可匮诎"，所以"灾伤之报遂稀，催科之

① 吕坤：《去伪斋集》卷1《论钱粮疏》，载《吕坤全集》上册，第45—46页。
② 吕坤：《去伪斋集》卷1《论钱粮疏》，载《吕坤全集》上册，第44页。
③ 吕坤：《去伪斋集》卷1《忧危疏》，载《吕坤全集》上册，第8—9页。
④ 吕坤：《去伪斋集》卷1《忧危疏》，载《吕坤全集》上册，第9页。
⑤ 吕坤：《去伪斋集》卷1《忧危疏》《摘陈边计民艰疏》，载《吕坤全集》上册，第9、25—26页。

严如故"。① 其实，这并不说明地方大吏不哀悯百姓、关心民生，而是情势不得不如此。

面对如此的情势，地方官在"催科"与"抚民"之间更趋矛盾："欲议蠲，难乎其为国；欲议征，难乎其为民。"当左懋第出任陕西韩城知县时，同样具有这种矛盾的心理。左懋第感到，吏若"催科"，就要违背"抚民之心"；若"抚民"，又不可以为吏。② 这种"民不安其生，吏难尽其职"的矛盾心理，只有独居一端，打破一头，才能找到出路。像左懋第这样的地方官，虽有"抚民"之心，在实际的行政中却很难付诸实践。因此，侯峒曾对"催科"就只得做出调和的做法了。科既要征，但又需做到："完全之人户宜清，欠多与欠少之分数宜析，解发之缓急宜衡。"③ 这种有限的"调和"，正是地方官在救荒时的常用之法，即在"救穷民"的时候，"体富民，治乱民"更是关键。"抚民"思想若能摆脱"抚民"与"催科"的矛盾，就能向前跨出一步，这一步恰恰是它的进步性所在。如李应昇深知"敛急民贫"的道理，随之他的"恤民"思想，已经开始走出彷徨于"抚民"与"催科"的困境，而是要求蠲除"积欠并征"之害，是一种真正意义上的"抚民"思想。④ 魏大中所主张的蠲除"加派"，同样是相同意义上的"抚民"思想。⑤

进而论之，"催科"与"抚民"之间的矛盾，所牵涉的问题虽多，最为主要的是以下三大问题：一是如何看待"国计"与"民生"的关系。正如吕坤所言："民生国计，利害本自相关，而体国忧民，岂于不

---

① 吕坤：《去伪斋集》卷1《忧危疏》，载《吕坤全集》上册，第8—9页。
② 左懋第：《左忠贞公集》卷2《初抵韩城与亲友书》，《乾坤正气集》本。
③ 侯峒曾：《侯忠节公集》卷7《与万明府书》，1933年铅印本。
④ 李应昇：《落落斋集》卷1《缕诉民隐仰动天心乞行宽恤以固邦本疏》，《乾坤正气集》本。
⑤ 魏大中：《藏密斋集》卷1，《乾坤正气集》本。

可偏重。"① 当然，所谓的"国计"，理当取之于民，用之于民，而不是国君为了一己之利，随意私取，最终导致百姓无计为生。② 然在如何处理"体国"与"忧民"的关系时，很多地方官却又陷入了困境。二是"君富"与"民贫"的关系。在天下之财固定不变的前提下，"君欲富"，势必导致"天下必贫"。一方面，九重之内，是国君之身家；另一方面，九门以外，也是国君的赤子。赤子一旦困穷，国君岂能独享安富。③ 鉴于此，明代的地方官员认为："同民之欲者，民共乐之；专民之欲者，民共夺之。"④ 一旦民穷财尽，最终必会失去人心。对于国君而言，"人心得则天下吾家，人心失则何处非仇？"⑤

（三）府州县行政之病态

面对"国计"与"民生"的矛盾，一些地方官在行政实践中，开始抛弃儒家的"仁政"思想，所作所为尽是为了一己私利。这主要体现在以下三个方面：

其一，所谓的"廉才之吏"，其实名不副实，难以担当起"良吏"一称。毫无疑问，明代地方官考课制度的失当，最终导致拔擢非人。一些地方官虽被"举良吏"，升之高位，显荣而去。然观其治境之内，"冻饿僵死犹昔也，豕食丐衣犹昔也，田野荒莽犹昔也，庐舍倾圮犹昔也"。这些所谓的良吏，若是因为他们的廉洁而得以拔擢，那么一节之廉，反而不能"养民"，其实与"贪吏"相去不远。若是因为他们有才而得以拔擢，那么有才而不能"养民"，实则与"酷吏"相去不远。真正的良吏，就必须做到"爱赤子"，然后替赤子选择乳母。若是把地方官比作爱赤子的乳母，就必须做到"勤谨不懈，得主母之欢心"。那些

---

① 吕坤：《去伪斋集》卷1《论钱粮疏》，载《吕坤全集》上册，第43页。

② 吕坤：《去伪斋集》卷1《忧危疏》，载《吕坤全集》上册，第10页。

③ 吕坤：《去伪斋集》卷1《停止砂锅潞绸疏》、卷2《忧危疏》，载《吕坤全集》上册，第18、66页。

④ 吕坤：《去伪斋集》卷1《忧危疏》，载《吕坤全集》上册，第18页。

⑤ 吕坤：《去伪斋集》卷1《忧危疏》，载《吕坤全集》上册，第18页。

所谓的"廉才之吏"，"不能救民之饥饿"，犹如"乳母而无乳者也"，实非真正的"良吏"。①

其二，地方守令患有"二病"。贪污之吏姑且不论，其他的地方官员也大多陷于以下二病：一是"高谈坐啸而厌薄簿书"，这是置民生国计于不顾。此则属于地方官个人修养的问题。二是"避嫌远疑，一切出纳概不敢亲"。此则属于制度不合理所带来的弊病。在明代，一些上司官员，"疑守令甚于疑胥役，其信奸民甚于信守令"，凡是所有钱谷出入，一概由里役自收，地方官不得经手，这是将府州县官视为"盗跖"，最终导致地方官不理钱谷之事。②

其三，地方官不愿出任边远之职。如嘉靖年间，因云南地处荒徼，很多出仕者"惮不欲往"。即使有人愿意出任云南地方官，也并非"志甘投荒"，不是因为"年迫衰迟"，就是"家贫急禄"。可见，这些地方官"志在为己"，并不在于"恤民"，为此导致"滇中多不得人"。③

施政之方：府州县官的行政实践

揆诸明代地方官的行政实践，其最高的境界则是能做到"致君泽民"。正如吕坤所云："宇宙之内，一民一物痛痒，皆与吾身相干，故其相痒相安料理，皆是吾人本分。"④ 这无疑就是儒家"民胞物与"精神的翻版。然在实际的行政过程中，明代的地方官显然出现了两分的现象：一则为国为民，实心任事，既得上官奖掖，又得百姓口碑；一则只顾一己私利，而置民生疾苦于不顾，只得上官奖掖，却无百姓口碑。

---

① 唐甄：《潜书》下篇上《考功》，中华书局 1984 年版，第 110 页。
② 谢肇淛：《五杂组》卷 14《事部二》，第 279 页。
③ 龙文彬：《明会要》卷 41《职官十三·县》，第 733 页。
④ 吕坤：《实政录》卷 1《明职·知州知县之职》附《太原谕属》，载《吕坤全集》中册，第 925 页。

（一）从歌谣看实心为国为民之官

究竟是替"自己身家"做官，还是替"朝廷百姓"做官？这无疑是摆在很多地方官面前一道必答的选择题。很多地方官心里显然清楚，替自己身家做官很容易，而替朝廷百姓做官就难了。若是仅为自己身家之计，只需用上攀缘之法，即可取得富贵利达。反之，若是尽忠报国，行志安民，就会"媒忌招尤，因而委弃身命"。① 为此，有些地方官员就借助佛教"方便"之说，作为自己为官的准则。佛婆子曾云：当权若不行方便，如入宝山空手回。在明代地方官的意识中，已经不将"方便"二字解释成"慈悲"，而是释为"做得彻"之义，且可析为两层含义：一是通过自己"行上等贤哲事"，而后"方便自己"，这是人格修养的升华；二是让"天下受上等平康福"，进而"方便天下"，这是治国平天下的外在功效。② 这无疑已将佛教的"方便"之说与儒家的"修齐治平"融合为一。高攀龙对知县一职的认知，显然也具有相同的价值取向。他认为，一人做了知县，若是率尔放过，真是"宝山空回"，甚至会"一生令名，百世血食，方寸有无穷之慊，子孙有无穷之报"。所以他建议，三年知县，完全在于"一念自持而已"。③ 所谓的一念，尽管高攀龙并未明言，实则还是倡导替朝廷百姓做官，亦即传统所谓的"致君泽民"。

佛教"方便"之说，一旦与儒家"致君泽民"之说相合，其结果则是在地方上出现了很多实心为国为民的官员。明人吕坤将官员区分为八等，其中的前四等，虽有高下之别，但大抵当得起为国为民之说。其中的第一等官员，有一点"恻隐真心"，即从"不忍人之心"，进而导源出"不忍人之政"。他们对待地方百姓，"如亲娘之于儿女，有饥念寒，怕灾愁病，日思夜虑，吊胆提心，温存体爱，百计千方，凡可以使

---

① 张民表：《与周元亮》，载《尺牍新钞》卷9，第309—310页。
② 李如一：《与缪西溪》，载《尺牍新钞》卷8，第279页。
③ 高攀龙：《答袁宁乡》，载《尺牍新钞》卷1，第1—2页。

儿女心遂身安者，无所不至"。这是完全出于自然。第二等官员，把天地万物一体看成是自己的"性分"，视天下万物各得其所当作自己的"职分"。"惓惓维世道，亟亟爱民生，以谓为之，自我当如是耳"。这是尽其"当然"，虽有勉强向道之心，但精神稍有不贯之处。第三等官员，认为只要自己洁己爱民，修政立事，那么名誉自会彰显，否则毁言日至。士君子立身行己，名节为先，不得不有所自爱。这是"为名而为善"之人。第四等官员，操守上能做到"洁己"，但短于才干；内心知道"爱民"，但懦于政务，虽是好官，但对地方百姓并无多少好处。①

吕坤如此细分"好官"，还是具有一定的价值。这些好官，都有一个行惠民之政的共同点，且在百姓中留下了很好的口碑，甚至百姓造出歌谣加以称颂。他们所行惠政，无不具有一些共同点，主要有：

1. 政平讼理。如海阳人戴瑀曾任南丰知县，"政平讼理"，百姓感怀其德，歌道："山市晴，山鸟鸣；商旅行，农夫耕，老瓦盎中浊酒盈，呼嚣豗突不闻声。"②又吴江人马公远任昌邑知县，"为政平易"，"民有讼者教谕之，使听解。度不可已，乃受理"。③

2. 重视教育。如洪武年间，俞永出任鲁山知县，兴修学校，亲自替诸生讲说经史，"正句读，校文理，士风翕然称盛"④。又杨子器任昆山知县时，拆毁城市乡村庵庙约百余所，用这些材料修理"学校、仓廪、公馆、社学等事，一时完美"。⑤

3. 兴修水利。如吴淞江由嘉定入海，江口淤塞长达百年，百姓深受其害。吉水人龙遵叙以御史左迁，出任嘉定知县，亲自踏勘其地，召见父老讲求水利，多方设施，过了一月尽将淤塞江口疏通。又开掘支河

① 吕坤：《实政录》卷1《明职·知州知县之职》附《太原谕属》，载《吕坤全集》中册，第926—927页。
② 张怡：《玉光剑气集》卷7《吏治》，第308页。
③ 张怡：《玉光剑气集》卷7《吏治》，第309页。
④ 张怡：《玉光剑气集》卷7《吏治》，第308页。
⑤ 张怡：《玉光剑气集》卷7《吏治》，第316页。

五条，惠及旁县，百姓称为"御史河"。① 又陈幼学任确山知县时，确山地多荒芜，且缺乏水利设施。他就发给当地百姓种子，开垦荒地800余顷，疏通河沟189道，"节省里中杂支银六百余两，申抵正额，给贫民粟千余石，贫妇纺车八十余辆，积粟一万二千余石"。②

4. 省费惠民。如况钟任苏州知府时，奏减重额虚粮，合计达120万石余，种种兴革，都是纪纲大务。考满时，当地百姓叩阙挽留，多达8万余人，且民谣云："况太守，民父母，早归来，慰田叟。"又云："况青天，朝命宣，早归来，在明年。"③ 又洪洞人卫瑛任开封知府时，开封府地处要冲，宾客辏集。他上任之后，一切不急之费，蠲除十之五六，"民间便之"。巡抚、巡按有时有政令下达，他一旦认为不能执行，就入具白状，从容陈说。有时会遭到上司的谴谪，他喟然叹道："吾凡以惠民为本，他宁足恤？"④

5. 捕盗平叛。如慎正蒙任漳浦知县时，明察强断。当时有盗贼"负山海而窟，诸亡命多归之，攻剽聚落，莫敢谁何"。慎正蒙选择县中有胆略的豪杰10余人，严格保密，让他们假装与盗贼相通，甚至替盗贼做向导，帮助盗贼攻剽，却在暗地里密报官府。当盗贼率部前来攻剽之时，豪杰从中作为内应，绑缚盗首30余人，"威行邑中，盗贼以息"。⑤ 又方升在嘉靖二年（1523）任永嘉知县，凡民间有人犯盗贼之事，就"从重治之"。⑥

6. 生活清俭。"好官"能行惠民之政，自可约束个人欲望，过着一种清俭的生活。如胡寿安，永乐年间曾任新繁知县。其人性清俭，"在官未尝肉食"。他的儿子从徽州来省亲，在两月内连烹二鸡，他就怒骂

① 张怡：《玉光剑气集》卷7《吏治》，第315页。
② 张怡：《玉光剑气集》卷7《吏治》，第325页。
③ 张怡：《玉光剑气集》卷7《吏治》，第311页。
④ 张怡：《玉光剑气集》卷7《吏治》，第331页。
⑤ 张怡：《玉光剑气集》卷7《吏治》，第340页。
⑥ 姜准：《岐海琐谈》卷3，第44页。

道："饮食之人，则人贱之，尔好大嚼，讵不为吾累乎！"①

这些能行惠政的地方官自然会更多地关注百姓的民生，以致在百姓中留下了很好的口碑。地方官行政，事实上已经分为两类：一类是只顾上官的口碑，为的是一己私利；另一类则是顾及百姓口碑，为国为民实心任事。河南杞县，属于一省之巨邑，过去曾任此地的地方官，只是为了"要名悦上"，获得上官的口碑，故所行则"严督责之令，刻征赋之期，启无艺之科，周宾客之需，结权势之好"，以致"其政赫赫，其民焦焦，其用纷纷，其民嗷嗷"。这虽可得上官的嘉奖，但百姓并非"甘心"。等到刘潘伯出任知县之后，则"务宣德化，致乐利，祛奸蠹，拯困殆，宁缓公家之需，而不忍夺民之有，宁稽在己之政，而不忍伤民之心"。尽管不再皎皎务饰，藉此迎合上官之好，对百姓而言，却可得惠爱之实，使百姓"阴被其福泽"。针对这一事实，王廷相曾经加以评论，认为知县行政，都是为了百姓，而不是为了自己。设置知县一职，也是为了百姓，而不是为了知县自己。所以，"务饰悦上而得名者，窃其令之似者也"；只有做出了为民的实政而得百姓口碑，才是真正的知县。② 同样的事例也出现在清初。如达良辅任山西巡抚时，平阳知府前来求见。良辅问道："平阳之为县者，孰贤，孰不肖？"知府举出数人回答。良辅怒道："百姓之所谓贤者，尔之所谓不肖者；百姓之所谓不肖者，尔之所谓贤者也。尔不可以为三十四城之长。"将知府弹劾罢官。③ 这就是上司奖掖与百姓口碑之别。

（二）地方行政之弊端

除去上面为国为民实心任事之官外，在明代地方行政中，确实是弊端丛生，且地方官以不称职者居多。这些地方官对于民生疾苦，昏昏然

---

① 张怡：《玉光剑气集》卷7《吏治》，第311页。
② 王廷相：《王氏家藏集》卷22《送杞令刘潘伯序》，载《王廷相集》第2册，第409—410页。
③ 唐甄：《潜书》下篇上《为政》，第112页。

绝不闻知；对于风俗美恶，梦梦然不再理会。他们只知道坐轿打人，前
呼后拥，招摇于大市稠人之中。譬如耽于诗赋之官，"以豪放自高"；
喜好宴安之官，"以懒散自适"；嗜好骄泰之官，"以奢侈自纵"；工于
媚悦之官，"剥民膏以事人"；只计自己身家之官，"括民财以肥己"。①
这确实也是当时的实录。吕坤将地方官分为八等，其中后面的四等大致
符合这一类官员。如有一等官员，"志欲有为而动不宜民，心知向上而
识不谙事"，最终还是"品格无议，治理难成"。又有一等官员，"知富
贵之可爱，惧摈斥之或加。有欲心而守不敢肆，有怠心而事不敢废。无
爱民之实，亦不肯虐；无向上之志，亦不为邪，碌碌庸人而已"。还
有一等官员，"实政不修，粉饰以诈善；持身不慎，弥缝以掩恶。要
结能为毁誉之人，钻刺能降祥殃之灶。地方军民之事，毫发不为；身
家妻子之图，殷勤在念"。这是一种巧宦，但在当时地方官场已经风
靡一时，牢不可破。更有一等官员，"嗜利耽耽，如集膻附腥；竞进
攘攘，如驰骑逐鹿"。他们做官只是想多得钱，只要能得钱，"笑骂
由他笑骂耳"。②

在地方上，有些属于正常的或者关系到民生的工程，如城垣、官
衙、吏舍、仓库、祀典、庙貌、坛壝、医学、学校、道路、桥梁、沟
渠、公馆、养济院等等，若有损坏，自当设法兴修。③ 有些却并不与民
生休戚相关，如书院、闲亭、楼台、庙宇，就应该切忌兴作。④ 事实并
非如此。明代很多地方官热衷于在地方上兴建一些面子工程，反而给地
方百姓带来额外的负担。譬如有些地方官员，因为地方上的财力有余，

① 吕坤：《实政录》卷 1《明职·知州知县之职》，载《吕坤全集》中册，第
924 页。
② 吕坤：《实政录》卷 1《明职·知州知县之职》附《太原谕属》，载《吕坤全
集》中册，第 926—927 页。
③ 吕坤：《实政录》卷 3《民务·有司难禁》附《官问二十三条》，载《吕坤全
集》中册，第 1013 页。
④ 吕坤：《实政录》卷 3《民务·有司难禁》，载《吕坤全集》中册，第 1013 页。

就"喜游观，重风水"，就建造一些书院、闲亭、文昌祠、钟鼓楼，似乎是为了"增胜概、妆奇观"，实则属于无益之作。尤其是地方官热衷于建造牌坊一事，更是劳民伤财、万无一益。明代地方上的牌坊，大致分为以下三类：一是乡宦坊第。一般由巡抚、巡按替乡宦建造，这是旧例。然在建造的过程中，弊端丛生。如一些州县官在接到巡抚、巡按公文之后，"动支库藏，起派人夫，妨废农末，骚扰闾阎"。至于那些乡宦的父兄子弟，为了悦人耳目，更是"远方求匠，隔省画图，凿玲珑之石，题夸张之额，壮丽者费数百金，工巧者修三两岁，敛千家之怨，侈一己之荣，日新月盛，奢丽相高"。更有甚者，有时一个乡宦竟然建造坊第五七座，一县相加，竟建牌坊五七十座。二是科举牌坊。凡是初中举人、进士，由官方给予建造牌坊的银两，有的建于当年，有的建于他日，均由举人、进士自行盖造。为了"表厥宅里"，巡抚、巡按与司道官员，只是替举人、进士增加门牌。然自此之外，地方建造的每科总坊，则需要"动支钱粮，派编夫役"，同样劳民伤财。三是衙门牌坊。如巡抚、巡按、司道、府州县衙门，以及一些行台公馆，通常也会在大门之外竖立一座大牌坊，另外又在左右分列两座牌坊。[①] 这些牌坊无不是为了美观瞻，且浪费了不少民脂民膏，纯粹属于面子工程。

（三）施政如行医

古有上医医国之说，地方官治理地方事务，亦当作如是观。就医生而言，昂有良医、庸医之别：良医治人之病，通过诊脉、望气、投药，自可让病人痊愈；庸医治人之病，携药箱而来，守治数月，病人毫无起色。治人之病如此，那么地方官的施政亦当效仿医家治病。自到任之时，便应该洞察辖下"受病标本"，而后分出个治疗的先后，诸如"何困可苏，何害当除，何俗当正，何民可惩，何废可举"，等

---

① 吕坤：《去伪斋集》卷1《摘陈边计民艰疏》，载《吕坤全集》上册，第22—23页。

等。只有洞悉其中的弊原，再斟酌其治疗之法，日积月累，方能"责效观成"。① 明末人徐世溥也认为，地方官在地方上施政，犹如医生治病，必须洞悉致病之由，而后可以对症下药。就明代地方官员来说，科目出身的地方官，类似于太医院的医生；而由荐举出身的地方官，则如"草泽之医"，即所谓的草头郎中。若由太医来治病，只要不把人医死，虽不免会被褫夺冠带，但头项尚可保存。若由草泽之医来治病，本来这些人就被太医院医生所排挤，"乍进一方，今日服之，明日不效"，再加上旁人进谗，那就会有不测之祸。②

出身资格限制了明代地方官的施政实践。此外，施治地方是否有效，尚关乎为官的才德。如明代有一位知县，曾在衙门大堂上悬挂一联，云："才拙勤堪补，官卑清自尊。"③ 可见，若是才能不足，尚可以"勤""清"二字维持自己的体面。那么，做知县一类的地方官，在治理地方事务之时，是否具有一些要诀？为此，明朝人提出两大要术，一为"耐烦"，二为"无为而治"，倒是颇值得深思。

做知县的要术在于"耐烦"，此说出于耿定向。史载有一人初为知县，曾向耿定向请教为官要术。耿定向告以"耐烦"二字。知县不解。耿定向进一步作了如下阐释："耐烦"二字，最是难言。以知县为例，其职关系到宣上达下。就宣上来看，知县就地方事务"关白"上司，上司有时不予理睬，一不耐烦，就会愤怒。一旦愤怒，则上下之情就更加暌隔。只有做到耐烦，才能通过积诚委曲，最后感动上司。就达下来看，面对治下百姓，"鄙固狂悍，抵突咆哮"，一不耐烦，就会"淫怒以逞，失其当者多"。只有做到耐烦，才能原情察理。至于"宾旅之往来，竿牍之造请"，一不耐烦，则必有"草率获戾之处"；还有"勾稽

① 吕坤：《实政录》卷1《明职·知州知县之职》，载《吕坤全集》中册，第925页。

② 徐世溥：《答黄商侯论保举书》，载《尺牍新钞》卷2，第59—60页。

③ 张怡：《玉光剑气集》卷7《吏治》，第346页。

之琐委，犴狴之堤防"，一不耐烦，则必有"疏漏之愆"。此外，像服官而廉，犹如为女而贞，这本来是地方官的本分，并无多少奇特之处。若是知县"负其廉而自矜"，进而"不耐烦以承上而傲上，不耐烦以恤下而暴下，不耐烦以酬世理纷"，那么惰慢丛脞，在所难免。① 为官"耐烦"之说，来源于陆象山"耐烦是学脉"的说法，而后成为明代地方官治理地方的要术。

至于"无为而治"，则可以公安派的袁宏道为例加以说明。史载袁宏道任苏州府吴县知县时，众人都认为吴县政务烦剧，难以治理，宏道却"洒然澹然，不言而事自集"。他清理额外赋税征收"凡巨万"，以致吴县百姓"大悦"。每当谳狱，常常片语而折，只要不是重罪之案，就不加罚赎。在通常情况下，县衙门中的胥吏总是借助公事扰害百姓，但宏道从不差遣胥吏，以致胥吏终日兀坐，不能糊口，只好"逃归为农"。宏道任吴县知县，"清次骨，才敏捷，一县大治"。内阁首席大学士申时行为此感叹道："二百年无此令矣！"史料记载还称，袁宏道在任职期间，"居恒不发私书，尘积函封"。若有来客，宴会从不丰腆，但也无所缺乏。他曾因勘灾而外出，藉此遍游太湖、洞庭两山，过了一年，吴县"大治"。②

（四）"养民""富民"说之勃兴

针对朝廷的奢求无厌，民间百姓的困苦，以及地方官员在"国计"与"民生"之间的矛盾，在晚明地方官员群体与知识精英中，"养民""富民"之说开始勃兴。这种说法来自"仁政"这一儒家传统的政治学说，即《易传》中所说的"民之所好好之，民之所恶恶之。"一至晚明，仁政思想进而演变为"抚民""养民""保民""恤民""足民""富民""爱民"等说法。

---

① 张怡：《玉光剑气集》卷 7《吏治》，第 341—342 页。
② 张怡：《玉光剑气集》卷 7《吏治》，第 347 页。

　　先来看"养民"之说。儒家"仁政"学说的特质，就是要做到"政在养民"。明代曾任温州府永嘉县知县的刘逊，曾以"龙"勉励士人读书仕进，其咏龙之诗云："嘘云上青天，变化犹如尔。寄语读书人，变化亦如此。"一旦出仕，行政就不应如"虎"，刘逊咏虎之诗云："威容常不堪，苛政民犹苦。寄语为政人，为政莫如虎。"① 其言外之意，就是要求地方官不行苛政，而能"养民"。宣德年间，曾任温州知府的何文渊，亦有诗云："衮衮诸公著锦袍，不知民瘼半分毫。满斟美酒千人血，细切肥羊百姓膏。烛泪落时人泪落，歌声高处怨声高。为官若不行方便，空收君王爵禄叨。"② 此诗勉励居官之人，应该关切民瘼，行政应为百姓"行方便"。吕坤告诫地方官，首先应该以"爱百姓"立下自己的施政本体，认为地方官对待百姓，应该像父母对待自己的赤子一般，必须要有耐心，让他们渐渐驯服，切勿"赫然武怒"。③ 换言之，守令官对待百姓，只要先有像对待自己儿女一样的"真心肠"，知疼知热，就能做出"爱养曲成"的事业。④ 在此基础上，吕坤断言："养道，民生先务、有司首政也。"⑤ 赵南星认为，若要吏治民生有所改观，主要在于能做到"救民"，"不能救民，算不得帐"。⑥ 到了明末，地方上的情势已经大为变化，赋税日重，百姓日贫，四方盗贼日多，而且"蠲免无受赐之实，加派有不返之势"，所以，徐世溥认为，地方上的大患，不在于"求贤之途狭"，而在于"养民之道微"。⑦ 在经历了明清两朝鼎革之后，清初的唐甄更是对"养民"思想作了系统的总结。他认为，"为政"的根本在于"养民"。"为政"之事，固然散见于

---

① 姜准：《岐海琐谈》卷 3，第 44 页。
② 姜准：《岐海琐谈》卷 4，第 60 页。
③ 吕坤：《呻吟语》卷 5《外篇》书集《治道》，第 277 页。
④ 吕坤：《呻吟语》卷 5《外篇》书集《治道》，第 294 页。
⑤ 吕坤：《实政录》卷 2《民务·小民生计》，载《吕坤全集》中册，第 944 页。
⑥ 高攀龙：《与华润庵邹荆玙忠余》，载《尺牍新钞》卷 1，第 3 页。
⑦ 徐世溥：《答黄商侯论保举书》，载《尺牍新钞》卷 2，第 59 页。

"兵""食""度""赏罚"之中，然"为政"之人，若只是看到"政"，心中没有"民"，"四政"还是难以成立。① 基于此，唐甄断言："天下之官皆养民之官，天下之事皆养民之事。"② 至于养民之术，唐甄认为关键在于不对百姓"虐取"，进而使"贫富相资"。③

再来看"富民"之说。"养民"说的发展，就是要"藏富于民"，④尤其要减轻百姓负担。吕坤所谓的"足民"之说，其精髓同样是"富民"。他说："足民，王政之大本。百姓足，万政举；百姓不足，万政废。"⑤ 宣德年间出任温州知府的何文渊，分别有一诗、一文，通过劝勉百姓以立足于"富民"。其诗云："世上经营事万千，男耕女织最为先。收藏谷米无饥岁，采办柴薪恐雨天。男计但从朝早起，女工全在夜迟眠。治家若是能如是，便见妻贤夫也贤。"⑥ 其《劝世文》劝勉百姓，孝顺双亲、勤俭持家、和睦邻里、养育猪鸡、造完科粮，⑦ 同样切于民生日用。明末清初的唐甄堪称"富民"说的集大成者。他首先断言："财者，国之宝也，民之命也；宝不可窃，命不可攘。"只有"以百姓为子孙，以四海为府库"，不"有窃其宝而攘其命"，才能"家室皆盈，妇子皆宁"。⑧ 换言之，立国之道，只在于"富"，"自古未有国贫而可以为国者"。但所谓的"富"，应该是"富在编户"，而"不在府库"。假若"编户空虚"，即使府库之财"积如丘山"，还是"贫国"，甚至不可以"为国"。⑨

---

① 唐甄：《潜书》下篇上《明鉴》，第108页。
② 唐甄：《潜书》下篇上《考功》，第110—111页。
③ 唐甄：《潜书》下篇上《富民》，第106页。
④ 如崇祯时江西道御史吴履中就主张"富民"，参见《崇祯长编》卷35，台北"中央"研究院历史语言研究所校印本，1966年。
⑤ 吕坤：《呻吟语》卷5《外篇》书集《治道》，第282页。
⑥ 姜准：《岐海琐谈》卷4，第60页。
⑦ 姜准：《岐海琐谈》卷4，第60页。
⑧ 唐甄：《潜书》下篇上《富民》，第105页。
⑨ 唐甄：《潜书》下篇上《存言》，第114页。

进而言之，若是对富户、百姓过分诛求，势必会削弱统治基础，甚至导致社会矛盾的激发。这就牵涉到对明朝灭亡的反思问题。唐甄认为，明朝的灭亡，决不是"外内交哄，国无良将"，或者是"虽有良将，忌不能用"。这仅仅是明亡之"势"，而不是明亡之"根"。明亡的根本，在于失去民心。为何失去民心，其根本则又在于"官贪"。唐甄认为，官贪之害，"十百于重赋"。因为官贪虐取，其结果则造成"富室空虚，中产沦亡，穷民无所为赖，妻去其夫，子离其父，常叹其生之不犬马若也"①。照理说来，"大贾富民，国之司命也"。因为官贪虐取，最终导致"粟货凝滞，根柢浅薄，腾涌焦涩，贫弱孤寡佣作称贷之途窒，而流死道左相望也"②。当四海困穷之时，若是官贪吏污，其结果必然是"君为雠敌，贼为父母"。鉴于此，唐甄"以身喻民"，"以心喻君"，认为"君之爱民"，就应当如"心之爱身"。③

综上所述，"养民""富民"之说虽以儒家"仁政"思想为张本，④但诸如此类说法的勃兴，最终导致明代的地方官能够跳出"国计"与"民生"之间的徘徊，进而将行政实践更多地落实于关注民生上。这是一个值得引起重视的新动向。

毫无疑问，自明代中期以后，明代的地方政治已经弊端丛生。细加概括，主要集中在以下三个方面：

其一，因为科目取士，很多地方官员大多凭借时文进身，不习世务之学，因此难当"民社存亡"之责。⑤ 其结果，则造成在地方官员中，

① 唐甄：《潜书》下篇上《富民》，第105—107页。
② 王夫之：《黄书·大正第六》，载《梨州船山五书》，第28—29页。
③ 唐甄：《潜书》下篇上《明鉴》，第108—109页。
④ 关于儒家"仁政"思想在晚明的继承及其演化，以及诸多观念的局限性，可参见陈宝良：《悄悄散去的幕纱：明代文化历程新说》，陕西人民教育出版社1988年版，第202—205页。
⑤ 魏禧：《魏叔子文集外篇》卷8《殉节录序》，第372页。

"通晓吏事者，十不一二，而软弱无能者，且居其八九矣"，"既以害民，而卒至于自害"。换言之，在明代地方政治上，已经形成一种"儒非儒，吏非吏"的怪现象。① 地方长吏不习民事，势必导致胥吏权重局面的形成，甚至在掌握铨政的吏部，胥吏同样可以操其两可之权，"以市于下，世世相传"。②

其二，府州县地方官权力太轻。即使是"细故兴除"，这些地方官也必须"积累而上大有司，不报可，终不得行"。③ 在明代初期，知府上任，有时可以获得皇帝颁发的赐敕，藉此便宜行事。即使到了成化年间，此例尚存。其后，守令无权，已属一种常态。皇帝执掌大权，不将自己的权力"寄之人臣"，而是将其"寄之吏胥"。作为亲民官的守令一旦无权，则"民之疾苦，不闻于上"。④ 不仅如此，皇帝还"人人而疑之，事事而制之，科条文簿日多于一日"。为了控制地方守令官，转而设置监司官，甚至设立总督、巡抚，守令官见了巡抚，"入见严于朝参，跪拜卑于奴隶"。⑤ 其结果，则使守令官"凛凛焉救过之不给"，哪里还有心思替百姓"兴一日之利"，其结果必然是民穷国弱。⑥

其三，教化亡失。早在宣德年间，明宣宗尚知晓"教养有道，人材自出"的道理，认为在人才的选拔上，不应只凭三载考绩之文，而应行"三物教民之典"。⑦ 可见，在万历以前，"法令举而辅之以教化，故其治犹为小康"；自万历以后，"法令存而教化亡，于是机变日增，而材能日减"。⑧

① 顾炎武撰，黄汝成集释：《日知录集释》卷8《选补》，第191页。
② 顾炎武撰，黄汝成集释：《日知录集释》卷8《铨选之害》，第201页。
③ 魏禧：《魏叔子文集外篇》卷8《殉节录序》，第372页。
④ 顾炎武撰，黄汝成集释：《日知录集释》卷9《守令》，第212—214页。
⑤ 唐甄：《潜书》下篇上《卿牧》，第132页。
⑥ 顾炎武：《亭林文集》卷1《郡县论》1，载《顾炎武诗文集》，中华书局1983年版，第12页。
⑦ 顾炎武撰，黄汝成集释：《日知录集释》卷9《人材》，第203页。
⑧ 顾炎武撰，黄汝成集释：《日知录集释》卷9《人材》，第202—203页。

针对地方政治的诸多弊端，自明代中期以后乃至明末清初，很多士大夫精英提出了自己的解决之道，或致力于制度性的建设，或致力于官德教化的倡导。细加概括，大致不外乎以下三点：

其一，主张寓封建之意于郡县之中。明末府州县之制，存在着两大弊端：一则当时的州县，"官无定守，民无定奉"，以致盗贼"至一州则一州破，至一县则一县破"。① 二则官无"封建"，而吏有"封建"，吏胥可以"窟穴其中，父以是传之子，兄以是传之弟"。② 对此，顾炎武提出自己的解决之道，断言："寓封建之意于郡县之中，而天下治矣。"至于具体的改革设施，则是"尊令长之秩，而予之以生财治人之权，罢监司之任，设世官之奖，行辟属之法"。唯有如此，方可"厚民生，强国势"。③

其二，主张守令官久任。明人叶权就明确指出，若是"官不久任"，地方行政就会"一切因仍苟且"。④ 为此，何良俊更是直言："当今第一急务，莫过重守令之选，亦莫过于守令久任。"他认为，作为亲民官的地方守令，若是迁转太速，势必导致他们心怀苟且之念，不利于地方的治理。⑤ 此类说法，同样得到了清人陆以湉的支持。他认为，"牧民官必使久于其任，而后与民相习，得以尽抚绥之略"。⑥

其三，从教化的视角倡导官德。在明代，为了改变地方官场行政的

---

① 顾炎武：《亭林文集》卷1《郡县论》4，载《顾炎武诗文集》，第14页。
② 顾炎武：《亭林文集》卷1《郡县论》8，载《顾炎武诗文集》，第16页。
③ 顾炎武：《亭林文集》卷1《郡县论》，载《顾炎武诗文集》，第12页。按：在清初三大家中，王夫之反对作无谓的"封建"与"郡县"之辨，认为"封建"不可复，郡县之制并无太多危害。其说显与顾炎武之说有别。不过，顾炎武亦并非主张回复封建，而是主张寓封建之意于郡县之中。王夫之之说，参见《读通鉴论》卷1《秦始皇》，第1—2页。
④ 叶权：《贤博编》，第18页。
⑤ 何良俊：《四友斋丛说》卷13《史九》，第106页。按：对于州县官久任之说，王夫之同样持担忧的态度。他认为，"久牧民之任，得失相数，犹相半也"。参见王夫之：《宋论》卷2《太宗》，第45页。
⑥ 陆以湉：《冷庐杂识》卷8《久任》，中华书局1984年版，第417页。

弊端习气，一些贤守令开始倡导官德，希望通过自己的以身作则，以便在地方官场形成一种为国为民的良好官风。如陈幼学任浙江湖州知府时，曾在衙门大堂上大书一联，云："受一文枉法钱，幽有鬼神明有禁；行半点亏心事，远在儿孙近在身。"① 这是倡导官风清廉。又史载徐九思任句容知县时，以廉俭著声。后升任部郎，离任前百姓争相挽留，乞求行前有所训诲。徐九思云："俭则不费，勤则不隳，忍则不争，保身家之道也。"徐九思曾在县衙门前壁上画了一棵白菜，在上面题词道："为吾赤子，不可一日令有此色；为民父母，不可一日不知此味。"县中父老将此画刊刻出来，并在上面写了"勤""俭""忍"三字，号称"徐公三字经"。②

尽管明代府州县地方行政体制已是弊端丛生，而且在一些儒家精英的心中，也对这些行政弊端洞若观火，进而提出了诸多的改革设想，正如瞿同祖所言，地方所有利益集团的紧张（冲突），固然会刺激着变革，但始终难以导致显著的变革，所有这些已经足以证明传统社会和政治秩序具有一种稳定性与持续性。③ 明清易代，导致一些儒家精英对地方政治体制提出一些更为激进的改革主张，然随着清代统治秩序趋于稳定，这种社会和政治秩序的稳定性和持续性更是得到了更大程度的巩固。在清代的地方行政体系中，除了不再设置巡按御史与府一级的推官之外，明代的地方行政体系得以有效地继承下来，而且原本在明代尚处于不固定的总督、巡抚、道臣这些官职，至清代更是得到了定型。这就是说，短暂的紧张冲突之后，地方社会与政治秩序依然故我。这无疑是一个更为值得引人深思的问题。

---

① 张怡：《玉光剑气集》卷 7《吏治》，第 343 页。
② 张怡：《玉光剑气集》卷 7《吏治》，第 336 页。
③ 瞿同祖：《清代的地方政府》，第 338—339 页。

三、野有异议：言路转向与
民间舆论的崛起

公元 1644 年（崇祯十七年），崇祯皇帝吊死煤山，明亡。同年，福王在南京登极，成立了偏安一隅的弘光小朝廷。正当满洲铁骑南下、狼烟四起之时，南京一派歌舞升平。那位在戏曲《桃花扇》中以奸相面目出现的马瑶草（士英），更是擅权专断，卖官鬻爵，乡邑哄传。有人看不惯这些，造了一首谣谚，道："中书随地有，总督满街走；监纪多如羊，职方贱如狗。荫起千年尘，拔贡一呈首；扫尽江南钱，填塞马家口。"①

明代政治腐败的现象，早在嘉靖年间就初露端倪。严嵩在戏曲《鸣凤记》中，也以奸相的面目出现。在嘉靖一朝，他权倾朝野，一时炙手可热。民间百姓对此冷眼相看，并造了一首歌谣，道："可笑严介溪，金银如山积，刀锯信手施。尝将冷眼观螃蟹，看你横行得几时。"②

从理论上说，舆论是一种在多数人中形成的共同性观点。社会各成员从道德上的正义感出发，直接把某一不正当的事情看成一个问题，并从个人理性的、批判的、自主的立场出发，对这一问题提出自己的看

---

① 计六奇：《明季南略》卷 2《马士英请纳银》，中华书局 1984 年版，第 98—99 页。

② 朱国祯：《涌幢小品》卷 9《夏贵溪》，第 158 页。

法，这种行为本身就构成舆论的基础。现代社会的舆论与传统社会的舆论的本质区别，就在于现代社会的舆论，不仅是社会绝大多数人的共同一致的观点，而且从一开始就获得了原则地进行思考的自由和自由交换意见的场所，也就是现代社会允许争论与分歧的存在。而在传统社会里，人们的观点一致与其说是得到了个人自主的、理性的承认，毋宁说是它在理论上反映了共同性秩序所支配的思想，是传统习惯和命令的产物。

明代是中国传统社会末期，专制皇权的极度强化与政治腐败以后所导致的政治权力的分崩离析，使明代的民间舆论蜂拥而起，各式各样的议论遍布朝野。明代的舆论分为三大系统：一是官方的言论系统。科道（六科、十三道）是官方的言论机构，科道官是言官。以科道为中心的言论系统，是调剂君臣关系乃至君民关系的官方舆论体系。而发抄六科的奏本，正好又成了官方邸报的新闻来源。这显然是"朝廷之制"，属于一种政治体制的层面。二是民间的舆论系统。其中包括谣谚、口号、匿名文书、揭帖等来自大众心声的言论。这是"舆人之评"，属于一种民间的舆论。三是晚明知识人群体的"清议"。这是一种"君子之论"，尽管它或许也多来自在野甚至民间，但在知识人看来，它更代表的是一种"公论"。①

官方言论系统

科道为六科与十三道的简称，是明代中央政治体制中专司言论的机构。科道官员的设置，有"给事中"与"监察御史"等职。科道官员在明代被称作"言官""谏官"。此外，御史有纠察风纪之责，在地方

---

① 洪朝选：《洪芳洲先生归田稿》卷2《通守赤沙陈公荣奖序》，台湾洪福增重印本，1986年。按：关于明代的民间舆论，可参见陈宝良《明代民间舆论探析》一文，载《江汉论坛》1992年第2期，第50—57页。

上与按察司官并称"风宪官"。① 科道官是言官，专司言责。以科道为中心的言论系统，是调剂君臣关系乃至君民关系的舆论体系，其作用不可低估。②

科道言官在国家行政体制中的重要性，明代的君臣均有清醒的认识。如明仁宗即位以后数次下诏要求臣下直言，藉此匡正自己的不逮。凡是臣民上章奏事，仁宗无不欣然听纳。"言之而当，即与施行；苟有不当，未尝加谴。"明仁宗在诏书中，还直接要求文武群臣，"凡于国家军民，利有未兴，弊有未革，及政令有未当者，咸直言之，勿以前事为戒，而有所讳，庶几君臣相与之义"③。这是明代君主求言之切，其目的在于匡正自己的不逮。

至于明代朝臣与士大夫，对言路则更为重视。如张纯在上疏中有云：

> 臣闻国家之有言路，犹天地之有元气也。元气行，则阴阳顺序而百物生；言路通，则耳目开广而庶政理。今朝廷虽有言路之官，而无敢言之士者，盖小人专权，言辄有祸，以此人皆钳口结舌，甘为抱叶之蝉，立仗之马。迩者夷虏犯边，上皇亲征，在朝群臣，悉皆切谏，奈为小人所沮，致劳万乘之尊，留滞虏廷。言路不通，其祸至此。④

在张纯看来，一旦言路不通，即会导致大祸。鉴于此，吴应箕将"谏

---

① 陆深：《俨山文集》卷18《正名祛弊以光治体序》，明崇祯十三年（1640）重订本。

② 关于明代科道的言责及其相关的官方舆论体系，可参见陈宝良《论明代的科道》一文，载《中州学刊》1992年第5期，第139—142页。

③ 杨士奇：《敕谕文武群臣来言并复弋谦朝参》，载《明经世文编》卷15，第106页。

④ 张纯：《复仇疏》，载《明经世文编》卷23，第177页。

官"与"宰相"并列，认为"天下事惟宰相得行之，谏官得言之，故士不为宰相则愿为谏官"。① 即使如此，正如张纯在上疏中所云，因为"小人专权"，明代时常陷于"虽有言路之官，而无敢言之士"的窘境。

（一）科道的职掌

六科衙门旧在砖门内尚宝司西面。永乐年间因灾而移到午门外的直房署事，每夜轮流由一科直宿。② 据《明史·职官志》，六科的职掌主要有侍从、规谏、补阙、拾遗、稽察六部百司诸事。六科给事中为近侍官，兼主奏对。每日朝会，六科轮流派一人立殿左右，珥笔记旨。所以六科给事中的选用，时常需要一些体貌端厚雄伟、语言的确之人，以壮班行，并作为朝臣仪表的表率。为此，有人造出"科选不用选文章，只要生来胡胖长"之说给以嘲讽。③

明代曾罢门下省长官，但保留了六科给事中，由他们来掌管封驳之任。自洪武十三年（1380）罢丞相不设以后，皇帝一人独揽大权。但皇帝日总万机，精力有限，不可能对臣下的章奏一一周览。因此，朱元璋下令，让六科给事中对章奏"悉心封驳"。④ 这样，六科给事中稽查号件、封驳章奏的职掌自洪武时即已形成。皇帝的旨意必须下到六科，其中若有不便之处，给事中可以"驳正到部"，这被称为"科参"，六部官员不敢对抗科参而自行其是。⑤ 显见，六科的封驳权实际上包括对上与对下两个方面：一方面，皇帝的制敕如果有失，可以封还执奏；另一方面，诸凡外官所上章疏下到六科后，由六科分类抄出，参署付部，并驳正其中的违误之处。弘治六年（1493），明孝宗曾下谕科道，要求在三年朝觐之年，科道官必待吏部考察后有失当，方许指名纠劾。这就

---

① 吴应箕：《楼山堂集》卷 14《与金天枢侍御书》，载《吴应箕文集》，章建文点校，黄山书社 2017 年版，第 236 页。
② 龙文彬：《明会要》卷 37《职官九·六科》，第 645 页。
③ 沈德符：《万历野获编》卷 11《吏部类·选科道》，第 291 页。
④ 龙文彬：《明会要》卷 37《职官九·六科》，第 645 页。
⑤ 龙文彬：《明会要》卷 37《职官九·六科》，第 645—649 页。

是六科计后拾遗之例。换言之，内外官员考察自陈后，各科可以具奏拾遗，纠劾其中不职之官。

据《明史·职官志》可知，都察院是天子耳目风纪之司。都察院十三道监察御史，其职掌主要包括察纠内外官司之官邪，或露章面劾，或封章奏劾。因为御史是朝廷的"耳目之官"，地位相当重要，所以朝廷对御史的选用也有特别的要求，必须是"有学识通达治体者"，或"清谨介直之士"，或"老成识治体者"，才能选用。这是因为只有清廉，才能做到大公无私，谨慎可以避免疏忽，为人介直方可做到勇言敢谏。① 御史在朝内主要职掌南北两京刷卷，巡视京营、仓场、内库、皇城、五城。在外巡按，则是代天子巡狩，诸如藩服大臣、府州县官的考察，都是巡按御史的职权。更值得一提的是，巡按御史可以专擅地方官的举劾，大事奏裁，小事可以立断，权力很大。

科道官因为掌握纠劾百司的大权，所以在当时被称为"清要"之职。早在明代中期，王鏊就说过："余之仕，秩卑而众欲之者，有之矣，科道是也。"② 到了明末，科道官更是横行朝中，权力也随之大增。黄道周曾说，时人为官风气，"贵给事、御史，贤者舍台省必无所发舒"。③ 复社领袖张溥更是认为，士子致主，"不为宰相，即当为谏官"。④ 科道官已被提高到与宰相相提并论的地位。其实，这其中也有缘由可寻。宰相之位并非唾手可得，必须先入翰林，即使入了翰林，也要凭资格，积久才能至宰相之位。而科道官之得，不过是在释褐以后五

---

① 龙文彬：《明会要》卷 33《职官五·都察院·弹劾》，第 559、576 页。

② 王鏊：《震泽先生集》卷 11《送长芦运司宗君序》，载《王鏊集》，吴建华点校，上海古籍出版社 2013 年版，第 197 页。按：引文中"余"字，别本《王文恪公集》作"今"，以"今"字为是。

③ 黄道周：《黄道周集》卷 27《李太守墓志》，翟奎凤等整理，中华书局 2017 年版，第 1197—1198 页。

④ 张溥：《七录斋合集》卷 9《许给谏母夫人七十序》，曾肖点校，齐鲁书社 2015 年版，第 104 页。

年，就可以立于殿陛，赞皇家之大猷。同时，科道官在朝臣中班次排列得格外优厚，也令人眼热。按照惯例，朝会时六科侍班都立于御道之侧，东西向。御史也有纠仪六员列御道，面对御座而立。① 庆成赐宴时，科道班次坐于六部郎中之上。因此，早在弘治年间，主事林沂对科道班次就感到不满，欲按品秩列坐于御史之上，但随即便遭到了御史们的弹劾，受到"下锦衣卫狱治之"的处分。②

科道官的品秩不算很高，御史、都给事中只是正七品，给事中仅为从七品，但他们能与内阁、六部这些政府相颉颃。③ 尤其是巡城御史，就连明神宗也有"我畏御史"之说，④ 对御史惧怕三分。究其原因，当吴元年初设御史台时，朱元璋的上谕颇能说明其中的根由："国家立三大府，中书总政事，都督掌军旅，御史掌纠察。朝廷纪纲尽系于此，而台察之任尤清要。"⑤ 当时正值草创，政府机构虽不完善，但御史纠察之职的重要性已是十分明显。抛开以后设立的专掌军旅的五军都督府不论，皇帝、政府、科道实际上已是鼎足而三。科道上承下达，起到了左右皇帝与政府用人施政的作用。这不仅是因为科道有"绳愆纠谬"之职，更重要的是科道专司言责，掌管政府的舆论机制，属于朝廷的耳目。

（二）科道言责与"风闻言事"

科道官是谏官，专司言责。他们有向君主劝谏，并将民情上达于天听的责任。谏官实际上是以谏诤为官，而谏诤之议也主要对天子而发。科道官秩卑选重。秩卑使他们不惜位，选重又使他们不敢辜负朝廷的恩

---

① 李清：《三垣笔记》下《弘光》，中华书局 1982 年版，第 97 页。

② 余继登：《典故纪闻》卷 16，中华书局 1981 年版，第 282 页。

③ 据刘献廷记载，"六科在朝内，六部皆用平行手本，红印，盖紫粉印不可行之朝内也。其体统尊严如此"。这段记载也说明了六科作为言官，其体统相当尊严。说具氏著：《广阳杂记》卷 1，第 47 页。

④ 李清：《三垣笔记附识》附录，第 250 页。

⑤ 《明史》卷 73《职官二》，第 1771 页。

典。这就使其中一部分忠于职守的科道官能做到有阙必规，有违必谏，朝廷得失无不纠察，天下的利害也喋喋言尽。所有这一切，均得力于科道官可以"风闻言事"的制度。

明代相传，台谏可以"风闻言事"。虽典章无载，但也被"习为典故"。① 因此，明清学者对"风闻言事"的起源都进行了一些考证。如于慎行、顾宪成、阮葵生等人，在各自的著作中都有这方面寻本溯源的文字。总结这些记载大体可知，赵佗据南粤称帝，汉文帝私书让之，赵佗就说："风闻老夫父母坟墓已坏削，兄弟宗族已诛论。"又据《魏书·任城王澄传》，王澄也说过"御史之体，风闻是司"的话。到了武则天专政，以术制天下，自御史大夫至监察御史，得以互相弹劾，还特许风闻言事。这是风闻言事之始。②

那么，明代官方是否允许科道官风闻言事？这在明代科道与政府之间一直是一个争论的话题。成化四年（1468）九月，给事中董旻曾提及："祖宗之制，许言官风闻言事。"③ 在这里，似乎言官"风闻言事"的权利是祖宗旧制，已是凿凿无疑。但是，我们也确实看到一些君主不许言官"风闻言事"的例子。早在洪武年间，有御史上言，语及陶安隐微之过。朱元璋问言官："朕素知安，安岂有此！且尔何由知之？"这位御史答曰："闻之于道路。"④ 朱元璋却认为御史取道路之言以毁誉人，不能算是尽职，因此命中书省罢黜了这位御史。万历十九年（1591），明神宗也因为给事中、御史"风闻讪上"，将言官处以夺俸一

① 于慎行：《谷山笔麈》卷10《建言》，中华书局1997年版，第111—112页。
② 于慎行：《谷山笔麈》卷10《建言》，第111页；顾宪成：《小心斋札记》卷9，《景印文渊阁四库全书》本；阮葵生：《茶余客话》卷7《风闻言事》，李保民校点，上海古籍出版社2012年版，第132页。
③ 《明宪宗实录》卷58，成化四年九月甲申条，台北"中央"研究院历史语言研究所校印本，1966年。
④ 龙文彬：《明会要》卷33《职官五·都察院》，第557页。

年的惩罚。① 崇祯元年（1628）九月，崇祯帝专门下诏戒谕科道官，认为他们"任意诬捏，藉口风闻"，对"风闻言事"提出了严厉的指责。② 尽管如此，"风闻言事"在科道官中久已成习，成为他们批判朝政以及擅权大臣的法宝。一旦有人对此提出疑义，科道官就会起而相争。前述给事中董旻所提风闻言事是祖宗旧制的说法，就是针对礼部尚书姚夔要求行"流言之罪"而发。明孝宗即位，万安草拟登极诏书，其中有"禁言官假风闻挟私"之语，致使"中外哗然"。③ 当崇祯帝戒勉言官不宜风闻言事之后，立即遭到兵科给事中许誉卿的责难。许氏引朱元璋的圣训，加以百般辩饰，归根结蒂就是要恢复科道官"风闻言事"的权利。④ 刘城也发表了同样的意见，认为应该"宁使风闻之言未确，毋使成事之说无庸"。⑤

科道官"风闻言事"之制，其作用应作具体分析。言官指责朝政之弊，痛斥君主游逸，大臣擅权为奸，固然需要言官本身自具一股刚直之气与一颗忧国为民之心，但确实也需要有一套保证言者无罪的制度，以解除科道官斗胆上言的后顾之忧。"风闻言事"的制度就为科道官提供了保护伞，尽管这把保护伞有时也会因为皇帝的专制而显得千疮百孔，失去效用。如果言官一语失实，即予置罪，这种厌薄言官的行为，势必会造成言官箝口结舌，相顾而不发一言。这种朝内舆论的丧失，更会使朝政失去监督，从而导致君主更加淫逸，政治更趋腐败。同时，科道官上言评论朝政，裁量人物，也需要以事实为准绳，这是对职掌舆论之责的言官的基本道德要求。风闻然后言事，固然可以防患于未然，但若言多失实，就会失去舆论的可信度，从而丧失舆

---

① 《明史》卷 20《神宗一》，第 274 页。
② 《崇祯长编》卷 13，载《明实录》附录之 4。
③ 《明史》卷 168《万安传》，第 4524 页。
④ 《崇祯长编》卷 13。
⑤ 刘城：《峄桐集》卷 5《风闻言事说》，《贵池二妙集》本。

论真正的监督作用。正如明末人阎尔梅在《谏官论》一文中所说："是故为谏官者，不可不公，不可不核实，不可不稽古，不可不通世务、近人情。"① 如果言官徇一己之私，将舆论作为诽谤的工具，舆论就会失去公正的立场与真实性，不但于政治毫无补益，反而会成为实现政治清明的累赘。

言官的驳议维系着正常的朝内公众舆论，朝廷的议论多需要待言官而发。在正常情况下，政府行一政，言官就可以"操可否议其后"，于是造成了"任事者轻，言事者重"的局面。② 显然，皇权、相权与台谏已鼎足而三。明代朝内的权力之争，除了阁部权力的消长之外，台谏与政府也时常形成对峙之势。阎尔梅在《谏官论》一文中曾对大臣与谏官的关系设想了一套理想模式："不可使大臣侵谏官之权，不可使谏官侵百职事之权。大臣侵谏官之权，则人害言；谏官侵百职事之权，则言害政。"③ 所言固属有理，但要让这一理想模式成为明代政治的现实，未免是异想天开。

自隆庆、万历以后，大臣与台谏关系的天平已倾向台谏一方："大臣持禄固位，折节于台谏；台谏怙权恃力，抗颜于大臣。"④ 吴中行也曾将万历年间政治的弊病概括为两端：一方面，科道言官借留贤的名头，保护辅臣，实际上是对辅臣的奉承；另一方面，政府中的臣僚借去谗之名，参劾言官，从而造成了舆论的壅蔽。⑤ 到了崇祯朝，科道官更是横行朝中，无所顾忌。如杨枝起一疏就荐举了42人，出现了用人"不在铨部，只在科道"的怪现象。显然，科道舆论不可能避免与政府各部的矛盾。大学士王锡爵也有一段话，阐述了宰相与谏官之间的关

---

① 阎尔梅：《阎古古全集》卷6，民国间铅印本。
② 冯琦：《北海集》卷8《送薛青雷都宪出参藩序》，明万历三十七年（1609）刻本。
③ 阎尔梅：《阎古古全集》卷6。
④ 于慎行：《谷山笔麈》卷1《制典上》，第3页。
⑤ 吴中行：《赐余堂集》卷1《正朝廷疏》，明万历二十八年（1600）刻本。

系。他说："窃有愚虑，天下事至宰相不得行，则恐谏官亦未易言。"①
这其实就是调和内阁与科道的矛盾。科道舆论确实需要与内阁修好关
系。尤其是自隆庆时高拱擅吏部之权以后，大臣惮畏言官的弹劾，进而
轻视诸司；言官自恃大臣的庇护，反而蔑视公论。科道一旦与内阁相勾
结，其言就未必是朝内公众的正直之论了。

（三）言路风气

按照明代的制度，凡是百官、布衣都可以上书言事。明太祖开基以
后，广开言路，中外臣僚建言，不拘职掌，即使草野微贱之人，也有权
上书。若是"其言中理，即为施行，且或予之官，或给之赏"；若是
"其不中理者，亦置而不问"。究其目的，就是希望通过广开言路，而
后达到"广耳目、防壅蔽而达下情也"。如此广开言路，其效果显而易
见，即"虽闾阎之间，细微之事，无不周知"。②

沿及宣宗、英宗朝时，流风未替。尽管升平日久，堂陛日趋深严，
但即使是缝掖布衣，或者是刀笔掾吏，朝陈封事，就可以夕达帝阍。在
建言之风中，科道以言为职，其责尤专，其权尤重。通观有明一代建
言，其中的言路风气也是前后不同，其间发生了多次变化，从中也可以
发现明代官场风气乃至士气的演变。

自洪武以至成化、弘治，朝廷风气淳厚，建言者多出好恶之公，辨
是非之正，并不尽以矫激相尚。诸如刘球、章纶等所奏固然关乎国计民
生，不必多言，其他如天顺中十三道御史张鹏等共劾石亨、曹吉祥，成
化中给事中李俊等劾佞幸李孜省、妖僧继晓，御史姜洪、曹璘等劾大学
士万安、刘吉，而荐王恕、王竑、李秉等可大用，御史毛弘以钱太后将
别葬，邀百官伏哭文华门，最后使钱太后得以祔葬英宗之陵。如此等
等，无不说明明代初中期门户未开，官员大多以名节自励，未尝禀承内

---

① 王锡爵：《王文肃公牍草》卷13《袁养冲郎中》，明万历四十二年（1614）王
时敏刻本。
② 商辂：《弭灾疏》，载《明经世文编》卷38，第292页。

阁政府的旨意，更不向太监献媚，尽管他们的言论有当否之别，他们的上言却都是出于公心，上者爱国，次者爱民。

正德、嘉靖之间，言路渐多意气用事。诸如：正德中，言路谏武宗南巡，罚跪午门，被杖者达百余人；嘉靖中议"大礼"，伏哭左顺门者也达百余人；李福达之狱，因弹劾郭勋而获罪者40多人，如此等等，已是一种叫嚣之习。嘉靖朝时，张璁说言官"徒结党求胜，内则奴隶公卿，外则草芥司属，任情恣横"。这尽管可以说是明代台谏的恶习，但也不可一概而论。如正德年间，刘瑾乱政，御史蒋钦上疏弹劾，受廷杖三十，再劾，又杖三十。过了三天，又草疏上奏弹劾刘瑾，又被杖三十而死。许天锡打算弹劾刘瑾，深知奏疏上去以后必死无疑，于是就实行"尸谏"之法，夜击登闻鼓缢死，而预先嘱咐家人，在他死后将奏疏递上去。世宗朝时，杨最因为上书谏斋醮而被杖死。严嵩当国，又杀杨继盛、沈炼等，而御史桑乔、谢瑜、何维柏、喻时、童汉臣、陈绍、叶经、邹应龙、林润等，给事中王韬孟、陈铠、沈良才、厉汝进等，还是先后上疏弹劾，虽遭廷杖谪戍，至死而不悔。可见，当时是主威愈震，而士气不衰。当时言路诸臣虽然有不免过激的行为，但宁愿出死力一争朝廷的得失，这也是正德、嘉靖两朝时言路风气的基本特征。

万历年间，张居正揽权一久，操下如束湿，专门排斥异己，科道望风而靡。夺情一事，上疏弹劾者反而出于翰林、部曹，而科道曾士楚、陈三谟等反而交章请留。及居正归葬，又上奏请求尽快催促居正还朝。等到居正病后，科道官一起替居正建醮祈祷。此可谓言路风气之一变。

张居正之后，申时行、许国、王锡爵等先后入相当国，一概反对张居正当国时所行的朝政，以和厚待物，于是言路之势，重又嚣张。如张文熙、丁此吕等抗章弹劾阁臣，而阁臣与言路就成了水火不相容之势。万历末年，神宗怠于政事，章奏一概不看，于是廷臣就更加危言激论，以此标异。于是部党角立，另成一门户攻击之局。此可谓言路之又一变。

其后，高攀龙、顾宪成讲学东林书院，士大夫大多依附东林，既而梃击、红丸、移宫三案，纷如聚讼，与东林有忤者，众人尽指斥其为"邪党"。天启初年，赵南星等柄政，就将所谓的"邪党"废斥殆尽。等到魏忠贤势力一盛，那些被斥的邪党就依附魏忠贤，用来倾轧东林，于是如蛾赴火，如蚁集膻，而科道转而成为他们的鹰犬。明人周宗建认为，汪直、刘瑾专权时，言路清明，故宦官之势不久即败。到魏忠贤专权，宦官反而藉言官用来报复，而言官也藉宦官作为自己的声势。此乃言路又一变，而风气就更下了。①

触邪指佞，自然是言官的职掌。每个人的生平，各有本末，假若牵涉对一个人的评骘，无疑需要综合考虑"乡评"与"官评"。明代制度规定下的"风闻言事"，有时也会导致言官所言，未必尽是真实。一旦言官所言，"事涉风影，漫肆抨弹"，其结果就会造成"以莫须之案，而成不洗之愆矣"。如崇祯元年（1628）六月，瞿式耜在上奏中言："近见言官论人，动辄骂詈相加，竟同市井溷谈，有类讼师口角。"② 由此可见，言官纠弹之章，有时也并非就人论人，就事论事，据实参驳，而是出于"逞臆恣吻"，难免使所言偏离公论的轨道。

（四）"科抄"

明代臣子向皇帝上疏之制，大体分为"奏本"与"题本"两种。所谓奏本，就是臣民向皇帝所奏之本。奏本照例用长纸，字画必依《洪武正韵》，以便计算字数。后因奏本显得较为郑重，于是一些臣子就改用题本。所谓题本，原本多用于内衙门，而且是以私事为主。假若是公事，属于外衙门，即使是自陈己事，也仍用奏本。另外，向东宫太子上奏之本，称"启本"。在宣德年间，宣宗时常将臣下所上之本称为

---

① 赵翼撰，王树民校证：《廿二史札记校证》卷35《明言路习气先后不同》，第803—806页。
② 瞿式耜：《瞿式耜集》卷1《陈时政急著疏》，上海古籍出版社1981年版，第20页。

"抹子"，这在很多传旨中可以见到。抹子这一称呼，显然是一种口语用词。[①] 上疏之本，至万历时就更趋明朗化。其题本与奏本之分，在于题本是为公事，而奏本则为他事。[②]

收本之处，在内则为会极门，在外则为通政司。正德年间，刘瑾专权，将臣下上奏皇帝之本分为白、红两种：直接给皇帝者是白本，而送至刘瑾处者则为红本，以纸的颜色作为区别。嘉靖年间，世宗晚年在西宫奉道，于是内外朝臣的奏事之本，直达大内者称为"前朝本"，而其他方士辈向皇帝进献药饵、秘法以及斋醮诸事，则通过太监直接传至皇帝之前，称为"后朝本"。各本经皇帝御笔朱批，也称"红本"，以与那些留中不下之本相别。[③]

按照明代制度，内阁一类的大臣，凡是遇到朝政民隐及事有缺失，允许他们密疏上闻，直达皇帝御前。而皇帝的旨意也采用一种"密札"下达，只有上奏的本官知道。至于论列一般的天下之事，即使内阁大臣，也是开具名本上奏。出于保密的考虑，皇帝给大臣的密谕，照例不发抄，还需要装册录进，藏之大内。[④]

在政治体制方面，明代有很多对前代的继承性。皇帝的诏旨或臣下的奏事，大体就是如此。自汉以来，臣下奏事，获得皇帝的允准，一般用"可"；在明代，则用"是"。在南朝时，皇帝在臣下的奏本上画"诺"，唐代改画"闻"；而在明代，皇帝则用"知道"两字。至于称"奉圣旨"之说，在宋代已是如此，明代仍然使用。

---

① 叶盛：《水东日记》卷 10《奏本题本》，第 114 页。
② 沈德符：《万历野获编》卷 20《章奏名色》，第 517 页。
③ 沈德符：《万历野获编》卷 20《章奏名色》，第 517—518 页。
④ 相关的记载，可参见杨一清：《密谕录》卷 6《论进广圣德以弥天变本奏对》；卷 7《录进密谕本》，载《杨一清集》，中华书局 2001 年版，第 1032、1066—1067 页。按：崇祯十一年（1638）六月十一日，崇祯皇帝曾密谕总督东厂王之心，在谕旨的后面，特意加上一句，言："此密谕也，不发抄。"这是密谕不发抄之例。参见李清：《三垣笔记》上《崇祯》，第 18 页。

在唐代时，凡是废置州县，或者除免官爵，中书省专门发日敕，请皇帝"御画"后再下达执行。在明代，一般的官员任免，已不再御画。只有给官员的诰命，写好后需要进呈皇帝御览，然后再盖上皇帝的"御宝"，但已经不再皇帝"御画"了。

在唐代，臣下向皇帝请旨，称为"候进止"；宋时，臣下请旨，称为"伏候指挥"；而明代，则改为"请旨定夺"。

在唐代，皇帝除了降诏之外，如果向群臣有所询问，就用朱书御札。按照明代旧制，皇帝颁发诏书给臣下，一般将诏书放在一个楼内，用绳悬之，从承天门颁下，① 其意无非是为了表明这是皇帝的诏书，是承上天旨意。明代从内廷下达的皇帝御札，仍用朱书，显然是对唐代体制的继承。

明代官场，官员之间的平行文移，大体都用一个"准"字，其实就是"準"字。自唐以后，均用"準"字。至宋代，寇準为相，中书省中的胥吏为避其名讳，就省条了其中的"十"字，将"準"字改为"准"字。②

按照明代的惯例，臣下所上章奏得到皇帝旨意以后，就将红本下到六部，六部需要有一名堂官亲自到六科中画本，尾署小押，以防奸杜弊，然后诸司可以抄出奉行，也可以互相传报，使众臣了解朝政。③ 显然，科抄在从中起着关键的作用。

朝臣了解时势与朝政，主要得力于科抄。臣下上奏，皇帝批示以后的红本，一下到科里，如果从保密起见，一般不急于发抄，一发抄，就算公之于众。崇祯年间，刑科给事中左懋第就上疏说到，他接到锦衣卫传下来的红本，内容是将逃帅杨德政正法。左氏怕此机一泄密，罪帅会自杀，就不能行法了，所以将此本"密缄藏之垣中"。到了逃帅已诛，左氏才建议"敕下发抄"，以便使"国人知之"。④ 左懋第的做法基本

---

① 余继登：《典故纪闻》卷 14，第 261 页。
② 上述例子，均可参见于慎行：《谷山笔麈》卷 1《制典下》，第 6 页。
③ 余继登：《典故纪闻》卷 15，第 275 页。
④ 龙文彬：《明会要》卷 37《职官九·六科》，第 652 页。

上符合崇祯帝军机不许科抄的旨意。崇祯五年（1632），崇祯帝曾下过一个诏谕，要求除兵科掌印官外，每日轮流派科官一员赴会极门，专接奏本。每次遇到批发边情军务，必须本官亲接，随后将某本应抄传，某本不应抄传，清楚注明。同时，到御前封发机密文书，许令启看，但必须即刻封固送部，一面回奏，不允许科抄。①

上面这种封锁消息的规定，从保密的角度考虑，固然有其必要性，但它也使朝臣不能及时了解朝政，并进而失去对这一决策的可否作出及时评判的权利，舆论的监督作用也会因此而丧失。事实上这种故意压制新闻外传的做法，也是很难付诸实现的。如成化时汪直擅权，其同党千户吴绶就认为科抄互相传报会泄露机密，请求禁止。随后的行奸之人也惧怕科抄不便己私，也往往禁止传报。但是，结果并非如想象的那样，这些科报"卒未有不传"，② 最后还是传到了外界。

一至万历时，朝政外传的情况更是日甚一日，奏章留中未下，但先已发抄，边塞机宜未经奏闻，却早已在朝内哄传一时。③ 崇祯帝紧急机密文书不许科抄的圣谕一下，礼部尚书黄汝良就部分地对它提出了质疑，要求诸如"边疆之情形，用兵之胜负"这些无关兵机秘密的事，准许"照常抄发"。④ 显见，通过六科的科抄使朝臣对朝政了如指掌，并进而使舆论对朝政起到一定的监督作用，这是绝大部分臣工的一致愿望。

综上所述，科道言官在疏通上下之情，以舆论调剂君臣关系诸方面固然起到了一定的作用，但由于科道官主观以及客观方面的原因，科道的舆论监督作用相当有限。有些科道官恪守职责，敢于进言，但因为皇帝具有至高无上的权力，掌握着臣下的生杀大权，所以科道官常常会因为直谏而被皇帝任意杀戮，皇帝可以任意践踏、摧残官方的舆论体系。

---

① 《崇祯长编》卷 57。
② 余继登：《典故纪闻》卷 15，第 275 页。
③ 于慎行：《谷山笔麈》卷 11《筹边》，第 127 页。
④ 《崇祯长编》卷 58。

如洪武年间御史王朴因"数与帝辨是非"，而遭到戮死的悲惨下场。当行刑路过史馆时，王朴只好求助于史臣刘三吾，让他记下"某年月日，皇帝杀无罪御史朴也"的真实记录。[1] 言官得不到应有的尊重，反而屈死，最后不得不求助于史臣，希望能在历史中留下真实的记录。这中间的无奈，已是不言而喻。

与此同时，凡是御史到会极门上疏，必须赠给收本官银三钱，[2] 这种陋习同样限制了御史的言论。而就科道官本身来说，初入言路，勇于言事，"或纠劾，或条陈"，所言甚多。正因为大臣畏忌言官"新进敢言"，所以才废除了进士考选给事中之例。但时间一久，尤其是给事中升至都给事中，为了博取官职地位，就会明哲保身，不敢锐意言事，"所言必少必平"，并逐渐形成了一条言事的规矩：六科的散员一般"以月谏"，即一月一上疏；左右都给事中"以季谏"，即一季一上疏。[3] 言与不言，不是为了追求舆论的公正，而是出乎个人职官升迁这一自私自利的原则。果若如此，科道言论系统也就随之形同虚设。

(五) 邸报与塘报

科抄一旦抄出传报，它就成了官方邸报的新闻来源。明代的史料记载已经证明，当时地方上各省巡抚、巡按以及藩、臬二司大吏，都派遣了奏事承差舍人在京城，打探朝中消息。尤其是巡抚和总兵官，更是派遣了提塘官，在京城专司邸报。[4]

自 16 世纪中叶以后，明朝统治者允许民间自设报房，在政府的监督之下，翻印科抄外传的邸报，公开发售。[5] 邸报在传播朝内新闻的过

---

① 《明史》卷 139《王朴传》，第 3999—4000 页。

② 李清：《三垣笔记》上《崇祯》，第 39 页。

③ 以上所引，均见李清：《三垣笔记》中《崇祯》，第 74 页；龙文彬：《明会要》卷 37《职官九·六科》，第 650—651 页。

④ 沈德符：《万历野获编》卷 24《会馆》，第 609 页。

⑤ 如顾炎武言："忆昔时邸报至崇祯十一年方有活板，自此以前，并是写本。"说具顾炎武：《亭林文集》卷 3《与公肃甥书》，载《顾亭林诗文集》，第 55 页。

程中，同样起到了舆论监督的作用。

明人李乐曾对明代吴地好"新闻"之俗有较好的揭示，引述如下：

> 吴俗坐定辄问新闻。此游闲小人入门之渐，而是非媒孽交搆之端也。地方无新闻可说，此便是好风俗、好世界。盖讹言之"讹"字，化其言而为讹也。①

从上面的史料可知，在明代吴地一带，无论是士大夫之间，还是在民间，无不以好"新闻"为尚。这种好"新闻"的风俗，显然导致了以下两种结果：一是出现了专门传播新闻的"游闲小人"；二是出现了大量的"讹言"，而这是民间小道消息传播过程中所必然出现的现象。

新闻的来源，除了上述属于小道消息范畴的"讹言"之外，其主要的来源还是那些邸报。邸报所记，内容主要涉及以下四部分：第一，官员的任免以及朝中大事，此外如地方官员升转的消息来源，也都是来自邸报。在地方上，又有专门的"走报"之人，及时传递邸报的消息。当然，有些走报之人为了求得赏钱，不惜假捏邸报消息。② 第二，朝中大臣关于国家大计的奏疏，一般也登载在邸报上，以便让人们及时了解朝中的政治动向。③ 第三，邸报中有现任官员治行考绩的记录。④ 第四，凡是地方上出现一些怪异之事，诸如牛生下两头八足之犊或者有人

---

① 李乐：《见闻杂记》卷7，第594页。

② 据李乐记载，有一二位地方上的监司官，既是急性子，又过分听信走报之人的消息。一有消息，就向巡抚、巡按御史告辞。到头来，却是升转消息有误，羞惭难当，只好告休。说具《续见闻杂记》卷10，第842—843页。

③ 明人茅坤在《与徐司谏龙寰书》中云："数阅邸报，获明公所上封事，一一切名实，中肯綮；而于国家大计，无不可席之施行，真古之补阙拾遗也！"可知邸报中有朝臣的奏疏。参见茅坤：《茅鹿门先生文集》卷9，载《茅坤集》上册，第382—383页。

④ 明人茅坤在《与顾慎卿书》中言："数读邸报，知甥之治行当冠河朔矣。"此即一证。说具氏著：《白华楼文稿补录》，载《茅坤集》上册，第1306页。

生下怪胎一类的社会新闻，也在邸报记录之列。① 明末清初著名学者顾炎武曾经亲眼目睹了泰昌元年（1620）至崇祯元年（1628）的邸报，认为与后来刻本记载的史书殊不相同，所以他一直主张修史当以邸报为主。②

在晚明，出现了一些恶少伪造邸报骗人之事。如嘉靖十一年（1532）六月，吴城恶少看到里中富室子弟不知务学，而整日希望输粟做官，就戏撰邸报，遍投富家。于是，全城之士奔走若狂，争相挟重赀，进谒权要，以先投牒为幸，而且邻封接壤，也转相告报。很多人家，鬻产称贷，旁午不绝。不久，寂然无声，才知邸报之伪。③

在明代的边疆重地，时常设有"架塘"，由"夜不收"负责其中的走报之务。而这些夜不收所传报的军情事务，就称"塘报"。④ 这些塘报属于"边报"的范畴，照例不允许抄传，所以除了兵部与兵科之外，别的衙门的官员对这些边报一无所知。⑤

在外的官员或在野的士大夫，当然可以通过邸报及时了解朝内的政治动向，但有时候对政治比较敏感甚至较有识见的读书人，同样可以从朝廷科举考试的会试录序文中，及时发现朝内的政治新动向。如嘉靖四十一年（1562）会试，明世宗命大学士袁炜、詹事府詹事董份任主考。

---

① 明人陆粲就从当时的邸报中见到一件事情，此事就是巡抚淮扬等处都御史的上奏，所奏之事为"所管滁州鲍千户家，母牛生一犊，两头八足，两尾共一背，出胎即死"，云云。而李乐从万历三十七年（1609）八月初四日的邸报中也看到了一件怪事，邸报记山西繁峙县李宣之妻牛氏，六月二十三日生下二女，一女一眼、一耳、四齿，手足全，一女一耳、一眼、四齿，一手两足。分见陆粲：《庚巳编》卷8《牛祸》，中华书局1997年版，第92页；李乐：《续见闻杂记》卷11，第1044—1045页。

② 顾炎武：《亭林文集》卷4《与次耕书》，载《顾亭林诗文集》，第80页。

③ 方鹏：《矫亭存稿》卷6《二邸报记》，明嘉靖十四年（1535）刻十八年续刻本。

④ 如杨一清提督陕西军务之时，在他向朝廷的奏报中，时常提到"架塘""夜不收""走报"等词，基本可以反映明代边地为军情传报而设立的一套通信系统。参见《杨一清集》卷15《为达贼入境官军斩获收级夺获达马等事》，第553页。

⑤ 李清：《三垣笔记》上《崇祯》，第9页。

考试完毕，会试录写成以后，唐枢就问李乐："曾见会试录否？"李乐答："未见。"唐枢又说："近来阅读了会试录的序文。从袁炜、董份两人所撰序文看，他们已经倾向于徐阶，而不是严嵩。"不久，严嵩即因赃败，而其子严世蕃更是被正罪。① 可见，在野有识见的学者，从一看似平常的会试录序文中，可以"识其微"，预测朝内的人事更替。

民间舆论系统

科道言论系统一旦失去应有的作用，必然导致民间舆论的兴盛。民间的舆论无时不在。即使在政治安宁、百姓乐业的升平时代，同样也难免"野有诽谤"。一至朝政腐败不堪，科道箝口结舌，噤若寒蝉，官方舆论监督废弛，民间的谣谚就会随之风起，以弥补官方舆论的不足。谣谚是民众心灵的呼声。在传统社会，大众传播媒介少得可怜，民众的呼声主要得力于民谣俗谚的广为流布。

（一）民谣俚谚

谣谚与明代政治相始终。明朝在讽刺元末政治的谣谚声中崛起，同时也在民间谣谚的一片怨声中而寿终正寝。据《元史·五行志》记载，元代末季，上下因循，纪纲废弛，风俗偷薄，于是在河南北有"石人一只眼，挑动黄河天下反"的童谣，随之群雄并起。张士诚崛起后，委派其弟张士信为丞相，而士信专用书生黄敬夫、医生蔡彦文、星士叶得信，因此当时吴中又有谣云："丞相做事业，专用黄蔡叶（谐音黄菜叶）；一夜西风起，干瘪！"② 从童谣、民谣这种民间舆论中，似乎已经可以看到朱元璋崛起的契机。

朱元璋一立国，多行善政，但谣谚也时有出现。如明初大江之岸时

① 李乐：《见闻杂记》卷3，第252页。
② 郎瑛：《七修类稿》卷13《黄蔡叶》，第129页。

常崩坏，人们普遍认为下有猪婆龙，但因"猪"与"朱"谐音，恐犯国姓之讳，所以对上只称是"鼋"所为。朱元璋因嫌恶"鼋"与"元"同音，下令将"鼋"捕获殆尽，真是蒙怨受诬至极。所以当时就有"癫鼋癫鼋，何不称怨"之谣，① 显然具有讽谕这一做法的意义。到了明统治二百多年后的明末，明朝统治者重蹈元代统治者的覆辙，赋税徭役加重，人民不堪负担。尤其是崇祯时朝议暂借民间房租一年之论一出，立刻引起京城怨声沸腾，人人呼崇祯为"重征"，犹如海瑞疏内称嘉靖为"家净"（即家家干净意）一般。②

民谣、俗谚是了解国情、民情的窗口。从明代谣谚中，不难看出政治的清浊、国力的盛衰、风俗的厚薄。谣、谚的本义各有专属。谣一般训作"徒歌"，谚训作"传言"，即直言。谣、谚均属韵语，可以彼此互训。谣谚发于语言，都是天籁自鸣，直抒己志，可以达下情而宣上德。谣谚发于近地，但百姓口头相传，同样可以流播于远方。谣谚远近相传，就起到了舆论的作用。谣谚大体上具有讽谕、颂谀、占验预测三大功能，归根结蒂就是对某一事件或某一人作出价值判断，体现出庶民百姓的爱和憎。明代谣谚当然也不例外。

1. 讽谕之谣谚

就谣谚对朝政的讽谕功能而言，明代谣谚主要表现在以下四个方面：

（1）讽谕当朝天子与官员

明仁宗、宣宗时，人文熙洽，号称"仁宣之治"。但民谣仍然透示出民间百姓对宣宗的微词。如宣宗最娴斗蟋蟀之戏，曾密诏苏州知府况钟进贡千只，一时语云："促织瞿瞿叫，宣德皇帝要。"③ 老百姓对宣宗

---

① 杜文澜辑：《古谣谚》卷 50《宋熙宁及明初民谣》，中华书局 1984 年版，第 630 页。
② 李清：《三垣笔记》上《崇祯》，第 3 页。
③ 杜文澜辑：《古谣谚》卷 65《苏州为蟋蟀语》，第 765 页。

的评判，无疑对进一步认识所谓的"仁宣之治"会有所助益。

成化时，太监汪直专权，朝政黑暗，谣谚四起。成化末年都下有谚云："韦英房，梁芳马，尚铭银子似砖瓦。"① 太监汪直用事，导致朝政败坏，朝绅献媚依附，无所不至。汪直巡视边地，所在都御史都披上戎装，到二三百里外迎接，望尘俯伏半跪，一如仆隶，靠此晋升官职，所以时谚有"都宪叩头如捣蒜，侍郎扯腿如抽葱"之说，② 对当时朝臣的奔竞之风的刻画入木三分。宪宗失德，朝内大臣如刘吉、万安、刘翊三人对朝政无所规正，因此当时有"纸糊三阁老，泥塑六尚书"之谣。③ 身为阁老、尚书，却结舌不语，确实如土偶纸人一般，民谣的比喻堪称一针见血。不仅如此，明宪宗召对这三位阁臣时，问及时政，都不能置对，只好叩头呼万岁，所以当时又造"万岁相公"之谣以讽刺之。④

嘉靖时严嵩当政，俨然以丞相自居，百官请命奔走。同时，严嵩又将票拟权交于其子严世蕃，让其代拟。为此，当时京师有"大丞相，小丞相"之谣。⑤ 严嵩父子把持朝政以后，吏部、兵部的官员时常持选簿让严嵩填注。尤其是吏部文选司郎中万寀、兵部职方司郎中方祥甘愿仰仗严嵩的鼻息，听其指使，如卒隶无异。为此，都门又造出谚语，称他们两人为严嵩家的"文武管家"。⑥

天启时太监魏忠贤擅权，气势显赫，朝臣争着奔走其门，所以当时又造出"八千女鬼乱京畿"的谣言。⑦ "八千女鬼"合起来即指"魏"，此谣隐射魏忠贤弄坏朝政。当时李蕃、李鲁生、李恒茂三人，都为官御

---

① 杜文澜：《古谣谚》卷 51《都下为太监谚》，第 641 页。
② 杜文澜：《古谣谚》卷 64《成化间为缙绅谣》，第 742—743 页。
③ 杜文澜：《古谣谚》卷 14《成化时谣》，第 265—266 页。
④ 杜文澜：《古谣谚》卷 65《时人为万安刘吉刘翊谣》，第 753 页。
⑤ 杜文澜：《古谣谚》卷 14《京师为严嵩严世蕃谣》，第 269 页。
⑥ 杜文澜：《古谣谚》卷 14《都门为万寀方祥谚》，第 269—270 页。
⑦ 周同谷诗中有"八千女鬼乱京畿"语，注称此语是谶。参见氏著：《霜猿集》卷 1，载丁祖荫编：《虞山丛刻》甲集第 1 册，广陵书社 2018 年版，第 164—165 页。

史、给事中，成为魏忠贤的心腹。此三李每日奔走于吏、兵二部，交通请托，因此时人为之语曰："官要起，问三李。"①

（2）讽刺地方官之危害

上面所述都是京师、都门的谣谚，但同时也流传天下。除此之外，还有一些流传在地方上的谣谚，对地方官的贪酷进行讽刺抨击。景泰年间，巡抚广东右侍郎揭稽接受贿赂，擅自释放有罪军职人员，逼逐居民，酷虐用刑，广东百姓怨恨已极，于是造出歌谣，有"非巡抚，乃巡苦"之语。②

苏州的集福庵，在尚书吴宽宅第之北，又在知州施肤庵宅第之西。弘治中，诏毁淫祠，有司打算将此庵作为吴氏的后圃，吴却推却不要。有司又打算给施氏作别业，施氏亦辞之。到了嘉靖初年，又有诏毁此庵。知府伍畴中出价承佃，但都御史毛贞甫也要出价承佃，为此造成讼夺，时人造一谣云："昔日吴与施，官送犹逊辞。今日毛与伍，告讦到官府。"③ 毛、伍两家正值新通婚之后，犹然争夺，可见当时已是人心不古，世风日下。

明代的地方官，不论位卑，还是位高，人人志于富贵，以利固位，但终究不能保其所有。所以当时人为之语曰："知县是扫帚，太守是畚斗，布政是叉袋口，都将去京里抖。"④ 地方官是小贪官，京官才是大贪官。雁过拔毛，地方官的贪赃物最后还得去孝敬京官。廖廖数语，虽然粗鄙，却切中时弊。

（3）触及各种时弊

自中期以后，明代政治日趋腐败，因为用人不当或士大夫苟且推

① 杜文澜：《古谣谚》卷14《时人为李恒茂李鲁生李蕃语》，第274页。
② 《明英宗实录》卷244，景泰五年八月，台北"中央"研究院历史语言研究所校印本，1966年。
③ 张时彻：《芝园外集》卷2，明嘉靖刻本。
④ 杜文澜：《古谣谚》卷51《时人为官吏语》，第644页。

诿，使得一些政府机构的设置已名不副实，形同虚设，所以当时京师有十可笑谚语："光禄寺茶汤，太医院药方，神乐观祈禳，武库司刀枪，营缮司作场，养济院衣粮，教坊司婆娘，都察院宪纲，国子监学堂，翰林院文章。"政府机构人浮于事，其实并不限于这些。据明人沈德符概括，其他还有：太仆寺以饲养官马为主，却是"官马驽下"；钦天监主持历法之学，却"历学固陋"；太常寺掌管祭祀、大朝音乐，却是"音乐谬误"。此外，如太仓帑藏之空乏，京师三大营士卒之老弱，制诰两房书法之劣俗，文华、武英两殿画学之芜秽，① 更是让人浩叹！

明代朝廷选民间绣女是人所共知的一大陋政，它的直接后果是导致民间为逃避此差，匆忙将女子婚嫁，以致鸳鸯错配，使女子抱憾终生。如隆庆三年（1568），讹传朝廷点选绣女，每家凡七八岁以上，20 岁以下女子，无不婚嫁。当时的童谣揭示道："正月朔起乱头风，大小儿女嫁老公。"②

赋税、徭役日趋繁重，在谣谚中也有所反映。如山东曹县每一徭出，就下乡索括金钱，小民不堪其扰，所以有"家有二顷田，头枕衙门眠"之谚。③ 正是因为徭役繁重，所以造成了当时的弃田之风，俚谚"将钱买田，不如穷汉日安眠"之说，④ 就是当时弃田之风的佐证。粮长本来是一种专司地方赋税征收的职役，具有一定的特权，⑤ 但后来也变成一种额外的徭役负担。凡人遇到佥当粮长，常常是大小相泣，亲戚

---

① 沈德符：《万历野获编》卷 24《京师名实相违》，第 610 页。

② 田艺蘅：《留青日札》卷 9《风变》，第 342—345 页。

③ 杜文澜辑：《古谣谚》卷 27《曹县赋役谣》，第 419 页。

④ 杜文澜辑：《古谣谚》卷 27《浙江田土俚谚》，第 422 页。明人桑悦也曾戏作一口号，说明赋税之重给置田者所带来的危害。口号云："广置田产真可爱，粮长解头专等待，转眼过来三四年，挑在担头无人卖。"事载沈周：《客座新闻》。明人俞弁《山樵暇语》卷 8 亦引此口号，最后一句作"挑在担头无处卖"。相关的探讨，可参见梁方仲：《明代粮长制度》，注 51、52，上海人民出版社 2001 年版，第 150 页。

⑤ 关于明代粮长的职责与特权，梁方仲有精辟的阐述，可资看看。参见《明代粮长制度》，第 29—50 页。

相吊，因此民间有"宁充军，毋充粮长"之谣。① 徭役繁重如此，赋税也大体相同，当时广泛流传的"官粮办，便无饭"这首吴谚，就是朝廷赋税之重的反映。赋税徭役繁重，势必带来百姓的拖欠，但在责逋、追讨时，贫与富却享受了不同的待遇，于是当时俗谚称"富家为从容，贫者为急迫"。②

(4) 讽谕风俗的日趋恶薄

民间的谣谚一方面反映出风俗的变化，另一方面又对恶薄的风俗给以针砭。明代的北京是京师，为四方物产所聚。同时，北京还有一些奇怪之处，如宦官多于缙绅，妇女多于男子，娼妓多于良家，乞丐多于商贾。但凡人间不美之俗，不良之辈，北京无不都有。所以当时有谚讽谕北京曰："天无时不风，地无时不尘，物无所不有，人无所不为。"③

杭州风俗的浮薄早已闻名，外方人称杭州人为"杭州风"。"杭州风"的特点：一是轻誉而苟毁，道听途说，一人唱之，百人和之。所以时谚曰："杭州风，会撮空，好和歹，立一宗。"二是杭俗又好作伪，所以谚又云："杭州人，一把葱，花簇簇，里头空。"④ 道听途说，四处传播，这种风习本是谣谚产生的良好环境，但同时也为谣谚所讥讽。这是因为，只有那些具有真情实事基础的谣谚，才更有说服力，才能触及时弊更深。

吴地风俗，较为轻薄，而吴人也一向被认为"嘴舌轻利"，好讽刺或捉弄人。如吴地看重世家大族，宜兴推徐、吴、曹、万，溧阳推彭、马、史、狄，都是一些数百年来的旧家。而宜兴许氏、溧阳包氏，是新发之家，却想依附旧族之后。于是，乡人嘲之曰："彭马史狄包，疯痨臌膈哮（'哮'字方音读若'蒿'）；徐吴曹万许，马赵温关鬼（'鬼'

---

① 陈子壮：《昭代经济言》卷3，《岭南遗书》本。
② 王锡爵：《王文肃公牍草》卷14。
③ 谢肇淛：《五杂组》卷3《地部一》，第43页。
④ 杜文澜：《古谣谚》卷64《外方人为杭州人谚二则》，第739页。

字方音读若'举')。"①

明代中期以后经济的发展，以及人口的大规模迁移，导致一些边地城市的风俗，也与内地城市大抵接近。如大同，其繁华富庶已不下江南，尤其是妇女之美丽，什物之精好，均为其他边塞城市所无，所以当时的谚语称"蓟镇城墙""宣府教场"与"大同婆孃"为"三绝"。②

到了晚明，士风败坏，秀才无才，当时有谚云："之乎者也矣焉哉，用得成章好秀才。"③ 正因为秀才无真才实学，所以人人均可冒充，造成方巾太滥，当时"满城文运转，遍地是方巾"的谚语，就是这种风气的反映。士子一旦无真才实学，他们中了进士以后，正如京师谚语所云，无非就是"改个号，娶个小"。④

2. 颂谀之谣谚

谣谚讽谕的功能与颂谀的功能相辅相成，形影不离。同一首民谣中，既是对一人一事的颂扬，同时也是对另一人一事的针砭。嘉靖中，绍兴知府李侨多惠政，每出，必是两炉焚香。而同时山阴知县李某，不得人心于民，每出，则以两根铁索为前导。为此，越人语曰："府香炉，县铁索，一为善，一为恶。"⑤ 廖廖数语，就体现出民间百姓的爱与憎。除此之外，专门颂扬皇后、循吏行善政的政治性谣谚也不少。如高皇后马氏勤于内治，为宫人所爱戴，死后宫人作歌以思之，歌云："我后圣慈，化行家邦；抚我育我，怀德难忘。怀德难忘，于斯万年；毙彼下泉，悠悠苍天。"⑥ 明孝宗时的内阁大臣李东阳、刘健、谢迁，对朝政多有补救，时人为之语曰："李公谋，刘公断，谢公尤侃侃。"⑦

---

① 刘献廷：《广阳杂记》卷 1，第 43 页。
② 谢肇淛：《五杂组》卷 4《地部二》，第 80 页。
③ 杜文澜：《古谣谚》卷 51《又引时谚论文》，第 638 页。
④ 杜文澜：《古谣谚》卷 52《崇祯时京师谚》，第 645 页。
⑤ 杜文澜：《古谣谚》卷 83《绍兴人为李侨李某语》，第 917 页。
⑥ 杜文澜：《古谣谚》卷 14《宫人为马后歌》，第 263 页。
⑦ 杜文澜：《古谣谚》卷 14《时人为李东阳刘健谢迁语》，第 267 页。

谣谚对人物的评判裁量还是公允的。对一些地方上的清官名宦，谣谚也多有反映，并给以歌颂。如周斌为江阴知县，有惠政。民歌曰："旱为灾，周公祷之甘雨来；水为患，周公祷之阴雨散。"① 江西巡按御史王哲，在任期间，亲录罪囚，放出数百人。当地百姓造出歌谣说："江西有一哲，六月飞霜雪。天下有十哲，太平无休歇。"② 民谣既歌颂了王哲的善政，同时也表达了憧憬天下太平的美好愿望。

3. 占验预测之谣谚

除讽谕与颂谀功能之外，明代谣谚还具有占验功能。所谓占验，其实就是舆论的预测功能。谣谚根据事实而作出的占验，有些不言而中，有些却无效验。现在流传下来的均是一些言中谣谚。这方面的谣谚，有些固然是记录者从中加以荒唐的比附所致，同时谣谚与谶言的结合，势必也会使谣谚多少染上一些迷信的成分，但必须承认，大部分谣谚还是根据事实所作出的合理推断。如民间为严嵩父子造出的谣言曰："此时父子两阁老，他日一家尽狱囚。"③ 严嵩父子他日必作狱囚，这是根据"善有善报，恶有恶报"的民间人生经验所得出的预测，有其一定的合理性，历史也最后证实了这一预断的真实性。

谣谚有时对科举考试的结果进行预测，也有一言奇中者。正统十三年（1448）科举会试榜发后，就有童谣云："众人知不知，今年状元是彭时。"④ 殿试榜发，果然征验。但谣谚更多的是作一些政治性预测，尤其是在朝代的兴衰、更替之际，这类谣谚就更盛。早在建文初年，就有道士在途中歌曰："莫逐燕，逐燕必高飞，高飞上帝畿。"⑤ 后终于成为朱棣靖难之谶。正统二年，京师大旱，街巷小儿做土龙祷雨，拜而歌

---

① 《明史》卷 162《杨瑄传》附《周斌》，第 4419 页。
② 杜文澜：《古谣谚》卷 27《江西民为王哲谣》，第 411 页。
③ 杜文澜：《古谣谚》卷 78《京师为严嵩严世蕃谣》，第 866—867 页。
④ 杜文澜：《古谣谚》卷 49《正统戊辰会榜后童谣》，第 621—622 页。
⑤ 《明史》卷 30《五行三》，第 486 页。

曰："雨帝雨帝，城隍土地。雨若再来，还我土地。"① 有人认为，"雨帝"即"与弟"，帝、弟同音；"城隍"即指郕王。前两句的意思是说王位传于郕王。"再来"与"还土地"，则指英宗复辟。天启初年，有道人宿于朝天宫，白天歌于市中曰："委鬼当朝立，茄花遍地红。"② "委鬼"即指"魏"，"茄花"指"客"。后来魏忠贤、客氏擅权，其言果然应验。崇祯末年，京师与吴下市廛中广泛流传一个口号，都说"宋阿罩"。后李自成攻破北京，崇祯帝自缢，将天下拱手送于自成。李自成小字"枣儿"，"宋阿罩"其意盖为"传送阿罩"。③

综上所述，歌谣所作的政治性预测，有些显然原来的童谣并不蕴含这样一层深意，是后人为了自己的需要加以比附引申所致，如京师小儿祷雨即是。建文初年道士歌的最后应谶，与其说是道士有先见之明，毋宁说道士看透了当时的政治形势与双方的力量对比。当然这首道士歌也不能排除是燕王朱棣放出的口风。"宋阿罩"谣确实是顺乎民心所向，其应验则将是必然的。

（二）匿名文书

民谣、谚语、口号都是口头相传的东西，其载于文字当然是后来的事情。它们与以文字为表现形式的匿名文书、揭帖有一定的区别。但是匿名的文书一旦广泛流传，就会成为俗谚。前述的京师十可笑谚，最初只是嘉靖七年（1528）被人贴于朝房的匿名文书，是无名氏编撰的笑言，当时互相传诵者就有席瑶等十余人。④ 传诵一久，才成为俗谚。万历五年（1577），张居正子嗣修榜眼及第。万历八年，另一子懋修又登状元。当时就有无名氏揭诗于朝门给予嘲讽，诗曰："状元榜眼姓俱张，未必文星照楚邦。若是相公坚不去，六郎还作探花郎。"这一首揭

---

① 《明史》卷30《五行三》，第486页。
② 计六奇：《明季北略》卷2《异人歌》，第70页。
③ 杜文澜：《古谣谚》卷52《崇祯末年京师及吴下口语》，第648页。
④ 褚人获：《坚瓠集癸集》卷1，柏香书屋1926年铅印本。

帖诗，后又流传为俗谚，称作"丁丑无眼，庚辰无头"。①

这种匿名文书、揭帖，至晚在永乐年间就已经出现。如永乐初年，有人在承天门故意丢下一木牌，上面没有姓名，只是列出了宝钞提举司官吏的不法之事。② 景泰元年（1450）八月十一日退朝以后，有官员在禁门之侧就拾到一个揭帖，文武重臣，群立传观。帖中语多文而切直，"首备登极诏旨"。③ 天顺、成化之后，匿名帖子更趋繁盛，蔚为风气，成为民间裁量政治、抨击贪官、乡官为非作歹的舆论工具。明宪宗刚继位，就有人"造言生谤"，甚至写下匿名帖子，"揭于内府及京城内外"，其中指名道姓，"诅挠朝政"，被明令禁止。④ 虽明令禁止，但这种现象仍继续存在。到了成化七年（1471），造谤言及贴匿名帖子之风更盛，时人不顾礼法，对朝政或社会有所不满，就"造谤言及匿名帖子，或撰诗歌"，⑤ 以此讽谕朝政。万历年间，南京国子监出现了"无名帖子"，"詈斥监试御史党杰，云欲待揭晓之辰，集众群殴"。⑥ 借助"无名帖子"以干涉国子监的考试。

苏州人口吻儇薄，歌谣对偶不绝于时。万历十四年（1586），刘翔卒于家。刘居乡有秽名，其子尤其横行于乡里。时其家延僧诵经，先有人晚上粘贴一副对子于其家门上，对云："阴府罗刹夜叉，个个都愁凶鬼到；阳台上善男信女，人人尽贺恶人亡。"⑦ 这种对子同样属于匿名揭帖。明末逆党阮大铖罪孽虽早已大暴于天下，但在崇祯时他还是不甘寂寞，奔走四方，与南京当事诸人交游，伺机复出。鉴于此，吴应箕、

---

① 褚人穫：《坚瓠集庚集》卷 2。
② 余继登：《典故纪闻》卷 6，第 105 页。
③ 叶盛：《水东日记》卷 2《龚遂荣揭帖》，第 20—21 页。
④ 《明宪宗实录》卷 3，天顺八年三月戊寅条。
⑤ 《明宪宗实录》卷 89，成化七年三月乙未条。
⑥ 黄凤翔：《田亭草》卷 1《南雍查究监生疏》，林中和点校，商务印书馆 2018 年版，第 29 页。
⑦ 沈德符：《万历野获编》卷 26《苏州谚语》，第 668 页。

陈贞慧、侯方域、黄宗羲这些复社名士，作了一篇《留都防乱公揭》，向大众公示阮氏的罪状。① 公揭一出来，等于断了阮氏的再次进取之路，阮大铖就只好跑到南门外的牛首山，再也不敢出头露面。

除了匿名帖子、诗歌是政治讽谕的舆论工具之外，戏曲也正日渐成为传播舆论、讽刺时政的有效手段。② 成化年间，在民谣中已被讽刺过的大学士刘珝之子刘镃邀妓狎饮，同里人赵宾就戏作《刘公子曲》，"杂教坊院本奏之"。③ 众所周知的明末民抄董宦这件事，其起因就是董其昌姻亲范某将董氏在乡不法之事，"演为词曲，授瞽者被之弦索"。④ 崇祯十六年（1643），清兵深入畿内，周延儒视师，不敢一战，坐视清兵蹂躏而归。当时物议沸腾，于是民间演为《卖国传奇》这本戏曲，一时"传遍天下"。⑤

"摇笔端以造歌谣，而撼官府"，⑥ 是明代生员干预地方事务的一种方式。关于晚明生员造歌谣、揭帖，夫马进、巫仁恕已作了开拓性甚至相当深入的研究。夫马进将此归结为明季生员士变的常见方式，而巫仁恕则称之为明清城市的"集体行动"（collective action）。⑦ 笔者认为，

---

① 陈贞慧：《书事七则·南都防乱公揭》，清道光间吴江沈氏世楷堂重印本。

② 史载，昆山郑若庸，字中伯，嘉靖年间人。妙擅乐府，曾经作《玉玦词》，专门讽刺院妓，一时白门杨柳，少年无系马者。群妓虽患之，却也无奈，只好大家醵银数百，请出薛近兗，重新作《绣襦记》，以示昭雪。秦淮风月，顿复旧观。从这一记载中，不难看出戏曲在明代的舆论价值。相关记载，可参见顾公燮：《丹午笔记》54《玉玦记与绣襦记》，江苏古籍出版社1985年版，第69页。

③ 《明史》卷168《刘珝传》，第4526页。

④ 文秉：《定陵注略》卷7，清钞本。

⑤ 赵翼撰，王树民校证：《廿二史札记校证》卷31《周延儒之入奸臣传》，第729页。

⑥ 郭子章：《蠙衣生蜀草》卷9《学约》，明万历十八年（1590）周应鳌刻本。

⑦ 相关的研究，可参见［日］夫马进：《明末反地方官士变》，载《东方学报》第52册（1980年3月），第592—622页；［日］夫马进：《"明末反地方官士变"补论》，载《富山大学人文学部纪要》第4号（1981年3月），第19—33页；巫仁恕：《明清城市"民变"的集体行动模式及其影响》，载郝延平、魏秀梅主编：《近世中国之传统与蜕变：刘广京院士七十五岁祝寿论文集》上册，第230页，台北"中央"研究院近代史研究所，1998年版。

士变（或称之为"学变"），是一种对朝廷已有规例的反叛行为，多以激进的聚众闹事为表现特色。而生员造歌谣、揭帖，仅仅是生员通过舆论的方式对地方事务进行干预，以表达生员这一社会阶层的利益愿望，虽可演变为士变，但尚不具士变之实。

关于生员以舆论干预地方事务，明代小说揭示道："秀才最难结，一有不合，造歌谣，投揭帖，最可恨。"① 其实，造歌谣，投揭帖，并非生员专利，官员、举人亦有藉此攻击政敌者。而其形式，除歌谣、揭帖之外，尚有飞语、戏文杂剧、俚语，② 等等。

在苏州，先是歌谣对偶之作，不绝于时，后又工为《四书》集句，作时文以讥刺官长。如万历二十五年（1597），长洲知县江盈科以征粮而误拶一冯姓廪生，于是有人作一八股文予以讽刺。万历二十九年，苏州知府周一梧操守有议，为人刚峻，又待青衿不加礼。为此，生员作八股文刺之。③ 又如唐龙为提学道时，咸宁邑人就"编成戏本，著封筒打到提学道去，这般生事"。代州有一位王孝子"庐墓"尽孝，墓地长出灵芝。照传统的看法，这是孝心感动上苍的结果。但那里的"好事者"抓住此事，作了一篇《五龙王判断蘑菇记》，愣是将灵芝说成蘑菇，加以讽刺。④

生员有时则通过上公揭的方式参与地方事务。万历十二年（1584），福建曾有一生员夜粘揭帖于巡抚赵可怀府门。⑤ 又山西督学宪

---

① 梦觉道人、西湖浪子辑：《三刻拍案惊奇》第 23 回，北京燕山出版社 1987 年版，第 316 页。

② 明人庞尚鹏云："今天下士风薄恶，日益月盛。自臣所亲见者言之，署丞衔知府而刊飞语，生员毁提学而编戏文，举人构怨于曹郎辄刻《贫女叹》，尚书积撼于巡抚，乃著《猛虎篇》，其他或为民谣，或称俚语，诞妄不根，更相传报。"可见，这种舆论形式，广泛存在于明代各社会阶层中。说具庞尚鹏：《百可亭摘稿》，明万历二十七年（1599）庞英山刻本。

③ 沈德符：《万历野获编》卷 26《苏州谑语》，第 668 页。

④ 吕柟：《泾野子内篇》卷 25《春官外署语》，第 263 页。

⑤ 《明神宗实录》卷 153，万历十二年庚子条，台北"中央"研究院历史语言研究所校印本，1966 年。

臣袁继咸，为巡按御史张可振所纠而遭禁系。生员傅山等上《辨诬公揭》，替袁继咸鸣冤。①

按照明初朱元璋所定下的制度，除了专司言责的科道官以外，不论在职的还是在野的官员，不论是有身份的缙绅，还是无身份的"百工技艺之人"，如果有可言之事，人人都有至御前奏闻的权利，以此起到"广耳目，防壅蔽，而通下情"的作用。这种制度历永乐以迄万历，还是沿用不绝。② 假若这一制度能得到很好的贯彻执行，民情完全可以按照这一正常渠道上达天听，乡野的谣谚也会随之减少。然而随着时间的推移，这一制度也在逐渐加以修正。洪武年间允许百姓直至御前奏闻，到了永乐时被改为"具状自下而上陈告"。这样，民间百姓上告官吏贪赃枉法，酷虐良民，或者陈告民间利弊，就会在"自下而上"的程序中被层层官员搁置扣压，民情仍然无法上达。再加之贪官的有意阻挠，民间的冤情以及政治的弊窦，想靠这一无法保障的正常的建言系统将是徒劳的。正因为如此，谣谚、揭帖一类的民间舆论，才有其勃兴乃至广泛存在的必然性和基本的社会土壤。

谣谚、揭帖一类的民间舆论，实际上是一种大众性的传播媒介。谣谚、口号大都采用韵语的形式，读唱起来显得朗朗上口，容易被民间大众所喜爱与接受。同时，这些谣谚文字浅显，道理通俗易懂，更容易在一些识字不多或完全不识字的民间百姓中广泛流传。至于戏曲、八股时文，也多流传于下层知识人或民间百姓之中。谣谚、口号、揭帖、传奇一出来，民间或口头相传，或奔走相告，如风如雨，起到了自发的舆论作用。

---

① 傅山：《傅山全集》卷33，山西人民出版社1991年版，第601—603页。

② 申时行等修：《明会典》卷80《礼部三十八·建言》，中华书局1989年版，第459页。

清议之风

晚明知识人群体的"清议"，是明代民间舆论的重要组成部分。这种舆论是随着东林党的崛起才得以广泛确立。所谓的"东林"，原本并非自己有意立党，仅仅是一个书院组织，且凭藉书院为空间，集聚了一批志同道合的官员与学者，由此招致门户角立，并被朝内的对立面强行安上一个"东林党"的名目。即使如此，以东林书院为中心的知识人，自然形成一种舆论，亦即所谓的"清议"，以此干涉朝内政局，门户之分，由此而始。所以，时称东林知识人为"小东"，可与东宫太子之称"大东"相颉颃。① 关于此，吴应箕已有如下明确的记载：

> 自顾泾阳削籍归而朝空岩，实东林门户始成。夫东林，故杨龟山讲学地，泾阳请之当道，创书院其上，因以名之也。时梁溪则有攀龙高君、泾凡顾君、希范安君、元珍刘君、茂才叶君，毗陵则有一本钱君、敷教薛君，宜兴有梦麟史君、达可吴君、纳陛张君，金坛有孔兼于君，丹阳有士昌姜君，相与以道德切劘，而江、陕、北直遥相唱和，盖大江以南不越二郡之间耳，人品理学遂擅千百年未有之盛。然是时之朝廷何如哉？夫使贤人不得志而相与明道于下，此东林之不愿有此也。即后此为贤人君子者，亦何尝自标榜曰"吾东林"哉？朝廷之上见一出身吐气，乡党之间有一砥行好修者，率举而纳之曰"此东林也"。小人欲空人国，未有不加之以名，目之为党，而门户之祸于是乎不可解矣。②

---

① 顾苓：《塔影园集》卷1《东涧遗老钱公别传》，李花蕾点校，华东师范大学出版社 2014 年版，第 10—11 页。

② 吴应箕：《楼山堂集》卷 7《会推阁员》，载《吴应箕文集》，第 116—117 页。

孔子云：邦有道，危言危行。即使在唐虞这样的盛世，也难免风谣在野，朝有吁咈。明代万历中期以后社会动荡，政治黑暗，更会导致朝野舆论兴盛。显然，君臣关系的融通，朝政弊端以及下层百姓困苦的反映，都需要言路作用的存在。以东林党为核心的晚明知识群体深知公众舆论不但能制约君主自行其是，而且能协调上下议论，确定是非，改变"学术不明，人心不正"的世道。

当朝大学士王锡爵的一段感叹话，颇能反映当时两种舆论的存在："讲学之论如此，执法之论如彼，朝堂自相聚讼，至今日而极矣。"① 相同的意见也见于王锡爵对顾宪成所说的一段话中："庙堂所是，外人必以为非；庙堂所非，外人必以为是。"②

那么，"讲学之论"与"外人"之论是什么呢？顾允成认为，"言路者，天下之公，非台省之私也。"③ 在他们看来，即使"吁咈盈朝，遒人徇路，上忘其贵，下忘其贱"，也不妨被称作是"大顺之世"；反之，"诽谤者族，偶语者弃市，上以贵伸，下以贱屈"，仍然会被人认作"大逆之世"。显然，东林党已经抛弃台省的徇世之论，追求一种"荡荡平平"的公众舆论，而这种舆论的存在，是以贵贱相忘为其前提，也就是不分贵贱，人人皆有言责，人人皆有言权。这种舆论落实到实处，就是晚明知识群体所百般崇尚而又独树一帜的"清议"，它被当权执政者视作"矫激之论"。

尚异还是尚同，是区别"清议"还是"邪说"的具体标准。本着尚同的思想，迎合当权者的旨意，拼命与执政者趋同合一，人云亦云，就无清议可言。换言之，清议是与执政者议论相左的一种舆论。但是，清议一旦形成，往往也被一些群体所认同，这就是所谓的声气相应。

清议是晚明东林党知识群体重视舆论作用的代名词，其理论深度却

---

① 王锡爵：《王文肃公牍草》卷8。
② 顾宪成：《小心斋札记》卷17。
③ 顾允成：《小辨斋偶成》卷5，《景印文渊阁四库全书》本。

因人而异。冯梦祯对"言路"的功能有清醒的认识。他说："夫言路之
关于治乱，甚巨也。自古天下之治，言路先开；天下将乱，言路先
塞。"① 孔贞时将"议论"与国家的"纪纲法度"相提并论。他认为，
议论是"与法度并存以维国脉者也"。② 公论在上，则为"朝议"，在
下则为"清议"。天下无私议，并不是说天下无"公论"。刘宗周也重
视清议的作用。他深感世道陆沉，只有凭恃"清议"一线，才能为之
撑砥，进而认为"今天下之乱，正坐天下无议论耳"。③ 在刘宗周看来，
"清议"是"维系人心之本"，其功用的扩散，在野的人以此作为衡量
是非的标准，君主藉此决断官员的用舍。两者合而为一，即可称之为
"国是"。④ 董其昌对清议的认识有一段生动的比喻："国之有是非，犹
中国夷狄不容并立。必有膺惩夷狄者，而中国安；必又排斥邪说者，而
清议立。"⑤ 持清议者不能为了免于谤怒，而袖手旁观，应该深入其中，
排斥邪说，这样清议才能确立。丁元荐认为，"大道隐，清议在野"，
把清议称作"突如勃如，一念而千古，片言揭日月"⑥。清议的确立，
有待于知识人集团的形成。所以，复社成员龚鼎孳尤其赞同倪元璐的
话，这就是"朝数士治其忠孝不可曰党，野数人治其文章不可曰乱"。
基于这样的认识，龚氏进而认为，风俗的败坏，究其根源，就是"清
议之不立"。⑦ 显然，清议论的本质是具体区别是非，而它的理论基点

---

① 冯梦祯：《快雪堂集》卷1《李方麓侍御抒衷疏草序》，明万历四十四年
（1616）黄汝亨、朱之蕃等刻本。
② 孔贞时：《在鲁斋文集》卷3《公论国之元气》，《四库禁毁书丛刊》本。
③ 刘宗周：《刘子全书》卷20，清道光刻本。
④ 刘宗周：《刘子全书》卷17。
⑤ 董其昌：《容台别集》卷1《杂说》，明刻本。
⑥ 丁元荐：《西山日记》卷下《清议》，《四库全书存目丛书》本。
⑦ 龚鼎孳：《定山堂文集》卷7《送王阮亭司李广陵序》，载《龚鼎孳集》，孙克
强、裴喆编辑点校，人民文学出版社2014年版，第1605页。按：龚氏之说，虽已是
入清以后的事，但考虑到龚氏曾经是复社干将，故也不妨将其视若清议论在清代的部
分延续。

是以传统的道德标准区分君子与小人。

应该指出的是，朝野的清议决不是故意与执政者作梗为难，而是出于一种真诚的责任心的公众舆论。东林党与当权者的意见不同，决不是东林党人故作矫论，而是他们的政治主张与当权者相左。其实，东林人士也是讲究取"公平意见"的。顾宪成在给一位相知的书信中，就说到要消除意见，以"虚心"处之，以"公道"论之。"是曰是，非曰非"，① 不说模棱两可之言。这样，势必导致东林党不仅仅满足于一般的清议，转而追求"国是"。

"国是"说比"清议"论在理论上有所进展。早在万历初年，刘国征就认为天下的大事，不是"一家之私议"，应该"可否相济"，而不应该私家之间互相疑忌。换言之，就是要追求"和"，即"国是"。② 刘宗周的"国是"说，在理论上显然具有保守与激进的两重性。一方面，"国是"的前提是将人分为君子与小人，并且以"礼义"作为衡量是非、君子与小人的尺度；另一方面，他又以"国是"制约君主，迫使君主将好恶"公天下"，并"集众议为耳目"，以避免"持一己之见的"弊端。③

将"国体""国法""国是"并列而拟为国家政治构成的三大支柱，这不仅是缪昌期政治学说的特点，更是以"公天下"为基本内涵的"国是"说的典型。"国体"与"国法"，是"人圣之所独"，而"国是"却是"天下之所共"。④"国是"出于群心之自然，而成于众口之同一。换言之，"国是"就是众口一词，以匹夫匹妇的所是所非作为仲裁是非的标准。这种出于人心之自然的公论，即使贵为天子，也不能侵夺公卿大夫的公论权利；同样的道理，公卿大夫也不敢侵夺愚夫愚妇

---

① 高攀龙：《高子遗书》卷5《南京光禄寺少卿泾阳顾先生行状》，《乾坤正气集》本。
② 顾宪成：《小心斋札记》卷2。
③ 刘宗周：《刘子全书》卷17。
④ 缪昌期：《从野堂存稿》卷1，《乾坤正气集》本。

的权利。"国是"出之匹夫匹妇的主张，作为一种舆论大众化的学说，只是在理论上的假说而已，而事实上他根本不想也不愿将它付诸实践。公论存于愚夫愚妇，并不是说真的从愚夫愚妇的口中一一流出。如果公卿大夫不立意见，不逞意气，凭着"率然之偶发"，提出自己的看法，这就是代表愚夫愚妇的公论。公卿大夫成了公众舆论的代言人，这再一次显示出东林党知识人群体的社会阶级性特征。

显而易见，"清议"理论是对传统君臣关系的部分调整，以此达到君臣一体的境界。但是，假若"清议"沿着"公天下"的涵义发展下去，必然会形成对专制皇权的制约。顾炎武出自"庶人之议"的"直言"和以乡评形式出现的"清议"，以及黄宗羲学校议政的主张，无不与这一学说有着渊源关系，却又在理论上突破了这一学说的局限。

按照朱元璋所颁立的学规，国家的军国大事，官员与一般百姓可上疏议政，唯独禁止生员"出位妄言"。① 一至明末，情况已大有变化。在顾炎武看来，如果天下有道，那么庶人可以不议。但是，假若"政教风俗苟非尽善"，那么"即许庶人之议矣"。② 这种理论的逻辑发展，就是"天下兴亡，匹夫有责"。生员虽有一定的身份，但同样是"庶人""匹夫"中的一员，他们也要打破官方立下的规矩，对国家的政教风俗发表自己的议论。那么，通过何种方式参与国家的政治呢？顾炎武仍然回复到他的前辈们的"清议"论中。他要"存清议于州里，以佐刑罚之穷"。当然，这种"清议"是当时下层绅士的地方舆论，而不是真正代表民间百姓的舆论。其实，顾炎武所主张的"清议"，以及出自乡校中的"乡评"，③ 既渊源于东汉的"清议"，又与明初朱元璋设申明亭以示教化的设想有着千丝万缕的联系。

黄宗羲的"学校"议政论，固然与顾炎武的"清议"与"乡评"

① 申时行等修：《明会典》卷78《学校·学规》，第452页。
② 顾炎武撰，黄汝成集释：《日知录集释》卷19《直言》，第447页。
③ 顾炎武撰，黄汝成集释：《日知录集释》卷13《清议》，第311—312页。

颇多相似之处，但比顾炎武显得更成体系。在黄宗羲构架的理论体系里，养士固然还是学校职责内的事，但学校决不仅是为养士而设，更应该成为裁判是非的场所。黄宗羲认为，"天子之所是未必是，天子之所非未必非，天子亦遂不敢自为非是，而公其非是于学校"①。这样，作为权力的最高主宰的天子已无评判是非的权力，是非的判断应由学校的公众舆论来决定。黄宗羲关于学校议政的设想，实际上包含着两层内容：第一，在京的太学，由祭酒掌管。当祭酒南面讲学时，天子也要就弟子之列。如果"政有缺失"，祭酒就可以"直言无讳"。第二，地方上的郡县学校，由学官掌管。每当朔望讲学时，郡县官也需要就弟子之列。如果郡县官政事有缺失，"小则纠绳，大则伐鼓号于众"②。这样，学校不仅是公众舆论的机构，而且是对朝政实行监督的监察机构。

顾炎武、黄宗羲关于舆论的设想，显然与明末复社这一下层知识人群体有直接的渊源关系。换言之，他们的理论不是一种无源之水，而是与自明中期以后生员层的崛起并逐渐参与政事紧密相关。

公论出于学校。自古以来，就将学校称为"有发头陀寺，无官御史台"③，无非是说学校生员清苦正直。明人王以旂言：

> 人有恒言，皆曰：公道在学校。旂少从诸文学游，尝质其义焉，则知天下之所以治平者，公道而已。是故贤者在位，众皆悦之，不肖者进，众皆非之。化行俗美，欲天下不治，得乎？然其机曷在？非学校弗可移也。盖以吾士秉宜明道，律己化人，一延誉讥评之间，孰不荣且惧也，果何以私与好恶哉！④

① 黄宗羲：《明夷待访录·学校》，载《梨州船山五书》，第 10 页。
② 黄宗羲：《明夷待访录·学校》，载《梨州船山五书》，第 11—12 页。
③ 尹会一撰、郑端辑：《政学录》卷 2《弟子》，第 251 页。
④ 王以旂：《王襄敏公集》卷 3《赠大京兆黻庵柴公考绩序》，明万历元年（1573）王籥刻本。

可见，公道在学校，毋庸置疑。然至明末，由此亦衍生出一些弊端：一方面，地方有司以私恩小惠要结学校生员，以期有好的声闻；另一方面，学校生员藉此要挟地方有司，希冀获利。

一至明末，学校废弛，生员已不再在学校肄业，取而代之者是生员的各种社盟。于是，公道在学校，转而成为公道在社盟。生员一旦结成社盟，往往牢固胶结，甚至在盟词中出现了"它日富贵贫贱处，有远近毋相忘也"之说，① 由此也就导致了同一社盟的成员，在处理同一事务时，往往声气相应。当然，社盟中的成员并非纯粹以德业相济，在互相评阅文章之余，时常"裁量人物，讥刺得失"，② 以在野的"清议"，干预朝政，从而引起执政者的嫉妒。正如姜垓论及复社时所言，复社成员一方面阐明经史，锐志讲诵；另一方面，一二有心之士，亦"怀古忧时，慷慨持论"。③

社盟干预朝政的另一途径，则是通过社稿，操持选政。出八股文选本，这是社盟中一些魁杰之士的主要事务。尤其是一些知名的八股文选家，多为书贾聘请，而其选本一出，"鸡林为之纸贵"，"以为揣摩风气之的，一出而天下应响"。④ 主持文社者，往往就是操持选政的著名选家，"后生一经品题，便成佳士"。⑤ 士子若入社，声名颇高；若其文被选入社稿，被选家品题，更可成为名士。于是，生员纷纷入社。更有甚

---

① 蠹重：《河村集》卷3《栖云观文社盟书》，清钞本。
② 黄宗羲：《刘瑞当先生墓志铭》，载《黄宗羲南雷杂著稿》，浙江古籍出版社1987年版，第180页。
③ 姜垓：《敬亭集》卷7《文风士气疏》，印晓峰点校，华东师范大学出版社2011年版，第206页。
④ 叶梦珠：《阅世编》卷4《名节》，第102页。
⑤ 叶梦珠：《阅世编》卷8《文章》，第182—186页。按：明末天启、崇祯之际，主持文社者，江西有艾南英、罗万藻、金声、陈际泰，太仓有张溥、张采、吴伟业、黄淳耀，金坛有周钟、周铨，溧阳有陈名夏，松江有陈子龙、夏允彝、彭宾、徐孚远、周立勋，皆名望隆海内，名冠词坛。此外，王光承、吴应箕、吕留良，亦均为明末著名的八股文选家。

者，社盟还把持仕进之途。若非社盟中人，往往在考试中被黜。① 社盟声气、声望，于此可见一斑。

无论是民谣俚谚，还是匿名揭帖，无不是民间舆论的真实反映。尤其是谣谚，传统文献通常斥之为"讹言"，是一种不胫而走的谣传。讹言的本质在于虚伪而不实，而其功能决不可小觑，足以"流传而惑众"。正如明人谢肇淛所言，对这些一时勃兴的谣言，却亦不可一概斥之为虚伪不实，尚有待于细加辨析。譬如有些讹言，"似讹而实有怪"；有些"妖言""童谣"，看似无意矢言，事后确实多有应验，如"檿弧箕服"之类，则又不可简单地视为讹言。② 尽管如此，造言、讹言、妖言，无不具有一些共通的特性：一方面，明代的讹言，无不是一种假借灵异的不根传言，通过一传十、十传百的传播途径，而在民间引发骚动。正如清人惠仲孺所言："凭诸物，假诸灵，一夫说，万夫腾，无翼而飞，无趾而行，疑鬼疑神，使民无所而相惊。"③ 另一方面，当时的讹言并非仅仅限于"乌头白，马生角"之类的以讹传讹，而是关乎朝野议论，实属一种民间舆论，一如明人谢肇淛所云："今朝野中忽有一番议论，一人倡之，千万人和之，举国之人奔走若狂，翻覆天地，变乱白黑。"④ 由此可见，有时朝野议论同样借助于讹言而得以表达与传播。

若是从深层次的心理层面加以探析，讹言谣传的兴起，实则源于一种心理恐慌，尤其是久藏于内心深处对"宫怨"与动乱时期颠沛流离生活这种恐慌性的心理记忆。当然，决不可过分夸大讹言谣传的负面性影响。禁止讹言谣传流播的最佳方法，尚须凭借信息、言路方面的制度

---

① 如倪元珙督学江南，有士求科举，元珙云："访此人并非复社，恐不足以服众。"可见，社盟可以提高士子的声望。说具吴翌：《逊志堂杂钞》甲集，中华书局1994年版，第10页。

② 谢肇淛：《五杂组》卷13《事部一》，第261页。

③ 法式善：《陶庐杂录》卷6，中华书局1997年版，第204页。

④ 谢肇淛：《五杂组》卷13《事部一》，第261页。

建设。唯有朝廷与地方、官与民甚至上与下之间的信息渠道畅通，方可讹言谣传不兴。换言之，当言路不通、官民信息交流不畅，甚至民意难以上达天听之时，致使民间百姓不得不依赖于讹言谣传，以此作为一种表达群情的舆论。

至于知识人的清议，通常被认定为"公论""议论"与"直言"，这是一种在野的舆论。古人有言："公论国之元气。"可见，在野的公论，一如瞿式耜所言，是"天地之正气，正气伸则元气振也"。① 宋人张载亦云，"救民以言，此亦穷而在下位者之责也"。通过言论而救民于水火之中，同样是在野知识人的职责。在野知识人当然秉持"天下有道，则庶人不议"这样的准则，但他们更清醒地意识到，假若政教风俗并不尽善，"则许庶人之议矣"。② 正如吴应箕所云："且自古至今，上无直节之臣，则下必有怀忠之士。"时当"季世"，朝政腐败，正常的言路受堵，那么在野的"风声议论"则更显重要，其功能甚至可以与"盛世"的"法度纪纲"相提并论。③

晚明知识人群体的舆论，与官方的言论相反，形成了别具一格的在野舆论，对官方的政治起着有益的救正作用。但是，出于传统道德的君子、小人之辨，构成了这一舆论的基础，成为裁判是非的标准，从而限制了这一舆论实施监督的实际意义。换言之，他们的舆论同样不是理性的、自主的认识，而是传统道德的产物。

---

① 瞿式耜：《瞿式耜集》卷1《三救五臣疏》，第148页。
② 顾炎武撰，黄汝成集释：《日知录集释》卷19《直言》，第447页。
③ 吴应箕：《楼山堂集》卷15《答沈眉生书》，载《吴应箕文集》，第247页。

四、文武合一：文武关系及其演变

武以定国，文以治国。乱世思将，治世思相。这无疑已经成为传统中国历史的一条定律。时势不同，文臣、武将所承担的职责随之有所差异，其在朝局中的地位亦随之低昂。这又牵涉到文、武之间的关系问题。

文、武二途，"不可偏废"。[①] 这是历史时期人们的共识。尽管见识可以取得一致，历史变迁的进程却并非以人们的意志为转移。追溯文武关系史的源头，确乎可称"古之武事出于一"、古之"文武本无分也"。[②] 相即将、民即兵，当是文武关系的原始状态。换言之，从说文之儒有"经"与精于谈兵亦称"经"的事实中，已经足以证明文武之间，理应是一种"经常一脉""同源而贮"的关系，所别者仅仅是他们分领的职掌不同而已，未可分歧。[③] 揆诸历史，文武相合甚至文武兼备之人，不乏其例。就文能兼武而言，曹操父子，春夏读书，秋冬射猎，成就当途之业；傅永上马杀贼，下马草露布；唐休璟深知险要，虞允文金山克敌；南梁兵叛逐师，唐宪宗遣温造代之，叛军见其儒而不疑，既而谈笑樽俎，歼五百叛者于杯酒之中。就武能兼文而言，郤谷为帅，日说《礼》《乐》，敦崇《诗》《书》；祭遵置五经博士，军中雅歌投壶；

---

① 尤侗：《艮斋杂说》卷 2，中华书局 2006 年版，第 44 页。
② 田艺蘅：《留青日札》卷 37《非武备》，第 1181 页；孙奇逢：《夏峰先生集》卷 3《赠孔氏兄弟序》，第 109—110 页。
③ 孙奇逢：《夏峰先生集》卷 3《赠孔氏兄弟序》，第 109—110 页。

曹景宗挽弓霹雳，生啖黄獐，犹能乘醉赋竞病诗；鲁肃手不释卷，张奂坐帷讲论；谢艾有文武之才，王平统率戎旅，手不能书，所识不过十字，好作书论，说《史》《汉》，不失其旨；石勒目不知书，尝使人读史，以论古今得失，确有灼见。上述诸例，亦都是"将而儒"或"将通儒"的典型例子。①

文武兼备仅仅是文武关系的一个侧面，且古今并不多见。与之相反，历史时期的文武关系，并不融洽。先有廉颇、蔺相如之争，后刘渊有随陆无武、绛灌无文之恨。将相之间，形同水火。如史弘肇曾有言："长枪大剑，安用毛锥？"王章反唇相讥，道："无毛锥则财赋何出？"史弘肇尤其厌恶文士，称此辈"轻人难耐，每呼吾辈为卒"。时当"抢攘"之际，社会动荡不安，武夫戮力疆场，立下汗马之勋；一旦承平，白面书生，坐而制之，如役厮养，稍有间隙，刀笔随之。② 换言之，自文武相分，将相转而异任；兵农相分，军民变而异籍。于是，天下之事，血脉不通；肩臂相使，联属甚难。文人厌薄刀战，武将鄙视章句。其结果则造成时当承平，大帅尚且需要仰小吏之鼻息；而世乱之时，悍将则又可制僬儒之性命。舌锋与剑锷、载笔与属橐、文章与马槊之间，一旦躺轻躺重，形成隔阂，势必造成习武者目不识丁，习文者手无缚鸡，文武之间，未免偏废。

考究明代的文武关系，实与明代军事制度的演变桴鼓相应。③ 按照

---

① 相关的梳理，可分别参见尤侗：《艮斋杂说》卷2，第44页；魏禧：《兵迹》卷2《将体编·儒》，收入陶福履、胡思敬编：《豫章丛书》子部第1册，江西教育出版社2002年版，第324—325页；刘廷玑：《在园杂志》卷1《文武全才》，第4—5页。

② 尤侗：《艮斋杂说》卷2，第44页。

③ 关于明代文武关系的演变，颇有建设性的前期研究成果，可以参看陈宝良：《晚明的尚武精神》，载《明史研究》第1辑，黄山书社1991年版；万明：《解读戚继光的文化身份》，载张守禄主编：《戚继光研究：戚继光学术研讨会论文集》，中国文史出版社2008年版，第193—215页；万明：《从戚继光的文化交游看晚明文化视域下的"武臣好文"现象》，载《鲁东大学学报》2009年第4期；梁志胜：《明代卫所武官世袭制度研究》，中国社会科学出版社2012年版，第430—442页。

黄宗羲的说法，有明兵制，"盖亦三变"：明初之时，以"卫所之兵"为主；中期之后，卫所之兵变而为"召募之兵"；至崇祯、弘光年间，召募之兵又变而为"大将之屯兵"。三者各有弊端，最终造成明朝覆亡。① 尽管明朝覆亡的原因殊为复杂，然不得兵将之用，显为其中之一。随兵制变迁而来者，在制度的层面，文武关系亦发生了内在的转变：明初立国，文武之职，各得其序，吏以安民，将以统军。若要刻意分出一个轻重，明初大抵偏于重武轻文之势。明代中期以后，崇文黜武。这一倾向的出现，既如黄凤翔所言："当世路清夷时，持议棰衡者率右文墨，左介胄。"② 更如袁中道所言："且承平日久，武衰已极，人耳不闻鼙鼓之声，目不见旌旗之形，一有事，儿啼而走耳。方且唾笑武夫，等之沙砾，即武士亦揣揣然若寒鸡在栖。"③ 一至明季，武将趋于跋扈，一如侯方域所揭示："自昔明季余习，藩镇僭乱，每胁其强梁，咆哮凭陵，浸不用命，以至于亡，非朝夕之故也。"④ 与此相应者，则是文人尚武与武将尚文风气的形成及其勃盛，以及文武合一论的崛起。

从重武轻文到崇文黜武：制度史之演变

明太祖朱元璋以马上得天下，擐甲厉剑，与众将纵横驰骋中原，在行伍、战阵之间，长达十余年，故对御将之道，筹备相当审慎。立国之后，在明太祖的眼中，诸如指刃挥兵、搴旗陷阵之事，均非竖儒所长。为此，设立都司卫所，绣错布于宇内；而在要害之处，则设置镇戍之将。所有阃外之责，一概寄托于武臣。明初重武轻文，盖有其因。

① 黄宗羲：《明夷待访录·兵制一》，载《梨州船山五书》，第29页。
② 黄凤翔：《田亭草》卷6《送都阃沈将军之浙江序》，第133页。
③ 袁中道：《珂雪斋集》卷11《应天武举乡试录后序》，第501—502页。
④ 侯方域撰，王树林校笺：《侯方域全集校笺》卷1《文集》1《为司徒公赠万将军序》，人民文学出版社2013年版，第26页。

然此制的设定，缺陷明显。卫所与地方州县犬牙交错，固然可以借助互相牵制而便于统制，然卫所与地方有司之间，不相统摄，钱粮、刑名，各自总理，一旦变起于仓卒之际，单是行移之间，就颇费周折，最终导致虚文日烦，实效难责。① 尤其是升平一久，法令益弛，都司卫所之中，已是遍布纨绔之子。他们豢于醒醴甘腝之中，沉于丝管娥姣之际，肌节弩缓，智识钝眊。鉴此原因，早在洪熙年间，明仁宗就下令文臣临镇，治理文书，商议机密，参赞军务，清理边储。其后，均改用都御史，设立提督一职。随之而来者，则是"天下治安，缙绅用事，介胄之夫，俛首下气，唯唯听命"。所以，诸如总兵、副将、参将、游击，虽有将军之名，但权力已大受束缚，不能振举，军旅大权，上归提督，下属兵备，文臣中的提督、兵备已经取代将帅之任。② 这就造成了明代中期以后崇文黜武的制度格局。

一至明季，"大将屯兵"，拥众自卫，与敌为市，"抢杀不可问，宣召不能行"，③ 遂成一时武将跋扈之势。

（一）明初重武轻文的制度格局

明初立国，统兵之权归于大都督府。即使如大都督府断事官一类的幕职，其遴选亦相当慎重。贝琼《送褚德刚序》云："洪武十年夏，大都督府断事官缺，上难其人，咨之在庭，以行府经历会稽褚君为之。"就在此文的批注中，有言："国初兵权皆统于大都督府，故其幕职亦重。"④ "幕职亦重"一语，大抵已经道出明初重武轻文的制度格局。⑤

在明初制定的《大明律》中，对武官犯罪亦略显优待。如《大明

---

① 田艺蘅：《留青日札》卷37《非武备》，第1181—1182页。
② 叶春及：《石洞集》卷2《择将帅》，第258—259页。
③ 黄宗羲：《明夷待访录·兵制一》，载《梨州船山五书》，第29页。
④ 陈子龙等编：《明经世文编》卷5，第40页。
⑤ 揆诸明初的制度设计，确乎可以称为"一切右武"，委任权力，"重在武臣"。如五军都督府，就官高六部尚书一阶，即为典型一证。参见陆容：《菽园杂记》卷3，第31页。

律》内有一款云："六部、都察院、按察司并分司及有司，见问公事，但有干连军官，及承告军官不法不公等事，须要密切实封奏闻，不许擅自拘问。"① 在所有"公事"中，只要其事"干连军官"，即使是告军官"不法不公"等事，从中央到地方的一切司法衙门，均无权过问。法律上格外优待甚至赋予其特权，足证明初武官地位之高。

明初总兵，地位显赫。这可以从以下两个方面加以考察：一是从官衔上看，总兵明显高于巡抚。按照明代的制度，各镇都是先设总兵，其后才陆续添设巡抚。所以，巡抚的署衔，仅仅是"参赞军务"。只有各镇无总兵官以及后设之总兵官，巡抚署衔方可称"提督军务"。② "参赞军务"与"提督军务"之间，尽管只有二字之差，但权限大有区别。官衔上署称参赞军务，说明巡抚相较于总兵官，仅有辅佐之责，并无统辖之权。二是从文武官员的交际体统上看，明初总兵有"列侯"之誉，其体统极其尊重，地方有司"伏谒如属礼"。一些内地知府、知县，因昧于掌故，"辄欲钧礼，往往取累"。③

按照明初的制度规定，设立军民诸司，原本是"彼此颉颃，两非统属"。然事实并非如此。在明初洪武、永乐两朝，因为天下初定，都司卫所武官势力炫灼，时常凌轹地方有司官员。永乐元年（1403），福建巡按周志新的奏疏显示，当地方知府路过都司所辖各卫的衙门，或者二者在路途相遇，各卫官员因为对知府不下马感到愤怒，就藉此"鞭辱仆隶"。至于卫所的公务，更是直接交给地方有司办理，稍有不从，即"呵责吏典"。④ 明代之卫，设有镇抚，所亦有镇抚一职。在千户所

---

① 戴金编次：《皇明条法事类纂》卷 3《军职犯强盗人命死罪及犯罪脱逃通恶为非者拘禁奏拿其余常事暂住管事支俸听提例》，东京古典研究会，1966 年，第 78 页。
② 刘献廷：《广阳杂记》卷 1，第 18 页。
③ 谈迁：《枣林杂俎》智集《逸典·总兵体统》，第 12 页。
④ 黄瑜：《双槐岁抄》卷 3《周宪使》，第 55—56 页。按：相关的记载亦见诸文元发：《学圃斋随笔》（《明季史料集珍》本，台北伟文图书出版有限公司 1976 年版，第 390—391 页），仅个别文字稍异。

中，大抵以千户为主将，而镇抚佐之。可见，在武官中，千户所镇抚可称是"至微"之职。明初的文官对这些镇抚亦格外小心，惟恐得罪他们。如苏伯衡在明初号称著名的文学侍臣，甚至被明太祖所优礼。即使如此，苏氏亦不得不撰写《送谭镇抚调平阳序》一文，与这些千户所镇抚应酬，甚至不乏揄扬称道之言。① 诸如之类，无不证明明初武弁何等受人重视。

（二）明中期以后崇文黜武局面的形成

明代中期以后，承平日久，崇文黜武局面随之形成。由于文官大抵来自科举，所以明代的文官制度最重资格。甲榜进士出身最为崇高，可以仕至六部。在进士中，又以翰林最受人尊重。一入翰林，则不屈膝，或虽有拱揖，亦"腰背不甚折"，号称"养相体"。乙榜举人出身，则只可仕至知府而已。为此，进士出身者，无不鄙视举人出身之官，虽同处朝列，亦不甚款接。至于岁贡、荫官，更是等而下之。在如此讲求资格的官场，武官地位一落千丈，显得相当卑微。即使是总兵官，在文臣看来，"抑末也"。②

从某种程度上说，明初所定《大明律》中关于军职犯罪，官员不准擅自拘禁的规定，显然已经保证了武官在明初的特殊地位。到了明代中期，这一律条已经被作了部分的修改。成化年间，巡抚四川右副都御史夏埙葵上奏，请求"今后军职违法害军，间有干碍惧罪欲逃者，许该卫所呈禀，先将犯人拘系在官，一面奏请问罪"。这一建议到了刑部，刑部最后提出了一个折中的方案：一方面，军职若是仅仅犯有"一应常事"，仍然按照都察院等衙门会议奏准事例，"令其暂住管事，支俸听提。若明文已到，截住支俸，就提，不许破调仍旧支俸"。另一方面，若是军职犯了"强盗、人命等项真犯死罪，逃脱在外，因而交

① 陈子龙等编：《明经世文编》卷6，第45页。
② 计六奇：《明季北略》卷16《策贡士》，第275页。

通巨恶，搆结为非"，允许该卫所"措实呈禀，先将犯人拘系在官，听候奏拿"。① 这一条例一出，显然已经证明武官在犯罪方面所享有的一些特权，已经开始部分丧失。

明初大将提兵，权势赫奕，所设巡抚都御史，不过是"赞理军务"，"与之督粮，不与兵事"，亦即负责后勤保障而已。自中期以后，总兵官的权力受到了很大的牵制与削弱。丧失赏罚之权不论，即使是"出师之期"一类的用兵机宜之事，总兵一类的将官亦已无决定权，而是必须"请命而行"，依次受制于兵备、巡抚、总督，大失任将之道。② 正如黄宗羲所云，明制尽管有失，但总兵毕竟用的是武人。一旦总兵必须受到总督、巡抚、经略的节制，那么，其文武格局顿时发生转变：总督、巡抚、经略越俎代庖，亲自担当主将的职责；反之，总兵则沦为辅佐之职，不过是聊充"偏裨"而已。其结果，则是总兵"有将之名而无将之实"。③

更为甚者，至明代末年，即使吴淞总兵官这样的地方武职大吏，也必须受到松江府理刑推官的节制，这是因为吴淞总兵的"贤否册"亦即考察权，完全掌握在推官的手中。④ 武将地位的衰微，最终导致武将不肯用命，明朝随之倾覆。此实亦在情理之中。

崇文黜武之制一旦形成，那么，文武之间的交际体统随之发生变化。明代中期以后，即使大将、副将之职，亦均须兵部差遣。换言之，总兵、副总兵职位，不再依靠战功，而是凭借袭荫。按照制度的规定，这些武官为了继承祖荫，不得不与兵部、兵科的文官打交道，其间不免出现一些自贬身份的"卑污手本"。如大将、副将上给兵部、兵科官员

---

① 戴金编次：《皇明条法事类篡》卷3《军职犯强盗人命死罪及犯罪脱逃通恶为非者拘禁奏拿其余常事暂住管事支俸听提例》，第79页。

② 何良俊：《四友斋丛说》卷11《史七》，第94页。

③ 黄宗羲：《明夷待访录·兵制二》，载《梨州船山五书》，第32页。

④ 姚廷遴：《记事拾遗》，载《清代日记汇抄》，上海人民出版社1982年版，第162页。

的手本，尚且讲究身份者，则自称"门下小的"；若是自贬身份者，更是动辄自称"门下走狗"。至于守备、把总以下，给兵部书办送礼，在礼帖中则用细字写上"沐恩晚生"。①

清初学者黄宗羲在总结明代军事制度时，对此亦多有揭示。根据他的记载可知，位至大帅的武将，在干谒文臣之时，即使品级悬绝，亦必须身穿戎服，左手握刀，右属弓矢，"帕首袴靴，趋入庭拜"。至于其上给文臣的门状，则自称"走狗"。告退之后，甚至还与文臣的仆隶叙齿。② 黄宗羲的说法决非空穴来风，而是可以找到很多事例加以印证。如明代中期以后，知府、知县与总兵相见，都可以抗礼，拜帖仅用"侍生"，公文则用"移会"。与参将、游击将军以下交往，大抵亦是如此。更有甚者，贡生、监生、生员与武弁往来，即使是总兵，亦只是投"侍教生"的名帖，轻易不用"晚生"帖子。降而下之，与参将、游击相见，则更不待言。③ 总兵、副将、参将、游击如此，承平日久，地方军卫的武官更是一蹶不振。卫所指挥前去拜见知府，必称"恩堂"，不敢抗礼。④

明末人宋懋澄借助一位颇有智慧的山僧之口，道出了当时的崇文黜武之风："武与文异。人之畏文也众，故缙绅之于释老，威少杀焉；若武，则人慢之矣。彼视可以行威者无如僧，吾故俟其威之未张而先致敬焉，非故诎也。"诚哉斯言！这位山僧的一番话，确实道出了实情。因为缙绅文人平日里受到了世人的尊重，所以他们在与释老之徒打交道时，不妨优雅地显示自己的平等待人，在僧道面前不再作威作福。而武人则正好相反，他们平日里就得不到世人的尊敬，所以在遇到僧道时，

---

① 宋应星：《野议·练兵议》，载《宋应星佚著四种》，上海人民出版社1976年版，第27页。

② 黄宗羲：《明夷待访录·兵制二》，载《梨州船山五书》，第32页。

③ 叶梦珠：《阅世编》卷8《交际》，第188—189页。

④ 文元发：《学圃斋随笔》，第390—391页。

就难免会抖擞自己的精神，摆起自己的架子。这种崇文黜武的风气，其结果正如宋懋澄所言："以彼文武如是之异，而国家欲藉武士为干城，其可得乎？夫无事贱之如牛马，有事望其捐生，一何待之薄而责之厚乎？"① 此论堪称一语中的。

武学在明代的困境，大抵与当时的崇文黜武之风若合符节。在明代，唯有京城设有武学，在地方府、州、县，并未设有武学。凡是出应武科乡试之人，尽管称之为"武生"，其实不过是一些学业粗疏、负材矜气之子弟而已；或者原属军籍而学书不就之人，就改为学习武经、弓马，中式则为武举，不中则依然齐民，并无"武生员"之称。至崇祯之末才下诏，让府、州、县考取武生员，并入学宫，令督学官考校。然而积习轻武，假若是有志之人，根本不屑应试，学臣亦视为具文，有无多寡，不拘定额。②

（三）明季武将之跋扈

崇文黜武之风形成之后，难得武将之效。明季兵兴，有人上奏，声称"今日不重武臣，故武功不立"云云。于是，崇祯皇帝专任大帅，不再受文臣节制。不到二三年，武臣拥众自重，"与贼相望，同事虏略"。③ 对此，黄道周有如下揭示："崇祯以来，边围日绌，谈者皆谓文臣不效，一意右武，韦跗出门与藩臬争道。然自数年中，八九大将宠极贵盛，无有不叛，其仗义死功者一二耳。"④ 刘宗周亦直揭其弊道："自陛下有意轻文臣，而积轻之势，至于堂廉不可辨；且有意重武臣，而积重之势，几于臂指不相使。于是文武终日争体统，互持观望之局，中外

① 宋懋澄：《九籥集》卷 1《游汤泉记》，中国社会科学出版社 1984 年版，第23 页。
② 叶梦珠：《阅世编》卷 2《学校》4，第 30—31 页。
③ 黄宗羲：《明夷待访录·兵制二》，载《梨州船山五书》，第 32 页。
④ 黄道周：《黄道周集》卷 3《时务疏》，第 243 页。

终日费调停，酿成跋扈之奸。"① 崇祯皇帝重武之效，不过如此。

南明鲁监国时，华夏上奏有云："臣思昔日文强武弱，迄今武强而文不肯弱，遂相持起衅。"② 这大抵反映了自明末以来文武关系的另一种转向。

揆诸明季史事，确乎武将拥兵自重，飞扬跋扈。此可以左良玉、刘泽清为例加以进一步的剖析。

就左良玉来说，下面两件事情，已经可以证明他完全是拥兵自重，甚至敢于不听诏令。在崇祯朝时，先是陕西总督的塘报，称左良玉兵驻武昌，"贼船过汉阳，为左兵追杀，复退"。为此，崇祯帝密遣太监"赍金币往营谕之"。不久，湖广巡按御史的奏疏上达，称左良玉并无"追杀有功情状"。内阁大学士吴甡专门上一揭帖，称："左镇坐视承、襄陷，退避湖南，方怀疑惧，今复遣内臣往，若追杀虚报，疑惧愈甚，乞暂停遣，俟察实命兵部差官照常赏赍未晚也。"揭上之后，崇祯帝的批示却云："左良玉之退，亦由地方官不为措给粮饷，朕故加意激劝，留此一枝劲兵，助先生徂征半臂耳。中使已发，不及停矣。"③ 正因崇祯帝过分倚重武将，才对左良玉如此"宽假"，最终导致他更加跋扈。至南明福王登极，南都诏书下达至湖广，左良玉自承天返回，驻兵汉阳，意不可测，甚至未举行颁读诏书的仪式。为此，巡抚何腾蛟前往汉阳，以剑自随，道："社稷之安危在此，若不开读，此身有付三尺耳。"所幸者，当时左良玉私置正纪卢鼎力争，认为应当拜接诏书，且对良玉说："方今四镇合心，同戴新君，若拥兵而下，能保必胜乎？不胜，无乃身家两亡乎？"良玉时已耄老，不得不说："是固当拜耶。"随之，举

---

① 刘宗周：《文编》1《奏疏》4《备陈天下治乱之机以资匡济以仰纾宵旰万一疏》，载吴光主编：《刘宗周全集》第 3 册，浙江古籍出版社 2007 年版，第 173 页。

② 华夏：《过宜言》卷 4《上鲁国主疏》，收入张寿镛辑：《四明丛书》第 5 册，第 2408 页。

③ 李清：《三垣笔记》中《崇祯》，第 61 页。

行拜诏之仪。① 从左良玉"私置正纪"一职，到他敢于不拜接诏书，明季武将之跋扈，已是达到极致。

刘泽清显然是另外一个武将飞扬跋扈的典型个案。刘泽清因山东"剿寇功"，得到了太监的滥叙，为公论所讥。兵科给事中韩如愈上疏纠之。后韩如愈奉差督饷，行至山东，在道中为刘泽清麾下杨国柱所害。当时刘泽清还想谋害御史蒋拱宸，"以不值免"。② 正如都御史刘宗周所言："本朝受命三百年来，未有武臣参文臣者，尤未有武臣无故而欲杀宪臣者，且未有武臣在外而辄操庙堂短长，使士大夫尽出其门者，有之，皆自泽清始，一时纪纲法度，荡然尽矣。"③ 刘宗周此言实是有感而发，因当时刘泽清正上疏参劾刘宗周。至于"士大夫尽出其门"云云，也有史事可以证实。如弘光朝时，王铎入阁以后，替刘泽清作序，"呼其母为老伯母"，这并不能简单地将此视为王铎为人谦和，而是一种"失体"之举。④

文人尚武与武将好文：社会风尚之转变

晚明时期，名士之风甚盛，无不追求"有致"。那么，什么是有致？明末人陈继儒作了如下解释："名妓翻经，老僧酿酒，将军翔文章之府，书生践戎马之场，虽乏本色，故自有致。"⑤ 可见，所谓的有致，就是不再追求本色，而是一种矫情，甚至是故作标致。而其中所列"书生践戎马之场"与"将军翔文章之府"，大抵道出了文武关系之社会风尚已发生两大转变：一是文人尚武，二是武将好文。

---

① 李清：《三垣笔记附识》下《弘光》，第 236 页。
② 李清：《三垣笔记》中《崇祯》，第 81—82 页。
③ 李清：《三垣笔记》下《补遗》，第 147 页。
④ 李清：《三垣笔记》下《弘光》，第 118 页。
⑤ 陈继儒：《岩楼幽事》，载《宝颜堂秘笈》，上海文明书局 1922 年石印本。

（一）文人尚武

近人顾颉刚在整理兵家书籍时，曾惊奇地发现如下一个现象，除了清末江南制造局所出兵书之外，绝大多数兵书几乎全为明本，而且又多为万历以后所作。为此，他解释其中原因道："明代一困于也先，再困于满洲，三困于倭，四困于流寇，士大夫皆有用病之心，故就古籍论兵及纪兵事者加以讨究，遂成巨帙。"① 洵为确论，且道出了晚明文人尚武的一个侧面。

晚明文人尚武之风，以嘉靖中期以后"倭变"之起、万历末年"东事"既兴与崇祯初年"寇氛"初炽三个时期最为兴盛。

嘉靖初年，儒家士人久已不讲武备，见到那些"挟短兵、衣短后者"，则无不感到惊讶。② "倭变"事起，东南沿海不再平静。于是一些文人或讲武尚侠，或投笔从戎。如安徽徽州人吴子钦早在中生员之前，就喜欢"习技击"。即使后来成为徽州府学生员之后，还是侠气不改。每当出门，就身穿窄衫，袖中藏双铁尺，一副侠客打扮。③ 徽州生员王寅，曾经从少林寺僧扁囤习得兵杖之技，后来投入胡宗宪幕府。④

万历初年，尚是"一人无为，四海少事"。自"东事"既兴，广行召募，于是"杂流之士，哆口谈兵，九门之中，填馗溢巷"。⑤ 此说显已道出万历末期文人尚武谈兵之风。如明末著名文人宋懋澄，就是一位喜欢谈兵之人。《明经世文编》收录了他所著《东师野记》《西师记略》《东征记略》三篇文章，反映了他对一直困扰明朝廷的倭寇、哱拜、满洲诸事的具体看法，显然也是为了证明其虽为文人，却有投笔从戎、一试疆场之志。其世侄并兼具《明经世文编》编辑者之一的宋徵

---

① 顾颉刚：《琼东杂记》（一）《明代兵书》，载《顾颉刚读书笔记》第1卷，台北联经出版事业公司1990年版，第81页。

② 汪道昆：《太函集》卷28《吴子钦传》，第611页。

③ 汪道昆：《太函集》卷28《吴子钦传》，第609—610页。

④ 汪道昆：《太函集》卷28《王仲房传》，第606—609页。

⑤ 顾炎武撰，黄汝成集释：《日知录集释》卷12《人聚》，第291页。

璧在选编了这三篇文章之后，在文后专门加了一段评语，自称幼年时从宋懋澄学习经学，并说懋澄"谈论今古，悬河泻溜，顷刻不停，恨未展其用，赍志以殁"。身为文人的宋懋澄，关心国家边疆之事，同样得到了当时一些名士的称赞，如李维桢、陈继儒等，均称其"有封侯之骨，而不遇时"。① 所谓的生不逢时，这或许就是当时许多文人怀才不遇时的共同慨叹。

崇祯初年，"寇氛"初炽，文人尚武之风又盛。如复社成员桐城人孙临，字克咸，平日所行，完全是文人习气，诸如"为人风流俊伟，晓声伎，吹箫度曲"，其至间游平康之里，他亦以此沾沾自喜。"寇氛"初炽之后，孙临一夜酒酣，谈及时事，慷慨激烈，并引一指燃烛上，自誓道："不灭贼者，有如此指！"于是，改字为"武公"。自此以后，孙临"常衣短后衣，骑生马，左右箭箙，插弓矢，带刀，作边塞健儿装"。后方仁植开府湖广，"屡与贼战"。孙临作为仁植的爱婿，"常杂骑士中，跃马深入，为诸军先"，还不时在马上赋诗为乐。所传《楚水吟》，一半为军中所作。②

（二）武将好文

与文人尚武相应者，则是武将好文之风的勃盛。正如明代学者唐枢所言，至弘治、正德年间，明代武臣发生一大转变，即变为"人思务文矣"。③ 这就是说，由于升平日久，再加之文武畸重，致使主将"类能操觚，而不闲弓马干戈"。就此风气，明代宗室成员朱子斗作有《纪事》诗五首加以刻画，其中一首云："时清诸将慕文儒，胜韵长才亦自殊。竞羡江花生彩翰，不闻营柳避雕弧。饷金辗转随津贵，宫锦题封侍市胡。覆辙于今堪自鉴，嫖姚何必薄孙吴。"④ 堪称言有对痒。

---

① 宋懋澄谈兵三篇文章，载《明经世文编》卷502，第5530—5535页。
② 钱澄之：《田间文集》卷21《孙武公传》，黄山书社1998年版，第407页。
③ 张怡：《玉光剑气集》卷8《武功》，第366—367页。
④ 姚旅：《露书》卷9《风篇中》，第202页。

武将何以好文？究其原因，大抵有以下三个：一是为了扭转武将缺文的整体形象。武之不文，属于整体现象，历代如此，明代自不能例外。如永乐二年（1404），一天，臣子进呈敕边将的疏稿。明成祖对臣下道："武臣边将不谙文理，只用直言俗说，使之通晓，庶不误事。他日编入实录却用文。"① 明成祖的这段话至少说明，鉴于武臣边将"不谙文理"的事实，所以下达给武将的敕书，只能采用"直言俗说"。明人贺钦之言，可以作为上述记载的注脚，亦即武将因为"不学"，导致"少知义理，率皆率意奢纵"。为此，他提出了为武将配备儒者加以"傅导"的建议，其目的就是为了改变武将缺文之憾。② 明代的笑话同样揭示了武将缺文的现象，不妨引述一则如下：如辽东有一位武将，素不识字，被文臣弹劾。劾本下来以后，他就让人念，当念至"所当革任回卫者也"的时候，不免痛哭道："革任回卫也罢了，这'者也'两字怎么当的起？"③ 武将的缺文，必然招致文臣的轻辱鄙陵，动辄"以不识字为诮"。等到考察推荐，文臣"右文而后武"。面对如此情势，武将就"不得不文"，藉此以为自立之途。④ 二是好文可以提高武将的声誉。正如朱国祯所言，若欲成为一代名将，并非仅仅凭借自己的卓越战功，而是必须借助"好文"，才能成为现实。通过"好文"之举，就可以"有所附丽而益彰"。为此，他以晚明名将戚继光为例加以进一步申述，认为戚继光因为好文，并与汪道昆、王世贞、王世懋、沈希仪、唐顺之等著名文人交往，所以"其战功始著"。⑤ 三是受重文轻武时风的影响，武将不得不好文。究厥所由，明初以将对敌，举动自由。其后，武将开始受制于出镇的太监，受制于用以制约镇守太监的巡抚、总督。文官重臣握有兵

---

① 杨士奇：《圣谕录》卷上，载《东里别集》，中华书局 1998 年版，第 387 页。
② 贺钦：《医闾先生集》卷 2《言行录》，载《四明丛书》第 12 册，第 7236 页。
③ 赵南星：《笑赞》12《者也》，载周启明校订：《明清笑话四种》，人民文学出版社 1983 年版，第 7 页。
④ 张怡：《玉光剑气集》卷 8《武功》，第 366—367 页。
⑤ 朱国祯：《涌幢小品》卷 9《四少保》，第 167—168 页。

权，又借助巡按纠参武将，又渐渐受制于巡按。面对"随在掣肘"的尴尬窘境，无奈之下，武将"不得不文，以为自御之计"。①

明代中期以后，武将好文，蔚成一时风气，大抵表现在以下几个方面：

其一，武将擅长赋诗论文。武人能诗，自古以来，不乏其例。明代武将能诗者，有沐昂、俞大猷、郭登、李言恭、万表、陈第等，其诗"皆见英雄本色，有文士所不能道者"，② 并非只能写"明月赤团团"一类的俗句。尤其是戚继光，其《入关》诗云："少年好纸笔，长事行间役。"③ 可证继光少年时即从事文学之事，只是因为长年处于战阵行伍之间，才使他改而关注军事。后戚氏因深得文坛名人汪道昆、王世贞的称道，俨然以风雅自命，幕客郭造卿辈，尊之为"元敬词宗先生"，几与缙绅分道扬镳。又萧如薰，亦以翰墨自命，山人辈纷纷投入幕中，尊称其为"季馨词宗先生"。④ 其他如杜文焕，亦甚好文，建曲馆，以"经文纬武"颜其斋，作有《餐霞外编》。⑤ 杜氏除了"博通经、史、二氏"之外，尚擅长"五七言律"。⑥ 还有一位鲍伯英，弱冠从军，"渡鸭绿江，至王京平壤，大小数十战。事平，簿对功次，悉从中格"。

---

① 张怡：《玉光剑气集》卷 8《武功》，第 366—367 页。
② 王士禛：《池北偶谈》卷 17《儒将诗》，第 420 页。
③ 戚继光：《横槊稿》上，载氏著：《止止堂集》，王熹校释，中华书局 2001 年版，第 48 页。
④ 沈德符：《万历野获编》卷 17《武臣好文》，第 434—435 页。按：萧如薰与杜文焕并西陲名将，有集行世。如萧如薰《秋征》诗云："新秋呈霁色，寒草正丰茸。杞树珊瑚果，兰山翡翠峰。出郊分虎旅，乘障息狼烽。坐乏舒筹策，天威下九重。"参见谈迁：《枣林杂俎》和集《丛赘·萧如薰杜文焕》，第 583 页。
⑤ 谢肇淛：《小草斋文集》卷 5《餐霞外编》，收入《四库全书存目丛书》集部第 175 册，第 674 页。
⑥ 谈迁：《枣林杂俎》和集《丛赘·周延儒再召》，第 611 页。按：杜文焕《定西捷诗》云："朔方才喜净胡尘，又见边声急震邻。杂虏横行如烈火，诸军坚壁似云屯。缨冠义切宁违命，蹈刃心雄肯爱身？独捷三师先报阵，保全疆场报枫宸。"参见谈迁：《枣林杂俎》和集《丛赘·萧如薰杜文焕》，第 583 页。

史载其仗剑归吴越之后，"与文人学士为山水翰墨之游。遇橐垂悬，则手镌秦汉小章以自润"。① 如此等等，不胜枚举。

其二，武将涉猎经史，且善于度曲。早在明初，魏国公徐辉祖就并非"特长于武"而已，而是时常侍奉皇太子与诸王"学通经史"。洪武二十九年（1396），明太祖命徐辉祖会同礼部、翰林院考试国子监生的文义，"第其优劣，送吏部铨用"。② 其后，又有都督王信，沉毅简重，"被服儒素，闲居辄玩经史"。③ 至于"金带指挥"陈铎，更是以"词曲驰名"，甚至还牙板随身，不时可以"高歌一曲"。④

其三，武将不仅与知名文人广泛交游，而且聘幕蔚然成风。显然，这是晚明武将好文风气影响所致。明代很多能文的武将，大多喜欢与文人交往。如戚继光与当时著名的文人王世贞、汪道昆、李攀龙均有交往，甚至雅歌相和，篇章交映，体现出一种"质有文武"的特点。⑤

至于武将聘幕之风，正如谭纶所言，"乃各大小将官，不修实事，专尚虚诈，厚养刀笔之徒，至之帷屋之中"。⑥ 所谓刀笔之徒，即主持刑名之幕宾。晚明山人杂流多投奔边帅幕中，武将亦多以聘幕为荣，以便与文臣往还。⑦ 陈第、颜钧为著名的王门学者，均曾入俞大猷幕，成为参谋、军师。⑧ 至明季，武将多聘记室、幕客。当东平侯刘泽清开府

---

① 李日华：《恬致堂集》卷2《赠鲍伯英歌》，赵杏根整理，上海古籍出版社2012年版，第59—60页。

② 周晖：《续金陵琐事》卷上《学通经史》，第189页。

③ 张怡：《玉光剑气集》卷8《武功》，第362页。

④ 周晖：《金陵琐事》卷3《牙板随身》，第110页。

⑤ 著名文人李攀龙称戚继光，"唯公建大旗鼓，扫清海上，大小百战，无不奇捷，遂壮皇朝之气，而遥制江、广，使诸偏裨得贾余勇，填荡潢池，功不且半天下乎！"云云。对戚氏武功多有称颂。参见《李攀龙集》卷28《报戚都督》，第616页。

⑥ 谭纶：《谭襄敏公奏议》卷5《条陈蓟镇未尽事宜以重防秋疏》，清嘉庆重刊本。

⑦ 孙静庵：《明遗民录》卷23，载谢正光、范金民编：《明遗民录汇辑》上册，南京大学出版社1995年版，第43页。

⑧ 钱谦益：《列朝诗集小传》丁集中《陈将军第》，第542页；颜钧：《颜钧集》卷3《自传》，第28页。

淮阴时，贾开宗"掌其军书记"。①

此外，武将幕中又多山人幕客。史称隆庆以后，"款市既成，烽燧少警，辇下视镇帅为外府。山人杂流，乞朝士尺牍往者，无不餍所欲"。② 尤其是万历中叶以后，边镇专阃将帅以能诗名者很多，戚继光、萧如熏、杜文焕即其中之佼佼者。戚继光尤好延文士，倾赏结纳，取足军饷。萧如熏亦能诗，士趋之若鹜，宾座常满。

尤其是戚继光，在他所著诗歌中，其中不少涉及幕府中的文士、山人。如《奉召北还元日邀曹都阃顾黄方三山人集大安》诗，可见与他相交者，有顾、黄、方三位山人；《郑山人自闽赴友难归，诗以赠之》诗中，所交者为郑姓山人；《端午，方景武山人以赵藩骰牌、巧扇见寄》诗，则所交者为方景武山人；《送李文学归蓬莱》诗有云："早年结社蓬莱下，塞上重逢已二毛。"可见，所谓的"李文学"，亦即李姓文士，是他早年在家乡的结社朋友，后来也曾投奔到戚继光的塞上幕府。《夏日同徐使君、方山人避雨朝阳庵，限阳字》诗，说明戚继光与山人时常以诗歌赓和。其中赠与方山人的诗中有云："南北征尘里，艰危独共君。壮心悬白日，侠气薄青云。并榻时听雨，衔杯夜论文。十年交好意，今古挹清芬。"又《次马祥寺，值方山人至，共酌稼场》诗，有云："关山一片月，游子十年情。"可见，这位方山人自东南海疆一直跟随戚继光到了北部边疆，两人相交长达十年之久，而且关系相当密切。③《莫春方山人邀游山庄》诗，所交者为方山人。《秋日邀山人歙王十岳、越叶一同、莆方浮麓、文学郭海岳同登山屯之阴山》，所交山人、文学之士则更多。《送王山人南还》，其中之王山人，或许就是上述安徽歙县人王

---

① 抱阳生编：《甲申朝事小纪初编》卷8《贾开宗纪》，第196页。

② 《明史》卷239《萧如熏传》，第6222页。

③ 揆诸众多史料记载，这位方山人，疑即方元沂，是戚继光幕府的"重客"，与戚氏关系颇不一般。当方氏去世之时，戚继光正好镇莅闽海，替方氏亲自操持丧事，"殓之正堂"。当发引之日，"柩从中门出，服朋友服，步送之葬所"。参见姚旅：《露书》卷11《人篇上》，第268页。

十岳。《送叶山人归恒安三首》，所提及的叶山人，是否即为上面所言越人叶一同，尚须存疑，但他与叶山人之间的关系，却非同一般。诗中有云："论交繁早岁，白首乃所期。岐路一何广，雅志遂参差。剑合古有言，分金亦吾党。握手且踟蹰，迢迢叹孤往。任侠应多愧，还丹好自求。不知他日泪，谁为故人流。"《送文学郭建初归闽》诗，有云："幕中校艺万夫敌，衔杯出塞谁称豪。问天天欲何为者，高阳大名遽相假。"《夏日邀婺川令毛仪之、山人黄全之、方景武、文学钱子见游山庄，为邦龄赋别，兼呈诗社诸君子》诗，有云："报君尚愧求龙种，草檄应多倚马才。"可见，这些文士或者山人在幕府之中，负责"草檄"亦为其职责之一。《夏日浮麓山人方君邀同诸客游山庄》诗，有云："客尽江南盛，身仍塞北留。"足证幕中诸山人清客，多为江南才士。《登塞上台和幼海周山人韵》诗，可知所交者尚有一位周幼海山人。《甬东吕山人自蓟复游晋，因览天海，骊歌有赠》诗，所交者为吕山人。① 此外，戚继光幕府中尚有武林人王棱云，远赴塞上，访戚继光于"干戈之场"，最后"赍志以没"。②

文武合一：思想及社会史之转向

天地之道，惟阴与阳；治世之具，惟文与武。文与武，犹如阴与阳。故治乱相寻，本于阴阳迭运，只有文武并用，方可相济有成。从文武关系的历史演进来看，确实存在着一个从"文武并用"到"文武两分"的变迁过程。三代以上，井田聿兴，兵农合一，五等封爵，文武不分，故出则为将帅，入则为师保，声气既同，绩用有底。至春秋战国，民无宁宇，卒有常征，井田寝废，兵农攸分。自孙武、吴起立兵家

---

① 上面所引，除注明出处者外，其余均见戚继光：《横槊稿》上，载《止止堂集》，第25、36、40、41、47—48、55、56—57、58、62、70、74、77、81页。

② 戚继光：《横槊稿》下《祭王棱云》，载《止止堂集》，第224页。

之言，特设军容，不由民社，于是文武异途，门户渐立。秦开创郡县之制，汉封同姓为王，唐则设藩镇。历代沿革，虽各鉴一时之弊，但无不曲为更张。即使如此，戍边御侮，官制固有不同，然文武职衔互相加授，名义相关，文武两途，判别未甚。一至宋代，立国本弱，儒术歧多，以致分者决不可合，而合者亦分。

明初立国，凭借武功驱逐蒙元，恢复区宇。有鉴于当时掌握兵权的功臣武将，大多以汗马自骄，纷然多事，所以防微虑重，最终导致军政肘掣，文武势分情格。文武一旦判若两途，其结果则是："俎豆干戈，不同其业；缙绅介胄，不同其官；闾阎卒伍，不同其治；疏附御侮，不同其职。"[1] 习文的"儒者"，"长视阔步，抵掌今古，靡究短长之故"；习武的"武人"，亦"狃习纨绮，庸鄙偷惰，罔效尺寸"。[2] 清初学者黄宗羲将此视为"文武过分"，即"书生视戎事如鬼神，将谓别有授受"。[3]

从制度的层面来看，尽管唐、宋以后，文武已经分为两途，但当时所设职官，内而枢密，外而阃帅州军，尚文武参用。惟自明代中期以后，文武之间，已经截然不相出入："文臣之督抚，虽与军事而专任节制，与兵士离而不属。是故莅军者不得计饷，计饷者不得莅军；节制者不得操兵，操兵者不得节制。"[4] 明初制度创设者的本意，或许是通过

---

① 汪道昆：《太函集》，《集外文·文武全才（策）》，第 2797 页。

② 范钦：《赠锺陵毛侯迁台丞序》，收入袁钧辑：《四明文征》卷 9，载《四明丛书》第 30 册，第 19023 页。

③ 黄宗羲：《钱忠介公传》，载《黄宗羲南雷杂著稿真迹》，吴光整理，浙江古籍出版社 1987 年版，第 251 页。

④ 黄宗羲：《明夷待访录·兵制三》，载《梨州船山五书》，第 34 页。按：相关的说法亦见诸汪道昆、戚继光之论。如汪道昆认为，自文武分为两途之后，致使疆场之事，各有司存："策便宜，核殿最，给馈饷，附士众，则有督府，有抚臣，皆运筹者之有事也。援枹鼓，冒矢石，执讯获丑，批亢捣虚，则有总戎，有偏裨，皆受甲者之有事也。"戚继光认为，"惟驭众临垒，为将士之责；而粮饷赏罚，操纵予夺，纤细之事，悉在有司。即器具行伍、教授法令，亦缙绅预其章程，复不关于利害"。两人所论，大抵与黄宗羲相同。参见汪道昆：《太函集》，《集外文·文武全才（策）》，第 2797 页；戚继光：《练兵实纪》卷 9《练将》第 9，邱心田校释，中华书局 2001 年版，第 194—195 页。

文武"犬牙交制"的设计，使文武互相制约，不能反叛。然事实正好相反，文武相判的结果，反而导致以下两大弊病：一是"好名"之过。文臣以《诗》《书》发家，则"援武事以示可用"；武将以骑射为业，则"掠儒术以示有文"。从表面上看，似乎文臣善于阵法，武将善于属词，其实名不副实，"及试之事，宽则蠕望，急则狼狈，失故步矣"。二是"喜功"之过。按照明代的制度，三军之命系乎将，而将之调遣及其纠举之责在于总督与巡抚。但事实并非如此。武将在疆场效命，所立战功，往往被总督、巡抚所掠夺，使奖赏失去公平性；反之，武将一旦有所失利，而总督、巡抚并不分担罪责。① 随之而来者，则是文武之间交讯互诉：或"武则非文，文则非武"；② 或"此以彼为俗夫，彼以此为腐儒"；③ 或"文人谓武人不足语，武人谓文人无用，不识时务"。④ 无事则互相讥讽，有事则互相倾轧。

其实，文武之间的关系，正如张居正所言："夫戡乱之时，固宜用武，亦必济之以文；守成之时，固宜用文，亦必济之以武。"⑤ 尽管在不同的时期，文与武各有所偏重，但必须将文与武结合在一起，方为治理国家的全体。所以，自晚明以来，文武合一之论，又一时甚嚣尘上，且不乏文武合一之人。

在这股文武合一论的大潮中，戚继光可谓最为典型的倡导者乃至实践者。首先，他从上古时期的射礼中，窥探出文武合一的底蕴：射一旦"失诸正鹄，反求诸己，因败而思"。而"胜者不矜其功而不伐"，更是

---

① 汪道昆：《太函集》，《集外文·文武全才（策）》，第2797—2798页。
② 高拱：《南宫奏牍》卷1《挽颓俗以崇圣治疏》，载《高拱全集》上册，第116页。
③ 范钦：《赠锺陵毛侯迁台丞序》，收入《四明文征》卷9，载《四明丛书》第30册，第19023页。
④ 魏际瑞：《魏伯子文集》卷1《阎将军寿序》，《四库禁毁书丛刊》影印清道光二十五年（1845）宁都谢庭绥绂园书塾重刻本。
⑤ 张居正：《通鉴直解》卷14《唐太宗》，明崇祯四年（1631）刻本。

一种"至德"。射原本属于"武人之技"，而"为士者习之"，究其目的，就是为了"合文武之道"。① 为此，他提出了"人无二身，则文武无二道"之论。② 其次，他借助"一张一弛，文武之道也"之说，进一步奠定他的文武合一之论。他认为，"武固以勘定为事，古人率兴礼乐于抢攘之中，当文化雍熙之盛，必忧忘武之危，便当振举"。③ 再次，他对岳飞之说加以辨析，藉此确立"无分文武"的思想。岳飞曾就宋代形势有一句名言，云："文官不爱钱，武将不惜死，天下太平矣。"戚继光认为，岳飞此说，不过是一时救弊之言，并非"至论"，应该"无分文武"，惟有以"正其谊不谋其利，明其道不计其功"为法，④克去个人的私欲，才能实践文武合一。

本于上述三点认识，戚继光将"仁将""儒将"视为一生追求的典范。换言之，节制之师，理应"杀人安人，无不使天下归仁"。⑤ 为此，他将"行伍"与"歌诗"合而为一，认为在行伍中，选择一些忠义激烈的"戎言""戎诗"歌之，可以感发意气，愤悱志向，使将士"习尊主庇民之道"。⑥

明末清初，文武合一之论更是有所深化。黄宗羲从明朝覆亡的历史教训中，得出了文武必须"合为一途"的结论。他认为，"儒生"必须充分认识到，"兵书战策非我分外，习之而知其无过高之论"；"武夫"也必须知晓，"亲上爱民为用武之本，不以粗暴为能"。⑦ 张履祥认为，"文武本无二道"，兵事亦"儒者当知"，兵法亦是"一种学问"。⑧ 俗

---

① 戚继光：《愚愚稿》上，载《止止堂集》，第265页。
② 戚继光：《练兵实纪》杂集卷1《储练通论》上《储将》，第205页。
③ 戚继光：《愚愚稿》上，载《止止堂集》，第262—263页。
④ 戚继光：《愚愚稿》上，载《止止堂集》，第262页。
⑤ 戚继光：《愚愚稿》上，载《止止堂集》，第264—265页。
⑥ 戚继光：《愚愚稿》上，载《止止堂集》，第265页。
⑦ 黄宗羲：《明夷待访录·兵制三》，载《梨州船山五书》，第35页。
⑧ 张履祥：《杨园先生全集》卷47《训子语上·子孙固守农士家风》，第1353页。

语有云："世治用文，世乱用武。"对此文武径庭之论，张怡提出了质疑。他认为，"有治而乱即随"，随着时代的治乱相因，必须"能文而武为辅"。文武之间，不可"轩轾太分"。①

与文武合一之论相应者，则是自明代中期以后，文武合一之人才辈出。若是细加分类，可以分为以下两类：一是文而武，即文臣兼有武功；二是武而文，即武将兼有文采。

就前者而言，其最为典型者当数王阳明，其次分别有茅坤、唐顺之、赵时春、陈第。

王阳明确乎实践了儒家"内圣外王"之说。换言之，王阳明一方面能坐而讲道，另一方面，却又能树立戡定之勋，体现了他的文武全才。史载王阳明在江西校射，三发三中，北军欢呼，许泰等皆失色。②尤其是他巡抚汀、赣之时，正值宸濠之乱，"深机曲算，内戢奸幸，外防贼徒，抚定疮痍，激励将士，日夜如对劲敌"，最终平定叛乱，建立不朽功勋。③

茅坤以文武之才自命，好谈兵事。他在任广西按察司佥事时，"府江贼"盘踞鬼子等砦，督抚拟会兵攻剿。茅坤认为，"会兵非数十万不可。贼走险旅拒，劳师费财，非计之得也。"请求自己选择 5000 人，"自署以往"，"以奇兵直捣其巢，连破十七砦"，荡平"累年负固之贼"。④ 作为唐宋派文学的领袖人物，唐顺之仅仅是一个文史，却始终惓惓于论兵。⑤赵时春虽为"文上"，其志向则"专在攘夷狄复祖宗之疆宇，遗后世以长

---

① 张怡：《玉光剑气集》卷 8《武功》，第 350 页。
② 尤侗：《艮斋杂说》卷 2，第 44 页；刘廷玑：《在园杂志》卷 1《文武全才》，第 4—5 页。
③ 张怡：《玉光剑气集》卷 8《武功》，第 364 页。
④ 张怡：《玉光剑气集》卷 12《才能》，第 498—499 页。
⑤ 全祖望：《鲒埼亭集外编》卷 33《跋唐荆川与万鹿园札》，载《全祖望集汇校集注》中册，朱铸禹汇校集注，上海古籍出版社 2000 年版，第 1424 页。

治久安"，故"喜骑射谈兵，日以边备不修为恨"。① 陈第少为儒学生员，在音韵学上具有相当高的成就。后被俞大猷召至幕下，"教以古今兵法，南北战守事宜，劝以武功自见"。谭纶一见陈第，称之为"俞、戚之流亚也。"后投笔从戎，"起家京营，出守古北，居蓟镇者十年"。②

就后者而言，当数俞大猷、戚继光最为著名。此外，尚有万表、郭登等人。

俞大猷在做生员时曾追随赵本学学习《周易》，潜心学问，"起基卑迩，以为实修"，其学问之深，甚至被称为士大夫所莫及。③ 谭纶在给俞大猷的书信中，亦对大猷的文武全才多所称赞，云："故公非独武人，亦文士也；非独将略，实相材也；非独功名之士，盖与闻乎性命之学者也。"④ 堪称确论。

戚继光的平倭战功，已是彪炳史册。他自结发从戎之后，间关百战，绥靖闽浙，功在东南。后又在北边蓟辽练兵，颇有成效。尤其是他掌管京营之后，建议更制练兵，长驱出塞，"踵文皇三犁之绩，收百世挞伐之勋"。陈第称戚继光自隆庆二年（1568）统兵蓟州之后，一直到万历十年（1582），在这十五年间，"胡尘不起，民享生全极矣"。王世贞亦称戚继光用兵如神，自两浙、闽、广，以及蓟门边塞，大小数百战，"所杀虏数万计"，堪称"东南名将无偶"。⑤ 至于戚继光的学术造诣及其诗文成就，前文已述，不再赘述。

万表是一员大将，却一直谆谆于论学。清代史家全祖望曾见到过唐顺之给万表的翰札，读后亦令其"肃然起敬"。⑥ 作为名将的郭登，亦

① 张怡：《玉光剑气集》卷 19《艺苑》，第 723 页。
② 张怡：《玉光剑气集》卷 8《武功》，第 373 页。
③ 张怡：《玉光剑气集》卷 8《武功》，第 373 页。
④ 张怡：《玉光剑气集》卷 9《识鉴》，第 395 页。
⑤ 张怡：《玉光剑气集》卷 8《武功》，第 372 页。
⑥ 全祖望：《鲒埼亭集外编》卷 33《跋唐荆川与万鹿园札》，载《全祖望集汇校集注》中册，第 1424 页。

工于诗，著有《联珠集》。所上章疏，无不挥笔立就。如《送岳正还里诗》云："青海四年羁旅客，白头双泪倚门亲。莫道得归心便了，天涯多少未归人。"又云："甘州城南河水流，甘州城北胡云愁。玉关人老貂裘敝，苦忆生平马少游。"著名文人李东阳评其诗为明代武臣之冠，[1]虽属一家之言，但亦大抵符合实情。

综上所述，像俞大猷、戚继光一类的武将，除了能破虏平蛮、屡立战功之外，又何尝不高踞文章之府。为此，清初学者黄宗羲云："苟如近世之沈希仪、万表、俞大猷、戚继光，又未尝不可使之内而兵部，外而巡抚也。"[2] 此说可谓确论。

从制度的层面加以考察，在明代中期以前，确实存在着"文武换授"之制，文臣、武将之间，可以"互用"。以武秩换授文职为例，如洪武年间，起用南阳卫百户吴权济等 12 人为河南、山东各布政司参政等官；成化年间，改任锦衣百户何瑾为尚宝司丞；成化年间，明宪宗怜惜于谦之死，下诏赐谥立祠，又擢其子千户于冕为应天府尹。以文秩换授武职为例，如永乐年间，祥符人张信中乡试举人，积官而至侍郎，他与英国公张辅同族，后改四川都督佥事；成化十七年（1481），进士梅纯凭借驸马梅殷后人的身份，出任中都留守；驸马周景之子周贤中乡试举人，后赴会试下第，被授予指挥同知。[3]

自明代中期以后，文武分途，右文抑武。制度出现如此改变，导致以下两种情况：一是尽管直至明末，尚保持着文武换授之制，然这种换授已无多少实际效果可言。如崇祯年间，巡按御史张学颜请缨自效，改授河南总兵。然学颜此举之意，原本是希望得到巡抚的职位，而并非一

① 张怡：《玉光剑气集》卷 23《诗话》，第 802 页。

② 黄宗羲：《明夷待访录·兵制三》，载《梨州船山五书》，第 34 页。

③ 张怡：《玉光剑气集》卷 1《帝治》，第 38 页；黄瑜：《双槐岁抄》卷 9《文武换易官秩》，第 182 页。

镇总兵，所以上任之后，"怏怏失志，卒无成功"。① 二是在保持文武分途的同时，又刻意在圣贤后裔（作为文臣榜样）与开国功臣后裔（作为武臣榜样）之间建立起一道藩篱。按照明代的制度规定，孔孟、程朱等圣贤后裔，大多被授予世袭翰林院五经博士。所以，当诚意伯刘基的七世孙刘禄，一度亦被授予五经博士时，不免在文臣群体中引发不小的波澜，甚至视为不伦不类。至弘治五年（1492），因礼科给事中吴仕伟上奏中，有"诚意伯后不当为博士"之言，于是改任刘基九世孙刘瑜为处州卫世袭指挥使。自此以后，圣贤后裔，不再"混于功臣"。②

若是将考察的视角转换到地域风气的特征上，那么，从"北武南文"到南方文风全面超越北方的转变，同样可以印证从重武轻文到重文轻武的变迁。如在北方，借助勋戚、恩泽而获得侯、伯，甚至"金吾、驸马、玉带"，"无岁无之"。在北方人看来，不过是"尔尔"之事。这是因为"京师大气脉，官家得以余勇贾人"。若是南方人一有"封拜"，则无不认为是"祖宗福荫之奇"。相反，若论缙绅文学侍从之臣，北方乃至京师，反不如各直省之多。尽管这不过是"文武彼此盈虚消息之理"，③ 但这种"北武南文"格局的形成，事实上靠重武轻文的制度规定才得以支撑。在明代嘉靖以前，尽管南方科第已经胜过北方，但江北同样不乏文士学士。如"李献吉以北地，何大复以信阳，孙太初以灵武，李于鳞以历下，卢次楗以濮阳"，均在江北。自嘉靖以后，则江南"彬彬乎盛矣"。④ 江南文风转盛，甚至完全迈越北方，同样与重文轻武的制度格局若合符节。

在明代文武关系的流变中，存在着武将好文、文人尚武两大风习。

---

① 张怡：《玉光剑气集》卷 1《帝治》，第 38 页。
② 黄瑜：《双槐岁抄》卷 10《圣贤后裔》，第 213—214 页。
③ 王士性：《广志绎》卷 2《两都》，第 17 页。
④ 王士性：《广志绎》卷 1《方舆崖略》，第 5 页。

这是相当值得关注的时代特征。无论是武将好文，还是文人尚武，从好的面相看，固然迎合了当时追求文武合一的时代风气，然其弊端亦复不少。就武将好文而言，武将一旦以工诗作赋为风尚，反而会对兵家要义，终身不学，绝口不谈。其结果则是"文藻翩然，议论有余，究其实用，终无一效"①。汤胤勣就是典型一例。他原本被推荐者称为"才兼文武，可当一面"，故有"汤一面"之号。随后在镇守陕西孤山时，出城征讨前来侵犯的蒙古兵，被埋伏的蒙古兵"一箭中喉而死"，故又有"汤一箭"之号。② 就文人尚武而言，正如清初学者陈确所言，兵不可谈，谈兵之人，其实并不知兵。换言之，文人谈兵，不过是"腐儒之一体"。③ 王夫之对文臣尚武习气以及授钺带兵之弊，亦有比较理性的分析。在王夫之看来，文臣授钺带兵，不但会挫折武士的雄心，甚至使文人之躁志更加难降。文人尚武，甚至带兵出征，其志固然可嘉，但终究不免于偾败。④ 究其原因，文人谈兵，实不过"唇吻韬略"而已。马成名与杨廷麟就是典型的案例：一则"骈首西市"，一则手下兵将遇敌即作鸟兽散。⑤

由此可见，所谓的武将好文，其实不过是劣陋相承，偷息闲功。一旦武将陷入"歌童舞女、海错山珍"一类自相娱乐的生活，就不再能

---

① 佚名：《草庐经略》卷1《训将》，收入《粤雅堂丛书》，清道光光绪间南海伍氏刻本。按：《草庐经略》12卷，不知撰人。此书卷1有"国初，两淮郡县多为张士诚所据，高皇帝欲取之"云云，可知是明人所撰。又书中引用了戚继光所著《纪效新书》，可知作者当生活在隆庆、万历以后。

② 冯梦龙纂：《古今笑史》第31《口碑部·汤一面》，第530—531页。

③ 陈确：《陈确集·文集》卷1《复来成夫书》，中华书局1979年版，第90页。

④ 王夫之：《读通鉴论》卷27《僖宗》，第837—838页。

⑤ 史载山、永巡抚马成名起自谪籍，"逢人谈兵，侃侃自得，然皆唇吻韬略也。成名复从奥姻家潘金宪永图以七千金自谪籍躐升开府，仅两月，以失事相牵入狱，骈首西市"。又史载翰林杨廷麟因弹劾杨嗣昌，改任兵部主事，成为督师卢象昇的赞画。翰林屠象美，亦自负知兵，替杨廷麟"募乌合百余人，指麾操演，旬余方行。至卢沟桥，望前途尘起，讹传敌兵至，皆奔散，惟存廷麟孑身而已"。参见李清：《三垣笔记附识》上《崇祯》，第192、174页。

"见敌捐躯，舍死而成功业"。① 由此而来者，则是明末武备的废弛，官兵操练如同儿戏。② 无论是武将好文，还是文人尚武，最终导致在太平之时，文武将吏习于懒散，拾取前人唾余，高谈阔论，尽似真才；一旦时局艰难，让他们担当大任，却是"仓皇迷闷，无一干济之术"。③ 此即文恬武嬉，明朝覆亡，盖有其因。

---

① 宋应星：《野议·练兵议》，载《宋应星佚著四种》，第 27 页。

② 如明末清初人姚廷遴曾称，幼时"见上海城守营，仍有官兵四百名，止有一把总掌管，霜降后在演武场操练，惟放炮呐喊排阵捉倭而已，如同儿戏。武备废弛，一至于此"。参见氏著：《历年记·记事拾遗》，载《清代日记汇抄》，第 167 页。

③ 吕坤：《呻吟语》卷 5《外篇·治道》，第 293 页。

中　编

礼崩乐坏与文化活力

　　自崖山之后，无论是少数民族建立的元、清，还是号称恢复汉唐的明朝，确乎已经不同于宋朝一样的中华文化，而是多受胡化、满洲化的侵袭。既然不论是"汉化"说，还是"胡化"说，都不可避免地烙下一偏之颇的印记，那么，如何看待历史上华夏文化的民族融合？就此而论，采用"涵化"一说，显然更为符合历史的真实。

一、礼崩乐坏：模范的崩坏与新典范的确立

传统中国历史哲学的精髓，除了"求真"的一面相之外，尚有通过儒家的道德价值，藉此树立"模范"的另面相。诸如"忠臣""孝子""义士""烈女"之类，无不都是儒家传统的"模范"，亦即道德典范。这是一种模式化的范型人格。就此而论，从字义训诂与义理诠释的角度，对"模范""楷模""标准"诸词作一适当梳理，显然可以成为考察晚明社会与文化精神变迁的基点。

说及模范一词，不妨引用田艺蘅与魏禧两家之论加以考察。明人田艺蘅首先就字义对模范一词进行训诂，曰："以木曰模，以竹曰範，故从木、从竹。範本作范。"其次，在训诂本义的基础上进而加以引申，将模范一词解释为"规矩""准绳"。① 明末清初人魏禧对模范之"范"亦有进一步的申论。首先，他说："熔金入范曰铸，范，法也。"其次，在将"范"释为"法"的基础上，又多有引申。他认为，法无一定，诸如圆中之"规"，方中之"矩"，平直中之"准绳"，均可视为法。此外，诸如锐若锥，钝若锭，曲若钩子，亦是"各中其法"。而在五行之中，其性最为坚硬者，当属金。但《洪范》有言："金曰从革。"从"金俯而就裁"可知，天下之物，"无悍不可化"。"从革"一说，魏禧

---

① 田艺蘅：《留青日札》卷 4《模范》，第 181—182 页。

又据勺庭叔子之说，将"从"引申为"迁善"，"革"引申为"改过"。基于此，魏禧将"范"作了如下的引申发挥：一是就"范"为"法"而言，那么，士农工商应该"各治其业"，保持应有的本分；二是以五行"就裁"的典型"金"为例，将"从革"诠释为"迁善改过"。惟有如此，人方可"入范"。① 田、魏两家的解释颇具启发意义。这就是说，模范就是人们必须遵行的"规矩""准绳"。人有瑕疵，通过"迁善改过"的修养历程，同样可以"入范"。楷模一词，或又作"模楷"。考此词字义所取，据元代深谙六书之学的吴正道所言，楷、模二字，并非属于"假借"，而是"取义"。何以取木为义？吴正道解释如下："昔模木生周冢上，其叶春青，夏赤，秋白，冬黑，以色得其正也。楷木生孔子冢上，其余枝疏而不屈，以质得其直也。"正是从周冢模木、孔冢楷木之"色""质"，进而将楷模引申为代表"正"与"直"的"法则"。② 这是从物而引申出道德含义。阙里孔林楷木，尚有"楷杖""楷瓢"之称。据《阙里志》，以楷木为杖，可以"戒暴"。孔林楷树多瘿，将瘿镂空，制成瓢，称为"楷瓢"。民间传说，用楷瓢酌酒，可以使饮者"不及乱"。于是，从中又蕴含了"止贪"这一层意思。③ 若将楷模落实到具体的人物典型，那么，后汉清流中之李膺堪称一例，有"天下楷模李元礼"之说。④ 至于"标准"一词，清人王士俊更有下面之说："孝子、义士、节妇、烈女，民之标准也。"⑤ 所释更为直白，亦即朝廷通过旌表"孝子""义士""节妇""烈女"诸仪式，为普通百

---

① 魏禧：《魏叔子文集外篇》卷 15《公范字说》，第 717 页。

② 金埴：《不下带编》卷 2，中华书局 1997 年版，第 38 页。

③ 金埴：《巾箱说》，中华书局 1997 年版，第 130 页。

④ 范晔记载："（太学）诸生三万余人，郭林宗（泰）、贾伟节（彪）为其冠，并与李膺、陈蕃、王畅更相褒重。学中语曰：'天下模楷李元礼（膺），不畏强御陈仲举（蕃），天下俊秀王叔茂（畅）。'"参见范晔：《后汉书》卷 67《党锢列传》，中华书局 1965 年版，第 2186 页。

⑤ 徐栋：《牧令书》卷 16《教化·劝戒》，载《官箴书集成》第 7 册，第 359 页。

姓树立模仿、学习的典范。

综上所述，所谓的"模范""楷模""标准"，无不都是符合儒家传统道德的典范。典范一旦树立起来，就会成为人们亦步亦趋的榜样。为了鼓励大众向模范学习，传统的统治者不惜替这些模范树立牌坊、祠堂，以供人们敬仰。在芸芸众生中树立模范，犹如在道德上立下规矩与准绳。生活在模范阴影下的人们，无不通过"养性"而对自己的行为加以约束，不敢越雷池一步，藉此使自己的德行达臻完美。若是超越了传统的规矩与准绳，那么也就成为"异端"人物，从而引起上下的口诛笔伐。

晚明是社会与文化精神发生变动最为明显的时期。以传统的道德模范、楷模而论，一至晚明，亦不再以"人品"论定，而是受到了来自官位权力、金钱财富两个方面的挑战。当时的笑话已经犀利地道出了"近日官大的人品都自佳"的实情。具体来说，诸如：乡饮酒礼不再由年高德劭者主持，而是只要是"封公"，乡里就推举他主持乡饮；当了财主，便自然会被推举为大善人；至于家里有人中了举人、进士，大家更是无不说文章的气脉在他家里兴起。这显然已经成为一种"末世通弊"，而且贤者不免。① 随之而来者，则是儒家传统模范的崩坏乃至新典范的重建。

儒家传统模范及其崩坏

儒家传统模范是一种模式化的范型人格，其确立通常借助于旌表、从祀两个途经，藉此树立"先进"遗风，为时人或后代所敬仰。

（一）儒家传统模范的确立

就明代来说，朝廷礼制已经规定，凡是贞女、节妇、孝子、义夫、

---

① 冯梦龙纂：《古今笑史》第 30《微词部·惜人品》，第 518 页。

逸民，无不通过树立牌坊加以旌表。① 至于读书人或借助读书而仕进的官员，则可以从祀孔庙、名宦祠或乡贤祠。此外，一些在地方上颇有道德声望的耆老长者，则通过与列"乡饮酒礼"的"大宾"而使之成为民间的典范。

明代的儒家士人，除了保持"君子"人格的理想之外，无不以从祀孔庙作为自己人生的最高追求。尽管只有像薛瑄、王阳明等少数大儒，最后实现了从祀孔庙的理想，但一旦得以实现，也就成为儒者的典范。

读书人通过科举而入仕，通常亦以为官而成为"名宦"，居乡而成为"乡贤"，作为自己人生追求的目标。于是，"名宦""乡贤"又成一时之楷模。从明代的史实来看，为官一方，有功于地方百姓，就会得到当地百姓的拥戴，并被立于名宦祠中祭祀。如曹豹任郏县知县，"立社学，选教读，励师儒，毁淫寺"。郏县百姓感恩戴德，将他置于名宦祠中祭祀，以示怀念。②

入祀名宦的前提有二：一是祀主曾经在此地为官，卓有政绩，为民所念；二是祀主必须死后，方可入祀名宦。而"生祠"的出现，则使贤德官员在生前就能享受当地民众的崇奉。这样的例子很多，不妨举冯恩、蔡懋昭为例加以说明。冯恩，嘉靖五年（1526）进士。授行人，选任南京御史。当时朝议"分祀南北郊"，又议"皇后亲蚕于郊"。为此，冯恩公开上疏，劝谏世宗速停二议，广开言路。至嘉靖十一年，天显彗星，他又上疏，称汪鋐为"腹心彗"，而在任两位内阁大学士为

---

① 通观明代正史及地方志，各类贞女、烈妇、孝子牌坊名目繁多。在此不再一一胪列。至于逸民旌表，则可引一例加以说明。史称姚尚绚，"少厌薄举业，学诗有陶谢风，书法宗黄鲁直。尝游荆溪，爱其山水清僻，遂移家焉。后又采石之红木山，市地数亩，结屋栖迟。寿八十而终，葬于山麓。嘉靖间，观风使者陈九德以逸民旌之"。参见李绍文：《云间人物志》卷3《嘉靖间人物·姚尚绚》，载《明清上海稀见文献五种》，人民文学出版社2006年版，第187页。

② 李绍文：《云间人物志》卷2《成化至正德间人物·曹芸阁》，载《明清上海稀见文献五种》，第121页。

"门庭彗"，"乞斩三奸以谢天变"，因此引发世宗之怒，被逮系诏狱，榜掠无完肤。史载其事道：

> 当事者媚鋐，拟极典。适鋐迁太宰，会审阙下，公独北向跪。鋐令校卒持公转膝面之，公厉声曰："我此膝跪朝廷耳！"鋐怒甚，署情真。公曰："汪鋐无君擅权，我生不能手刃报上，死当为厉鬼杀之！"囊三木挺身出长安门。观者啧啧叹曰："是御史口膝骨胆皆铁也。"称"四铁御史"。母吴击登闻鼓。长子京兆行可年十四，刺臂血作疏，诣阙请代，得末减，戍雷阳。粤人"生祀"，以配寇准、苏轼诸公。①

可见，冯恩以其铮铮铁骨而被广东人入祀生祠，享受与寇准、苏轼相同的祭祀礼制。又如蔡懋昭，任赵州知州四年，"拂衣归"。赵州人替他"创立生祠"。后任思州，土酋世官剥削小民，"公痛为约束。其尤狡者，抑不听袭官，稍还民侵地"。致仕以后，思州百姓亦"肖像尸祝"。② 尽管史料没有明言入祀生祠，而从"肖像尸祝"来看，大抵与生祠相类。

一些有功于当地百姓的地方官，除了入祀名宦祠、生祠之外，百姓还将他们入祀"特祠"，成为地方的神灵。如艾可久，曾在衡州、临清等地为官，当地百姓替他立了生祠。在南京，百姓还在惠德祠塑像祭祀。又侯尧，除了入祀名宦之外，"有司复建特祠，凡水旱疾疫，祈祷辄应"③。

---

① 李绍文：《云间人物志》卷 3《嘉靖间人物·冯南江》，载《明清上海稀见文献五种》，第 160 页。

② 李绍文：《云间人物志》卷 3《嘉靖间人物·蔡溟阳》，载《明清上海稀见文献五种》，第 179 页。

③ 李绍文：《云间人物志》卷 4《嘉靖至万历三十八年人物·艾恒所》《嘉靖至万历三十八年人物·侯复吉》，载《明清上海稀见文献五种》，第 228、239 页。

所谓"乡贤"，理应以个人道德及行为之贤良为标准，而乡贤祠所祀，亦并不仅仅限于致仕官员，但官方通过将贤良入祀乡贤祠，进而在地方上树立一种道德的楷模。撰之明代的史实，入祀乡贤祠者，既有致仕官员，亦有道德、行为足为典范的普通贤良之人。比较而言，入祀乡贤祠者，还是以致仕官员居多。如沈恩，"谢事居乡"之后，未尝到地方衙门嘱托公事，赚取好处。反之，他对府县官员，经常进献规切之语。死后，甚至"贫不能殓"。所有这些，无不足以垂范百世，所以被入祀乡贤祠。① 又如林景旸，从史料记载可知，他入祀乡贤祠的原因，主要基于其以下德行：一是个人之道德践履，诸如"家居无台榭声伎之乐，读书课子"；当良辰嘉夕，与二三知己把酒赋诗，"不问门外事"。二是积极参与地方事务，愿意为民请命，如当时巡抚胡执礼下令官民均出役银，他上呈要求减少十分之七；又有人建议将金山卫改为州，他就上言，"力言不可而止"。三是在家乡力行善事，如他晚年捐田 100 亩，赡养地方学校的贫士，又捐田 300 亩，赡养家族的贫乏之人。若是亲族故旧前来求济，他亦"一一给之，若取诸寄"。此外，他还在自己家乡修建桥梁若干处。② 诸如此类的德行，才使他死后一直为乡人思念，最后入祀乡贤祠。更有一些人，同时入祀名宦祠与乡贤祠。如唐自化，松江府华亭县人，曾任将乐县知县。在任时，"茹冰啮蘖，俸外不染一钱。庭讼纷然，片语折服，治行为八闽最"，分别入祀名宦、乡贤祠。③

为官尽忠，为子尽孝，此亦堪为忠孝的典范，为此亦就出现了"忠孝祠"，通过对忠孝之行的表彰，藉此为世人树立模范。冯恩、冯

① 李绍文：《云间人物志》卷 2《成化至正德间人物·沈西津》，载《明清上海稀见文献五种》，第 127—128 页。
② 李绍文：《云间人物志》卷 3《嘉靖至万历三十八年人物·林弘斋》，载《明清上海稀见文献五种》，第 236 页。
③ 李绍文：《云间人物志》卷 3《嘉靖间人物·唐韦室》，载《明清上海稀见文献五种》，第 200 页。

行可父子堪称典型一例。冯恩之忠与冯行可之孝，已如前述。冯行可中嘉靖十九年（1540）举人。其父冯恩回到家乡后，"益为德于乡"，而冯行可辅佐其父，"益修行谊"，地方监司官将其孝行上报朝廷，得到朝廷的旌褒。其后，冯行可任应天府通判，"断狱称明恕，尤务德化，多惠政，廉声大噪"。① 为此，松江府专门建立"父子忠孝祠"，祭祀冯恩父子。

乡饮酒礼是明朝廷地方教化政策的集中体现。按照明代的制度，能够参与地方乡饮酒礼，并成为乡饮大宾者，除了那些为官时是名宦，在乡时是乡贤之外，还有那些无官无职的耆老，但必须是德高望重之人。通过乡饮大宾的遴选，朝廷在地方社会中确立了为民间百姓敬仰的道德典范。

从明代的诸多史料来看，名宦致仕之后，成为地方乡饮酒礼的大宾，其例最为常见。如王辅，在任兖州府通判时，督理运河河道，首创劳坡大闸，又修建南旺湖减水闸，使得"运道疏通，舟航无阻"。改任永平府通判后，当地军民杂沓，征税多负，王辅重新立法，于是"不烦箠楚，易于输纳。据皇庄者不得侵民，包边输者不得射利，民仰若父母"。致仕回到家乡，又是"以纯德雅望取重于乡邦者十有八年"。无论是任官，还是居乡，王辅均负重望，顺利入选"乡饮大宾"。② 又沈东，在任嘉兴、湖州地方官时，"与民相亲，憧然若家人父子"。致仕回到家乡松江府华亭县，"田庐无所增益，日惟闭门读书赋诗"。于是，就被地方官"请为乡饮大宾"。③ 还有姚鹏，曾任南阳学训导，"规范严肃，以名节自砺，自郡守以下皆待以殊礼"。致仕回到家乡，"敬兄

① 李绍文：《云间人物志》卷3《嘉靖间人物·冯敕斋》，载《明清上海稀见文献五种》，第180页。

② 李绍文：《云间人物志》卷2《成化至正德间人物·王慎庵》，载《明清上海稀见文献五种》，第122页。

③ 李绍文：《云间人物志》卷2《成化至正德间人物·沈水南》，载《明清上海稀见文献五种》，第151页。

教子，操履弥笃"，成为"乡饮大宾"。①

（二）儒家传统模范的崩坏

按照明代的惯例，传统模范的遴选、旌表，无不都有一套规范化的程式。无论是名宦、乡贤，还是乡饮、节孝，都是先由地方学校的生员上呈，再由地方学校上报到提学官员，由提学官转报朝廷礼部核准。在此过程中，地方学校的生员扮演了相当重要的角色。自明代中期以后，传统模范的遴选、旌表，显然已经失去公正性，成为地方学校生员图谋私利之具。明人郭子章论及地方学校生员时，曾一针见血地指出："私委巷，则乡贤乡饮举及匪人；图餔餟，则名宦节孝概扬恶德。"② 堪称当时实录。

照理说来，乡贤祠、名宦祠的设立，属于一种"公典"，入祀者应该是德行兼具的典范，不惟地方官不应"私其人"，即使子孙亦不当"私其祖、父"。举例来说，刘健任内阁大学士时，河南的地方官员拟将刘健之父入祀乡贤，并将此事告知刘健。刘健却请谢道："吾乡贤祠，有二程夫子在，吾父何敢并焉。"刘健识见，自是高远。假若祖、父没有"明德"，却又要强列俎豆，这无疑是对祖宗的羞辱，而不是褒奖。然撰诸明代中期以后的旌表实例，却正好相反。正如明末清初人刘献廷所云，"近日士大夫无一不入乡贤，木主委积，至列之案下"。③ 换言之，乡贤祠已经不是以德行作为遴选的标准，而是视官位的大小而定。于是，乡贤祠亦就流变为乡宦祠，传统模范崩坏殆尽。

细绎明代史料，传统模范之崩坏，大抵体现在以下两个方面：

其一，名宦、乡贤、生祠之芜滥。名宦、乡贤典范的确立，其目的是为了报功昭德，章轨垂劝。换言之，血食庙廷，决非细故，朝廷希望

---

① 李绍文：《云间人物志》卷2《成化至正德间人物·姚絅庵》，载《明清上海稀见文献五种》，第152页。

② 郭子章：《学政》，载席启图辑：《畜德录》卷1《立志》，上海扫叶山房石印本。

③ 刘献廷：《广阳杂记》卷1，第28页。

通过"崇德"之举，达到"报功激劝"的目的。就名宦而言，载在《祭统》，原以五者定之。以明代为例，其中的大吏，只有像夏原吉、周忱这样有大功劳于江南之人，方可入祀名宦。至于府官以下官员，如知府樊莹经制粮运，同知王源奏减税额，均可以称为"法施于民"。又教授胡存道，"身唯卫庙学，以死勤事"，以祀典律之，亦算无愧。其他即使循吏辈出，但若无关于《祭统》所定五条原则，只能将他们列入府志中的名宦传，并无资格入祀名宦祠。就乡贤来说，必须有"立德""立功""立言"这样"三不朽"之业，方可入祀。用明人叶春及的话说，假若"不综核其素，只以官爵、子孙蝉緌蟹匡"，那么，即使冒滥入祀，数世之后，亦会"神主流出户外"。①

揆诸明代祭典事实，名宦、乡贤，已是澜倒之极。先来看入祀名宦的变迁。如当涂人端廷赦，任两浙巡按御史。他的祖父端宏，曾在浙江任官。于是，学校诸生拟将端宏举为名宦。为此，杭州知府娄志德说："此厚道也。顾其孙将以巡方至，而吾侪举之，如公论何？行俟去后图之。"等端廷赦离任之后，此议竟寝。至崇祯十年（1637），闽县人陈瑄任嘉兴知府。他的祖父陈日休曾在万历初年任海宁教官，可以说是事远声杳。但学校诸生为了奉承陈知府，将陈日休追祀名宦祠。这件事与上面端宏事正好相类，但当时已经没有像娄志德这样的正直知府，才使陈日休滥入名宦。又天启年间，潘汝桢任浙江巡抚。潘氏曾经担任过瑞安知县，所以等到瑞安知县前来拜谒时，就问起自己入祀之名宦祠如何。瑞安知县没有准备，只好强对道："小民感佩，庙貌日虔。"出来之后，又对人说："旧祠不知在何所，今惟有重创耳。"② 从上面三个例子，大抵可以看出三点：一是名宦祠之祀，原本相当严肃，地方官亦并非一味迎合大吏，作为谄谀之具；二是至晚明，已是"古今人相去多

---

① 叶春及：《石洞集》卷10《乡贤祠论》，第578页。
② 谈迁：《枣林杂俎》和集《丛赘·端宏名宦》，第551页。

矣"，名宦之祀成为地方学校生员讨好官员之具；三是即使地方慑于权势，将官员入祀名宦，但此类名宦，不过流于形式而已，并未为民间百姓所敬仰。

再来看入祀乡贤的变迁。乡贤祭祀的目的，就是"崇奖前贤，风励来学"，亦即不惟为了祭祀"先贤"，更是为了"劝后学"。① 用明代著名画家文徵明的话说，入祀乡贤之人，他们的这副面皮"是要与孔夫子相见的"。② 可见，乡贤之祀，亦即所谓的"学宫俎豆""瞽宗之祭"，属于明代学校祭祀盛典。如此盛典，又是为读书人树立模范，理应经过地方学校的公举，选出其德行为一乡大众所推服的卓行君子，方可胜任。如在昆山，曾任内阁大学士的顾鼎臣，打算"奉其父祀于乡贤祠"。当时地方学校生员的公论稍有异同，而按察副使杨逢春就没有批复将顾鼎臣的父亲入祀乡贤，为此引发鼎臣的"不悦"。可见，乡贤之祀甚重，即使位极鼎轴，亦是乡议难徇。但随后起了变化，即"半纶崛起，辄靡然趋之"。下面的两个例子已经足以为证：一是万历年间，杭州府钱塘县机户傅时冒封锦衣卫百户，于是他的"先人某"就入祀乡贤。二是崇祯年间，浙江海宁县吴中彦以布衣纳赀武英殿中书舍人，为此他的祖父吴璧亦入祀乡贤。③ 相比之下，此两人的入祀尚未算是"丛垢"，而且从后来两人被清理出乡贤祠的事实来看，更是说明乡贤之祀，正自宜慎。

随后的事实更是证明，作为地方模范的乡贤之祀，已经为"财势"之家所把持，日趋崩坏。如著名学者焦竑直接宣称，乡贤盛典，"近惟财势者始得送入，至有卓行君子，往往厄于贫而不能上达"④。沈德符

① 相关的阐述，可分见焦竑：《澹园续集》卷5《又与金观察》，中华书局1999年版，第862页；吕坤：《实政录》卷3《民务·修举学政》，载《吕坤全集》中册，第999页。
② 何良俊：《四友斋丛说》卷16《史十二》，第143页。
③ 谈迁：《枣林杂俎》和集《丛赘·相国父不祀乡贤》，第563页。
④ 焦竑：《澹园续集》卷5《又与金观察》，第862页。

亦有如下揭示："今乡绅身都雄贵，其父必登俎豆，至有生前屡罹胥靡之罚，暴著耳目者，亦俨然当春秋两祭，而黉序中，遂借公举以媒重贿，日甚一日。"① 又如吕坤说："即使贤人君子，昭昭在人，子孙而不设席具币，未有入乡贤者，遂使朝廷公典为贿赂之媒。"② 从地方公举德行之人入祀乡贤，转而成为凭借财力、权势而入祀乡贤，这就必然导致朝廷公典流为"贿赂之媒"。

乡贤如此芜滥，其结果亦就不难想象：一些家族因为子孙微弱，那么其祖先入祀乡贤祠的木主，难免会被"置高阁间"，甚至有"供斋役爨材"之忧。究其原因，沈德符已经一言道破："盖地窄而主多，定不免积薪故事。"③ 于是，自明代中期以后，一些贤者已经耻入乡贤祠。如成化年间给事中王徽，强直而有大节，弹劾宦官牛玉，言甚激切。众宦官向宪宗上奏，拟加以极刑，"赖李文达公维持，谪普安州判"。王徽临死之时，告诫自己的儿子王钦云："乡贤祠吾耻居其中。"④ 又如文徵明，史称其告诫子孙曰："吾殁，若等慎勿为我求入乡贤祠。"子孙问起其中的缘故，他回答："吴泰伯，孔子所称至德；季札才近伯夷，公子中之最贤者。二公俨然在上，吾安敢滥厕其中耶？"⑤ 更有甚者，一些有识见的士大夫，如罗洪先、郑晓，超凡脱俗，鉴于"乡贤滥觞"的现实，不愿使自己的父亲混名其间，将自己父亲的木主从乡贤祠中抱回家中。⑥

至于生祠、去思碑，更是代表百姓对官员惠民之政的肯定，并由此

---

① 沈德符：《万历野获编》卷 13《礼部·乡贤》，第 354 页。
② 吕坤：《实政录》卷 3《民务·修举学政》，载《吕坤全集》中册，第 999 页。
③ 沈德符：《万历野获编》卷 13《礼部·乡贤》，第 354 页。
④ 周晖：《金陵琐事》卷 1《耻入乡贤》，第 23 页。
⑤ 李乐：《见闻杂记》卷 10，第 852—853 页。
⑥ 史载罗洪先的父亲曾任州守，江西人。郑晓的父亲曾任学博，浙江海盐人。两人"皆贤而祀之祠者"。但罗洪先、郑晓"见乡贤滥觞，不忍其父之混名其间也，皆抱其主归"。二人之见，确乎"大异于近世士大夫家所见"。参见李乐：《见闻杂记》卷 10，第 853 页。

表达他们对去任官员的怀念。假若人诚心为善，自然不求人知。人或过誉，反而会使自己平添愧赧之感。而且按照明代的制度规定，禁止现任官员自己立碑，并上言大臣之德政。之所以有此规定，就是为了防止献谄盗名之奸。但从晚明的史实来看，为现任官员立生祠，已成一时庸滥之风。正如霍韬所揭示，在晚明官员群体中，"土木冒披冠裳，生人变鬼"的现象已经相当普遍。这主要由于以下两个原因所致：一是地方官员"多结纳奸猾耆老、虚名腐儒，托之腹心，以扬虚誉"；二是"奸猾无耻之徒，为献谄苟利之术，为之鼓煽，哀敛财赂，为之构树生祠，逢迎取悦"。① 两者可谓各取其利：有司无耻，可以藉此盗名欺世，窃取美官；而奸险小人，则藉此笼络有司，希图财利。生祠泛滥的结果则不言而喻，最终必会导致政体大坏、邪佞成风。晚明立碑之风已经滥极，尤以去思碑为甚。凡是地方官员以善去职者，均得"鬴鬴穹石"。究去思碑的碑文，不过是那些乡绅的"不情之誉"，而张罗去思碑之事者，则是那些"霸儒"，通过"强醵之钱"而建碑。至于那些继任官员，出于为自己将来的考虑，亦乐于替这些碑文作序、作募疏，"以奖劝之"。②

　　其二，乡饮酒礼之败坏。按照明代的制度，乡饮酒礼属于国家大典，非齿德俱尊，不克当乡饮大宾。换言之，乡饮酒礼作为一种盛典，其目的就是为了敬老尊贤，藉此为民间树立榜样。鉴于此，这一盛典的参与者，同样必须由地方学校公同推举。为了对此盛典表示尊重，有些致仕士大夫就力辞地方官员之邀，不轻率充当乡饮大宾。如张瀚的祖父晚年时，地方官员邀其参与乡饮，但被他力辞，声称不敢"辱朝廷恩礼"。张瀚秉承祖父的训导，从吏部尚书卸任归田之后，杭州知府每年"虚大宾之席"，登门"请饮"，但均为张瀚所拒。③

---

① 霍韬：《第三札》，载《明经世文编》185，第1898页。

② 沈德符：《万历野获编》卷22《府县·立碑》，第579页。

③ 张瀚：《松窗梦语》卷6《先世纪》，第122—123页。

值得关注的是，自明代中期以后，这一大典亦是贿滥之极。松江府上海县人余采有言："迩来乡饮如酒肆，安得尽若人也！"① 此言非虚，确实是有感而发。譬如在四川成都府内江县，一些罢职为民的官员，平日就在乡里把持词讼。凡是遇到春秋乡饮酒礼时，"违例冠带，坐在席尊，虚张声势，欺压齿德"。② 更为甚者，一个知府衙门胥吏之父且曾经做过知县衙门皂隶之人，竟然亦被延请为"乡饮介宾"。③ 对此，明人何良俊一针见血地指出："迩年乡饮，皆以请托行贿而得，故非高爵即富室也。"④ 张瀚亦云乡饮酒礼，"所敬或非老，徒以爵先，所尊未必贤，滋多伪饰。有司受礼，仅仅存羊，学校徇情，名实淆混"。⑤ 从敬老尊贤之典，转而流变为参与者不是"高爵"，即为"富室"。这种名实混淆的现实，足以说明朝廷典礼已经不足为重，模范由此崩坏。

在晚明的笑话中，对乡饮酒礼的败坏亦有揭示。有一笑话云：有一宣平知县，曾经延请一位乡老作为乡饮大宾，其本意无非是觊觎乡老家的财产。过去很久以后，尚不见地方将此人姓名上报，于是就"索其过，执而笞之，囊三木于县门"。当时有一学博前来谒见知县，知县送他出去时，学博指着这位乡老笑道："出门如见大宾。"知县大为羞惭。⑥ 可见，因为贿滥之极，士林已不再将充当乡饮大宾视为一种荣耀，而是以此为耻。更为甚者，一旦地方官将此作为索贿之具，那么，反而被民间百姓视为一种畏途。如在福建宁洋县，乡饮酒礼中的大宾已经成为一种额外的徭役，一旦被征，则须向知县交纳数十两银子，方可

① 李绍文：《云间人物志》卷3《嘉靖间人物·陈良玉》，载《明清上海稀见文献五种》，第195页。
② 戴金编次：《皇明条法事类纂》卷1，第36页。
③ 李乐：《见闻杂记》卷8，第681页。
④ 何良俊：《四友斋丛说》卷16《史十二》，第143—144页。
⑤ 张瀚：《松窗梦语》卷6《先世纪》，第122—123页。
⑥ 吴安国：《累瓦二编》卷12《应谐》，载王贞珉、王利器辑：《历代笑话续编》，春风文艺出版社1985年版，第84页。

免除。为此，当地百姓将此视为"三畏"之一。①

异端的崛起与新典范的确立

晚明异端的异军突起，显然得益于对"异端"的重新诠释。一旦对异端有了新的解释，势必会对异端人物多有宽容，最终使全新的典范得以确立。

（一）对"异端"的重新诠释

根据清代史家章学诚的考证，原始意义上所谓的"异端"，多指阴阳术数而言。② 自宋代理学兴起之后，遂将异端专指释老。如宋儒对异端作如下解释："邪说诐行，戾乎正道，是曰异端。"③ 这就将异端视为与"正道"相违背的"邪说诐行"。这种诠释，在明代的程朱一派的学者中犹有遗存。如宋讷将"理学"视为"天下之大道正路"，将"异端邪说"比喻为"偏州下邑之他岐曲径"。④ 明代理学大家薛瑄更是将异端等同于"自立新奇之说"。薛瑄认为，"孔子述而不作，学圣人之道。不述圣贤之言，而自立新奇之说，去道远矣"。他进而认为，老子、庄子就是"不述前圣之言，自为新奇之说"，所以成为"异端"。⑤ 于是，老子、庄子因不同于孔子之说而被视为异端。这种说法同样得到了明末清初学者张履祥的认同。他认为，所谓的"异端"，就是"求异于人"。⑥ 至于王嗣奭之异端论，其梳理就更为清晰。他首先将尧舜以来

---

① 如史载宁洋县，"报门子及农民，皆输金而罢"。故后来有秀才在条陈中言："宁洋有三畏：少之时，畏报门子；壮之时，畏报农民；老之时，畏报乡饮。"参见姚旅：《露书》卷8《风篇上》，第184页。

② 章学诚：《乙卯笔记》，中华书局1986年版，第35页。

③ 程勿庸辑：《性理字训》第4《善恶》，日本方圆斋藏本，第7b页。

④ 宋讷：《西隐文稿》卷6《理学须知序》，清乾隆三年（1738）刻本。

⑤ 薛瑄：《读书续录》卷4，清雍正十二年（1734）刻本。

⑥ 张履祥：《杨园先生全集》卷42《备忘四》，第1212页。

确立的"执中""允执""危微"定性为"中道"，与此相对者则为"异端"。其次，他认为异端始于以"洗耳弃瓢为高"的巢、许之徒，其流派则为"荷蒉沮溺"；至老庄清净之说，已是异端滥觞；至佛教"空寂"之论，更是异端横流。所有这些，均与中道相终始。①

在明代正统的士大夫群体中，对异端的诠释相对比较保守。换言之，他们通常将异端视为正道的对立面，亦即"邪"。如彭时认为，天下之道，惟有"正"与"邪"而已。邪正之间，为国家治乱所系。"正"属于"帝王之道"，而"邪"则属"异端之教"。② 夏廷美亦从《论语》中考察异端之说，将异端界定为"端异"。这就是说，若是自己为学初念，发端为正，就是"正学"。反之，假若只是为"荣禄计"，就是"大异端"。③

追溯明人对异端所作的新诠释，最为值得关注者当数明太祖朱元璋。这是相当奇异的现象。作为大明帝国的创建者，以程朱理学作为官方的意识形态，理应在异端论上归附宋儒，事实上却与宋儒多有相左。毫无疑问，作为一代帝国的创立者，为了维持帝国的长治久安，不得不摒弃"异端"。如洪武元年（1368）正月，朱元璋与诸臣讨论学术之时，曾将"仁义"作为治理天下之本，而将战国之"纵横捭阖之徒"之论视为异端"邪说"。除此之外，以长生之说为主旨的道教神仙之术，以及其他诸如"存神固气之道""炼丹烧药之说"，均被他归入异端之列。④ 但这仅仅是一个方面。若将视野转向孔子所谓"攻乎异端"一章，可见朱元璋的解释与宋儒全然相左。与宋儒将"攻"释为"治"

---

① 王嗣奭：《管天笔记外编》卷下《世道（兼治术）》，载张寿镛辑：《四明丛书》第 2 册，第 1179 页。
② 彭时：《灾异陈言疏》，载《明经世文编》卷 48，第 373 页。
③ 张怡：《玉光剑气集》卷 13《理学》，第 542 页。
④ 朱元璋：《宝训》卷 4《屏异端》，载张德信、毛佩琦主编：《洪武御制全书》，黄山书社 1995 年版，第 518—519 页。

不同，朱元璋将其解释为"攻城"之"攻"。①

继朱元璋对宋儒异端论提出质疑之后，明代士大夫对异端的诠释大抵沿着以下两个理路展开：

一是不再将异端限于佛老，而是认为异端就在儒家之内。如吕柟直称："古之异端犹异类也，今之异端则同类也。"其言外之意，诸如"挟术数"之"才儒"，"闲诗赋"之"雅儒"，"记杂丑"之"博儒"，"趋时而竞势"之"通儒"，"谈玄"之"高儒"，"临事含糊"之"老儒"，"蹈袭性命之言"之"理儒"，虽则尽都攻习孔子之书，却均是"误天下苍生"之"异端"。② 换言之，相较之下，同为异端，"老佛"之害小，儒家"同类"中之异端为害更甚。李乐尽管承认"正道"犹如刀口上立，差过一些，便是异端，但他同时又指出，"近世只知斥佛老，不知异端不在佛老，亦不在世俗凡人，乃在学道而有著者"。③ 吕坤首先认为，千古以来，惟有尧、舜、禹、汤、文、武、周、孔、孟，可谓一脉"正端"，千古不异。此外，无论佛、老、庄、列、申、韩、管、商，还是伯夷、伊尹、柳下惠，都是"异端"。即使子贡、子夏之徒，亦都流而"异端"。究其原因，吕坤有云："盖端之初分也，如路之有岐，未分之初都是一处发脚，既出门后，一股向西南走，一股向东南走，走到极处，末路梢头，相去不知几千万里。其始何尝不一本哉？"④ 其次，吕坤将异端区分"异端之异端"与"吾儒之异端"两类。他认为："异端之异端真非也，其害小；吾儒之异端似是也，其害大。"⑤

---

① 朱元璋所著《御制文集补》之《解攻乎异端》云："'攻'如攻城之攻，'已'，止也。孔子之意，盖谓攻去异端，则邪说之害自止，而正道可行。宋儒乃以攻为治，而欲精之，为害也甚，岂不谬哉！"载《洪武御制全书》，第310页。

② 吕柟：《泾野子内篇》卷2《云槐精舍语》，第12页。

③ 李乐：《续见闻杂记》卷8，第720—721页。

④ 吕坤：《呻吟语》卷1《内篇·礼集·谈道》，第67页。

⑤ 吕坤：《呻吟语》卷1《内篇·礼集·谈道》，第53页。

诸如此类的异端论，至明末清初之陈确，更是大有发扬。首先，陈确认为，知行之分，始自《中庸》。知行之分先后，始自《大学》。然《中庸》之分知行，犹有将知行并重之意。而《大学》将知行分为先后，则必流为"重知"。重知必然"轻行"，并使学者堕于虚空。正是从这一角度，陈确将《大学》视为"释氏之权舆者"，① 亦即归为异端之始。其次，陈确将异端分为"异端而自为异端"与"吾道而异端"两类。前者是佛、老，而后者则为《大学》之教。②

嘉靖三十一年（1552），金璐在《重修万善桥记》中，提出了"吾儒之异端"一说，大抵说明部分明代学者已经不再将佛教视为异端，反而将儒者辟佛之说归为异端。首先，金璐认为，明太祖下诏天下之僧，"各守清规"，这是一种"化民为善"之举。杭州昭庆寺戒坛之设，即为明证。其次，金璐又言，儒者通过佛徒的"粗迹"，将佛教推断为"毁发灭伦，斥而不录"，甚或假借"崇正辟邪"之说，而"阴夺其有图以自资"，更是"吾儒之异端"。③ 这是一种与传统迥异的异端论，基本已经揭示出晚明儒家学者崇佛及儒佛道三教合流之风。

二是对异端作出全新的诠释。一旦不再将佛老视为异端，并从儒家内部探讨异端，随之而来者则是对异端作出全新的解读。就此而论，明代心学大师王阳明功不可没。阳明如此区分"同德"与"异端"："与愚夫愚妇同的，是谓同德。与愚夫愚妇异的，是谓异端。"④ 与传统儒家以圣贤作为区分是非的标准相异，阳明将是否属于"异端"的判定权交给"愚夫愚妇"，这是其见解的高明处。

王氏此论，对其后学的影响至为深远。如王艮明确指出，圣人之

---

① 陈确：《陈确集·文集》卷 8《困勉斋记》，第 210 页。
② 陈确：《陈确集·文集》卷 5《异端论》，第 166 页。
③ 吴树虚纂修：《大昭庆律寺志》卷 1《兴建上》，载赵一新总编：《杭州佛教文献丛刊》，第 12 册，曹中孚标点，杭州出版社 2007 年版，第 11 页。
④ 王阳明：《王阳明全集》卷 3《语录》3《传习录下》，上海古籍出版社 1995 年版，第 107 页。

道，与"百姓日用"无异。惟有不同于百姓日用者，方可称之为"异端"。① 焦竑以王艮之说为起点，认为学者未知性命，强诃佛老。但孔子说"攻乎异端"之时，佛教尚未东来，如何知其异同？若是老子与孔子有异，孔子自可攻之，不必留待后人。鉴此，焦竑相当欣赏王艮以"百姓日用"区分"同德"与"异端"，说："百姓日用，诚何物耶？姑无论异端也。"② 细绎焦氏之言，其意仍以不辟佛道为归旨。一至李贽，更是将王门学者的异端论发挥得淋漓尽致。卓吾认为，自朱熹以至今日，无不以佛老为异端，相袭而加以排摈。即使如此，他还是公然承认自己是"异端者流"，因为"老而怕死"的原因而学佛。卓吾此论，亦有事实依据，此即：明代虽以六经取士，但又有三藏之收；虽以六艺教人，但又有戒坛之设。可见，朝廷并不以"出家为禁"。③ 如此大胆之论，无疑已使王门异端论达臻顶峰。

正是基于此点，明人汪道昆、田艺蘅才有无端可异之论。汪道昆对宋儒之"务以占毕求道，主闻见而隶心知"有所批评，认为阳明"独秉良知为曦日，其徒惮烦而趋省，操说铃为玄珠，正行则踬，旁行则流，齿以元公，伯子雁行，或未之逮，大通则銮和也"，堪称斯道"中兴"。鉴此，道昆从"道无名数，非一非三"出发，断言"无端何异"。他的立论基点是"彼之则异端，我之则全体"。④ 这是相当宽容博大的异端论，其意无非是将异端容纳于"全体"之中。田艺蘅尽管承认"异端"是"同端"的对立面，但他更为追求"车同轨，书同文，行同伦"之同端，认为这才是"天下大同之道"，"何异之有哉"！⑤ 言外之

---

① 王艮：《王心斋先生全集》卷 2《语录上》，1911 年刊本。

② 焦竑：《支谈》上，载《宝颜堂秘籍》汇集，上海文明书局 1922 年石印本。

③ 李贽：《焚书》卷 1《复邓石阳》，第 12 页。按：李贽在《答李如真》中亦自称："弟学佛人也，异端者流，圣门之所深辟。"载《焚书增补一》，中华书局 1975 年版，第 253 页。

④ 汪道昆：《太函集》卷 66《重修度门寺碑》，第 1373 页。

⑤ 田艺蘅：《留青日札》卷 1《攻异端》，第 93 页。

意，亦是不再区分异端与同端，而是将异端消融于同端之中。

近人萧公权有言，明朝的儒学略呈"昭苏之象"，其中最为值得关注的有以下两点：一是"明初的刘基、方孝孺和清初的黄宗羲、唐甄等在乱极初定的时代大倡民本的孟学"；二是"王守仁和他的门徒在明朝的中叶提出思想自主的大胆主张"。尤其是后者，更是思想史上值得大书的贡献。尽管如此，萧公权还是不得不承认，"王学是从禅学一转手，并非纯粹的儒学"。至于王阳明说满街都是圣人，或许更会让孔子发出"非吾徒也"之叹。① 此论颇具真知灼见，可谓洞彻阳明学的底蕴。阳明的异端论，就是最好的注脚。即使以明末清初的思想大家黄宗羲为例，他对佛教所有的东西，亦并非一概采取毫无理由的排斥态度。尤其是在他晚年，他对待异端思想的态度越发变得宽恕起来。② 这是相当值得关注的思想史现象。

（二）新典范的确立

一旦异端之论有了全新的诠释，那么异端人物就会异军突起。所谓的异端人物，究其根本，就是其言"放"，其行则"荡"。这就牵涉到对"放言"之"放"的正确理解。就此而论，杨锵的解释显然提供了一个很好的范本。杨锵著有《放言》一篇，专就"放"作了较为理性的阐释。细绎其论，大抵包括两个方面：一方面，杨锵不得不承认，"言放先言隐，言废先言清"。假若"肆吻"而又"恋世华"，"入群"而又"畔绳墨"，只能称之为"惑世诬民"，并非真正的放言高论之人。换言之，上古圣人立言垂范，一依谨确平常。盖因儒者身任世道之责，犹如家族中的宗子教育家族成员，只是期望能勤俭自立，无坠箕裘；又如塾师训导童子，不过订其句读，教之影仿，使童子归于端谨文雅。毫

---

① 萧公权：《圣教与异端：从政治思想论孔子在中国文化史中的地位》，载氏著：《迹园文录》，台北联经出版事业公司1983年版，第48页。

② Wm. Theodore de Bary and the Conference on Ming Thought（eds.），*Self and Society in Ming Thought*，p. 5，New York and London：Columbia University Press，1970.

无疑问，其目的无非是为了防止人们离经毁方，脱轶防维，归趋于“兢兢轨物”。另一方面，杨锵又认为，茫茫浩浩之古今世界，变变灵灵之造化，并非只有“人”之一途，更不是只有纲常名教之一端。一旦成为“遁其迹于四民之外，旷其情于万物之表”之隐者、废者，那么其行为就可以“不入类以乱群，不比偶而立异”。这些隐者、废者尽管“使天下守经之士，骇以为怪，礼法之儒，笑以为支”，然“唯骇，益征彼之习于常；唯笑，益见彼之遵于度”。换言之，后王治世安民之大经大法，应该容纳“一二狂诞畸僻之人”。[1] 杨锵对轶出世维之“狂诞畸僻之人”的称颂，从中不难找到庄子人格追求的痕迹。就此而论，庄子思想及其人格追求，对晚明新典范的确立影响至为深远。

从“兢兢轨物”的守经之士、礼法之儒，转向离经毁方、脱轶防维的隐者，这是晚明士人群体人格演变的内在理路。一旦这一演变成为事实，那么新模范的产生亦就成为势之必然。究晚明新模范的确立历程，大抵可以从以下四个方面加以考察：

其一，“英雄”“豪杰”取代传统的“儒者”。[2] 作为传统道德人格典型的儒者，其特点就是“择地而蹈，亦步亦趋；拟而后动，一俯一仰”。换言之，“主一主静”，是先儒之“嫡传”；而“中律中度”，更是堪作后生之“模仿”。然吊诡的是，这些按照传统道德形塑出来的儒者，尽管“深情厚貌”，甚或“抉颔而称诗书”，却是色行、内外不一，即“色取行违，外饬而中尘块”。鉴于此，明末清初人张怡转而崇尚“英雄”“豪杰”。在他看来，英雄、豪杰高论倜傥，其自然的天赋，犹如“快犊之欲破辕”，而有激于人之外在人格，又如“霜鹰之不受网”。他们或登诗酒之坛，自著倚魁；或游声色之场，聊抒肮脏。这就是说，尽管英雄、豪杰如“千尺之木”，难免“节目磊砢”，又如“万里之

---

① 杨锵：《放言》，载《明文海》卷 100，第 992 页。

② 关于明朝人的英雄、豪杰观念，以及晚明英雄、豪杰人格之崇尚，可参见陈宝良《明朝人的英雄豪杰观》一文，载香港《中国文化研究所学报》2001 年第 10 期。

流"，不免"含纳污垢"，却均不妨其成为国家的栋梁之材。①

其二，"义夫"取代"节妇"。节妇是儒家传统礼教塑造出来的妇女典范，"义夫"原本亦是传统礼教树立的男性楷模。揆诸自宋以来尤其是明代的夫妻关系史，却是过分强调"节妇"的宣扬，偏重于妻子为丈夫的守节，却忽略了丈夫对妻子的尽忠，以致"义夫"典范一度沉寂。值得注意的是，晚明"义夫"典范的重建，大抵证明夫妻情感伦理关系的内在演变。②

其三，"狂狷"取代"中行"，随之而来者则是"狂人""怪人"之风行。儒家传统所塑造的多为行中规矩的"中行"之士，不取轶出规范的狂人、怪人。然士狂是晚明士风的基本特征。即使是地方学校的秀才，亦确乎如郭子章所云："受书几何，则芥视青紫；稍知搦管，即奴婢屈宋。"③一副狂放之态。在如此士风浸染之下，带有狂狷习气的狂人、怪人应运而生。如卢柟游太学归来，前去拜访吏部考功司郎中袁仪卿。刚入门，就大哭不休。接着，又长笑道："太学，士人之薮，卒无有与于斯文，悠悠宇宙，不知涕之无从也。"而仪卿见怪不怪，镇定自若，笑而饮之。④又如张献翼，后改名粏，为人亦颇有怪癖。史称其遇到俗客，就戴上假面具与之应酬。若座中客人语有俗谈，就敲击钟鼓，称藉此"洗耳"。每次外出，张献翼就头戴红纱巾，身穿木棉道袍，袍上画芰荷之形，红绿相间，谓之"芰荷衣"，而且身后有一老婢荷锸跟随。每次饮食，则"必诸伎杂坐"。⑤

---

① 张怡：《玉光剑气集》卷17《豪爽》，第648页。

② 晚明"义夫"典范之重塑，以及由此所反映的夫妻情感伦理关系的内在演变，陈宝良所撰《从"义夫"看明代夫妻情感伦理关系的演变》一文（载《西南大学学报》2007年第1期）论之甚详，足资参阅。

③ 郭子章：《学政》，载席启图辑：《畜德录》卷1《立志》。

④ 张怡：《玉光剑气集》卷31《惩诫》，第1110页。

⑤ 张怡：《玉光剑气集》卷31《惩诫》，第1111页。

（三）超越传统模范之"时尚"人物的广泛出现

若以传统儒家道德观之，此类人物新典范理当属于"妖人"，会被归入"异端"之列，而他们的学说则更属于"邪说"。但事实正好相反。这些时尚人物通常可以引领一代风尚，成为人们相继追捧的对象，而他们的作品更是风靡一时，成为晚明士人及一般民众崇拜的新典范。

无论是学术界、文学界，还是佛教界，晚明涌现出了诸多的时尚人物。就学术界而论，当数李贽、袁黄二人名头最著，甚至被明末清初人张尔岐称为"公为异端"。① 李贽在当时有"说法教主"之誉。② 其所著之书，好为激论，轻隽者大多好之。更有甚者，当时的士人全不读四书或本经，而李贽所著之《藏书》《焚书》，却是人挟一册，以为奇货。③ 至明末，在李贽的家乡福建，学者在饮酒读史之时，亦是无不"崇尚李卓吾书，举国若狂"。④ 李贽的著作主要在士人群体中风行，但晚明士风"猖狂"，实开端于此。尤其是在湖北的蕲州、黄州一带，人文"飚发泉涌"，士人开始"好习权奇，以旷远为高，绳墨为耻"，大有"东晋之风"，无不都是受到李贽的影响。不惟士大夫，更有一些如周元孚、董夫人之类能作诗文的"女郎"，及澹然、因明、自信等能高谈禅理的比丘尼，亦是景仰李贽，交游甚密。⑤

与李贽相较，袁黄的影响力则更为广泛，"名声"远播，及于妇孺。史称袁黄学极天人，教通内外，即使是儿童与妇女，亦"莫不知

---

① 张尔岐：《蒿庵集》卷1《袁氏立命说辨》，张翰勋整理，齐鲁书社1991年版，第45页。
② 李贽：《续焚书》卷1《与焦弱侯》，第5页。
③ 王嗣奭：《管天笔记外编》卷下《世道（兼治术）》，载《四明丛书》第2册，第1188页。
④ 李光地：《榕村续语录》卷18《家政》，中华书局1995年版，第864页。
⑤ 王士性：《广志绎》卷4《江南诸省》，第92页。

其名而仰慕焉"。① 尤其是他所著《立命说》，取释老因果报应之言，附会于儒家"惠迪吉，从逆凶"，以及"积善余庆，积不善余殃"之旨，为此引得"好诞者"或"急富贵、嗜功利者"的响应。

就文学界而言，当数袁宏道、王稺登、陈继儒三人最有名声。袁宏道是晚明公安派文学的骁将，在文人中的影响力非同小可。为此，书坊假借袁中郎名头，赝刻书籍，以趋时好。如当时号称中郎所著之《十集》，内收《狂言》与《续狂言》。其实，《狂言》一书，为杭州一位姓金的书生假托所撰，却引发了很大的反响，士人相率出重赀购买，秘诸帐中，等为楚璧。② 王稺登与陈继儒均为晚明著名山人。史称王稺登通明开爽，妙于书篆。好交游，喜结纳，"掩词赋之席"几达三十余年。闽、粤之人路过苏州，即使是贾胡穷士，亦必踵门请求一见，"乞其片缣尺素，然后去"。当时内阁首辅申时行致仕里居，晚年交相推重，轩车宾从如云。这是靠政治名望引得的声望。稺登仅仅是一介布衣，其门前车马如市的热闹却能达到"两家巷陌不相下也"，③ 与相府不分伯仲，则完全依靠自己的文学才能。陈继儒，号眉公。短章小词，皆有风致。其所编之书，"款启者奉为枕秘"。于是，名倾寰宇，远而夷酋土司，无不前来请乞词章；近而酒肆茶馆，大多在店堂中悬挂眉公画像。更有甚者，一些穷乡小邑，将所卖的粗粮、盐豉，亦均取"眉公"之名。④ 虽说人之好名，极其可笑，但眉公一名之流行，不能不引起研究者的关注。在晚明，普遍盛行一种"物带人号"的现象。所谓物带人号，是指一种流行物品，通常借助一个流行人物之名而成为一种

---

① 袁黄著，刘邦谟、王好善编辑：《宝坻政书·自治书》，收入氏著：《了凡杂著》，载《北京图书馆古籍珍本丛刊》子部第80册，书目文献出版社1988年版，第883页。

② 袁中道：《珂雪斋近集》卷2《答袁无涯》，第191页；袁中道：《游居柿录》10，载《袁宏道集笺校》附录二，第1671页；钱希言：《戏瑕》3《赝籍》，载《袁宏道集笺校》附录二，第1671页。

③ 张怡：《玉光剑气集》卷19《艺苑》，第735页。

④ 张怡：《玉光剑气集》卷19《艺苑》，第738页。

时尚物品。在明代，陈眉公之前能够做到物带人号者，则有陈白沙、王阳明两人。陈白沙有"陈子衣"，王阳明有"阳明巾"，作为一种名儒法服，在明代读书人中流行一时。但更为闻名者，当数山人陈眉公。史称其所制作"花布、花缬、绫被，及饼饵、胡床、溲器等物"，无不均以"其字冠之"，显然是"时尚使然"。① 可见，眉公每事好制新样，引来时人效法，其影响犹如宋人之号"东坡巾"。如其所制椅子称为"眉公椅"，所制衣服称为"眉公布"，所喜欢的饼称为"眉公饼"，曾经交好的娼妓称为"眉公女客"。更有甚者，眉公制作一种溺器，下无底，以便野坐，一旦流行开来，亦被人称为"眉公马桶"。②

就佛教界来说，达观与袾宏两位大师堪称典型。在晚明有两大"教主"，一为李贽，一为达观。③ 达观大师，气盖一世，能于"机锋中笼罩豪杰"。为此，名振东南，"缙绅趋之若鹜"。④ 达观、袾宏号称竺乾一时尊夙，禅林两大宗主，其行径却迥异：袾宏专以西方直指化诱后学，达观则聪明超悟，欲以机锋言下醒人。袾宏枯守三条，橡下跬步不出；而达观则折芦飞锡，所在皈依。两位大师各立教门，虽不相下，亦不相笑。奇怪的是，作为李贽反对者的袾宏，⑤ 同样在当时那个时代成为一个时尚人物，其名头亦为书商所借用，作为谋利之具。如在万历年间，苏州的书商曾刻了一本书，名《禅余空谛》，下面署名为"云楼袾宏著"。书中所列，分为春夏秋冬四时幽赏，共计32条。这显然是一本伪书。究其原因，是书商为了迎合当时民间好禅的习气，于是假冒

---

① 沈德符：《万历野获编》卷26《谐谑·物带人号》，第663—664页。
② 尤侗：《艮斋杂说》卷5，第95页。
③ 沈德符：《万历野获编》卷27《释道·两大教主》，第691页。
④ 沈德符：《万历野获编》卷27《释道·紫柏祸本》《释道·憨山之谴》，第690、692页。
⑤ 袾宏对李贽持一种批评的态度，如他论李贽道："彼以始皇之暴虐为第一君，以冯道之失节为大豪杰，而古贤君子，反摘其瑕类，《大学》所谓好人所恶，恶人所好，灾必逮夫身者，其贽之谓乎？"参见觉罗乌尔通阿编辑：《居官日省录》卷3《奸情·格言》，载《官箴书集成》第8册，第119页。

名僧袾宏之名，从中"殖利"。①

　　传统中国是一个"人治"的社会。人治的主要特征有二：一是个人道德修养上的君子、小人之辨，士人群体普遍具有君子人格的理想；二是重视教化的功能，通过树立道德模范，藉此作为普通民众学习、效法的榜样。两者合一，其归趋则是一个上下等级秩序井然的礼治社会。以此为起点，地方百姓所最为信任者，不是健全的国家法律体制，而是能够为民做主的"清官"。换言之，清官不惟是读书人入仕之后的榜样，更是百姓的精神寄托之一。国家通过完整的祠庙祭祀体系，将清官纳入名宦、乡贤之列加以奉祀。清官生为名宦、乡贤，死后入祠得到供奉，为民众所敬仰。此外，在百姓的意识中，清官死后还可以成为城隍、阎王一类的神灵，仍然为百姓主持一方的公道。这无疑是模范的神化。于是，"人治"与"神治"得以合而为一。

　　值得引起关注的是，随着商业化与城市化的发展，明代的儒家传统模范受到了最为严重的挑战。诸如：从祀孔庙是儒家士人的最高理想，但明代的读书人追求的则是现世的物质利益，视精神典范为虚无，动辄曰"岂有生肉与我吃哉"!② 象征着地方精神支柱的各类牌坊，初建之时，雄壮牢固，却亦名不副实，无过百年，牌坊上的名字已经漫灭，绝无可考，徒有危石稜层欲坠，使行者恐怖，让人有"断然无用"之叹。③ 更为甚者，作为对贤者加以表彰的生祠，亦是鱼龙混杂，芜秽之

---

　　① 《禅余空谛》，显然是书贾为了谋利而拼凑的一部伪书。如据袾宏所引，书中所列"四时幽赏"的条目中，分别有"孤山月下看梅花""东城砍桑麦""三塔基看春草""山满楼观柳""苏堤看桃花""苏堤观柳""雪夜煨芋谈禅"，不难看出此书是盗用了高濂《遵生八笺》之作。参见袾宏：《竹窗随笔·禅余空谛辩伪》，台湾印经处1958年版，第69页。

　　② 骆文盛：《骆两溪集》卷13《南埜杂谈》，明万历四十一年张时震刻《合刻武康四先生集》本。按：明代俗以从祀孔庙为"吃生肉"，亦即吃冷猪肉。

　　③ 徐日久：《复陈子金》，载《尺牍新钞》卷9，第331页。

极，致使如魏忠贤之类的权阉，同样可以厕身生祠之列，甚至遍布天下。这就是说，传统的榜样不但为金钱财富所役使，而且为权力所绑架。

传统模范纷纷趋于崩坏，无疑为新典范的重建奠定了基础。新模范的确立，当然不再以传统的儒家道德作为标准，即使有狎妓一类行为即有"东山之好"的文人，只要光明磊落，同样可以入祀乡贤，成为新的典范。① 可见，能否成为新的典范，不再取决于官方认可的传统道德规范，而是来自有着全新标准的民情舆论。

在晚明已经成为时尚人物的新典范，尚受制于传统保守力量的制约，甚至有性命之忧。李贽因讲学而被逮，在狱中自刭；僧人达观因讲禅被系，死于狱中。此两人就是最好的例证。

---

① 有"东山之好"的文人，是否可以入祀乡贤祠，这在明代士大夫中曾经引发了一场争论。其中最有争议性的人物，就是康海。曾任职翰林院修撰的康海死后，因地方生员之议，入祀乡贤祠。过了几年，兰溪人徐用检开始指摘康海的瑕疵，将康海逐出乡贤祠。陈以忠就此发表了自己的看法。他从文章、气节、行义三个方面，断言康海为"贤"之大者。至于罢祀的原因，亦即康海有"东山之好"，陈以忠认为不过是其小者。陈以忠立论的另一依据，就是以康海之光明磊落，正好与理学家之虚伪形成鲜明的对比。他说："世人峨冠博带，尺步绳趋，而高谈性命，不知其燕私之顷，隐微之际，作何状态！视公磊落轩豁，不饰瑕瑜，翻有愧矣。"他进而认为："夫善人不循蹈途辙，狂者自放，故不得以礼法绳之也。今欲以狷讥狂，以有恒律善人，或者非孔子之意与？"相关的讨论，参见陈以忠：《复修撰康公乡贤祠》，载《明文海》卷76，第716页。

二、士风衰微：士大夫精神的堕落

传统中国的士大夫及其精神世界在隋唐前后形成了鲜明的对比。隋朝以前，六朝士大夫形成了一种"排他、封闭的"精神世界。换言之，他们通常"以宫廷或贵族的客厅，甚至极狭小的有限的特定团体为中心，创作文学，讲说哲学"。然自隋朝以后，基于科举制度的广泛实施，则形成了一种新的士大夫形象。这种新型的士大夫，显然与隋唐时期的科举官僚制度有关，并以知识与道德能力而进入官僚阶层。随之而来者，则是新的士大夫精神世界的形成。①

若是以此为讨论的起点，那么，"明学"作为"宋学"的继承者，进而并称"宋明理学"，明代的士大夫理应属于隋唐以后新型的士大夫。与此同时，就明代士大夫极度追求"清议"，且具个性解放的特点来说，其精神世界则又是六朝士大夫的直接继承者。

今人赵园引明末清初学者王夫之之说，将明代士气概括为"躁竞""气矜""气激"，认为这些已经成为明末的"时代氛围"，又是士处此时代的"普遍姿态"。② 这或许可以成为一家之言，但似乎与晚明人对当时士习"时尚"的概括有所不符。如明人赵用贤就说："今天下士习

---

① 相关的探讨，参见［日］吉川忠夫：《六朝士大夫的精神生活》，载刘俊文主编：《日本学者研究中国史论著选译》第 7 卷《思想宗教》，许洋主等译，中华书局 1993 年版，第 84—115 页。

② 赵园：《明清之际士大夫研究》，北京大学出版社 1999 年版，第 4 页。

率饰为软媚醇谨，雍雍自好，期不拂于时尚。"① 王云凤亦揭示道："近世士大夫习于阿谀软熟，以诡随污合为通才，一遇秉正守介之士，指为怪异不祥之物，靡焉成风。"② 可见，当时的士习恰好是"软媚醇谨"。这就是说，明代的士风前后有所变化，而从士风变迁中，则不难看出士大夫精神史的内在转向。

"士志""士气""士品"论

毫无疑问，就明代士大夫的精神世界而言，一方面呈现出多样化的色彩，另一方面却又有其内在的演变理路。这就需要从"士志""士气""士品"三个方面及其演变大势说起。

就"士志"而言，其说可谓渊源有自，在此仅以李贽、钱谦益、熊开元三家为例加以初步的讨论。李贽认为，作为信奉儒家学说的读书人，他们可以从孔子那里继承"一钵衣食饭"，亦即知识的获取。但这种知识的获得，其最终的"所志"，就是"穷则开门受徒，计束脩羊，独善其身；达则驷马高盖，择美田宅，兼善天下"。③ 可见，穷则独善其身、达则兼济天下，为自孔子以来儒家士人一脉相承的志向。

士之志向，有高有低，有雅有俗，不可不辨。宋人周敦颐教导士必须希圣，要求士人"志伊尹之所志"。就伊尹之所志问题，钱谦益作了较为详细的讨论。按照他的讨论思路，"士志"大致上包括以下三个方面：一是辨圣贤所志，究竟是"汲汲于斯道"，还是"汲汲于天下"。世俗的观点认为，周敦颐让人"志伊尹之所志"，其意是担心士人通过发策决科而荣身肥家，并以希世取宠为事。钱谦益认为此说似是，却言有未尽。为此，他从士人的志向入手，重新加以辨析。他认为，若是士

---

① 赵用贤：《松石斋文集》卷21《与朱虞夔》，明万历四十六年（1618）刻本。
② 王云凤：《潞州贞烈倡和序》，载《明文海》卷305，第3141页。
③ 李贽：《初潭集》卷9《兄弟上》，中华书局1974年版，第102页。

人有志于圣贤，必然以荣身希世为耻，那么其志向所存，不得不辨。这就是说，圣贤应该是"汲汲于斯道"，而非"汲汲于天下"，以圣贤之学，行其功利之心。二是"乐"与"忧"之辨。钱谦益认为，圣贤之志，应该是"乐则行之，忧则违之，确乎其不可拔也"。换言之，就是"乐则有行之之道，而忧则有违之之道"。三是"有我""无我"之辨。钱谦益认为，世俗之人，"汲汲于天下"，这是"有我"；而伊尹一类的圣人，则是"汲汲于斯道"，这是"无我"。"有我""无我"之间，可谓是辨志之大闲。进而言之，忧而违，乐而行，忧与乐并非为了天下，而违与行亦并非为我。这就是说，士人之志，不应以求得"有我"之"德"为满足，更应追求"无我"的"天德"。①

士各有志，熊开元将其区分为下面几种：功名之士，以垂勋竹帛为悦；忠孝之士，以安社稷为悦；有道之士，以尧舜君民为悦。熊开元将士之志区分为三，并视其为一种"层累而上"的等级关系，以说明有道之士为最上。同时他又指出，三者之间却有一个共同点，这就是都将"名位、子女、货财"视为"敝帚"。②

事实上，"气"来源于"志"，于是就有了"志气"之说。如明末清初学者张履祥在治学过程中，于崇祯十二年（1639）已经对"志"与"气"的关系有所体悟，认为"志帅气则为君子，气胜志则为小人"。③就此而论，"士气"之重，不言而喻。

自宋至明，士大夫无不看重士气。如宋人朱弁就明确说："一身之盛衰在乎元气，天下之治乱在乎士气。元气壮在肤革充盈，士气伸则朝廷安强。"他进而认为，善于养生者，务必使自己的元气不耗，而善于

---

① 钱谦益：《初学集》卷90《志伊尹之所志》，载《钱牧斋全集》，第1860—1863页。
② 熊开元：《鱼山剩稿》卷2《感事赘言一》，上海古籍出版社1986年版，第168页。
③ 张履祥：《杨园先生全集》卷2《上山阴刘念台先生书》，第21页。

治国者，则更应使士气不沮。若欲使士气不沮，则必须防止壅蔽，大开言路。① 明人何心隐亦承认人人都有"意气"，只是人所落之意气有大小之别。为此，就意气问题，何心隐将"战国诸公"与"孔门师弟"作了很好的比较：战国诸公之意气，通过互相交往，终成一种侠气，这是一种"小"的意气；而孔门师弟之意气，通过互相交往、切磋，终成一种"道"气，则是一种"大"的意气。战国诸公的意气，不可谓不诚，但其诚仅仅是一己之侠之意而已；而孔门师弟的意气，则是明明德于天下之诚，最终达到"意"与"道"互相凝结在一起。战国诸公之气，不可谓不养，但仅仅养其一己之侠之气；而孔门师弟之气，其所养则为塞乎天地之养。② 众所周知，何心隐是明代士人中颇具侠气的代表人物，却仍然以儒家之道为归宿，不但说明士气的重要性，且足证士气必须归于道统之正。至于钱谦益之论，更是将士气盛衰上升到国运盛衰的高度加以认识。他说："天下国家之所以治而不乱，危而不倾者，在士气之盛衰而已矣。"他认为，若是士气很盛，士大夫"镞砺名行，蕴义生风，虽其身或不用，道有未光，其声气之所击动，若栴檀之香，逆风而闻，海内与被熏染而不自知"。等到士气衰落，士大夫"嫉名行如砥柱，必欲镌而去之，容借面，蝇营狗苟，于是海内风气，潸然索然，如腐骨之载朽肉，如凄风之萎残叶，物耻夷，国论熸，而沦胥版荡，驯至于不可为"。③

就"士品"而论，东林人士高攀龙之论则为典型一例。他认为，士无定品，关键在于不要失去人之本色。那么，何为人之本色？高攀龙认为，就是孔子所说的"人之生也直"。正因为人能具此本色，且易如

① 朱弁：《曲洧旧闻》附录1《士气》，中华书局2002年版，第235—236页。
② 何心隐：《何心隐集》卷3《答战国诸公孔门师弟之与之别在落意气与不落意气》，中华书局1981年版，第54页。
③ 钱谦益：《有学集》卷35《明特赠翰林院待诏私谥孝介先生朱君墓表》，载《钱牧斋全集》，第1241—1242页。

火之炎上、水之就下，所以无论巨细，皆足以成品。正因人具本色，且难如火之不熄、水之不污，所以无论巨细之品，皆见其可贵。在此基础上，他进而得出"人品""士品"之论："品士者，校其人，必脉理真而后无赝品；论人者，必群品备而后无失人。"①

从士风衰微看士大夫精神的局限性

在传统中国社会中，无不把世风的"厚"与"让"当作一种美谈，而且将"士君子"作为世风的倡导者。《易》传有云："大丈夫处其厚不处其薄。"又云："上兴让则下不争。"汉有《崇厚论》，晋有《崇让论》，无不显示出厚薄争让，其大较如同黑白。

在明代社会中，士风与士习也同样被认为相当重要。如徐阶云："欲观士大夫名节，但不联姻富室，不接衽山人，便是端庄之士。"② 这是就士大夫之名节而论，且其言外之意，晚明的士大夫，已经形成"联姻富室""接衽山人"之风。可见，这是就士风之变而提出"端庄之士"对社会风气的重要性。又如张居正曾向皇帝进言，要求以"正士习为先务"。他认为，学术之所系，关系匪浅。③ 清初理学大家李光地，更是就士大夫与"百姓细民"之间的关系作了形象的比喻："如春天树木，何当尽有花叶，觉得有生意；冬天何尝无寒花，觉得枯索。"为此，他认为，树木只有得到小草的帮衬，才能有起色。而百姓细民就是士大夫的小草，同样可以起到帮衬士大夫的作用。④ 与士大夫为百姓细民的表率之论不同，李光地更多的是着眼于百姓细民对士大夫的帮衬

---

① 高攀龙：《毘陵人品记序》，载《明文海》卷223，第2286页。

② 谈迁：《枣林杂俎》圣集《先正流闻·徐阶论士》，第214页。

③ 张居正：《四书直解》卷1《论语·为政第二》，九州出版社2010年版，第74页。

④ 李光地：《榕村语录》卷22《历代》，中华书局1995年版，第403—404页。

意义。这显然是一种视角转换。

明代士风，并不能一概而论。换言之，士大夫的行为，有其复杂性。在明代的士大夫中，既有恪守儒家行为准则的道德实践者，又有言不由衷、言行不一的假道学，甚至不乏不顾廉耻者。对明代士风的探索，既必须把握其特点，又应注意其内在的变化。

若欲对明代士风、士气深入探讨，有以下两点值得关注：一是士风、士气之历史演变，由此形成明代独特的士风、士气；二是明代士风、士气的内在转向，及其与社会变动之关系。

就前者来说，可引戚继光、刘玉、马从聘等人之说加以阐述。明代抗倭名将戚继光曾就古今人物之变，有过下面一段感慨，基本可以说明晚明士风、士气的基本特点。他认为，明代所谓的"豪侠"，已与古代大相径庭，仅仅相当于古代所谓的"忿戾也"。与此相同，明代所谓的"仁人"，即古之所谓"姑息"；明代所谓的"才人"，即古之所谓"佞人"；明代所谓的"明哲"，即古之所谓"偷生"；明代所谓的"能宦"，即古之所谓"民贼"。总而言之，举凡明代能够"所称于世"之士，无不都属于古之"罔生幸免"。① 这是相当明显的异动，说明在古今士风、士气的演变历程中，明代的士风、士气已经流于世俗化。

当然，士习的变迁，终究还是导源于"世变"。明人刘玉写了一篇名为《世变》的文章，对士习的变迁作了一些考察。在刘玉看来，作为一个士，其最高的境界则是不断对道德、义理完善的追求，而上古时期的士，即能达到如此境界。这是"士习之最隆"时期。降及中古，自管仲之讲求事功，李膺之讲求名节，郑玄之讲求训诂，韩愈之讲求述作，导致道德流变为事功，义理流变为训诂、述作。这是"士习之既下"时期，即"道德而功名，固有依于道德者；义理而训诂、述作，固有达于义理者"。迄至明代这样的"末世"，士之所志者，科第而已；

---

① 戚继光：《愚愚稿》上《大学经解》，载《止止堂集》，第253页。

士之所营者，禄位而已；士之所习者，呫哗而已；士之所述者，蹈袭而已。于是，功名流变为科第禄位，训诂述作流变为呫哗蹈袭。这是"士习之愈下"时期。① 马从聘称明代为士风、士习"至陋"的时期，② 显然可为刘玉之说的补充。这种士习的变化趋势，用一种形象的比喻说法，就好像山平夷而为陆地，陆地下沉而为深渊，深渊溃决而为流水，流水满溢而趋于大海。如何改变这种士习，使之回归到原先醇厚的状态，明代士大夫的普遍感觉是必须有一些豪杰之士出来加以力挽。

就后者来说，明代士风、士气事实上也存在着一个由盛转衰的历史演变过程。按照明朝人的看法，国家若欲扶危定倾，全藉"士气"，而士气之盛衰，则或许与"运会"有很大的关系。从明代中期以后，士气开始了由盛到衰的转变过程。宋应星对这一变迁过程作了真实的对比：当士气盛时，士大夫即使面对"刀锯鼎镬"，亦不畏惧；当士气衰时，士大夫就会"闻廷杖而股栗"。当士气盛时，即使"万死投荒"，士大夫亦能做到"怡然就道"；当士气衰时，一旦"三径就闲"，士大夫就会"黯然色沮"。当士气盛时，即使"朝进阶为公卿，暮削籍为田舍"，士大夫亦能泰然处之，"幽忧不形于色"；当士气衰时，即使"台省京堂，外转方面"，士大夫都会"无端愠恨"。当士气盛时，士大夫大多"松菊在念"，即使"郎衔数载"，亦可做到"慨然挂冠"；当士气衰时，即使"崇阶已及，耄期已届，军兴烦苦，指摘交加"，士大夫"尚且麋之不去，而直待贬章之下"。当士气盛时，士大夫无不"班行考选，雍容让德"；当士气衰时，士大夫无不"相讦相嚷，贿赂成风，

① 黄宗羲编：《明文海》卷86，第838页。
② 如马从聘论士习之败坏，有云："国家设学校以造士，求以适用也。今操瓠翰者，窃记以猎声华，而叩之则无有，翦芜蔓以媒青紫，而用之则无当。间有好奇喜异者，又索之不可知之域，舍经传而内典之为披，薄彝伦而释子之为友，忽其仁义道德之常，而治其虚无浮游之说，鼓波荡之士，习而趋之，风至陋矣。"参见马从聘：《兰台奏疏》卷1《拟崇实学务实政核实功疏》，载《丛书集成新编》第31册，台北新文丰出版公司1985年版，第293页。

甚至下石倾陷同人而夺之"。当士气盛时，士大夫可以做到"庭参投刺，抗志而争"；当士气衰时，士大夫则"屈己尊呼，非统非属，而长跪请事，无所不至"。当士气盛时，士大夫即使"布衣适体，脱粟饭宾"，亦可以做到"清操自砺"；当士气衰时，士大夫则"服裳不洁，厨传不丰，即醴颜发赭而以为耻"。当士气盛时，若有"一令之疏，一师之败，一节之怠慢欺误"，士大夫无不"上章自首"；当士气衰时，士大夫则"掩败为功，侥幸存为大捷，而徼幸朦胧之不暇"。当士气盛时，士大夫"领郡之邑，艰危不避"；当士气衰时，士大夫则"择缺而几，祝神央分，遍挈重债，贿赂滋彰，既欲其靖，又欲其膻，然后快于心"。当士气盛时，即使"蕃兵虏骑攻城掠野"，士大夫亦能"激洒忠义，冒矢撄锋而成功"；当士气衰时，则"疲弱亡命，斩木揭竿"，一旦"谍报邻寇入疆"，士大夫无不"当食不知口处，妻子为虏而不能保"。①

　　这是相当大的士风、士气异动。那么，这种大的士风变动，就其大处而论，应该说以嘉靖前后为界，加以区分。按照清初理学大家李光地的考察，在嘉靖以前，明太祖朱元璋起自农家，只教人力田读书，深恶贪污，当时的士大夫无不知道"廉耻"二字。所以，嘉靖以前，士大夫"无携宦赀归家营产者"。这可以蔡清为例加以说明。史载蔡清登第之后，不求仕进，只在开元寺教书授徒。一日，为其母画像，母久不出，蔡清往请，其母道："汝成进士十年，我尚不得一新布衣，不欲出见客也。"蔡清听后，大为伤感，即刻前去赴任。在任不久，又有归隐之心，又告归家居，不久其父去世。后又因贫穷，不能自给，只好去做南京部司之官，其目的就是南京离家乡较近。到任又归隐之心萌动，再次告归家居，其母亦不久即逝，人以为孝感。又史载蔡清任江西提学官时，曾寄出四两银子，周济他的寡居表嫂，再三叮咛告诫，"万勿浪

_____

① 宋应星：《野议·士气议》，载《宋应星佚著四种》，第12—13页。

费"。李光地由蔡清之事，发出如下感慨："当时人虽穷，却穷得热闹。"① 然自嘉靖以后，士风、士气大有变化。当然，这仅仅就士风、士气的演变大势而加以区分，大体可以将其分为嘉靖前后两个时期。

其实，细究之，明代士气的变化应该分为三个阶段。明人郑以伟相当看重"士气"，认为士气是支撑、托举国家的主要力量。他将明代士气的演变概括为"三盈""三竭"，其中云："不佞尝慨士气已三盈竭矣。有忍九族之灭，不肯成革除之一诏，甚至樵夫牧子固首阳之节，为一盈。少焉，脂韦成俗，遂酿土木之祸，为一竭。孝宗时，言论上殿，大臣重足立，为一盈。至大珰盗秉，而媚者半，为一竭。大礼议起，伏阙者声彻内廷，为一盈。嗣后不无少觖矣，为一竭。"② 概言之，明代近三百年士气，大体上受到了三次挫辱，一辱于靖难之役，再挫于大礼之议，三辱于逆党擅权。

以靖难之役来说，明成祖朱棣在靖难之役后取得了皇帝的宝座，对建文一朝忠义之士的诛锄，正可谓不遗余力。就明成祖对待忠臣的态度与政策而言，即使与从来对待敌国巨憝相比，亦堪称有过之而无不及。从保留下来的南京刑部及教坊司所记的一些资料来看，明成祖诛杀忠臣之事，确实是惨动天地。不妨摘引几例如下：永乐元年（1403）正月，校尉刘通等解到张乌子等男妇六口及杨文等男妇551名，明成祖下旨道："连日解到的，都是练家的亲。前日那一起，还有不识气的，在城外不肯进来，嗔怪催他，又打那长解。锦衣卫把这厮都拏去，同刑科审。亲近的，拣出来，便凌迟了；远亲的，只发去四散充军；若远亲不肯把亲近的说出来，也都凌迟了。"所有这些，都是练子宁的亲属，全被凌迟处死。同年二月，解到邹公瑾等男妇448口，也是相同的处理。永乐二年二月，教坊司题奏："有奸恶卓敬女杨奴、牛景先妻刘氏，合

---

① 李光地：《榕村语录》卷22《历代》，第403—404页。
② 郑以伟：《朱御史集序》，载《明文海》卷251，第2625—2626页。

无照依前例；谢昇父旺，年七十四，男唆儿，年二十，俱奉钦依，发金齿卫充军，妻韩氏，送淇国公处，转营奸宿；茅大芳并男顺童、道寿，幼男文生，俱典刑，妻张氏发教坊司，病故。由韶舞安政等奏：奉钦依，着锦衣卫分付上元县，抬去门外，着狗吃了。"永乐十一年，教坊司在右顺门口上奏："有奸恶齐泰等姐并外甥媳妇，又有黄子澄妹，四个妇人，每一日一夜，二十余条汉子看守，着年小的都怀有身孕，除生子令作小龟子；又有三岁小儿女，奉钦依，由他不的，长到大，便是个淫贱材儿。"① 这显然是对明代士气的一大摧残，明亡之时，尽管崇祯皇帝自己可以身殉社稷，但能够"死事"的忠臣却寥寥无几，盖非无故。

以大礼之议来说，尽管不乏以死相争之士，其结局却是从中产生出了一些专以迎合皇帝心思之人，藉此得以官运亨通。赵贞吉认为，议礼之争，直接导致了"士气卑弱""委靡成风"，犹如越地所产之绵，"不团而软"。②

以逆党擅权来说，尽管不乏东林一类的正直之士，起而与之颉颃，但更多的则是出于明哲保身的考虑而随波逐流，甚至献媚或助纣为虐。

士气一旦受挫，士人随之出现了两分的现象：

一是仕宦率多寡廉鲜耻，贿赂请托，公行无忌，甚至以封疆为报仇修怨之具。正统年间，王振专权，即使如大臣王文，亦献媚王振，"见必长跪鼠伏，奔走甚欢，尤为士论所薄"③。当是有一"贱工"，因为

① 上面所引资料，均见张怡：《玉光剑气集》卷1《帝治》，第11—12页。
② 赵贞吉揭示道："今士气委靡成风，譬则越绵不团而软，由往时辅臣议礼争胜，假峻刑以牵众口，一二贪婪固宠者继起，阴惧公议，袭用旧法，遂俾士大夫礼义廉耻之维不立。驯至此时，以言不出口为淳厚，推奸避事为老成，员巧委曲为善处，迁就苟容为行志，柔媚卑逊为谦谨，虚默高谈为清流，论及时事为沽名，忧及民隐为越分；居上位以矫亢刻削为风裁，官下位以逢迎希合为称职，趋爵位以奔竞辨诼为才能，纵货贿以侈大延纳为豪俊。世变江河，愈趋愈下。"参见赵贞吉：《赵贞吉诗文集注》卷23《补遗·三几九弊三势疏》，官长驰校注，巴蜀书社1999年版，第782—783页。
③ 梁维枢：《玉剑尊闻》卷4《方正》，第249页。

"谄事王振"，很多大臣就通过这位贱工向王振行贿，"故趋其门者若市朝，自公以下，多折节与之交"①。成化末年，太监汪直擅权，士大夫更是不能守静安常、不为阿谀，而是"趋者澜倒，莫知纪极"，甚至不惜花费千两银子设宴，以取悦汪直，真可谓"丧百年士大夫廉耻之节，而不以惭羞"②。当弘治之世，士风稍有变易，士大夫人人自爱而尚名节，重廉耻，形成一时忠厚之俗。其实，那些"中材之士"，身处盛朝，尚可保其名行，一旦遇到浊世，堤防既坏，不免放溢决荡。自刘瑾一出，这些无耻士大夫，"争先趋附，百计钻研，以营富贵。钻研得效，束装问途，甚至诲淫及于婢女。虽宰执台谏，多稽首董贤之事；父子兄弟，皆垂头万年之床。风俗波荡，无复士气矣"③。即使是"大僚"，亦无不"蒙面濡首，争先屈膝而不恤"。尤其是高铨之子，甚至自劾其父，堪称"衣冠变为异类"的典型例子。④ 于是，人心解体，忠义沮丧，而士大夫亦耳目习玩，以为当然，最终导致风俗纪纲"大坏极弊"。⑤

所谓的逆党擅权，除了权阉之外，尚有权臣，同样对明代士风造成极大的影响。如严嵩、张居正擅权之后，士人的交际之礼已经发生了根本性的变化，亦即官场交际不再为人情所左右，而是受权势所制约。很多史料记载已经明确显示，当严嵩出任内阁首辅之时，权势熏灼，中外累胁。一些江西的士大夫首先开了谄谀之风，为了自己在官场上的一己私利，公然称严嵩为父。此风随后得以蔓延外省，很多外省官员也纷纷模仿，竞相认严嵩为父。即使严嵩的家人严永年，也是狐假虎威，公然

---

① 杨守陈：《杨文懿全集》卷1《览怡寿堂诗集》，载《四明丛书》第26册，第16024页。
② 费宏：《费宏集》卷15《答方寿卿》，吴长庚、费正忠点校，上海古籍出版社2007年版，第515—516页。
③ 余珊：《陈言时政十渐疏》，载《明经世文编》卷167，第1697页。
④ 万斯同：《石园文集》卷5《读高铨传》，载《四明丛书》第14册，第8405页。
⑤ 费宏：《费宏集》卷15《与夏公谨书》，第518页。

与士大夫"抗礼"，即平起平坐，一些厚颜无耻的士大夫甚至称永年为"鹤山先生"。这种情况到了万历初年并没有好转。当时张居正出掌内阁首辅，也是权势显赫一时。张居正门下仆人游七、宋九，在那个时候也是着实风光了一阵。一些朝内"侍从台谏"一类的官员，纷纷与游七、宋九结纳，有些甚至关系相当密切，可以称兄道弟。①

二是其中有些贤者，矜立名节，横执意见，只管实践了自己的道德风节乃至志向，却又不顾国家之事，对世变并不通达，甚至好同己植党。其结果就是使九庙陆沉，帝后杀身殉社稷，明朝最终趋于灭亡。②换言之，一些士大夫的贤者开始出现一种以辱为荣的现象。自明代中期以后，凡是官员向皇帝上奏，一旦出言不慎，得罪了皇帝，往往会被赐杖大廷，这就是明代特有的廷杖。每当廷杖之时，官员通常会"裸体系累"，斯文体面丧失殆尽。这在传统士人看来，应该说是最大的侮辱，并不是盛世所宜之象。令人奇怪的是，明代很多官员并不以此为辱，反以此为荣。而天下的士人则因为这些受廷杖的官员抗疏成名，"羡之如登仙"。③这不能不说是明代士人的一种特有风气。明代官员的"犯颜直谏"，就儒家人士的本心原则而言，应该说不是为了求名，而是希望自己的建言能得到皇帝的采纳。假若皇帝采纳臣子的建议，当然是一种主、臣共荣的理想状态。然从明代的政治实践来看，一些皇帝多是刚愎自用，不愿采纳臣下的直言，甚至不乏以廷杖相加。尽管官员受辱，但还是不断有官员犯颜直谏。何以出现这种"过归于上而名成于下"的现象？正如明人于慎行所言，还是因为这些官员在向皇帝进言之时，并非出于一种"纯臣之本心"，而是为了求得自己成名。④

①　于慎行：《谷山笔麈》卷4《相鉴》，第37、45—46页。
②　相关的论述，可参见魏禧：《魏叔子文集外篇》卷17《训导汝公家传》，第877页。
③　于慎行：《谷山笔麈》卷10《明刑》，第117页。
④　于慎行：《谷山笔麈》卷16《琐言》，第184页。

士大夫精神史的内在转向

揆诸明代士风演变，大致可以概括为以下三大转向：

其一，从清廉向黩货的转变，进而导致"士节卑污"。

历来论风俗者，无不看重一个"耻"字，甚至认为风俗之衰，主要在于"耻尚失所"。所谓的"失所"，就不仅仅限于"羞恶"一端。正如明末人袁光南所言："小节无知，便属麻木；大节无耻，便落禽犊。"① 明末清初人魏禧也极看重一个"耻"字。他认为，即使是盗贼倡优，若是有些耻意在，便可教化。反之，若其人虽无大恶，但在遇到羞耻之事时，恬然可安，肆然不畏，那么就会终身必无向善之日，其结果就是恶事无所不为。鉴于此，他总结道："耻字是学人喉关，圣人教人，与小人转为君子，皆从耻上导引激发过去。人一无耻，便如病者闭喉，虽有神丹，不得入腹矣。"② 王夫之认为，士之知耻，这是士风的关键。他说："人之能为大不韪者，非其能所有惧也，唯其能无所耻也。故血气之勇不可人，而犹可器使；唯无所耻者，国家用之而必亡。"他认为，士若耻心荡然，就可清可浊，无不可为，以得宠而避辱，甚至"弑父与君而罪不及"。③

孔子论士，列为三品，而以"行己有耻"为先，其意可知。读书人在平常日子里，当然可以骄语高节，哆口谈廉，似乎做到行己有耻很容易。其实不然。很多人一旦出仕做官，货贿充溢，很快就会染指其

① 施闰章：《施愚山集·文集》卷16《袁君启先生小传》，第334页。按：袁光南作有《自励篇》，其中云："孩心自如如，韶光已六十。岁月易消磨，此生不再得。往莫追，来须策。富贵会有命，执鞭岂其欲？钦哉尼父言：有耻士先录。耻则通天关，贯地轴，支撑宇宙不碌碌。小节无知，便属麻木；大节无耻，便落禽犊。麻木愧血肉，禽犊忝眉目。有耻天心见，无耻人欲泪。求志永配命，敢不矢自勖。"同上注，附记。

② 魏禧：《魏叔子日录》卷1《里言》，载《魏叔子文集》，第1059页。

③ 王夫之：《读通鉴论》卷5《哀帝》，第107页。

间，上负公家，下渔百姓，甚至变得贪得无厌。各代史书作《廉吏传》，其意无非是倡导一种廉洁，以挽救士风。明代士行无耻，乃至丧失廉耻，尽管是宦官专权以后的产物，但史实却已证明，这是自明初以来就已存在的事实。郑晓的一段记载，基本可以说明这一问题。① 中国传统的儒家士人，尤其讲究"知遇之恩"，又讲报恩。而明代士大夫的史实却证明，恩将仇报在当时相当普遍。这不能不说是士人廉耻心丧失的有力证据。

仕风的变化，从士大夫的社交中得以充分的反映。初时官场交际，不以赞物的厚薄为意，在风俗上多少还带有一些古意。据史料记载，王恕到京城见一位阁老，只是带上一只羊毛口袋作为进见之礼。阁老见了以后感到奇怪，就问："此物何用？"这位王先生却不以为轻，答道："这口袋盛米，二三十年也不得破。"可见当时仕风还是比较淳朴，即使王恕身为都御史高官，仍不过拿一只羊毛口袋作为礼物。随后的仕风却发生了很大的转变，开始趋于"体仪繁厚"。②

照理说来，士之廉，犹如女之洁，属于分之当然。但晚明士人之廉者，无不具有一种"傲物"之心。究其原因，正如戚继光所言，这是因为在当时的时代，士人之廉，确属不易。"上则父母期必其成家，中则妻孥欲丰其衣食，下则子孙厚望其蓄遗。父母、妻孥、子孙，皆己之可欲而不能割者"③。除非能做到割爱窒欲，或斩钢截铁，否则就难免会被官场习气所染，要不了多久，也就同流合污了。所以，戚继光认为，士人具傲物之心，其本意还是偏于要做好人一边。晚明的事实确已证明戚继光所说不误。士习、士风一至晚明，已是"大坏"。对

---

① 郑晓记道："方逊志宠任时，荐西杨，西杨修实录，乃谤方叩头乞余生。西杨荐陈芳洲，芳洲嗾人讦西杨之子稷，竟死西市。芳洲令徐无功更名进用，武功竟置芳洲于铁岭。武功为石总兵画夺门之谋，石又置武功于金齿。近日永嘉、贵溪，亦颇类此。"此则记载，转见焦竑：《玉堂丛语》卷8《仇隙》，中华书局1997年版，第288页。
② 吕柟：《泾野子内篇》卷27《礼部北所语》，第284页。
③ 戚继光：《愚愚稿》上《大学经解》，载《止止堂集》，第253—254页。

此，焦竑有如下揭示："盖士习大坏，知营身家不知有民瘼，知急交游不知有吏职；稍自好者，以宠赂公行，势难独立，有相随而靡耳。"一至晚明，士人之耻尚完全被颠倒了，如德业不如人，不以为耻，所耻者乃在名位与享受不如人。① 王夫之也对明末的士风有下面的揭示："数使年之士风，每况而愈下；其相趋也，每下而愈况。师媚其生徒，邻媚其豪右，士媚其守令，乃至媚其胥隶，友媚其奔势走货之淫朋。"②

最为令人称奇的是，科举取士原本属于国家的大典，但竟然也成为主考们营财的最好工具。在明代科场，有些考官就称门生为"庄子"，其意是说得一门生，如同得一座田庄，可以从中获取租子。更有甚者，有些考官称得一举人门生如同生一女儿，得一进士门生如同生一儿子，甚至有"嫁女赔钱，养儿侍老"的说法，③ 究其言外之意，则是对进士门生格外看重。显然，在科举的考场上，也是交易如市，贿赂公行。

明代官场，贪污之风盛行。其间的变化，源于士人求利意识的勃兴，并早在宣德年间已经初露端倪。按照儒家传统的观念，君子处世，理当视义理为是非，不当视人情世故为是非。然根据罗伦的记载，宣德时杨士奇主政之时，顾佐因士奇之荐，出任都御史一职。一日，有人上言，称顾佐卖放皂隶。为此，明宣宗召见杨士奇，问道："顾佐有此事否？为大臣而不检如此，何以长风宪哉！卿何为荐此人也？"士奇回答："此事有之。近仕者禄不足，虽臣亦然，非独顾也。"④ 罗伦所言顾

---

① 焦竑：《澹园集》卷 5《国计议》第 28 页；卷 47《崇正堂答问》，第 722 页。
② 王夫之：《薑斋文集》卷 2《文学刘君昆映墓志铭》，载氏著：《王船山诗文集》，中华书局 1983 年版，第 36 页。
③ 陆文衡：《嗇庵随笔》卷 3。
④ 罗伦：《一峰文集》卷 8《与刘用光》，上海古籍出版社 1991 年版，第 732 页。

佐之事，杨士奇《圣谕录》卷下记载事情本末更为详尽，[①] 不但可以进一步补充罗伦所记，并至少可以说明下面两个问题：其一，明代京城朝臣卖放皂隶，从中收取金钱以维持自己在京城的生活，这尽管是明代朝臣俸禄太薄所致，并被一些官员奉为惯例，但从真正的儒家道德修养来说，正如罗伦所言，应该以"义理"为是非，而不应该以"人情世故"为是非。就人情世故而言，朝臣卖放皂隶，当然事出有因，而且情有可原，但其实违反了一个儒家知识分子安贫乐道的义理准则。其二，官员贪污之风，并非是至宣德年间才成为一个社会问题，而是在永乐末年就已经出现。[②]

当然，明代士大夫贪墨之风的形成，还是应将其定为嘉靖前后。根据史料记载，明初士大夫致仕归里，多无资囊，每每以任为籍，且为人所称道。其子孙亦以宦籍为荣，遇到外客，必云："某乃某时宦籍子孙。"即使到了嘉靖初年，士大夫宦归乡里，行李至国门，大多夜里偷偷进城，且说："勿使乡党见。"显然，虽有贪墨之行，尚存羞耻之心。至嘉靖三十年（1551）之后，凡是仕宦而归者，其宦囊"动以百数笥"，且大白天在闹市中运送宦囊，"惟恐其乡党不见，则不相荣矣"。这种风气，甚至影响到一般的民众。于是，市民群处剧谈，但云："某某做官回，囊资何其厚也，是何其能也！"假如致仕归里，宦囊积薄，就会被人骂为"嗤子"。若是有官员因为犯颜批鳞而得祸，众人更是必

---

① 杨士奇记云："宣德四年，顾佐自升都御史，宪度严明，宿弊清革，下至吏卒，悚仄懔然，吏有遭笞者，捃佐之过，谓受皂隶赂放归，悉具姓名诉通政司以闻。上密以示臣士奇，且曰：'尔不举佐廉乎？'对曰：'所诉之事诚有非诬，盖今朝臣月俸止给米一石，薪炭马刍咸资于皂，不得不遣半给，使备所用，皂亦皆乐得归耕，实官皂两便，此京师大小臣僚皆然。臣亦然。永乐以来如此。仁宗皇帝固知之，所以增朝臣之俸。'"参见杨士奇：《圣谕录》卷下，载《东里别集》，第 409 页。

② 宣德三年（1428），明宣宗召集杨荣、杨士奇等人议事。宣宗说："吾三人商量一事，京师端本澄源之地，祖宗时朝臣无贪者，年来贪浊之风满朝，何也？"杨士奇答："贪风永乐之末已作，但至今甚耳。"云云。此即其证。说具杨士奇：《圣谕录》卷下，载《东里别集》，第 408 页。

道："著何苦？"①

官员之贪墨，究其原因，还是因为其官之得，本来就出自贿选，有些人为了得到一个美缺，不惜在京借贷。严嵩、严世蕃父子掌权之时，更是大开卖官之门。每当开选，则明白标价某官银若干，至于升迁，亦是明白标价。群官争相竞争，甚至导致价格转增。试举其二，以例其余。如当时吏部稽勋司缺一名主事，凡是那些资格相应者，就争着谋取此官，犹如群儿争唉一饼，于是世蕃之门，纷然若市。有一刑部主事项治元，出身富家，必欲得此美差，于是就出银 13000 两，通过家人严年递送，最终获得此官。因所贿银子之数，正好与过去的富民沈万三相符，为此士林中人就戏称其为"沈官儿"。又有一位举人潘鸿业，想得山东临清州知州一职，自己携带 800 两银子进京，再在京城借贷 1500 两银子，最后以2300 两银子的价格，通过中书严鸿的关系，从中谋得此职。②

嘉靖之后，至万历初年，士大夫一度还看重"廉节"，顾及"名义"，不敢公然黩货。一至熹宗，由于太监魏忠贤擅权，非贿不行，于是凡是做官者，"专计宦囊丰约，全无愧耻之心矣"③。至崇祯年间，京城官场更是贿赂大行。为了防止行贿、受贿被缉事者所发现而招致重遣，于是贿赂变得更为隐秘。鉴于行贿、受贿之事的败露，大多因为行贿之人疏漏，所以后来就不再托人，往往见面致通刺，一揖之后，就托言以诗史相质，出诸袖中。凡银称"拙作"，金称"新作"，珠则称"小作"，受贿者心领神会，随即纳之袖中。④ 显然，行贿者已是巧妙百出，有些甚至假借赠墨，而行贿赂之实。⑤

① 戚继光：《愚愚稿》下，载《止止堂集》，第 316 页。
② 邹应龙：《贪横荫臣欺君蠹国疏》，载《明经世文编》卷 329，第 3523—3524 页。
③ 张履祥：《杨园先生全集》卷 23《客座记感》，第 657—658 页。
④ 归庄：《归庄集》卷 10《随笔二十四则》，第 516—517 页。
⑤ 史载朱大雅任安徽祁门知县时，"尝有国子生馈墨二匣。他日视之，则黄金也。呼其人切责曰：'前日之墨，却是等臭。'其人恐懼，谢罪怀之以去"。这是借赠墨而行贿之例。参见张履祥：《杨园先生全集》卷 31《言行见闻录一》，第 888 页。

官场贿赂、贪黩之风，并不单单存在于京城，甚至蔓延至地方官场。即以地方上的知县为例，为了自己的前程，不惜大肆贿赂各级上司官员。根据明末人陈子龙的揭示，若欲得一"百里之邑"的知县，约略计之，所费"不下数百金"。任知县六载，所谓"谢荐杂赂"，亦"不下二千金"。自计典以至考选，更是"不下三四千金"。可见，一个读书人从布衣而拜御史、给事中，"非数千金不可得也"。① 这确实是当时官场的实录。据史料记载，湖广有一位知县，因为在任时贪污而被罢官。但他回到家乡之后，还是过着锦衣美食的生活，而且歌童舞姬之多，简直如同王侯。一次，酒醉之后，他终于说了下面的实话："我若无主意，听孔夫子说话，今且无饭吃，安得有此哉！"② 这些表面上还是尊崇孔夫子的儒家士大夫，其实根本没有把孔夫子的格言放在心里。又有一位官员因为贪污被罢官，当有人问他为何贪污时，他也直言相告："做官如娼妓要钱，只为老鸨狠鞭挞耳。上司之求索，要津之挟制，间有借贷名色，以善取者，其何以应？"③ 做官犹如做娼妓，公开贪污要钱，正如娼妓被老鸨所逼，这些话尽管有为自己遮羞之嫌，但基本道出了身在官场的士大夫的无奈之情。

正因为官场已经对贪黩货贿习以为常，所以当这些衣冠之士在审问劫盗之时，面对劫盗的责难，反而会哑口无言。下面的一则记载，可能是对明代身处官场的读书人的绝妙讽刺。按照明代的惯例，每年秋后在北京录囚，公卿全都到场。成化年间有一年，在录囚时审问一位劫盗，这位劫盗不但没有服辩，而且大声道："若辈何必问吾！吾为贫，故行盗耳。若辈位高禄厚，非贫也，罔不贪黩货贿，较诸白昼劫夺者为甚，尚不知愧乎？"④ 诸位"肉食者"听后，无不羞愧得无以应对。可见，

---

① 陈子龙：《安雅堂稿》卷10《澄吏道》，辽宁教育出版社2003年版，第180页。
② 江盈科：《雪涛阁集》卷14《甘利》，载《江盈科集》下册，第653—654页。
③ 陆文衡：《啬庵随笔》卷2。
④ 戴冠：《濯缨亭笔记》卷5，明嘉靖华氏刊本。

儒名而盗行，比起真正的劫盗来，实是有过之而无不及。

正如陈子龙所言，明代的官场已是"上好诡谀，下轻廉隅，贿赂公行"，所谓的"通才""显士"，其实是"行同贾竖，迹类倡优"。[①]至明末，因为吏部把持选政，一些士人为了能做官，甚或谋得一个肥缺，更使官场几乎成为"面皮世界，书帕长安"。此即大小官员，无不"以官爵为性命，以钻刺为风俗，以贿赂为交际，以嘱托为当然，以狥情为盛德，以请教为谦厚"。据史料记载，当时吏部负责选官事务的官员，每当遇到退朝之后，"则三五成群，如墙而遮，留之讲升、讲调、讲地方、讲起用。既唯诺矣，则又有遮留者，恒至嗌干舌敝而后脱。一至署中，则以私书至。其三五连名者，谓之'公书'，填户盈几，应接不暇"[②]。为了仕途上的晋升，地方官员不得不到京城向把持"津要"之职的人行贿。行贿之人的贿款，当然有厚薄之分，而这些"津要"官员给他们的回报也各有不同。为此，明代京城的市面上流传着这样一句话："十两银，到处寻。一匹缎，看一半。一匹纱，没处查。"[③]

上面所述仅仅是士风从清廉向黩货之转变，属于求"利"的层面。至于一些士人为了在功名仕途上有更大的前途，不惜做出有辱斯文的举动。"洗鸟御史"与"挑土中书"的出现，不能不说是最典型的例子，确乎可称玷污衣冠，辱败士风。[④] 这似乎不是单个的例子，而是在士人

---

① 陈子龙：《安雅堂稿》附录 2《兵垣奏议·直陈祸乱之原疏》，第 410 页。

② 林时对：《荷牐丛谈》卷 2《赵忠毅公奏铨曹积弊》，江苏广陵古籍刻印社 1990年版，第 199—200 页。

③ 戴冠：《濯缨亭笔记》卷 5。

④ 陆容记道："御史职司风纪，中书舍人供奉丝纶，其任皆不薄也。名器之轻重，衣冠之荣玷，则系其人焉。近时一进士，平素出入阁老万公之门，得改翰林庶吉士，万病阴痿，吉士自誉善医。具药沈为洗之，因得为御史。翌圣夫人之侄季通，以门荫官中舍，一同寮济宁人与通友善。尝得归省，以箧寄通，所封鐍甚固。夫人素谙世故，命启视之。其人固辞，夫人不许，乃强启之。一箧有旧衣数件，其下皆书籍，一箧旧衣下皆土墼。夫人大怒曰：'他日欲诬赚家耶？'命欧之。通跪请，乃令自担其二箧去。时人为之语曰'洗鸟御史'，'挑土中书'。一时同官者气为沮丧，其辱败士风甚矣。"参见陆容：《菽园杂记》卷 5，第 60—61 页。

中蔚然成一风气。不妨再举一个例子。如成化年间，大太监黄赐丧母，当时有一位翰林院的官员甚至"衰绖持杖而哭"，以"孝子自处"。①此事尽管为当时的言官所论劾，但已经足以说明士风堕落之普遍。

这两者合在一起，最终造成"士气卑污"，甚或士风"贪戾"。何为"士气卑污"？正如王廷相所云，就是士大夫"刻忍而不仁，淫荡而蔑德，贪利而忘义，骄横而犯礼，鄙陋之风肆行于上，机巧剽劫尤甚于民，恬然安之，不以为异同，风行草偃，上下相效"②。简言之，亦即礼、义、廉、耻"四维"丧失殆尽。而张履祥则将晚明士风士气概括为"贪"与"戾"两字。"贪"与儒家传统所倡导的"让"相对，而"戾"则与"仁"相对。他认为，晚明的士大夫以及相关的人心风俗，唯有"贪戾"而已，其间虽有"甚与不甚"之别，但没有不贪不戾之人。③ 于是，读书士子在出仕之前，其最大的愿望已不再是治国、平天下，而是仅仅限于追求富贵、美色、安逸。当时流行的士人三大"宏愿"之说，堪称典型一例。明代有一位名吴平坡的秀才，平生有三大愿：一愿芜湖抽分；二愿买杨千户房屋；三愿买某娼为妾。后吴氏登弘治十八年（1505）进士，三愿俱遂。④

正如明代嘉定人沈龄所论，在此士风的影响下，即使文士，亦"无不重财"。这从文士替他人写文章收取润笔费可以得到印证。换言之，文士将收取润笔视为一种"利市"，且视取人之钱为"精神"。这是士大夫精神堕落的典型例证。明代中期江南的才子群体，替人作文，

---

① 戴冠：《濯缨亭笔记》卷2。

② 王廷相：《雅述》上篇，载《王廷相集》第3册，第847—848页。

③ 张履祥：《杨园先生全集》卷42《备忘四》，第1162页。

④ 李绍文：《云间杂志》卷1，上海瑞华印书局1935年版，第6b页。按：此例李乐亦有记载，尽管所记稍异，但显然所谓的"吴某"是同一人，且可为前记之补充。李乐记道："云间吴某中乡举后，游南都，与一美妓相厚，语人曰：吾若登第，当妾此妓。果两如愿云。此少年习心之常，不足为怪。榷税芜湖，囊橐既裕，治第太侈，制一卧床，费至一千余金，不知何木料，何妆饰所成。不久，房属之他姓，床巨丽难拆，遂并弃焉。此可为仕宦之永鉴矣。"参见李乐：《见闻杂记》卷3，第242页。

无不收取润笔。如有人曾通过亲昵之人，向桑悦求作一文，桑悦则明白告之："平生未尝白作文字，最败兴，你可暂将银一锭四五两置吾前，发兴后待作完，仍还汝可也。"可见，桑悦已将"白作文字"视为"最败兴"之事，即使碍于朋友情谊，无法收取润笔，但亦必须将银子置于眼前，才能"发兴"。作为名闻遐迩的才子，当时向唐伯虎求文者更是纷至沓来。他曾有一个大本子，专门记录替人写文之事，本子的封面上，则公开题写"利市"二字。这是将润笔视为"利市"，亦即致富发财之一端。都穆尽管号称"不苟取"，但亦汲汲于替人作文，藉此兴发利市。史称他曾经有疾，还是以帕子裹头强起。人请他稍事休息，他却答道："若不如此，则无人来求文字矣。"无人来求文字，就无利市可发。至于以书法著名的祝枝山，更是将取人之钱视为"精神"。史载有人曾向他求文，祝枝山问道："是见精神否？"来人答："然。"祝氏又说："吾不与他计较，清物也好。"来人问需要何种清物，祝氏直言："青羊绒罢。"①在明代，青羊绒是一种相当贵重的面料，祝枝山却在"清物"二字的掩饰下，公然收取润笔。

没有官职的文人，替人写文章索取"润笔"，或许尚在情理之中。至于那些在职的官员，也大多通过此法向人索取钱财，这不能不说贪贿有术了。从明代的史料记载中可知，当时有一些官至通显而又心怀贪昧者，往往不问人之贤愚，只要有人身带丰厚的馈赠，就替人写铭、诔、表、传或庆贺赠送这一类应酬之文。更有一些地方上的府、县官员，也往往假借求修庙学碑或刻书序而纳贿。②这种行径，行贿者或许是意在求人之庇己，而受贿者则意在掩盖自己的苟得，不能不说是一种巧术，但在明眼人看来，不过是掩耳盗铃的把戏而已。众所周知，明代很多大员在上任时，照例会出一个告示，或者给所属官员下一札子，要求地方

---

① 李诩：《戒庵老人漫笔》卷 1《文士润笔》，中华书局 1982 年版，第 16 页。
② 戴冠：《濯缨亭笔记》卷 2。

官员查处利用自己的名头招摇撞骗之人。其实，这些做法不过是表面官样文章而已。谓予不信，那么可以看下面一个例子。贺霖在任苏州知府时，当时有一位都御史边某，先下了一个札子给府、县属官，云："子弟皆居家读书务农，并无出外经商放债者，如有假托干扰，所在官司即捕执送官治罪。"但不久，这位边某"乃以手书放债，令子侄赍诣有司"。地方官也无奈，只好全力替他追债，以致"民不胜捶楚，如伪券偿之"。①

其二，从精勤向怠惰的转变，进而形成一种安于豢养、逸乐之俗。

士大夫一旦以追逐货利作为自己为官的终极目标，那么势必造成在政务上不再"精勤"，而是因循苟且，"怠惰"成习。正如清初理学大家李光地所言，人生日用修为，大抵"精勤"便是"兴旺之气"，而"怠惰"则是"衰废之气"。而明季的士大夫，已是"白昼安眠，夜中饮宴"，② 显然养成一种怠惰之习。

李光地的说法并非空穴来风，同样可以从明人的看法中得到印证。明人胡世宁直称朝士已是"安于豢养，狃于因循"。这就是说，明代的士大夫，他们群居言议所及，或者心志所向，不说"升官"，则说"成家"。一旦有人有语及国事当忧，民瘼当恤，则群怒群猜，百口排斥，不是斥之为"生事"，就是斥之为"好名"，"使必无所容身，不能出言而后已。"③ 更有甚者，"宁负公家而不负私室，宁害下民而不害己身"，更是成了一些地方官员明哲保身甚至加官进爵的要诀。李梦阳更是将士大夫身处官场的圆滑之态，视为反映于士气中的一种"元气之病"。按照儒家的教义，自孔子以来，就主张"邦有道，危言危行"。但就明代士大夫的风气来说，却是不喜人言，见人张拱深揖，口呐呐不吐词，则以为"老成"。不仅如此，还不喜人直，遇事圆巧而委曲，则

---

① 戴冠：《濯缨亭笔记》卷3。
② 李光地：《榕村续语录》卷18《治道》，第822页。
③ 胡世宁：《备边十策疏》，载《明经世文编》卷136，第1350—1351页。

以为"善处"。是以转相则效，翕然风靡。①

毫无疑问，这是一种官场"缄默圆活"之风，其目的则是为了保持自己的官位爵禄。对此，王邦直揭示道："上司多喜谄佞，而无靡监之忠；下官专事逢迎，而忘尽职之义。大抵依阿软熟，惟恐招尤；缄默圆活，以图保禄。"② 换言之，就是士气"卑弱"，委靡成风。

明代的官场已普遍被当时的学者视为"毒蛇聚会之地"。若是一个平昔心肠条直甚至全不会使乖之人，进入官场，必定会吃大亏。所以，有人就告诫那些性格刚直之人，进入仕途之后，"坐中非但不可谈论人长短得失，虽论文谈诗，亦须慎之"。否则，一不小心，就会"谤议交作"。③ 对此，明末清初人林时对根据自己的仕宦经历，对明代官员的因循苟且之风深有感触。在林时对的眼中，凡是能够"飨高名而踞要路"的士大夫，大多"贵倨鲜湀，沉默寡言笑"。若是有人问他们"目前利害"，则无不半吞半吐，顾瞻缩朒，不肯直下承当。究其用意，就是"容头过身，哄骗三九到手，便抽身享福"。为此，他们视国家治乱存亡，如秦人视越人之肥瘠，毫不关心，最终酿成不痛不痒之世界，"使己幸保身家，而祸贻君父，江山断送，宗社丘墟"。即使如此，此辈尚可"逍遥泉石，终全首领以殁也"。④

由此可见，明代士大夫的大患，正如陈子龙所言，在于平居多了"逸乐之心"。为了追求逸乐的生活，他们可以"不措意天下事"，而是"朝夕问田宅、近妇人而已"。一旦身当兵革，那么，无不"张皇失策，一坐数起，瞻顾左右，欲言更止"，不再能"仪度如常，不废觞咏"。⑤ 其实，从万历末年之后，官场中的士大夫已经开始相习奢侈，诸如宫

---

① 李梦阳：《应诏上书疏》，载《明经世文编》卷 138，第 1372—1373 页。
② 王邦直：《陈愚衷以恤民穷以隆圣治事》，载《明经世文编》卷 251，第 2639 页。
③ 邓球：《皇明咏化类编》卷 79《士风》，明隆庆间刊钞补本。
④ 林时对：《荷牐丛谈》卷 2《杨忠烈公血书》，第 202—203 页。
⑤ 陈子龙：《安雅堂稿》卷 3《徐职方诗稿序》，第 37 页。

室、车马、衣服、器用之属，无不"崇饰华丽，迈越等伦"。即使那些以清高自命，且宦橐无多的士大夫，亦不惜"称贷母钱"，"缔构园亭卉木，耽娱山水诗文，以是优游卒岁为快"。譬如他们的亲串朋好，偶逢吉庆生辰，就相率"敛钱造杯制帐，更迭酬唱，以为固然"。①

为了保持这种奢侈逸乐的生活，除了在任时大肆贪贿之外，还在乡里鱼肉百姓。从崇祯朝工科给事中曹应遴的上疏中可知，明末的绅富大多是"衣租食税，安坐而吸百姓之髓"之辈。在平日里，他们"操奇赢以病民，而独拥其利"，导致乡里百姓对他们缺乏信任感。一旦面临社会动乱，再欲使贫民"出力相护，无是理也"。最为典型的例子，有以下两个：一是秦王号称富甲天下，当起义军攻破西安时，"府库千百万，悉以资贼"。二是莱阳城破之时，乡绅张宏德"自捐其藏，得百万金，不免阖门就戮"。②

其三，从奔竞而可鄙向矫激而立名的转变，进而形成一种激扬名声之风。

在晚明，士大夫群体中已经形成一股趋竞黜静之风。照理说来，用人理应根据人的才品而定。"竞进"之人，其实就是孔子所谓患得患失的"鄙夫"，其人品已属不屑，而且"营营焉以钻刺结纳为事"，那么居官亦必"虚饰务名，而不尽力于职业"，无才足称。然士大夫一旦趋于利欲，那么，奔竞、趋走则成一种常态，且能官运亨通，而不愿奔竞的"静者"必会远离而去，日少一日，③ 最终导致士风大坏。如何改变这种士风？赵南星认为最重要的方法就是奖恬抑竞。如何奖恬抑竞？这在赵南星看来，还是应该回到恢复自己的"良心"这一老路上去。所谓的良心，就是恻隐、羞恶、辞让、是非，亦即孟子所谓的"四端"，

---

① 杨嗣昌：《杨嗣昌集》卷33《访据疏》，梁颂成辑校，岳麓书社2005年版，第823页。

② 张怡：《玉光剑气集》卷4《国是》，第187—188页。

③ 赵南星：《覆陈给事疏》，载《明经世文编》卷459，第5022页。

均由仁、义、礼、智而发。赵南星清醒地认识到，士大夫只要有了恻隐之心，就不会再去害人；只要有了羞恶之心，就不会再有贱辱妄苟之行；只要有了辞让之心，就不会再接受其所不臧；只要有了是非之心，就不会再以私意而混乱黑白。①

昔人有言：贪夫殉利，烈士殉名。其言外之意，就是士之趋朝，犹如贾之趋市一般。晚明士风，在张居正执政前后，发生了很大的转变。这就是说，当张居正执政之时，"党同伐异，闪烁动人，天下之人，以为时之所尚者或在彼也，于是乎媚灶乞墦，甘心罔上，苟蒙一顾，罔恤生平，即乡党自好者流，犹或望而趋之"。此时的士习为"奔竞而可鄙"。一旦张居正去世，奔竞顿息，但士风亦随之发生转变，即变而为"惇惇立名，高自标榜，争蹊取径，渐失本真，即瑕瑜相半者流，犹将袭而取之"。此时的士习为"矫激而不情"。②更有甚者，万历年间的居官之风，无不养成"矫情饰貌"之风。根据《谈往》的记载，当时的宦局士风，已经流变为"崇尚朴素，贪索名高"。这从馆寓之屋，可以得到印证，亦即士大夫崇尚"清谈简率，俭啬鄙陋"，最终导致"官于此屋争品，屋亦因此官而告颓"③。可以说道尽当时之弊。至崇祯年间，由于朝廷开始关注"岩穴之士"，为此，士人亦"危言深论，激扬名声"，进而导致"有匹夫上书诋诃禁近，处士抗论裁核公卿"，浸寻乎犹如东汉之局。④

晚明士人，显然有一种"名士"情结，为此形成"好名"之风。

---

① 赵南星：《再剖良心责己秉公疏》，载《明经世文编》卷459，第5023页。

② 许弘纲：《计典乍竣众志方新乞崇实行以端士习事》，载《明经世文编》卷430，第4708页。

③ 如《谈往》有记载馆寓变化云："寓此馆者，初则门楅为薪，继则椽槛佐爨，前人苇席遮穿，后人则拆三并两，更为一，至于广筵长夜之器用，主以情借，仆以奸卖，空空如也。清谈简率，俭啬鄙陋，官于此屋争品，屋亦因此官而告颓。"转引自方师濬：《蕉轩随录》卷7《居官勿矫情饰貌》，中华书局1995年版，第274页。

④ 吴伟业：《吴梅村全集》卷27《文集》5《何季穆文集序》，第654页。

明代士人好名之习，同样体现在嘉靖、隆庆以后所出现的"好古"之风中。如于慎行就指出，当时的士大夫在所写的文章中，无不雅好古风，诸如称朝廷吏、户、礼、兵、刑、工六卿为太宰、大司徒、大司马等，称都察院左右都御是为大中丞，称锦衣卫掌印指挥为大金吾，称顺天府尹为大京兆，称各镇总兵为大将军之类，无不是以古官名代替当时官名。照理说来，名言之间，礼分所寓。士大夫之言，一落文字，涉及官名，理应职、任相合才是。但明代的士大夫却并不如此，一概雅好古名，甚至不乏孟浪无稽。① 除此之外，在生活样式上，明代的士大夫确乎堪称"诸事慕古"，譬如衣服崇尚唐缎、宋锦，巾帻推崇晋巾、唐巾、东坡巾，一说砚台必提铜雀，墨以李廷珪为贵，字以王羲之、褚遂良为宗主，画则求赵子昂、黄大痴。如此等等，不一而足。惟是做人却不思学习古人，且不说明初洪武、永乐年间之人，即使是嘉靖初年之人，亦不追思仿效。间或有一二人欲行古人之道，就有人跳将出来，加以指摘讥贬。② 这仅仅是外在形式上对古人加以仿效，而并非在个人心性修养上的慕古，称其为"不知类"，并不为过，但这确实是当时士大夫的一种风气。

这就牵涉到明代士人的好名之习。从郑瑄的揭示可以看出，当时的士大夫，不但要利，而且求名。明代士大夫往往做出很多自相矛盾的事情，其实都是为了求得名利。如他们大多喜好捐资起塔施僧，但在助贫赈乏方面显得相当纤啬。可见，他们并非真能轻财，而是通过施财以求"福利"。又如他们通常在仕路上进上显示出很淡漠，有时甚至显得很慵懒，表示自己很不愿意做官，但在子女财帛方面又变得相当迷恋。这也不是真的清淡，而是为了求得好的声望。③

---

① 于慎行：《谷山笔麈》卷 13《称谓》，第 148—149 页。
② 李乐：《见闻杂记》卷 6，第 480—481 页。
③ 郑瑄：《昨非庵日纂》卷 6《坦游》，载《笔记小说大观》第 14 册，江苏广陵古籍刻印社 1983 年版，第 49 页。

明代士大夫虽动称要铲除"名根"，其实名根未除。何以言此？明人徐应雷对此曾作了相当仔细的辨析。通过他的辨析可知，明代士大夫之"好名""名根"已具以下两大特点：其一，士大夫动称"铲除名根"，却无真正的"好名"之人。譬如，一见孝友忠信、高洁超旷、慷慨义烈之士，士大夫中的"弱者"不但不知自愧，反而会"讶人之能"；至于士大夫中的"强者"，尽管颇知其愧，却又忌人之能，动辄加以"好名"二字，蔽其生平。于是，士大夫谈道好讲学者，动辄称"当铲尽名根"，其实是说者容易，却很难见到有真正好名之人。其二，"好名"之习的俗化。不妨试举下面多例：如某位名公由翰林外补，官仅滞于外台，且又病甚，某位名士必作如下评论："此公文章、人品俱卓，独名根尚在，未得赐环，是故病甚。"又如某位禅师使人传话，让某名士、某名士前来拜见。对此，徐应雷认为，这位禅师一向真心实行，必定不会做出如此举动。但是某位名士则说："禅师独名根尚在耳。"又如某位名公不得会元，某位名公不得状元，终身不怿，士人通常亦以"名根尚在"责之。又如有一大家商议请人撰写葬录，先是请甲撰写墓志、乙撰写墓表、丙撰写传，而后又请丁撰写传；先是请戊撰写诔，而后又请己撰写诔；先是请庚撰写挽章，而后又请辛、壬、癸撰写挽章。为何如此惮烦，正如这大家的子孙所云："吾恐丁、巳、辛、癸之愠也。"照理说来，别人家的葬录无求于己，既省一事，又省去一番曲笔谀词，应该说是相当安佚之事，又何愠之有？但世俗之见，还是将其归于"丁、巳、辛、癸名根重"。其实，所有上面之例，与名根毫不相干。凡此数者，并非名根未铲，应该说是"不及于名者也，其名根尚埋藏九地之下者也"。换言之，明代的士大夫已经将"好名"之"名"作了根本性的混淆，不但将"孝友忠信、高洁超旷、慷慨义烈之士"视为好名，甚至"紊一切鄙陋龌龊之情态"，亦将其称为"好名"。① 进言之，明代恰恰缺少真

---

① 徐应雷：《好名》，载《明文海》卷94，第923页。

正的好名之士。

基于上述，从士风变迁，确乎不难看出明代士大夫精神的堕落之势。就士大夫的上层而言，由于风俗寖薄，最终导致"士习益变"，诸如"曲跽为恭，厚貌为信，喜怒相疑，愚智相欺，诞谩以言，而险德以行"之类，如不都是士习益变的明证。士大夫身处如此时代，就如入百戏之场，无不耳目眩惑，很难做到砥行立名，不辱"士"之称谓。① 明人吕坤将官场士风的"病本"归纳为"私"与"伪"，可谓一语中的。所谓"私"，就是将原本应该属于秉公持正、矢心天日之地的衙门，变而为"借得为之势，以结大小之欢"；所谓"伪"，就是将原本为国民利病所关的实政，仅仅以簿书文移弥缝搪塞，一生精神，只是用在应酬世态、绸缪身家之处。② 而王廷相则更是以"俗""鄙""奸""恶"四字形容当时的士气，亦堪称入木三分。照理说来，作为"探六籍，尊仲尼"的读书人，应该说对"道义"之说习之有素，并将之付诸实践。而事实并非如此，之所以不能实践"道义"之说，还是因为士大夫已经"志卑而习汙"之故。所谓"俗"，就是"不求诸道义，而惟情欲之狗"；所谓"鄙"，就是"不耻害于道义，而惟利是计者"；所谓"奸"，就是"假道义之名，而实利己者图"；所谓"恶"，就是"离畔道义，残物而无忌"。③

士大夫上层的精神堕落如此，下层士人更是士习大坏。明季坛坫林立，文社四起，此为当时风气，不足为怪。然若细究之，明季文社中的诸多行为，确乎如陆符所言，已有"播为乱气"之势，从某种程度上

---

① 钱琦：《测语》卷下，载《盐邑志林》卷26，影印明刻本。
② 郑涵编：《吕坤年谱》，中州古籍出版社1985年版，第151页。
③ 王廷相：《王氏家藏集》卷21《叙齿录后序山东壬午乡试》，载《王廷相集》第2册，第401页。

堪比"盗贼"。① 进而论之，明代的学校之士，已经不再务学，学校已经失去了应有的严肃性。以学校的明伦堂为例，南北两京国子监设彝伦堂，明初诸帝曾屡次驾幸。其后，凡是皇帝登极，亦必视学升堂，让翰林院的宿儒大臣讲说儒家之书。为此，国子监祭酒、司业全都避中堂不坐。在外府、州、县学校的明伦堂，虽无皇帝驾临，然顾名思义，除了乡饮酒礼之外，决不应该在其中设席。时至晚明，不但在明伦堂中设席，而且还在堂中演戏。这足以证明学校的主人与宾客，确实达到"读书不识字"的地步。② 士子不但不务学，其中稍有所习，亦是不再遵奉朝廷功令，以朱熹的《四书集注》为本，而是敢于悖叛朱熹，明示攻击。为了投时好而取青紫的目的，甚至不乏"务怪逞奇"之举。③

俗语有云：天下本无事，庸人扰之耳。宋人亦有言：庸人何足以扰天下之事，扰天下之事者，智者也。所谓"庸人"，指普通的民众而言；而所谓"智者"，则显属读儒家之书、识儒家义理的士大夫。照理说来，士大夫理应是地方善风善俗的维护者，维系朝廷纪纲法度的中流砥柱。而事实并非如此。正如明人李乐所言："予谓庸人所扰，其害小；智者所扰，其害大。而私智穿凿天下之所尊信者，其害为尤大。"④可见，士大夫精神一旦堕落，反而会成为社会秩序的破坏者。就此而论，明人田艺蘅将士大夫一称的"大夫"，视为"小夫"而加以非议，确是事出有因。究其原因，所谓的"大夫"，主要基于他们"道大德大

---

① 陆符揭露明季士习之坏，有云："少读书吴中，朋友亲昵，署其刺曰'友'而止，未几而概名以'社'，犹无乖于丽泽也；未几而更益以'盟'。其后噉名者日多，踵事者日出，闻声胁孟，皆以此称谓张大其声气，其盟主几若齐、秦之欲自帝于东西；署置同事名曰'首勋'，摈排异己谓之'屏放'，狂惑至此，播为乱气，若澜倒堤决，莫之堙塞。而登莱孔有德之难，渠魁遂亦以此相招集，流寇因而效焉。夫人必身无乱气，而后可以理天下之乱。"陆符之说，参见全祖望：《鲒埼亭集外编》卷25《陆大行环堵集序》，载《全祖望集汇校集注》中册，第1216页。

② 李乐：《见闻杂记》卷5，第466页。

③ 李乐：《见闻杂记》卷5，第463—464页。

④ 李乐：《见闻杂记》卷5，第466—467页。

而业大"，犹如孟子所谓的"大丈夫"。既称大夫，自然属于君子一类。明代的时风却并不尽然。士大夫之"大"，已是"不大其道，大其势；不大其德，大其财；不大其业，大其弊"。①

尤堪注意者，尽管明代存在着不少家风谨严的士大夫家族，如归安茅氏家族，茅坤为官颇显。其兄茅乾俶傥有侠气，家人以贾商为业；其弟茅艮则笃朴安分，嗜农桑利。两人均不曾倚恃茅坤之势，剥削残虐细民，各成大家。史称茅氏家族，人丁颇盛，"富贵贫贱纷杂，皆能务本力穑，其贫贱者，不屑仰干富贵家，而富贵人待其宗人，亦固守卑幼之礼，能勿失"。② 又如嘉兴朱氏，朱国祚曾任吏部侍郎，当自家仆人与店家发生争执时，能当众对家仆加以责罚，安慰小户。③ 在宦家焰大的明末季世，确属特立独行之举。但就总体而言，士大夫家风已呈堕落之势。只要父兄一登科第，那么其子弟大都"凭藉起家"，甚至奴仆亦大多倚势欺凌乡里。④ 士大夫门风堕落，显然与世风浅薄桴鼓相应。

近人劳思光在论及明代知识分子时，曾认为当时的知识分子有一种"自危之感"和"被迫害感"。在这种自我感觉的阴影下，明代知识分子，"不论气质性格为刚为柔，为正为邪，大抵皆无扭转乾坤之信心及承担感。最上者不过能以'一死'自守原则，下者即俯首权力之下，随人摆布而已。"⑤ 此论尽管就其大体而言，然若揆诸明代士大夫精神的堕落之势，确乎道出了实情，不乏真知灼见。

---

① 田艺蘅：《留青日札》卷 37《非夫过言》，第 1167 页。
② 李乐：《续见闻杂记》卷 10，第 790—791 页。
③ 李乐：《续见闻杂记》卷 11，第 1028 页。
④ 李乐：《续见闻杂记》卷 10，第 790 页。
⑤ 劳思光：《新编中国哲学史》3 卷上，广西师范大学出版社 2005 年版，第 55—56 页。

三、风物闲美：江南的文化生活

　　说到历史上的"江南"，显然是一个饶有兴味的题目。唐代诗人杜牧《江南春》诗云："千里莺啼绿映红，水村山郭酒旗风。南朝四百八十寺，多少楼台烟雨中。"唐代诗人白居易《忆江南》诗云："江南好，风景旧曾谙：日出江花红胜火，春来江水绿如蓝。能不忆江南！"诗人笔下，诸如水村、山郭、酒旗、古寺、楼台、江花、绿水，江南的春天，风光美不胜收，甚且耳熟能详。从宋代开始，流行如下两个俗语：一是"上说天堂，下说苏杭"，作为江南典型象征的苏州、杭州，已经成为可与天堂媲美的温柔之乡；二是"天下九福，吴越口福"，江南物产的丰美，更是可以使老饕们大饱口福。

　　那么，究竟何处是"江南"？这就牵涉对"江南"这一概念如何加以界定的问题。通过对现有的研究成果加以梳理不难发现，江南既是一个行政、地理、经济概念，更是一个文化概念。从行政、地理、经济概念的角度入手，将江南限定在苏州、松江、常州、镇江、应天、杭州、嘉兴、湖州八府以及由苏州府划出的太仓州，不失为一个较为合理的界定。

　　从行政区划的角度来说，我们需要探讨的江南，在历史的演变中并无真正与之相应的行政区域。即使如此，还是不能不提及唐代的"江南道"，但唐代的江南道包括今日浙、赣、湘、闽四省及苏、皖二省的南部。至盛唐时期，将其一分为二，分为"江南东道"与"江南西道"，但江南东道仍包括浙、闽二省及苏、皖南部。中唐之时，又将江南东道分为浙西、浙东、宣歙、福建四个观察使辖地，通常所谓的江南相当于"浙西"。至宋代，盛唐时期的江南东道，又被分为两浙、福建、江南东三路。至元代，两浙路被取消，浙西路并入江浙行省，"江南"一称不再被用作行政区划名称。入明之后，又把这一地区分为南、北两部分，北部苏、松、常、镇、宁划入南直隶，南部杭、嘉、湖并入浙江省。尽管王士性在《广志绎》一书中，仍有"江南诸省"一称，包括浙江、江西、湖广、广东四省，但这里所谓的"江南"，事实上已经是一个广义的行政区域概念，仅代表长江以南的各个省份。

从自然地理的角度来说，江南显然具备一种地理完整性。这八府一州东临大海，北濒长江，南为杭州湾和钱塘江，西则为皖浙山地的边缘，大致属于长江三角洲或太湖流域，从地理、水文、自然生态诸方面，确实构成了一个较为完整的整体。①

从经济生产消费模式及其相互联系的角度来说，上述的八府一州也确实形成一个完整的经济地域。自晚唐以来，凭借其温暖湿润的气候及完备的水利设施，再加之别具一格的经济生产模式，使得这一区域成为富足与城市化的象征。一句"太湖熟，天下足"的民间谚语，已经明白道出江南是天下的粮仓。尤其是明代中期以后，桑叶、棉花等大量经济作物的种植，以及由此带动的棉纺、丝织手工业的发展，便捷的水路交通以及随之而来的国内贸易航线的开通，大量市镇的崛起及其移居人口就业机会的增加，更使江南成为中国最富庶、城市化程度最高、人口最为密集和极具变化的地区。②

① 相关的探讨，可参见李伯重：《"江南地区"之界定》一文，收入氏著：《多视角看江南经济史（1250—1850）》，生活·读书·新知三联书店2003年版，第447—462页。
② 李伯重：《"江南地区"之界定》，收入《多视角看江南经济史（1250—1850）》，第454—457页。按：江南区域经济及其特色，研究成果相当丰硕，其概括性的梳理，可参见［美］高彦颐：《闺塾师：明末清初江南的才女文化》，江苏人民出版社2005年版，第21页。

从文化特性的角度来说，作为文化区域的江南，若欲加以界定，则更显困难。正如有的研究者所言，因为"江南是一个特定的名字，是一种流行的诗意暗示、想象出的丰富形象、享乐主义和肉欲的美丽，这些都是少数人的特权，也只有这少数人能够置身于这种丰富多彩之中，所以江南的界限永远是充满争议的"①。其中最为典型的例子，就是江北的扬州府与浙东的宁波、绍兴二府。尽管就自然地理的位置而言，因为长江的相隔，使扬州成为江北；同样的道理，因为钱塘江的阻隔，使宁波、绍兴成为浙东，从而与位于浙西的杭州、嘉兴、湖州有所区别。然就它们的物产与民众生活的富庶、商业文化的繁盛以及与长江三角洲经常而且便捷的交通往来来说，在明代仍然可以被视为江南的一部分。究其理由，尽管扬州的方言属于江淮官话，与江南的吴语方言存在着区别，但贯通南北的大运河的存在，同样将扬州与江南紧密地联系在一起。宁波、绍兴二府，其方言虽别具特色，但就其大的范围而言，仍属于吴语系统，且大运河虽以杭州为最南端，但大运河向南其实有一个延伸段，即经绍兴直达宁波的运河，同样也将绍兴、宁波与浙西联结在一起。无论是交通联系，还是经济繁盛、文化繁荣，扬州、绍兴、宁波三府均应归于江南文化的范畴。换言之，风俗习惯、方言将扬州、绍兴、宁波与所谓的江南有所分隔，却又被一种想象的繁华统一于广义的江南之中。鉴于此，本书所谓的江南，除了苏州、松江、常州、镇江、应天、杭州、嘉兴、湖州八府及太仓州之外，尚包括扬州、绍兴、宁波三府。

早在元代末年，由于元朝政府对江南士人采取一种较为优惠的政策，致使元代末年的江南士大夫以及富民，无不过着一种相对奢侈优游的生活。他们以豪奢相尚，广建园囿，诗文唱和，从容风雅，确乎可称

---

① ［美］高彦颐：《闺塾师：明末清初江南的才女文化》，第22—23页。

乐土。"吴中素号繁华"，① 大抵已经道出了元末江南的繁盛景象。

面对元末群雄四起的局面，江南士人有以下三种政治动向：一是以戴良、王逢为代表的士人群体，从"保境安民"的目的出发，公开支持张士诚政权。史称"胜国之末，太尉张士诚据有吴浙，僭王自立，颇以仁厚见称于其下。开礼贤馆，以礼羁寓，一时士人避难择地，视东南若归"，直至明代，苏州人尚称张士诚为"张王"，② 而其代表性的人物则有张思廉、陈惟允、周伯琦。二是以杨维桢为代表的士人群体，虽对朱明政权无甚好感，却亦不参加张吴政权。三是以宋濂、刘基为代表的士人群体，亲身投入朱明政权，且为明朝建立出谋划策。③ 江南士人对元朝盛时太平景象的留恋，导致明初建国之时，江南士大夫家族遭受沉重的打击。以苏州府常熟县为例，元末时的"富民"以曹善诚、徐洪、虞宗蛮三家最为闻名，而且过着相当奢华的生活。至明洪武年间，当大理寺卿熊概抚吴之时，"喜抄没人，一时富家略尽"，虞氏家族亦名列其中。④ 尤其是苏州，因为曾是张士诚所据之地，明朝建立之后，尽管免遭屠戮之惨，但当地百姓相继被迁徙充实三都，或者戍守远方，导致邑里萧然，生计鲜薄，过者增感。⑤ 至于一直困扰江南士民的苏州、松江两府的重赋问题，尽管其成因不一，但确实与元末江南士人

---

① 王锜：《寓圃杂记》卷 5《吴中近年之盛》，中华书局 1984 年版，第 42 页。

② 杨循吉：《吴中故语·太傅收城》，载《苏州文献丛钞初编》上册，第 176—177 页。

③ 关于元朝的士人政策，以及元末明初江南士人群体的政治动向，较早且具建设性的研究成果，可参见邵循正：《元代的文学与社会》，载《元史论丛》第 1 辑，中华书局 1982 年版；陈垣：《元西域人华化考》卷 8，载《励耘书屋丛刻》，北京师范大学出版社 1982 年版；姚从吾：《姚从吾全集》第 5 集，台北正中书局 1971 年版；钱穆：《读明初开国诸臣诗文集》，载《新亚学报》第 6 卷第 2 期，1962 年。至于在前人研究成果基础上加以总结性研究的成果，可参见郑克晟《明代政争探源》第 1 章《江南地主在元朝的地位》，天津古籍出版社 1988 年版；郑克晟：《试论元末明初江南士人之境遇》，载氏著：《明清史探实》，中国社会科学出版社 2001 年版，第 7—33 页。

④ 王应奎：《柳南随笔》卷 3，中华书局 1983 年版，第 52 页。

⑤ 王锜：《寓圃杂记》卷 5《吴中近年之盛》，第 42 页。

群体的政治动向有直接关系。

至明正统、天顺年间，江南经济得以恢复。以苏州为例，当时仅可称"稍复其旧"，但还是"未盛也"。直至成化年间，经过朝廷的休养生息，苏州已是"迥若异境"，愈益繁盛。这种繁盛的景象，大体上体现在以下几个方面：一是城市大兴土木，"闾檐辐辏，万瓦甃鳞，城隅濠股馆亭布列，略无隙地"。二是城市人口集聚，"舆马从盖，壶觞罍盒，交驰于通衢水巷中，光彩耀目"。三是旅游、娱乐业的勃兴，"游山之舫、载妓之舟，鱼贯于绿波、朱阁之间，丝竹讴舞与市声相杂"。四是人性益巧，物产益多，凡是上供给朝廷的锦绮、文具、花果、珍羞奇异之物，均有所增加。尤其是像刻丝、螺漆之类，自南宋以来，这些工艺久已失传，明代不仅加以恢复，而且使工艺更为精妙。五是人材辈出，尤称冠绝，"作者专尚古文，书必篆、隶，骎骎两汉之域，下逮唐、宋，未之或先"[1]。至嘉靖、万历年间，尽管朝政不纲，但江南承平已久，号称"斗米七钱"，更是奠定了江南的人文风气。这种风气，倡始于士大夫，他们以科名归养，暇日颇多，风气渊雅，闻人辈出，成为一时人望。譬如他们刊刻一本书或法帖，其间即使是小小的异同，小小的源流，动辄成为掌故，导致众人"闻其逸事而慕之，揽其片楮而芳香悱恻"。风气所及，即使是当时优伶之见闻，商贾之气习，也远远超越后世的士大夫。[2] 可见，借助江南的地理优势以及市镇经济的繁荣，再加之江南士人通过科第而陆续进入仕途，以世代簪缨为特点的江南士大夫家族在明朝重新得以确立，其行为乃至风尚，成为一时楷模。

明代江南的文化生活，大抵可以"风物闲美"四字加以概括：说其"风"，是指江南形成"时尚"之风，出现时尚人物，并进而引领着全国的时尚潮流；说其"物"，是指江南人性益巧，物产益多，工艺日

① 王锜：《寓圃杂记》卷5《吴中近年之盛》，第42页。
② 龚自珍：《龚自珍全集》第3辑《江左小辨序》，王佩诤校，上海古籍出版社1999年版，第200页。

精，并且出现了"物带人号"的现象，很多物品以时尚人物命名；说其"闲"，是指基于生活富足的前提之下，无论是江南的士大夫，还是一般的庶民百姓，无不带有一份闲情逸致的心境，追求生活的娱乐化，甚至出现了职业的"帮闲"与"女帮闲"；说其"美"，是指江南的文化生活存在着一种追求艺术化的倾向。

风："时尚"之风

明代的江南，形成了一股"时尚"之风。这就不能不提及"时尚""时样"两个专有名词。

从现有的史料来看，"时尚"一词始见于明代。什么是时尚？明代的史料作了下面的解释："今一衣一帽，一器一物，一字一语，种种所作所为，凡唱自一人，群起而随之，谓之时尚。"① 这就是说，时尚的形成，通常"唱自一人"，而其影响力则是"群起而随之"，形成一股区域性甚或全国性的冲击波。

从上面的史料记载可知，所谓的时尚，大多体现在"衣帽""字语""器物"等领域。器物时尚在此置而不论，在后面还将谈及。先说，"一衣一帽"，显然与"时样"一词相关。所谓时样，是指入时的式样。这一名词在宋代就已经出现，如陈师道《后山诗注》卷10《谢寇十一惠端砚》诗有云："琢为时样供翰墨，十袭包藏百金贵。"在明代，江南儇薄子的衣帽样式，无不更改古制，谓之"时样"。② 那么，什么是当时的"时样"服饰？我们不妨举一些例子加以说明：一是浅面矮跟鞋。《开卷一笑》卷五收录了一衲道人（即屠隆）所著《励世编》，末述阎罗王道："我自另拿一班穿剥皮箍腿袜，浅面矮跟鞋的轻

---

① 袾宏：《竹窗二笔·习俗》，第134页。
② 俞弁：《山樵暇语》卷8，《四库全书存目丛书》，影印明朱象玄钞本。

脚鬼来，踏坏了这豆腐街，罚他吃了狗屎落油锅。"① 显然，浅面矮跟鞋是当时的时尚穿戴之物。二是笔管水袜。上面所引屠隆所谓的"剥皮箍腿袜"，应该说也是当时的时兴货色。最初使用的布袜大多以宽大为主，在膝际缚住。但一至晚明，这种宽大的袜子已经不再流行，转而改为盛行窄小。这种窄小的袜子，又称"笔管水袜"。此名的出现，其意也是指此袜"极窄"。② 综合上面的两种服饰时尚，可见当时的风气普遍崇尚"浅面""矮跟"以及窄小，故而被屠隆斥为"轻脚鬼"。不过，一身轻脚鬼打扮的人，却被晚明的人普遍认定为时尚之人。当然，无论"浅""矮"，还是"窄""轻"，均与当时"轻薄""轻浮"的时风若合符节。

再来看"一字一语"，大抵可以从俗语、清言、方言三个方面加以考察。在明代的文人士大夫看来，"俗语近于市，纤语近于娼，诨语近于优。士君子一涉此，不独损威，亦难迓福"③。所谓俗语，就是一些市语，包括民谣、谚语、口号以及江湖隐语；纤语，虽无专门指称，但据后面的记载来看，苏州、松江一些少年子弟的土语，很多已近于纤语，婊子行中的行语，其意亦少近之；而诨语，则无疑是指那些戏谑之言，一如优人之插科打诨。明代的江南，市语已经相当风行。《金瓶梅》小说中的歇后语，如"南京沈万三，北京枯树弯——人的名儿，树的影儿"，其出典显然是当时流行的谚语，应为"南京沈万三，北京大柳树"。④ 曲中行语，大多轻佻，当时南京的市语，却大多本于曲中行语，试举多例如下：燥脾——意思是说快；肉麻——意思是说可羞，令人肉麻也；趒——意思是说调喉；撦——读为"者"，意思是说作态；波老——意思是说不在行，《西厢记》中称"波学士"；冒尸

---

① 陈皋谟：《〈笑倒〉选·笔管袜》，载《明清笑话四种》，编者按语，第89页。
② 陈皋谟：《〈笑倒〉选·笔管袜》，载《明清笑话四种》，第89页。
③ 江盈科：《谐史·谜类附》，第264—265页。
④ 谈迁：《北游录·后纪程》，中华书局1997年版，第135页。

鬼——意思是说突然而来；水——意思是说虚奖太过；括——意思是说目挑心招；扯淡——意思是说没来由；嚼蛆——意思是说乱说话；猴食——意思是说可厌之物，有轻慢他人之意；来回——意思是说底事；撒漫——意思是说肯散金。[1] 这些原本出自曲中的时尚流行语，在渐渐延及普通平民的过程中，最后更是"衣冠渐染"，亦开始被文人士大夫所接受。值得注意的是，明代江南人的很多俗语，有些来自当时发生的人和事，显示出江南流行语的时代性。譬如在松江，隆庆以后民间妇女骂人必称"活邢敖"，其出典就是当时的"贼犯邢敖"。隆庆时，华亭县有一越狱之盗邢敖，被知县张烛"抉其目，暴尸于市"，[2] 后来却成为泼妇的口实。在明代江南文人士大夫中间，流行一种清言，显然与他们讲究一种清雅的生活有着密切的关系。早在弘治二年（1482），苏州一带的文人士大夫，就有将自己的清雅生活的场景以及文人相聚所说的清雅之言记录下来，并编成集子的习惯，于是也就出现了所谓的清言集。如朱存理，就著有一本《松下清言》。据他自己所言，自他僦居松下之后，经常与他过往或到他舍中清谈之人，有杨君谦、都穆、祝枝山、史引之、吴次明、尧明宿等人。所交往之人，一概不是"势利之人"，而所谈也不是"势利之事"，不过是一些品砚、借书、鉴画之事。松下所设，有一几，可以摊书，以便主客共赏。来客之后，主人也不用酒宴招待，而只是"啜茗"。[3] 朱存理将每天过客之谈记录下来，也就成了这本《松下清言》。

　　无论是衣帽、字语，还是器物，其时尚的形成，通常倡自一人，于是在明代的江南又出现了许多时尚人物。如今的文化人通过电视传媒很

---

① 姚旅：《露书》卷9《风篇下》，第218—219页。
② 范濂：《云间据目钞》卷2《风俗》，清光绪四年（1878）上海申报馆仿聚珍版印本。
③ 朱存理：《楼居杂著·题松下清言》，上海古籍出版社1991年版，第604—605页。

快会成为一个时尚人物，并引来很多的"粉丝"。那么，在明代，文化人如果想成为一个时尚人物，则只能依靠他们的著作与行为。如果他们是首倡者，并引发一种群起仿效的效果，最后形成一种"时尚"，那么这些人就堪称时尚人物。在明代，真正称得上时尚人物者，应该说只有李贽、陈继儒、王稚登、袁黄、袾宏五人。除了李贽不属于江南人，其他四人均属江南人。

起于明代江南的时尚之风，苏州、杭州、南京应该说是当时最为时尚前卫的城市，为此形成了传播一时且又为大众耳熟能详的"苏样""苏意""杭州风"等专有称呼。

明代有一句俗谚，道："苏州样，广州匠。"抛开"广州匠"不说，先来看"苏州样"。所谓"苏州样"，在明代尚有一个相关的新名词，就是"苏意"。这个名词背后所透露出来的信息，就是苏州已经成为领导当时天下时尚之都。在明代，苏州的得名，并不是人造的园林之胜，而是这座城市中的人。那么，苏州究竟出什么人？这可以引用下面一则记载加以说明。根据钮琇的记载，苏州府长洲县人汪琬在翰林时，其中的同僚之友各自夸耀乡土所产，诸如南粤之"象犀"、西秦之"裘罽"、楚豫之"精粲良材"，侈举备陈，以为欢笑。其间惟有汪琬嘿无一言。于是，众人共加揶揄，道："苏州自号名邦，公是苏人，宁不知苏产乎？"汪琬道："苏产绝少，唯有二物耳。"众人又问："二者谓何？"汪琬道："一为梨园子弟。"众人无不抚掌称是。众人又追问另外一物，汪琬徐徐而道："状元也。"众人为此结舌，随之散去。① 可见，苏州所出梨园子弟之著名，以及所出状元之多，确乎令时人称叹，这正好与绍兴以出师爷、进士闻名可作一对。

据史料记载，当时的苏州人聪慧好古，操持着全国各地的流行风

① 钮琇：《觚賸续编》卷4《物觚·苏州土产》，上海古籍出版社1986年版，第248页。

尚，举凡斋头清玩、几案、床榻，苏州人都喜欢使用紫檀木、花梨木为质料，式样尚古朴，不尚雕镂，即使需要雕镂，也多采用商、周、秦、汉的古式，以致为海内所效尤。苏州人善于操持海内上下进退之权，凡是苏州人以为雅的东西，很快就会被四方之人所模仿；反之，苏州人以为俗的东西，四方之人也就鄙之不行。① 当时流行两个名词，这就是"苏样"与"苏意"。凡服装式样，新鲜、离奇，一概称之为"苏样"；见到别的稀奇鲜见的事物，也径称为"苏意"。所谓苏样，明人沈弘宇在《嫖赌机关》卷上曾有这样的解释："房中葺理精致，几上陈列玩好，多蓄异香，广贮细茶。遇清客，一炉烟，一壶茶，坐谈笑语，穷日彻夜，并不以鄙事萦心，亦不以俗语出口。这段高雅风味，不啻桃源形境。"至于苏意，可引明人吴从先在《小窗自纪》所释为例："焚香煮茗，从来清课，至于今讹曰'苏意'。天下无不焚之煮之，独以意归苏，以苏非着意于此，则以此写意耳。"可见，同是焚香、煮茗，一般的人重在其内容，也就是实用的价值，而苏州人则重在这么一种形式，不过是写意，表达一种意境，也就是重视其中的美学价值。显然，所谓的苏意，应该包括以下两层含义：一是服饰时尚。关于服饰时尚，前面在谈及时样衣帽时已经有所涉及，在此再补充两个例子。如史载，时有一人刚到杭州上任做官，笞打一个身穿窄裤浅鞋的犯人，枷号示众。这是当时的一种时尚穿着打扮，这位做官的一时想不出如何书封才好，灵机一动，写上"苏意犯人"四个大字，人以为笑柄。② 所行虽属可笑，但透过这则笑谈，正好反映了苏州时尚在明代社会生活中的影响力。此外，明末人沈自晋所著戏曲作品《翠屏山》中，对苏意也有记载。这部戏曲在说到杨雄之妻潘巧儿在为前夫王押司到寺庙去做水陆道场时，其一身穿戴，在那些和尚看来，就已经带有"苏意"。潘巧儿的打扮如

---

① 王士性：《广志绎》卷2《两都》，第33页。
② 薛冈：《天爵堂文集笔余》卷1，载中国社会科学院历史研究所明史室编：《明史研究论丛》第5辑，江苏古籍出版社1991年版，第326页。

下："卸钗梳淡妆，卸钗梳淡妆，巧笼云髻，怕脂慵粉褪添憔悴。把三分俏增，把三分俏增，蹙损淡蛾眉，飘扬素罗袂。"上面所谓的"三分俏"，就是明代俗语经常所说的"若要俏，三分孝"。意思说，在穿着打扮上若是带有"三分孝"，即三分素雅，往往可以增添无限的俏样。当潘巧儿如此打扮出现在寺庙众僧面前时，使原本打鼓念经的声音也大为改变，甚至错念忏文，将"大宋国、蓟州城"，念成了"南瞻部州、大明国、苏州城"。究其原因，无非是因为这些僧人都去"看渠一面苏意"了。① 可见，所谓的苏意，从妇女的穿着打扮来分析，就是素雅，亦即淡妆素服。二是"做人透骨时样"。改用今天的时髦话，就是走在时代前列，永远是时尚的弄潮儿。那么，怎样的人才算得上"做人透骨时样"？明末清初著名诗人吴伟业在《秣陵春》传奇中，借用纨绔子弟真琦之口，说出了这种生活的基本特点，也就是玩古董、试新茶。② 正如有的研究者所说，所谓的苏样，就是苏州人生活中累积的文化样本，而此苏样所具体呈现出来的生活态度、行为，则被时人指目为苏意。③

在晚明，苏州人的生活方式及其行为无不成为别处人模仿的典范，其结果则正如文震孟在《姑苏名贤小记·小序》中所言："当世言苏人，则薄之至用相排调，一切轻薄浮靡之习，咸笑指为'苏意'。"一旦将"一切轻薄浮靡之习"，无不调笑称为"苏意"，并进而形成一时的风尚，那么就会引发一些正统人士的批判。他们认为，这种所谓的苏意，其结果必然是："轻嘴薄舌，不离帮闲；吃茶烧香，总属狡狯。"④

---

① 沈自晋：《翠屏山》第 10 龋，载《沈自晋集》卷 1，张树英点校，中华书局 2004 年版，第 34 页。

② 吴伟业：《吴梅村全集》卷 61《传奇一·秣陵春》，第 1236 页。

③ 这方面的资料及相关探讨，可参见吴智和：《明人饮茶生活文化》，台北明史研究小组 1996 年版，第 74 页；陈万益：《晚明小品与明季文人生活》，台北大安出版社 1988 年版，第 37—83 页。

④ 周亮工：《因树屋书影》卷 1，第 16 页。

于是，在一些笑话中，对苏州货、苏州人开始有所讽刺。如笑话云："客有欲买苏州货者，或教之曰：'苏州人撒半价，视其讨价半酬之可也。'"①这则笑话的目的，就是揭示苏州人买卖之漫天要价。

在晚明，南京曲中女子的服饰，也领导着天下服装的新潮流。南曲妓女的衣衫，全由嫖客措办。巧样新裁，全出于假母（鸨儿）。余下之物，假母自己穿服。所以，假母虽年事已高，也盛妆艳服，光彩照人。妓女衣之短长，袖之大小，都随时变异，在当时有"时世装"之称，甚至她们的衣裳装束，"四方取以为式"。② 总体看来，南曲中妓女的服饰，大约以淡雅朴素为主，不崇尚鲜华绮丽，体现出一种全新的审美情趣，是在追求色调艳丽这一时尚基础上审美风格的升华。这种服饰取向进而与"苏意"相合，成为一时的风尚。

物："物带人号"与"物妖"

明代江南物产，可用"丰美"二字概括。说其丰，是指江南物产丰富，品类繁多；说其美，是指江南物产，随四时节候的变化而构成一幅幅美丽的图景。

明末清初江南人张岱，号称美食家，吃遍了天下的方物。他曾列出一张曾经吃过的地方名产单子，很多就是江南的特产，诸如苏州之带骨鲍螺、山楂丁、山楂糕、松子糖、白圆、橄榄脯，嘉兴之马交鱼脯、陶庄黄雀，南京之樱桃、桃门枣、地栗团、窝笋团、山楂糖，杭州之西瓜、鸡豆子、花下藕、韭芽、玄笋、塘栖蜜橘，萧山之杨梅、莼菜、鸠鸟、青鲫、方柿，临海之枕头瓜，山阴之破塘笋、谢橘、独山菱、河蟹、三江屯蛏、白蛤、江鱼、鲥鱼、里河鲢。③ 明人万表在所作《江南

<hr />

① 冯梦龙：《〈笑府〉选》99《撒半价》，载《明清笑话四种》，第64页。
② 余怀：《板桥杂记》上卷《雅游》，上海古籍出版社2000年版，第13页。
③ 张岱：《陶庵梦忆》卷4《方物》，上海古籍出版社1982年版，第38页。

曲十二首》中，提到过"黄金鲫"，① 说明江南的鲫鱼，除了青鲫之外，尚有黄金鲫。

在这些江南著名物产中，有些属于天然物产，而有些则属于经过人为加工或养殖之物。就天然物产来说，最为著名的当数萧山湘湖莼菜、松江鲈鱼。淡水产品中，莼菜属美味，成为贡品。从万历年间开始，邹舜五就从太湖采莼，当时张君度绘了一幅《采莼图》，陈继儒等人均有题诗，传为一时韵事。② 如今盛传的西湖莼菜，不过是一种传言而已，目的是借助西湖的名头扩大影响。其实，在明代，杭州的莼菜，大多来自萧山，尤以湘湖所产为天下第一，并与杨梅、樱桃，在明代合称"三绝"。③ 此外，湖州乌程县苏湾所产莼菜，也被明人视为佳品。④ 鲈鱼也是淡水产品中的至味。过去将莼菜与鲈鱼合在一起，称"莼鲈之思"，已经成为江南的象征。鲈鱼以产于松江的四腮鲈最为出名。明人诗句中有"门柳旧五树，江鲈新四腮"之说，⑤ 即可为证。就人为加工或养殖的物产来说，最为著名的当数嘉定鸡、金坛鹅、上海顾氏露香园水蜜桃、法制藕粉、顾绣，以及苏州带骨鲍螺。嘉定鸡为三黄鸡，出嘉定南翔、罗店，尤以嘴、足、皮毛均为黄色者为上品，重数斤，能治疾。金坛鹅更是擅江南之美，饲养有专门的方法，色白而肥。⑥ 上海顾氏露香园，所出水蜜桃、法制藕粉及顾绣，在当时也相当闻名。其中的水蜜桃，大者如小瓜，颜色红艳，味道甘美，每斤不过二三枚，价值银一钱多，合每枚值银三四分。法制藕粉，亦以出自露香园的为佳品，只是当时顾氏仅仅用作服饵，等于丹药，市场并无出售。至于顾绣，更是

---

① 万表：《玩鹿亭稿》卷 1《江南曲十二首》，载《四明丛书》第 27 册，第 16810—16811 页。

② 王应奎：《柳南续笔》卷 2《莼官》，中华书局 1983 年版，第 158 页。

③ 叶权：《贤博编》，第 8 页。

④ 宋雷：《西吴里语》卷 4，载张钧衡辑：《适园丛书》第 6 集。

⑤ 何良俊：《四友斋丛说》卷 26《诗三》，第 241 页。

⑥ 李诩：《戒庵老人漫笔》卷 2《嘉定鸡金坛鹅》，第 55 页。

海内驰名，不但翎毛、花卉，巧若生成，而且山水、人物，也无不逼肖活现。顾绣在明代一直价格昂贵，尺幅之素，精妙者即值几两银子。[1]带骨鲍螺，是苏州人过小拙所制的奶制名品，被称为天下的至味。其法：用牛乳和蔗浆霜，再经过熬、滤、钻、掇、印几道工序制成。[2]

江南之物产，尚可与四时物候交相辉映，形成一道道美丽的风景。如华亭人顾清曾经列出了"江南二十八景"，分别为梨花满放、梅萼盛敷、茶笋初肥、桃柳相媚、枇杷摘金、杨梅献紫、牡丹斗色、芍药繁妆、海棠晓睡、蔷薇昼香、芰荷新发、菱芡初尝、莼鲈正美、秫酒始酿、稻花成云、麦风如浪、鲥鱼荐鲜、紫蟹满膏、橙黄橘绿、蒲长苇茂、菊圃千名、杏园一色、松花成饼、桂子为浆、兰蕙列庭、水仙置席、莺啼春树、鹭映秋波。陆平泉在此基础上，再添菜花如缛、稻米如玉二景，正好构成江南30幅美丽的图景。[3]

江南之物，其中最为引人瞩目者是"物带人号"现象的出现。所谓物带人号，是指一器一物，倡自一个时尚人物，并进而借助他的名头而成为一种时尚物品。人之好名，极其可笑。若举其例，陈眉公堪称典型一例。从诸多史料记载可知，陈眉公每件事都喜欢创制新花样，人们纷纷效法，犹如宋人之号"东坡巾也"。譬如，眉公所坐之椅称"眉公椅"，所制之衣称"眉公布"，所喜之饼称"眉公饼"。至眉公所交之娼妓称"眉公女客"，已是可笑之至，更有令人捧腹者，眉公曾制成一种便溺之器，器物底空，以便野坐，又被称为"眉公马桶"。[4]

此例并非起自明代，早在明代之前，就已初露端倪，诸如韩熙载作轻纱帽，号称"韩君轻格"，以及罗隐"减样方平帽"之类，在当时相当流行，只是在明代已经失传。至于流传于明代者，则以苏东坡、秦桧

---

① 叶梦珠：《阅世编》卷7《食货六·种植》，第162、163、170页。
② 张岱：《陶庵梦忆》卷4《乳酪》，第35页。
③ 谈迁：《枣林杂俎》义集《纬候·江南二十八景》，第325—326页。
④ 尤侗：《艮斋杂说》卷5，第95页。

最为闻名。如苏东坡之有"东坡椅""东坡肉""东坡巾"，秦桧之有"太师椅""太师槅"，均在明代流行一时。至于在陈眉公之前，能够做到物带人号者，则有陈白沙、王阳明两人。陈白沙有"陈子衣"，王阳明有"阳明巾"，作为一种名儒法服，在明代读书人中流行一时。当然更为闻名者，当数山人陈眉公。史称其所制作"花布、花缬、绫被，及饼饵、胡床、溲器等物"，无不均以"其字冠之"，显然是"时尚使然"。①

古玩、古董（一作骨董），是历代常见之词，人们崇尚古玩，甚至将其当作清雅之物，并不足怪。在明代的江南，同样兴起一股收藏古董之风。嘉靖末年，海内宴安。一些富厚的士大夫，在建造园亭、教唱歌舞之隙，其兴趣间及古玩。很多士大夫家中，大多世藏珍秘，不假外索。如常州嵇应科、松江朱大韶、嘉兴项锡山等，不吝重赀收购，名播江南。此外，南京则有姚汝循、胡汝嘉，亦以"好事"著称。此风间及太仓王世贞、王世懋兄弟，进而流播吴越之间，一些浮慕之人，亦纷纷收藏古董，自称"大赏鉴"。在这股收藏古董之风中，尽管董其昌最晚出，但名头最为响亮，藏家甚至以"法眼"称之，家中箧笥之藏，更是为时所艳。当时绍兴府山阴县人朱敬循，亦以好古知名。董、朱两人，为了争夺古董，互相倾轧，那些古董商人又交搆其间，最后甚至借助考功之法，迫使董其昌外迁，于是，东壁西园，遂成战垒。② 更有甚者，当时江南的士大夫还专门置有书画船，通过流动的展览，互相比较书画收藏。如董其昌外转之后，沈德符正好告归而至苏州。董其昌将他的书画船移至虎丘，与韩古洲各自拿出所携的书画，互角胜负。当时正值盛夏，参与者除了沈德符、董其昌、韩古洲外，尚有董其昌所昵一位吴姬。四人披阅竟日，成为一时佳话。③

---

① 沈德符：《万历野获编》卷26《谐谑·物带人号》，第663—664页。
② 沈德符：《万历野获编》卷26《玩具·好事家》，第654页。
③ 沈德符：《万历野获编》卷26《玩具·假骨董》，第655页。

自古以来，古董就多赝品，但尤以苏州为甚。明代苏州各种生产技艺，号称甲于天下，但又擅长伪造古代器物。譬如新写的画绢，新铸的铜鼎，通过一定之法，都能使之变为陈旧，再在上面系以秦汉之款识，标上唐宋之题记。收藏者为其所眩，慷慨付出数百两银子买得此物，欣欣然自以为收藏了一件古物，其实不过是赝品而已。所以，当时的苏州有"宋板《大明律》"之谣，就是专门讥讽这些假古董。①

在这股造假之风中，一些文士也藉此糊口。在前辈文士中，张凤翼有修洁之称，但亦不免向此中讨生活。至于王穉登，则完全将造假古董作为致富之门。尽管王穉登以造假著称，但有时亦会走眼。据记载，当时太仓曹举人家有一姓范之仆，住在苏州城内，也喜欢收藏古董，曾经购得阎立本所画《醉道士图》，真是堪称绝笔。王穉登看上这幅名画，希望以廉价购得此画。但范姓之仆索价千两银子，经过讨价还价，还是要价数百两银子。一些好事者每天前去商评，不知范姓之仆素来狡黠，事先已经让苏州人张元举另外临摹一本，形模仿佛。王穉登最后以十两银子购得此画，就是临摹之本，而真本已高价卖给他人。张元举眇一目，偶然为王穉登所侮，因而大声在外宣扬，道："若双目盲于鉴古，而诮我偏明耶？"这句话传遍整个苏州城，被人引为笑端，王穉登因此匿不敢出。② 造假之风，起于苏州的一些文士，其后徽州的一些商人亦参与进来，造假的书画，如钟繇兄弟之伪书，米芾之假帖，不一而足，却被一些贵公子、大富人珍为异宝，如同饮了蒙汗药，甘之若饴。③ 尽管如此，但确乎反映了当时江南的收藏之风。

按照一般的常理，玩好之物，理应以古为贵。但明代出现的"时玩"这一新名词，倒是颇令人瞩目，而且吸引了众多收藏家的注意。诸如永乐之剔红、宣德之铜器、成化之窑器，虽说都是出于明代的时

---

① 江盈科：《雪涛阁集》卷14《伪古书》，载《江盈科集》下册，第681页。
② 沈德符：《万历野获编》卷26《玩具·假骨董》，第655页。
③ 沈德符：《万历野获编》卷26《玩具·好事家》，第654页。

玩，但其价格已经可以与古玩相匹敌。这股好时玩之风，始于一二雅人的赏识摩挲，滥觞于江南的好事缙绅，最后经徽州那些巨商大贾的推波助澜，在全社会形成了一时的风气。于是，沈周、唐寅之画，文徵明、祝允明之书法，无不成为人们收藏的抢手货。①

时玩之风，完全建立在明代诸多能工巧匠的高超技艺之上。正是因为那些能工巧匠的辛勤劳动，才使得明代的诸多器物精益求精，完全可以与古时的名器相媲美，以至于被保守人士称为"物妖"。即以绘画为例，明代的很多文人画家，诸如沈周、文徵明、唐寅、陈道复、金本清等人，其所作之画，诗与书法无一不佳，形成了独特的文人画风格，避免了画工色相。从题材上说，明代文人画大多以山水居多，因为只有山水才义理深远而意趣无穷。至于像人物、禽虫、花鸟一类的题材，则多出自画工之手，虽至精妙，一览易尽。② 明代文人画，最讲究士气，譬如画石，就主张不可多皴，多皴就近于画工气，所以提倡劲笔略钩。文人的书画，一般均以平实简淡为极诣。以董其昌的书画为例，其笔讲究性灵，下笔轻率，任意驰骋，随处飘洒。尽管文人画家讲究性灵，却并不排斥读书，认为只有多读书，才能胸次澄虚，耳目超旷，骨节俱灵。当然，他们也并不仅仅倡导多读书，而且还重视人的悟性，与一般的画工俗子不同。③ 以工匠制作的名器为例，明代凭借"小技"著名的工匠很多，尤以"吴人"为多。如龚春、时大彬之砂壶，胡四之铜炉，何得之之扇面，赵良璧之锡器，一时好事家争相购买，如恐不及。为此，收藏时玩成为一种"时尚"。这股风气的形成，始于吴中儇薄之子，转相售受，藉此欺骗富人公子，获得厚利。随后，就浸淫至士大夫间，于是形成一时风。其实，这些所谓的时玩，确实器物精良，他工不及，可

---

① 沈德符：《万历野获编》卷 26《玩具·时玩》，第 653 页。
② 薛冈：《天爵堂文集笔余》卷 1，载《明史研究论丛》第 5 辑，第 326—327 页。
③ 关于文人书画的美学特征及其理论，可参见归昌世：《假庵杂著》，上海古籍出版社 1983 年版，第 194—195、199、202—203 页。

谓名不虚传。①

由此可见，明代江南是一个产生"物妖"和"奇技淫巧"的区域，进而形成崇尚"时玩"的时代风气。"物妖""时玩"这些新名词的出现，并迅速传遍大街小巷，无不说明了明代江南人所崇尚乃至所享受的完全是一种不同于过去的新生活。

闲：闲情逸致的心境

尽管江南一直受到重赋问题的困扰，但得益于独特优越的地理环境，再加之江南城镇手工业的繁荣发达，以及市镇经济的崛起，自明代中期以后，江南经济再度繁盛。基于这种经济繁盛，江南的士大夫优游闲适的生活态度再度盛行。即使是那些小户人家，肩挑步担之流，每日赚得二三十文，也可过得一日了。到了晚上，还要吃些酒，醉醺醺说些笑话，唱吴歌，听说书，冬天烘火，夏天乘凉，百般玩耍，活脱一幅生平安乐图。

基于生活的富足、安逸，"偷闲"观念开始在社会上风行起来。如洪应明云："从静中观物动，向闲处看人忙，才得超尘脱俗的趣味；遇忙处会偷闲，处闹中能取静，便是安身立命的工夫。"② 明代江南的城市化、商业化相当明显，理应是社会各阶层无不忙于逐利，缺少一定的闲暇时间。事实并非如此，亦即明代江南人的生活已如"舞蝶游蜂"一般，是"忙中之闲，闲中之忙"，③ 由此确立了忙与闲的互动之势。鉴此，需要回答以下问题，即何为"忙人"？何为"闲人"？这可以当时的著名文人汤显祖之论加以说明。他曾对"闲人"与"忙人"作了区分。他认为，所谓忙人，就是"争名者于朝，争利者于市"，这两类

---

① 袁宏道撰，钱伯城笺校：《袁宏道集笺校》卷20《时尚》，第730页。

② 洪应明：《菜根谈·应酬》，上海古籍出版社2001年版，第384页。

③ 陈继儒：《小窗幽记》卷4《灵》，第62页。

在朝争名、在市争利之人，可以称为"忙人"。所谓闲人，就是"知者乐水，仁者乐山"，这两类优游于山水之间的人，可以称为"闲人"。①

从整体上说，士大夫应该说是一个有闲阶层。他们凭藉自己的经济实力，过着一种悠哉游哉的生活。但值得指出的是，随着商业化的渗透，士大夫亦开始成为一些忙人，尽管他们仅仅是为升官发财而忙碌。

其实，忙与闲之间的关系，一直为明代士人所讨论。正如徐增所言："尝见忙人忙到不耐烦，便思无事，即无事亦忙。又尝见世间闲人闲到不耐烦，辄思作一事，即有事亦闲。惟会此则城市如山林，朱门如蓬户矣。"② 可见，在士大夫的忙闲观念中，所追求的应该是一种闲中有忙、忙中有闲的生活。换言之，身处城市，而心系山林，或者说身在朱门，却心如蓬户。于是，在晚明也就出现了一种"心闲"之说，如赵贞吉略带玩笑地说："我这个嘴，张子这个脸，也做了阁老，始信万事有前定。只得心闲一日，便是便宜一日。"这种说法带有"万事前定"的宿命色彩，与商业化社会所带来的忙碌乃至进取精神不合。但也正是这番话，李贽却读出了另外一层意思，这就是"世间功名富贵，与夫道德性命，何曾束缚人，人自束缚耳"!③ 显然，在李贽看来，诸如功名富贵、道德性命这些外在的东西，并不会束缚人，关键在于人的内心必须有一番"闲心"，免于自己成为功名富贵、道德性命的奴隶。

这种忙闲观念，同样渗透到当时的僧人之中。如明季名僧莲池大师袾宏就说："人生闲忙亦有定分，必待极闲而后办道，终无日矣。忙里取闲，得一时空，便收拾散乱之心，摄归正念，久之自然有得。"④ 晚明的士大夫大多喜欢参禅。身为国家官员，是一种处于世间之势，但心中又存一丝道念，想了却一段出世的因缘。正是处于这样一种境况，他

① 汤显祖：《临川县古永安寺复寺田记》，载《明文海》卷374，第3856页。
② 徐增：《与申勖庵》，载《尺牍新钞》卷8，第301页。
③ 李贽：《焚书》卷2《复焦弱侯》，第46页。
④ 莲池大师：《与严天池》，载《尺牍新钞》卷10，第377页。

们无不感到一种矛盾的心态，总是希望在了却婚嫁一类的俗缘之后，再去寻世外之法。莲池大师正是针对士人这种苦况，才对症下药，提出了在世间参禅求道之论，其目的就是为了解决士人心中这一层疑惑。莲池明确告诉这些儒家士大夫下面两点：一是处世须是随缘，不必尽断世缘，然后为道。只要外顺人情，中存智眼，久之自有所得。换言之，士大夫完全可以"即宦游而参禅，不离俗而入道"。所谓的"济世"与"出世"，其区别仅仅在于当登第之日，发下大心愿，必不以富贵利达，负其所学，期望做一个古昔一样的名臣，此为"济世"；即使做了官，并没有因为富贵利达而迷失了正念，在明了此一段大事因缘之后，就是"出世"。二是修行不必烦劳，要紧在得自本心。当然，这并不是说，佛之道的体验就是拱手现成，还是应该注意"摄念体究"这一层功夫。总而言之，只要内心不为外物所动，无论是读书、当家，还是娶妻、求子，都是人间正事，并不会成为修道之累。关键在于，这三件事，亦虚亦幻，如水中月，如梦中境。只有看破这一层，时时省觉，回顾正念，才能做到真正的"忙里偷闲"。①

正是这种"忙里偷闲"的观念，才最终确立了江南人以闲情逸致为基调的生活模式。追溯文人士大夫的"闲情"，理应提到晋代陶渊明的《闲情赋》，赋中铺陈，缠绵婉娈，无不寄其闲情。至清初，李渔《闲情偶寄》一书出，取情多而用物闳，更是成为天下雅人韵士家弦户诵之书。然若论悠闲的生活方式，明代的江南堪称典型。

这种生活方式，奠基于当时人对"逸态闲情"的追求，亦即在生活上追求一种闲居之趣。就逸态闲情而言，无论是昼闲人寂，只听数声鸟语悠扬，还是夜静天高，仅看一片云光舒卷，无不会使他们感到耳根尽彻、眼界俱空。在他们眼中，好书良友是千载奇逢，碗茗炉烟是一生

①　莲池大师：《答王弱生》《答孙无高》《与秦任南》《与蔡坦如》，载《尺牍新钞》卷10，第376—378页。

清福。闲暇之时，烹山茗，听瓶声，一炉之内，即可识得阴阳之理；即使是自己与人弈棋，或者在旁观看，亦可悟得生杀之机。毫无疑问，这既是一种逸态闲情，只须自尚，不必外修边幅；又独具清标傲骨，不愿人怜，无劳多买胭脂加以掩饰。① 就闲居之趣而言，他们从内心已经深切体会到闲居可以带来以下五种快乐：一是不与人交接，可以免却拜送之礼的烦恼；二是闲暇增多，可以终日观书、鼓琴；三是无论睡起，无不随意，没有拘碍；四是与尘世相隔，可以不闻炎凉嚣杂；五是心无旁骛，可以一心课子耕读。② 这种闲居生活，即使只有茅屋三间，木榻一枕，但还是明窗净儿，烧上一炉清香，啜上几钟苦茗，有时读数行书，有时与高僧谈禅，或者当暖日和风之时，在豆棚菜圃之中，无事时听友人说说鬼话，日常以苦茗代肉食，以松石代珍奇，以琴书代益友，以著述代功业，无不是一种赏心乐事。③

当然，具有闲情逸致的生活方式，归根结蒂还是要找到一种逗闷的乐子。这些逗闷的乐子，举其大者，包括谈禅说佛、蒲博之风、狎妓听曲、旅游消闲四个部分。

喜禅悦是晚明江南士大夫的风尚。如郑瑄就说："与衲子坐松林石上，谈因果，说公案。久之，松际月来，振衣而起，踏树影而归，此日便非虚度。"④ 这完全是一种崇尚与衲子交游的士人生活。可见，谈禅饭僧，与僧人交际结纳，已成为当时江南士大夫闲雅生活的基本内容。如明末清初著名学者顾炎武说："南方士大夫，晚年多好学佛。北方士大夫，晚年多好学仙。"⑤ 就是晚明士人生活的实录。于是，晚明江南士大夫的聚会，经常谈禅说法，讲点禅机，说话都带玄机，十分热闹。

① 洪应明：《菜根谈·闲适》，第399、400、404、405页。
② 陈继儒：《小窗幽记》卷5《素》，第76页。
③ 陈继儒：《小窗幽记》卷5、12《素》《倩》，第76、160页。
④ 郑瑄：《昨非庵日纂》卷19《韬颖》，载《笔记小说大观》第14册，第136页。
⑤ 顾炎武撰，黄汝成集释：《日知录集释》卷13《士大夫晚年之学》，第328页。

当时的士林名流如焦竑、冯梦祯、陈继儒辈，都好佛喜禅，有些甚至对佛学还有比较独到的研究，有著作传世，如陆树声有《禅林余藻》，陶望龄有《宗镜广删》等。

明代江南的缙绅士大夫，同样视赌博为风流之举，并将赌博作为一种娱乐，成为他们闲适生活的一部分。如：苏州府长洲县人祝允明，"好酒色方博"；长洲县人皇甫冲，"通挟丸、击球、音乐、博弈之戏，吴中轻侠少年咸推服之"①。浙江余姚人谢迁致仕归家，"每日与诸女孙斗叶子以消日。常买青州大柿饼、宣州好栗，戏赌以为乐"②。更值得一提的是，在苏州、常州一带，士大夫的赌风大盛。一些士大夫致仕归家以后，开设赌坊，赌徒藉此躲避朝廷的禁令。到了万历末年，更是出现了进士"以不工赌为耻"的奇怪现象。③ 至于赌博的方式，尤其是马吊牌兴起于江南之后，自南而北，很快风行全国各地。

狎妓听曲，也是江南士大夫风流雅致生活之一。在明代，士大夫挟妓饮宴较为盛行。至明末，一些轻薄文人甚至用科举名次来标榜妓女，称为"花榜"。所谓花榜，又称"花案"，其实就是选妓征歌。以南京为例，自弘治、正德以来，就相当流行，至万历末年达到极盛。所评之榜或案，其说有"金陵十二钗""秦淮四美人""秦淮八艳"等。④ 江南的文人雅士对戏曲也有特别的嗜好，家中蓄有声伎，养着一些家乐班子。如何良俊"畜家僮习唱"，"又教女鬟数人"⑤。张岱家的声伎，始于万历年间其祖父张汝霖，经过祖孙三代的经营，组建了很多戏班，有

① 钱谦益：《列朝诗集小传》甲集、丁集上《祝京兆允明》《皇甫举人冲》，第299、411页。
② 何良俊：《四友斋丛说》卷8《史四》，第69页。
③ 顾炎武撰，黄汝成集释：《日知录集释》卷28《赌博》，第667页。
④ 明季文人评选妓女花榜，其风在当时相当流行。除了上面这些记载外，余怀、陆文衡对此事亦有记载。分见余怀：《板桥杂记》中卷《丽品·珠市名姬附见》、下卷《轶事》，第49、54页；陆文衡：《啬庵随笔》卷4。
⑤ 沈德符：《万历野获编》卷25《弦索入曲》，第641页。

"可餐班""武陵班""梯仙班""吴郡班""苏小小班"。①

明人好游，尤以江南人为甚。明代经济经过了初期的恢复之后，自中期以后已经进入了一个长足的发展期。尤其是商业的繁荣，天下大"马头"的增加，不仅促进了"商游"这种现象的普遍出现，而且作为商业服务一部分的餐馆、客店、酒店、茶馆之类的广泛出现，无不为旅游者提供了很好的保障。苏州古称吴会，控三江，带五湖，沃野千里，号称"士夫渊薮"。海陆珍宝，如纱罗绫缎、金银珠玉，百工技艺，富商大贾，大都荟萃于苏州。尤其是阊门、码头之间，"楚商闽舶，辐辏云集"②。杭州也为东南一大都会，"接屋成廊，连袂成帷，市积金银，人拥绵绣，蛮樯海舶，栉立街衢，酒帘歌楼，咫尺相望"③，真所谓四时有不谢之花，八节有常春之景，别作一番天地。明代江南的市镇相当发达，其中市镇中很多商业设施的设置，无疑也是为了迎合客商行旅的需要。不妨试举几例如下：苏州府常熟县属下的许多市镇，如奚浦市、支唐市、沙头市、福山镇、梅李镇等，大多有商舶，作为通向泰州、苏州、湖州的主要交通工具；苏州府吴江县属下的八斥、梅堰两个市镇，都设有食店、酒馆，"以待行旅"。④

明代交通的发达，无疑为人们的出行乃至旅游提供了极大的方便。在江南水乡，一向以舟楫作为主要的交通工具，沿河的塘路相对比较发达。如从杭州到镇江，路七站，水皆平，古称"平江"。沿途官塘河岸拉纤的人甚至可以穿着鞋袜。⑤ 以苏州的吴江县为例，至唐穆宗时，刺

---

① 张岱：《陶庵梦忆》卷4《张氏声伎》，第37—38页。
② ［朝鲜］崔溥：《漂海录》卷2，葛振家点注，社会科学文献出版社1992年版，第108页。
③ ［朝鲜］崔溥：《漂海录》卷2，第100页。
④ 嘉靖《常熟县志》卷2《市镇》，明嘉靖十八年（1539）刻本；弘治《吴江县志》卷2《市镇》，收入《中国史学丛书》，台北学生书局1987年版。
⑤ 程春宇：《士商类要》卷1，载杨正泰：《明代驿站考》附录，上海古籍出版社1994年版，第252页。

史王仲舒下令修筑塘路。宋大中祥符五年（1012），又开始修筑塘岸，往南直至嘉兴，达100多里。至明代，在唐、宋两代塘路的基础上，江南的塘路更是形成一个网络体系。如从苏州府吴江县观澜铺至彻浦铺，共计10里，称为"官塘"；从平望镇向西行，到乌程县界的曹树铺，共计70里，称为"荻塘"；从平望镇向南行，到达秀水县界的王江泾，共计30里，称为"土塘"；从县城北门外三里桥，向北行至本府长洲县界的七里桥，称为"古塘"。这些塘路从唐、宋时已经延续下来，至明仍在使用。江南的官塘之路，大多为青石铺成，当然也有土路，即上面所说的土塘。

在明代江南，船只当然是最主要的交通工具。但江南的行船风俗，可以苏州为界，体现为南北的不同。苏州以北，一般船只是白天行驶，而无夜行之船；苏州以南，则昼夜船行不息。如杭州至湖州，有日、夜船；苏州灭渡桥、平望镇，也是日、夜船兼有；从嘉兴到平湖，有日、夜船，乘坐之处在东栅口；嘉兴至松江船，白天出发，晚上不行。尤其是从湖州府至各处，全是夜船，仅是震泽、乌镇二处，尚有日船可搭。从当时的记载可知，从湖州府城中的四门，发往东、西、南、北四个方向的夜船相当之多，水路交通可谓四通八达。如东门夜船：70里就可以到达震泽，又130里就到苏州灭渡桥；至南浔是60里水程；至乌镇是80里；至琏市是70里；至新市是80里；至双林是50里。西门夜船：至浩溪、梅溪，全是90里；至四安，是120里；至长兴，是60里；至和平，是50里。南门夜船：至瓶窑，是140里；至武康县，是170里；至山桥埠、德清县，都是90里。北门夜船：行90里，就到了夹浦，过太湖，入港90里，就可到达宜兴。南门夜船：此船一路行向杭州，36里至龙湖，又36里至敢山，又20里至雷店，又20里至武林港（北5里是塘栖），向南50里至北新关，20里就到杭州。①

---

① 黄汴：《一统路程图记》卷7，载《明代驿站考》附录，第213—214页。

上面所谓的夜船，就是明代史料中所经常提到的夜航船。夜航船是江南来往于两座城市或镇埠之间的定期班船。为了解除旅途的寂寞，善言者在船中高谈阔论，不善言者则垂首聆听。① 正如茶馆酒楼一样，夜航船成了人们交流信息的重要场所。

刹宇与名胜有不解之缘。在明代，天下名胜，当数东南地区的南京与杭州。南京、杭州之所以被称为"名胜"，不仅仅是因为金汤壮丽，闾阎殷盛，而是由于山川秀媚，甲于天下。山川秀媚，之所以能甲于天下，也不仅仅是因为叠叠之山，湛湛之水而已，而是因为有鹅头鹤林之宝地，赤花青豆之精庐，它们项背相望，妆点湖山。假如南京没有长干、天界、牛头、燕子诸刹，则南京就很难被称为名胜；假若杭州没有上下天竺、龙井、净慈诸刹，则杭州也就不是名胜之地了。②

人在自然界活动，与自然融为一体，形成人文风俗、景观。明代江南人文风景最著名者，张岱认为有扬州清明、西湖春、秦淮夏、虎丘秋，无不按照四时节序的变迁，形成了一些全国闻名的人文风景。扬州清明，城中男女毕出，家家前去展墓。虽家有数墓，日必展之，所以轻车骏马，箫鼓画船，转折再三，不辞往复。监门小户，也携肴盒纸钱，走至墓所。祭毕，席地饮胙。自钞关、南门、古渡桥、天宁寺、平山堂一带，青妆藻野，袪服缛川。③ 杭州，每当暮春时节，春风和煦，独可人意。桃柳芳菲，苏堤六桥之间，一望如锦。于是，阖城士女，尽出西郊，逐队寻芳，纵苇荡桨，歌声载道，箫鼓声望。游人笑傲于春风中，乐而忘返。四顾青山，徘徊烟水，真如移入图画，诚是极乐世界。④ 南京秦淮河边，河房栉比。每年端午，士女填溢，竞看灯船。一些好事之

① 明人叶盛记："航船，吴中谓之夜航船，接渡往来，船中群坐多人，偶语纷纷。"此即其例。说具氏著：《水东日记》卷2《趁航船》，第17页。
② 关于佛教刹宇与名胜之间的关系，可参见袁中道：《珂雪斋近集》卷3《普仰寺大士殿乞檀文》，第88页。
③ 张岱：《陶庵梦忆》卷5《扬州清明》，第48页。
④ 张岱：《西湖梦寻》卷3《苏公堤》，上海古籍出版社1982年版，第51页。

人，聚集百余只小篷船，篷上挂着羊角灯，如联珠一般。船首尾相衔，有连至十余船者。船如烛龙火蜃，屈曲连蜷，蟠委旋转，水火激射。舟中鐚钹星铙，燕歌弦管，腾腾如沸。士女凭栏哄笑，声光凌乱，耳目不能自主。到了午夜，曲倦灯残，星星自散。明人钟惺有《秦淮河灯船赋》，备极形致。桨声灯影里的秦淮河，堪称人文又一胜景。① 苏州虎丘八月半，游况空前。这天夜里，土著流寓、士大夫眷属、女乐声伎、民间少妇好女、崽子娈童及游惰恶少、清客帮闲、傒童走空之辈，无不鳞集于此。从生公台、千人石、鹤涧、剑池、申文公祠，下至试剑石、山门，全都铺上毡席，人们席地而坐，登高望之，如雁落平沙，霞铺江上。②

扬州清明、西湖春、秦淮夏、虎丘秋，无不是一幅幅画面生动的人文风景画。南宋张择端作《清明上河图》，追摹汴京景物，使人有西方美人之思。如果稍作比拟，那么在明代江南城市风情景物中，西湖春、秦淮夏、虎丘秋均团簇成一块，如画家的横披，而只有扬州清明，鱼贯雁比，舒长达30里，宛若画家的长卷。

与民间闲适生活相应，在当时的江南出现了一个职业闲人群体，此即清客、帮闲。清客、帮闲，别称"篾片""帮身""帮客""笏板"（或作"忽板"）、"蛤蜊""陪堂"（或作"陪宾"）、"老白赏"，其源头可以追溯到春秋四公子门下的门客，以及唐宋时期的"妙客""闲人"。在明代，清客、帮闲属于特殊的下层知识人群体，亦即"无赖知识人"，是商业化、城市化与科举制度的产物。清客、帮闲均属职业"游士"。然两相比较，尚有细微差别：前者凭借的是文学及书法、绘

---

① 张岱：《陶庵梦忆》卷4《秦淮河房》，第30—31页；余怀：《板桥杂记》上卷《雅游》，第10页。按：秦淮河灯船与河房相配，就成了一幅绝佳的人文景观。明末人吴应箕在《留都见闻录》上也说："南京河房，夹秦淮而居。绿窗朱户，两岸交辉。而倚槛窥帘者，亦自相掩映。夏月淮水盈漫，画船箫鼓之游，至于达旦，实天下之丽观也。"

② 张岱：《陶庵梦忆》卷5《虎邱中秋夜》，第46—47页。

画才艺，在官宦人家"帮闲"；而后者则凭借自己的技艺，陪大老官及富家子弟宿娼、饮酒、赌博、唱曲，从中"凑趣"。

至明代，清客、帮闲已经形成一个庞大的游食群体。其最为典型的例证体现在以下两个方面：一是清客店的出现。据明末清初艾衲居士所编《豆棚闲话》所载，当时苏州的清客店，"并无他物，止有茶具炉瓶，手掌大一间房儿，却又分作两截，候人闲坐，兜揽嫖赌"。有打油诗说清客店云："外边开店内书房，茶具花盆小榻床。香盒炉瓶排竹几，单条半假董其昌。"① 书房、茶具、花盆、榻床、香盒、炉瓶、竹几，无不都是清雅之物，只是所挂董其昌所书单条，却是赝品，清客之假斯文，暴露无遗。二是明代的帮闲，有男女之别，亦即除了男帮闲之外，尚有女帮闲。万历二十年（1592），松江府最为著名的男帮闲为翟衍泉、朱沂川、朱良宰等人。这些人的特点就是"能坏人名节，破人家产"，被称为"一郡之蠹"。这几位男帮闲最后被巡按御史甘紫亭所擒获，并在通责以后加以问罪，为此"诸恶敛戢"。仅仅过了一年多，又死灰复燃。当时一丁姓宰相府家有两位奴仆，一姓包，一姓陆，又开始引诱相府子弟前去赌博，不到五年，"万金家业俱成乌有"。至于女帮闲，则以吴卖婆最为有名。据史料记载，吴卖婆名木樨，是范长卿家的女奴，因为长卖给吴姓人家，所以又称吴卖婆。其人颇有姿色，凭借兑换首饰这一职业，得以出入大户人家，乃至大户人家的男主人"多狎之"。除了靠姿色迷惑男人之外，这位吴卖婆还另外有一种本领，吸引了很多大户人家女子的信任。她知晓淫具、淫药，以迎合那些好淫的妇女，藉此获财。一旦富足，吴卖婆就开始变得张扬起来，出入必坐轿，而且衣饰盛妆，平常的饮食也与富贵人家看齐，于是就招致一些人的嫉恨，甚至不能相容。至万历二十年，巡按御史甘紫亭按临松江府，

---

① 艾衲居士编：《豆棚闲话》第10则《虎丘山贾清客联盟》，上海古籍出版社1985年版，第108页。

有人向这位御史告发了吴卖婆的恶迹，称之为"女帮闲"，将其批送知府项东鳌处置。项知府对吴卖婆深恶痛绝，就将其剥去衣服，重重责打，并追罚赃款。①

　　尽管清客、帮闲遍布全国，但还是以苏州、松江二府最为集中。根据《豆棚闲话》记载，苏州唱曲之人，分为"小唱"与"清客"两类：凡出名挂招牌的，称"小唱"。不出名荡来荡去的，则称"清客"。② 如在明代苏州歌坛，其最著名的帮闲，分别有徐六度曲，俞爱之拨阮，汪君品玉箫，管伍吹管子，号称为"歌坛绝顶"。③ 松江有一则"十清诳"的谚语，对清客形象有如下揭露："一清诳，圆头扇骨揩得光浪荡。二清诳，荡口汗巾摺子挡。三清诳，回青碟子无肉放。四清诳，宜兴茶壶藤絷当。五清诳，不出夜钱沿门跄。六清诳，见了小官递帖望。七清诳，剥鸡骨董会摊浪。八清诳，绵绸直裰盖在脚面上。九清诳，不知腔板再学魏良辅唱。十清诳，老兄小弟乱口降（音扛）。"④ 一则谚语，已将清客形象刻画得颇为生动，诸如：足蹬荡口鞋，身穿绵绸直裰，却衣身很长，甚至可以盖到脚面上，直裰的袖中带着时兴的汗巾；平常手头所拿，则是圆头折扇；日常使用的饮食器皿，亦颇讲究，用的是回青的碟子、宜兴的茶壶；他们识得一些骨董，学了几句魏良辅所创的昆曲；见了"小官"，匆忙递上自己的名帖，甚至"老兄""小弟"的胡乱称谓。尽管无论从穿着打扮、技艺、社交等生活样式上刻意追求时尚，以示自己之"清"，但"不出夜钱沿门跄"这一句，显然已经道出他们仍然是游手好闲之人，甚至是百姓之大蠹，难逃其"诳"的一面相。

　　清客、帮闲属于无业游民，明人李宗定所作《京山竹枝词》，其中

---

① 李绍文：《云间杂识》卷1，上海瑞华印务局1935年据上海黄氏家藏旧本印行。
② 艾衲居士编：《豆棚闲话》第10则《虎丘山贾清客联盟》，第113页。
③ 邹枢：《十美词纪·梁昭》，载《中国香艳全书》第1册1集卷1，第25页。
④ 何良俊：《四友斋丛说》卷35《正俗》2，第323页。

一首云："不为商贾与农桑，整日山歌信口扬。清客一呼千万至，甀无宿米学焚香。"① 其中"不为商贾与农桑"，足证清客、帮闲之无业状态；"整日山歌信口扬"一句，则道出了这些人维持生计的伎俩；而"甀无宿米学焚香"，更是说明他们的生存状态相当艰窘。

美：生活的艺术化

在追求物欲与享受之后，明代的生活风尚又开始趋于艺术化。这种风气，以社会阶层而言，当然始于那些士大夫有闲阶层及徽商大贾，但影响已经及于一般的民众；以地域来说，则始于江南的三吴一带，但其风气渐渐蔓延到全国各地的城市。

在晚明，江南士大夫中流行一种避俗之风，于是以耽情诗酒为高致，以书画弹棋为闲雅，以禽鱼竹石为清逸，以嚎谈声伎为放达，以淡寂参究为静证。如此种种，已成了当时士人普遍崇尚的流俗。② 明季盛行"清客""韵士"。凡是啜茗善弈、种竹栽花之人，均被称为"清客"；凡是甄别古玩、谈谐诗骚之人，则被称为"韵士"。

毫无疑问，在晚明的士大夫看来，诸如收藏书画、鼎彝一类的雅事，理应是他们的专利，而与"俗子""市人"无缘。如陆绍珩说："书画受俗子品题，三生大劫；鼎彝与市人赏鉴，千古奇冤。"③ 这是雅俗对立的典型例证。即以当时最为流行的春画为例，除了唐寅、仇英两人最工此技之外，其伪作亦随之纷纷面市。即使如此，其中尚有雅俗之别，容易分辨。④ 然揆诸明代江南文化生活的事实，却正好出现了雅俗互动的征候，即在士大夫追求世俗利益之时，以商人或民间大众为主体

---

① 姚旅：《露书》卷9《风篇中》，第201页。
② 张履祥：《杨园先生全集》卷37《初学备忘下》，第1015页。
③ 陆绍珩：《醉古堂剑扫》卷1《醒世篇》，岳麓书社2003年版，第5页。
④ 沈德符：《万历野获编》卷26《玩具·时玩》，第659页。

的"好事者"，同样开始追求一种清雅的生活。换言之，在雅与俗之间，必须有一个很好的尺度，对雅事的过分追求，同样可以转变为一种俗态。正如郑瑄所言："别业是胜事，稍营恋亦市朝。奇玩是雅事，稍贪痴亦商贾。杯酒是乐事，稍拘挛亦苦海。花木是清事，稍诘据亦业障。"① 陆绍珩亦云："山栖是胜事，稍一萦恋，则亦市朝；书画赏鉴是雅事，稍一贪痴，则亦商贾。"②

生活风尚的艺术化问题，必然牵涉到一个审美的情趣问题。在商业化大潮的冲击下，上至士人，下至仆厮，无不崇尚华靡，好为秾丽齐整。这显然也是一时的时尚。但在那些追求更高的审美层次的士大夫看来，诸如秾丽齐整一类，只是三家村中暴发户人家的必然归结，而惟有淡薄素雅，才是真正的"大家风味"。③ 从秾丽齐整到淡薄素雅，不能不说是明代社会生活风尚的一种新动向，也就是从生活的世俗化向艺术化的转变。

在晚明江南生活艺术化的过程中，出现了以下两种特殊的现象：其一，"爱清"之风的出现。据陆容记载，当时北京的民间百姓，大多喜欢收藏书画及各种玩器，家中置办盆景、花木之类，称之为"爱清"。这种风气的出现，当然有其目的，亦即藉此与一些好事的在朝官员往来，壮大自己的门户，或者投人所好，藉此获取私利。④ 即使如此，这种风气的出现，大抵可以证明士大夫对清雅生活的追求，已经开始向民间渗透。这种风气并非仅仅存在于北京，而是广泛流行于江南。这就是说，艺术化的生活，必然需要有一些"清韵"之物相配。或置之案头，时常把玩；或融入自然，吸取空旷之气；或与人相对，说些冷言韵语。明末著名的山人陈继儒将清韵之物列成下面一份清单：香令人幽，酒令

---

① 郑瑄：《昨非庵日纂》卷7《颐真》，载《笔记小说大观》第14册，第52页。
② 陆绍珩：《醉古堂剑扫》卷1《醒世篇》，第6页。
③ 黄奂：《黄玄龙小品·醒言》，清康熙刻本。
④ 陆容：《菽园杂记》卷5，第62页。

人远，石令人隽，琴令人寂，茶令人爽，竹令人冷，月令人孤，棋令人闲，杖令人轻，水令人空，雪令人旷，剑令人悲，蒲团令人枯，美人令人怜，僧令人淡，花令人韵，金石鼎彝令人古。[①] 陆绍珩更是将所谓的"清"区分为五品：一是"清兴"，即"睹标致发厌俗之心，见精洁动出尘之想"；二是"清致"，即"知蓄书史，能亲笔砚，布景物有趣，种花木有方"；三是"清苦"，即"纸裹中窥钱，瓦瓶中藏粟，困顿于荒野，摈弃于血属"；四是"清狂"，即"指幽僻之耽，夸以为高，好言动之异，标以为放"；五是"清奇"，即"博极古今，适情泉石，文词带烟霞，行事绝尘俗"。[②] 其二，"伪雅"之风形成。根据王衡的记载，当时之人，已经形成一种"伪雅"之风，尤以苏州人为甚。在这股风气的影响下，家家均喜养花种草，先是兰花、菊花，几乎"家置一谱"，次则"君竹而友松"，进而喜欢桃花。[③]

无论是"爱清"，还是"伪雅"，在士大夫眼里，当然尚有诸多瑕疵可议之处，但显然与当时生活的艺术化倾向是桴鼓相应的。以园林为例，一般说来，应该属于士大夫的雅致生活，但建园之风也开始向民间渗透。根据何良俊的记载，当时的江南，已是"好名喜夸"之风大盛。只要家中具有千金之产，在垣屋稍治之余，必定会营建一园。至于士大夫之家，其力稍赢，尤以建造园林相胜。但在何良俊看来，这些园林，不过是"近聚土壤，远延木石，聊以矜眩于一时耳"。园林的主人，只是"日唯问田舍，丘金积镪"而已，所追求的是世俗的利益，而不是园林的清雅。为此，何良俊进而以元末"吴中旧事"为例，说明即使是士大夫的园林，亦是截然分为以下两类：一是以昆山顾氏园林为代表。在元末时，顾氏号称东吴望族。顾仲瑛又读书好礼，其园苑之盛，甲于江南，一时名流如柯丹丘、杨铁崖、张贞居、倪云林、郑德明辈，

---

① 曹臣：《舌华录》卷5《韵语》，明万历刻本。
② 陆绍珩：《醉古堂剑扫》卷4《灵性篇》，第48—49页。
③ 王衡：《东门观桃花记》，载《明文海》卷357，第3679页。

无不与之游处，各处名胜，无不经诸公品题，载于《玉山名胜集》中。二是以苏州陈氏之绿水园、松江之瞿氏园林为代表，其园苑之盛，更是为浙西之最。此外，嘉兴尚有陈爱山园，亦名声较著。然这些园林，其名不过散见于郡志诸书，很难与顾氏玉山名胜媲美。① 可见，在士大夫眼中，民间有钱之人建园，不过是"好名喜夸"的一种体现。惟有士大夫所建园林，以及以园林为场所的士人雅会，才真正符合园林的本色。换言之，园亭若无一段山林景致，只以壮丽相炫，便会让人觉得"俗气扑人"。②

生活风尚的艺术化，在居室的美化上表现得尤为突出。在当时的文士看来，家中布置，必须以美为准，置办怪石、名琴、好书、奇画、法帖、良砚、宝镜、净几、古磁、旧炉、纸帐、拂麈，并以此为友。③ 尤其必须置办文房供具，藉此快目适玩。但文房供具的摆设，也有一定的讲究，铺叠如市，颇损雅趣。所以，其点缀之法，惟有罗罗清疏，方能得致。④ 那么，如何美化居室，提高自己生活的品位，无非是藏画、藏书、养金鱼、放置瓶花之类。所有这些，都构成了居家生活的主要内容，而无不体现出休闲、闲适的生活主旨。⑤

在晚明的江南士大夫家中，通常挂一些描绘香奁士女故事的装饰画，"以资玩好"。还有一些好古之家，凭借自己雄厚的财力，买上数十幅画册，藏于家中。等到客人上门，就悬挂于中堂，"夸以为观

---

① 何良俊：《西园雅会集序》，载《明文海》卷301，第3109—3110页。
② 陆绍珩：《醉古堂剑扫》卷4《灵性篇》，第48页。
③ 陆绍珩：《醉古堂剑扫》卷7《韵乐篇》，第83页。
④ 陆绍珩：《醉古堂剑扫》卷7《韵乐篇》，第80页。
⑤ 吴智和之《明人文集中之生活史料——以居家休闲生活为例》一文，已经从居家生活的角度，对明代士人生活的休闲性乃至艺术性的特征有相当深刻的揭示。其实，这种特性并非局限于居家生活，而是广泛渗透于当时人们生活的方方面面。吴氏之文，载台北中国明代研究学会主编：《明人文集与明代研究》，台北中国明代研究学会2001年版，第135—166页。

美"。① 在传统的士大夫看来，这些人并非真正懂画，不是"鉴赏家"，不过是"好事家"而已。但用绘画作品来美化自己的居室生活，这种风气的形成，无疑反映了当时生活风尚艺术化的倾向。尤其是在书画的悬挂方面，更是有了诸多的美学要求。譬如厅堂斋室所悬挂的对联字画，大小规格都必须与堂室的高度相配。换言之，书画要与空间相互配合。根据文震孟的描述，堂与斋因空间不同，而有不同的挂画方式。堂尊严庄重，较为气派大度，宜挂大幅横批；斋较为小巧精致，则宜挂小景花鸟之画。在书画的悬挂上，尤其忌讳左右对列，这样会缺乏美感，显得较为俗气。②

在传统的农业社会中，一般人家无书，有一些书，也不过是用作应付科举考试的书籍。更有甚者，庸夫将书当作枕头，村店用书来糊窗格，市肆中用书覆盖盛酱的坛坛罐罐，甚至使婢老妇拿书夹鞋样，这样的例子触目皆是。然在明代江南，图书收藏已经成为一种时风。以苏州为例，在明代以前，藏书家在全国所占的比例不大，如北宋的藏书家，大多以四川、江西居多，南宋的藏书家则多在浙江、福建。③ 收藏图书成为苏州民间文化生活内容之一，应该说发端于元代，而后始盛于明代。为此，明人胡应麟对苏州、金陵两地士民的藏书之风有如下记载："至薦绅博雅，胜士韵流，好古之称，藉藉海内，其藏蓄当甲诸方矣。"④ 这有具体的例子可以举证，如陈天枢家住南京秦淮上，"一室之

① 杨兆坊：《杨氏塾训》卷1，明万历三十一年（1603）刻本。

② 文震孟：《长物志》卷10《位置》，载《丛书集成简编》，台北商务印书馆1966年版，第72页。按：这方面的研究成果，可参见吴美凤：《明清文人闲情观——事在耳目之内，思出风云之表》，载台北《历史博物馆馆刊（历史文物）》1997年第7卷第9期，第20页；朱倩如：《明人的居家生活》，台北明史研究小组2003年版，第75页。

③ 袁同礼：《宋代私家藏书概略》，载《图书馆学季刊》1928年第2卷第2期，第187页。

④ 胡应麟：《少室山房笔丛》卷4《甲部·经籍会通四》，台北世界书局1980年版，第56页。

内，图书木石左右映发，如高人隐者之居也。"①

当然，江南人藏书虽众，并非都是通过藏书而增加自己的学识，大多是因袭流俗，附庸风雅，尤其是明代中期以后，此风更盛。② 但是，不论是为了藏书癖好，或者仅为游观赏玩，甚至藉此沽名钓誉，藏书活动在明代江南人生活中成为一种普遍的习性。③ 就此而言，在晚明一般有钱人家出现一种以藏书为风雅的习俗，尽管不免附庸风雅之嫌，但还是一种生活风尚上追求艺术化的反映。

在江南杭州，士大夫家中几乎家家都养观赏鱼。所养之鱼为红鲫鱼，俗称"火鱼"。其品不一，如鹤顶破玉、红颊白喙、牛鬣素尾、阳背阴腹之类，都可以算是观赏鱼中奇品，一尾就值千钱。养鱼之盆、盂，或为金，或为玉。将这些鱼盎放在客厅的几案上，有客人到来，"出相夸示，以为娱"。④ 苏州府嘉定县的游闲子弟，也开始畜养"朱鱼"用来观赏，品类奇绝，一尾可值银一两。⑤ 家中厅堂以观赏鱼作为装饰，在晚明已是蔚为风气。

尤其值得注意的是，在一些文人士大夫居室的案头，总是布置一些与四季相配的瓶花，也即在胆瓶中插时花，藉此引类连情，境趣相合。这些花各有相宜，如：梅芳傲雪，偏绕吟魂；杏芷娇春，最怜妆镜；梨花带雨，青闺断肠；荷气临风，红颜露齿；海棠桃李，争艳绮席；牡丹、芍药，乍迎歌扇；芳桂一枝，足开笑语；幽兰盈把，堪赠仳离。⑥ 为此，在江南一些城市的郊区，形成了一些花市。根据近人的研究，明

---

① 焦竑：《澹园续集》卷 2《秦淮卧雪卷序》，中华书局 1999 年版，第 776 页。

② 邵曼珣：《明代中期苏州文人尚趣之研究》，载《古典文学》1992 年第 12 期，第 182 页。

③ 陈冠至：《明代的苏州藏书——藏书家的藏书活动与藏书生活》，台北明史研究小组 2002 年版，第 152—153 页。

④ 张瀚：《奚囊蠹余》卷 13《鱼异记》，明隆庆六年（1572）刻本。

⑤ 万历《嘉定县志》卷 6《物产》，收入《中国史学丛书》第三编。

⑥ 陈继儒：《岩栖幽事》，《眉公杂著》本。

代苏州的花市主要集中在虎丘山塘，早在正德以前，鲜花盆景销售就已形成规模。而杭州鲜花盆玩的鉴赏、营销则大多承接南宋以来的消费传统，其花市的地域分布也是如此。明代杭州花市除了东西马塍之外，又有所扩张，包括西溪及位于城南满家衖的特色花市。①

江南文士酷爱赏花，时常将花引入室内，藉此以看花之姿态，嗅花之香气。为此，花瓶的搭配也就可以衬托出整个空间的气韵。如在寒冬中，轻折腊梅，"若瓶一枝，香可盈室"，更增居家雅致。松江府华亭县人张鼐"尝以时花数本，盛以瓦筒，置碧纱窗下，花气袭帘幙间，扁其前楹曰'花舫'"。② 于是，就瓶花的插植、摆放、瓶与水的选择与灌注方面，江南的文人士大夫均有自己的一番见解。以瓶的选择为例，屠隆认为，"堂供须高瓶大枝，方快人意，若山斋充玩，瓶宜短小，花宜瘦巧，最忌繁杂如缚。又忌花瘦与瓶，须各具意态，得画家写生折枝之妙，方有天趣"③。在季节方面，应"春冬用铜，秋夏用磁"，这样可以避免花瓶因过冷而冻裂。在居处方面，厅堂华厦则宜用大瓶，方显落落大度；书斋小室则宜小瓶，才具雅意。且瓶忌有环、成对，若将屋舍摆置成祠堂、佛寺，皆不得体。④ 以插花为例，必须按照居家的时宜依各类花种的性情，以独具的慧心，作巧妙的安排。如苏州地区，菊花盛开时，一些"好事家"必取数百本，五色相间，高下次列，以供赏玩。然就真正的赏家看来，这不过是夸耀富贵而已。若是真是能够赏花之人，就必须寻觅异种，再用古盆种植一枝两枝，"茎挺而秀，叶密而肥，至花发时，置几榻间，坐卧把坑，乃为得化之性情"。⑤

在生活日趋富裕、闲暇日多以后，其中的幽人开始优游玩弄，仿照

① 宋立中：《闲雅与浮华：明清江南日常生活与消费文化》，中国社会科学出版社2010年版，第145—146页。

② 陈继儒、程铨：《古今韵史》卷2《韵人》，《四库全书存目丛书》本。

③ 屠隆：《考槃余事》卷3《盆玩笺》，载《丛书集成简编》，第66页。

④ 张谦德：《瓶花谱·品瓶》，《四库全书存目丛书》本。

⑤ 文震孟：《长物志》卷2《菊》，第15页。

古代的名笔，修剪花木，点缀盆池，弄一些盆景，作为家里的摆设。明代的盆景栽种，在历史上有极高的评价。尤其在江南一带至为盛行，如史称："盆树之尚，天下有五地，最盛南都苏淞二郡，浙之杭州，福之浦城，人多爱之，论值以钱万计，则其好可知"。① 可见，除了福建浦城一地之外，南京、苏州、松江、杭州四地，均属江南。据正德《姑苏志》卷13《风俗》记载，苏州虎丘人"善于盆中植奇花异卉、盘松古梅，置之几案间，清雅可爱，谓之'盆景'"。此条记载，已经足证苏州盆景流行一时。

盆景将自然与艺术之美带入屋舍之中。如史料记载："盆景以几案可置者为佳，其次则列之庭榭中物也。"② 几案之上，明人常摆放盆景，以作装点，其方法是"务取其根干老，而枝叶有画意者，更以古瓷盆、佳石安置之"。③ 如枸杞"老本虬曲可爱，结子红甚点点，若缀其叶，初萌取炙，点茶甚美，吴中好事者植盆中为几案供玩"。④ 当时江南人所制作的盆景，老干虬枝，奇葩绣错，掩映成林，而高不盈尺，小巧玲珑。不过一个盆景的培养，常常需要花费十多年。⑤ 在生活时尚上已是如此精致，不能不令人叹为观止。在明代江南人的崇尚之下，盆景艺术已经取得很高的成就。换言之，明代的盆栽，在立意、选材、加工、用盆、点石、配架等诸方面均有极高的水平。文人常以相当的艺术修养，创作出意境深远的盆景作品。⑥

综上所述，所谓的"风物闲美"，是明代江南鼎盛时期文化生活的

---

① 高濂：《雅尚斋遵生八笺》卷7《高子盆景说》，书目文献出版社1988年版，第39页。

② 屠隆：《考槃余事》卷3《盆玩笺·盆花》，第65页。

③ 顾起元：《客座赘语》卷1《花木》，第18页。

④ 周文华：《汝南圃史》卷12《菜蔬部》，《四库全书存目丛书》本。

⑤ 万历《嘉定县志》卷6《物产》。

⑥ 赵庆泉：《中国盆景——造型艺术分析》，台北渡假出版社1992年版，第14页。

典型表征。但是，在这繁盛的背后，明代的江南文化生活存在着两面性。这可以从以下两点加以分析：一是与"江南乐"相对的江南人贫困的另面相；二是与"江南薄"相对的江南风俗淳厚的另面相。

明人万表作有《江南曲十二首》，其中一首有云："莫言江南乐，江南愁断肠。往为谷贵饥，今为谷贱伤。"[①] 在世俗之人的眼中，无不以为江南所属各个郡县，土田肥美，多粳稻之利，有江海陂湖之饶，是富贵之乡，极乐之地。其实，并不尽然。正如明人归有光所言，江南人所受的"征赋"相当繁重，他们"供内府，输京师，不遗余力"，亦即"世以江南为富，而不知其民实贫也"。[②] 换言之，无论是"谷贵"之时，还是"谷贱"之时，江南人同样会受到饥寒的伤害，亦有"愁断肠"的时候。

万表另一首诗云："莫言江南薄，江南俗多淳。但言桑稻美，珠玉岂堪珍。"[③] 这就是说，在世俗之人的眼中，江南风俗轻薄，俗好婾靡，美衣鲜食，嫁娶葬埋，时节馈遗，饮酒燕会，竭力以饰观美。至于妇女、玉帛、甲第、田园、音乐，更是拟于王侯。[④] 其实，亦并不尽然。正如万表在诗中所言，江南风俗同样有淳厚的另面相，即一些江南人并非以珠玉为贵，而是仍然遵守以"桑稻"为美的传统生活方式。

尤其值得关注的是，甲申、乙酉之际的两朝鼎革，打破了江南人尤其是江南士大夫富足、宁静的生活，使他们顿时陷入困顿、动荡的境地。南京秦淮河与杭州西湖的盛衰，为他们提供了足够的感伤题材。想过去，金陵一地，公侯戚畹，甲第连云，宗室王孙，翩翩裘马。乌衣子弟的生活奢侈糜烂。游湖海，则有挟弹吹箫；开筵宴，则有妓女侑觞。

---

① 万表：《玩鹿亭稿》卷1《江南曲十二首》，载《四明丛书》第27册，第16810—16811页。

② 归有光：《震川先生集》卷1《送昆山县令朱侯序》，第254页。

③ 万表：《玩鹿亭稿》卷1《江南曲十二首》，载《四明丛书》第27册，第16810—16811页。

④ 归有光：《震川先生集》卷1《送昆山县令朱侯序》，第254页。

秦淮河畔，喧阗达旦；桃叶渡口，闹声不绝。真是人间的仙都，升平的乐国。看今日，时移世易，歌台舞榭，已化为瓦砾之场，繁华的秦淮，也是鞠为茂草，一片荒凉。大约在万历年间，杭州的王谢子弟时常夜游看花，齐集于西湖的六桥，选妓征歌，一树桃花，一角灯，风来生动，如烛龙欲飞。比之秦淮的灯船，尤为旷丽。但沧桑变后，西湖已成饮马之池，昼游者尚多萎缩，更遑论夜游了。往日的河山已经远去，往事不堪回首，怎能不让人悲痛，不让人感伤。换言之，江南旧景、旧人、旧事，只存在于梦中，只堪"梦寻""梦忆"。

　　感伤者都热衷于回忆。有一个极为通俗而又涵义深刻的例子，正好说明了感伤情绪的产生过程。当昔日繁华的秦淮河畔已化为瓦砾场的时候，有一人在破板桥边吹一曲洞箫，矮屋中一老妪开门出来道："这是张魁官的箫声！"旧日之事，依稀犹在；人已作古，声却依然。张魁官的箫声实在太熟悉了！满目荒丘，箫声悲凉。这是引发回忆的契机，而回忆导致了感伤情绪的产生。对过去生活的流连，必然导致感伤主义作品的出现。余怀的《板桥杂记》，其基调是流连过去的生活，以感伤主义的情调写出了秦淮妓女的兴衰史。冒襄的《影梅庵忆语》，借对自己小妾董小宛的思情，表达了一种对过去风流雅致生活的留恋，其情调同样是感伤主义的。侯方域的《李香君传》，也是借助对个人过去生活的回忆，抒发了留恋过去生活的感伤情调。张岱的《陶庵梦忆》《西湖梦寻》，以散文式的笔调写作历史的实事；以"梦寻""梦忆"为题，说明过去的生活已如梦幻一般，一去而不复返，从而流露出对清统治的不满，以及追念乡土故园的一些感伤情绪。

四、蒙元遗俗：民族间的文化
交融及其涵化

元世祖起自内亚大陆的"朔漠"之后，经过多年的征战，终于得了天下，在华夏大地建立了一统的大元王朝。蒙古人入据中原之后，开始以"胡俗"改变中国原有的衣冠文物制度。这完全是一种蒙古化的衣冠服饰制度，诸如"辫发椎髻，深襜胡帽，衣服则为袴褶窄袖及辫线腰褶，妇女衣窄袖短衣，下服裙裳"，[1] 亦即孔子在《论语》中所深恶痛疾的"被发左衽"。如此"胡俗"，染化一久，无论士庶，显已恬不知怪，习以为常。蒙古习俗流行天下，决非如同满洲人的强行推广"薙发"之令，而是出自"汉人的迎合主义"。[2] 尽管蒙古人实行过民族歧视的等级制度，但似乎并无颁发过有关汉服、蓄发的禁令。换言之，元朝官方并未实行过金朝式的强制服饰胡化的政令。[3]

在清末辛亥前后的知识人眼里，明太祖可以称得上是"驱除鞑虏"的民族英雄典范。太祖建立大明王朝之后，即以汉、唐制度衣钵继承者自期。立国之后，明太祖所实施的政策措施，无不集聚于恢复汉、唐制

---

① 陈建：《皇明启运录》卷4，载《皇明通纪》上册，第137页。

② 相关的探讨，可参见［日］桑原隲藏：《中国人辫发的历史》，载氏著：《东洋史说苑》，钱婉约、王广生译，中华书局2005年版，第120页。

③ 如元代政书《经世大典序录·舆服》言："圣朝舆服之制，适宜便事，及尽收四方诸国也，听其俗之旧，又择其善者而通用之。"所谓的"听其俗之旧"，足证元代官方并未实行过强制性的统一服饰政策。相关的探讨，参见李治安：《元代汉人受蒙古文化影响考述》，载《历史研究》2009年第1期。

度上。这可以从下面两个方面得到有力的证据：一则远承汉代。或许基于同是布衣出身的相同的经历，明太祖朱元璋对汉高祖刘邦的所言所行抱有极大的认同感，如分封诸子，迁徙人口以实京城之举，无不都是在制度建设上对汉高祖的极力模仿。① 一则近挑唐代。在皇位继承方面，元武宗、元文宗均立其弟为皇太子，这种彝伦不叙的行为，难免会受到深受礼教熏染的汉人质疑。所以明太祖即位以后，就明确对蒙古人的继嗣之俗加以禁约，甚至在榜文中以不无嘲讽的口吻反驳道："以弟为男，不思弟之母是何人？"② 至洪武元年（1368）十一月，下诏禁止辫发、胡髻、胡服、胡语，衣冠尽复唐代旧制，即"士民皆束发于顶，官则乌纱帽、圆领、束带、黑靴，士庶则服四带巾，杂色盘领衣，不得用黄玄"③。

作为汉人建立的最后一个王朝，是否真的如明代史家所言，人伦已达臻"大明之世"，④ 而且风行长达百有余年的"胡俗"，确已"悉复中国之旧"？⑤ 其实，正如明人郎瑛的敏锐观察之言，"风俗溺人，难于变也"。⑥ 蒙元遗俗，即使在"一洗其弊"之后，并无尽革，而是因袭难变。无论是已有的研究成果，还是重新梳理明朝人的日常生活，无不足证蒙元遗俗已经广泛渗透到明人日常生活之中，风俗确乎存在着因袭难变的面相。⑦ 风俗因袭难变的面相，转而又可证明"国家"认同与

---

① 相关的探讨，参见赵翼撰，王树民校证：《廿二史札记校证》卷 32《明祖行事多仿汉高》《明分封宗藩之例》，第 737、746—749 页。

② 黄瑜：《双槐岁抄》卷 4《宋元伦理》，第 72 页。

③ 陈建：《皇明启运录》卷 4，载《皇明通纪》上册，第 137 页。

④ 黄瑜：《双槐岁抄》卷 4《宋元伦理》，第 72 页。

⑤ 陈建：《皇明启运录》卷 4，载《皇明通纪》上册，第 137 页。

⑥ 郎瑛：《七修类稿》卷 21《辩证类·酒钱元俗》，第 221 页。

⑦ 关于明初洪武年间对服饰、婚丧乃至日常礼仪的整顿，其初步的探讨，可分别参见陈宝良：《明代社会生活史》，中国社会科学出版社 2004 年版，第 34—35、190—191 页。另外，张佳所撰《重整冠裳：洪武时期的服饰改革》（香港中文大学《中国文化研究所学报》2014 年第 5 卷，第 113—159 页）、《再叙彝伦：洪武时期的婚丧礼俗改革》（台北《"中央"研究院历史语言研究所集刊》2013 年第 84 本第 1 分册，第 83—148 页）、《别华夷与正名分：明初的日常杂礼规范》（《复旦学报》2012 年第 3 期，第 21—30 页）诸文，有更为深入的探讨。

"文化"认同并非存在着统一性，且各民族之间的物质与文化交流，存在着一种双向交融的倾向。

"胡元乱华"：胡风侵袭中原的历程

在传统中国士大夫的心目中，华夏文物之盛，当数三代。然自春秋之后，诸夏与夷狄日趋激荡与融合。秦不师古，且兼一统天下，三代法制，已是概不能复。即使两汉兴盛，三代文物法制的遗存，也是十无四五。爰及两晋，因"五胡乱华"，华夏文物再次沦丧。北魏以后，"中华从事胡服"。金、元之后，即使齐民百姓，更是"尽习胡语、胡俗"。①

进而言之，"胡风"侵袭中原大地，虽说滥觞于"五胡乱华"，然至蒙元之时，此风尤盛，且影响及于江南。

先以北方为例加以说明。如北京在虞夏时属于幽州之地，至周又属燕、蓟。自后魏以来，"胡俗"已广泛渗透到民间习俗之中。再往后，北京在辽代为"南京"，在金代为"中都"，元代更是成为"大都"，契丹、女真、蒙古各族之君，相继在北京建都，最终导致民风土俗无不因袭"胡风"，甚至成为"左衽之区"。② 又如开封，金代将宋"东京"开封改为"南京"，其结果则造成"民亦久习胡俗，态度嗜好与之俱化"。譬如男子发式，流行一种"蹋鸱"，即"男子髡顶，月辄三四髡，不然亦间养余发，作椎髻于顶上，包以罗巾"。这种发式同样渗透到村落之间，使乡村的百姓也"多不复巾，蓬辫如鬼，反以为便"。最为值得关注的是，淮河以北，"衣装之类，其制尽为胡矣"③。还有山东滕县，在金朝时因与宋交界，在滕县设置"滕胜军"，导致民间百姓尚武

---

① 陈建：《皇明启运录》卷4，载《皇明通纪》上册，第137页。
② ［朝鲜］崔溥：《漂海录》卷3，第163页。
③ 范成大：《揽辔录》，载《范成大笔记六种》，中华书局2004年版，第12页。

习兵，而其中豪富且有智略之人，百姓"群起而听之"，以致滕县一地，共计设有70余座山寨。又金代在滕县多度僧道，一县之内，寺观匾额，大多出自御赐。至元代，滕县风尚，大抵因袭金代，"邑民大率靡然胡风矣"。①

综上可知，北方经过"五胡"乱华，甚至辽、金、元各朝的统治，其民间习俗中已充满了"胡风"。关于此，明初大儒方孝孺有如下揭示："今北方之民，有父子兄妇同室而寝，污秽亵狎，殆无人理。盂饭设七，咄尔而呼其翁，对坐于地而食之。"② 正因为北方民间风俗多受契丹、女真、蒙古的熏染，且存在着诸多不符合中原礼教的习俗，所以方孝孺才将北方之俗列入需要"正俗"的内容之中。

再以江南为例加以说明。已有研究成果揭示，元末江南士人风俗存在着蒙古化的趋势。③ 经过元朝统治者不到数十年的笼络政策，元代的江南地区，出现了一种"以豪侈粗戾变礼文之俗"的现象，即江南士人在风俗习惯上趋向蒙古化，而江南士人的"宋之遗习，消灭尽矣"。当时为士者已辫发短衣，而且多效仿蒙古人的语言、服饰，究其目的还是为了"速获仕进"，④ 即通过融入蒙古人生活习俗而尽快在元朝政府做官。江南地区生活习俗之胡化，已不全限于士人，尚包括妇女。从服饰、语言、发型、姓氏、饮食，都有着不小的变化。⑤ 在元代江南的时尚饰物中，有些甚至是女真族的"遗制"。如当时颇为流行用"减铁"制作佩带与刀靶的饰物，甚至在余干、钱塘、松江的市场上，成为一种

① 顾炎武：《天下郡国利病书》第 3 册《山东备录》上《滕县志·风俗志》，第 1654—1655 页。

② 方孝孺：《正俗》，载《明文海》卷 85，第 820 页。

③ 郑克晟：《试论元末明初江南士人之境遇》，载氏著：《明清史探实》，中国社会科学出版社 2001 年版，第 16—17 页。

④ 方孝孺：《逊志斋集》卷 22《俞先生墓表》，《四部丛刊》本，上海商务印书馆 1929 年版。

⑤ 何孟春：《余冬序录摘抄一》，载沈节甫辑：《纪录汇编》卷 148，上海商务印书馆 1938 年影印明万历刊本。

畅销品，无疑受到了女真风俗的影响。①

宋濂、方孝孺的记载，进而可以证明蒙古人习俗对江南地区同样产生了相当深远的影响。宋濂在《芝园续集》卷 4《汪先生墓铭》中有如下之言："先生壮时，元有天下已久，宋之遗俗变且尽矣。"② 既然说是"变且尽矣"，当然不是个别现象，而是说蒙古人的风俗在江南地区烙印极深。方孝孺在其《后正统论》中亦言："在宋之时，见胡服、闻胡语者犹以为怪。……至于元，百年之间，四海之内，起居、饮食、声音、器用，皆化而同之。"③

有元一代，大江南北，深受蒙古习俗影响，究其原因，大抵不脱以下三个：

其一，官方蒙古语言文字的推广。按照元代的制度，官方听从汉人学习蒙古语言文字。④ 如至元九年（1272），和礼霍孙上奏，认为蒙古字设立了国子学，而汉官子弟并未学习蒙古文字，且官府的公文尚用畏吾儿字。为此，朝廷下诏，规定自今以后，诏令一概使用蒙古文字，并遣送百官子弟入学。又据《元史·程钜夫传》记载，当时的诏令多用蒙古文字，这显然基于民间已经通习蒙古文字之上。可见，元朝各朝君主，惟知以蒙古文字为重，并要求天下臣民一概学习蒙古语，通蒙古文字，然后便于奏对，所以时人多习蒙古语言文字。⑤

汉人学习蒙古语言文字的结果，则导致了以下两大文化倾向的形成：

---

① 孔齐：《至正直记》卷 4《减铁为佩》，载《宋元笔记小说大观》第 6 册，上海古籍出版社 2007 年版，第 6670 页。

② 宋濂：《芝园续集》卷 4《汪先生墓铭》，载《宋濂全集》第 3 册，浙江古籍出版社 1999 年版，第 1526 页。

③ 方孝孺：《逊志斋集》卷 2《后正统论》。

④ 关于元代汉人学习蒙古文字之风，详细的探讨，可参见李治安：《元代汉人受蒙古文化影响考述》，载《历史研究》2009 年第 1 期，第 25—32 页。

⑤ 赵翼撰，王树民校证：《廿二史札记校证》卷 30《元汉人多作蒙古名》，第 701—702 页。

一则蒙古语向市井语言的渗透。已有的研究成果显示，在元代，蒙古语已经潜移默化地渗入到汉人市井勾栏的戏曲剧目中。根据方龄贵的系统梳理及其考释，现存元明戏曲剧目中含有蒙古语词汇多达近200个，较为突出的词汇，分别有"卯兀"（坏）、"胡同"（水井）、"曲律"（骏马、俊杰）、"茶迭儿"（庐帐）等等。①

二则汉人多取蒙古名。在元代，汉人的蒙古名字，大致上有以下两种情况：一是来自赐名。如张荣，元太祖赐名"兀速赤"；刘敏，元太祖赐名"玉出干"；刘敏之子刘世亨，元宪宗赐名"塔塔儿台"；刘敏次子刘世济，赐名"散祝台"。二是自己取蒙古名。自从有了赐名之例，汉人争相以取蒙古名为荣，进而形成一时风尚。如贾塔剌浑，是冀州汉人；张拔都，是平昌汉人；刘哈剌不花，是江西汉人；杨朵儿只、迈里古思，都是宁夏汉人。还有崔彧，本是弘州汉人，却取小字"拜帖木尔"；高寅之子，名"塔失不花"。②

其二，蒙古人大量侨寓中原及内地。即以江南的镇江为例，当地存在着不少侨寓户，包括蒙古人、畏吾儿人、回回人、也里可温、契丹、女直。根据《至顺镇江志》记载，元代至顺年间，镇江之侨寓户，共计有3845户，其中蒙古人29户，畏吾儿人14户，回回人59户，也里可温23户，契丹3户，女直25户。至于侨寓人口，共计10555口，其中蒙古人163口，畏吾儿人93口，回回人374口，也里可温人106口，河西人35口，契丹人116口，女直人261口。③

其三，民族之间的通婚。已有的研究成果显示，元代各民族的婚姻习俗得到了当时统治者的默认甚至保护。随元代统治稳定及对汉文化的

① 详细的统计及其考释，可参见方龄贵：《古典戏曲外来语考释词典》，汉语大词典出版社、云南大学出版社2001年版。

② 赵翼撰，王树民校证：《廿二史札记校证》卷30《元汉人多作蒙古名》，第701—702页。

③ 脱因修、俞希鲁纂：《至顺镇江志》卷3《侨寓》，载《宋元方志丛刊》第3册，中华书局2006年版，第2648—2649页。

进一步汲取而来者，则是民族通婚的盛行，其中包括蒙古人、色目人和汉族及不同民族之间的通婚。① 至于蒙汉通婚，在元代也已经颇为普遍。如俞俊，祖先是嘉兴人，后占籍松江上海县，娶也先普化次兄丑驴之女。② 不但蒙汉通婚，元代的色目人也与汉人通婚。如元成宗时，御史台曾上言，称各行省官员因为久任，与所属编氓有联姻之举。色目人与汉人联姻的例子，有南昌富民伍真的父亲娶诸王之女为妻；伯颜不花的斤的母亲鲜于氏，乃是太常典簿鲜于侁之女。③

明承元制：帝国制度中的蒙古因子

照理说来，大明帝国的建立，号称恢复汉唐制度，在制度建设上理应全面承袭汉唐。事实并不尽然。且不说明初《诸司职掌》所定官制，尚对元代官制多有因袭，若是仔细考察明帝国的制度建设，其中亦不乏蒙古化的因子。就此而论，说是"明承元制"，大抵符合明代制度史的实情。明代制度对元代的继承性，主要体现在以下三个方面：

其一，沿用元制，在礼仪上尚左。明太祖初起兵之时，尚多采用元代制度。元至正二十四年（1364）正月，江南行省群臣共尊朱元璋为吴王，并由李善长出任右相国，徐达出任左相国。至吴元年（1367）十月，朱元璋下令，规定百官礼仪均尚左，于是改任李善长为左相国，徐达为右相国。《礼记·玉藻》曰："听乡任左。"注云："凡立者尊右，坐者尊左。侍而君坐，则臣在君之右，是以听向皆任左以尊君。"当时李善长、徐达二人侍奉朱元璋，坐时定为"任左"。在明代，因中原与

---

① 潘清：《江南地区社会特征与元代民族文化交融》，《东南文化》2004年第4期，第57—58页。

② 陶宗仪：《南村辍耕录》卷28《醋钵儿》，中华书局1997年版，第352页。

③ 赵翼撰，王树民校证：《廿二史札记校证》卷29《色目人随便居住》，第701页。

北方靠近京城之故，所以主人、宾客相见，立时作揖，"以右为尊"；就坐时，则"以左为尊"。① 这或许从礼义上讲，有符合古礼的一面，但显然与汉人王朝的礼制有所不合，大抵是蒙元的遗制。

其二，明承元制，采用三宫并立。历代王朝，后宫仅设一个皇后，至元代才改设三宫之制。按照元朝的制度，因元太祖曾与其族帐设誓，若同取天下，世世约为婚姻，所以正宫皇后必用雍吉剌氏，犹如契丹世用萧氏为正宫皇后。自正宫皇后以下，又设立两宫，且称为"二宫皇后""三宫皇后"。这无疑是遵奉金朝遗制，完全不同于宋朝后宫制度。② 元代的三宫制度，同样为明代所承继。在明代后宫，虽不并称为皇后，但每选一个皇后，必并立三宫，即所谓的"中宫""东宫"与"西宫"。按照这套制度，即使后来别立皇贵妃，但初次选定的东宫、西宫，同样可以与中宫并尊。③

其三，明代政风，多承蒙元遗俗。在明代政治风俗中，对元朝最为直接的继承则是"政由吏为"，具体又反映在以下两个方面：

一是任用吏员。明代官员任用制度，主要采用"三途并用"，其中一途即为吏员。这种对吏员的重视，显然来源于蒙古人用吏之俗。可见所谓的"政由吏为"，作为一种政治风俗，其实也是故元遗俗。蒙古人入主中原之后，因为风俗、语言的差异，再加上人事不通，文墨不解，所以官员上任之后，"凡诸事务，以吏为源。文书到案，以刊印代押，于诸事务，忽略而已"④。在元代，用人政策上存在着一种"重吏轻儒"的倾向，"七品文资，选为省掾，八品流官，选为令史"，公卿大多由省掾、令史得以进身。明初立国，在吏员制度上作了不少革新。譬

---

① 黄瑜：《双槐岁抄》卷 1《礼仪尚左》，第 14 页。
② 叶子奇：《草木子》卷 3 下《杂制篇》，中华书局 1983 年版，第 63 页。
③ 赵翼撰，王树民校证：《廿二史札记校证》卷 29《元宫中称皇后者不一》，第 673 页。
④ 朱元璋：《大诰》，《胡元制治》第 3，载张德信、毛佩琦主编：《洪武御制全书》，黄山书社 1995 年版，第 750 页。

如按照明初所定制度，只有农民出身之人，才有资格考取胥吏，至于市民决不允许他们参加胥吏的考试，其中就是考虑到以下两点：一则市井之民多无田产，不知农业的艰难，如果做吏，容易危害农民。二则市民中有一些无藉之徒，村无恒产，市无铺面，绝对没有本钱做行商，而且存心不良，日生奸诈，不像农民那么老实。一旦让这些人为吏，他们就会勾结官府，妄言民之是非，在衙门内与官员一同作弊。① 尤其是明初所实施的崇尚儒术的政策，更是堪称对元代乱政的革新。尽管如此，吏员在明代仍然是出身的一途，有些甚至可以铨选为京官，如洪武年间吏部主事谈士奇之辈，无不出身吏员，且其例不胜枚举。②

二是官贪吏污。元代初年，法度犹明，官吏尚有所畏惮。自秦王伯颜专政以后，已是上下贿赂，公行如市，纲纪荡然。与人索取钱财，各有名目：属官首次参见长官，要收"拜见钱"；无事白要钱财，称为"撒花钱"；碰到节日，与人要钱，称为"追节钱"；生辰之日，则收取"生日钱"；管事而向人索取，称为"常例钱"；送往迎来，则有"人情钱"；勾追公事，有"赍发钱"；诉讼之时，则要"公事钱"。不仅如此，若是觅得钱多，称为"得手"；除官得到肥的州县，称为"好地分"；补得职近，称为"好窠窟"。③ 诸如此类，不一而足。元代所有这些政治陋习，同样存在于明代，仅仅是有些称呼稍有不同而已。④

蒙元遗俗：帝国日常生活的胡化之风

若是将视角转向日常生活，蒙元习俗，在明代亦多有遗存。据何孟

---

① 朱元璋：《大诰续编》，《市民不许为吏卒》第 75，载《洪武御制全书》，第847 页。

② 黄瑜：《双槐岁抄》卷 5《胥掾官之尚书》，第 89 页。

③ 叶子奇：《草木子》卷 4 下《杂俎篇》，第 81—82 页。

④ 郎瑛：《七修类稿》卷 21《辩证类·酒钱元俗》，第 221 页。

春的说法，蒙元习俗在明朝尚延续了"百有余年"之后，"胡俗悉复中国之旧矣"。① 然在北京，入明之后，在民间风俗中，还是蒙古余风未殄，诸如："尚道、佛，不尚儒；业商贾，不业农；衣服短窄，男女同制；饮食腥秽，尊卑同器。"②山东滕县，诸如"好竞喜斗，斗而负者不以讼于官，期报之而后已，以胜为能"，以及语言"间用胡音"，犹有"金、元之余习"。③ 为示明晰，下面从服饰、饮食、婚丧、节日、语言称谓、社交礼仪、音乐、宗教八个方面加以揭示。

（一）服饰

明代日常服饰生活中的胡化现象，最为明显的例子就是对"左衽"的习以为常。这种现象自宋金对峙以来就已普遍存在，尤以在各色庙宇塑像中最为常见。据宋人周必大《二老堂诗话》记载，陈益担任出使金朝的属官，在路过滹沱的光武庙时，就见到庙中塑像尽是"左衽"。又据岳珂《桯史》，涟水的孔庙，孔子的塑像也是"左衽"。还有泗州的塔院，所设立的五百应真像，或塑或刻，全为"左衽"。这尽管是金人的遗制，然迄于明初而未尽除，屡次见于《实录》中的臣子上奏，诸如永乐八年（1410）抚安山东给事中王铎之奏，宣德七年（1432）河南彰德府林县训导杜本之奏，正统十三年（1448）山西绛县训导张干之奏，均得到明旨，要求将"左衽"改正，事实却是因仍未改。④ 可见，自宋金对峙以后，再加之蒙元入主中原，服饰上的"左衽"逐渐被认同而不以为异，其影响已经及于庙宇像设。不仅如此，在明代的南方与北方，妇女服饰中无不以"左衽"为尚。据朝鲜人崔溥的记载，明代北方的妇女，自沧州以北，妇女衣服之衽，还是"或左或右"，并

① 何孟春：《余冬序录摘抄一》，载《纪录汇编》卷148。
② ［朝鲜］崔溥：《漂海录》卷3，第163页。
③ 顾炎武：《天下郡国利病书》第3册《山东备录》上《滕县志·风俗志》，第1654—1655页。
④ 顾炎武撰，黄汝成集释：《日知录集释》卷28《左衽》，第660页。

未统一为"右衽"。直至通州以后，才"皆右衽"。至于江南的妇女，所穿衣服"皆左衽"。① 这是一条极为重要的记载，至少说明即使在江南，妇女服饰的胡化现象也相当明显。

众所周知，在中原汉人的眼里，蒙古人的服饰，即所谓的"元服"，无疑属于胡服的典范。蒙元服饰的特点，大抵可以用"帽子系腰"加以概括。所谓帽子，就是在元代，无论官民，无不戴帽。帽子的制式，"其檐或圆，或前圆后方，或楼子"，基本属于兜鍪的遗制。与帽子相应者，则是发式，通常是将发编成辫子，或者将发打成纱罗椎，而庶民一概不用椎髻。所谓系腰，即"袄则线其腰"，就是上衣在腰间加一腰线，其中富贵华靡之服，用浑金线制成"纳失失"，或者在腰线上绣通神襕。因帽子系腰，上下一般可服，其结果则导致等威不辨。② 据田艺蘅的记载，明人所戴之帽或所穿之袄，很多还都保留着蒙古人的遗俗，这就是所谓的"帽则金其顶，袄则线其腰"。所谓的"帽则金其顶"，就是田艺蘅幼时在杭州见到过的小孩所戴的"双耳金线帽"；而"袄则线其腰"，是说明朝人所穿之袄，在腰部有一道线，完全是蒙古人的遗风。在明代，小孩周岁之时，脖子上就戴五色彩线绳，称为"百索"。又明代的小孩还用色丝"辫发"，向后垂下。关于此种习俗，有两种解释：一种认为其中包含"长命缕"的意思，是保佑小孩长命百岁之意；另一种则认为，此俗起于"夷俗"，如南朝时宋、齐人称北魏为"索虏"，就是因为他们"以索辫发"，而明朝小孩以五色彩丝系项，或以色丝辫发，也不过是"胡元旧习"。③陈子龙的记载更是显示出，在明末的京城乃至北方地区，无论是贵人、士人，还是庶人、妇人，服饰均呈一种胡化的倾向，且被引为时尚。譬如京城贵人，为图方便，喜欢穿窄袖短衣，或者以纱縠竹箨为带。如此妆扮，已与胡服相

---

① ［朝鲜］崔溥：《漂海录》卷3，第194页。
② 叶子奇：《草木子》卷3下《杂制篇》，第61页。
③ 田艺蘅：《留青日札》卷22《帽》《百索》，第725、739—740页。

近。又北方的士人，大多喜好胡服。而庶人所制之帻，"低侧其檐，自掩眉目"，称为"不认亲"。至于妇人的辫发，也大多"缀以貂韹之尾"。①

假若说明初朱元璋建立大明帝国，恢复汉唐衣冠制度，是汉民族意识的一种反映。那么，弘治以后北方尤其是北京居民在服饰上崇尚"胡风"，显然已无民族意识的影子，不过是一种基于个人喜好之上的服饰审美趋向。据史料载，元人服饰盛行于明代并被明人广泛使用者，有"比甲"与"只孙"两种。比甲是由元世祖时皇后察必宏吉剌氏所创，其式样是前有裳无衽，后面之长倍于前面，也无衣领与衣袖，仅用两襻相缀。比甲这种服饰的出现，显然是为了便于弓马生活。明代北方妇女普遍崇尚比甲，将它当成日用的常服，而且稍有改进，织金刺绣，套在衫袄之外。只孙这种服装，《元史》又称"质孙"，也起源于元代。其名是蒙古语，若译成汉语，其意思是说"一色服"。在元代时，凡是贵臣奉皇帝之诏，就穿只孙进宫，以示隆重。只孙在明代仍被穿用，但仅是军士常服，在明代皇帝的圣旨中，经常出现制造"只孙"件数的记载，显是明证。当时北京的百姓，每到冬天，男子一概用貂狐之皮，制成高顶卷檐的帽子，称为"胡帽"。妇女也用貂皮裁制成尖顶覆额的披肩，称为"昭君帽"。此风所及，以致北直隶各府及山东、山西、河南、陕西等地，也互相仿效。②

在明代中原的服饰称谓上，有些显然也受到了蒙古人习俗的影响。据陶宗仪《南村辍耕录》记载，在元代，蒙古人一般将妇女的礼服称为"袍"，而汉人则称"团衫"，南人则称"大衣"。但在明代，从北

① 陈子龙：《安雅堂稿》附录一《论史·五行志服妖》，第364页。
② 相关的记载，可分别参见陶宗仪：《南村辍耕录》卷30《只孙宴服》，第376页；沈德符：《万历野获编》卷14《礼部·比甲只孙》，第366页；陆容：《菽园杂记》卷8，第100页。

京一直到地方，一概称妇人的礼衣为"袍"。① 在海南琼山，关于服饰的一些称谓，同样保留着一些"胡语"的特点，如称"小帽"为"古逻"，称"系腰"为"答博"之类。② 可见蒙古人的习俗在汉人中也是沿习已深。最为明显的例子，就是称长衫为"海青"。海青之称，在明代已成一种市语，并为大众所熟谙。如冯梦龙《山歌》卷六《咏物四句·海青》："结识私情像海青，因为贪裁吃郎着子身。要长要短凭郎改，外夫端正里夫村。"《三刻拍案惊奇》第十九回："走到门上，见一老一少女人走出来上轿。后边随着一个戴鬃方巾，（穿）大袖蓝纱海青的，是他本房冯外郎。"所谓海青，《六院汇选江湖方语》作如下解释："海青，乃长衫也。"按这一市语有较浓的吴方言色彩。郑明选《秕言》亦言："吴中称衣之广袖者为海青。"如此说来，似乎这一市语含有较为浓厚的吴方言色彩，其实，正如有的研究者的考证结果所显示，它的源头还是来自蒙古人的服饰。明陆嘘云《世事通考》下卷"衣冠类"："鞑靼衫衣有数样，曰海青、曰光腰、曰三弗齐之类。今吴人称布衫总谓之海青，盖始乎此。"③

（二）饮食

在明代学者有关风俗问题的讨论中，有一个很重要的观念，"风俗溺人，难于变也"。尽管明初朱元璋建立大明帝国以后，力图一洗其弊，革除元代诸多风俗，但元代蒙古人的习俗，也就是明朝人经常提到的"故元遗俗"，还是渗透在明朝人日常生活与习俗的方方面面。即以饮食生活习惯来说，诸如设酒则每桌五果、五按、五蔬菜，汤食非五则七，酒行无算，另置酒桌于两楹之间，排列壶盏、马盂，以及把盏，或

---

① 张志淳：《南园漫录》卷5《礼服》，云南图书馆1911年刻本。
② 正德《琼台志》卷7《风俗》，国家图书馆出版社据宁波天一阁博物馆藏明正德刻本影印，2013年版。
③ 王锳：《宋元明市语汇释》（修订增补本），中华书局2012年版，第48页。

尊卑行跪礼。① 如此设酒的种种风俗，无不都是元人的遗俗，而仍然存在于明朝人的生活与习俗之中。

若是细加考察，蒙古人的饮食礼仪习俗，尚存在于明人日常生活中者，当数"挈设"与"把盏"最为典型。

所谓"挈设"，原本为蒙古语言，相当于汉人礼仪中的"荐体"与"体荐"，或称之为"芊背皮"，属于一种酒席茶饭中的待客礼仪。按照蒙古人的这种饮食礼仪，招待上宾，必用羊背皮、马背皮之类；若是其余宾客，则用羊、牛的前腿、后腿招待。假如用鹅招待宾客，则必用鹅的前胸招待上宾，其余宾客，则多寡随分而定。入明之后，这种待客礼仪得以遗存，尤其广泛存在于北方人的饮食习俗中。譬如按照汉人的习俗，招待上宾，以鹅头为敬，但在北方还是以鹅胸为敬，显然受到了蒙古饮食习俗的影响。②

所谓"把盏"，原本也是蒙古人的饮酒习俗。据记载，蒙古人设置筵席，需要在酒桌上设置五种蔬菜、五种果品、五种按酒，在两楹之间另置酒桌，上面排列壶、瓶、台、盏、马盂（相当于明朝的折盂）。等到把盏敬酒之时，则必须行三跪之礼，举盏至尊者之前，半跪，退三步，而后执台两膝跪地，等到尊者饮毕，起身，进前接盏，又一膝跪地。若是尊者赐给卑者之酒，卑者向前，接盏一膝跪地，退三步，两膝跪地，将酒一饮而尽。尊者的随从一起跪地，接过酒盏，退下，酒盏不再还给尊者。③

饮酒"把盏"甚至"换盏"之俗，在明代尚有遗存。如明代初年，马亮任河南布政司参政，信国公汤和路过河南，马亮在陪饮之时，离席把盏。汤和当众叱责马亮，认为这是违礼之举，加以处罚。还有广西布

---

① 郎瑛：《七修类稿》卷 21《辩证类·酒钱元俗》，第 221 页。

② 叶子奇：《草木子》卷 3 下《杂制篇》，第 68 页；田艺蘅：《留青日札》卷 26《芊背皮》，第 858 页。

③ 叶子奇：《草木子》卷 3 下《杂制篇》，第 68 页。

政司参政张凤，与同官蒋学、按察司副使虞泰、按察司佥事李湜一起饮宴，"交互换盏"。这两件事都发生在洪武十二年（1379）三月，于是礼部专门移文，戒敕百官，禁止筵宴时行"把盏"与"换盏"之礼。① 即使朝廷有此禁令，但把盏、换盏之俗，久已深入人心。明代饮酒之俗多与蒙元相同，只是元代进爵之时，比起明朝来，多一道一膝跪地的礼仪程序而已。②

（三）婚丧

蒙元婚姻之俗，同样广泛渗透于明代日常的婚姻生活中。婚姻生活中的"胡俗"，通常分为两类：一类是"妻母"，即以母为妻；另一类是"蒸嫂"，即以嫂为妻。如此婚姻之俗，若以民族学或法律的观念来看，其实就是"收继婚"。

早在《明妃曲》中，就有"妻母"之说，这在中原汉人的眼里，自然属于一种婚姻上的"胡俗"。已有的研究成果显示，收继婚对北方汉人的影响，可以追溯到辽、金两朝。辽、金统治北方近300年，势必对汉人的婚姻习俗产生潜移默化的影响。入元之后，特别是蒙古人统一南北前夕，又向全国颁布了"小娘根底，阿嫂根底，收者"的诏令，最终奠定了汉人实行收继婚的法律依据。③

收继婚这种习俗，在明代的蒙古人中同样存在。如宣大河套一带蒙古俺答之妻三娘子，被明封为"忠顺夫人"。从伦理关系上讲，卜石兔是忠顺夫人之了。俺答死后，卜石兔即以忠顺夫人为妻。关于此事，明人李君章在监兵阳和时，曾作有一诗，加以揭示。诗云："胡妇胡儿款塞年，相持悲泣转相怜。氍毹未展交欢帐，湩酪先开合卺筵。五路良媒

① 黄瑜：《双槐岁抄》卷1《文华堂肄业》，第12页。
② 郎瑛：《七修类稿》卷21《辩证类·酒钱元俗》，第221页。
③ 相关的探讨，可参见李治安：《元代汉人受蒙古文化影响考述》，载《历史研究》2009年第1期，第39—40页。

冰始泮，四传佳偶箭将悬。喜看剪叶频输马，关月边风动管弦。"① 至于"蒸嫂"，在明代的蒙古人中亦不乏其例。如也先普化长兄观观死后，"蒸长嫂而妻之"；次兄丑驴死后，又"蒸次嫂而妻之"。② 诸如此类的蒙古婚姻习俗，对位于边地的汉族居民，同样产生了不小的影响。如平凉府隆德县，民间百姓"或然夷风"，甚至出现了"蒸寡嫂"的现象。③

至于丧葬，明代边疆或中原汉族地区民间所流行的火葬、水葬习俗，同样属于蒙元遗俗。所谓火葬，就是人死之后，焚弃尸骸；所谓水葬，就是人死之后，投骨于水。如前述平凉府隆德县，民间百姓"多火葬"。④ 至于南京、浙江等地，民间百姓，更是"狃于胡俗"，或"徇习元人焚弃尸骸"之俗，火葬、水葬盛行一时。为此，在洪武二年、三年（1369、1370），朝廷专门下令，禁止民间实行火葬、水葬，由刑部著之律例，将火葬、水葬者"坐以重罪"。与此相应，朝廷又在府县设立义冢，作为民贫无地以葬者的安葬之地。⑤

除了火葬、水葬之外，明代丧葬礼仪中的"荒亲之礼"，显然也受到了"胡元之俗"的影响。按照传统的礼仪，父母死后，为人子者在守丧期间不得成亲，这是为了表达一种哀悼之情。所谓荒亲之礼，就是作为人子，在父母垂死之日，就讲"亲迎之礼"，甚至有的人家在父母死后，禁止家人举哀，而专行亲迎之礼。这种礼俗，不但存在于明代的杭州，甚至"四方皆同"；不但存在于普通民众家庭，甚至"诗礼之家"，亦多行之。⑥

---

① 姚旅：《露书》卷9《风篇中》，第213—214页。
② 陶宗仪：《南村辍耕录》卷28《醋钵儿》，第352页。
③ 顾炎武：《肇域志》第3册《陕西·平凉府·隆德》，第1726页。
④ 顾炎武：《肇域志》第3册《陕西·平凉府·隆德》，第1726页。
⑤ 黄瑜：《双槐岁抄》卷1《禁水火葬》，第14页；陈建：《皇明启运录》卷5，载《皇明通纪》上册，第163页。
⑥ 郎瑛：《七修类稿》卷16《义理类·荒亲》，第160页。

（四）节日

明人节日生活丰富多彩，然在诸多节日生活中，有些实属"金元之遗俗"，尤以元宵、端午两节最为明显。

在金、元两朝，每年正月十六日，流行一种"放偷"习俗。每当这一天时，各家各户对小偷严加防范，遇到偷窃行为，则"笑而遣之"，即使是妻女、车马、宝货为人所窃，也全不"加罪"。这种习俗，在明代扬州尚有遗存。至于北京正月十六日夜里所流行的"走街"习俗，可能也是金、元放偷的遗俗。[①]

明代端午节时，无论宫廷，还是民间，无不盛行"射柳""走解"之俗，同样沿用金、元旧俗。

明永乐年间，宫中流行一种"翦柳"之戏。所谓翦柳，其实就是"射柳"。射柳原本是女真、蒙古人的游戏。此戏为将鹁鸽藏在葫芦中，再将葫芦悬挂在柳树上，然后向葫芦射箭，射中葫芦，鹁鸽就冲天飞去，以鹁鸽飞之高下来定胜负。至万历年间，每当端午节，宫中除了赛龙舟之外，还"修射柳故事"。宫中射柳之戏，延及明代的边镇。在端午这一天，各边镇无不"射柳较胜"，若是士卒命中，将帅就会次第加以赏赉。

当端午节时，明代宫中还在后苑表演"走骠骑"之戏。所谓走骠骑，俗称"走解"，其实就是杂技中的马术表演。其法为一人骑马执旗，在前面引导，另外二人骑马继出，在马上呈弄技巧，或上或下，左右腾掷，人马相得。表演马术之后，又身穿"胡服"，臂鹰走犬，表演围猎的样子。[②]

（五）语言称谓

由于蒙古人长期统治中原地区，最终导致蒙古语对中华正音也产生

① 郎瑛：《七修类稿》卷 44《事物类·放偷》，第 468 页。
② 沈德符：《万历野获编》卷 1《列朝·帝治》、卷 2《列朝·端阳》，第 18、67 页；刘献廷：《广阳杂记》卷 1，第 364 页。

不小的影响。这种影响，到了明代弘治年间，还保留在北京的民间，有些甚至成为北京话的一部分。史载弘治年间，在北京的街上，童男童女互相嬉戏、聚谈、骂詈，都不作中华正音，学成一种"鸟兽声音"，含糊咿唔，很难辨别字义，称作"打狗呪"。① 这种打狗呪一类的语言，显然受到蒙古话的影响，而且其遍布的范围也较广，在北直隶各府及山东、山西、河南、陕西等地方，都有人互相仿效。

就各类称谓而言，诸如明代广泛流行的"皇上""使长""老爷""大汉""猫儿头""歪辣骨"诸称，显然也多为"亡元遗俗"。

以臣子称国君为例，西汉臣子称皇帝为"县官"，东汉称皇帝为"国家"，北朝称"家家"，唐朝称"圣人"，亦称"大家""天家"，宋朝称"官家"，至元朝方称"皇上"。当然，这些称谓仅仅是臣子私下称皇帝，并非面对皇帝的称谓。此外，在臣子对皇帝的私下称谓中，西汉的臣子有时亦称皇帝为"陛下"，辽、金则称"郎主"。② 可见，明代臣子称皇帝为"皇上"，实则蒙元遗俗。

在明代初年，尚沿习蒙元遗俗，臣下称呼亲王为"使长"。如明成祖登极之后，问建文朝的旧将平安在靖难时对自己为何如此相逼，不料平安答道："此际欲生致使长耳。"③

---

① 何乔新：《何文肃公集》卷 33《题为禁治异服异言事》，清康熙三十三年（1694）刻本。按：在北京土语中，称人胡说为"胡呪"，疑即"打狗呪"的遗风。惟蒙古语与北京土语之间的关系，当另文予以探讨。

② 于慎行：《谷山笔麈》卷 13《称谓》，第 147—148 页。

③ 沈德符：《万历野获编》卷 4《宗藩·使长侍长》，第 105 页。按：沈德符的记载中，认为"使长"一称，"未知其义谓何"。其实，根据另外一些记载，使长一称，其义有二：一为仆人对主人的称呼。如福建莆田、福清，下人称主人为"使"，这是依从通政使、布政使之名以尊称。又莆田、福清之俗，儿子亦称父亲为"阿使"。这是仿效仆人称主人之例。二是士卒对州将的称呼。譬如五代时，李存矩为新州防御，骄惰不治，士卒有"使长不矜恤"之言。入明之后，亦称公侯郎君为"使长"。另外，若妃子主持内宫，则被宫眷称为"使长"。可见，使长一称，尽管取义出典稍有不同，但其义大抵是指下人对上人之称。相关的考述，可分别参见姚旅：《露书》卷 9《风篇中》，第 205 页；于慎行：《谷山笔麈》卷 13《称谓》，第 148 页。

在明代民间，多称官长为"老爷"。这一称谓，同样源自元代。《元史·董抟霄传》记载，董抟霄在南皮安营，毛贵兵猝至，问抟霄："汝为谁?"抟霄答道："我董老爷也。"说完，随之被杀。这是"老爷"一称见于元代正史的佐证。①

明代的镇殿将军，称为"大汉"，此称亦源自元代。据史料记载，明代的镇殿将军，通常募选身躯长大异常之人充任。一旦选任为镇殿将军，就可以得到"大汉衣粮"。等到年过50岁，才允许出去做官。②

在明代，一般将已透风有毛的冬笋，称为"猫儿头"。此外，又称人干事不干净为"猫儿头"，或称"猫儿头生活"。此称源自元代。据载，元代贫穷的新官出京，通常有人替他们应付盘缠，并随同新官一同到任，还替新官管事，一般称这类人为"猫儿头"。其意是说，最好的冬笋是在土中之时，一出头来，就不再被人看重。又如猫一样，它的头虽似虎，但并不畏惧。其后，民间又骂达官的家人为"猫头"。③

在明代北方，民间詈骂最为下劣的妇女，通常称为"歪辣骨"。这一称谓，有两种解释：一说认为，牛的身上，自毛骨皮肉以至全身，无一弃物，只有牛两角内有天顶肉少许，秽气逼人，最为贱恶，所以拿此比称粗婢。另一说则来自京城熟谙市语之人，认为在宣德朝时，瓦剌惧怕明朝频繁征讨，且自己衰弱贫苦，于是就将族内妇女售卖给边地的汉人，每口不过价值几百钱，名为"瓦剌姑"，这是就其貌寝而价廉而言。④ 尽管上述两种解释，明人沈德符亦有"二说未知孰是"之论，最终难以坐实确定，然若"歪辣骨"出自"瓦剌姑"，这显与蒙古族颇有关系。

（六）社交礼仪

如果将视野转向明代的社交礼仪，尤其是民间妇女的拜礼，大抵也

---

① 赵翼撰，王树民校正：《廿二史札记校正》卷30《老爷同寅皂司》，第713页。
② 陶宗仪：《南村辍耕录》卷1《大汉》，第19页。
③ 田艺蘅：《留青日札》卷3《猫儿头》，第155页。
④ 沈德符：《万历野获编》卷25《词曲·俚语》，第650页。

是对蒙元遗俗的因袭。众所周知，自古中国的妇女大多流行立拜之礼。只有后周天元帝时，下令妇女朝见之时，效仿男子俛伏之状，行跪地叩头之礼。武周之时，大抵如此。然妇女跪地叩头之礼，仅仅行于一时，在汉唐承平之时，并不如此。宋时妇女朝见时所行之礼，史无明载，不可考知。然从一则史料记载中可知，宋天圣年间，明肃太后临朝，想代行郊天祭祀之礼，宰相薛简肃认为不可，劝谏道："果尔，太后将作男子拜乎？抑女子拜乎？"太后听言，此事作罢。可见，在宋代，男子之拜，与女子之拜，同样有别，且足证古之妇女，多行立拜之礼。入明之后，按照制度，三品以上的命妇，遇到太后、中宫的大庆，或者是元会、令节，照例需要入宫朝贺。命妇朝贺，所行拜礼，与朝士有别。朝士拜礼，除朔望升殿外，即使常朝，也必须行五拜三叩头之礼。而命妇则不然，仅仅行四拜之礼，而且只是在下手立拜。只有在致贺受赉的时候，命妇才一跪叩头而已。值得注意的是，明代民间士民之家的妇女，所行拜礼，已是"伏地顿首"，与男子无异。这无疑沿用了"故元之习"。①

（七）音乐

按照传统中国的音乐理念，礼以导敬，乐以宣和。若是不敬不和，就难以为治。蒙古人入主中原并建立元朝之后，古乐荡然无存。这主要体现在以下三个方面：一是俗乐的盛兴，淫词艳曲，更唱迭和；二是队舞的兴起，甚至在祭祀古先帝王神祇的祀典上，亦"饰为舞队，谐戏殿廷"；三是"胡乐"的渗透，所谓的俗乐，实则大多为胡乐，声音宏大雄厉，甚至"使胡虏之声，与正音相杂"。②

大明立国，明太祖朱元璋命尚书詹同、陶凯及协律郎冷谦重新制作《燕享九奏乐章》，以使乐章不但协和音律，而且有平和广大之意，并

---

① 沈德符：《万历野获编》卷23《妇女·命妇朝贺》，第588页。
② 陈建：《皇明启运录》卷6，载《皇明通纪》上册，第181—182页；叶子奇：《草木子》卷2上《原道篇》，第21页。

于洪武四年（1371）七月最终制作完成。这一乐章制成后，“一切流俗喧哓淫亵之乐，悉屏去之”①，号称是古乐的复兴。尽管官方做出如此努力，但蒙古人的音乐显然已经渗透到民间的俗乐之中，一时很难去除干净。所以，即使到了崇祯年间，地方官府在阅武仪式上，所演奏的乐器，仍然尽是一些蒙古人的乐器。如崇祯四年（1631）三月，张岱路过山东兖州，亲身观看了巡按御史主持的阅武仪式，表演时都是在马上奏乐，而且所用乐器，分别有“三弦”“胡拨”“琥珀词”“四上儿”“密失”“叉儿机”“僸佅兜离”。② 又据史料记载，在北直隶的各府、州、县及镇店、乡村，有一些光棍，平日不务本等生理，专门沿街游荡。其中更有一些无赖化的快手、民壮骑在马上，“合打插儿机、紧急鼓，及弹琥珀词等项，殊乖中夏礼义之教”③。

上面所谓的“插儿机”“紧急鼓”或“琥珀词”，从史料所言“殊乖中夏礼义之教”一句，基本可以断定是蒙古人的乐器。“插儿机”又作“叉儿机”；“紧急鼓”，有时又讹称为“锦鸡鼓”，均属“虏乐”。④ 至于琥珀词，在明代的史料记载中，表述不一：或作“浑不似”，北方人俗称为“琥珀槌”，明代的北京人及边塞人又称为“胡博词”。正统年间，在朝廷赐给迤北瓦剌可汗的诸物中，有一种名为“虎拨思”的东西，想必也是此类乐器。又根据教坊司老妓的说法，其名应该称为“浑不是”，意思是说这一乐器的形状，似箜篌，似三弦，似琵琶，似阮，似胡琴，实则全不是，故称为“浑不是”。说法不一，大多音近，无疑应该是同一类乐器。据《元史》所载，应当正称为“火不思”，其他的均为讹称。这是一种蒙古人的乐器，四弦、长项、体圆，适合在马

① 陈建：《皇明启运录》卷6，载《皇明通纪》上册，第181—182页。

② 张岱：《陶庵梦忆》卷4《兖州阅武》，第31页。

③ 嘉靖《威县志》卷2《地理志·风俗》，收入《天一阁藏明代方志选刊续编》，上海书店1990年版。

④ 沈德符：《万历野获编》卷25《词曲·俚语》，第650页。

上弹奏。诸如上述的蒙古人乐器，再加上筝、秦琵琶、胡琴之类，无不属于"达达乐器"，而所弹之曲，与汉人曲调浑然不同。①

（八）宗教

明代的宗教风俗，尤其是佛教风俗，大多沿袭"胡元胡习"。这种沿袭，首先来自朝廷的不察。举例来说，明代皇宫中存在的"欢喜佛"，其实就是对元代佛教习俗的因袭。所谓欢喜佛，其实就是一尊"男女淫亵之像"。据传，这种佛像得以存在于明代宫中，其目的是深怕太子长于深宫之中，不知人事，也就是为了对太子进行性教育。② 又如永乐三年（1405），西僧因进献佛像、舍利、金塔而到达京城，明成祖下令百官在龙江关迎接。永乐五年，如来大宝法王至京，又命百官在三山门迎接。自此以后，无论是朝天宫祭寿星、祭三清，还是灵谷寺祭佛，文官五品以上、武官四品以上，都必须具服随班行礼。③ 诸如此类，原本是"胡元胡习"，却在朝廷仪式中得到了很好的继承。

按照元代的制度，各代皇帝必须先受佛戒九次，方可登极称帝。④进入明代之后，这一制度就演变为"替僧"制度。按照明代的制度，凡是皇太子、诸王子诞生以后，一般就要剃度幼童一人，替皇子出家为僧，号称"替僧"，或称剃度，又称"代替出家"。按照惯例，初选替僧之时，一般要从众僧中卜一年命最贵之人，才允许披剃。⑤

这种替僧习俗，有记载认为或许起源于"故元遗俗"。⑥ 在明人看来，此制虽非雅俗，但在宫中习以为常，显然很值得引起关注。据载，

---

① 陶宗仪：《南村辍耕录》卷 28《乐曲》，第 349 页。
② 田艺蘅：《留青日札》卷 27《佛牙》，第 883—884 页。
③ 张怡：《玉光剑气集》卷 26《玄释》，第 920 页。
④ 陶宗仪：《南村辍耕录》卷 2《受佛戒》，第 20 页。
⑤ 沈德符：《万历野获编》卷 27《主上崇异教》，第 683 页。
⑥ 如谈迁云："本朝自太子、诸王降生，俱剃度幼童替身出家。不知何所缘起，意者沿故元遗俗也。"参见氏著：《枣林杂俎》和集《替身出家》，第 538 页。

北京城南的海会寺，相传就是明神宗初生受厘之所，显然就是替僧出家之处。① 从张居正的集子中可知，明神宗的替僧法名"志善"。志善原先住在龙泉寺。后神宗出内帑千金，潞王、公主及诸宫眷再施舍千金，在北京的居贤坊重建寺院，由太监冯保监修。寺院建成后，神宗赐名"承恩寺"，任命志善为僧录司左善世，并为承恩寺的住持。② 这些僧人借着是皇帝的替僧，就在一般僧众中具有极高的声望，而且朝廷给予他们的奉养居处，几乎等同于王公。

明代北京万寿寺戒坛所盛行的"大布施"习俗，显然也是"元之遗俗"。据记载，元代京城受戒，自妃子以下直至大臣的妻室，不时需要延请帝师堂下的戒师，在帐中受戒，诵咒作法。凡是受戒之时，其夫自外归来，听说娘子正在受戒，则至房不入。其中的妃子、大臣妻室若是守寡，通常间隔数日，就亲自赴堂受戒，恣其淫佚，称为"大布施"，又称之为"以身布施"。③

所谓的大布施习俗，在明代得到了很好的留存，所不同者，娼妓取代了守寡的妃子与大臣妻室。据载，北京的万寿寺戒坛，在京城以西70里。每年的四月八日，宫内太监从远近寻觅娼妓多人，根据道里的远近，用苇席搭起"浮棚"或"圈棚"，将娼妓置于棚中，任凭僧人淫媾，同样称之为"大布施"，以致"前僧未出，后僧倚候，平民偶一闯，群僧箠之且死"。④ 崇祯八年（1635）的夏天，谈迁曾亲眼看到了大布施的场景。当时的万寿寺道列"淫肆"。看到有一位来自日本的僧

---

① 沈德符：《万历野获编》卷 27《京师敕建寺》，第 686 页。
② 张居正：《张太岳文集》卷 12《敕建承恩寺碑文》，上海古籍出版社 1984 年版，第 146 页；张尔岐：《蒿庵闲话》卷 1，齐鲁书社 1991 年版，第 333 页。按：据《古今图书集成》（《方舆汇编·职方典》第 45《顺天府部》）记载，志善是木斋禅师的大弟子，居住在长椿寺。不知此说何据，当以张居正所记为准。
③ 叶子奇：《草木子》卷 4 下《杂俎篇》，第 84 页。
④ 谈迁：《北游录·纪闻上·万寿寺戒坛》，第 321 页；王士性：《广志绎》卷 2《两都》，第 18 页；刘廷玑：《在园杂志》卷 4《西山寺》，第 175 页。

人，就戏着布施钱文若干，三次布施，僧人三次入肆。再布施钱文，僧人"辞力不任矣"，"时以为笑语"。①

元代佛教风俗对明代的民间宗教信仰，影响也相当深远。如元代西域番僧伽璘真善于秘密之法，曾对元顺帝说："陛下虽尊居万乘，富有四海，不保有，见世而已。人生能几何，当受此秘密大喜乐禅定。"元顺帝接受其法，秘密演习，称为"双修法"。此外，番僧伽璘真还擅长运气之术，称为"演揲儿法"，翻译成汉语就是"大喜乐"。无论是双修之法，还是大喜乐，其实就是房中之术。明代的夫妇双修之法，其实均起源于此。② 还有元朝素崇佛教，导致僧人的世俗化。这种世俗化的势头，在明朝仍有遗存。如山西忻州，"郡境村落约三百计，皆有梵寺数楹，最小者亦斗室供香火，僧无精行，贫民为僧佣作者，挈妻傍居，流娼僦居僧舍，荡子谐狎，藉资衣食者，更从臾之，深可扼腕。"③ 此即典型的例证。

夷夏互动：民族间物质与精神文化的双向交融

以儒家思想作为意识形态的中原汉族王朝，无不恪守"夷夏之防"的观念，而其终极目标则是"用夏变夷"，最终达臻天下大同。《春秋》一经虽严华夷之辨，然其中心主旨还是在于至德无不覆载，即通过华夏的政教对四夷之人加以感化。否则，若是冰炭同器，不濡则燃，不但中国不宁，四夷也不能自安。

揆诸历史的事实，并非完全如此，而是呈现出一种夷夏互动的态势。即以明代的服饰为例，汉民族在服饰风尚上受到蒙古人习俗的影响，并出现一些"胡化"倾向。这是明代服饰民族融合的一个方面。

---

① 谈迁：《北游录·纪邮上》，第59页。
② 田艺蘅：《留青日札》卷28《双修法》，第924页。
③ 顾炎武：《天下郡国利病书》第3册《山西备录·忻州志》，第1878页。

与此同时，那些被安置到中原地区的蒙古人，或由于获得朝廷的赐衣，[①] 或受到中原汉民族服饰习俗的影响，也慢慢在服饰生活方面出现"汉化"倾向。可见，在服饰文化或生活上，民族间的影响是一种互动的关系。

（一）用夏变夷："汉化"的主观努力

用夏变夷，是传统中国知识人的理想，其目的在于使"入主"或"寓居"中原大地的"夷狄"能一改旧习，做到彻头彻尾的"汉化"，进而达到"华夷一统"。这种观念显然广泛存在于明代的知识阶层中。如冯惟敏就著有散曲《劝色目人变俗》，用通俗的语言苦口婆心地劝导移居中原的色目人，既然已经在中原"看生见死"，就不如"随乡入乡"，弃置"梵经胡语"，打叠起"缠头左髻"，转而去读"孔圣之书"，改穿"靴帽罗襕"，甚至"更名换字"，行为一同"中国"。[②]

追溯历史的源头，"用夏变夷"无疑是中原王朝统治者的主观理想，但确实也得到了四夷英明之主的响应，其中尤以北魏孝文帝与北齐神武帝最为典型，孝文帝有"用夏变夷之主"之誉，而神武帝业被称为"英雄有大略"。[③]

入明之后，明朝廷借助于通婚与赐姓，进而将"用夏变夷"付诸实践。以通婚为例，明太祖第二个儿子秦王，就娶元太傅中书右丞相河南王扩廓帖木儿之女王氏为正妃。洪武二十八年（1395），秦王死，王妃以死相殉，最终得与秦王合葬一处。至于秦王的次妃邓氏，尽管是大明功臣清河王邓愈的女儿，反而屈居王氏之下。又洪武十八年这一科的状元任亨泰，母亲为元代乌古伦公主，是色目人，妻子也是蒙古人，最

---

① 永乐九年（1411），明成祖下令，赐各卫寄居鞑靼官军衣服，其中都督、都指挥、指挥为织金纻丝衣，千百户、卫所镇抚为纻丝绫衣，舍人、头目为绸绢衣，旗军人等为胖袄、袴、鞋。载《明太宗实录》卷 122，永乐九年十二月庚戌条，台北"中央"研究院历史语言研究所校印本，1966 年。

② 冯惟敏：《冯惟敏全集·散曲·劝色目人变俗》，第 337 页。

③ 顾炎武撰，黄汝成集释：《日知录集释》卷 29《国语》，第 686—687 页。

后被朝廷赐予国姓朱氏。可见，明初之时，朝廷继承故元旧俗，尚与属国之女通婚。①

以蒙古人改姓汉姓与汉名为例，通常表现为以下两种情形：

一是改用汉姓汉名。如李希颜，官至布政使，为人一向刚正。他原本是木华黎的子孙，移居到中原之后，自称"我木下子也"，于是改姓为李，且子孙在中原繁衍甚多。②

二是赐予汉姓汉名。自永乐以后，迤北的蒙古部族首领，不时率众归附明朝，一概赐予汉姓汉名，纷纷出任明朝官职，或任都督，或任百户。前后共计有数十人，其中最为著名的，分别有：

吴允诚，原本是鞑靼的平章，蒙古名为把都帖木儿。永乐三年（1405）四月率部归顺明朝，被赐姓名吴允诚，出任右军都督佥事。归顺明朝之后，吴允诚曾率骑征讨亦集乃，多有俘获，且能做到战必尽力，积功封为恭顺伯。至洪熙元年（1425）二月，加封吴允诚之弟吴管都指挥，并封为广义伯，吴允诚之子吴克忠为恭顺侯。吴克忠后随大军征讨"虏寇"，力战而死，追封为汾国公，谥号为"庄愍"。其弟吴克勤亦积功官至都督，与克忠同殁于阵，追封为遵化伯。于是，论者将吴允诚父子效忠于明朝的行为，与汉之金日磾、唐之契苾何力相比拟。

金忠，原本是元代的大将，蒙古名为也先土干。永乐二十一年（1423）归顺明朝，被封为忠勇王。宣德三年（1428），扈从巡边，遇到兀良哈万余人"入寇"，奋前斩首，加封太保。

柴秉诚，原本为鞑靼部族酋长，蒙古名为伦都儿灰。永乐三年（1405）率部归顺明朝，被赐姓名为柴秉诚，出任后军都督佥事。

杨效诚，原本为伦都儿灰的部属，蒙古名为保住。永乐三年（1405）率部归顺明朝，被赐姓名为杨效诚，出任陕西行都司都指挥

---

① 沈德符：《万历野获编补遗》卷1《宗藩·亲王娶夷女》，第806页；朱国祯：《涌幢小品》卷7《题石建坊》，第118页。

② 何良俊：《四友斋丛说》卷35《正俗二》，第323页。

佥事。

柴志诚，原本为鞑靼头目。永乐四年（1406）正月归顺明朝，被赐姓名为柴志诚，出任都指挥同知。

杨汝诚，原本为鞑靼头目，蒙古名为阿儿剌台。永乐四年（1406）正月归顺明朝，被赐姓名为杨汝诚，出任都指挥佥事。①

至于西北一些边地，因为卫所的遍设，汉族与少数民族混居，华夏之俗对"夷俗"开始产生不小的影响，导致"夷虏"趋于汉化。如河西一带，原本风俗"混于夷虏"，"土屋居处，湩饮肉食，牧畜为业，弓马是尚，好善缘，轻施舍"。进入明朝之后，"更化维新，卫所行伍，率多华夏之民，赖雪消之水为灌溉，虽雨泽少降，而旱涝可免，勤力畎亩，好学尚礼"。所以，地虽属于边境，却"俗同内郡"。② 又如宁夏一带，在前代"夷俗"流行。入明之后，生活在宁夏一带的居民，既有仕宦之人，又有征调之人，甚至还有谪戍之人，大多来自五方，以故风俗杂错。然时日一久，无不诵习诗书，擅长词藻华翰，风俗"迥非前代夷俗之比矣"③。还有宣府一带，虽然"达女"的发式，还是保持着蒙古人的特色，一般均未"垂发"，直至出嫁之时，才将前两鬓下垂的头发剪去其末，称之为"廉耻"。④ 然宣府一带的"俗夷"，即使还保留着原本蒙古人的待客之道，但多少在礼仪上开始出现汉化的倾向。⑤ 尤其是那些已经部分汉化的"熟夷"，在居住上已经不再保留原先北狄、西戎的"帐房"，而是开始建固定的房屋，"以茅结之，或圆或方，而顶尖如保定近邑民间小房耳"⑥。

---

① 黄瑜：《双槐岁抄》卷4《赐降虏姓名》，第80页；陈建：《皇明历朝资治通纪》卷4、5、9，载《皇明通纪》上册，第417—418、421、527页。
② 顾炎武：《肇域志》第3册《陕西行都指挥使司》，第1525页。
③ 顾炎武：《肇域志》第3册《陕西·宁夏卫》，第1621页。
④ 姚旅：《露书》卷9《风篇中》，第213页。
⑤ 姚旅：《露书》卷9《风篇中》，第213页。
⑥ 姚旅：《露书》卷9《风篇中》，第214页。

再将视角转向西南地区。内地移民到了贵州以后，使贵州出现了"用夏变夷"的现象，内地汉人习俗开始影响到边地少数民族。如花犵獠族，有些人靠近城市居住，"衣服语言，颇易其习"；思南府，"蛮獠杂居，渐被华风"；朗溪司的峒人，"近来服饰，亦颇近于汉人"。至于从江西、四川、湖广来的商人、流徙罢役或逋逃之人，为人大多奸诈，到了贵州以后，"诱群酋而长其机智，而淳朴浸以散矣"①。

（二）以夷变夏："胡化"的客观事实

通观中国历史上民族之间的关系史，中原华夏民族"胡化"现象的出现，大抵来自两条路径：一是北方少数民族入主中原，如北朝之鲜卑族，辽之契丹族，金之女真族，以及元之蒙古族，其结果则造成自上层士人以至下层百姓的大量"胡化"。二是因汉人王朝"徙戎"政策的鼓励，致使一些少数民族人士进入到中原地区。尽管汉人王朝的目的在于借助此举而起到"用夏变夷"之效，其结果却反而造成了诸多"以夷变夏"的客观事实。

毫无疑问，"徙戎"举措的实施，其实是一把双刃剑。剑的一面，显然可以获得四夷"慕化"的美名，借助于四夷进入中原之后，"服改毡裘，语兼中夏，明习汉法，睹衣冠之仪"，逐渐消弭夷狄之性。然不可忽略的是，这把剑具有另外的一面，即这些移居中原的四夷之人，看似有愿意接受"向化"之诚，其实夷狄之性终究一时难以改变，其结果仅仅是获得"向化"的虚名，有时反而成为边患之忧。

按照中国自古以来的传统观念，一向信奉"戎夏不杂"的训诫，认为"蛮貊无信，易动难安"，所以将其"斥居塞外，不迩中国"。当

---

① 以上所引资料，均见嘉靖《贵州通志》卷3《风俗》，收入《天一阁藏明代方志选刊续编》。按：明代史料对贵州一地的文化交融与风俗融合尚有很多揭示，再引其中一条予以说明之。其中有曰："入我圣朝，甸以流官，陶以学校，参以中州流寓之士，相渐以文教之风，用夏变夷，颇见其俗，以故思南、铜仁、金筑、毕节人，皆颇知礼仪，而四礼颇有华风同文之化，移易之机信在也。"参见邓球：《皇明泳化类编》卷99《风俗》，明隆庆间刻本。

然，鉴于"帝德广被"，四夷假若愿意接受向化之诚，有时也可以前来朝谒，且"请纳梯山之礼"，但一旦朝贡完毕，则"归其父母之国，导以指南之车"。汉魏以后，一革此风，改而为"征求侍子，谕令解辫，使袭衣冠，筑室京师，不令归国"。此即所谓的"徙戎"。如据《汉书》记载，汉桓帝曾迁五部匈奴于汾晋；唐武则天统治时期，"外国多遣子入侍"①。

明初平定天下，凡是蒙古人、色目人，若是散处诸州，大多更姓易名，杂处民间，时日一久，已经相忘相化，很难加以辨识。此外，明朝廷承继历代"徙戎"举措，对于来降的鞑靼"降人"，将其妥善安置于中原内地。如永乐年间，鞑靼来降，乞求留居京师。明朝廷授予他们指挥、千百户之职，赐给俸禄、银钞、衣服以及房屋、什器，将他们安置在河间府、东昌府等处居住，生养蕃息。此即所谓的"降人"。② 正统元年（1436）六月，专门拨赐河间府等处的田土，用来安插归附的外夷官员，其中指挥赐田 150 亩，千户、卫镇抚 120 亩，百户、所镇抚 100 亩。不久又下令，凡是前来归降的夷人，每名拨赐德州的田地 50 亩加以安插。③ 至景泰年间，因于谦的上奏，将归降蒙古人随大兵一起征讨湖广与两广之寇，厚给犒赏，事平之后，就留居于湖广与两广。于是，蒙古人除了广布于北方的京畿地区之外，开始向湖广、两广等内地安置。④ 至成化二年（1466）三月，都督赵辅、金都御史韩雍在征讨广西"蛮寇"的时候，专门上奏调用"达官""达军"千余人，月给廪饩、下程、柴薪，并给予冬夏衣帽，子孙也容许承袭，大破两广"猺獞"。地方乱事平息之后，就将达官、达军分拨安置于两广的省城，以

---

① 相关的考述，参见顾炎武撰，黄汝成集释：《日知录集释》卷 29《徙戎》，第 689—691 页。

② 顾炎武撰，黄汝成集释：《日知录集释》卷 29《徙戎》，第 689—691 页；张怡：《玉光剑气集》卷 2《臣谟》，第 58 页。

③ 陈建：《皇明历朝资治通纪》卷 12，载《皇明通纪》下册，第 605 页。

④ 张怡：《玉光剑气集》卷 2《臣谟》，第 58 页。

及雷州、廉州、神电诸卫，官给营房、伴当、田租。①

其实，对于这些蒙古降人安插于中原，明代的各级官员还是心存忧虑。如像李贤、刘定之、丘濬、马昂等人，无不从"非我族类，其心必异"的观念出发，对安置于中原内地的蒙古降人提出了种种限制与防范的设想。正统元年（1436）十二月，行在吏部主事李贤上奏，从"赤子黎民"与"禽兽蛮貊"之辨出发，要求在汉人黎民与蒙古降人之间，划出亲疏之分。进而指出，"夷狄人面兽心，贪而好利，乍臣乍叛，荒忽无常"。这些蒙古人前来归降，并非出于心悦诚服，而是"实慕中国之利也"，一旦边备有警，"其势必不自安矣"。② 景泰元年（1450），翰林院侍讲刘定之上疏言十事，其中之一即涉及"降胡"，认为蒙古降人留居京城，大有隐忧，甚至会"或冲破关塞，奔归故土；或乘伺机便，寇掠畿甸"。为此，他提出了如下四项建议：一则迁徙蒙古降人，将他们安置于"南土"；二是禁止蒙古降人继续保持本民族的风俗，不允许他们自相婚媾，甚至要改变服饰；三是将其中的一部分蒙古降人编为军兵，并与中国之兵"部伍相杂"，藉此对其有所牵制；四是将其中的一部分蒙古降人编为齐民，与中国的百姓"里甲相错"，藉此对其习俗加以染化。③ 丘濬尽管承认"降夷"在国家面临大的征讨之时，"起以从行，固亦赖其用矣"，但又不得不慎重指出，当正统"己巳之变"，"虏犯近郊"之时，其中的一部分降夷"亦有乘机易服，以劫掠平民，甚至乃有为虏向导者"。鉴于此，丘濬进而提出，必须对这些降夷"不忘其故俗"的心态引起足够的重视。在此基础上，对这些内附的降夷，则采取一种在"任用之中，而寓制驭之意"，在赐予优厚的待遇之外，并不全部编入卫所，一所不超过 20 人，一卫不超过 200

① 陈建：《皇明历朝资治通纪》卷 20，载《皇明通纪》下册，第 823—824 页。
② 李贤：《上中兴正本书》，载《明经世文编》卷 36，第 278 页；顾炎武撰，黄汝成集释：《日知录集释》卷 29《徙戎》，第 689—691 页。
③ 陈建：《皇明历朝资治通纪》卷 15，载《皇明通纪》下册，第 693 页。

人，且"官不许专城，卒不许类聚"。① 而马昂则对"徙戎"作了全新的诠释，即以"晋人居戎内地，以致五胡云扰"为历史借鉴，览古监今，防微杜渐，将安插在京畿之内的"降虏"，重新加以迁移。其"徙戎"之法有二：一则"远徙边郡"，二则"分置外卫，配隶军伍之中，治以中国之法"。至于原来管事的降人头目，也调到别的卫所，以免他们"群聚一处，坐生其心"。只有这样，方可"中国底宁，戎心永遏"。②

诸如此类的建设性意见，无疑还是难脱"华夷之辨"的老观念，希望通过迁移或分散治理的方式，改变降夷的"戎心"，以便尽快让这些降夷融入到中原华夏文化之中。其实，这些传统士大夫的担心也不无道理。明代归降的蒙古人，即使到了明代中期，还是"遗胤聚处，胡俗夷性犹存，不无犷悍难驯之患"，③ 甚至衣服、语言，"犹循其旧俗"。④

明代大量归降蒙古人久处中原内地，再加之"胡俗夷性"的生命力又是如此之强，⑤ 其结果必然导致"腥膻畿内"。⑥ 说得直白一些，就是致使中原内地的汉人，势必会受到蒙古人的影响。众所周知，明代北直隶河间府以及山东东昌府之间，一直响马不绝，究其原因，就是因为"达军倡之"的缘故。⑦

京畿地区如此，西北边地同样如此，当地汉人的生活习俗，也有一

---

① 丘濬：《内夏外夷之限一》《内夏外夷之限二》，载《明经世文编》卷73，第1册，第615—616页。
② 马昂：《覆时政疏》，载《明经世文编》卷41，第321页。
③ 陈建：《皇明历朝资治通纪》卷20，载《皇明通纪》下册，第823—824页。
④ 丘濬：《内夏外夷之限一》，载《明经世文编》卷73，第615—616页。
⑤ 举例来说，明初将"土达"安置在宁夏、甘凉等处。承平日久，种类蕃息。至成化四年（1468），最终导致"满四之变"。这已足证"胡俗夷性"的生命力相当强盛。参见顾炎武撰，黄汝成集释：《日知录集释》卷29《徙戎》，第689—691页。
⑥ 李贤：《上中兴正本书》，载《明经世文编》卷36，第278页。
⑦ 顾炎武撰，黄汝成集释：《日知录集释》卷29《徙戎》，第689—691页。

种"胡化"的倾向。如陕西以西当地汉人盖房子，大多采用一种"板
屋"，即"屋咸以板，用石压之"。《小戎》曰："在其板屋。"可见，
这是受到了自古以来西戎之俗的影响。① 又如明初迁徙到甘肃的南京移
民的后代，生活习俗也开始逐渐"胡化"。甘肃在明代为九边之一，地
处西北，靠近黄河的地方都是水田。明初之时，明太祖曾迁移南京之民
到甘肃戍守。直至明末清初，这些移民的后代在语言上仍然不改，妇女
的服饰也如吴地的宫髻，穿着长衫。但因在当地居住时间久远，在习俗
上不免潜移默化，受到当地民俗的影响，如穿着上就已经不用纨绮，而
是保持一种俭朴，而且每家藏有弓矢，养有鹰犬，从事一些狩猎活
动。② 这是江南移民融入边地社会的一种体现。

若将视角转向西南地区，汉人日常生活习俗受到西南少数民族的影
响同样不可视而不见。譬如很多来自内地的移民在进入贵州以后，大多
"见变于夷"。其意是说，内地移民一旦移居贵州，时日一久，不能不
受到少数民族风俗的熏染。如安庄卫的卫人，因久成边境，"习其风土
之气性，颇强悍"；乌撒卫的卫人，因久处边幅，"强悍凶狠"，显然也
是风土所致。③

通观华夏文化的变迁历程，实则是一部"汉化"与"胡化"交织在
一起的历史。相比之下，受儒家"华夷之辨"观念的熏染，汉化在儒家
知识人群体中已经形成一种思维定式，且成为历代中原汉族王朝民族政
策的观念指南，遂使汉化成为一种文化主流，一直处于颇为强势的位置。
反观胡化，既有来自域内的胡化，如汉之匈奴，魏之鲜卑，唐之回纥，
辽之契丹，金之女真，元之蒙古，及其这些民族对中原文化的影响，又

---

① 王士性：《广志绎》卷3《江北四省》，第49页。
② 宋起凤：《稗说》卷1《甘州土风》，载中国社会科学院历史研究所明史室编：
《明史资料丛刊》第2辑，江苏人民出版社1982年版，第28页。
③ 嘉靖《贵州通志》卷3《风俗》。

有来自中亚乃至印度文化的输入，尤以佛教传入及其对中国文化的影响最为典型。诸如此类的胡化，虽已经潜移默化地渗透到汉族民众的日常生活与精神世界中，却始终处于一种劣势的位置，仅仅是一股潜流。

随华夏文化变迁而来者，则是华夏文化中心的区域性转移，即从关中、中原，逐渐到江南、岭南、湖广乃至西南的转移路线图。大抵在隋唐以前，汉族文化的中心是在黄河以北地区，此即历史上人们所夸称的"中国""中华"与"华夏"，而尚未开发的南方则被鄙视为蛮夷之地。自"五胡乱华"之后，因北方不时受到塞外少数民族的入侵，并在相当长的时期内受到异族的统治，杂居通婚也就成为自然的现象，最终导致北方人对其他少数民族并无多少排斥的倾向。然自宋代南渡之后，最终形成经济与文化中心的南移历程，使南方成为华夏的经济与文化中心。相比之下，经济更为发达、文化更为先进的南方人，一直秉承"尊王攘夷"之说，国家与种族的观念反而显得更为强烈。[①] 即使如此，以"中州"一称为典范的中原，在中国人的心目中还是将其视为华夏文化的正脉所在。所以，即使到了元代，元朝的汉人还是将北方视为"中原雅音"的正宗，南方反而"不得其正"。[②]

作为历史上第一个统一中国的少数民族王朝，蒙元一朝，更是成为各民族文化交融的典范。前辈学者郑天挺在《汉化与胡化》一文中，从"蒙古人对汉族文化之倾慕""蒙古汉人文化自然之调融""西域文化之东来"三个方面，较为简明扼要地阐述了元代"汉化"与"胡化"的两大倾向。[③] 细究郑氏所论，汉、蒙、色目文化的交流，除了蒙古、

---

① ［日］桑原隲藏：《东洋史说苑》，第15—24页。

② 如元人孔齐云："北方声音端正，谓之中原雅音，今汴、洛、中山等处是也。南方风气不同，声音亦异。至于读书字样皆讹，轻重开合亦不辨，所谓不及中原远矣。此南方之不得其正也。"参见孔齐：《至正直记》卷1《中原雅音》，载《宋元笔记小说大观》第6册，第6563页。

③ 郑天挺著：《元史讲义》，王晓欣、马晓临整理，中华书局2009年版，第29—30页。

色目人的"汉化"之外，其注意力同样集聚于汉人"胡化"的现象，诸如汉人学习蒙古文、部分汉人胡服发辫、风气"豪侈粗犷"等，藉此证明文化的交流是"双向的"。① 李治安更为深化的研究已经证实，蒙元多元文化体系内的交流影响，并不局限于文化的"单向变动"，而是蒙、汉、色目不同文化之间的相互"涵化"。② 即使是已经成为华夏文化中心的江南，由于大量蒙古人、色目人的移居，同样使得这种文化的双向交融，得到了淋漓尽致的体现，无论是文化面貌，还是生活样式，各民族之间开始淡化彼此之间的界限，进而相互交融，形成了"具有时代和地区特色的民族融合"。③

毫无疑问，对蒙元遗俗与明人日常生活之关系的考述，其最终目的还是为了回答在华夏文化变迁历程中"汉化"与"胡化"的关系问题。职此之故，下面在系统梳理前人研究成果的基础上，拟就以下四个问题加以重新的诠释：

一是在华夏文化的形塑过程中，"汉化"之说，已经成为一种文化思维定式，且有陷入"汉族中心论"的危险。

所谓汉化，按照魏特夫的解释，实为一种"吸收理论"（Absorption Theory），其意是说凡是入主中原的异族统治，终究难以逃脱一大定律，即被汉化，甚至被同化，征服者反而被征服。④

诸如此类的汉化论，从华夏文化演变的历程来看，确实可以找到很多的例子作为这一说法的佐证。以域内的蒙古人、色目人为例，流寓于

---

① 对郑天挺《汉化与胡化》一文的解读，可参见王晓欣：《郑天挺教授的元史教学与思考（代整理后记）》，载《元史讲义》，第 176 页。

② 李治安：《元代汉人受蒙古文化影响考述》，《历史研究》2009 年第 1 期，第 24—50 页。

③ 潘清：《江南地区社会特征与元代民族文化交融》，《东南文化》2004 年第 6 期，第 52—54 页。

④ 孙卫国：《满洲之道与满族化的清史——读欧立德教授的〈满洲之道：八旗制度与清代的民族认同〉》，载《中国社会史评论》2006 年。

江南的蒙古人、色目人，大多已经被汉化，诸如学习汉族缙绅设立义田，自己置办庄园与别墅，并且还取一些汉式的庄名，妇女节烈观渐趋加强，收继婚受到讥刺，丧葬上采用汉式葬俗，以及蒙古人、色目人纷纷改取汉名。[①] 以来自域外的佛教为例，正如有的研究者所论，佛教刚传入中国之时，确有印度化的趋向，然自唐代以后，佛教最终还是被汉化，且这种汉化了的佛教，其中的形上学已经成为宋代理学合成物的重要组成部分。[②]

毫无疑问，诸如此类的外来民族以及外来文化被汉族文化同化的事例，并不能推导出以下的结论，即在中国历史上，其他民族入主中原之后，最终都会被无往不胜、无坚不摧的汉族文化所同化，中华文化有着无穷的生命力。假若做出如此的历史解读乃至引申，其最大的问题在于视角的偏向，即是从汉族、汉文化的角度来考察不同民族与不同文化之间的融合。

二是为了纠正"汉化"论的缺陷，异军突起的"新清史"研究者，抛弃固有的"汉化"论的思维定式，进而倡导"满化"（"胡化"的一种），同样难以逃脱"满族中心论"的误区。

以欧立德、柯娇燕等为代表的"新清史"论者，不满于以往的汉化论，进而在清史研究中去寻求一种新的传统，即满族传统，指出满族并未汉化，反而可以说汉族被"满化"。"新清史"论者通过强调"满化"的倾向而质疑"中国"这一概念，其对"中国"乃至"华夏"的认识，同样存在着误区。正如一些评论者所言，"新清史"论者对"中国"的误读主要体现在以下两个方面：一则中国从来不是一个单一民族的国家，而是一个统一的多民族国家。二则对于清王朝而言，满族固

---

① 潘清：《元代江南社会、文化及民族习俗的流变——以蒙古、色目人的移民对江南社会的影响为中心》，《学术月刊》2007年第3期，第134—136页。

② 何炳棣：《捍卫汉化：驳伊芙琳·罗斯基之"再观清代"（下）》，张勉励译，《清史研究》2000年第3期，第109页。

然在某些方面与某些场合仍然保持着不同于汉族的本族文化认同，但不容置疑的是，清朝还是接受了"中国"的概念，满族也有"中国人"的意识。①

三是是否真的"崖山之后再无中华"？其实，梳理此论的提出乃至演化不难发现，这一说法的出现，一方面反映了华夏文化日趋"胡化"的历史真实，另一方面却又是那些汉族知识人在面对"胡化"大势时内心所呈现出来的一种无奈之情，且从根本上反映出这些汉族知识人内心深处的"汉族中心"意识，以及对华夏文化的认同感。

细究"崖山之后再无中华"一说的提出，当源自钱谦益《后秋兴》诗第13首，诗云："海角崖山一线斜，从今也不属中华。更无鱼腹捐躯地，况有龙涎泛海槎。望断关河非汉帜，吹残日月是胡笳。嫦娥老大无归处，独倚银轮哭桂花。"② 钱谦益是一个颇为复杂的历史人物，他既是投降清朝的"贰臣"，却又在内心深处不乏汉族知识人固有的"遗民"意识，甚至在暗地里投入到反清复明的运动之中。"崖山之后再无中华"的意思，是说自宋朝覆亡、蒙古人一统天下之后，虽有明代对汉唐文化的复兴，但随后的明清易代，更使中华文化丧失殆尽。这倒与顾炎武的"亡国"与"亡天下"之论若合符节。在顾炎武看来，诸如元之代宋与清之代明之类的"易姓改号"，仅仅是"亡国"而已；惟有"仁义充塞，而至于率兽食人，人将相食"，才称得上是"亡天下"。③ 钱、顾二人，出处大节迥异，却在华夏文化的认同上归趋一致。

钱谦益的说法，显然受到了郑思肖、元好问、宋濂等人的影响。南

---

① 对"新清史"论者"满化"之说的评述，可参见孙卫国：《满洲之道与满族化的清史——读欧立德教授的〈满洲之道：八旗制度与清代的民族认同〉》，载《中国社会史评论》2006 年；李爱勇：《新清史与"中华帝国"问题——又一次冲击与反应？》，《史学月刊》2012 年第 4 期。

② 钱谦益：《投笔集》卷下《后秋兴之十三》，载《钱牧斋全集》第 7 册，第73 页。

③ 顾炎武撰，黄汝成集释：《日知录集释》卷 13《正始》，第 307 页。

宋遗民郑思肖，对元取代宋之后，华夏文化的沦丧深有感触，曾有言：
"今南人衣服、饮食、性情、举止、气象、言语、节奏，与之俱化，惟
恐有一毫不相似。"又说："今人深中鞑毒，匝身浃髓，换骨革心，目
而花暄，语而谵错。"① 在明清之际，因《心史》的重见天日，郑思肖
一度成为明朝遗民的偶像。钱谦益之说，难免也是语出有因。元好问本
人虽具有曾为"蛮族"的拓跋魏的皇室血统，但已深受华夏文化的熏
陶，在内心深处同样不乏汉人的遗民意识。他所著《中州集》，其中
"中州"二字，已经显露出了颇为强烈的华夏文化认同意识。他有感于
在蒙古铁蹄下的悲惨命运，决心记录他原已覆灭的王朝所取得的文学成
就，他所著的《中州集》等作品是重新构建金后期历史的重要史料。
元好问多舛的一生，大部分时间都致力于使许多优秀的汉族和女真文人
不被人们所忘却。② 钱谦益编选《列朝诗集》，无疑就是对元好问所编
《中州集》的模仿。天启初年，钱谦益 40 来岁时，就有志于仿效元好
问编《中州集》，编次有明一代的《列朝诗集》，中间一度作罢。自顺
治三年（1646）起，他又续撰《列朝诗集》，历三年而终于完成。由此
可见，钱谦益人虽投降清朝，但尚不免有故国之思。宋濂曾有言："元
有天下已久，宋之遗俗，变且尽矣。"③ 生活在明清易代之际的钱谦益，
显然继承了宋濂的这一说法，进而形成"崖山之后再无中华"之论。
得出这一结论的另外一个依据，即作为明清之际文坛领袖的钱谦益，对
明初文臣第一人的宋濂，应该说心仪已久，甚至将宋濂为佛教撰写的文
字，编次成《宋文宪公护法录》一书。

作为以恢复汉唐为宗旨的明朝，是否能够使华夏文化得以延续不
替？令人失望的是，当时朝鲜使节的观察，更是加深了"崖山之后再

---

① 郑思肖：《郑思肖集·大义略叙》，上海古籍出版社 1991 年版，第 188、190 页。
② 何炳棣：《捍卫汉化：驳伊芙琳·罗斯基之"再观清代"（下）》，张勉励译，
《清史研究》2000 年第 3 期，第 102 页。
③ 宋濂：《芝园续集》卷 4《汪先生墓铭》，载《宋濂全集》第 3 册，第 1526 页。

无中华"这一观念。根据日本学者夫马进的研究，明代朝鲜使节眼中的"中华官员"，显然已经不是华夏文化的正宗。如许篈在《荷谷先生朝天记》中，曾说当时接待他们的明朝贪婪官员："此人惟知贪得，不顾廉耻之如何，名为中国，而其实无异于达子。"赵宪在《朝天日记》中，亦认同将明朝官员讥讽为"蛮子"，反而自认为"我等居于礼义之邦"。[1]

至近世，前辈学者王国维、陈寅恪虽未明言"崖山之后再无中华"，但他们对有宋一代文化成就的颂扬，更是坐实了"崖山之后再无中华"的说法。王国维在《宋代之金石学》一文中提出："天水一朝，人智之活动，与文化之多方面，前之汉唐，后之元明，皆所不逮也。"[2]陈寅恪亦有言："华夏民族之文化，历数千载之演进，造极于赵宋之世。"[3]尤其是到了1964年，陈寅恪在属于临终遗言性质的《赠蒋秉南序》中，借助欧阳修"贬斥势利，尊崇气节"，进而得出"天水一朝之文化，竟为我民族遗留之瑰宝"的论断。

四是通观中国历史上各民族文化交融的事实，采用"涵化"一说，更能体现华夏文化形塑过程的历史真实。

自崖山之后，无论是少数民族建立的元、清，还是号称恢复汉唐的明朝，确乎已经不同于宋朝一样的中华文化，而是多受"胡化""满化"的侵袭。既然不论是"汉化"说，还是"胡化"说，都不可避免地烙下一偏之颇的印记，那么，如何看待历史上华夏文化的民族融合？

---

① 相关的探讨，可参见〔日〕夫马进：《朝鲜燕行使与朝鲜通信使——使节视野中的中国·日本》，伍跃译，上海古籍出版社2010年版，第3—21页。按：相同阐述的日文版本，可参见〔日〕夫马进：《朝鲜燕行使と朝鲜通信使》（名古屋大学出版会2015年版，第144—17页），然日文版书与中文版书内容多有出入。

② 王国维：《王国维遗书》第5册《静安文集续编》，上海古籍书店1983年版，第70页。

③ 陈寅恪：《邓广铭〈宋史职官志〉考证》，收入《金明馆丛稿二编》，上海古籍出版社1980年版，第245页。

就此而论，采用"涵化"一说，显然更为符合历史的真实。李治安在阐述元代多元文化体系内的交流影响时，曾指出这种交流并不局限为文化的单向变动，而是蒙、汉、色目三种不同文化之间的相互"涵化"。他认为，所谓的"涵化"，就是涵容浸化、互动影响的意思，就是蒙、汉、色目三种不同文化相互影响。① 涵化（acculturation）这一概念，又可作"泳化"，明朝人邓球就曾经编有《皇明泳化类编》一书，所持即是相同之义。② 涵有二义：一为包容，二为沉浸。泳本指水中潜行，后又转化为沉浸。可见，所谓的涵化、泳化，其实即指不同文化之间互相影响，互为包容，而后潜移默化地将他者的文化浸化于自己民族固有的文化中，进而形成一种全新的文化。对华夏文化的变迁，实当以"涵化"二字概括之，才可免于偏颇。

进而言之，假若按照何炳棣的说法，"汉化是一个持续不停的进程，任何关于汉化的历史的语言学的研究最后必须设想它的未来"③，那么，化其言而用之，揆诸中国历史的事实，胡化同样是一个持续不停的进程。在华夏文化形塑过程中，汉化与胡化并非呈两条并行的线条而各自演进，而是在各自的演进过程中不时出现一些交集点。这种交集点，就是胡汉的融合，而后呈现出一个全新的"中华"与"中国"。

正如元末明初学者叶子奇所论，"夷狄"与"华夏"之间，因"风

---

① 李治安：《元代汉人受蒙古文化影响考述》，《历史研究》2009年第1期，第48页。

② "涵化"这一概念的提出，可参见 Karl A. Wittfogel and Fêng Chia-shêng, *History of Chinese Society*：*Liao*，907—1125, pp. 1—32, Philadelphia：American Philosophical Society, 1949. 对此概念的评述，则可参见萧启庆：《论元代蒙古人的汉化》，载氏著：《内北国而外中国：蒙元史研究》，中华书局2007年版，第671页。上述概念的阐释，均转引自张佳：《重整冠裳：洪武时期的服饰改革》，载香港中文大学《中国文化研究所学报》2014年第58卷，第115页，注7。

③ 何炳棣：《捍卫汉化：驳伊芙琳·罗斯基之"再观清代"（下）》，张勉励译，《清史研究》2000年第3期，第109页。

土"的差异，导致风俗有所不同。① 即使按照儒家的传统观念，对待民族文化之间的差异，还是应该秉持一种"至公"的原则。出于至公，就会"胡越一家"，古来圣贤视天下为一家、中国为一人，也是出于相同的道理。若是出于本民族的一己之私，从中分出一个亲疏之别来，那么就会陷于"肝胆楚越"的尴尬境地。② 可见，华夏与夷狄之间，民族虽有不同，文化并无优劣之别。早在春秋时期，孔子当周衰之后，已经有了"夷狄之有君，不如诸夏之无"的说法，且不免生出欲居九夷的念头。到了宋、元之际，当文天祥被俘而至燕京，在听到了蒙古人军中之歌《阿剌来》时，声音雄伟壮丽，浑然若出于瓮，更是叹为"黄钟之音"。③ 至明末清初，顾炎武在亲身经历了九州风俗，且遍考前代史书之后，同样发出了"中国之不如外国者有之矣"的感叹。④

让我们再次回到蒙元遗俗与明朝人的日常生活之间的关系上来。明代虽号称恢复汉唐，但实则在日常生活中保留了诸多蒙元文化的因子。正如清初学者张履祥所言，明朝人凡事都要学晋朝人，但所学不过是"空谈无事事一节"而已。因为与晋朝人为人"洁净"相比，明朝人实在显得有点"汙秽"。究其原因，则是因为时世不同：晋朝人尚保存着"东汉流风"，而明朝人大多因仍"胡元遗俗"。⑤ 可见，时日一久，这种胡化风俗已经沉淀下来，慢慢渗透于汉族民间的日常生活而不自知。就此而论，"崖山之后再无中华"之说，仅仅说对了一半，即崖山之后的华夏文化，已经不再如同宋代以前的华夏文化，但并不证明崖山之后中华文化已经沦丧殆尽，而是变成了一种经历蒙、汉乃至满、汉融合之

① 叶子奇：《草木子》卷2下《钩玄篇》，第36页。
② 叶子奇：《草木子》卷3上《克谨篇》，第55页。
③ 孔齐：《至正直记》卷1《文山审音》，载《宋元笔记小说大观》第6册，第6562页。
④ 顾炎武撰，黄汝成集释：《日知录集释》卷29《外国风俗》，第689页。
⑤ 张履祥：《杨园先生全集》卷28《愿学记三》，第764页。

后的华夏文化。正如费孝通所言，"各个民族渊源、文化虽然是多样性的，但却是有着共同命运的共同体"。从根本上说，中华民族呈现出一种"多元一体"的格局。① 若是持此见解，"汉化"与"胡化"之争讼，自可消弭。

---

① 费孝通：《中华民族多元一体格局》，中央民族学院出版社1989年版，第19页。

下　编

社会失范与生活转向

　　从明代正德年间开始，由于社会与文化机制内部的矛盾运动，明代妇女的生活从结构的深层发生了巨变。像晚明这样的时代，势必给人一种风气突变的感觉，至于像《牡丹亭》中的女主人公杜丽娘那种不顾一切的爱情，冯梦龙所辑《山歌》中的女性大胆承认"咬钉嚼铁我偷郎"的坦诚，以及大量"健妇"或"悍妇"的出现，只有在这样的时代才可能出现，而在传统的礼教关系的封锁世界中是根本不可能存在的。

一、活力四射：社会生活的多样性

　　研究一个时代的社会生活，不能不考虑到"礼"的观念问题。在传统社会，按照儒家的观点，礼无疑是一种道德规范，是对人们生活、习俗的规范约束。到了宋明理学家那里，这种观念无疑得到了加强，并使社会生活更趋伦理化、规范化甚至等级化。

　　社会生活的变化，显然有赖于礼这一观念的变化，或者说礼教这根绳索的松懈。伴随着明代中期以后商业化的浪潮，首当其冲者就是商业化对礼教的冲击，以及由此而来的人们对礼的重新体认以及反思。其结果却是得出了适应新的社会土壤并切合时代的新的礼观念。换言之，在晚明很多学者的眼里，所谓的"礼"，却实在难以离开那些吃饭穿衣的人伦物理，随之而来的则是生活的商业化与世俗化，甚至出现了流行时尚。

商业化对生活的渗透

　　商业化的浪潮对社会生活的影响至为深远，其最终的结果则是天下之人虽说不是人人经商，却人人"商其志"，也就是人人有为商之志，求利之心。诸如：士人之读书，是为了"商禄"；农民之力作，是为了"商食"；此外如工、隶、释氏、老子之徒，无不存在着一种商业的精神。① 正如明人丘濬所言："今夫天下之人，不为商者寡矣。"② 这正是明代中期以后商业化向社会各阶层生活渗透的实录。

概括言之，明代中期以后商业化对社会生活的影响，主要表现在以下几个方面：

（一）人心趋于不知足

在传统社会，通常倡导一种人心知足的观念。在这种观念的制约下，显然所透视出来的是一种对社会等级制度现状的维持，以使社会各阶层各安于现状，不滋生非分之想。于是，贫贱者只要衣食粗足，就可以满足，不再向上追求；而富贵者只要博取一官一第，与一般的老百姓有所分别，就可以知足，不必另有所求。换言之，按照传统的生活观念，万事万物的存在，其中无不含有一种"本意"，也就是实用。人们的生活只需在这种本意上加以追求，分外的都是多了，是一种奢求。这就是中国传统社会所特有的"知止""知足"的观念。

随着商业化日渐渗透于社会各阶层的生活，在晚明的社会中，显然已开始盛行一种不知足的思想，这也一直为当时的正统士大夫所担忧。这种人心无厌的观念主要体现在以下这些方面：一是对自己寿命的不知足，如福建人林春泽最后活到104岁。当他做99岁生日时，邻里有人向他祝寿，道："愿公百龄。"林氏听后颇为不悦，对祝寿者说："不曾要君家养我，奈何限我寿耶？"二是对富贵的不知足，如将相不足，必想做帝王，帝王不足，又想做神仙，神仙不足，又想做玉皇大帝，最后到超元会大劫之外，方才称心如意。三是对风月之趣的不知足。当时里

---

① 明代有一位叫崔溥的朝鲜人，就对明朝人的经商之风有如下记载："人皆以商贾为业，虽达官之家，或亲袖称锤，分析锱铢之利。"参见［朝鲜］崔溥：《漂海录》卷3，第195页。

② 丘濬：《重编琼台稿》卷10《江湖胜游诗序》，上海古籍出版社1991年版，第205页。按：明人蔡清有一首《自警诗》，其中有句："往闻世俗语津津，总道读书万倍利。吁嗟读书只为利，是亦商人而已矣。"云云。基本反映了士人如同商人之风。见氏著：《虚斋集》卷1，上海古籍出版社1991年版，第771页。

巷恶少有评风月之趣者道："妻不如妾，妾不如妓，妓不如偷，偷着不如偷不着！"① 偷不着又有什么趣味？其实，这些人在这种希望的等待中有无限的妙趣。这就是人心的不知足。人心一旦不知足，不满足于现状，又不断地向上甚至向外追求，无疑是对传统社会的一种冲击，甚至蕴藏着一种很不安定的因素。

（二）人心趋于机械、变诈

商业社会的特点，显然不同于传统的农业社会。在农业社会中，人们普遍崇尚的是诸如"清廉""公平""诚实""谦恭和气"一类的品格。但经过商业社会的洗礼之后，这些品格已不再适应新的时代。②

晚明人心的变化，正好说明了商业化对社会已经形成很大的震撼力。正如黄宗羲所言，晚明的社会，"人心以机械变诈为事"。士、农、工、商，尽管职业不同，但他们在为人处世上"主于赚人"，则无不一致。赚人之法，尽管有刚、柔或险、易的差异，但"主于取非其有"，则是相同的。③ 所谓的"取非其有"，无非是以无为有，以空为实之类。

照常理说来，什么东西都可以有假，就是金子不可作假，这正是"真金不怕火炼"这句民间俗语的由来。但在明代的南京，在晚明时期，就连金饰也可以作伪，如金丝有银心，金箔用银里，等等。这不由得让当时的人感到人心的不古，感叹"工人日巧一日""人情日薄一日"。④ 而在苏州府的嘉定县，市场上的一些狡猾奸商最喜欢使用"赝银"，这些银子大多在里面掺铜、吊铁或者灌铅，用来欺骗一些愚讷

---

① 谢肇淛：《五杂组》卷 15《事部三》，第 314 页；江盈科：《雪涛小说·知足》，上海古籍出版社 2000 年版，第 49—50 页。

② 薛论道：《林石逸兴》卷 4《应世难》，载路工编：《明代歌曲选》，上海古典文学出版社 1956 年版，第 94 页。

③ 黄宗羲：《诸敬槐先生八十寿序》，载《黄宗羲南雷杂著稿真迹》，吴光整理，浙江古籍出版社 1987 年版，第 270 页。

④ 周晖：《金陵琐事》卷 4《金丝金箔》，第 164 页。

之人。①

这种风气同样渗透到了接受过良好的儒家教育的士大夫阶层中。正如明人丁元薦所指出的那样，晚明的士大夫"多喜巧佞"，于是一些市棍、穿窬之流纷纷投奔其门。这些士人并不以此为耻，而是常常以此自负，甚至"使贪使诈"。② 尤其值得注意的是，在万历、天启年间，一些士大夫在官场上的行径，已与《水浒传》中梁山好汉的行为如出一辙。如一些士大夫为了求得自己的进身之阶，在仕途上能更加顺利，就不惜攻击自己所宗甚至所亲的同僚。这就好像梁山泊众好汉杀人越货以充"投名状"一般无异。③

在传统的士大夫看来，晚明的人心完全是一种末世"人心"，也就是从"人心"向"利心"的转变。明人郎瑛以其所见几位朋友的亲身经历，向我们昭示了这种转变的结果，这就是"利心一发，则虽父子兄弟，素厚朋友，即反心而不顾"。④ 晚明党争之风甚炽。按照顾炎武的记载，在江、浙之间，多有"父子异部，更相毁誉"之风。只要一入门户，父子兄弟，各树党援，甚至"两不相下"。⑤ 在传统的道德观念看来，这无疑是一种"无行谊之尤"，在晚明的政治风俗中却是一种司空见惯的现象。

（三）忙与闲之间的互动

传统的农业社会与商业社会之间的差别，在很大程度上是闲与忙之间的不同。传统的农业社会，靠天吃饭，依四时而生活，在四时的变化中区分出忙与闲。农民尽管为生计而忙碌，但还是有农忙与农闲之分。基于农业社会之上的士大夫，更是享受一种优游、闲适的生活。而商业

---

① 万历《嘉定县志》卷 2《疆域考》下《风俗》。
② 丁元薦：《西山日记》卷上《日课》。
③ 朱之瑜：《朱舜水集》卷 4《与释独立书三首之二》，中华书局 1981 年版，第 56 页。
④ 郎瑛：《七修类稿》卷 17《义理类·利》，第 172 页。
⑤ 顾炎武撰，黄汝成集释：《日知录集释》卷 13《父子异部》，第 331 页。

社会则不同，社会的流动加快了，信息频递，商机瞬逝，迫使人们为生计而忙忙碌碌，因此也就带来了生活节奏与步伐的加快。

农业社会生活的特点是闲，但确实也是闲中有忙，尤其是小民的生活，他们为了维持自己基本的生活，还是整日忙碌。商业社会生活的特点是忙，但也是忙中有闲，整日忙碌，是为了生计，但在维持了生计之后，就更会适当地利用闲暇时间。

照传统的观念来看，在商业社会中，尽管人们终日劳攘，实际上却无一事当做，总是一个"闲"字。举例来说，商业社会的人们，同样是思虑、言语、出入、涉猎以及接待人与事，似乎显得忙忙碌碌，但衡之以传统的观念，仍然逃不出"五闲"二字，即所谓的闲思虑、闲言语、闲出入、闲涉猎以及接闲人与闲事。① 这是社会不同而导致观念的差异。

传统士人乃至一般民众的生活观念，无不崇尚一个"闲"字。如"名利不如闲"，就是世人常挂在嘴边的口头禅。照例说来，所谓的"闲"，其真正的含义是不徇利，不求名，澹然无营，而后俯仰自足。在这闲适的生活当中，可以进德，可以立言，可以了却生死之故，甚至可以通万物之理，这就是所谓的"终日乾乾欲及时"。明代的士人对"闲"字作了下面的解释："闲之为义，或曰'月到门庭方是闲'也。古皆从日，与间同，其音稍异耳。"② 在一些士人眼里，闲也可分为"心闲"与"身闲"两个层次："闲有二：有心闲，有身闲。辞轩冕之荣，据林泉之安，此身闲也；脱略势利，超然物表，此心闲也。"③

人生生活享受的构成，既有一种"闲乐"，也有一种"忙乐"。从闲乐向忙乐的转变，无疑是社会生活方式进步的一种反映。按照传统的

---

① 相关的看法，可参见张履祥：《杨园先生全集》卷 35《经正录·学规·东庄约语》，第 988 页。

② 田艺蘅：《留青日札》卷 15《闲人》，第 531—532 页。

③ 张萱：《西园闻见录》卷 21《知止》。

观念，人情所感者有七，也就是所谓的"七情"，其中只有"乐"属于一种适意；而人身所享受的东西亦不一，却只有"闲"属于一种实用的享受。人生在世，享受一分闲情，并非易事，诸如父母之养，子孙之累，职业之拘，庸调之给，只要受其中之一累，就不可能享受一分闲情。与之相应，人之乐也不一，或乐于功名，或乐于货利，或乐于词章，或乐于声色臭味，或乐于林泉花木，或乐于禅悦仙真。所有这些乐情，无不都需要取之于身，资之于人，而于自己身心的实用，则未必真有所得。而只有"闲"，才可无所仰慕于外，也不用求于人。① 这就是传统的闲乐观，也是士大夫追求一种闲情逸致生活的真实反映。但在晚明，尤其是一些士大夫，尽管他们仍然高唱求闲的高调，而从他们实际的生活方式来看，无不体现出一种"俗化"的倾向。何以言此？道理很简单，晚明士人所谓的闲适生活，显然已经发生了很大的转向，这就是将诸如宫室之美、妻妾之奉、口厌粱肉、身薄纨绮、通宵歌舞之场乃至半昼床笫之上称为闲。② 换言之，从忙与闲之间的互动，或者说从精神的高尚追求向物质的世俗享受的转向，不得不说是晚明社会生活风尚的一个新特点。

（四）商业化对社会交际的冲击

商业化及其相关的财富对当时风俗的影响，明末的一部小说《鼓掌绝尘》曾有过一段深刻的揭示："看来如今的风俗，只重衣衫不重人品。比如一个面貌可憎语言无味的人，身上穿得几件华丽衣服，到人前去，莫要提起说话，便是放出屁来，个个都是敬重的。比如一个技艺出众，本事泼天的主儿，衣冠不甚济楚，走到人前，说得乱坠天花，只当耳边风过。"③ 社会上人们的交往，仅以衣冠取人，不凭真实本领，说到底还是金钱在起作用。

---

① 丘濬：《重编琼台稿》卷10《乐闲堂诗册序》，第200页。
② 相关的记载，可参见谢肇淛：《五杂组》卷13《事部一》，第261页。
③ 金木散人编：《鼓掌绝尘》第8回，春风文艺出版社1985年版，第91—92页。

在人们理想中的古代社会交际，应该是"其交也以礼，其接也以礼"。但在晚明的社会交往中，从间阎乃至官府，一切交际都是以银与筐篚代替礼。即以仕宦阶层的社会应酬为例，无不充满着金钱的铜臭气息，诸如：官员到任，有"贽礼"；离任，有"别礼"；岁时，有"节礼""年礼"；平日起居，有"候礼"；燕享，有"席礼"；在旅途上，又有"程礼"。① 官员之间一见面，说的是甘言脆语，尽拣好听的说，甚至不乏互相吹捧，行的则是鞠躬的大礼，互相拉着手，一派其乐融融的景象。但从内心来说，略无一点诚意，甚至还不乏尔虞我诈之心。②

在商业的冲击下，只有金钱才能维持人与人之间的关系。求人难，是当时人们的一种普遍感觉，只有锦上添花，却无雪中送炭。人一有了难，即使亲骨肉，也会深藏远躲，即使是相知的朋友，也会绝交断义。从世情上看交朋友之情，也尽都是虚情假套。有钱时，今日与张三哥贺喜温居，明日与李四弟祝寿送号。等到运蹇时乖，就不要说认不得人，即使打个照面，也是正眼不瞧。时风无不以金钱为价值导向。人们敬的是有钱人，看不上的是穷汉。人有了钱，邓通说话也新鲜；人有了钱，即使是白丁也可以做官；拐子有了钱，走起歪步来也好像合了款；哑巴有了钱，打出来的手势也觉得好看。在宴席之上，年纪可以不论大小，只要是衣衫整齐甚至衣冠楚楚，就是尊者，就可以坐上座。谓予不信，那么你可以看一下晚明社会中的各色酒席，席上总是先将酒敬有钱人。③

---

① 陈益祥：《陈履吉采芝堂文集》卷13《木钺》，明万历四十一年（1613）刻本。

② 相关的记载，可参见郭维藩：《陈愚衷以恭复圣谕疏》，载孙旬编：《皇明疏钞》卷32，明万历十二年（1584）刻本。

③ 关于金钱对晚明社会习俗的冲击，朱载堉《求人难》《富不可交》《交情可叹》《休望人》《钱是好汉》《叹人敬富》等歌曲有深刻的揭示。参见路工编：《明代歌曲选》，第76—77页。

（五）城市夜生活的出现及生活的娱乐性

按照传统的观念，认为人家"夜饮晏起"，乃是奸盗所由起的原因。① 所以，传统的家教，总是教导自己的子弟，早睡早起。可见，由农业社会所决定的生活方式，其典型的特点就是农民那种"日出而作，日落而息"的生活方式，所谓的夜生活根本无从谈起。

值得注意的是，在晚明，不仅是在城市中已经有了夜生活，而且这种夜生活已经影响到了江南的一般市镇。如浙江桐乡县的青镇，其俗崇尚奢侈，"夜必饮酒"。② 晚上聚饮之俗的形成，说明夜生活已经开始向一些比较发达的市镇渗透。

在传统的中国社会中，最流行一句俗语，就是"玩耍无益"。其实，一个人在少小之时，玩耍尽得乐趣，却只是不知是一种乐趣而已。一等长大，或是求名，或是觅利，将一个身子弄得忙忙碌碌，再也无从去偷得一时一刻之闲。直到功成名遂，那时却已是须鬓皤然，即使想要玩耍，也没了兴致。还有一些不得成遂功业的，早就一命先亡了，这实在是白白忙了一生。正是有鉴于此，明朝人才认为，善于逢场作戏，也是一句"至语"。只要是识得悲乐相为倚伏的道理，并非乐不思蜀或者流而忘返，大可逢场作戏，甚至及时玩耍或行乐。③ 于是，娱乐已成了当时的时尚。当时有一客人问黄省曾："今之天下，奚其尚？"黄省曾答："富贵淫乐焉尔。"黄氏进而认为，从市场上就可以看出晚明生活的时尚所在。他又记道："今之市也，玩宝盈篋，珠翠盈囊，绣绮盈轴，色艳盈室，丝竹盈架，珍错盈列，皆富贵淫乐之具也，所以趋天下之尚者也。"④

即使是在北方的一些边地，也是广修娱乐场所，以适应人们追求娱

① 李乐：《见闻杂记》卷1，第38页。
② 李乐：《续见闻杂记》卷11，第1020—1021页。
③ 袁于令：《隋史遗文》第21回，北京大学出版社1988年版，第167页。
④ 黄省曾：《五岳山人集》卷20《语苑》，明嘉靖刻本。

乐的需要。像杭州西湖、苏州虎丘、南京秦淮、扬州二十四桥或者一些天下大码头，遍布茶舍、酒馆、妓院这些娱乐场所，这已是众所周知的事实。至于像蓟镇之"赛西湖"、宣府之"饮酒楼"的崛起，[①] 无疑就是生活趋于娱乐化的最好例证。

社会生活的俗化

明代中期以来人们生活中俗化的气习，在三吴地区表现得最为明显。三吴之人，俗有三重，即重僧、重堪舆、重养生家。然探究这种习俗背后所隐藏的目的，却是相当世俗化。如重僧，无非是为了广福田，以及死后不堕地狱；重堪舆，是为了福荫后人，使其享受无穷无尽的富贵；重养生家，则是为了使自己延年益寿，乃至长生不老。[②]

明代学者程希尧从文字学的角度，对儒、佛、道作了解释。他认为：儒者，"需人"也，是世间所必需；仙者，"山人"也，虽在人间，但应该藏于深山；佛者，"弗人"也，不在人间，超于世外。[③] 这种解释，或许有些牵强，但也明确地告诉我们一个信息，这就是惟有儒者完全是入世的，而佛、道应该与世绝缘，才是它们的本义。不过从明代中期以后佛、道的演变轨迹来看，事实并非如此。

（一）佛、道的俗化

无论是儒家的祭祀，还是佛、道仪式，最重斋戒。尤其是在佛、道二教中，无不认为通过不饮酒、不茹荤的斋戒仪式，可以除去孽障，可以养得聪慧。但在明朝人庄元臣看来，这样的观点未必正确。他的依据基于下面的事实：牛、羊、鹿、猪，未尝饮酒、茹荤，却还是牛、羊、

---

① 《明神宗实录》卷82，万历六年十二月己亥条。
② 张履祥：《杨园先生全集》卷38《近鉴》，第1037页。
③ 程希尧：《文园漫语·儒仙佛》，明钞本。

鹿、猪，孽何由除？慧何由养？① 细玩他的言外之意，无非是将斋戒视为一种外在的形式，并无必要，而最重要的还是内在的心。这种对斋戒仪式重要性的否认，无疑为宗教的世俗化埋下了伏笔。

按照常理分析，天下至闲之人，当推僧人。有诗说僧人之闲："青松岭上一间屋，老僧半间云半间。云至三更去行雨，回头却羡老僧闲。"李涉诗亦云："因过竹院逢僧话，又得浮生半日闲。"据说，苏东坡到竹林寺访佛印，佛印好生款待，东坡也以此诗作答。佛印说："学士闲得半日，老僧忙了半日。"相与一笑。但对晚明的僧人来说，正如明人赵世显所说，"今之僧能闲者少矣"。② 究其原因，则是因为那些山缁野衲，已不再株守空门，而是游情火宅，堕体淫室，酣歌屠肆，给役公门，简直就与"里胥编氓"没有丝毫差别。③ 如杭州有一"比丘"，常常混迹于市廛之中，好与文墨之士交游，"饮啖靡择"，一派"狂易"。④ 僧人从闲到忙的转变，既是混同世俗的真实体现，又不能不说是佛教世俗化过程中的一种新动向。

有关僧人的俗化现象，有一个最为突出的例子可以给以说明。明人屠隆在记万表之事时，就说到了当时有一位僧人自然和尚，曾经被万表奉为座上宾，朝夕造膝密语。这位自然和尚的行为相当怪诞，不持五戒，饮酒食肉，好谩骂，家人事之稍不当意，就会遭到呵责，甚至侵犯万表的夫人。但万表对他还是顶礼受教，并无懈怠。很久以后，自然和尚身发恶疮，腥臭遍体，无人敢近，但万表还是促膝领教如故。忽然有一天，自然预先告知坐化之期。至日，他的身体洁白莹润，毫无过去的疮痕，端坐而化，香气满室。⑤ 如此一个酒肉不忌而又好色的和尚，却

① 庄元臣：《叔苴子内篇》卷1，《粤雅堂丛书》本。
② 赵世显：《芝莆丛谈》卷2，载《赵氏连城》，明钞本。
③ 陈薦夫：《水明楼集》卷12《禅谈格致引》，明万历刻本。
④ 陶望龄：《陶文简公集》卷10《纪闻》，明天启七年（1627）陶履中刻本。
⑤ 屠隆：《鸿苞集》卷28《鹿园居士》，明万历二十八年（1600）茅元仪刻本。

被万表顶礼膜拜，而且也被屠隆当作一个"非常人"大肆渲染，说明佛教的世俗化在晚明确乎深入人心。

"诗僧"在晚明的广泛出现，说明僧人同样受到世俗风气的影响。据记载，在金陵、吴、越等地，衲子大多能诗，而且相习成风。在这种风气之下，僧人若不会写诗，就会被人视为"不清"；而士大夫若不与僧人交游，同样也会被人视为"不雅"。于是，士大夫通过与僧人交往，就可以成全他们的清雅之名；而僧人写诗，则可以要誉士大夫。两者可以说是互相利用。① 诗僧的出现，显示僧人已经失去了自己的"本色"，而去迎合世俗之好尚，尽管在他们的鼻端眉宇之间时时有"诗僧"二字，拂之亦足以撩人，但无可否认的是，他们自己本来所具的鼻端眉宇反而索然无味了。

概言之，僧人虽号称佛之弟子，但在晚明，不过是形貌、衣履上还算是佛之弟子，其实他们所操之道，则已完全俗化。如雪浪、蕴璞，也算是有名的经僧，但据史料记载，这位雪浪大师在寺院中就养有很多"妖童"，用他们来招待客人。每当客人至寺，妖童就出门，看客人盖随车从的多寡，以为款待的等第。② 世俗势利的做法，也完全流入寺院。

无论是士人，还是民间百姓，持斋信佛是晚明的一种风气。即使在这种风气的背后，也同样蕴藏着很多俗化的因子。对此，当时的香光和尚有一番精辟的分析，一语点破："我见这些道人，身家尘缘一些也放不下，只是苦持斋素。内有家事厚者，每月断去吃肉三四十斤，可省银一两，每年省银十余两，仍旧买田放债，原是造业，岂可以为持斋乎?"③

晚明的士大夫倡和禅悦，蔚然成风。然究其喜好禅悦的目的，正如

---

① 钟惺:《隐秀轩集》卷 18《善权和尚诗序》，李先根、崔重庆标校，上海古籍出版社 2017 年版，第 306 页。

② 姚旅:《露书》卷 9《风篇中》，第 204 页。

③ 吴仁度:《吴继疏先生遗集》卷 11《追记》，清乾隆吴炯刻本。

明人徐三重所言，大都"欣于福利"，"便于身所嗜好"，或者"济其欲而虚托于禅"。① 其中世俗性的目的也显而易见。

（二）儒学的俗化

自中期以后，明代的儒家学者大多流于讲学一路，动以讲学为名，谈心论性，无所不至。从他们的见解看来，即使做一个圣贤，也并不是一件难事，视宋儒程、朱数子，完全已是不屑一顾。这是讲学、教育的平民化特征。他们的理论依据有二：一是孔子的"有教无类"，二是佛教所说的"下下人有上上智"之说。鉴于此，晚明的讲学家所信奉的是下面的准则："人人皆可入道讲学，不当择人。"正是基于这样的认识，在参与讲学之会的成员中，除了传统的儒家读书人之外，也不乏"无赖之徒"与盐商。② 然假若真对他们的行径进行考察，所谓的讲学，也不过是流于唇吻之间，反之身心，其实毫无所得。至于他们的声色货利之心，与市井之徒相比，毫不逊色，不过是大言欺人而已。正如明人伍袁萃所言，晚明的士大夫尽管好讲学，但大概多伪，"高者博名，卑者媒利"而已。③

这些讲学者一旦做了官，就把嘱托当作分内之事，藉此获得厚利，略无愧心、愧色。而当时的风气却也循习已久，并不以此为非、为恶。学者没有实行，却又自处太高，这固然可耻。但晚明的儒家学者，又一切安于鄙陋。照道理说，他们作为孔孟子弟，而且又以讲明儒学为高，就应该以从祀孔庙为终极追求。而事实并非如此。这些学者动辄云："岂有生肉与我吃哉！"④ 所以往往自暴自弃，汩没于流俗之中，以为当然。

---

① 徐三重：《牖景录》卷上，明刻《樗亭全集》本。

② 如湛若水任南京礼部尚书时，扬州仪真的很多大盐商"亦皆从学"，湛氏称他们为"行窝中门生"。相关的记载，可参见何良俊：《四友斋丛说》卷4《经四》，第31—33页。

③ 伍袁萃：《林居漫录》卷3。

④ 骆文盛：《骆两溪集》卷13《南埜杂谈》，明万历四十一年（1583）张时震刻《合刻武康四先生集》本。

所谓讲学，原本就是为了讲明学术，而"尚名检"则是其中的主旨。但在晚明，学术已完全被一些"饰私者"所利用。他们讲学最大的特点，就是信心而遗行，崇虚无而蔑礼法。于是，在行检上有欠缺的"作伪之士"，就可以凭借讲学而自相文饰，说自己的行为是"任真"，是"妙用"，是"不顾毁誉"，云云。其实，正如明人张元忭所揭示的，只是成得个"无忌惮而已"。① 必须指出的是，正是在这方面，明人讲学与宋人讲学才变得畛域井然。

（三）文学的俗化

伴随着宗教、儒学的世俗化，在晚明的文学领域，也出现了世俗化的倾向。如黄宗羲的外舅叶六相，在填词曲上尤其讲究"俗"的重要性。他认为，在填词曲时，语入紧要之处，决不能着一毫脂粉气，"越俗、越家常，越警醒"；如果刻意作一些打扮，就好像一个婆婆还作新妇一样，缺少真实性。而在作曲中散白时，则"尤宜俗宜真，不可着一文字与扭捏一典故事"②。

明季小说、戏曲盛行。这些原本不登大雅之堂的东西，却也被一些儒家文人奉为圭臬。如袁宏道就将《西厢记》《牡丹亭》《水浒传》《金瓶梅》与《左传》《国语》《庄子》《史记》、杜甫之诗、韩柳欧苏之文并称，王思任也将戏曲、小说名家如王实甫、罗贯中、徐渭、汤显祖，与左丘明、司马迁、欧阳修、苏轼等同齐观，认为他们的文字都是"写生"之文。正是因为这样的风气广泛流行，同时也是为了使自己的文章更加通俗，便于一般平民百姓的了解，才导致晚明的文人在写作文章时，不时将小说、俚言"阑入文字"。换言之，他们写文章并不专门以传统的经、史为出典，而是从小说、俚言中找依据。如徐渭在《注参同契序》这一篇文章中就云："譬如陆逊束炬，先攻一营，遂

---

① 张元忭：《张阳和先生不二斋文选》卷2《寄冯纬川》，明万历张汝霖、张汝懋刻本。

② 黄宗羲：《胡子藏院本序》，载《黄宗羲南雷杂著稿真迹》，第265页。

晓破蜀之法，连营七百里，一旦席卷。"其中所用的就是演义之说，非正史所有。周亮工《尺牍新钞》卷5载孙豹人《与王贻上书》云："譬如既生瑜，又生亮，亦天地仅事矣。"显然也是将《三国演义》中的小说之言，阑入正经的文字中。金声在明末是一个很正统的理学名家，他在《任澹公文序》一文中说："既生瑜，何生亮。故国士曰无双，奇人曰不偶。"也是用的小说家言。① 这无疑就是文学俗化的最好例证。

值得引起注意的是，晚明所撰的"院本"戏曲，其描写之事，大多是男女私媟之事，而且千篇一律。这显然是为了适应大众的审美趣味。这些有关男女私媟之情的戏曲作品，不仅在大庭广众之下搬演，而且进入士大夫家庭中演出，父子、兄弟同观此类戏曲的演出，家庭中妇女也不例外，尽管是隔着一层帏帘观看。② 至于剧中诸多淫谑亵秽的情节，这些大族人家之人习以为常，看多了也就恬不知愧。

时尚的出现及其流行

时尚的形成，无疑是生活时代性的最好体现。苏州在明代一直领导着天下时尚的新潮流。在明代，苏州风尚也处于一个不断的变化过程中，而其社会经济、生活的繁华，大概也是在成化年间以后。关于此，明人王锜有如下真实的记录：

> 吴中素号繁华，自张氏之居，天兵所临，虽不被屠戮，人民迁徙实三都、戍远方者相继，至营籍亦隶教坊。邑里萧然，生计鲜薄，过者增感。正统、天顺间，余尝入城，咸谓稍复其旧，然犹未

---

① 关于明季文人喜用小说家言，清人平步青已经作了详细的列举，参见氏著：《霞外捃屑》卷7下《小说不可用》，中华书局1959年版，第559—560页。

② 陶奭龄：《小柴桑喃喃录》卷上，明崇祯八年（1635）刻本。

盛也。迨成化间，余恒三、四年一入，则见其迥若异境，以至于
今，愈益繁盛，闾檐负辐辏，万瓦甃鳞，城隅濠股，亭馆布列，略
无隙地。舆马从盖，壶觞罍盒，交驰于通衢。水巷中，光彩耀目，
游山之舫，载妓之舟，鱼贯于绿波朱阁之间，丝竹讴舞与市声相
杂。凡上供锦绮、文具、花果、珍羞奇异之物，岁有所增，若刻丝
累漆之属，自浙宋以来，其艺久废，今皆精妙，人心益巧而物产益
多。至于人材辈出，尤为冠绝。[1]

这段记载所透露的最重要的信息，就是苏州时尚是如何形成，并日益成
为天下所宗的历程。而这种变化的结果，就是建立在物产益多基础上的
"人心益巧"。

流行时尚一旦形成，当然可以引动天下百姓翕然从之，成为一种时
代风尚。但既然是时尚，就如一股流行之风，处于一种不断的变化过程
之中，其变化之快，有时正如一阵风，转瞬即过。晚明南京妇女服饰的
变化，正好是明代城市流行时尚的最好注脚。据记载，南京妇女衣饰，
在嘉靖、隆庆年间，还是十多年一变。自万历以后，则是不到二三年，
首髻之大小高低，衣袂之宽狭修短，花钿之样式，渲染之颜色，以及鬓
发之饰，履綦之工，都有了新的变化。时尚流行、变化之快，其结果则
是显而易见：正当流行之际，大众普遍以此为美，无不崇尚，殊不知时
尚流行速度太快，先前还以为美妍的服饰，等到大众上身，穿戴出去，
反而被人掩口而笑。[2] 时尚变化之快，令人咋舌。

时尚流行的结果，无疑形成了一种不同于明初的新的"世道"。在
这种世道中，读书的士人无不鲜衣美食，浮谈怪说，玩日愒时，而将农
工视为村鄙；妇女开始傅粉簪花，冶容学态，袖手游乐，而将勤俭看成

---

① 王锜：《寓圃杂记》卷5《吴中近年之盛》，第42页。
② 顾起元：《客座赘语》卷9《服饰》，第293页。

是一种羞辱；官员更是盛从丰供，繁文缛节，奔逐世态，而将教养视为迂腐。①

在传统的中国社会，时尚的形成，当然免不了有一个始作俑者。这从一些已成为人们普遍崇尚的器物就可以得到印证。从明代前期已经形成并在明代成为时尚的器物，很多就是以一个人物命名的。宋人苏轼、秦桧所创之物，流传至明，并成为一时时尚者，有以苏东坡命名的东坡椅、东坡肉、东坡巾，以及以秦桧命名的太师椅、太师楠。在明代时尚的形成过程中，同样存在着以人命名之俗，如陈子衣、阳明巾，则为陈献章、王阳明所创。尤其是明末著名的山人陈继儒，他所制作的花布、花缬、绫被，以及饼饵、胡床、溲器等物，无不以他的字命名。② 这显然已成为晚明的一种时尚。

在明代，大众传播往往以讲究时代性为主。歌谣词曲显然在当时具有很好的大众传播功能，而内容却正是紧贴时代。在松江，凡是士大夫的举措稍有乖张，就有人将他们缀成歌谣之类，传播人口。凡是欺诳人处，必曰"风云"。这两个字就是时代性的体现，也是晚明信息传播速度加快的一种明证。随之而来者，是妇女骂人也随手拿当时人人熟知的例子，如"活邢敖"之类，而这个邢敖，就是当时刚刚被处决的盗犯。③

从明代中期以后，无论是江南，还是北方，无论是人们的生活观念，还是社会生活的实际，无不显示出一种与基于社会安定与礼教控制下的明初社会的差异性。如何评价这种社会变动以及由此而引发的生活变动，在学术界存在着不同的见解，也是一件仁智互见的事情。

从明代中期以后社会生活的多样性乃至新的社会风尚的形成来看，

---

① 吕坤：《呻吟语》卷4《外篇·世运》，第215页。
② 沈德符：《万历野获编》卷26《物带人号》，第663—664页。
③ 范濂：《云间据目钞》卷2《记风俗》，清光绪四年（1878）上海申报馆仿聚珍版印本。

显然是不同于传统以儒家为根本的礼教乃至由此控制下的社会生活，除了商业化和世俗化的基本倾向之外，社会生活的诸多领域，无不受到了商业的渗透。毫无疑问，这是一种秩序变动，而其根本点理应着力于商业繁荣以后的诸多商业化倾向，但也不能不注意到自王阳明崛起以后在意识形态领域所产生的巨大震动，以及由此而对人们生活观念变化的影响，乃至对整个社会生活领域所产生的冲击。这是一种历史的真实。钩稽这一变动的真实，从中找出其中的内部规律，这显然是最重要的事情，至于给这种变动以何种阐释，究竟是一种旧的秩序危机下的新生活，还是一种具有"近代性"的生活，这又另当别论。

二、逍遥游：士大夫的闲暇生活

　　所谓旅游观念，是人们对旅游的一种认识。在传统的中国士人中，自古以来就出现两分的现象，对旅游表现出不同的看法。一派是"通人达士"，常常喜欢言游，并将读书与行路结合在一起。庄周著书，开篇就是《逍遥游》，其中说到鲲鹏展翅，自南海以至北海；屈原作《离骚》，其中云车风马，也是历扶桑而经昆仑。尽管还只是空言，并无事实依据，但其中所言之游，莫过于此。司马迁无疑是旷世逸才，然必周行万里，网罗见闻，然后才成《史记》一书。杜甫也算得上是诗人冠冕，遭乱流离，足迹遍及三巴、吴、楚，游踪颇阔，终于成就了他"诗圣"之名。古人动辄说："不开万卷，不行万里，不能读杜诗"。显然就是为了说明杜甫行游之广。其他如李白、韩愈、苏轼、陆游之辈，无不都是足迹遍布天下，而其文辞也是雄奇跌宕，超绝千古。事实确是如此。名山大川足以涤人胸怀，发人才性，而五方谣俗、方言物产、仙踪灵迹，怪怪奇奇，无疑也有助于新人耳目、廓拘蔽良。而另一派则是"儒者"，尤其是自宋以后的道学家，却将旅游看成是玩物丧志，甚至闹出了有人在衡阳做官而不曾一登南岳的笑话。道学家生活的拘禁、矜持，自然阻隔了他们与山水游览的亲近。

　　旅游是大自然对人们的召唤。这是明朝人王思任对旅游别具一格的见解。他将自己的旅行记，定名为《游唤》，显然就是为了表达这么一层意思。其实，道理也非常简单。按照一般的观念，天地、山水与人之间，有着不可分割的联系。天地定位，山川通气。这已经形成自然界的"天下"。但又必须"生人"，让这些活生生的人充塞往来其间，这样也就构成了人文的世界。可见，所谓的人，其实就是天地、山水"所托以恒不朽者也"。人有两目，所用并不是简单的"昼视日""夜视月"而已；造化又赋予人两足，也不仅仅是让他们在街衢田陌或"长安道"上走动而已。人假若生活在房檐之下而不外出，就会无见识；人若只踞蹰于一座城市中，就会显得神魄狭隘。所以，人之出行，不仅仅是增长见识，开拓视野，而是顺应大自然的一种召唤，也就是所谓的"游唤"。[1]

崇尚旅游观念的崛起

明人好游成习，竞渡、游春乃至狎游，无不形成一股时尚之风。在传统的士大夫看来，这无不是一种引导奢侈的不良习俗。其实，改良风俗，实际上是一项牵涉到社会方方面面的大事，看起来容易，实行起来却很难。明代士大夫提出了许多改良风俗的措施，实际上却是不合时宜，有些甚至逆潮流而动。禁止奢侈，常常被一些士大夫挂在口头，作为改善风俗的一大良策，其实却会带来新的问题。如湛若水任南京兵部尚书时，下令百姓不得在酒肆中吃大鱼，百姓不得在市上丛聚饮酒，以及在除岁时，老百姓家不得焚纸祀天；姜宝任南京礼部尚书时，也申明宿娼之禁，"凡宿娼者，夜与银七分访拿帮嫖之人，责而枷示"。两者的目的当然是为了制止淫佚之流，维持一种良好的社会风气，但其结果却出人意料，民间纷纷感到不便，甚至怨声载道，其结果则是"法竟不行"。[2] 又万历年间，苏州大荒，一些当事者就主张禁止游船。但其

---

① 王思任：《杂序·游唤序》，载氏著：《王季重十种》，浙江古籍出版社 1987 年版，第 18—19 页。

② 顾起元：《客座赘语》卷 3《化俗非易》，第 79 页。

后果不但奢侈难以禁止，富家儿却都跑到僧舍治馔为乐，靠游船生活的数百老百姓因此而失业流徙。①

正是在面对民间日益趋奢的习俗时，晚明开始出现了两种截然不同的意见。一种意见认为，奢侈是导致民贫甚至社会不安定的主要因素，因此主张禁止这些奢侈的民间岁时节序的娱乐活动。如李乐，就将"躬行勤俭"这一种节缩务实的意思，看成"最是善事之大者"，而将"奢"这一字，看成"恶之大者"。显然，就是"勤俭"论的代表。②而另一种意见则认为，民间习俗所尚，不必强为禁止，如竞渡、游春之类，事实上有很多小民就是靠此获取衣食，维持生计。在他们看来，这是损富家之羡锱以度贫民之糊口，恰恰有利于社会的安定。③ 如著名的人文地理学家王士性在评论杭州西湖作为旅游胜地时就独具慧眼地指出："游观虽非朴俗，然西湖业已为游地，则细民所藉为利，日不止千金，有司时禁之，固以易俗，但渔者、舟者、戏者、市者、酤者咸失其本业，反不便于此辈也。"④ 作为一个传统的士大夫，王士性尚不便直接替旅游业鼓吹，但已经将杭州的旅游地利作了酣畅淋漓的表述，大体具备了现代人的经济眼光。这种观念的出现，无疑是适应了晚明社会变动的新动向。

在整顿礼教风俗或者禁奢抑浮之时，传统的卫道者无不把倡优视为"最伤风化"的事情，力求通行天下，将其禁绝、汰除。但事实上，这些风化或者娱乐行业的存在，显然是迎合了一时的社会需求，与"游观"之业是并存的，很难加以禁绝。正是鉴于这样的社会实情，晚明有一些比较开明的士大夫就主张，对倡优之类，一是不能禁止，二是也不必禁止，完全可以"存而不问"。明人于慎行对倡优这一行业，就发

① 顾公燮：《丹午笔记》180《救荒相异》，第 132 页。
② 李乐：《见闻杂记》卷 3，第 230 页。
③ 谢肇淛：《五杂组》卷 2《天部二》，第 20—21 页。
④ 王士性：《广志绎》卷 4《江南诸省》，第 69 页。

表了下面的看法："自古以来，有此一类，先王以礼防民，莫之能废，必有以也。天地六气，自有一种邪污，必使有所疏通，然后清明之气可以葆完，辟如大都大邑，必有沟渠以疏其恶，否则，人家门庭之内，皆为秽浊所留矣。先王救俗之微权，有不可以明喻者，存而不问可也。"①代表的就是这样一种宽容见识。又如谢肇淛也明确指出，国家的兴亡，与游人、歌妓无关。国家承平，管弦之声不绝，反而可以粧点太平。②这显然是在社会进步过程中出现的一种对所谓"陋俗"的宽容见识，也就是救俗讲究一种"微权"。

在一些理学之士看来，则旅游又有了"在内"与"在外"之分。如蔡清就说："游有在外之游，有在内之游。水行地中，流为江潴，为湖蓬，于是楫于是，挹月露之清光，盼水天之一色者，在外之江湖也，固胜览也。然人心自有源头，活水积之，则为鉴湖之万顷，放之则为长江之浩流，其中风景，仰接天光，俯罗万象，以遨以游，不事外求而乐在其中者，此内在之江湖也，尤胜览也。"③换言之，在理学家的眼中，江湖也有了在内与在外之分。从内心中寻求一种江湖，尤为重要。这是理学的话头，从中蕴涵着一种对在外游览山水的轻视。

但值得注意的是，在明代，即使是在道学家中，也同样出现了一种肯定"湖山之乐"的观念，其中堪称代表人物的是陈献章与王阳明。如陈献章就明确指出，富贵非乐，只有湖山才是乐。他认为，游历湖山，"放浪形骸之外，俯仰宇宙之间。当其境与心融，时与意会，悠然而适，泰然而安。物我于是乎两忘，死生焉得而相干？亦一时之壮游也。"④当然，陈献章尽管肯定了湖山之乐，但同时也强调了湖山之乐背后所必须具备的"自得"之学，也就是通过旅游之乐而获取自然之

① 于慎行：《谷山笔麈》卷3《国体》，第31页。
② 谢肇淛：《五杂组》卷3《地部一》，第49页。
③ 蔡清：《虚斋集》卷3《江湖胜览后序》，第844—845页。
④ 陈献章：《陈献章集》卷4《湖山雅趣赋》，中华书局1987年版，第275页。

道。王阳明有一首《春游香山寺，宿林宗师，此韵》诗，其中有言："幽壑来寻物外情，石门遥指白云生。林间伐木时闻响，谷口逢僧不问名。天望倒瞰湖月晓，烟梯高接纬阶平。松堂静夜浑无寐，到枕风泉处处声。"① 这是理学之士王阳明的春游生活，尽管其目的尚是为了寻求"物外情"。

游人的分类

尽管在晚明兴起了一股肯定旅游之风，但在这股旅游的大潮中，其中的游人，却是各有其类。关于游人的分类，既取决于人们的生活层次，也受到不同的认知者的见识制约，所以所言乃至所分各不相同。

明朝人的旅游，从文人自己的体验来细分，实在可以分为很多种类。明人屠隆把喜欢旅游之人称作有"清缘"，但他对这些游人，也同样根据他们领略山水之趣的不同，分为下面两类：一类是含有文采之人，他们借助领略山水，"以抒藻氲芬"。这似乎就是文人之游。另一类则是热衷于玄寂之人，他们借助领略山水，"以采真访道"。② 这似乎是指讲究养生的道士之游。

明人王思任所言，则将游人更为细化，其中有："官游"不韵，"士游"不服，"富游"不都，"穷游"不泽，"老游"不前，"稚游"不解，"哄游"不思，"孤游"不语，"托游"不荣，"便游"不敬，"忙游"不慊，"套游"不情，"挂游"不乐，"势游"不甘，"买游"不远，"赊游"不偿，"燥游"不别，"趁游"不我，"帮游"不目，"苦游"不继，"肤游"不赏，"限游"不道，"浪游"不律。③ 这是从

① 刘侗、于奕正：《帝京景物略》卷6《西山上·香山寺》，第230页。
② 屠隆：《五岳游草·原序》，《王士性地理书三种》，载周振鹤编校，上海古籍出版社1993年版，第25页。
③ 王思任：《游唤·纪游》，载《王季重十种》，第105页。

社会阶层、游兴、游情等的不同而加以区分。

王士性以好游著称，认为游亦"有道"。以道作为区分的标准，可以将旅游分为"天游""神游""人游"三种。他认为，天游属于太上之游，如士汗漫于九垓之类，即属天游；神游就属于其次，如轩辕隐几于华胥，即属神游；人游则又在其次，如尚平敕断婚嫁，谢幼舆置身于丘壑之间，即属人游。王士性自述自己之游，则不过是人游，虽无出世之想，却也将抒藻、采真合而为一。正如他所说："吾视天地间一切造化之变，人情物理，悲喜顺逆之遭，无不于吾游寄焉。当其意得，形骸可忘，吾我尽丧，吾亦不知何者为玩物，吾亦不知何者为采真。"①

其实，从旅游的群体而言，大体可以分为以下四类：

第一类是贵人之游，其实就是那些仕宦大老的出游。他们凭借自己的地位与特权，出游之时，有随从，所到之处，有供给与迎送。正如史料所言："旌旆所向，郊迎负弩，候其游踪，供张凤具。"

第二类是豪士之游，他们凭借自己雄厚的财力，一路游玩，到处结客，所行尽是一些豪奢之举。正如史料所言："载宝而行，倾财结客，舟车丝竹，不移而具。"

第三类是布衣之游，凭借的是他们的高名与长技出游，不用自己的资粮，即可游遍天下的名山大川。正如史料所言："恃其高名，卸其长技，王公倒屣，群彦捧杖。"布衣之游又可分为三类：一是因人之游。在明代，贵人做官需要有书记帮忙，贵人出游需要有人作伴侣，那么就必须带一些文人骚客作为随从，而那些文人骚客也因此不费自己的资斧得以登览山川。这就是因人之游。二是作客之游。在明代，也有一些人靠作客打秋风过日子。如某处总督、巡抚、布政使、按察使、知府、知县，是他们父兄的门生、同年甚至亲戚，他们就跋涉千里，希望靠这一层的关系去分润膏泽，而顺便也可以沿路作登临之游。这就是作客之

① 王士性：《五岳游草·自序》，载《王士性地理书三种》，第27—30页。

游。三是独往之游。所谓独往之游，顾名思义就是一人凭借自己的膂力外出游览，贵人不敢相挈，俗士不能追随，只要准备好舂粮，就可以完全凭着自己的兴趣出游，作一个完整的游客，尽管难免有地主寡情之事，但也无憾。①

第四类是一般民众的旅游，其主要的表现形式，则远者为朝山进香或庙会，近则为岁时节日，用文人士大夫的眼光来看，群众性的旅游不过是一种"哄游"而已，却也是他们休闲化生活风尚的一种反映。

上面所说当然都是属于游人亲临其地的旅游，游屐确实到了真山真水的地方。其实，人的财力有限，精力也有限，在无奈之下，于是也就有一些读书人想出了所谓的"梦游"与"卧游"。

所谓梦游，就是在梦中游历日夜思念的景点，通常是一些所谓仙人出入的名山仙境。这是一种比较特殊的旅游景象，旅游者形体不动，并没有亲临其景、亲历其地，却可以宣称其内心已经游历了这些地方，所以又称为"神游""卧游"。在中国的很多旅行家中，大多把神游视为旅游的最高境界。② 明人陈献章的《梦游天台》一诗，就是最好的例证。诗云："路入天台第八重，洞门刚与赤城通。脚根点到虹桥下，一笑那知是梦中。"陈献章也曾梦游衡山，还在梦中见到了南极老人，醒后还作诗一首，以纪其事。③

晚明大量的地理或方志一类著述的出现，固然适应了晚明士人的闲适生活，而很多博物类书籍的刊刻，或许也是为了迎合当时的"实学"思潮，改变理学家固有的狭隘心胸，开拓心智，但又不得不承认，此类著作的盛行，不能不说是为了供一些有识之士"卧游"。

正如明末来到中国的意大利传教士艾儒略所言，作为一个饱具知识的读书士人，周游"四远"则是他们的一生所抱的"雅志"。至于他们

---

① 归庄：《归庄集》卷 6《五游西湖记》，第 374—375 页。
② 龚鹏程：《游的精神文化史论》，河北教育出版社 2001 年版，第 177 页。
③ 陈献章：《陈献章集》卷 6，第 581、648 页。

周游四方的目的，则是各不相同，概括起来，有下面这些：

> 或为采风问俗，以弘教化；或为搜珍觅宝，以充美观；或穷此疆尔界，以察地形；或访圣贤名流，以资师友；或通有无贸迁，以求赢羡；或考群方万国山川形胜，以证经传子史之载纪；或探奇览秀，以富襟怀，以开神智。①

上面所述，基本包括了明代旅游所具的几种形式。诸如宦游，其中的采风问俗，显然有其弘扬教化的政治目的；学术性的考察与游历，其目的是为了印证经传子史；师友间的交游，其目的是为了互相有所补益；商游，他们在江湖上奔走，是为了赢利；纯粹的文人雅士之游，是为了荡涤自己的心胸。尽管旅游的形式乃至目的不同，但无不会面临下面这样的问题：道里跋涉之劳瘁，舟车赀费之经营，以致寇贼风波意外之警。再加上人寿有限，一生遍历八荒，壮游天下，往往不能如愿。于是，也就有了"卧游"一说的滥觞。艾儒略所著《职方外纪》一书，抛开其中传播"主的福音"的用意不说，其最大的目的，也是为了让看到此书的士人，足不出户庭，就可以周游天下。明末有基督教"三大柱石"之称的杨廷筠对艾儒略著《职方外纪》的本意，就一语道破，认为此书"用悦耳娱目之玩以触人之心灵。言甚近，指甚远。彼浅尝者，第认为轺轩之杂录，博物之谈资，则还珠而买椟者也"。②

"卧游"观念在中国的文人士大夫中可谓根深蒂固，很多地理学著作的刊刻，无不是为了迎合这种心态，以满足人们的好奇。这种观念的盛行，固然因其客观的条件所致，但无可否认的是，它同样使士人的视野局限于书本知识的考察，而不再去做实地的探求。万历年间罗日褧所

---

① ［意］艾儒略：《职方外纪·自序》，载《职方外纪校释》，谢方校释，中华书局1996年版，第2页。
② 杨廷筠：《职方外纪·序》，载《职方外纪校释》，第5页。

著《咸宾录》，就是适应这种观念的代表作。此书所收资料相当丰富，根据原书所开列的《引用诸书目录》，共计有 345 种之多。但是，作者并不熟悉国外的地理实况，也无实地游历的经验，所以书中所辑录的一些外国风土人情的资料，就不免有以讹传讹之处。如苏门答剌原为今印度尼西亚苏门答腊岛北部的一个王国，书中却把它扩大到包括古代波斯、大食和阿拉伯半岛诸国；牒幹（书中误作牒幹）原为溜山首府所在，书中却将牒幹与溜山分为不同的两个地方，等等。① 尽管如此，此书刊刻，一方面是适应了明人"好谈边防"的风气，② 另一方面也是为了迎合士人卧游的需要，所以书中所录之详瞻，要非《海语》《赤雅》诸书可比。

明代士大夫"卧游"观念之顽固，同样从《职方外纪》一书的流播过程及其所产生的影响力的局限性中可以得到证实。毫无疑问，《职方外纪》一书，为 17 世纪的中国读者提供了大量的前所未知的外部世界的情况。令人感到惊奇的是，在此书被当时的读书人所广泛知晓以后的 200 年间，除了康熙四十六年（1707）中国教士樊守义曾陪同欧洲修士艾逊爵游历过欧洲意大利外，竟没有一个中国人走出国门，根据《职方外纪》所提供的"海道"和世界各地的情况，作一次冒险的世界性的航行和游历。直至清乾隆四十七年（1782），才出现了广东人谢清高乘搭外国商船，游历亚、欧、非、美洲各地，这是第一位出游世界的中国人。值得引起注意的是，谢清高的周游世界，并非出于一种好奇甚至探险，也没有受到传教士世界地理的影响和启迪，而仅仅是为了谋生才出洋。为什么《职方外纪》问世以后，长期以来中国竟没有人到世界各地去亲历一番，以证实记载是否真实？当然其中的原因是多方面的。一般的论者认为，从《职方外纪》本身看，主要是由于它存在着

---

① 余思黎：《咸宾录·前言》，载罗曰褧：《咸宾录》，中华书局 1983 年版，第 5—6 页。

② 胡思敬：《咸宾录·跋》，载《咸宾录》附录，第 239 页。

两个根本性的缺点，就是它的宗教神学观点和欧洲中心观点，与中国人的传统观念格格不入，导致中国人对它缺少兴趣。① 这无疑是事实，但除此之外，也与中国文化中士人崇尚"卧游"的观念有关。

旅游的体验

旅游是人们在闲暇时的一种享乐活动。因为各人经济条件的差异，或者是所处社会地位的不同，对旅游也就会有不同的精神体验。

（一）旅游时机的选择

按照一般的观念，旅游必须具宾主，戒车徒。语云：良辰美景，赏心乐事。正是出游的最好时机。但明代著名的旅行家王士性却对这些全然不顾，并不选取旅游的时机。正如他自己所说，"当其霜雪惨烈，手足皲瘃，波涛撼空，帆樯半覆，朝畏岚烟，夜犯虎迹"，② 无所顾忌，全都出游。

（二）不取众人游路

明代文人游山，大多需要获取自己对山水的体验，尽量避开民间百姓所喜之游山路线。原因很简单，在他们眼中，民间百姓之群游，不过是一种"哄游"而已。竟陵派文人谭元春在游武当山时，就曾对同行的僧人说过下面的话，表达了这种意识。他说：

> 游，他山人迹不接，从本路出入，稍曲折焉，即幻矣。此山有级有锁有絙，一待天下人，如人门前路。天下人咸来此，如省所亲，足足相蹑，目目相因。请与师更其足目，以幻吾心。③

---

① 谢方为：《职方外纪·前言》，载《职方外纪》，第4—5页。
② 王士性：《五岳游草·自序》，载《王士性地理书三种》，第28页。
③ 谭元春：《谭元春集》卷20《游玄岳记》，第546页。

这是一种不同于"天下人"的游趣。而这种趣味的特点，就是追求山本身所带的幻象，需要避开"天下人"的游踪，去独自探幽。

为了避开一般众人的旅游线路，这些文人士大夫游山，就会探求一些险地，多少带有探险的意味。如在华山，一般的游人很少登上青柯坪。其实，在青柯坪之上，虽是奇险，却又别有一种风光。王士性在登上了青柯坪之后，就真实地记下了绝胜之处："惟下视三峰，则四山争相献奇，一望千里，溪原草木如画，又恋恋而不忍下矣。"①

明代各地，无不都有自己的旅游胜地。景色一旦出名，就会引来四方游客，人声鼎沸，一片嘈杂，败人清兴。南京风光，多以水著称。但正如谭元春所言，这种湖光水色，却也有"三患"存于其中："矶之可游者曰燕子，然而远；湖之可游者曰莫愁，曰玄武，然而城外；河之可游者曰秦淮，然而朝夕至。"② 只有乌龙潭一处，既在城内，路不算远，又"士女非实有事于其地者不至"，可以免于嘈杂。

（三）对名山的欣赏

明代文人对一些天下名山的欣赏，无不都有自己的体验，完全出自各人的心灵。如谭元春对南岳衡山，就有一番自己的游山体验。他说："善游岳者先望，善望岳者，逐步所移而望之。"③ 这种望，是一种由远渐近的过程，从中可以欣赏山的变幻。这种望，贯穿游山的整个过程。游山完毕，与山告辞，意兴阑珊，还是采用一种望，"逐步回首而望之"。

山之妙，在于住下来，静静地享受与体验，而不在一时的匆匆之游。匆忙一游，不过是来去的游客。只有住下来，才会成为山的主人，"主人则安焉"。④

---

① 王士性：《五岳游草》卷1《华游记》，载《王士性地理书三种》，第46页。
② 谭元春：《谭元春集》卷20《初游乌龙潭记》，第557页。
③ 谭元春：《谭元春集》卷20《游南岳记》，第552页。
④ 谭元春：《谭元春集》卷30《退寻诗三十二章记》，第807页。

明代文人袁中道，对山也有独特的欣赏经验。他说："大都山以树而妍，以石而苍，以水而活。"将山、树、石、水合而为一。此段审美理念，明人萧士玮也有相同的表述，只是稍有变化而已。他在《韬光庵小记》中云："大都山之姿态，得树而妍；山之骨格，得石而苍；山之营卫，得水而活。"①

（四）游西湖之宜

杭州之胜，以西湖为最。在明代，西湖已成歌舞之场。人们仅知游西湖之乐，却不知其所以乐。明人王士性对西湖之游，却有自己的一番体验，可以概括为"四宜"，也就是"宜晴""宜雨""宜雪""宜月"，不同气候条件下的西湖，各有其风光旖旎之处。当暖风徐来，澄波如玉，桃柳满堤，丹青眩目，妖童艳姬，声色杂陈，尔我相觑，不避游人。此时把酒临风，其喜则洋洋然。这是"宜晴"。等到白云出岫，山雨满楼，红裙不来，绿衣佐酒，推蓬烟里，忽遇孤舟，有一老叟披着蓑衣，在船头独钓。酒醒以后，山青则归，雨细风斜则否。这是"宜雨"。琼岛银河，枯槎路迷，山树转处，露台半露，天风吹来雪花，堕入酒杯，偶过孤山，疑是落梅。这是"宜雪"。当晴空万里、朗月照人之时，秋风白苎，露下满襟，离鸿惊起，疎锺清听，有客酹客，无客顾影。这种景色，以湖心亭最佳，而散步六桥，兴复不减。这是"宜月"。②

（五）光景与利病之间的关系

一方山水胜景，自可娱人之目，快人之心，引来无数游客，但也有利病存乎其间。关于此，谭元春有自己的一番感慨：

① 袁中道：《珂雪斋近集》卷 1《游德山记》，第 11 页；张岱：《西湖梦寻》卷 2《韬光庵》，第 27 页。
② 王士性：《五岳游草》卷 3《游武林湖山六记》，载《王士性地理书三种》，第 75 页。

快人足目者曰光景，切人焦腑者曰利病。少时爱弄光景，思得自寒河至邑长堤亘匝，杂木夹植，桥梁可以坐行人，庵刹可以荫暍子，予辈瘦蹇徒步，旦晚去来，是里中至乐，而不敢告人。何也？其说止于足目也。必至河水啮岸，马歇舟兴，人命寄于舴艋，人天变色，而一邑之人，为焦腑利病奔走如骛，然后有议有任，有作有成。[1]

谭元春的这段话，是就他的家乡竟陵县的明圣湖而言。此湖有人比于西子，浓妆淡抹，为游人驰骤之地。正当有钱的士女香车马宝，雅雅游于其间之时，何曾想到农人贩夫起初开凿时的辛劳。可见，光景之事，未有不始于利病。

（六）哲人、志士与山水

哲人、志士，对山水有不同的体验。山水景色之美，既有空翠古碧，也有衰黄落红。不同的景致，就会触动游人不同的心境。哲人早悟，一见空翠古碧的山水，不免为之神惊；志士多忧，看到衰黄落红的景象，同样也会为之气塞。[2]

（七）秋游新体验

中国传统的文人，自古就有"悲秋"之习。宋玉有悲，方才悲秋，后人未尝有悲，不信胸中而信纸上，不过是人云亦云而已。

明人谭元春，对秋天的景色却有独特的体验。正当秋天，草木疏而不积，山川澹而不媚。他对秋景与春天、夏天、冬天的景色作了下面的比较："比之春，如舍佳人而逢高僧于绽衣洗钵也；比之夏，如辞贵游而侣韵士于清泉白石也；比之冬，又如耻孤寒而露英雄于夜雨疏灯也。"[3]

（八）游情与游理的关系

旅游一般要讲究"胜情"，这就是所谓的"游情"；但旅游也并不

---

[1] 谭元春：《谭元春集》卷22《近县五里募修路文》，第608—609页。
[2] 谭元春：《谭元春集》卷30《自题湖霜草》，第813页。
[3] 谭元春：《谭元春集》卷30《秋寻草自序》，第806页。

一味讲胜情，任自己之性而为，而是在旅游之中，又有道理存在。明人王思任对"游情"与"游理"关系的阐述，可谓一例。他说："夫游之情在高旷，而游之；理在自然，山川与性情一见而洽，斯彼我之趣通。"① 可见，所谓游理，在于讲究自然，而不是一味探求险地。换言之，旅游是一种乐趣，而不是一种"大苦境"，无必要从险境中获取。

明代文人士大夫对山水旅游之乐，无不持一种肯定的态度。对他们来说，游览大自然中如诗如画的山水风光，不仅仅是一种美的享受，更是为了显示他们生活情趣的雅致。至于对自然山水的欣赏，尽管各人会有不同的体验，但从总体上说，无不讲究游兴、游情、游意、游道。游兴，是指人们游览山水时所必须具备的兴致，也即旅游的动机。游情，是指人们在游览山水风景时产生的情感体验及其各种方式的抒发。游意，是文人士大夫通过游览所追求和获得的意味或艺术灵感。游道，是指人们出游时的说道和讲究，具体细化，包括对游人分类之细以及对游具的讲究。②

概括言之，旅游除了能增长知识之外，还有下面两大主要功能：一是人生在世，无不受到名利二字的牢笼。究其原因，无非就是不知宇宙之广、日月之大所致。而一旦外出旅游，将自己的身心融入大自然中，就可以做到置身物外，旷观远览，名利之累自可冰释。二是古今能文巨手，无不喜欢游历天下名山大川，往往藉山川奇胜，开拓自己的心眼，心与天地、造物合一，心灵受到震撼，一旦意有所会，就可激发著为文章，超越百代。如袁中道就对远游的功能有如下阐述："一者吴越山水，可以涤浣俗肠；二者良朋胜友，上之以学问相印证，次之以晤言消永日。"③ 云云。此即其证。

① 王思任：《游唤·石门》，载《王季重十种》，第 130 页。
② 罗筠筠：《灵与趣的意境——晚明小品文美学研究》，社会科学文献出版社 2001 年版，第 212—228 页。
③ 袁中道：《珂雪斋近集》卷 1《东游日记》，第 17 页。

三、别号流行：一种好名之风

　　人之初生有乳名，出生三月之后有大名，行冠礼之后则有字，而后又自取别号。究其本质而言，名、字、号都是名。正如明人李贽所言，无论事物，还是男女，因为两两相对，致使不得不立"虚假之名"加以区别，如张三、李四之类，不能说张三是人，而李四非人，原无高下、卑贱、美恶之分，① 不过是人的指代符号而已。

　　已有的史料记载无不显示，人名的功能价值在于"自别"，也就是所谓的"自别于众人"。② 考"名"这一字，从夕与口。夕有"冥不相见"之义，而口有"自名"之义，故名又有"自名"之义。据《周礼》所载，子出生三月之后，妻抱子见其父，父执子之右手，"咳而名之"。又替子取名，必须避讳日月、山川。所取人名之义，据《左传》中申繻所言，则有信、义、象、假、类五种，即"以名生为信，以德命为义，以类命为象，取于物为假，取于父为类"。古人讳名不讳姓，名与讳有别，"生曰名，死曰讳"。③ 至于人之字，其功能在于"表德"，即彰显一个人的德行，说白了就是为了"尊名"。④ 据《周礼》，男子"二十冠而字"。行冠礼之后，方有字，一则体现"成人之道"，

---

　　① 李贽：《焚书》卷1《又答京友》，第22页。
　　② 方孝孺：《逊志斋集》卷7《傅氏字说》《王子文字解》，第234、236页。
　　③ 田艺蘅：《留青日札》卷16《名》，第555—556页。
　　④ 归有光：《震川先生集》卷3《陈伯生字说》，第79页。

二则体现"敬其名""尊其名"，由此证明"字之为有可贵焉"，故《公羊传》有"名不如字"的说法。名与字的关系，大抵如下：名成乎礼，字依乎名；名是字之本，字是名之末。故自古以来，即有"字以表德"之说。①

值得关注的是，随着时代的变迁，大抵自唐宋以后，尤其是到了明代，作为符号系统的名、字出现了以下三大转向：

一是从名、字"不计其美恶"转而变为讲究"名字之美"，甚至形成一股"慕乎美称"之风。照理说来，人之是否受人尊重，不在于名字之美，而是取决于个人的德行。正如明人方孝孺所言："德诚足尊，虽微字以代其名，人犹不敢名之。苟无足尊者，虽极字之美，人不之字也。尽名之美，终不能名于后世也。"② 由此可见，古人之名，不过是一种"别称"而已，并不追求美称；古人的命名，也并非"皆有其义"。至于字，原本是为了"讳名"，是为"卑者设也"，即便于卑者以字称呼尊者。③ 如果就名字的起源稍加梳理，此说大抵可信。商代以前风气质略，有名而无字的现象并不乏见。周代号称文盛，然像周公、孔子这样的圣人，仅给儿子取名为伯禽、鲤，以禽鱼取名，显然并非一概追求美称。④ 相关的例子尚有许多，如虺为"虫之厉者"，仲虺却是良臣；蠋为"蠕动之微"，王蠋却是贞士；灭为"恶征"，澹台灭明却是君子；疾为"不祥"，樗里疾却以智慧闻名天下。后世则不然：或以贤、圣、仁、义、惠、哲、忠、孝这八个字自名，⑤ 或父师以皋、夔、益、稷、丘、轲、回、路等圣贤之名加于无知之儿，⑥ 无不追求一种

---

① 田艺蘅：《留青日札》卷16《字》，第556—557页；王应奎：《柳南续笔》卷4《称字》，第203页。
② 方孝孺：《逊志斋集》卷7《傅氏字说》，第234页。
③ 归有光：《震川先生集》卷3《朱钦甫字说》《周时化字说》，第82、83页。
④ 方孝孺：《逊志斋集》卷7《傅氏字说》，第234页。
⑤ 方孝孺：《逊志斋集》卷7《王子文字解》，第236页。
⑥ 方孝孺：《逊志斋集》卷18《题郑叔致字辞后》，第606页。

虚美。

二是从称字转而变为称"翁"称"老"，虚美之风又进一层。名以正体，字以表德。无论是子弟称自己的老师，还是子孙称自己的祖父，均以字相称。[①] 从历史的记载不难发现，字原本也是一种尊称。如《春秋》以书字为褒，在所记 242 年间，称字而不称名的人，仅有 12 人而已。唐人韩愈所撰墓志不下数十篇，标题概称官阀，唯有李元实、柳子厚、樊绍述三人称字，足见其人不必以爵位为重，以字称人，实则是一种尊重。重字之风，在明初犹有遗存，当时尚有人行冠礼之后，而请长者、尊者取字之俗。如翰林王乌伤有二子，分别名绶、绅。在行完冠礼后，"各请字"于方孝孺。方孝孺替绶取字"孟缊"，替绅取字"仲缙"。又浦江有一位戴先生，给自己的儿子取名"乐"，请方孝孺取字，方孝孺就给他取字"和之"，其意是"勉之以德"。[②] 诸如此类的例子，均属字以表德的典型例证。在明人文集中，不乏"字说"一类的篇什，同样可以证明字是"重男子美称也"。[③] 有些文人学者，其间改字，更是富含意蕴。如吕坤原本字"顺叔"，后改字"叔简"，出自《周易》"坤以简能"之说，且专作"箴"一篇以记其事。[④] 自明嘉靖之后，即使是渊儒硕学之士，在他们的集子中"字说"一类的篇章已是寥寥无几，足证古道趋于陵夷。[⑤] 其结果导致在人际交往中，往往不再以称字为贵。最为典型的例子，就是有一少年上书王世贞，称"元美先生"。这是以字称前辈。不料王世贞怫然道："若竖子，胡以'元美'我?"[⑥]一旦时风视称字为简慢，于是就改而称人一字，再在后面加上"翁"或"老"两字，虽稚子幼生，无不称"翁"称"老"，甚至形之文翰

① 梁维枢：《玉剑尊闻》卷 10《忿狷》，第 702 页。
② 方孝孺：《逊志斋集》卷 7《王氏兄弟字说》《戴乐和之字说》，第 232—233 页。
③ 沈德符：《万历野获编》卷 21《佞幸·伶人称字》，第 545 页。
④ 吕坤：《去伪斋集》卷 7《叔简箴（有序）》，载《吕坤全集》上册，第 401 页。
⑤ 谈迁：《枣林杂俎》和集《字说》，第 553—554 页。
⑥ 梁维枢：《玉剑尊闻》卷 10《忿狷》，第 702 页。

诗题，俗陋之风，甚嚣尘上。①

三是从称字转而变为称号，此风尤以明代为盛。明代自别号盛行之后，"字多所避，不以加于尊行"。②究其原因，还是认为以别号称人，是一种"称美"，而以名或字称人，则已成"不美"之举。其实，甚无谓也。如以宋代大儒朱熹为例，"熹"是其名，有光明之义，原本是一种美称；而"晦翁"是其号，晦有晦昧不明之象，是朱熹的自谦之号，并不是美称。奇怪的是，在明代，如果有人称之为"晦翁"，学者皆喜；反之，若是有人称之为"朱熹"，则必怒而按剑。更有甚者，其后又以别号为讳，而是取别号一字，再在后面加上"翁"或"老"。③

综上可见，人除了自然的生物属性之外，又兼具社会生物的属性。作为一个社会人，人的名、字、号势必会成为人际交往的指代符号，亦即所谓的称谓，进而构成社交礼仪的一部分。随之而来者，则使名、字、号在自然的符号系统之外，又增添了社会符号系统的意义。透过明代别号流行之风，足以反映明朝人的好名习气，而在这一习气的背后，则有着更深层次的社会史研究价值。

别号的起源及其意蕴

名以正体，字以表德。这是自古以来的通例。就孔子门下而言，或以字称其祖，如子思称其祖孔子"仲尼祖述尧、舜"；或以字称其师，如"仲尼日月也"之类。当然，在朋友之间，直呼其名者，同样不乏其例。如《礼记·檀弓》中曾子有"商，女何无罪也"之言，即是其例；唐代诗歌中，《忆李白》《怀杜甫》之类，亦时常见诸诗篇。不过，即使是后世，朋友之间相称，也是以称字为敬，如唐宋文人之称"退

---

① 王应奎：《柳南续笔》卷4《称字》，第203页。
② 梁维枢：《玉剑尊闻》卷10《忿狷》，第702页。
③ 李贽：《焚书》卷1《又答京友》，第22—23页。

之""子瞻""鲁直""少游"等，就是最好的例证。究其原因，则是因为古人敬名，因而讳名，而后以称字作为一种尊重。自宋以后，别号之风盛行，尤以明代最为泛滥，市井屠沽，莫不皆然。

究别号之昉，明清两代学者杨慎、王应奎、陆以湉、吴翌凤均有所考证与梳理。综合诸家之说，大抵可知别号始自春秋、战国时代。如春秋时范蠡，自号"鸱夷子皮"；战国时，秦惠王时，有一处士号"寒泉子"，又秦惠王弟疾居住在渭南阴乡之樗里，号"樗里子"。入唐，别号渐众，如白居易号"香山居士"，司空图号"耐辱居士"，然唐人别号，并非自称。至宋，别号益多，于是时人有卑幼不敢字其尊长之说。不仅如此，宋人已有以别号自称之例，如苏轼之号"东坡"，黄庭坚之号"山谷"。自南宋后，更是出现了斋号，尽管在史传中大多从略不载，然自景定年间修《严州志》始，随之开启了志书系人别号之例。即使如此，像当时的大儒朱熹、魏了翁之徒，并不以称号为然。降及明代，别号遂多。明人风气，尤重别号，一登仕版，就不再称字。风气所至，即使是市井屠沽，也无不有庵、斋、轩、亭之称。正如明人吴应箕所言，在明代的"大雅之士"中，只有字而没有号，并不"数见"。[①]

人取别号，究竟有何意蕴？不妨先引唐代经学家贾公彦之说加以说明。贾公彦《周礼正义序》有言："少皥以前，天下之号象其德，百官之号象其徵；颛顼以来，天下之号因其地，百官之号因其事。"[②] 由此可见，名号有从"象德""象徵"向"象地""象事"的转变过程。

照理说来，人生而无名，通常会被君子视为夷狄之道。人既有名有字，而后又自取别号，"山溪水石，遍于闾巷"，这无疑是"俗之靡"的一种反映。然正如明人归有光所言，在自取的别号中，若是没有

---

① 杨慎：《丹铅总录笺证》卷10《人品类·别号》，王大淳笺证，浙江古籍出版社2013年版，第335页；王应奎：《柳南随笔》卷3，第57—58页；陆以湉：《冷庐杂识》卷6《斋号》，第317页；吴翌凤：《逊志堂杂钞》己集，第90—91页。

② 杨慎：《丹铅总录笺证》卷23《璅言》，第1097页。

"夸诩之心"，且兼具"警勉之意"，亦非"君子之所鄙"。① 别号滥觞非一，有的别出新意，有的自鸣其志，看似稍脱俗套，实则也有所本。这样的例子并不乏见。如倪瓒自号"倪迂"，司马光自号"迂叟"，而晁明远自号"景迂"，实则景仰司马光，而非倪瓒。倪瓒又号"懒瓒"，实则本于唐朝僧人"懒残"以及宋朝人马永卿号"懒真子"。明代著名山人陈继儒的品格与倪瓒在伯仲之间，于是自取别号"眉公"，一般人认为此号颇为新颖。然从史实来看，早在明初，吴县人杨基就自号"眉庵"，其意是说如人眉在面，虽不可少而实无用，以寓自谦。陈继儒取号"眉公"，谅意亦出于此，显然落于第二义了。②

从根本上说，人取别号，其中总是有一层意蕴。正如元代学者刘因所言，元代士大夫取别号，其意蕴大抵有以下二层：一是"矫俗"，二是"附于老氏"。然从明代士人的别号来看，尚有"自道心事"此义。如陶望龄自号"歇庵"，确乎道出了想歇息这一层含义。③ 关于明人别号的意蕴，最为详尽的概括当数明末清初学者张尔岐，不妨先引述如下：

> 字以表德尊名，其依名立义，自古已然。近代字外，复有别号，或出自学者之所标目，或本人自有寄托。或以地，或以德，或以山水，皆与名与字无涉。容有义稍相近者，亦出偶然，非定例也。数十年来，又专旁字义，转取别号矣。④

若是顺着张尔岐之说，可知明人取号的意蕴，大致可以分为以下几类：

一是学者之所标目。如康君奭，字才难，号"草庭"。所谓"草

---

① 归有光：《震川先生集》卷2《夏怀竹字说序》，第53页。
② 沈德符：《万历野获编》卷23《山人·别号有所本》，第584—585页。
③ 朱国祯：《涌幢小品》卷18《名姓字号》，第362页。
④ 张尔岐：《蒿庵闲话》卷1，第296页。

庭"，是康君奭的居家精舍之名。其中的出典，来自周敦颐"庭前草不除"之语。其意是说，周敦颐得孔、孟之心于千载之下，"即此庭草不除，与己意同而已"。① 究其言外之意，所标榜的是"鸢飞鱼跃"这种自然之乐。又鄞县人张时彻致仕归乡，力农倍收，自署别号为"上农夫"。慈溪人余寅，以古文自负，自号"农丈人"。② 两人所取别号，均以归隐田园之乐作为标榜。

二是本人有所寄托。细究明人别号，其背后所寄托的志向不一：或追念祖先，或追慕前人，或暗寓个人志节。以追念祖先为例，如罗洪先，号"念庵"，此号的出典，在于罗洪先的高祖罗庆同，号"善庵"，曾以孤子出继，且又承家难之后，能做到卓然自立，有奇行厚德。"念庵"之号，实则追念高祖"善庵"之意。③ 又夏焕，字章甫，号"怀竹"。怀竹之号，同样含有追念曾祖之意。据载夏焕的曾祖"墨迹妙天下，尤工于竹"。取号怀竹，实则"允怀于兹，托之以自见"。④ 以追慕前人为例，如"公安三袁"中的袁宏道，曾号"六休"，其意并非《楞严经》中的"六休不行"之旨，而是袁宏道入仕之后，无意宦游，于是取司空图《休休亭记》中有"六宜休"之语，故以"六休"为号，其志在于无忘山中冷云。⑤ 又无锡人盛虞，字舜臣，号"秋亭"，这是因为他追慕同乡倪瓒之画，尤其喜欢倪瓒所画《秋亭野兴》一幅，毕力摹仿，甚至以此取为别号。⑥ 以暗寓个人志节为例，如吕坤自号"新吾"，且专作《新吾箴》一篇说明所取别号宗旨，其意无非是说要"去新后之旧，还旧时之新"，即去掉"旧吾"，成就一个"新吾"。⑦

---

① 归有光：《震川先生集》卷2《草庭诗序》，第31页。
② 朱国祯：《涌幢小品》卷18《农丈人》，第428页。
③ 朱国祯：《涌幢小品》卷17《罗先生》，第317页。
④ 归有光：《震川先生集》卷2《夏怀竹字说序》，第53页
⑤ 袁中道：《珂雪斋集》卷23《寄宝庆李二府》，第998页。
⑥ 李日华：《六研斋二笔》卷1，凤凰出版社2010年版，第86页。
⑦ 吕坤：《去伪斋集》卷7《新吾箴（有序）》，载《吕坤全集》上册，第402页。

又徐山南，号"樵叟"，其意则是厌恶世人不修其实，希望藉此别号，"矫里闬之弊，反浮风而归于淳"。① 李章贡，号"质夫"，这是因为他目睹"制作文为之盛"，希望成就"慕古反始之美"。② 张尔岐，入清当贡入太学，以母老不行，且题其室曰"蒿庵"，"义取《蓼莪》之诗"。又自号"汗漫"，一出《淮南子·俶真训》："至德之世，甘暝于溷澜之域而徙倚于汗漫汗之宇。"又出《淮南子·道应训》："吾与汗漫期于九垓之外。"据高诱注："汗漫，不可知之也。"③ 透过"汗漫"一号，张尔岐的志节概可想见。

三是以地取别号。借助于清代学者俞樾、恽敬的考订，大抵可知自古并无以所居之地为号，古人多是幼名冠字，死则以谥，故仲尼不称"阙里"，子舆不号"武城"。至春秋、战国时，樗里子疾因其室在昭王庙西渭南阴乡樗里，故俗称之为"樗里子"，鬼谷先生因居颍川阳城鬼谷，故号"鬼谷先生"。以所居为号，始见于此。至六朝时，文人多以"清溪""大山""小山"为号。至隋唐，学禅之人，则以山名、寺名称其本师。至北宋、南宋，道学诸儒踵行此习，各举本师所居之地作为先生之称，后渐行于非受业之人，如称周敦颐为"濂溪"，称程颐为"伊川"等等。④ 入明之后，以地取别号之风尤为兴盛。如江西宜春人袁丰，曾任昆山县学训导，自号"清泉子"，这是因为他所居地名是马领清泉；⑤ 顾梦圭，字武祥，世居昆山之雍里，故自号"雍里"。⑥

四是以德取别号。此类别号，以取德佛经居多。如唐伯虎号"六

① 方孝孺：《逊志斋集》卷13《雷峰樵叟序（并赞）》，第439页。
② 方孝孺：《逊志斋集》卷18《书李质夫序后》，第617页。
③ 盛百二：《蒿庵遗事》，载张翰勋整理：《蒿庵集》附录，第180页。
④ 俞樾：《湖楼笔谈》卷3，《续修四库全书》本，第368页；恽敬：《大云山房稿通例》，载《恽敬集》，万陆等标校，上海古籍出版社2013年版，第10页。
⑤ 归有光：《震川先生集》卷29《清泉铭》，第651页。
⑥ 归有光：《震川先生集》卷22《中奉大夫江西右布政使致仕雍里顾公权厝志》，第525页。

如居士"，"六如"之语，出自《金刚偈》;① 张居正年少时号"太和居士"，这是因为他曾经留心禅学，见《华严经》中有"不惜头目脑髓，为世界众生，乃是大菩萨行"之语，故以自号;② 瞿式耜别号"魆林"，"魆林"云者，取自内典"惭魆林"之义。③ 当然，明人有些别号，更可清晰地反映出一个人的道德精进历程。如吕坤曾号"抱独居士"，据他自己所言，是因为"二十五岁时，躁心浮气，动不可人，乃间阎轻薄子。三十后，人有谓道学者，乃相与笑之。四十后，人有谓好人者，乃相与安之。其受用处多得之衾影观心、市朝混迹"。④

五是以山水取别号。如归有光，尽管不喜欢以别号称人，更不喜欢他人以别号称自己，但在与人交往的过程中，因无别号，深感不便，最后不得不取号"震川"。这是因为归有光是昆山人，靠近太湖，古称"震泽"，故有"震川"之号;⑤ 又苏州府昆山县人杨氏，自号"玉溪"，其出典就是昆山俗称"玉山"。⑥

除却上述五种意蕴之外，明朝人别号的意蕴有些虽不可归类，但也颇有一些意蕴。有的透过别号可见其人之自我解嘲，如明初甫里人周国宾，号称有学之士，因为跛一足，所以自号"跛樵";⑦ 有的透过别号可见其人之狂妄无知，如山人林少白，自号"少白"，据他自己的序文，其意并非是"少家父白斋也"，而是因为其母因梦见李白而生下了他，故"少白"之义，是"以少太白也"。⑧

① 唐伯虎：《六如居士集》附录，引《风流遗响》，应守岩点校，西泠印社出版社2012年版，第271页。
② 袁中道：《游居柿录》卷5，载《珂雪斋集》附录，第1208页。
③ 王应奎：《柳南续笔》卷1《自号魆林》，第138页。
④ 吕坤：《去伪斋集》卷4《与邹尔瞻论学》，载《吕坤全集》上册，第192页。
⑤ 归有光：《震川先生集》卷17《震川别号记》，第435—436页。
⑥ 归有光：《震川先生集》卷11《赠司仪杨君序》，第261页。
⑦ 王锜：《寓圃杂记》《补遗十则·周国宾》，第87页。
⑧ 沈德符：《万历野获编》卷26《嗤鄙·诗厄》，第678页。

明人别号之泛滥

别号通指人在名、字之外的别称，简称"号"，有时又作"道号"或"表号"。此外，如斋室之号、私印之号，以及佛教僧人的法号乃至朝廷封赏的佛道法号，大抵亦属别号之变种，同样可以归属于广义的别号范畴。别号多为自己所起，亦有他人所起，且与名、字无联系。在古人称谓中，别号常作为称呼之用。明代别号之泛滥，笑话书多有揭示，如有一则笑话云：

> 有借马者，柬云：生偶他往，告借骏足一骑。主人问："骏足何物？"对曰："马也。"主人曰："原来畜生也有表号。"①

马号"骏足"，畜生也有表号，堪称时代风气的缩影，更是社会异动的产物。

明人别号的流行乃至泛滥，此风滥觞于士大夫，其流风所及，上自帝王，下及奴仆、舆隶、俳优，乃至盗贼、僧人、妇女，无不有号。从史料记载可知，正德年间，在士大夫群体中，有别号的仅占十之四五，且即使有了别号，在具体的社交活动中，还是多以字相称。自嘉靖以后，士人束发时就开始取别号。一等科举得以高中，"改号娶小"更是成为一时风气。此即当时士大夫中举之后的人生四件得意事："起他一个号，刻他一部稿，坐他一乘轿，讨他一个小。"② 在这种风气的熏染下，不仅鲰生、小吏，各以道号标致，进而忘其名与字，甚至"奴仆、

---

① 冯梦龙：《〈笑府〉选》154《表号》，载《明清笑话四种》，第80页。
② 笔炼阁主人：《补南陔》，载《笔炼阁小说十种》，陈翔华等点校，浙江文艺出版社1985年版，第145页。

舆隶、俳优，无不有之"，① 即"降及舆台，罔不有号"。② 更为可笑的
是，甚至盗贼也有别号。据祝允明《前闻记》记载，江西有一知县在
审讯盗贼时，盗贼回答："守愚不敢。"知县听罢，不知盗贼所谓，就
向左右询问，其中一位胥吏道："守愚者，其号耳!"③ 此即盗贼也有别
号的典型例证。如此突出的社会现象，在正统的士大夫看来，自然是一
件可笑的事情，于是作诗歌予以嘲讽。如当时有人作诗云："孟子名轲
字未言，如今道号却纷然。子规本是名阳鸟，更要人称作杜鹃。"④

自古以来帝王，很少听说有别号。综合诸家史料记载及其考订，大
抵可以知道，至晚在唐代，皇帝已有取别号之习。如唐文皇，自称
"天可汗"；唐宣宗，自称"乡贡进士"；南唐李后主，自称"莲峰居
士"，又自称"钟隐居士"；唐玄宗会昌投龙文，自称"继元昭明三光
弟子""南岳上真人"。至宋代，皇帝既有别号，又有道号。如宋高宗，
自署其室为"损斋"，想必就是他的别号。又宋徽宗，群臣给他上的尊
号是"玉京金阙七宝元台紫薇灵宝至真玉宸明皇大道君"；他自己所上
青词，亦自称"奉行玉清神霄保元一六阳三五璇玑七九飞元大法师天
赦主"；政和五年（1115），道录院上奏徽宗，册徽宗为"教王道君皇
帝"。显然，这些均为宋徽宗的道号。在元代，皇帝也有自书别号的个
别例子，如元顺帝就自称"玉宸馆珮琼花第一洞烟霞小仙"。⑤

入明之后，皇帝自取别号、法号、道号之风甚盛。以别号来说，如
明武宗，自号"锦堂老人"；明世宗，自号"天台钓叟"，又号"尧
斋"；明穆宗，自号"舜斋"；明神宗，自号"禹斋"。以法号、道号来
说，如正德五年（1510），明武宗自号"大庆法王""西天觉道圆明自

① 顾起元：《客座赘语》卷5《建业风俗记》，第170页。
② 田艺蘅：《留青日札》卷16《字》，第557页。
③ 王应奎：《柳南随笔》卷3，第58页。
④ 郎瑛：《七修类稿》卷51《奇谑类·道号》，第539页。
⑤ 徐应秋：《玉芝堂谈荟》卷1《天子别号》，载《笔记小说大观》第11册，第
76页；沈德符：《万历野获编》卷1《人主别号》，第30—31页。

在大定慧佛"。嘉靖二十三年（1544），内廷施药于外，药上钤有"凝道雷轩之印"，其中的"雷轩"，即为明世宗的道号。明世宗自封道号甚多，诸如"灵霄上清统雷元阳妙一飞玄真君""九天弘教普济生灵掌阴阳功过大道思仁紫极仙翁""一阳真人""元虚玄应开化伏魔忠孝帝君""太上大罗天仙""紫极长生圣智昭云统三元证应玉虚总掌五雷大真人""玄都境万寿帝君"之类即是。此外，嘉靖三十五年，明世宗封其父睿宗为"三天金阙无上玉堂都仙法主""玄元道德哲慧圣尊开真仁化大帝"，封其母兴献皇后为"三天金阙无上玉堂总仙法主""玄元道德哲慧圣母""慈化天后"。又封孝烈方皇后为"九天金阙玉堂辅圣天后""掌仙妙化元君"。①

在明代，亲王、太监亦有取别号之风。如湘献王朱柏，是明太祖第十三子，平居于儒书之外，尤善道家之言，自号"紫虚子"；宁献王朱权，明太祖第十六子，志慕冲举，自号"臞仙"。② 至于太监别号，可举张维、孙隆两人为例。史载张维好作律诗，书法专学文徵明，喜欢与士大夫结交，自称"燕山废叟"，时常以此别号署名刺；③又太监孙隆，曾任江南织造，修葺了许多西湖名胜古迹，别号"东瀛"。④

时风所及，明代的普通民众，不分良贱，均有别号。以良民为例，明代农夫多有别号，如嘉定县一位姓唐的老农，"力耕六十年"，名其所居之室为"守耕"。⑤ 工匠亦有别号，如鄞县东门一王姓皮匠，事奉

① 徐应秋：《玉芝堂谈荟》卷1《天子别号》，载《笔记小说大观》第11册，第76页；沈德符：《万历野获编》卷1《武宗托名》《人主别号》《帝后别号》，第20、30—31页；朱国祯：《涌幢小品》卷1《御号》，第17页。

② 史梦兰：《全史宫词》附《诸王》，载《明宫词》，北京古籍出版社1987年版，第193—194页。

③ 沈德符：《万历野获编》卷6《内监·大珰同姓》，第170页。

④ 沈德符：《万历野获编》卷26《谐谑·王弱生续句》，地671页。

⑤ 归有光：《震川先生集》卷3《守耕说》，第80页。

丰坊甚谨，丰坊替他取别号"阑坡"，暗含"东门王皮"之义；① 又莆田东门有一位皮匠，排行第三，擅长制作皮鞋，向林俊乞号，林俊替他取了一个"阑波"的别号，暗寓"东门皮三"之义；② 江西景德镇烧瓷工匠昊十九，自号"壶隐老人"，又称"壶隐道人"。③ 在明代，嘉定所制竹器最为著名，其中颇负盛名的工匠为祖孙三人：祖父朱鹤，别号"松邻"；儿子朱缨，别号"小松"；孙子朱稚征，别号"三松"。④ 医生亦有别号，如朱大泾，世精疡医，存心济物，自号曰"菊隐"；⑤ 又有一位姓谈的老人，工于儿科，所至受到闾巷百姓的欢迎，自号"继庵"。⑥ 商人别号，其例甚多。如徽州一姓程商人，年少时就在苏州经商，与当地士大夫多有交游，尤得归有光的喜欢，归有光题其所居为"白庵"，苏州人无论贵贱，均以"白庵"称之；⑦ 又定居于扬州的徽州商人吴文明，字诚之，别号"龙田"；⑧ 徽州商人吴元询，字允卿，别号"柏轩"。⑨ 富翁亦有别号。如平阳有一应姓富翁，别号"养素"。当桑悦因公事按临平阳时，这位富翁筑台具礼，候其驺从经过，向桑悦求诗。桑悦当即挥毫书一绝云："洛阳院内花如锦，金谷园中酒似霞。惟有应君能养素，瓦瓶清水插梅花。"⑩ 在明代，有些军余，亦有自取别号之例，且具假风雅的一面相。如温州卫军余蒋禄，家中资产富饶，

① 黄宗羲：《南雷诗文集》，《传状类·丰南禺别传》，载《黄宗羲全集》第10册，浙江古籍出版社2005年版，第605—608页。

② 姚旅：《露书》卷12《谐篇》，第283页。

③ 李日华：《紫桃轩杂缀》卷1，凤凰出版社2010年版，第268页；蓝浦撰、郑廷桂补辑：《景德镇陶录》卷5《景德镇历代窑考》，清光绪十七年（1891）刻本。

④ 王应奎：《柳南续笔》卷2《竹器》，第161—162页。

⑤ 唐寅：《六如居士集》卷5《菊隐记》，第191页。

⑥ 李日华撰，屠有祥校注：《味水轩日记校注》卷6，万历四十二年六月二十二日条，第430页。

⑦ 归有光：《震川先生集》卷13《白庵程翁八十寿序》，第318页。

⑧ 袁中道：《珂雪斋集》卷17《吴龙田生传》，第738页。

⑨ 袁中道：《珂雪斋集》卷18《新安吴长公墓表》，第772页。

⑩ 姜准：《岐海琐谈》卷5，第84页。

却疏于文墨，凭纳粟得授千户一职，在松台山麓创建了一所别墅。此人好以翰札自饰，听说《汉书》可资博览，就购买了整部《汉书》，将书置于园馆几上。凡是见到有人前来游园，他就揭开书，假装点头咕哗之状，欺骗时俗。他自取别号"松泉"，又让人绘成图画，画中是苍松流瀑之景。可笑的是，蒋禄不知画中意境，看后竟问："松既有矣，船则安在？"可见他并不知晓流瀑为泉，而以泉为船之义，且在温州话中，"泉"与"船"同音。听罢此言，众人为之一粲。① 除了前面提及的盗贼有别号之外，捕盗的捕快也有别号。史载成化、弘治年间，苏州东北夷亭镇有一位张小舍，名浩，字彦黄，号"南坡"，是沈周的外祖父。此人善捕贼盗，"能视盗之貌，察其眉睫之间，而得其情，百无遗一"，被视为后世之郅雍。当时的盗贼中流传着这样的谣谚："天不怕，地不怕，只怕夷亭张小舍。"②

以贱者为例，无论是屠夫、卜士，还是奴仆、优伶，均取有别号。根据杨慎的记载，永昌有一位锻工，为了追求时尚之风，也开始头戴东坡巾；还有一位屠夫，更是自己取了一个别号，号"一峰子"。明代状元罗伦号"一峰"，此号与罗伦之号相同。当时有一位"善谑者"，应该是饱读诗书的士人，看到这两个人并行，就加以嘲笑，道："吾读书甚久，不知苏学士善锻铁，罗状元能省牲。信多能哉！"③ 人们听后，竞相传闻，以为笑谈。安徽休宁县瞽者汪龙，自号"养晦"。此人专门从事卜卦之业，"为人起卦数，多奇中，有声于四方，甚为士林所重"。④ 在明朝人姜准看来，"臧获而道号"，亦即奴仆取有别号，这是"称谓谬舛"的典型例子，⑤ 却从某种程度上反映了贵贱、上下等级制

---

① 姜准：《岐海琐谈》卷13，第233页。
② 王应奎：《柳南随笔》卷4，第72页。
③ 冯梦龙纂：《古今笑史》第9《癖嗜部·锻工屠宰》，第234页。
④ 叶权：《贤博编》，第627页。
⑤ 姜准：《岐海琐谈》卷7，第118页。

度的波颓澜倒。家奴取有别号，其最为典型的例子，就是宰相家人，如严嵩门下家童永年，取号"鹤山"，张居正门下家奴游守礼取号"楚滨"。① 自古以来，伶人最贱，称之为"娼夫"，甚至倡优并称，亘古无字，更遑论取有别号。譬如伶官之盛，莫过于唐，像罗黑黑、纪孩孩、贺怀智、黄幡绰、雷海青、李龟年、李可及、穆刁绫、安辔新、石动筲、王新殿、臧柯曲、刁朝俊、李家明、杨花飞、敬新磨、尚玉楼之流，都不过以优名相呼称，即使与人主相狎，终究不敢取字。到了明代，优伶不但有字，甚至还有别号。当然，此"不过施于市廛冶儿，不闻于士人也"。唯有正德年间，教坊司奉銮臧贤，深得明武宗异宠，扈从行幸至金陵，处士吴霖、礼部郎杨循吉并侍左右。当时宁王宸濠，妄窥神器，潜与臧贤通书札，甚至在书札中称臧贤"良之契厚"，希望通过他暗伺武宗的举动。书札中所称的"良之"，就是臧贤的字。② 至于一些娼妓，因为要与文人士大夫应酬，照例也取一些别号，且蔚然成风。如姜舜玉，为隆庆年间旧院之妓，号"竹雪居士"；林奴儿，成化年间妓女，号"秋香"，一说自号"秋香亭中人"；马湘兰，明末秦淮名妓，号"月娇"，因擅长画兰，自号"湘兰子"；卞赛，明末秦淮名妓，后为女道士，号"玉京道人"。③ 又小说《金瓶梅》中，妓女韩金钏号"玉卿"，董娇儿号"薇仙"。小说《警世通言》中公子王景隆相好的妓女三姐，号"玉堂春"。④ 这个别号，听上去更像艺名。

---

① 于慎行：《谷山笔麈》卷4《相鉴》，第37、46页；沈德符：《万历野获编》卷9《内阁·五七九传》，第239—240页。

② 沈德符：《万历野获编》卷21《佞幸·伶人称字》，第545页。

③ 雪樵居士：《秦淮闻见录》，收入郑澍若：《虞初续志》卷12，载《笔记小说大观》第14册，第401页；厉鹗：《玉台书史》，载《中国香艳全书》第1册五集卷1，第529—530页；汤漱玉：《玉台画史》，载《中国香艳全书》第2册十集卷1，第1188页。

④ 兰陵笑笑生：《金瓶梅词话》第49回，人民文学出版社2002年版，第647页；冯梦龙：《警世通言》第24，岳麓书社2002年版，第183页。

流风所及，妇女也开始模仿男性文人的生活，取有斋室之号与别号，此即史料所称的别号"妇人亦有之"。① 究妇人有别号，始于春秋。《左传·昭公二年》载："少姜有宠於晋侯，晋侯谓之少齐。"晋杜预注："为立别号，所以宠异之。"孔颖达疏："盖以其齐女，故以齐为别号。"可见"少齐"即是齐女少姜的别号。在明代的闺阁诗人中，有很多人摹仿文人的习气，替自己取有斋室之号。从安徽桐城的妇女诗人例子看，她们所取斋室之名，大抵与松有关。究其原因，据时人钱澄之的分析，应该是"松之声，盖天地之正声也，非忠臣节妇之吟，不足以名之"。所以，当时桐城的闺阁诗人，无不喜欢比节于松，比诗于松。如吴夫人，孀居一阁，达 20 余年，在缝纫之余，不废吟咏，将其阁命名为"松声"，并以"松声阁"命名自己的诗集。此外，尚有"纫兰阁""清芬阁""澄心堂"等。② 黄媛介所居名"深柳读书堂"。③ 此外，商景兰著有《咏雏堂集》，黄修娟著有《娱墨轩诗集》，柴静仪著有《凝香室诗钞》，邢慈净著有《兰雪斋集》，其中之"咏雏堂""娱墨轩""凝香室""兰雪斋"，显为她们各自的斋室之名。④ 又当涂女子邹赛贞著《士斋集》三卷。以"士斋"命名，则是源于她在当时有"女士"之称。⑤ 不过，身为女子而又以士命名自己的斋号，确实是令人称奇的事，却在晚明形成了一时风气。在晚明，出现了一些"女郎"，而且以能诗著称，其中最著名的就是吴中王修微，自号"草衣道人"。她与明末著名文人陈继儒、钟惺相善，并且有自己的集子行世。

① 祝允明：《前闻记》，载邓士龙辑：《国朝典故》卷 62，北京大学出版社 1993 年版，第 1419 页。

② 钱澄之：《田间文集》卷 16《松声阁集引》，第 303 页。

③ 吴伟业：《吴梅村全集》卷 31《文集》9《黄媛介诗序》，第 713 页。

④ 全祖望：《鲒埼亭集》卷 13《祁六公子墓碣铭》，载《全祖望集汇校集注》上册，杨凤苞注，第 256 页；胡祥翰辑：《西湖新志》卷 11《人物》2《黄修娟》《柴静仪》，第 524 页；陈维崧：《妇人集》，载《中国香艳全书》第 1 册一集卷 2，第 51 页。

⑤ 俞樾：《九九销夏录》卷 12《士斋》，中华书局 1995 年版，第 136 页。

据记载，王修微曾经到过钱塘，在圣湖中结一诗社，成为一时的韵事。① 在晚明，无论是名媛，还是姬侍，无不取有别号。以名媛为例，如姚氏，姚元瑞之女，嫁于范君和，自号"青峨居士"；② 福建龙溪人陈氏，为太常陈慧山的族女，嫁于莲池林氏，自号"贞淑"；③ 卢允贞，字德恒，号"恒斋"；马闲卿，号"芷居"；仇英之女仇氏，号"杜陵内史"；徐范，字仪静，号"玉卿"；④ 史廷直（痴翁）的妻子朱氏，号"乐清道人"；⑤ 天台贡士裘致中的妻子潘氏，号"碧天道人"。⑥ 以姬侍为例，何玉仙，为史廷直之妾，号"白云道人"；李因，字今是，号"是庵"；⑦ 陈宽的侍姬号"梅花居士"，由她专门掌管文墨之事。⑧ 当然，从明代妇女的别号中，不难看出她们情感生活失意的真谛。如苏州才女孟淑卿，"自以配不得志"，亦即对自己夫婿有所不满，因而自取别号"荆山居士"。⑨

此外，别号之风开始向方外之人渗透，随之一些"诗僧"也模仿文人之俗，在原本法号之外，另取有别号。如弘治、正德年间诗僧明秀，号"雪山"，与郑善夫、孙一元、沈周诸人相善。⑩

---

① 宋起凤：《稗说》卷 1《近代诗媛》，载《明史资料丛刊》第 2 辑，第 3 页。

② 厉鹗：《玉台书史》，载《中国香艳全书》第 1 册五集卷 1，第 522 页。

③ 邱菽园：《菽园赘谈节录·漳州闺秀纪略》，载《中国香艳全书》第 2 册八集卷 3，第 955 页。

④ 汤漱玉：《玉台画史》，载《中国香艳全书》第 2 册十集卷 1，第 1164、1170 页。

⑤ 张怡：《玉光剑气集》卷 16《豪爽》，第 657 页。

⑥ 谈迁：《枣林杂俎》义集《女士》《文侍》，第 284—285 页。

⑦ 厉鹗：《玉台书史》，载《中国香艳全书》第 1 册五集卷 1，第 527 页；汤漱玉：《玉台画史》，载《中国香艳全书》第 2 册十集卷 1，第 1184 页。

⑧ 谈迁：《枣林杂俎》义集《女士》《文侍》，第 284—285 页。

⑨ 钱谦益：《列朝诗集小传》闰集《孟氏淑卿》，第 741 页。

⑩ 周亮工：《因树屋书影》卷 10，第 253 页。

明人好名之风

从某种意义上说，别号大抵体现了个人心灵的内在变迁历程，且可藉此透视明人强调自我的面相。在明代的自传文中，作者大多会记录自己的别号，且明确说明别号产生的缘由。如朱一是所著《欠庵传略》自记其别号，以地迁，以时迁，从最初自号"近修"，变而为"林居士""养明子""梅溪旅人""欠庵"；① 吕坤记自己恨旧染之予污，故自号"新吾"，② 希望有一个全新的自我；张大复，因自己天生多病，而后自号"病居士"；③ 袁黄，初号"学海"，后改号"了凡"，④ 其意盖欲不愿落入凡夫窠臼。明清易代，士人别号更是从偏于内心自我的张扬，转而变为对个人节义操守乃至社会责任的坚守。陆观就是典型的例子。陆观，字宾王，号"佛民"，浙江鄞县人。此号之义，决非佛氏子民之义。在清初遗民纷纷逃释之时，陆观以自己的别号表达了遗民面对新朝的无奈之情。史载自顺治三年（1636）以后，陆观怅然弃其诸生身份，居住在"复阁"之中，即使遇到祖父的忌日，也不出临，所以常人很难见到他一面。至顺治十六年，病卒。当诸弟子会吊之时，"始见其发氄氄然未有损也"。尽管保持了自己的头发，但其柴门谢客甚至死灰枯木般的难熬日子，非内心有一种节义之心加以维系，很难坚持如此之久。正如陆观自己在解释号"佛民"的缘由时所说："吾所谓'佛民'者，拂人也。夫吾之冥然而不有其生也，亦可哀矣，而尚黾然而未抵于死，拂孰甚焉。拂人者，'佛民'也。"⑤ 人虽活着，却已与

---

① 杜联喆辑录：《明人自传文钞》，台北艺文出版社1977年版，第67页。
② 杜联喆辑录：《明人自传文钞》，第88页。
③ 杜联喆辑录：《明人自传文钞》，第215页。
④ 杜联喆辑录：《明人自传文钞》，第215页。
⑤ 全祖望：《鲒埼亭集外编》卷6《陆佛民先生志》，载《全祖望集汇校集注》上册，第852页。

"拂人"并无二致。清初遗民心境，已于别号中得以充分体现。

别号在明代的风行乃至泛滥，固然是明代文人风雅生活的具体反映，但也与文人的好名之习休戚相关。毫无疑问，明代的士风出现了很大的转向，形成了一种好名、重名的风气。正如明代思想家陈献章所言："古之为士者，急乎实之不至；今之为士者，急乎名之不著。"① 吕坤也有相同的看法："今人苦不肯谦，只要拿得架子定，以为存体。"② 吕坤所谓的"存体"，就是保持一种体面。又周之夔言苏州一带习俗云："吴俗好名，喜交游，事干谒，虽骚人不免。"③ 由此可见，别号的出现，固然有各自独特的精神意蕴，但明代别号的泛滥，无疑就是明人好名风气的真实反映，而且其影响已经及于社会各个阶层。

明朝人的好名习气，大抵可以从下面三个方面观之：

首先，刊刻诗文集成风。明人大多好名，一登仕途，不论是否具有文学才能，无不刻一部诗文集，以为"不朽计"。这似乎已成为一种颇为普遍的风气，明人记载多有揭示。如唐顺之言，达官贵人或中科第之人，死后"必有诗文刻集"。④ 钱谦益言："近世翰林先生，人各有集"；又言："今世达官贵人，例有集行世"。⑤ 明季名僧袾宏言："世人将平生所作诗文，汇为一集，乞诸名士跋之，曰：以此为不朽计也。"⑥ 张嘉孚揭示道："世人生但识几字，死即有一部遗文；生但余几文，死即有一片志文。"⑦

---

① 陈献章：《陈献章集》卷 3《与林蒙庵》，第 242 页。
② 吕坤：《呻吟语》卷 2《修身》，第 129 页。
③ 周之夔：《弃草二集》卷 2《王双凫先生瓢憎集序》，江苏广陵古籍刻印社 1997 年版，第 1524—1525 页。
④ 唐顺之：《唐荆川先生文集》卷 7《答王遵岩》，收入《丛书集成续编》，上海书店 1994 年版。
⑤ 钱谦益：《傅文恪公文集》《徐仲光藏山稿》，载潘景郑辑校：《绛云楼题跋》，中华书局 1958 年版，第 119、155 页。
⑥ 袾宏：《竹窗三笔·不朽计》，载《莲池大师全集》下册，第 194 页。
⑦ 朱国祯：《涌幢小品》卷 6《耻志文》，第 131 页。

其次，为了求名而导致"文人相轻"。文人相轻，自古已然，至明代尤甚。譬如，刘子威好为诘屈聱牙之文，为吴人所推服。卜士袁景休，却时常向人抉摘其字句钩棘、文义纰缪，并加以嘲笑。子威闻之大怒，诉于邑尉，摄而笞之。县尉历数其罪，道："若复敢姗笑刘侍御文章乎？"景休仰对称道："民宁再受笞数十，终不敢改口呫舌，妄谀刘侍御也。"① 彭尧谕，工为诗，游历京师时，遇到竟陵派诗人钟惺，两人相谈不合，"奋拳殴之"；如皋冒伯麐，文出于后七子，时人攻击后七子甚力，伯麐坚守师说："愤楚人之訾謷，至欲以身死之"。②

第三，为了求名而互相标榜。与文人相轻习气正好不同，在文人中同样流行一种"互相标榜"甚至吹捧的习气。毫无疑问，在明代文士中，各成一家之言，并足以耀今垂后者当然不少，但确实也存在着互相标榜的习气，甚至言过失实。举例来说，明代李攀龙的文章在当时可谓雄视海内，自不待言，但汪道昆在为他的集子作序时，却说："前汉两司马，昭代一攀龙。"③ 且不说李攀龙的文章是否可以与司马迁、司马相如相提并论，即使在明人的文章家中，也并非只有李攀龙一家文章了得。这样的评论，除了说明是文人的互相吹捧之外，很难说是千古不磨的定论。

若细究明人别号，在别号之名与行为之实之间，确乎存在着两种倾向：一则别号与行为实践的合一。如方鹏《更号顺受翁记》，记自己原本号"矫亭"，后因人生经历变故，举凡少年"不利于场屋"，壮年"不利于仕宦"，退而再召，又"不利于当道"，得悟人生新真谛，萌发出对天命逆来顺受的思想，于是改号"顺受翁"。④ 这显然是由人生经验而取别号，名实自然相符。明清易代之后，一些遗民刻意保持志节，

① 周亮工：《因树屋书影》卷3，第77页。
② 周亮工：《因树屋书影》卷4，第115—116页。
③ 李乐：《见闻杂记》卷5，第451—452页。
④ 杜联喆辑录：《明人自传文钞》，第13页。

且以别号自申其志。归庄堪称典型一例。归庄有"天下之士"的名号，他的性格，更是不可一世，目中无人。即使遭乱坎坷，还是不能挫折他的性气，而是自号"恒轩"。究此别号的本义，就是归庄看到明清易代之后，对于士大夫的变节行为深有感触，认为导致诸如"素丝之终染，荃蕙之为茅"这类行为的出现，还是因为他们内心"无恒"。所以，自号"恒轩"，不仅是自期，更是自儆。① 二则别号与行为实践的分离。这可以严嵩为例加以说明。我们固然承认可以从平常的话语中判断出一个人的忠奸，但有时更多的还是应该看一个人一生之行，才能加以判断。以严嵩为例，任何读过他文集的人，都不得不佩服严嵩相当有才，而且确实也很难从他的言论中看出其大奸之处。如人的别号，往往是士大夫为了表达自己的志向，乃至所抱的操守。严嵩自己取了两个别号，一个是"介溪"，另一个是"勉庵"。从"介溪"一号来看，原本的出处是严嵩的老家处于溪田之上，又有磐石亘于其上，其目的无非是为了"志地"。其实并不那么简单，士大夫的别号，其中总是"寓意箴儆"。严嵩的介溪一号，不免也暗寓深意。至于这一层深意，正如严嵩自己所言："夫介者，戒也。溪者，欺也。《大学》论诚意，以毋自欺为戒，斯义也。守己、事君、交友之针砭药石也。"另外一个别号勉庵的含义，严嵩自己也有下面的解释："嘉靖己亥，予被时论，皇上召见而谕之云：卿勉尽忠诚，人言勿以介意。予退而名其堂，曰思勉，遂以名庵，志感恩也。"② 单从这两个别号的寓意来看，严嵩似乎是一个在守己、事君、交友诸方面均深知"戒欺"之人，而且知道向皇帝感恩而勉尽忠诚。但从他一生尤其是入阁以后的行为来看，不能不对他所取别号的寓意深表怀疑，因为从行为上来看，严嵩之贪、之险、之凶，应该

---

① 徐枋：《居易堂集》卷9《恒轩说》，华东师范大学出版社2009年版，第220—221页。

② 严嵩：《钤山堂集》卷22《别号志》，《四库全书存目丛书》影印明嘉靖二十四年（1545）刻增修本。

说是一个不折不扣的奸邪之人。

别号之兴，肇始于春秋时代。这无疑是周末"文胜之弊"的典型征候。从明代的史实来看，嘉靖以前，士大夫文集中多有"某人字说"一类的篇什，说明当时仍行冠礼，人们普遍看重的是字，而不是号。然自嘉靖以后，即使渊儒硕学，也很难在他们的集子中见到"字说"之类的文章。"古道陵夷，亦其一端"。① 此说并非空穴来风。明代中期以后，降及舆台，无不有号，已经足证晚明是一个文胜质衰的时代。② 由此可见，晚明别号盛行，甚至"山溪水石，遍于闾巷"，显然也是"俗之靡"的侧面反映。③

物极必反。入清之后，目睹晚明别号流行之风的文人士大夫，开始对别号乃至称谓加以审慎的反思。反思的结果，则是提出一些改良的意见，大致有二：一则确立在行文中姓、名、字书写的规矩，诸如：写给老师，只称姓，不称字；写给长者，只称姓与字，不称名；写给朋友，只称姓与字，不称名；写给关系疏远或年少之人，只称名，不称字；写给门人，只称姓与名，有时亦可称字，以示与一般门人有别；写给尊者、达者，只称姓与字，有时称"先生"，以示一种尊重，或者以官职相称；写给长上，则称"某公"，而不敢直接称字。④ 二则面对自宋以后用斋名取为别号已经蔚然成风，在无奈之余，认为别号取字必须典古，"用以自箴"，至于图章则需采用成句，必须"雅正"，勿为大方所笑。⑤

归根结蒂，别号属于自己所命，藉此以与他人有所区别，故别号常

---

① 谈迁：《枣林杂俎》和集《丛赘·字说》，第553—554页。
② 田艺蘅：《留青日札》卷16《字》，第557页。
③ 归有光：《震川先生集》卷2《夏怀竹字说序》，第53页。
④ 张履祥：《杨园先生全集》卷31《杨园先生言行见闻录·凡例》，第870页。
⑤ 申涵光：《荆园小语》，载《清言小品菁华》，第467页。

常务极其美；而声誉，则必须凭借自己的修行所致，而后方可彰显自己的身份。所以，唯有善于自修德行之人，才能使别号之名与声誉之实两者相称。① 若是以此为标准来衡量明人别号流行之风，那么势必会被人讥为名盛质衰，是明朝人好名之风的反映。即使如此，透过明人别号流行之风这一表象，我们尚可读出下面三点积极性的意义：

一是士民、良贱、僧俗、雅俗之间的互动，进而导致士、农、工、商四民界限的突破，甚至出现了社会阶层趋于平等的倾向。换言之，无论是从传统史籍中农、工、商等庶人的无名，到庶人有名，甚至庶人模仿士人之习取有别号；还是从妇女无名，到妇名在私家记载中开始广泛出现，以及妇女别号的风行，其背后无不蕴涵着深层次的社会史意义与价值。

二是透过别号流行之风，同样可以读出明人自我、个性张扬的特点。从众所周知的男性文人唐伯虎自号"江南第一风流才子"，以及江南才子祝枝山因多一手指而自号"枝指生"，到秦淮妓女的私印敢于自称"同风月平章事"，② 在自嘲、自大、自夸的背后，无不显示出明人张扬而又不失活泼的个性，进而与时代的精神风貌桴鼓相应。

三是经雅俗互动之后雅文化的确立。明代别号的流行，自始至终是文人士大夫处于这一风潮的主体乃至领导地位。毫无疑问，在雅文化的确立过程中，士大夫一直掌握着话语权。所谓的雅文化，实则是一种生活艺术化的倾向。由于受到士大夫雅文化的熏染，在明代的普通民众中，随之出现了"爱清"与"伪雅"两种时风。所谓爱清，就是当时北京的民间百姓大多喜欢收藏书画及各种玩器，家中置办盆景、花木之类；③ 所谓伪雅，就是苏州人家家喜养花种草，先是兰花、菊花，几乎

① 方孝孺：《逊志斋集》卷18《书李质夫序后》，第617页。
② 章学诚：《丙辰札记》，中华书局1986年版，第86页。
③ 陆容：《菽园杂记》卷5，第62页。

"家置一谱"，次则"君竹而友松"，进而喜欢桃花。① 与爱清、伪雅两股风气相应，无论是帝王、太监，还是农工商、僧人、妇女，无不喜取别号，无疑也是为了迎合以士大夫为主体的雅文化。至于以士大夫为主体的明代雅文化，别号流行与雅文化之间的关系，以及由此而引发的雅俗互动态势，则将成为继续深化研究的新课题。

---

① 王衡：《东门观桃花记》，载《明文海》卷357，第3679页。

四、闺教不行：女性生活及其历史转向

　　自"五四"运动以后，在中国的知识阶层中，一度流行婚姻"自主"，反对父母"包办"。他们无不认为，基于父母之命而成的婚姻，不及自己自由选择而成的婚姻美满。其实，对这种新思潮，在新型的知识分子中同样存在着不同的见解。如 1914 年 1 月 27 日，胡适在演讲中国婚制时，就曾表明过下面这样一层意思，也即婚姻的幸福并不取决于制度层面的"自主"抑或"包办"。近人萧公权也力主此说。他认为："婚姻是否美满，主要关键在当事人是否有志愿，有诚意，有能力去使之臻于美满，而不是达成的方式是自主或包办。"① 毫无疑问，这种看法是出于对婚姻的理性思考。但值得指出的是，婚姻从"包办"向"自主"的转变，不能不说是女性自我意识的一种增长，以及社会的一种进步。明代小说《二刻拍案惊奇》有言："从来女子守闺房，几见裙钗入学堂？文武习成男子业，婚姻也只自商量。"② 应该说是当时部分女子在婚姻上追求自主的一种侧面反映。从婚姻观念来看，晚明的社会确乎处于这样一种转变过程之中。

　　明代中期以后，男女之间的婚姻主要来自下面两个方面的挑战：首先，按照传统的观念，婚姻论财，不过是一种"夷虏之道"，为儒家道

---

　　① 萧公权：《问学谏往录》，台北传记文学出版社 1972 年版，第 84—85 页。按：胡适之论，收于《胡适文存》，此处转引自萧公权之书。

　　② 凌濛初：《二刻拍案惊奇》卷 17，岳麓书社 2002 年版，第 181 页。

德所不齿，但明代中期以后的民间婚姻风气却多受金钱、财产关系的冲击，① 一改过去专讲"门当户对"以及讲究门第，随之而来的则是离异与妇女再嫁蔚成风气。其次，则是"情"对礼的冲击，男女之间的结合，不再以"父母之命"为准绳，而是以男女之间是否相合、相投为准绳，随之而来的则是妇女的"淫奔"之风。

在晚明时期，妇女生活出现了一些新的动向，诸如对"才子佳人"式婚姻的追求，妇女离婚与改嫁形成一时的风气，"奸妇"的出现与"淫居"之风的形成，悍妇现象的出现以及由此而形成的妇妒之风。如此等等，不一而足。

婚姻自主：女性自我的张扬

明代中期以后，女性群体中出现了一股追求婚姻自主的风气。大抵言之，主要体现在以下两个方面：一是"才子佳人"式婚姻的理想与追求；二是婚姻观的转变。所有这些，恰好证明当时的女性在自我上逐渐趋于张扬。

（一）"才子佳人"式婚姻的理想与追求

在才、德、色这三者的关系上，事实上包括如何处理德与色、德与才这两者的逻辑关系。

首先，在传统中国，"女祸"史观根深蒂固。按照这样一种观念，女性有色，或者女性用权，都可以导致家或国的祸害。② 一至晚明，在关于女子之"色"的问题上，出现一些新观念。所有这些观点，大都起源于荀粲之说。根据史料记载，荀粲与妻子感情至笃。有一年冬天，

---

① 徐霈：《四礼议》，载《明文海》卷75，第704页。
② 关于传统中国的"女祸"史观，刘咏聪作了相当完整的梳理，请参见她所撰《中国古代的"女祸"史观》一文，载氏著：《女性与历史——中国传统观念新探》，香港教育图书公司1993年版，第3—12页。

他的妻子得了热病，荀粲"乃出中庭自取冷，还以身熨之"。荀粲有一段名言，认为"妇人才智不足论，自宜以色为主"。正是抱着这样一种观念，荀粲在其妻子死后一年多，因为思念过甚，随之亦亡。①

荀粲的言论乃至行为，显然在明代的士大夫中引起了共鸣。如谢肇淛认为，荀粲关于妇女的才色之论，堪称"千古名通"，所以他说："妇人以色举者也，而慧次之，文采不章，几于木偶矣。"② 基于这种看法之上，谢肇淛又将"女之色"与"士之才"并称。③ 此外，如李贽称家国之亡，不能徒然归咎于声色；④ 唐甄也说像妹喜、妲己、褒姒这样的绝代美色之女，如果能"入于文王之宫"，同样可以成为"窈窕之淑女"。⑤ 曹学佺将女之"色"与士之才相提并论。他说："夫士之有才，犹女之有色。必其修之于身，藏之于家者，非一日矣，而后为玉帛之所致，媒氏之所营也。"⑥ 上述诸家之说，尽管在妇女论上尚反对"舍色而论才"，仍将女色放在首位，而女才次之，但与传统的"女色"祸国之论已是大相径庭。

将女子之色与士人之才并称，始于王黄州，显然是中国士人妇女观念的传统。那么，如何处理才、色关系，明末清初人钱澄之之说显然已经突破了荀奉倩的拘束，对"才"与"慧"作了辨析。其中云：

> 昔荀奉倩谓女子才慧易得，吾尝怪之。彼之所谓慧，亦才也，非慧也。凡世间文章伎巧一切可惊可喜之事，皆才为之；至于发心证道，则非慧不办。故释氏所贵者慧也。才者，吾人得意之事；于

① 李贽：《初潭集》卷1《夫妇》3《丧偶》，第13—14页。
② 谢肇淛：《五杂组》卷8《人部四》，第152页。
③ 谢肇淛：《五杂组》卷8《人部四》，第154页。
④ 李贽：《初潭集》卷3《夫妇》3《俗夫》，第49—50页。
⑤ 唐甄：《潜书》下篇下《女御》，第170—171页。
⑥ 曹学佺：《曹能始先生小品》卷1《林初文诗选序》，载《曹学佺集》，江苏古籍出版社2003年版，第25页。

得意而生贪著，即谓之痴。佛氏所贵夫慧者，贵其即得意即厌离，
善于转也。①

钱澄之此论的依据在于莲道人此人之行与诗。莲道人原本是一位声伎，
色艺在福建一带闻名数十年。"一旦弃去，诸贵公子争欲得之，道人不
乐也，志在厌繁华而甘淡素"，最后嫁与永安人曾也愚。这位曾也愚，
家中甚贫，却能诗。两人局促斗大一室，终年唱和。其后，莲道人又舍
诗不谈，改为"栖心白业"，皈依佛教。凡是人在得意处，随之舍弃，
即可称为"慧"，所以，在钱澄之看来，这位莲道人尽管有"才"，却
更属一种"慧"。②

其次，在传统中国，在妇女才、德关系问题上，才可妨德、才可妨
命的观念根深蒂固。尽管"女子无才便是德"一语至明朝人的著述中
才开始出现，但这种意识早已植根于传统的文化土壤之中。③ 换言之，
按照传统的观念，男女之间的职责各有不同。男子"主四方之事"，女
子则不过"主一室之事"。作为主四方之事的男子，那么就会顶冠束
带，被人称为大丈夫，出将入相，无所不为，所以必须博古通今，达权
知变。女子既然只是主一室之事，三绺梳头，两截穿衣，一日之计，最
多不过是饔餐井臼，终身之计，也只是生儿育女。所以即使是大家闺秀
之女，尽管家庭的经济状况允许她们读书识字，但也仅仅限于让她们
识些姓名，记些账目等。因为女子不可能出应科举，不求名誉，所以

---

① 钱澄之：《田间文集》卷 16《莲道人诗引》，第 309 页。
② 钱澄之：《田间文集》卷 16《莲道人诗引》，第 310 页。
③ "女子无才便是德"一语，无论在学术界，还是民间，早已耳熟能详。过去的
论者大多依从陈东原《中国妇女生活史》之说，认为起源于清代。而刘咏聪的研究则表
明，在冯梦龙的《智囊补》和陈继儒的《安得长者言》二书中，均收录了"女子无才
是德"一语，而且均说"语有之"，说明在明末以前久已流传。详细的考察，见刘氏
《"女子无才便是德"的文化涵义》一文，载《女性与历史——中国传统观念新探》，第
89—108 页。

诗文一类，她们就很少学习，传统的制度也不鼓励她们学习。①

值得引起关注的是，在女子之才与德的关系问题上，晚明人的观念同样出现了新的转向。如李贽与女史论学，并对有"言语"与"文学"之妇大加称赞；② 冯梦龙也主张女子如果无才，就不能成全妇德，对闺房女子的才智多有颂扬；③ 而叶绍袁更是把"德""才""色"三者并列，称之为女子的"三不朽"。④ 李贽对妇女的才智亦作了正面的肯定。他在选取记录了25位女子的传记资料之后，称她们"才智过人，识见绝甚，中间信有可为干城腹心之托者"。更有甚者，李贽认为这些妇女所具有的聪明才智，"男子不如"，而这样的女子才称得上是"真男子"！⑤ 李渔对"女子无才便是德"一语出现的原因进行了考察，认为这句话的出现，无非是因为聪明女子失节较多，反而不如无才。但他同时指出，这不过是前人的愤激之词，正如男子一旦因官得祸，于是就有人视读书做官为畏途，并留下遗言告诫子孙，让他们不读书、不做官。李渔直言指出，这不过是因噎废食之说。李渔认为，才、德二字原不相妨。他说："有才之女，未必人人败行；贪淫之妇，何尝历历知书。"⑥ 而明代妇女的生活事实确实也印证了这些观念有着深厚的生活土壤。当时的妇女不再以女德为重，而是炫耀自己之才。正如吕坤所言，当时的妇女，"高之者，弄柔翰，逞骚才，以夸浮士；卑之者，拨俗弦，歌艳

---

① 如明末人文元发就认为，"妇人惟主中馈、饮食、衣服，其分也。书史文墨，非其事"。这种观念显然也影响到当时的妇女。如文氏之姑，嫁给通儒王氏，号称"大家"。尽管精通史书，但绝不肯为诗文，见人之诗文，亦略不置目，云："此非吾妇人事也。"参见文元发：《学圃斋随笔》，第539—540页。

② 李贽：《初潭集》卷3《夫妇篇》；卷2《言语》《文学》，第26—31页；李贽：《焚书》卷2《书答》，第164—168、219—220页。

③ 冯梦龙：《智囊全集》，《闺智部总序》，江苏古籍出版社1986年版，第504页。

④ 叶绍袁：《午梦堂全集序》，载该书卷首，上海贝叶山房石印本。

⑤ 李贽：《初潭集》卷2《才识》，第26页。

⑥ 李渔：《闲情偶寄·声容部·习技》第4，第166页。

语，近于倡家"。① 而明末清初大量出现的才子佳人小说，其塑造的
"才女"形象，固然是作者歌颂妇女才华的观念反映，但确实也是当时
妇女生活的真实体现。

（二）婚姻观的转变

若是一个女子，有着国色天香般的美貌，却又嫁了一个村夫，世俗
的观点当然认为是"一朵鲜花插在牛粪上"。内无主见却又迎合世俗的
美女，自然也会生出不满之意。这应该说是理所当然之事。有一首题为
《也傍桑阴》的民歌，其中所反映的就是大家小姐在嫁了农夫之后的悔
恨心情。歌曲云："香香小姐嫁子丑冤家，两鬓蓬松面又介麻，家中物
件，锄头水车，扒泥挑粪，插秧种麻。（姐道）：我依嫁子个样老公有
倽风流处，只得也傍桑阴学种瓜。"② 明代著名文人李开先作有一首
《女有美而嫁村夫者叠前韵为诗惜之》一诗，所表示的就是这样一种世
俗的意见，诗云："丽姬下嫁老村农，淡扫蛾眉缩发浓。长叹幽兰生粪
壤，堪怜废鼓伴金钟。房栊那得安身处，井臼亲操弱臂舂。愿逐阳台神
女去，朝云暮雨杳无踪。"但切勿将这种世俗的意见强行加在李开先的
头上。李开先在男女婚姻上，应该说还是比较通脱的。随后他就仿照美
女之意，又代美女作了一首代答诗，即《推美妇之意代为答诗》，诗
云："勿论经商与力农，礼成夫妇自情浓。莫轻去手同秋扇，每话同心
及晓钟。为了三缫常少睡，能精五饭在多舂。齐眉举案何人者？今古虽
殊愿比踪。"③ 换言之，嫁人不必论男方是经商，还是力农，以及他们
的地位高低，所要考虑的应是是否"情浓""同心"。

这样的观点，同样得到了冯梦龙的支持与应和。冯梦龙在论及男女
之间关系时，最为强调一种真情。一旦有了真情，就不一定是才子佳人

---

① 吕坤：《闺范序》，见《闺范》，第 1—4 页。
② 冯梦龙编：《夹竹桃》，载《明清民歌时调集》上册，上海古籍出版社 1999 年
版，第 473 页。
③ 李开先：《闲居集》卷 3，载氏著：《李开先全集》上册，第 285 页。

式的配合，即使是"村里夫妻"，平常所过只是柴米油盐酱醋茶的琐碎生活，但只要他们真心相爱，那么他们的生活与情感就是最真实的。除此之外，即使是男女之间的私情，只要是"痴心""真心"，亦无不是值得肯定的真情实感。①

揆之明代妇女的婚姻生活，在择偶问题上，其中一些妇女确实也存在着一种不为荣华富贵所动，甘愿自己选择真情的气魄。明代一首题为《富贵荣华》的民歌云："富贵荣华，奴奴身躯错配他。有色金银价，惹的傍人骂。（喽），粉红牡丹，绿叶青枝又被严霜打，便做尼僧不嫁他！"② 金银有价，情义无价。宁可出家为尼，也不愿嫁与自己不喜欢的人，即使他是富贵之家。追求婚姻自由，这是何等坚定。一旦自己确定了感情，那么两者的感情又是多么地真挚与坚贞。有一首题为《分离》的民歌，基本表明了女子对爱情的坚定信念："要分离，除非天做了地！要分离，除非东做了西！要分离，除非是官做了吏！你要分时分不得，我要离时离不得，就死在黄泉也，做不得分离鬼！"③ 这种生死相许的精神，不能不说是明代妇女情感世界的一种新现象。

女子对爱情如此投入，若是出现了负心的男子，那么，痴情女子为了维护自己的爱情，甚至敢于到衙门堂上告状。一首题为《告状》的民歌，已经很好地说明了这种现象的存在。歌曲云："猛然间，发个狠，便把冤家告。等不及，放告牌，就往上跑。一声声连把青天叫，告他心肠易改变，告他盟誓不坚牢。有无限的冤情也，只恨状格儿填不了真情上！"④ 为了自己的爱情，亲自赴官府衙门告状，这又是何等地大胆！

---

① 冯梦龙编：《挂枝儿》卷3《想部·想嫁》，载《明清民歌时调集》上册，第93页。按：冯梦龙又说："痴心便是真心，不真不痴，不痴不真。"参见冯梦龙编：《挂枝儿》卷1《私部·真心》，载《明清民歌时调集》上册，第53页。

② 无名氏辑：《新编四季五更驻云飞》，载蒲泉、群明编：《明清民歌选甲集》，上海出版公司1956年版，第4页。

③ 熊稔寰辑：《精选劈破玉歌》，载《明清民歌选甲集》，第76页。

④ 熊稔寰辑：《精选劈破玉歌》，载《明清民歌选甲集》，第80页。

离婚、改嫁之风盛行

从男女之间的婚姻关系来看，明代中期以后也出现了一些不合礼教的现象。照理说来，男女之婚，无不都有百年之期，亦即俗语所谓的白头偕老。其实并非如此。对婚姻誓言的违背，似乎首先来自男子一方的薄情。如男女之间已经订婚，在未婚之前，女子一旦意外死亡，男方大多向女方索要聘礼，甚至导致两家为此而诉讼。男子的薄情，最终导致了女子也可以不守礼节，诸如女子已嫁，因为丈夫是佣奴，或悔婚，或改嫁；或者丈夫一死，尸骨未寒，做妻子者就归居别室，甚至"朝尚括发，夕即画眉"。①

尽管明代的礼教鼓励妇女为丈夫守节，但法律并不禁止妇女改嫁。关于此，《大明令》有如下规定：

> 凡妇人夫亡无子，守志者，合承老分，须凭族长择昭穆相当之人继嗣。其改嫁者，夫嫁财产及原有粧奁，并听前夫之家为主。②

法律从财产分割方面，固然鼓励妇女为丈夫守节，但并不限制妇女改嫁，只是妇女一旦改嫁，不但失去了财产的继承权，即使原本嫁来的妆奁，也只能听凭前夫之家的处理。下面有一份格式化的明代寡妇再嫁契约文书，基本可以反映这种情况：

> 主婚房长某人，有弟、侄某人近故，侄、弟妇某氏自愿主志，奈家贫日食无措，兼以弟、侄等棺衾银两无可别出，理还凭媒某

---

① 叶春及：《石洞集》卷7《惠安政书·明伦五条》，第495页。
② 怀效锋点校：《大明令·户令》，法律出版社1999年版，第241页。

氏，议配某人为婚。本日受到聘礼若干两正，以还棺椁及买地坟砌等事完葬某人外，即听从某先择吉过门成婚。此系两愿，各无异说。今欲有凭，故立婚书为照。①

在明代，很多寡妇改嫁，确实也有其具体的经济上的原因。正如民歌《孤孀》所云："俏孤孀除下白，脱下麻孝，弃着男撇着女，打扮得娇娇，（只为）门房亲戚无依靠，孩儿等不得他大，家私日渐消。（只得嫁）一个养家的新人也。天！（你在）重泉不要恼。"② 可见，因为丈夫死后，没有家族或亲戚可以依靠，而丈夫遗留下来的子女又需要抚养，在家中财产日渐消尽的前提下，寡妇选择一个可以"养家的新人"，实在情理之中。有些寡妇甚至守孝未满，就重新改嫁，如小说《金瓶梅》中的孟玉楼、潘金莲，均为孝服未满，嫁与西门庆；李瓶儿也是守孝未满，就嫁与蒋竹山。③

在明代以前，丈夫"轻出其妻"，即所谓的"休妻"现象司空见惯，导致夫妇之间恩情很薄，而女子从一而终之节亦渐有衰微之象。但在明代，除非有大的变故或者是舅姑之命，并经过向官府陈告这一必要的法律程序，才可以休妻。否则，一般不得轻易"出其妻"。④ 这当然在法律上部分尊重了妇女的权利。正是由于有了这样一种基本的法律保障，明朝人对妇女的再嫁问题，也不再一律从礼教的角度出发加以禁止，而是持一种合乎人情的态度，既鼓励妇女为丈夫守节，却又规定守节年限。在守节满年限之后，允许妇女再嫁。即使是妇女自己，也并不

---

① 明佚名：《五刻徽郡释义经书士民便用通考杂字》卷2，转引自谢国桢选编、牛建强校勘：《明代社会经济史料选编》，福建人民出版社 2004 年版，第 204 页。

② 冯梦龙编：《挂枝儿》卷 10《杂部》，载《明清民歌时调集》上册，第 235 页。

③ 《金瓶梅词话》第 18 回（人民文学出版社 2002 年版，第 219—220 页），有一段吴月娘与孟玉楼就李瓶儿改嫁时所发的议论，基本反映了当时妇女守孝未满就改嫁的事实。

④ 谢肇淛：《五杂组》卷 8《人部四》，第 146—147 页。

一味恪守寡居，而是主张"不必劝之守"。如明末温璜之母陆氏，在其训子之言中云："少寡不必劝之守，不必强之改，自有直截相法。只看晏眠早起，恶逸好劳，忙忙无一刻丢空者，此必守志人也。身勤则念专，贫也不知愁，富也不知乐，便是铁石手段。若有半晌偷闲，老守终无结果。吾有相法要诀，曰：寡妇勤，一字经。"① 正是在这样一种气候之下，于是也就出现了年已 80 岁的婆婆，也开始耐不住寂寞，想要重新嫁人。有些妇女甚至在丈夫死后，先后一共改嫁七次。② 至于江西铅山县，当地的妇女更是被称为"恶薄"，寡妇改嫁已成一时风气。有的妇女，丈夫一死，马上改嫁；更有甚者，丈夫生病未死，就先接下聘财，"以供汤药"。③

再嫁之妇，所获得的身份大多以妾为主。如明末有一位再嫁之妇徐氏，因家贫，且又无子，不能靠自己存活，不得已就再嫁与贡生杨一水为侧室。但改嫁之后，再加上无子，照例应该完全割断与前夫之家的关系，事实却并非如此。还是这位徐氏，在嫁给杨一水之后，就恳求丈夫，希望能为其死去的前夫岁时祭扫。她说："妾不幸以至于此，虽改事君，不敢忘其故。念某氏贫、无子，其鬼不食，坟草不除，将不守矣。岁清明，妾敢私遣人扫其墓，致酒浆，亦君之德也。"在得到认可之后，就岁时扫祭不绝，一直至死。④ 当然，这种既已改嫁，在感情上仍不忘旧夫之人，仅仅是一种特例。

① 张履祥：《杨园先生全集》卷 32《言行见闻录二》，第 920 页。
② 冯梦龙编：《山歌》卷 5《杂歌四句·八十婆婆》，载《明清民歌时调集》上册，第 349 页。按：冯梦龙编《山歌》卷 5《杂歌四句·杀七夫》后引一则《哭七夫清江引》，其词云："张皮赵铁王打毯龚锡匠陆弓箭阿寿官孙搭爷尽来吃羹饭，我的天天天天天天天。"（载《明清民歌时调集》上册，第 350 页）其词颇有趣味，正好说明一女先后嫁了七夫。
③ 文元发：《学圃斋随笔》，第 443 页。
④ 魏禧：《魏叔子文集外篇》卷 18《杨母徐孺人墓表》，第 954—955 页。

"奸妇"与"淫居"：男女通奸之风的形成

从儒家礼制与明代法律的角度来看，男女之间私通，大抵被归于"奸情"。何以言此？其意是说"其人皆奸诈之人也"。① 可见，男女之间的越礼行为，不仅仅是人品问题，而且为法律所禁止。

春花秋月，恼乱人心。于是，才子有悲秋之词，佳人也有伤春之咏。在说到明代男女之间偷情之前，我们不妨先将奸情一词作一简单的解释。偷情在明代已经是一种俗称，是指男女之间不合法的感情交往乃至性关系。在明代，偷情另外还有一种名称叫"挨光"。挨光的说法，应该说还是以男人为中心，是男子占女人的便宜。在明代男女之间私情相对比较混乱的情况下，那么总结偷情的经验之谈也就应运而生了。它显然适应了当时的趋势，并为人们所津津乐道。小说《金瓶梅》借助于那位专做"马伯六"的王婆之口，② 将偷情的经验总结为下面五条：第一，男子要有潘安的貌；第二，男子要"驴大行货"；第三，男子要像邓通般有钱；第四，男子要青春年少，还需要绵里针一般，软款忍耐；第五，就是要有闲工夫。③ 而小说《警世通言》的编者冯梦龙更是将男女私情作为一种妇女生活的新动向，并给以适当的概括与总结。冯梦龙将当时男女私情概括为下面三种情况：一是男女之间两下相思，各还其债。为此，男女之间往往诗谜写恨，目语传情，月下幽期，花间密约，只图一刻风流，不顾终身名节。二是男贪女不爱，女爱男不贪。虽非两厢情愿，却有一片精诚。这就犹如冷庙泥塑之神，有了朝夕焚香拜

---

① 赵南星：《笑赞·米》，载《明清笑话四种》，第26页。
② 据陶慕宁为《金瓶梅词话》所作的校注，所谓马伯六，亦作"马泊六""马八六"，指为不正当男女关系撮合牵线的妇女，犹今言"拉皮条的""拉纤的"，实即"马伯乐"的谐音。伯乐善相马，淫媒善撮合，为人选荐"马子"，故附会为马伯乐。参见兰陵笑笑生：《金瓶梅词话》第2回，第34页，注5。
③ 兰陵笑笑生：《金瓶梅词话》第3回，第36页。

祷，也不免会变得灵动起来。若是其缘短的，合而终睽；倘是缘长的，疏而转密。这应该说是当时风月场中经常出现的情况。三是男不慕色，女不怀春，志比精金，心如坚石，但因没来由被人播弄，设下圈套，一时失了把柄，堕其术中，事后悔之无及。这种男欢女爱，属于偶然一念之差。①

为了便于分析的需要，不妨先引冯梦龙所辑的民歌《问信》作为例子：

> 俏冤家，家去了，便无音信。你去后，我何曾放下心，那一日不着人（在你家）门前问。愁只愁你大娘子狠，怕只怕令堂与令尊。担惊受怕（的）冤家也，（怎样来得）这等艰难得紧。②

此歌所言，无非是情意正浓的男女分别以后，女方焦急等待的艰难滋味。歌中所云，男方家中有"大娘子"，可见这是一种非法的男女偷情行为，亦即有妇之夫的奸情，难免会担惊受怕。我们必须清楚，自明代中期以后，社会上多了一些"卖俏哥"，他们无不都是轻薄浪子。在平常日子里，总是在衣袖里笼捉一些白汗巾、棕竹扇，在街上卖俏，时不时还唱上几句"昆山调"。③ 人既伶俐，又长得丰标，风流俊雅，再加上一副轻薄相，不能不引起怀春女子的羡慕与青睐。

接下来《骂杜康》一歌，则显然是一位有夫之妇的奸情，歌曲云：

> 俏娘儿指定了杜康骂，你因何造下了酒，醉倒（我）冤家，进门来一交儿（跌在）奴怀下，那管人瞧见，（幸遇我）丈夫不在

---

① 冯梦龙：《警世通言》第 35 卷，岳麓书社 2002 年版，第 298 页。
② 冯梦龙编：《挂枝儿》卷 1《私部》，载《明清民歌时调集》上册，第 49 页。
③ 冯梦龙编：《挂枝儿》卷 2《欢部·卖俏》，载《明清民歌时调集》上册，第 69 页。

家。好色贪杯的冤家也，（把）性命儿当做耍。①

从歌中所云可知，这是一位家中有了丈夫的女子偷情行为。在一则《月上》为题的山歌之后，冯梦龙引用苏州李秀才的一则奇遇，更是说明当时"独居"的"主妇"与人偷情的事例，并不仅仅限于文学作品中，而且是有事实依据的。这则故事记载了苏州一位李秀才为了至昆山就试，路途投宿一家，但"主妇以独居坚却"。李秀才不顾这位主妇的反对，擅自宿于外屋小柜之上。随后发生的事情，进一步证明这位主妇拒绝李秀才，并不是为了避孤男寡女独自相处之嫌，而是怕李秀才搅了她月上之时与人私情相会的好事。过不多久，就有一位男子送来猪蹄与酒，前来与这妇人相会。② 其间虽发生了诸如这位男子误把李秀才当作主妇，并由此发生一些可笑之事。但整个故事确实说明，独居主妇与人偷情，在明代并不是个别的例子。

既然是偷情，当然是被传统道德与法律所不容。换言之，既然要与人眉来眼去，就很难逃得过邻里的眼睛，一些喜欢管"盐事"（闲事）的邻里，甚至会前来捉奸。所以，明代以《捉奸》为题的民歌，就细腻地反映了偷情女子害怕被邻里所捉的复杂的心理状态。为了能使自己的奸情不暴露，一些"私情姐"自然分为两种情况：其中的弱者只能"奉乡邻"，亦即给邻里陪小心，平常茶水供奉着；其中的强者则是"骂乡邻"，骂他们是多管闲事。③

按照一般的规律，男女之间私情的发生，多是男方主动，而女方则因为过分矜持，即使是在偷情行为的过程中，也无不处于被动的地位。

---

① 冯梦龙编：《挂枝儿》卷1《私部》，载《明清民歌时调集》上册，第50页。
② 冯梦龙编：《山歌》卷1《私情四句》，载《明清民歌时调集》上册，第281—282页。按：冯梦龙所辑《娘打》与《瞒夫》两首山歌，分别反映了当时少女与少妇偷情的现象。同注，第286—287页。
③ 冯梦龙编：《山歌》卷1《私情四句》，载《明清民歌时调集》上册，第290页。

然至明代末年，一些山歌的内容已经显示出，男女之间偷情行为的发生，并非仅仅是"郎偷姐"，而是"姐偷郎"。这是一种新的动向。山歌中也坦言如今是"新泛头世界"，① 是一种不同于传统的新现象。这种妇女的大胆行为，在另一首题为《偷》的山歌中得到几乎淋漓尽致的反映。歌曲云："结识私情弗要慌，捉着子奸情奴自去当。拼得到官双膝馒头跪子从实说，咬钉嚼铁我偷郎。"② 敢于做，又敢于坦承是"我偷郎"，这不仅仅限于女子的"义气"，而是一种为了新追求而敢于牺牲的精神。

按照明初的法律规定，假若男女两人通奸，其中的"奸夫"与"奸妇"，都会被处以斩首之刑。③ 即使官员犯"奸宿军妇"之罪，也会被"论如律"。④ 这尽管是行于一时的严刑，但至少说明明朝廷对男女通奸深恶痛绝。此外，已经规范化的明代法律也禁止男女之间的"和奸"。《大明律》对男女之间通奸的惩治作如下规定：凡是男女和奸，杖八十；若是已婚女子与人和奸，则杖九十。凡是男女通奸，双方同罪。通奸所生男女，照例责付奸夫收养，而奸妇则由其丈夫嫁卖。若是丈夫仍愿收留，法律亦不加禁止。不过有一条了特别规定，就是不能将奸妇嫁卖与奸夫，否则奸夫、本夫均各杖八十，妇人离异归宗，财物入官。⑤ 这显然是为了限制通奸双方通过嫁卖的形式而成其好事。

尽管法律禁止男女之间的通奸，但明代正史的史料也证实，大概从

---

① 冯梦龙编：《山歌》卷2《私情四句·偷》，载《明清民歌时调集》上册，第299—300页。

② 冯梦龙编：《山歌》卷2《私情四句》，载《明清民歌时调集》上册，第300页。

③ 洪武二十七年（1394）十月三十日所出禁约之榜，其中就规定，在京犯奸的奸妇与奸夫，"俱各处斩"。参见《南京刑部志》卷3，清钞本。

④ 如洪武年间，给事中王默、进士易聪、序班洪文昌三人，均周旋于明太祖朱元璋之前，或从游于殿庭，却因"性务奸顽，苟合无藉之妇，通奸不已"，最终法司"论如律"。此即其例。参见朱元璋：《御制大诰续编》第64《奸宿军妇》，载张德信、毛佩琦主编：《洪武御制全书》，黄山书社1995年版，第840页。

⑤ 怀效锋点校：《大明律》卷25《犯奸》，法律出版社1999年版，第197页。

成化年间以后，在京城已经出现了大量的"奸妇"，进而形成一股"淫居"之风。所谓"奸妇"，就是妇女在没有婚姻之约的前提下与人私通，事实上就是一种通奸的行为。所谓"淫居"，就是无夫妇名分，却在一起同居。所有这一切，完全有悖于传统的道德观念，却在当时已经成为一种风气。这种风气的形成，大体上是建立在当时"京师淫风颇盛"的大前提之下。① 为此，究竟如何处理这一类奸妇，当时明朝廷内部出现了两种意见：一种意见认为，应该下令禁约，并通过将奸妇"枷号示众"，起到禁遏淫风的作用。而另一种意见则相对平和一些。尽管他们同样将这种男女通奸视为一种不道德的行为，但同时也承认枷号示众这种做法不符合法律的本意。在他们看来，既然示众，就必然在大庭广众的市场之上，其结果是使监守者与那些奸妇昼夜混处，本来是要使其知耻，而结果却越发不知羞耻。他们主张，对这种通奸之风，只需让五城兵马司及巡城御史官校加强缉捕即可。最后，明宪宗采纳了后一种建议。② 这说明在对待妇女通奸这一类行为时，当时的明朝廷已经逐渐抛弃严刑峻法，而是采用一种较为缓和的措施。

清初史家在纂修《明史·列女传》时，显然是为了从正面树立一些"贞妇"的形象。殊不知，在这些贞洁的儿媳妇背后，却反衬出一些不守妇道、性有淫行或与人私通的恶婆婆的丑行，这正好印证了当时民间社会所普遍盛行的另外一面的"淫风"。《明史》记录了下面三则故事，不妨详引如下：

第一则故事记载，当时有一位叫王妙凤的女子，是吴县人，嫁与吴奎为妻。她的婆婆性有淫行。正统年间，吴奎出外经商。婆婆与私通之

---

① 如明代史料载，弘治年间，北京义勇卫舍余张通，内交刑部诸司官，"常匿乐妓及尼姑于其家，每宴集，辄出之行酒，剧饮歌呼，倡优杂处，率至夜分而罢"。此即其例。说具《明孝宗实录》卷169，弘治十三年十二月癸卯条，台北"中央"研究院历史语言研究所校印本，1966年。

② 《明宪宗实录》卷33，成化二年八月辛丑条，台北"中央"研究院历史语言研究所校印本，1966年。

人在家一起饮酒，奸夫对妙凤也起了欲心，于是就命妙凤取酒，但妙凤只是拿着酒瓶，并不想进入房内。婆婆屡次催促，妙凤无奈，只好拿酒进入房间。奸夫就暗自将她的手臂绑了起来，妙凤深感气愤，就拔刀砍下自己的手臂。因为此事，她的父母就打算告官，但妙凤却说："死则死耳，岂有妇讼姑理邪?"过了一旬，妙凤死。

第二则故事的女主人公是唐贵梅，安徽贵池人，嫁给同里朱姓人家为妻。她的婆婆曾与一位富商私通。富商看见贵梅之后，又心怀不轨，就拿金帛贿赂她的婆婆，希望通过她的关系，迫使贵梅就范。于是，这位婆婆就百般教唆自己的儿媳妇与富商相通，但一概为贵梅所拒绝。无奈之下，就只好用刑，先是箠楚，继而炮烙，但终究没有得逞。于是，婆婆就以不孝之罪将贵梅告官。当地的通判大人已被富商买通，就对贵梅多次用刑，几乎气绝。富商的目的是藉此迫使贵梅改节，随后就令其婆婆将贵梅从牢房中保出。一些乡里或亲戚知道此事后，颇为不平，就劝贵梅再以实事告官，贵梅却说："若尔，妾之名幸全，如播姑之恶何?"到了晚上，就换了衣服，在后花园梅树底下上吊而死。

第三则故事发生在嘉靖二十三年（1544）。当时在嘉定县有一位张氏女子，嫁给汪客之子。她的婆婆多与人私通，所通之人中，有一位是恶少胡岩，为人最为桀黠，很多手下都听他调遣。于是，胡岩就与她婆婆谋议，故意派她的丈夫到县中服役，而胡岩等就在汪家早晚饮酒淫乐。一天，就喊张氏同坐，被张氏所拒。胡岩从后面攫其梳，张氏夺过梳子掷于地下。不久，胡岩就闯入房中，想对张氏实施强暴。张氏就大呼杀人，并用杵击打胡岩。胡岩没有得逞，愤怒出走。张氏自己拿头撞地，哭了终夜，已是奄奄一息。第二天早上，胡岩与其婆婆怕事情败露，就将张氏绑在床脚上，整天守备，又将各恶少召至家中酣饮。到了二鼓天，就一起将张氏捆绑，槌斧交下，张氏痛苦不已，就说："何不用利刃刺我。"其中一人就向前刺她的脖子，一人刺她的肋下，甚至割她的阴部，其行为之残忍，已是令人发指。将张氏杀死后，打算将其尸体焚毁，但因尸体太重，无法运送，就将房子一同烧掉。邻里救火者破门而入，见到死人，就向官府报告。地方官就将家中小奴与诸恶少逮捕讯问，才得知其中的缘由，将他们分别判刑。①

上面所引三则故事，故事的记录者无非是为了说明贞洁儿媳妇的节行，我们却从中看到了恶婆婆与人私通的淫行。这或许是历史记录者所始料不及者。尤其应该引起注意的是，这种事例见诸正史的记载，其传播的范围乃至影响力尚不为大，而一旦成为民间百姓所喜闻乐见的话本小说的主题，那么，其在社会大众中的影响力就决不可以低估。而冯梦龙就是这样一位有敏锐观察力的作家，他适时地迎合大众的需要，将其中的故事编入小说中。

按照传统的妇德观念，妇人之职，无非是"烹调饮膳"，如《易》之"主中馈"及《诗》之"惟酒食是议"就是这种观念的体现。但根据明代的史料记载，明末的妇女已经变得骄倨起来，开始"不肯入庖厨"。② 妇女不入厨房，甚至走出闺房，显然扩大了自己的社会交往。

一旦走出闺房，那么必然会出现一些"淫奔""苟合"之事。按照传统的观念，一说"奔"，往往将它视作"淫奔"，如朱熹《诗传》的解释，就是持这种观念。明人谢肇淛却对男女之间的婚姻或情事有着自己独特的解释。他的观念包括两个方面：一方面，由于贫贱之家的存在，难免会出现一些"旷女冤夫"，而他们私自相约而奔，也是礼所不禁；另一方面，所谓的"奔"，就不一定将它落实为"淫奔"，凡是六礼不备，都可视为"奔"。③ "聘则为妻，奔则为妾"，所说的就是这种意思。至明末，谭元春更是认为，才子与佳人因为父母之命的原因，最后无法成双结对，甚至"赍情而死"。其最好的办法，就是学卓文君奔

① 上面所引三则事例，均载于《明史》卷 301《列女一》，第 7700—7701 页。
② 张履祥：《杨园先生全集》卷 35《经正录》，引司马光《居家杂仪》，第 974 页。
③ 谢肇淛：《五杂组》卷 13《事部一》，第 259 页。

司马相如之法，才堪称“上上妙策”。[①]

在明代，妇女“淫奔”“苟合”之事，同样可以见之史籍记载。这不仅不为一些士大夫所诟病，而且还被他们津津乐道，甚至期望这种艳遇能发生在自己身上。据张岱记载，在嘉兴，当地人开口就说烟雨楼。其实，烟雨楼的出名，并非全是由于它的美景，而是在此楼附近的莺泽湖上，时常有一些风流韵事的发生。湖中有很多精致的船舫，由一些美人撑航，载上书画茶酒，与客人在烟雨楼相期。客人一到，就载之而去。舾舟于烟雨缥缈之中，态度悠闲，茗炉相对，随意之所安，可以经旬不返。一路柳湾桃坞，景色宜人。但所宜者更是人，在船上，客人与美人相对，痴迷伫想，仿佛若遇仙缘，洒然言别，不落姓氏。这些美人当然是船女，其身份虽不可断之为妓女一类，但亦近之。在这种风气的影响下，确实也有一些“倩女离魂，文君新寡”，[②]开始效颦，做一些如“美人”一样的事情。本为淫靡之事，却以风韵出之，难怪使客人着迷。当时有一位叫徐安生的妇女，既忝“美人”之列，却又可归于“荡妇”。此人是苏州人，为徐季恒之女，美慧多艺，而性颇荡。曾经嫁与杭州邵氏，因失行而被逐出邵家。从此以后，徐安生就恣为非礼。她的写生画出入宋元名家，曾经仿梅道人画一风雨竹，赠给当时名士沈德符，上面题有绝句，其一云：“夏月浑忘暑酷，堪爱酒杯棋局。何当风雨齐来，打乱几丛新绿。”其二云：“满拟岁寒持久，风伯雨师凌诱。虽云心绪纵横，乱处君能整否?”[③]次诗所用乃唐李季兰语，其中寄意不浅。但沈德符怪其无因，置不复答，也算不为所动。这不仅反映了在江南地区女子的开放以及由此而来的男女关系的混乱，而且也说明了当地女子开始走出闺房，自己去寻求幸福，尽管这些女子尚不过是“倩女离魂，文君新寡”之流。

---

① 程羽文：《鸳鸯牒》，载《中国香艳全书》第1册一集卷1，第3页。

② 张岱：《陶庵梦忆》卷6《烟雨楼》，第56—57页。

③ 沈德符：《万历野获编》卷23《徐安生》，第598页。

此类例子甚多，不妨再引一例加以说明。崇祯年间的一天晚上，著名画家陈洪绶与张岱曾一同在杭州西湖赏月，曾与一位女郎萍水相逢。张岱记载：

> 章侯怅怅向余曰："如此好月，拥被卧耶？"余敕苍头携家酿斗许，呼一小划船再到断桥。章侯独饮，不觉沾醉，过玉莲亭，丁叔潜呼舟北岸，出塘栖蜜橘相饷，呫啖之。章侯方卧船上嚎嚣，岸上有女郎命童子致意云："相公船肯载我女郎至一桥否？"余许之。女郎欣然下，轻纨淡弱，婉瘱可人。章侯被酒挑之曰："女郎侠如张一妹，能同虬髯客饮否？"女郎欣然就饮。移舟至一桥，漏二下矣，竟倾家酿而去，问其住处，笑而不答。章侯欲蹑之，见其过岳王庙，不能追也。①

这是何等的风流韵事，虽无越轨行为的发生，但此类能够独自夜游的"女郎"，却属于新现象。

妇女之"奔"，或为寡妇，或为商人之妇，其私奔之例也时常见诸明代史册。仔细剖析这些史料记载，出现了一个共同的现象，即大多是女子主动追求或挑逗男子，一如卓文君之"奔"司马相如，而男子却不学司马相如，均为坐怀不乱的柳下惠。这或许是史料记录者刻意所为，是为了刻画男子在个人行为上的"谨严"，但从另一个侧面反映了当时的女子确实大胆开放。为示说明，不妨引用下面十则记载：

第一则故事是主人家的小妾公然挑逗"西宾"先生。如明末刘汉，"少时为塾师，有姬夜奔之，不纳；明早，以他故辞去，亦终不言。"②

第二则故事情节如下：吴讷在成名之前，以医士身份到达南京。在

---

① 张岱：《陶庵梦忆》卷 3《陈章侯》，第 29 页。
② 钱澄之：《田间文集》卷 24《文学刘臣向墓表》，第 472 页。

他下榻之处，有一位"嫠妇"，年少美貌。到了晚上，"穿壁欲奔"吴讷住所。吴讷急忙命令仆人开门，冒着大雨逃出住所。第二天，即迁往他处。①

第三则故事如下：钱琦少年时到海宁祝虚斋先生之门游学。刚到一个多月，先生未让他入内馆，让他住在"外室家"。有一妇女，素有淫行，到了晚上潜入书室，卧于钱琦之榻。即使如此，钱琦尚能读书不辍，"若为弗知也者"。此妇甚感羞愧，"后遂不复来"。②

第四则故事如下：信州人林茂先，高才过人，已中乡试举人。但家还是极贫，闭户读书。邻居家一位富人妻，厌恶丈夫不学无术，羡慕茂先的高才，"暮夜奔之"。茂先呵斥道："男女有别，礼法不容。天地鬼神，罗列森布，何可以此汙我乎！"此妇惭愧而退。③

第五则故事如下：松江府华亭县人彭应麟，嘉靖十九年（1540）到南京参加乡试时，在寓居的旅店中，有一位少妇公开挑逗他，却被他"骂却之"。第二天，就换了寓所。

第六则故事如下：松江府上海县人顾元启，在"外舍"读书时，就有一位邻家女子对他进行"目挑"，其实就是眉目传情的意思，顾元启只好"仓皇闭户"。到了晚上，这位女子又偷偷来到他的卧室，似有荐寝之意。顾元启大怒，急忙喊"侍者燃烛"，这位女子才怏怏离去。

第七则故事如下：松江府上海县洋泾里人盛鈇，其朋友之妻"寡而贫"，前来投靠他，盛鈇对她"收恤甚全"。时间一久，这位寡妇对他有了"狎意"，但被他"正色拒之，以礼遣去"。

第八则故事如下：松江府人俞明时少年之时，有一位邻居少女

① 张履祥：《杨园先生全集》卷 43《近古录一》，引钱裴《厚语》，第 1259 页。
② 张履祥：《杨园先生全集》卷 43《近古录一》，引钱裴《厚语》，第 1260 页。
③ 张履祥：《杨园先生全集》卷 43《近古录一》，引钱裴《厚语》，第 1260 页。

"夜奔"，却被他"正色拒之"，"女惭而去"。①

第九则故事如下：太仓人陆容，少年时"美风仪"。天顺三年（1459），到南京参加乡试，住在一家客店里。客店主人有一女儿，善于吹箫。一天晚上，私奔陆容寝室，陆容假称有病，"期之后夜"，此女才离去。第二天清晨，就"托故迁寓"。②

第十则故事如下：崇祯十二年（1639），浙江鄞县人邵仲陕在袁化祝氏家处馆。秋天参加乡试时，寓所家主妇有意"挑之"，仲陕不为所动。先是侍女借口馈赠"茗饵"而加以挑逗，被他"却之"。无奈之下，这位主妇只好亲自前来，仲陕更是避而不见，并告诫祝氏家童，不要将此事泄露出去。为此，仲陕得中举人。③

上面十则记载中的男主人公均属正人君子，没有对这种投怀送抱之事安然处之，而是为了避嫌，或匆匆离开主家，或搬离是非之地，或直接对"奔妇"加以斥责，但明代妇女与人私通现象，在当时确实并不仅见。

其实，大家闺秀或官宦姬妾生活开始出现这些新变化，与三姑六婆的关系相当密切。正是因为这些市井妇女经常出入大家闺房，并不断地向闺房女子透露社会上一般生活的信息，或以自己的言行潜移默化地影响闺房女子，才使这些闺房小姐与大家姬妾对外面的世界有了新的憧憬。

男女之间私情相通，免不了在彼此之间有情书的传递。明代的民歌中有很多题为《空书》《得书》之类的情歌，其中就反映了男女之间私情的传递完全需要情书的表达。从当时的记载来看，已经出现了专门的

---

① 上面所引松江府的四则记载，分见李绍文《云间人物志》卷3、4《嘉靖间人物·彭鲁溪》《嘉靖间人物·顾子贤》《嘉靖至万历三十八年人物·盛鈇》《嘉靖至万历三十八年人物·俞寅山》，载《明清上海稀见文献五种》，第184、195、211、220页。

② 文元发：《学圃斋随笔》，第416—417页。

③ 谈迁：《枣林杂俎》和集《丛赘·科第阴德》，第613页。

"捎书人"，替男女之间传递情书。①

当然这种男女之间私情的媒介体，尚有另外一类人物，即丫鬟。说到丫鬟，可以先引一首诗如下：

> 送暖偷寒起祸胎，坏家端的是奴才。
>
> 请看当日红娘事，却把莺莺哄得来。

诗虽较为通俗，所说却是那些"坏法丫鬟"之事。正因为此，明代小说《西湖二集》的作者周清原特意告诫人们："人家妇女不守闺门，多是丫鬟哄诱而成，这是人家最要防闲的了。"② 这或许是经验之谈，却从中反映了丫鬟在男女情感交流方面所起的角色作用。

尽管如此，在一些牵涉到通奸一类的人命案子中，朝廷的处理意见总是从纯洁道德风化的前提出发，过分责罚于奸妇，而轻宥奸夫。即使奸夫之子，也都是将满腔的怨气撒在奸妇身上，而不是责怪自己父亲的好色，甚至做出杀死奸妇的鲁莽行为。而这种行为也被朝廷认定为义举，归属"孝烈"之列，即使杀了人，也可以得到宽大处理。嘉靖中叶所发生的一件通奸事例基本可以证明上面所述。当时在山西保德有一位叫崔鉴的人，年已14岁，其父与邻女魏氏私通，并斥逐其母。出于义愤，崔鉴亲手杀了魏氏。这件事情上报到朝廷以后，明世宗考虑到他年虽幼，却能激义，就特旨免除他的死刑，只是发附近徒工三年。③

通观男女私通现象，其情况也是相当复杂。有些不过是一些士大大

---

① 冯梦龙：《挂枝儿》卷3《想部》，载《明清民歌时调集》上册，第93页。按：冯梦龙辑《捎书》一歌云："捎书人才出得门儿外，唤了丫鬟替我去唤转他来。"云云。尽管歌曲未言明捎书人是何种身份，但基本可以说明男女之间情书的往来，有时是通过捎书人完成的。参见冯梦龙：《挂枝儿》卷5《隙部》，载《明清民歌时调集》上册，第115页。

② 周清原：《西湖二集》第19卷，人民文学出版社1989年版，第318页。

③ 沈德符：《万历野获编》卷18《崔鉴孝烈》，第483页。

利用自己的特权，私自占有属下衙役之妻。万翼的例子最为典型。据载，万翼，是大学士万安之子，四川眉州人。此人小有才，然性格狂荡，黩货荒淫，无乡曲之行。在他任南京礼部郎中时，在回家路上，地方官员拨给他快手二人作为随从，但万翼一看到快手之妻颇有姿色，"皆私通之"。更为可异的是，万翼"内乱为尤甚"，与家族内女子的私通也习以为常，于是被家乡人称为"万郎猪"。①

正统十三年（1448），刑部尚书金濂在上奏中说："奸义男妇：洪、永以来，有论依奸子孙之妇应斩者，有论奸妻前夫之女应徒者。"可见，其处理的轻重不一。为此，明英宗专门下求刑部、都察院、大理寺拿出一个处理意见。三法司按照明英宗的旨意，就此进行了讨论。其讨论的结果则一致认为，亲男与义男，情有亲疏，所以应该"比奸前夫之女"，处以徒罪。此外，明英宗还要求就奸情明确区分强奸与通奸。②这一条文的出台，亦即对主人强奸义男之妻行为的处罚减轻，事实上使主仆之间的奸情变得一发不可收拾。一至晚明，主人与仆媳通奸，已成为一时的"末俗"。③ 正如明人李乐所言："近时末俗，有大恶不义之事而已，不知其非，人亦不以为非。彼妇人视之似若以为当然而不丑者，何也？主人之于仆媳是也。"④ 当时有一首题为《窃婢》的民歌，其中就记载了主人瞒着自己的妻子，将爪子伸向家中的使婢。歌曲云：

小丫头偏爱他（生得）十分骚，顾不得他油烟气被底腥臊，

---

① 《明孝宗实录》卷98，弘治八年三月戊子条。

② 龙文彬：《明会要》卷64《刑》1《刑制》，中华书局1998年版，第1239页。

③ 明末清初学者张履祥记道："乌镇某氏，惟一子，年弱冠。一夕，逆仆弑之而通，其家遂无后。或曰：'淫仆妻而仆愤，故弑之。'或曰：'仆通于寡母，幼主知之，度不免，故弑之。'"无论是主人"淫仆妻"，还是仆人与主母相通，即使推测不一，但基本可以说明当时男女通奸之事也时常发生。说具张履祥：《杨园先生全集》卷38《近鉴》，第1024页。按：小说《金瓶梅》中西门庆就与其仆来旺媳妇惠莲通奸。参见兰陵笑笑生：《金瓶梅词话》第22回，第278—279页。

④ 李乐：《续见闻杂记》卷9，第762页。

（那管他）臀高奶大掀蒲脚。背地里来勾颈，捉空儿便松腰。（若）
还惊醒了娘行也，那时双双跪到晓。①

通俗文学作品对生活的描摹相当真实。主人与婢女偷情，当时的史料也
有反映。据张履祥记载，浙江桐乡县乌镇有一贵人，其性好淫，广置童
仆，"仆人妻无得免于乱者"。除了主人与仆妻相通之外，当时在一些
富贵人家，因为家法荡然，"强仆"也开始乱主人之室，甚至与主母相
通。这些主母，有些本身就是"寡妇"，因耐不住寂寞，只好与家仆相
通，暂解饥渴。② 按照明代法律规定，凡是奴仆"奸家长妻、女者，各
斩"。③ 刑法不可谓不严，但在晚明，主母或小妾与仆人相通，仍不乏
其例，这不能不说是一种社会风气的新转向。④ 为此，一些人就提出了
告诫之言，云："凡家主，切不可与奴仆并家人之妇苟且私狎，久后必
紊乱上下，窃弄奸欺，败坏风俗，殆不可制。"⑤

无论是主人与使婢相通，还是主母与男仆偷情，无不是对传统社会
伦常的冲击。更有甚者，出现了女婿与丈母娘相通的例子，也即当时所
谓的"姐夫"与"阿姨"偷情之例，如明代题为《阿姨》的民歌，所
反映的就是一个女婿在船上送阿姨时，成就了一段露水姻缘之事。⑥ 从
阿姨一称，再兼之"主人未吃你先尝"一句来看，这位阿姨显然是这

①　冯梦龙编：《挂枝儿》卷 10《杂部》，载《明清民歌时调集》上册，第 231—
232 页。

②　这方面的通奸例子，张履祥曾记下了三则事例，参见张履祥：《杨园先生全集》
卷 38《近鉴》，第 1025—1026 页。

③　《大明律》卷 25《奴及雇工人奸家长妻》，第 199 页。

④　小说《金瓶梅》记潘金莲因为嫉妒而与小厮琴童私通。又小说《警世通言》记
守寡十年的媳妇邵氏，作为一个主母，最后也与小厮得贵私通。此即主母或大家小妾与
童仆相通之证。参见兰陵笑笑生：《金瓶梅词话》第 12 回，第 138—139 页；冯梦龙：
《警世通言》第 35 卷，第 301 页。

⑤　兰陵笑笑生：《金瓶梅词话》第 22 回，第 280—281 页。

⑥　冯梦龙编：《山歌》卷 4《私情四句》，载《明清民歌时调集》上册，第 336—
337 页。

位女婿老丈人的小妾。至于小说《金瓶梅》中陈经济与潘金莲的偷情，从某种程度上说也是丈母娘与女婿的乱伦。《金瓶梅》中还记录了一则养老女婿与丈母娘通奸的故事。所谓养老女婿，即俗称"赘婿"，其特点是"养老不归宗"。故事中的女婿叫宋得，年纪尚小，不上三十多岁。后来因为亲丈母娘死了，其岳父又娶了一位后丈母娘周氏，不到一年，岳父也死去。周氏因为年小，守不住寡，就经常与女婿言笑自若，最后发展到两人通奸。这在法律上称为奸妻之母，即使是后丈母，从法律乃至伦常上言，周氏与宋得为缌麻之亲，尚是在五服之内的亲属。若是落实，两人将均被判绞刑。①

到了后来，男女通奸之风，甚至蔓延到了一些读书人中间。这方面的事例，可引张履祥的下面两则记载加以说明：

> 乌程生某，年少有才名，同邑某氏延为弟子师，然无行，潜与主人女婢通。遂因女婢传意于内，嫂与姑欲奔之。门户严，垣墙峻，乃以布为梯，系楼檐自垣悬下，其人扳援上，逾垣夜入。既久，人始知，不齿士类。郡缙绅怒，闻于学使者，以劣行褫黜，几毙杖。

> 石门秀才有弑其父者，不容于乡，潜遁宦室。日久，宦妻通焉，渐令授女童句读。书室与中馈近，声相闻，颜相望，几无内外之限。渐及家政，司出纳，丑声大布。而以主人远宦，妻专横，亲党莫敢言。二氏一慕浮名，一庇鸟兽，秽乱遂成。②

秀才属于斯文之士，理应恪守儒家伦理纲常。而实际上，明末的秀才不但有"弑父"的行为，而且借助教授之名，与使婢、主母私通。

---

① 兰陵笑笑生：《金瓶梅词话》第53、76回，第711、1154—1155页。
② 张履祥：《杨园先生全集》卷38《近鉴》，第1030—1031页。

男女之间的私通，在民间妇女中也广泛存在。弘治十六年（1503），宣府有一妇人郭氏，"托鬼神，诵佛书，为佛事"，类似于一个女巫，却也与一位名叫孟麟的男子私通。① 万历二十一年（1593），苏州阊门外有宋姓商人，其妻年已四十，荡而悍，与家中一位余姚籍塾师"淫通"，甚至最后谋杀其夫。②

在社会上淫风甚炽的影响下，一些人家的妻妾已不再恪守妇道，甚至与僧人私通。明代的法律，完全禁止僧人与民间妇女通奸，一旦发现，就会在一般通奸罪之上，加罪二等。③ 不过，这些僧人大多是那些挟有"采战术"的异僧，而且很多民间女子的求子欲望，往往是僧人与妇女之间能在互相知情的情况下，各取所需，成其好事。如当时有一异僧陈宾竹，"挟采战术甚奇，不假力气运动，而龟头呼吸若神，能令妇人承之者坦手蔽目"。据史料记载，当时上海县一康姓吏员家的妻妾，"皆为淫妒"。后事情败露，这位僧人被严刑处死。④

男女之间私情的存在，一般都是将责任推在女子身上，认为是女人水性杨花。其实，细究起来，还是男人自己的行为不检所致。小说《金瓶梅》的作者在描述了花子虚之妻李瓶儿与西门庆私通之后，有下面一番比较道出实情的话：

> 大抵只是妇人更变，不与男子汉一心，随你咬折钉子般刚毅之大，也难防测其暗地之事。自古男治外而女治内，往往男子之名都被妇人坏了者何？皆由御之不得其道故也。要之乎夫唱妇随，容德相感，缘分相投，男慕乎女，女慕乎男，庶可以保其无咎；稍有微

① 《明孝宗实录》卷206，弘治十六年十二月辛丑条。
② 沈德符：《万历野获编》卷18《冤亲》，第479—480页。
③ 怀效锋点校：《大明律》卷25《居丧及僧道犯奸》，第199页。
④ 范濂：《云间据目钞》卷2《记风俗》，清光绪四年（1878）上海申报馆仿聚珍版印本。

嫌，辄显厌恶。若似花子虚终日落魄飘风，谩无纪律，而欲其内人不生他意，岂可得乎？①

但在另一回中，小说《金瓶梅》的作者又借助于吴月娘之口，将男女之间通奸的罪责归于妇女："大不正则小不敬。母狗不掉尾，公狗不上身。大凡还是妇女心邪，若是那正气的，谁敢犯边！"②

这种男女淫乱之风，尤其是女子亦多"淫纵"的行为，已经成为某些地方的一种风俗。成书于万历年间的小说无名氏所著的《百断奇观重订龙图公案》（今印本改为《包青天奇案》），其中之《扮戏》一则，开篇作者就说建中风俗浮靡，男女性情滥恶，"女多私交不以为耻，男女苟合不以为污"。当地之人，整天想的是丰衣足食，穿戴齐整华靡，不论行检卑贱。所以当时有谣言揭示道："酒日醉，肉日饱，便足风流称智巧。一声齐唱俏郎君，多少嫦娥争闹吵。"反映了当地男子的淫乱之风。又有俚语道："多抹粉，巧调脂，高戴髻，穿好衣，娇打扮，善支持，几多人道好蛾眉。相看尽是知心友，昼夜何愁东与西。"反映了当地女子的"淫纵"之习。小说中所塑造的女性仙英，多私爱情人，显然就是为了证实这种时代风气。③

传统的礼教与法律无不允许甚至鼓励一夫多妻，这对只能一女嫁一夫的妇女来说，显然是一种不公平。妇女偷情行为的存在，无疑是对这种不公平的婚姻制度的无声反抗。正因为有了这种众多的偷情行为，于是也就激发起一些文人对一女嫁一夫制度的质疑。冯梦龙的朋友苏子忠就是其中的典型代表人物。他的新作《捉奸》一首，被冯氏收录在《山歌》中，其中云："古人说话弗中听，那了一个娇娘只许嫁一个人。

---

① 兰陵笑笑生：《金瓶梅词话》第 14 回，第 172 页。
② 兰陵笑笑生：《金瓶梅词话》第 76 回，第 1155 页。
③ 无名氏撰：《包青天奇案》卷 10，锦文标点，岳麓书社 2004 年版，第 252—256 页。

若得武则天娘娘改子个本《大明律》，世间啰敢捉奸情。"① 苏子忠借助妇女之口，公然对《大明律》提出质疑，希望有武则天一样的人物出现，重新修订《大明律》，使妇女的偷情合法化。苏子忠是一位"笃士"，却能作如此异想，可见，"文人之心，何所不有"！

悍妇与健妇：对"妇妒"之风的新思考

按照传统的观念，"夫者，妇之天"。说得通俗一点，做丈夫的就好像妻子头上所顶的天。儒家经典，亦记载了"妇有七去"之说，作为男女之间的"大防"，事实上是对妇女的一种制约。这种"七去"之说，同样载入《大明律》。但到了晚明，在一些士大夫家中，所谓的那些"大丈夫"，大多忍声隐忍，反而为妇人所制。为示说明，先看下面两则史料记载：

> 今之士大夫于妇之可去者，如鬼怪神妖，非惟不能去，且莫敢犯焉。或去之，人以为薄德而瑕疵之，居官者往往坐是而不振。②
> 古来妒妇制夫之条，自罚跪、戒眠、捧灯、戴水，以至扑臀而止矣；近日妒悍之流，竟有锁门绝食，迁怒于人，使族党避祸难前，坐视其死而莫之救者；又有鞭扑不加，囹圄不设，宽仁大度，若有刑措之风，而其夫慑于不怒之威，自遣其妾而归化者。③

"妒悍"之妇惩治那些"大丈夫"，其伎俩确乎层出不穷。这样的事实在明代的小说中也有反映。如小说言道："当今之世，天道斜行，人人

① 冯梦龙编：《山歌》卷1《私情四句》，载《明清民歌时调集》上册，第291页。
② 顾彦夫：《礼解》，载《明文海》卷128，第1280—1281页。
③ 李渔：《闲情偶寄·词曲部·结构》第1《戒荒唐》，第30页。

怕了老婆，个个欺了丈夫。"① 可见，夫妻关系方面不免有些男女颠倒的现象，而其直接的后果就是当时的妇女肆行而莫之顾忌。

晚明的山歌有"秀才娘子吃醋精"之说，② 这可能缘于当时一些轻薄秀才惯于出入花街柳巷的事实。然从总体上说，穷秀才确实还是以怕老婆出名。穷秀才怕老婆，这当然也是有其原因的。关于此，明代小说有下面的解释："可怜做秀才的人，终年穿的、吃的、用度的，都是坐热了板凳、磨破了唇皮，弄来的馆谷。除了自己读些书，又教学生读些书，辛辛苦苦地宿在馆中，再那里有闲工夫去看好女人，闲钱钞去嫖好娼妓么？……可见穷秀才没有一个不怕老婆，就是这缘故。"③ 明代的民歌已经显示，嫖资便宜的是一次三钱银子，多的更需要五钱银子。即使如此，这还算是"时值估价，也不十分贵"。④ 若是名妓，其价格更是令人望而却步。我们知道，穷秀才辛辛苦苦教书一年，少的不过挣几两银子，多的也不过是几十两银子，确实已无闲钱钞去嫖妓。无奈，只好守得一个黄脸婆，所以秀才没有一个不怕老婆的。

在传统中国，从孔老夫子开始，就流传着"女子小人为难养"的训条。此外，如《尚书》称"纣用妇言"，《诗经》称"哲妇倾城"，无不透示出对妇女的蔑视，以及在男女关系上的男尊女卑现象。传统的典籍，对妇女之性也有相当严厉的规范，并将妇女的不善之性亦即不符合妇德的女子之性概括为下面几种，也即妒、吝、拗、懒、拙、愚、酷、易怒、多疑、轻信、琐屑、忌讳、好鬼、溺爱。在这几种不良妇性中，则又将"妒"列为首恶，认为妇人只要不妒，就可以掩盖百拙。

---

① 西湖伏雌教主：《醋葫芦》第3回，百花文艺出版社1992年版，第31页。
② 冯梦龙编：《山歌》卷4《私情四句·会》，载《明清民歌时调集》上册，第330页。
③ 酌玄主人编辑、谐道人批评：《闪电窗》第6回，载《明清稀见小说丛刊》，齐鲁书社1996年版，第224—225页。
④ 冯梦龙编：《挂枝儿》卷9《谑部·鸨儿》，载《明清民歌时调集》上册，第223页。

明代中期以后，"妒妇"大量涌现，而男子"惧内"现象也史不乏载。这是一个新动向。早在宋代时，由于道学家法谨严，妒妇、悍妇相对较少。但到了明代，妒妇、悍妇已不可胜数。如李绍文就亲眼见到松江六家悍妇，并记录下了悍妇行为，颇便于我们对晚明的悍妇有一感性认识，引述如下：

> 松之悍妇，不能枚举。因夫以得贵，因贵以虐夫。有披发通衢，呼夫名而稠诟；有数娶美妾，实禁锢以终身；有夫将荣任，披麻衣以咀咒；有禁不置副，斩夫嗣而不恤。夫枵腹而偏薪饔飧，客在堂而故挞奴婢。过听六婆，大捐黄白，出入由己，不告舅姑，自谓夫之无乃我何。①

民间百姓家的妇妒暂且不说，即使是一些道学家、名士、名将，也往往有"惧内"的倾向。如：王阳明内谈性命，外树勋猷；申时行、王锡爵两位内阁大学士，官至极品；戚继光南平北讨，威震四方；萧如薰，也是矫矫虎臣，著庸边阃；汪道昆锦心绣口，旗鼓中原，也算文坛健将。即使是这么有名的人物，却都是"令不行于阃内，胆常落于女戎，甘心以百炼之钢化作绕指也"，有惧内之病，② 实在是很可怪的现象。

著名文人李开先以"山坡羊"调写有一首《你性情儿随风倒舵》歌，对悍妇形象作了深刻的刻画，不妨引述如下："你性情儿随风倒舵，你识见儿指山卖磨。这几日无一个踪影，你在谁家里把牙儿磕？进

---

① 李绍文：《云间杂识》卷 2，上海瑞华印书局影印上海黄氏家藏旧本，1935 年版。

② 谢肇淛：《五杂组》卷 8《人部四》，第 150 页；沈德符：《万历野获编》卷 5《惧内》，第 138—139 页。按：据沈德符的记载，汪道昆不但惧内，甚至被他的夫人阉割，成为阉人，实在令人咋舌。又据谈迁记载，都督萧如薰夫人杨氏，"才而妒"，尽管没有子嗣，却不容萧氏"纳箧"。参见谈迁：《枣林杂俎》义集《彤管·妒内》，第 286 页。

门来，床儿前与我双膝跪着！免的我下去揪你的耳朵。动一动就教你死，那一那惹下个天来大祸。你好似负桂英王魁，更在王魁头上垒一头儿窝。哥哥，一心里爱他，一心里爱我。婆婆，一头儿放水，一头儿放火。"[1] 男人在外寻欢作乐，回家之后，难免要受家中悍妇的拷问，甚至受罚下跪。但若换一个角度来说，作为一个妻子，当得知自己丈夫有了新欢，却又受家中婆婆夹板气的时候，除了凶悍，似乎别无他法！

家有悍妇，被传统的士大夫视为一种不幸之事，甚至可以绝祀。那么，一旦悍妇死去，就反而会被他们认为是一件值得庆幸的事情。如解缙曾去参加一位友人妻子的丧事，进门就向友人说"恭喜"。进而又说："四德俱无，七出咸备，呜呼哀哉，大吉大利。"闻者无不绝倒。究其原因，就是因为这位友人的妻子是一位悍妇。后来官至吏部尚书的崔恭，他的妻子李氏也是一位悍妇，崔恭见到她就慄慄畏顺，甚至向他下跪求饶。李氏将死之时，崔恭在病床前听候省视，还是不敢有所违抗。等到李氏一死，他的小妾得以专宠，并为他生下二子。[2]

"惧内"或"畏妇"的原因，各不相同，可以概括为下面八种，诸如：愚不屑之畏妇，是怵于妒妇之威；贤智者之畏妇，是溺于妇人之爱；贫贱者之畏妇，是仰仗妇人之余沫以自给；富贵者之畏妇，是惧怕妒妇发威而求苟安；男人怕丑妇，是由于丑妇操持家秉；男人怕少妇，是因为惑于床笫；男人怕有子之妇，是因为妇人可以有所要挟；而男人怕无子之妇，则纯粹由于妇人有威，而男人被其气势所慑。但最重要的一条，还是因为明代的法律允许男子可以三妻六妾，而妇女却必须从一而终。而当时的实际，无论是士大夫，还是商人，娶妾已成一时风气。在这样的状况下，妇女只有靠"妒"方可保持在家庭中的地位。事实也证明如此。在明代，妒妇现象之盛，以地域言，当数安徽的徽州与福

---

① 李开先：《一笑散》，载《明清民歌选甲集》，第 29—30 页。
② 尹直：《謇斋琐缀录》8，载邓士龙辑：《国朝典故》卷 60，第 1342 页。

建的浦城为甚。① 这显然与此两地之人多外出经商有关。

为了对明代妇女的“妒风”作更深层次的探讨，有必要将明朝人丁雄飞的说法引述在下面：

> 妇人多幸，生逢今世。举朝略是无妾，天下殆皆一妻。设令人强志广娶，则家道离索，身事迍邅，内外亲知，共相嗤怪。凡今之人，通无准节。父母嫁女，则教之以妒；姑姊逢迎，必相劝以忌。持制夫为妇德，以能妒为女工。自云受人欺，畏彼笑我。王公犹自一心，以下何敢二意？夫妒忌之心生，则妻妾之礼废；妻妾之礼废，则奸淫之兆兴。②

这当然还是传统之说。其意无非是说，尽管男子可以妻妾成群，但在“妒风”之下，则如同无妾。不过作者有一点倒是道出了当时的实情，即妇女确实已经“持制夫为妇德，以能妒为女工”。

妇女的吃醋使性，其实责任在男子，完全怪不得妇女。何以见得？明代一首题为《跳槽》的民歌，已经基本说明妇女醋情之生，无不因为男子首先违背自己所许坚贞不渝之愿，而是瞒了相好的女子，“偷情别调”，亦即所谓的“跳槽”，③ 然后才引发妇女撚酸吃醋。吃醋这种似乎体现妇女小心眼的行为，恰恰表明妇女对男子的一片真情恩义。还是冯梦龙最为理解妇女的心态，他说：“说到恩义，吃醋也不淡，使性也不妨。不切己，不吃醋；不相知，不使性。”④ 可见，吃醋使性不仅仅说明事情关乎妇女自己的切身利益，而且也是妇女对男子的“相知”。

---

① 谢肇淛：《五杂组》卷8《人部四》，第147页。

② 丁雄飞：《小星志》，载《中国香艳全书》第1册一集卷1，第18页。

③ 冯梦龙编：《挂枝儿》卷5《隙部》，载《明清民歌时调集》上册，第128—129页。

④ 冯梦龙编：《挂枝儿》卷5《隙部·醋》，载《明清民歌时调集》上册，第126页。

当然，也有一些学者从佛家因缘的角度对妇妒现象加以阐释，藉此说明家中出现妒妇，无不是因为男性前生先有辜负女子之举，才有今生遭受妒妇折磨之苦。这是一种因果报应。下面一个例子显然可以说明这一倾向。如侍郎张鼐，学行著称当世，但其夫人陆氏颇妒悍，以致"侍郎苦之"。当时达观大师号称颇有道术，张鼐就向达观询问自己的"夙命"。达观让张鼐持佛咒，虔诚诵念半载，自当有悟。半年之后，张鼐恍惚觉得"前生恋某妓，登第负之，转生陆氏"。① 这当然属于佛家的话头，不可令人信服，但从中也道出了一个实情，亦即因为男子有负于女子，才导致妇妒现象的风行。

妒妇的广泛出现，乃至妇妒之风的形成，从妒妇的心态来看，显然也是对现实社会中男女不平等的一种抗争。周清原所编小说《西湖二集》，大体说出了妒妇胸中有"六可恨"，这六大恨无疑反映了妇女的一种不平心态。其中六大恨分别如下：第一，按照妇女的心态，一夫一妻，此是定数。"怎么额外有什么叫做小老婆。我却嫁不得小老公，他却娶得小老婆，是谁制的礼法，不公不平，俺们偏生吃得许多亏"。第二，妇人偷了汉子，便道是不守闺门，甚至成为莫大之罪，该杀该休；但男子偷了妇人，不曾见有杀、休之罪。无论是传说，还是各种善书，大多是惩罚妇女的不忠行为。如妇女像宜城公主那样，就会被剥了阴皮，贴在驸马脸上，藉此说明不忠妇女是何等的罪大恶极而不可饶恕。更有一些"傻鸟""书呆子"，造言生事，说谎弄舌，恐吓妇女，说什么阎罗王十八层、十九层地狱，安排锻炼，让不忠妇女吃苦不尽。第三，男子娶小老婆，偷妇人，已是异常可恨之事，偏偏男子又生出一种"男风"的习气来，"夺了俺们的乐事，抢了俺们的衣食饭碗"。第四，妇人偷了汉子，便要怀孕，生出私孩子来，毕竟有形迹，难以躲闪，就如供状一般，所以妇人不敢十分放手，终究有些忌惮。男子偷了妇人、

---

① 谈迁：《枣林杂俎》和集《丛赘·张次仲》，第 606 页。

小官，并无踪影可以查考，所以他敢于作怪放肆，恣意胡为。第五，妒妇对男人的性生理特征也抱有一种愤愤不平之情。按照她们的理想，男子的阳具，理应只许见了自己的婆子方才发作、方才鼓弄便好，若是自己婆子不在面前，这件"东西"便应该守着家教，一毫不敢作怪，依头顺脑使唤，随别人怎么引诱，断然不肯做非礼之事，这便是守规矩的"东西"。但事实并非如此。男人的这件"东西"，偏生见了生客，分外狰狞，分外胆大，及至交战之时，单刀直入，再也不肯休歇，就像孙行者的金箍棒一般，好不凶狠，还要头面紫胀，粗筋暴露，磊磊块块，如与人厮打模样；若是回到家中，见了熟客熟主，反而没张没智，无精打采，猥猥缩缩，塌塌撒撒，垂头落颈，偷闲装懒，有如雨打鸡儿一般，全然不肯奉承，不肯着力。第六，妒妇既然绝了男子的小老婆、小官儿，使他不敢胡走乱行，原本应该可以放心了。其实并非如此。男子随身还有那五个指头，也还要作怪。此外，还有"夜壶"，活像妇女那件"东西"的模样，一出一入于其间，男子同样有放肆之事。更有日常的用品之中，诸如"竹夫人""汤婆子"这样的名色，也可以引坏男子那不良的心肠。①

从上面的妒妇所怀六大恨来看，事实上已经包括了男女在生理与社会上的诸多不平等。妇女心中所恨，不仅仅针对社会乃至礼教在对待男女之间方面的"不公不正"，而且对男女在天生的生理特征方面的不公正，同样提出了很多的怨恨。小说不同于正史，不同于文人士大夫的正经文章，在后者的那些记载里已经很难见到反映妇女心态的真实记录。而小说则不同，尽管所说有点俚俗，甚至有点"不经"，但毕竟痛快淋漓地说出了妇女的心中话，因而它是实在的、可信的。

妇女之妒，其初级的表现形式是吃醋使性。明代有一首题为《醋》的民歌，大体反映了这样一种情形。歌曲道：

① 周清原：《西湖二集》第11卷，第177—178页。

　　我两人要相交，不得不醋。千般好，万般好，为着甚么？行相随，坐相随，不离（你）一步，不是我看得（你）紧，（只怕你）脚野往别处（去）波。你若怪我吃醋撦酸也，（你）索性（到）撑开了我。①

吃醋的目的，无非是为了争风，还是为了独自对男子感情的占有。在争风吃醋的过程中，其法已是无所不用其极，甚至用上了压镇、回背之术。如小说《金瓶梅》记载，自从西门庆与院中的李桂姐好上之后，时常出入院中，不再回家，于是引发了西门庆的小妾潘金莲的醋劲。为此，两人各自为争夺西门庆而较上了劲。李桂姐采用的是"压镇"之术，即让西门庆从潘金莲头上剪下一绺头发，将头发"絮在鞋底下"，每日践踏。而潘金莲为了重新夺回西门庆，则听从阴阳人之说，采用了一种"回背"之法。所谓回背之术，即当大小妻妾争斗之时，用镇物安镇，镇书符水吃后，就可以妻妾不争。至于具体的方法，小说有下面的描述："用柳木一块，刻两个男女人形像，书着娘子与夫主生时八字，用七七四十九根红线，扎在一处。上用红纱一片，蒙在男子眼中，用艾塞其心，用针钉其手，下用胶粘其足，暗暗埋在睡的枕头内。又朱砂书符一道，烧成灰，暗暗搅在酽茶内。若得夫主吃了茶，到晚夕睡了枕头，不过三日，自然有验。"所有上面的这些做法，无不都有讲究：用纱蒙眼，其目的就是为了使丈夫见了自己一似西施一般娇艳；用艾塞心，则是为了使丈夫心爱自己；用针钉手，意思是说随便女人怎么不是，丈夫再不敢动手打人；用胶粘足，其目的是为了限制丈夫在外面胡行。②

　　悍妇现象的广泛出现，说明明代妇女在家庭中地位的部分上升。

----

① 冯梦龙编：《挂枝儿》卷5《隙部》，载《明清民歌时调集》上册，第127—128页。

② 兰陵笑笑生：《金瓶梅词话》第12回，第148—151页。

"悍"自然是一个贬称，其实，在明代凡是说一个妇女能自强、自立，有时也会用一个比较隐晦或中性的说法，即"自健"。如明代官员许殿卿之妻孟氏，就被乡里邻居称为"自健"。那么，什么样的妇女可以称得上是"自健"？明代文人就以孟氏为例，进行了解释，并将其概括为下面几个特点：一是"夫力贫支备，甘荼习蓼，备所不堪，一无难色退言"。这是指可以与丈夫共患难，并鼓励丈夫上进，显然是传统"相夫"说的转化。二是"困于捐箧窭结，而不变于装橐千金"。这是劝丈夫为官，应以清廉自持，甚至视非法的金钱如"粪土"。这是指有见识。三是"即不变于装橐千金，而家人稍入簿计缙策百不失一"。这是指尽管可以视非法金钱为粪土，但能主持家庭的日常生产，又管理得头头是道，显示出一种精明的经济管理才能。四是人虽在千里之外，却又能通过传敕遥控丈夫衙舍中的婢妾，这显示出一种主妇女持家的才能。① 这样一种"自健"之妇女，尽管近于"悍"，却是明代妇女趋于自强、自立的新特点。

与明代社会风尚的变化相适应，大概自明代中期以后，一直到明末，妇女的生活及其风尚也发生了一些变化。大量女教书在晚明的出现，一方面说明了明代妇女教育的发达，另一方面也是妇女在社会生活方面突破传统以后在著述上的一种侧面反映。换言之，因为妇女在实际生活中，并非完全按照这些妇女规范生活、行动，故而导致大量女教书的出现，以便对妇女生活及其行为进行新的规范。吕坤的记载，就比较全面地反映了晚明妇女生活及其行为方式诸方面所出现的新动向。引述如下：

> 自世教衰，而闺门中人竟弃之礼法之外矣。生间阎内，惯听鄙

---

① 李攀龙：《李攀龙集》卷23《明孟宜人墓志铭》，第521—522页。

俚之言；在富贵之家，恣长骄奢之性。首满金珠，体满縠罗，态学
轻薄，语习儇巧，而口无良言，身无善行。舅姑妯娌，不传贤孝之
名；乡党亲戚，但闻顽悍之恶，则不教之故。乃高之者，弄柔翰、
逞骚才，以夸浮士；卑之者，拨俗弦，歌艳语，近于倡家，则邪教
之流也。①

这无疑是当时妇女生活的实录。但这种情况的出现，显然也与家庭的女
教逐渐流于形式有关。换言之，在妇女中出现一些传统礼教所谓的
"出丑败坏的事"，其实就是家教不严所致。在晚明的一些大家族里，
男女已不再有别，而是混淆，全无别嫌明微的道理，甚至一些妇女还出
头露面，恬不知羞。②

　　除了上述几点之外，晚明妇女生活尚有两大转向值得引起关注：一
是城市化对乡村夫妻生活的影响。有一首题为《乡下夫妻》的民歌，
已经明白地透露了下面这样一种信息：一对本来甚是和谐恩爱的夫妻，
当在一个清明节时，乡农见到从城里前来上坟的城市"俏娘"之后，
开始变得魂不守舍，羡慕城市的女子。③ 农村赋税日重，渐趋凋敝，城
市商业化的发展却带来繁华的景象，导致城乡生活反差趋大。于是，人
们对乡村生活日渐厌倦。即使是村女，也不再安于农村生活，而是向往
城市生活，梦想能嫁一个城市郎君。李开先有一首《村女谣》，④ 即为
最好的例证。从诗中可知，作为一个"红娥女"，若是嫁了"村夫田舍
郎"，就只能过"一阵风来两鬓糠。灶旁门外鸡随犬，院后家前马伴
羊"这样一种乏味的生活。反之，若是能嫁个城市郎君，则完全可以

---

①　吕坤：《闺范序》，见《闺范》，第1—4页。
②　相关的记载，可参见墼时相：《养蒙图说·祖孙有礼》。
③　冯梦龙编：《挂枝儿》卷10《杂部》，载《明清民歌时调集》上册，第241—
242页。
④　李开先：《闲居集》卷1，载《李开先全集》上册，第87页。

过上"早起梳头烧好香，一壶美酒一锅饭，一盏清茶一碗汤"的理想生活。城市繁华所产生的吸引力，对"田舍郎"与"村妇"是一样的。换言之，城乡对立，最终必然引发农村家庭生活的动荡。二是妇女的社交圈渐趋扩大。按照明代一般的惯例，妇女"出必拥蔽其面"。然自明代中期以后，妇女开始在外抛头露面。明人的记载生动地记述了这种变化趋势："妇人出必拥蔽其面，今则粲粲彼姝，露妆行路，而听经礼忏，入山宿寺，秽德彰闻矣。"① 这当然是一种"怪事"。但时日一久，也就见怪不怪了。尤其是在北京，妇女"好嬉游，亟聚会"，更是成为一种时风习俗。每当仲夏之时，北京妇女有"水滨之观"。② 这种风气在江南最为盛行。从隆庆二年（1568）苏州知府所立的《苏州府示禁挟妓游山碑》中可以清楚地知道，当时苏州虎丘山寺已是"游人喧杂，流荡淫佚"。尤其是一些妇女，她们冶容艳妆，结队游览。③

近人周作人认为，妇女问题的实际，只有两件事，即经济的解放与性的解放。他进而主张，人生有一点恶魔性，这才使生活有些意味，正如有一点神性之同样重要。对于妇女之狂荡之攻击与圣洁之要求，结果都是老流氓的变态心理的表现，实在是很要不得的。④ 如何看待明代中期以后的男女通奸，以及外出旅游、看戏之风？今人决不可以"老流氓的变态心理"去看待这种男女关系混乱的现象，而是更应看到商业化与城市化生活的大势对传统礼教封锁下的妇女生活的冲击，以及由此而引发妇女生活的一些新的转向。

综上所述，从明代正德年间开始，由于社会与文化机制内部的矛盾运动，明代妇女的生活从结构的深层发生了巨变。像晚明这样的时代，

---

① 钱永治：《枝山志怪序》，载《明文海》卷 222，第 2261 页。

② 陈子龙：《安雅堂稿》卷 15《杨进士侧室王姬墓志铭》，第 300 页。

③ 王国平、唐力行主编：《明清以来苏州社会史碑刻集》，苏州大学出版社 1998 年版，第 565 页。

④ 周作人：《北沟沿通信》，载黄开发编：《知堂书信》，华夏出版社 1994 年版，第 116—117 页。

势必给人一种风气突变的感觉，至于像《牡丹亭》中的女主人公杜丽娘那种不顾一切的爱情，冯梦龙所辑《山歌》中的女性大胆承认"咬钉嚼铁我偷郎"的坦诚，以及大量"健妇"或"悍妇"的出现，只有在这样的时代才可能出现，而在传统的礼教关系的封锁世界中是根本不可能存在的。①

---

① 相关的阐述，可参见陈宝良：《悄悄散去的幕纱——明代文化历程新说》，第8页。

余　论

　　尽管清初士大夫的风俗反思及其改良，其目的仅仅在于回复三代之治以及认同华夏文化，而他们所谓的"后王""后贤"，亦不可遽断为新朝统治者，但毋庸否认的是，他们出于深层次的风俗反思乃至改良之策，倒与清初社会秩序与礼教秩序的重建若合符节。

一、声名妖孽：晚明的社会异动及其妖魔化

明代中期以后，堪称是一个极具变化的时代，社会与文化呈现出诸多转向的迹象。面对如此巨大变动的挑战，势必引发生活在这一时代的知识人的回应，甚至不乏惊诧之感，将诸如此类的变动视为家庭的不祥之相和社会的"大怪"。

明末清初学者周亮工的父亲著述甚富，所作《观宅四十吉祥相》，按照传统的观念，颇为有益于世道人心。其中有很多条目，尽管属于家庭的不祥之相，然若换一个角度来看，却正好证明明代中晚期社会与文化出现了很多新的动向，大致体现在以下七个方面：一是案头有淫书。在传统中国，黄庭坚所作艳词，一直被人视为"邪言荡人心"。一至晚明，一向被传统观念贬斥为"坏心术，丧行止"的小说，却在当时风行一时。二是妇人垂帘观剧。在晚明，妇人观剧已经习以为常，即使是大家贵族，也不过是其间仅隔一帘而已。三是妇女识字。妇女尤其是人家族中的妇女识字，在晚明已经相当普遍。照例说来，妇女所学，理应是《列女传》《闺范》之类的书，以培养妇德。但事实则不然，当时已是淫词丽语，触目皆是。四是呼优人同坐。晚明戏剧相当发达，优人时常出入大家之门，甚至有些士大夫家中就养着很多戏班。按照传统的观点，优人属于贱流，登场演出，赐予他们座位，尚可通融，但如果招呼他们同坐角饮，则显然有失褒渎。晚明的事实却是，人们将优儿敬若师

友，即使不赐坐，也不过是他们演戏"不在行"而已，若是在行，则必定赐坐。五是纸牌入手。按照传统的看法，像马吊牌一类的赌博娱乐，仅仅适合于轿夫、皮革匠及那些不识字人玩弄。至于玩马吊牌的场所，亦应在四达通衢的几桌上。此类娱乐，无论其中有千变万化，或者说神妙不测，终究与士大夫的身份不符。然对晚明的士大夫来说，显然已经不耐烦一人独坐，更不肯习静，总喜欢聚在一起，找点玩的乐子。先是弈棋，再变而为玩马吊牌。六是学"苏意"。在晚明，苏州人的行为成了别处人模仿的典范。七是不读《四书》小注。在明代初期，很多学者在读儒家经典《四书》时，无不读小注。到了明末，若是有人再读小注，就会被人目为"迂腐"，其结果则导致"离经叛道"。①

任何时代，均会出现一些奇异的现象。然王孙满所言"魑魅罔两，莫能逢之"，指的不过是川泽山林；嵇叔夜自言羞与魑魅争光，所指亦是"昏夜"。一至晚明，"今通都大邑，青天白日，怪物公行，而人不以为怪"，这才称得上是真正的"大怪"。为此，黄宗羲仿枚乘《七发》之体，专门写了一篇《七怪》予以揭示，② 并将这种大怪现象概括为下面七类：一是士人逃释。晚明时代，有志节的士人，"多逃之释氏"。究其原因，不过是"强者销其耿耿，弱者泥水自蔽而已"。③ 二是士人习"骂"，学者从"学道"转而变为"学骂"，诸如"矜气节者则骂为标榜，志经世者则骂为功利，读书作文者则骂为玩物丧志，留心政事者

---

① 周亮工：《因树屋书影》卷1，第15—18页。

② 黄宗羲：《南雷诗文集》，《杂文类·七怪》，载《黄宗羲全集》第10册，第649—652页。

③ 关于第一条士人逃释，黄宗羲尚有以下揭示："夫为洪水猛兽之害者，非佛氏乎？自穷禅者有祖师如来之变。昔也有体有用，为空寂枯槁；今也有用无体，为机械变诈。昔从事于昭昭灵灵，谓不足以治天下国家；今从事于闪闪铄铄，且以之而乱天下国家。故昔之为佛者，非直以佛氏之说为孔子之说，则以佛在孔子之上，是以佛攻儒；今之为佛者，必先以辟佛之说号于天下，而后弹驳儒者不遗余力，是假儒以攻儒。魑魅罔两，接迹骈肩而出没于白昼之下，未有甚于斯时者也。"参见黄宗羲：《南雷诗文集》，《寿序类·寿张奠夫八十序》，载《黄宗羲全集》第10册，第674页。

则骂为欲吏，接庸僧数辈则骂考亭为不足学矣"。① 三是文章之怪。在文坛应酬文盛行的大势下，本已无所谓文章可言，其中的"黠者"，却妄谈家数，自诩风雅之正宗、古人之正路。究其伎俩，不过以剿袭之字句，文饰时文之音节而已。四是好神仙之习。神仙有无，本不可知，即或有神仙，亦理应是山林隐逸之徒，与朝市无涉。然揆诸明代所谓的神仙，则"好言人间祸福，作为隐语，皆持两可。应之而福也，则人以言福者为其验；应之而祸也，则人言祸者为其验"。由此倾动朝野，押阖干没。五是神童泛滥。这些所谓的神童，写字作诗，周旋应对于达官之前，逢人即夸某官以我为门人、某官以我为义子。神童随带仆从数人，替自己磨墨伸纸，套数娴熟，"累月而致千金"。追溯他们的教法，不过是让他们学书大字；至于诗，则以通套零句排韵而授之，东移西换，不出这数十句而已。一旦以《四书》相问，则茫然不识为何物。六是求葬地之风。地理之说，自《周官》之说之后，一变为形法，再变为方位，三变为三元白法。明代地理之说，流行方位、三元白法，凭藉此说而求"吉地"，导致"一年一改葬"现象的出现。七是医学之怪。医学之难，在于辨别经络，所以伤寒之书，讲究疏通十二经络，以脉辨之，又以见症辨之，而后投药，不敢不慎。一至明代，自宁波人赵献可所著《医贯》一书出，直言江南伤寒直中三阴者，绝无此理。其说一旦盛行，最终导致学医之人，只讲阳明一经，转而不辨其他十一经络。

上述种种，无不是当时社会与文化发生转向的明证。那么，如何认

---

① 士人"好骂"之习，其实就是晚明以来士风之肆无忌惮。关于此，黄宗羲尚有如下揭示："今世以无忌惮相高；代笔门客，张口辄骂欧、曾；兔园蒙师，摇笔即毁朱、陆；古人姓氏，道听未审，议论其学术文章，已累幅见于坊书矣；乳儿粉子，轻儇浅躁，动欲越过前人，抗然自命，世无孔子，不当在弟子之列。盖不特耻为弟子，相率而耻为师。吁！其可怪也。"参见黄宗羲：《南雷诗文集》，《杂文类·续师说》，载《黄宗羲全集》第10册，第657页。

识这种历史转向？简言之，可以用"声""名""妖""孽"四字加以概括。① 尽管只有简短的四字，但反映的信息则颇为丰富，即声、名、妖、孽的出现，无不"心和而出"，这就不能不让我们就王阳明心学的崛起与明代中晚期社会、文化的变动加以通盘考察；而声、名、妖、孽四字合在一起，即为声名与妖孽。透过声名、妖孽，大抵又可反映下面两大动向：一是对"声名"的追求，随之出现了大量的名士；二是社会与文化的"妖孽"化，而妖人、妖言、妖事的层出不穷，大抵可以作为妖孽化的最好注脚。按传统的儒家观念来看，这无疑是一种不祥之兆，甚至是给那些尚沉湎于儒家之说的士人"顶门一针"，但确实可以看出当时社会与文化的历史转向。

妖孽之说，起源颇早，《左传》中已有"地反物为妖"之说。至《汉书·五行志》出，随阴阳五行说而来者，则是妖孽说的风行。自此以后，"物妖""人妖"之说，史不绝书。如在唐代开元、天宝年间，先有"花妖"之说，② 后又有"烛妖"之论。③ 可见，所谓的物妖，正如明末清初人申涵光所云，"物之不常见者皆妖"。④ 至于"人妖"，按照《韩诗外传》的说法，就是"上下相疑，父子相离"。相较之下，又如明初学者方孝孺所言，人们仅仅知晓"物妖"，视山崩川绝、牝晨牸乳为可畏、可异，而不知"人妖"，更不悉"妖自己招"，甚至出现"乐妖为祥"的现象。⑤

---

① 陈钟琪：《与友》，载《尺牍新钞》卷10，第352页。

② 史载唐开元、天宝年间，种于沉香亭前的木芍药，其花一日忽开，一枝两头，朝则深碧，午则深红，暮则深黄，夜则粉白，昼夜之内，香色各异，被时人视为"花妖"。参见王仁裕：《开元天宝遗事》卷上《花妖》，中华书局2006年版，第19页。

③ 史载开元、天宝年间，宁王好声色，"有人献烛百炬，似腊而腻，似脂而硬，不知何物所造也。每至夜筵，宾妓间坐，酒酣作狂，其烛则昏昏然如物所掩，罢则复明矣，莫测其怪也。"此为"烛妖"之证。参见王仁裕：《开元天宝遗事》卷上《烛妖》，第20页。

④ 申涵光：《荆园小语》，载《清言小品菁华》，第467页。

⑤ 方孝孺：《逊志斋集》卷8《戒妖文》，第242页。

这就需要对传统中国的妖祥之论加以重新梳理。"妖"与"祯祥"相对。所谓祯祥，这是一种物瑞，其外在的表现为"景星庆云"；而妖则明显归于不吉之列，甚至会出现"山走石泣"的奇异景象。当然，无论是妖，还是祥，均为"气兆之先"。① 不过，妖祥之说，又与"末世""圣世"密切相关，且并无定名，与人力无关。正如冯梦龙所言，诸如"屈轶指佞""獬豸触奸"一类"上瑞"的出现，在"圣世"无奸佞的时代，其实"不必有"，然在"末世"倒反而难以见及，不过是虚名而已。即使如此，冯梦龙又不得不承认，惟有圣世德胜的时代，妖祥之事方属虚名；而在末世时代，则"祥多虚而妖多实，鬼以之灵，物以之怪，人以之疵厉"。② 换言之，按照传统的观念，若是国家政治不够清明，就会出现"妖物"。这同样被明代的史家所关注。如朱国祯就记载了下面两件事：一是汪直建立西厂之日，就有"妖狐"显现，其结果则是"朝房倾倒，贻七林之祸甚烈"；二是万历二十五年（1597）的一天，武昌的黄鹤楼"无故自火，延烧千家"，其后，又有狐狸从汉阳门进入，"阴雨作人哭"，且民间见到了"龟、蛇大斗"，随后就是水旱饥馑不断，且税使骚扰湖广。③ 记录这些奇异的现象，无非为了说明物妖的出现，还是因为政治清明的缺失。物妖的极致，就是"妖神"的出现，如江南人所信奉的"五圣"（又称"五显灵公"），乡村人称为"五郎神"，就是典型的例证。妖神的出现，终究还是"妖由人兴"，然一旦流俗向慕，那么邪妄之气就会相互感召，以致"久聚而不散"，其或"猖狂横恣"。④

简言之，在正统人士看来，明代中晚期是一个妖魔化的时代。服饰趋于新奇，甚至怪模怪样，被人斥为"服妖"；时尚、稀罕之物，不断

① 姚旅：《露书》卷2《核篇下》，第30页。
② 冯梦龙纂：《古今笑史》第34《妖异部》，第571页。
③ 朱国祯：《涌幢小品》卷32《妖人物》，第641、645页。
④ 陆粲：《庚巳编》卷5《说妖》，第51、54页。

涌现，人们趋之若骛，同样被人斥为"物妖"。至于人，也不再与传统儒家的中庸相符，不但毫厘未妥，甚至还作怪，这种作怪就难免被人视为"妖人"。

妖人：人格之变异

何谓"妖人"？明末清初学者颜元作如下解释："口言圣贤之言，身冒圣贤之行，而屋漏或有放肆之心，对妻孥或有淫僻之态者，真人妖也。"[①] 此是就异端放诞之人而言。又在广东香山县，其册籍不收之民包括下面三类：第一类是"棍人"，这些人经常性的活动是打点衙门，俗称为"光棍"；第二类是"妖人"，主要是指那些从事"师巫邪术"之人；第三类是"淫人"，主要是指"妖童娼妇"。[②] 其中所谓的"妖人"，大抵是指"师巫邪术"之人，且"淫人"中的"妖童"，显与变性的"人妖"相近。

（一）人妖：变性之人

在明代中晚期，人妖之说，包括以下两类：一为身具男女两形之人，亦即变性之人；二为男扮女装之人。

一人生而具备男女两形，古即有之。佛教《大般若经》曾有五种黄门的记载，其四称为"博叉半"。意思是说此类人半月能男，半月不能男，然并无称半月成女。又《遗像经》有五种"不男"之人，分别为"生""剧""驴""变""半"，其中所谓的"半"，即指具有男女二形，属于"人中恶趣"，又被《晋史·五行志》称为"人疴"。如此生理特征，在中国的早期医书中亦已经有所关注，如《素问》即有

---

① 钟錂编：《颜习斋先生言行录》卷下《刁过之》第19，载《颜元集》下册，第692页。

② 嘉靖《香山县志》卷2《食货》，收入《日本藏中国罕见地方志丛刊》，书目文献出版社1992年版。

“男脉应女脉应”之说，所指即为身具男女两形之人。人身生理特征的异相，一旦与阴阳五行思想相合，就会被刻意夸大，进而成为妖孽说的张本。如《玉历通政经》云：“男女二体主国淫乱。”《异物志》云：“灵理一体，自为阴阳，故能媚人。”《褚氏遗书》云：“非男非女之物，精血散分。”又云：“感以妇人则男脉应胗，动以男子则女脉顺指，皆天地不正之气。”诸如此类，无不将此类异相之人视为一种妖孽，是一种“天地不正之气”，甚至可以导致一国的“淫乱”。

揆诸史料记载，此类人妖不乏记载。如晋惠帝时，京洛有人身兼男女之体，亦能两用，而性尤淫，被人视为男宠大兴的征候。至宋代，亦有如下二例：一是有一婢女，性格慧黠，尽得同辈之欢，其实身具男女二形，前后奸状不一，后被“置之极刑”；二是李安民曾在福州得一徐氏处子，年十五六，“交际一再，渐具男形”。[①]

一至明代，此类人妖更是被史籍所广泛关注，其中最为典型的有以下两例：一是隆庆二年（1568）秋，山西男子李良雨变为妇人的典型案例。据史料记载，李良雨有妻张氏，因夫妻生活不谐，将其妻休弃。其后，良雨忽患腹痛之病，时日一久，其阳渐微，原本只是以为是病虚之故，久之则有“月事”，方知已经变为妇人。二是崇祯二年（1629），松江有一姓莫的老人，无子，仅有一女，嫁给李氏，夫妇相得。其后夫妻生活，渐不和谐，其夫不再“内御”。当时有一邻居之女，跟莫氏学习刺绣，两人同寝，导致邻女有孕。[②] 除了上述两例之外，相关的人妖记载，亦复不少，如：福建人林氏居住在南京，生有一女，取名林寿。此女长大后，忽然“变作男”，其后因奸淫其婢，才被人发觉。又南京

① 周密：《癸辛杂识》前集《人妖》，载《宋元笔记小说大观》第6册，上海古籍出版社2007年版，第5721—5722页。

② 叶梦珠：《阅世编》卷10《纪闻》，第233页。按：李良雨事，田艺蘅之记载稍异，云：隆庆三年五月，陕西民李良雨，本男子，无恙，忽变为妇人，与同伙一人，合为夫妇。其弟李良云报官奏闻。此阴盛阳衰之妖也。参见田艺蘅：《留青日札》卷35《李良雨》，第1136页。

聚宝门外孙继祖的母亲，亦是"半阴阳人"。其人凭借医术游历大家，"沾染不少"。后因与儿媳相狎，被儿子怀恨而杀。① 还有苏州府常熟县有一位缙绅夫人，为大家之女，其人亦"半月作男"。当作男之时，"藁砧避去，以诸女奴当夕，皆厌苦不能堪。闻所出势伟劲倍丈夫，且通宵不讫事云"②。

男扮女装，魇魅行奸，这在传统的典籍中同样被称为"人妖"。此固属于异常之事，但在某种程度上也说明了当时妇女在性生活方面的缺乏与不满足。成化年间，在北方发生了一件几乎惊动全国的"人妖"案子。下面根据当时的公牍，对这一案件的前后经过作一简单的介绍。

案件的主犯是桑冲，他是山西太原府石州李家湾李大刚的侄子，自幼卖给榆次县人桑茂为义男。成化元年（1465），他得知大同府山阴县有一人，名叫谷才，善于以男装女，到处教人家女子做女红活，但暗行奸宿，甚至长达18年而没有事发。桑冲对此很是羡慕，颇欲仿效，就到大同南关，在当地人王长家见到了谷才，拜谷才为师。为此，他将眉脸绞剃，戴上发鬠，妆作妇人身首，还学会了女红，诸如描剪花样、扣绣鞋顶、合包造饭之类，然后回到了老家。到了老家后，又将此术教给了许多人，主要有榆次县北家山的任茂、张虎，谷诚城县的张端夫，马站村的王大喜，文水县的任昉、孙成、孙原。桑冲对各人多有交代，说："恁们到各处人家，出入小心，若有事发，休攀出我来。"从此，各奔东西。

成化三年（1467）三月，桑冲自离家以后，一直没有正常的生理，在外专门图奸。他到过大同、平阳、太原、真定、保定、顺天、顺德、河间、济南、东昌等府，共45个府州县，以及乡村镇店78处。所到之处，用心打听良家出色女子，再设计假称自己是逃出来的乞食妇人，先

① 姚旅：《露书》卷14《异篇中》，第332页。
② 沈德符：《万历野获编》卷28《鬼怪·人疴》，第729—730页。

到这一家旁边的贫穷人家做工。过了一二天，再让这一家到处宣扬，说自己精通女红，于是就引来许多妇女，前来学习女红。到了晚上，就诳言作戏，通过哄骗，说得妇女应允，偷偷与她们奸宿。假若其中有些妇女秉正不从，他就等到夜深，别使小的法子，也就是用迷药将她们迷倒，再行奸宿。事完之后，有时会被一些刚直女子痛加怒骂，他就再三陪情，女子也就含忍不告。

桑冲做这种事一向小心谨慎，在一个地方，他最多也就住上三朝五日，就又搬到别处。通过这种方法，他在十年之中，共奸通良家女子182人，一直不曾事发。但在成化十三年（1477）终于事情败露。此事的败露，也是事有凑巧。成化十三年七月十三日酉时，他前到真定府晋州聂村生员高宣家，诈称自己是赵州民人张林的妻子，因被丈夫打骂而逃走，不得不前来借宿。到了起更时分，高宣的女婿赵文举潜入房内，向桑冲求奸，才发现桑冲下有肾囊，是一个男子。事情败露以后，桑冲被扭送到晋州衙门。同年十一月二十二日，奉明宪宗旨意，将桑冲凌迟处死。①

这件人妖公案尽管被传统社会视为"情犯丑恶，有伤风化"的事情，主犯桑冲所用的也仅仅是男扮女装的伎俩，藉此出入良家妇女之门。但从"奸通"二字来看，这些受害妇女，并非都是被强奸，有些应该说是一种自愿的通奸。因为桑冲的出现，使这些深锁闺中的女子面对面地接触到了异性，再加上桑冲还有一种诳言作戏、哄骗女人甚至有时不惜向女人陪情的本领，难怪这些女人会陷入其中，甚至不能自拔。为此，明末人冯梦龙在《醒世恒言》中专门将这件事写入小说，以示警诫。②

除此之外，诸如民间男诈为女骗人，或者和尚假扮师姑，这方面的

① 陆粲：《庚巳编》卷9《人妖公案》，第113—115页。
② 冯梦龙：《醒世恒言》第10卷，岳麓书社2002年版，第112—113页。

事例亦被传统典籍视为"人妖"或"妖僧"。史载北京有一种风俗，就是将幼男假扮成女子，傅粉缠足，其态逼真。等到过门时，乘其不意，随即逃去。如成化年间，曾有一人假扮女子，嫁给一位监生，正好无衅可逃。等到晚上，监生近之，才发现是一男子，将其"执于官，并其媒罪之"。① 至于和尚假扮师姑，史称"妖僧"，其实也类似于人妖。如明穆宗在位期间，游民、末作之民和神棍的活动甚是猖獗。隆庆四年（1570），和尚圆晓穿耳缠足，妆饰成师姑模样，来到浙江余姚，哄诱念佛妇人，"淫媾甚多，虽富贵之家不免其汗"。②

正如前面史料所言，妖童属于"淫人"之一，实则为供人淫乱之人。晚明妖童的广泛出现，显然与当时士大夫好男色、喜娈童之风桴鼓相应。在明代，妖童有诸多别称，如南京人先是称妖童为"食蛇"，因广东人有食蛇之俗，进而称妖童为"广客"。③ 在福建漳州，则称妖童为"增重"。这一称谓亦有出典，就是外国银钱，每一钱，漳州人"以水银法浸之，可增重一二钱"，故以此比喻妖童。④

人妖泛滥的结果，就是违男女之性，变交接之具。尤其是在晚明时代，北京"椓人之闹坊曲"，乃至江南"髡牝之涮闺房"，更是被沈德符称为"宇宙间两大妖孽"。所谓"椓人之闹坊曲"，主要是指由于明代宦官宠盛，导致民间百姓尽阉其子孙以图富贵。自嘉靖、隆庆之后，因为自宫之人愈禁愈多，入宫的宦官与宫婢自行配偶，已成惯例。更有甚者，一些宦官出外恣游狭邪，妓女亦愿与其结好，"守死哭嫁走者，靡不有之"。所谓"髡牝之涮闺房"，就是尼姑出入大家闺秀的闺房，甚至不乏结同性之好的举动。⑤

① 陆容：《菽园杂记》卷7，第88—89页。
② 田艺蘅：《留青日札》卷27《假师姑》，第885页。
③ 姚旅：《露书》卷9《风篇下》，第220页。
④ 姚旅：《露书》卷9《风篇下》，第218页。
⑤ 沈德符：《万历野获编补遗》卷1《内监·禁自宫》，第816—817页。

（二）师巫邪术：倡乱之人

所谓师巫邪术一类的倡乱之人，大多为民间秘密宗教之人，通常亦被传统史籍归入"妖人"一类。那么，诸如此类的妖人，如何界定？这在晚明通常有三条标准：一为言语惑众；二为夜聚晓散；三为香火敛钱。若是三者具备，则可称妖人。① 此外，在明代官方文献中，一般把犯事的女巫亦称为"妖妇"，说明在官方的心目中，这些女巫就是妖言惑众、触犯国家刑律之辈。如永乐八年（1410），都察院左都御史陈瑛上奏，"苏州府妖妇邹氏诬降邪神，律法当绞"，② 云云。又弘治十六年（1503），宣府有妇人郭氏，"托鬼神，诵佛书，为佛事"。③ 诸如此类的记载，就是官方视犯事女巫为"妖妇"的明证。

明人朱国祯有取名为"妖人"的一则记载，专记"师巫邪术"一类的"妖人"，所记大抵为自明代成化年间至嘉靖末年"妖人"作乱之事，诸如：成化年间，山西崞县民王良与弥陀寺僧李金华、忻州民李钺相勾结，以"妖言"惑众，准备作乱起事，后被官府破获，搜出很多"妖书"；狼山广寿寺游方僧明果，与道人田明真、道士方守真相结交，传播"妖书"，势力日盛，亦有图谋不轨之举；山东济宁州民陈广平，假以黄冠私习兵法，伪造星象之说，藉此惑人，又交结不逞之徒，潜谋不轨；正德年间，一游僧与道士段鏶相结，通过"妖书"惑众，段鏶甚至潜号，改元"大顺平定"；嘉靖初年，乾州狂人樊仲，与方士勾结，聚集近万人，远近震动；嘉靖十七年（1538），昌平州古佛寺僧人田园造"妖书"惑众，伪授京城千户陈赟"安国公"；嘉靖四十三年，北京白莲教有逆谋，甚至已经准备了"伪告身"；嘉靖四十五年，马道

---

① 李中馥：《原李耳载》卷下《女道归山》，中华书局 1997 年版，第 147 页。
② 《明太宗实录》卷 102，永乐八年三月己丑条，台北"中央"研究院历史语言研究所校印本，1966 年。
③ 《明孝宗实录》卷 206，弘治十六年十二月辛丑条。

人为"妖"，远近大哄。① 从上可知，所谓妖人作乱，其主持或参与其事者，多为僧人、游方僧人、道士、方士。

在明代，若是僧人擅长异术，藉此哄人，则被称为"妖僧"。如妖僧行果，从上海前往杭州。此僧"多技，善幻，以符咒禁治病人"，甚至深谙辟谷运气之法，以致被民间百姓讹传为神仙。② 虽不能遽言此类僧人无不有倡乱之举，然揆诸史料记载，很多倡乱行为，实则多与此类僧人有关。如正统年间，太监阮能镇守广东，崇信妖僧德存，在白云山半永泰泉上创立寺庙。至景泰改元，此僧创立天龙八部，统领村民，"将欲谋逆，人不敢言"。景泰二年（1451）四月，僧人赵才兴创立黑塔庵，并与广通寺僧人真海、道人谭福通聚集在一起，号称"三结义"，聚众创立天龙八部，"刻期称帝作乱"。天顺元年（1457）四月，天台山僧人韦能谋乱，自称"真明帝主"，并与府军前卫军余王斌一同谋逆。事情败露后，韦能被擒，王斌得以逃脱，祝发为僧，取法名"悟真"，在襄城之胡城山结庵，"诱流民作乱"，"建置百官，称帝改元，立所淫女子王氏为后，攻掠傍近诸县，得数千人"。③

方术之士成为"妖人"，当数王臣最为典型。王臣自幼为南京公侯府中的家人，后数易其主，以妖幻之术骗取人财。后往北京，通过攀缘而得以进宫见到明宪宗。成化十七年（1481），王臣奉宪宗之命，与宦官王敬一同前往湖湘、江右、江浙、京东诸郡采药，手下聚集无赖20余人，"专以攫取财物，所历三司、郡县，官受其辱，民受其扰，几致激变"。④ 至于道士成为妖人，可举下面两例加以说明：一是景泰七年（1456）秋，"妖贼"李珍，浙江钱塘县人，为火居道士。听闻"苗贼"作乱，就前往投靠。途中遇到武当山道士魏元冲，自称有异相，

① 朱国祯：《涌幢小品》卷32《妖人物》，第641—645页。
② 田艺蘅：《留青日札》卷27《妖僧》，第878页。
③ 黄瑜：《双槐岁抄》卷8《妖僧扇乱》，第167页。
④ 王锜：《寓圃杂记》卷10《妖人王臣》，第83页。

鼓动魏元冲随他前往执银寨。在苗寨，李珍自称为唐太宗之后，筑台伪称皇帝，并建"天顺年号"。① 成化十二年（1476）七月，山西僧人侯得权，在旅游陕西途中，遇到一位道士，并与之相狎。道士传给他谶语，随之蓄发，改名李子龙。入京之后，夤缘太监韦含，时常出入宫中。自此以后，子龙僭制黄绢袍、翼善冠，定于八月某日往真定府举事。后事发伏诛。②

除僧人、道士、方士因作乱而被视为妖人之外，其他妖人作乱之事，亦不乏其例。如天顺元年（1457）五月五日，汾州"妖人"作乱，自称"天王"，僭立年号"天福"；③ 万历三十四年（1606）冬至，"妖人"李王、刘天绪等图谋不轨，将乘百官上陵之日起事；④ 万历四五年间，"妖人"曾光者，大言惑众，惯游湖广、贵州土司之中，"教以兵法图大事"，并撰造《大乾启运》等"妖书"，"纠合倡乱"。⑤

（三）妖人：异端之士

在明代中晚期的"妖人"中，最为值得关注的是那些异端之士。这事实上与明代士大夫自我精神的高张紧密相关。究明代士大夫自我精神之拓展，王阳明其功莫大焉。阳明曾有言："君子不蕲人之信也，自信而已；不蕲人之知也，自知而已。"⑥ 这种自我精神的极致，则流于下面两端：一是狂，二是狷。两者相合，则使异言异行之人随之崛起。

究晚明归入"异端"类的"妖人"，大抵可以析为以下两类：一类是不但有异行，而且有异言，甚至他们倡导的学说被正统人士视为"邪说"，其代表性的人物有李贽、袁黄、何心隐、方湛一、屠隆、林

---

① 沈德符：《万历野获编》卷 1《天顺年号》，第 21 页。
② 陈建：《皇明历朝资治通纪》卷 22，载《皇明通纪》下册，第 873—874 页。
③ 王锜：《寓圃杂记》卷 4《祝大参活人》，第 26 页。
④ 顾起元：《客座赘语》卷 2《妖人》，第 98 页。
⑤ 沈德符：《万历野获编》卷 18《刑部·大侠遁免》，第 480 页。
⑥ 王阳明：《王阳明全集》卷 5《文录》2《答舒国用》，上海古籍出版社 1995 年版，第 191 页。

兆恩；另一类则是行为怪诞的"好奇之士"，其代表性的人物有张献翼、邹公履、卜舜。

世俗之人眼中的李贽，其人实在有点狷隘，甚至不能容人，或者倨傲不能下人。他们往往举出下面两个例子，以说明李贽其人之狷隘、倨傲：一是李贽到黄安时，终日锁门，不与人相见；二是自居住龙湖之后，尽管不再锁门，然拜访者前来，仍是至门而不得相见，或者见了，并不以礼待人，即使其中有几人被李贽加礼，但不久也被他所厌弃。同是一种行为，却有狷隘、倨傲与高洁之别。在世俗之人看来，李贽其人狷隘、倨傲；而在李贽自己看来，却是一种"高洁"的行为。① 正因李贽性格峭直，一生好骂人，所以就被世俗之见视为"妖人"一类，然对于李贽而言，却是直认不忌。李贽眼中的"妖人"，主要有以下三位：第一位是何心隐，本来是一个英雄汉子，慧业文人，但所说尽是一些世俗之人所感到惊讶之言，而所行也均是愚懦之人所怕之事，一言一行，无不都为常人所惊怕，那么难免会被人称为"妖人"。第二位是方湛一，虽然为人聪明伶俐，人物也算得上俊俏，能文能武，自然能鼓动人，但他又无实盗名，甚至想凭借他的虚声鼓动一些贤者从己，于是也就被人称为"妖人"。第三位则李贽直承就是自己。他说自己任性自是，遗弃事物，好静恶嚣，更是一个妖怪之物，只宜居住在山里，不应当入城近市。一旦到了城市，就会触物忤人，怎么会不被人视为"妖人"呢？②

尽管李贽、袁黄、屠隆、林兆恩等人，在晚明颇负盛名，其学说亦受到知识界的追捧，甚至成为一时的"时尚"人物，然按照正统的观

---

① 李贽专写《高洁说》一篇，以阐明自己好高、好洁的性格，以及如何被人误解为狷隘、倨傲。其中云："余性好高，好高则倨傲而不能下。然所不能下者，不能下彼一等倚势仗富之人耳；否则稍有片长寸善，虽隶卒人奴，无不拜也。余性好洁，好洁则狷隘不能容。然所不能容者，不能容彼一等趋势谄富之人耳；否则果有片善寸长，纵身为大人王公，无不宾也。"说具氏著：《焚书》卷3，第105页。

② 李贽：《续焚书》卷1《寄焦弱侯》，中华书局1975年版，第36页。

念，异端邪说之士，无不成为"妖人"。如在明末之时，李贽尚被钱谦
益视为"异人"，一至清初，尤侗则直斥李贽为"天下之怪物"，最后
不免以"妖人"之罪被逮下狱，在狱中自刭而死。① 明末清初学者张尔
岐也将李贽与袁黄两人归入"异端"，认为李贽之书，"好为激论，轻
隽者多好之"；而袁黄所著《立命说》，则取二氏因果报应之言，以此
附会儒家"惠迪吉，从逆凶""积善余庆，积不善余殃"之旨，致使
"好诞者，乐言之；急富贵、嗜功利者，更乐言之"。两人之说，递相
煽诱，附益流通，最终导致"大悖于先圣而阴为之害也"。② 李贽、屠
隆好佛、学佛，则更被清初学者王弘撰贬斥为"欺世之妖人"，认为他
们学佛，不同于苏东坡之"游戏禅悦"中"见通人之致"，且不失其
正，而是"放言而无忌惮"。③ 至于林兆恩，同样被当时学界视为异端，
以名教叛徒待之，或称为"妖人""妖禅""妖物"。④

照理说来，士当然不可以好奇，理应做一个"正士"。究其原因，
奇乃正之反。尽管如此，人文与世运相高下。身处三代之下的读书人，
惟恐不好奇。原因很简单，"好奇之士，其过于常人也远矣"。⑤ 若以此
为考察的起点，晚明好奇之士的广泛涌现，正好在某种程度上印证了晚
明妖魔化的历史进程。如史称张献翼有"奇僻"，遇到俗客，就戴上假
面具与之应酬；客人中若有人话出俗谈，他就击打钟鼓，号称"洗
耳"。张氏每次外出，就头戴红色头巾，还让一位老婢荷锸跟随。万历
三十三年（1605），张献翼因为典一位有夫之妓，导致其夫生怨，献翼
及全家七人被其所杀。就在这一年，李贽因为讲学，僧人达观因为谈

---

① 尤侗：《艮斋杂说》卷 5，第 99 页。
② 张尔岐：《蒿庵集》卷 1《袁氏立命说辨》，第 45 页。
③ 王弘：《山志》初集卷 4《学佛》，中华书局 1999 年版，第 96 页。
④ 吴泽：《儒教叛徒李卓吾》，此转引自郑志明《林兆恩与晚明王学》一文，收入
淡江大学中文系主编：《晚明思潮与社会变动》页，台北弘化文化事业股份有限公司
1987 年版，第 92 页。
⑤ 张宁：《漱石轩诗文卷后语》，载《明文海》卷 235，第 2422 页。

禅，均被朝廷逮捕，李贽自刭而死，达观死于狱中，正可谓"臧谷亡羊"。① 这或许是偶然的巧合，但实在值得研究者的重视。还有一位袁宏道笔下的"醉叟"，不知何地人，亦不知其姓字。此人每年一游荆澧之间，一副怪模怪样，如"冠七梁冠，衣绣衣，高枕阔辅，修髯便腹，望之如悍将军"。所到之处，时常引来数百人的围观。② 此外，如宜兴人邹公履，放诞自喜，诗与字极其奇妙。他曾自制"纸衣冠"，"以标其异"。③ 苏州府吴江县盛泽镇人卜舜年少负隽才，工于书画，所作诗歌放诞，不拘绳律，如有诗句云："莺坐一身柳，蜂归两股花。"可谓不减唐音。其人狂放怪诞，自题所居"绿晓斋"云："濯足须加汉光腹，抵掌欲拊梁武鬚。"简直不把光武帝、梁武帝放在眼里。他在暑月里，首挽高髻，身穿大红苎布袍，"跣足行歌市中"。所用障面，"长三四尺，而袖小，盖仅方广数寸"，见者无不指为狂。其人还性喜视鬼，时常在阴云晦月之夕，独至荒冢中露宿，冀希一遇。④

妖言：政治生态之异动

在传统的政治观念中，"造言""讹言"与"妖言"既有别，且又是一种互动的关系。《周礼》中设有"八刑"，"造言"即为其中之一。至社会变动，礼教衰微，讹言四起，难以惩处。一至秦汉，则重定"妖言者死"之律。究三者之关系，可谓起于"妖言"，成于"造言"，传于"讹言"。而其特点，则是凭借灵物，一人倡说，万夫腾口，无翼而飞，无趾而行，疑鬼疑神，使百姓无所适从。相较而言，妖则有形，

① 姚旅：《露书》卷11《人篇上》，第269页。
② 袁宏道撰，钱伯城笺校：《袁宏道集笺校》卷19《醉叟传》，第719页。
③ 李寄：《天香阁随笔》卷1，陶社校刊本。
④ 钮琇：《觚賸》卷2《吴觚》中《泥无身》，上海古籍出版社1986年版，第29页。

讹则有声。妖讹相仍，奸宄随之勃兴。

何谓"妖言"？清初理学大家李光地有如下解释："穷乡僻壤有一邪说，不知何以数年后便行之天下，信是妖言。"① 又云："人言语不近情理，都是言妖。"② 可见，所谓的妖言，大抵为言语不近情理的"邪说"，而其特点则是即使起自穷乡僻壤，数年之后则可行之天下，传播速度相当之快，传播范围相当之广。

按照传统的观念，"妖言"是末世的产物。正如清初学者张履祥所言，在圣人之世，"物物得所，非独人物得所，即鬼物亦得其所"。一至末世，则"物物失所，非独人物失所，即鬼物亦失其所"。随之而来者，则是"淫祠盛兴，妖言竞起"。③ 且根据传统的阴阳五行之说，妖言有时可以成为时政之谶。这种说法，同样得到了明人的比附。如万历三十六年（1608），宦官在内府织染局建西顶娘娘庙。当时京城中忽然兴起"进土"之说，所有男妇，不论贵贱，或车运，或马载，以致艳妇处女，亦坐两人小舆，怀中各抱一个土袋，手捧香楮，紧随其后，入庙献土。又过数年，宫中忽又流行掠城之戏，其玩法为画地为八方，让大太监以八宝押投，自十两至三两，能入者即为赏。不久，万历四十六年有辽东失陷抚顺之事。次年春，大败丧地。人以此为谶语。④

就明代政治生态的演变历程而言，中晚期可谓妖言勃盛的时代，堪称是末世的典范。如明人郝敬曾论及其家乡京山县的士子，时常"异言异服"。⑤ 所谓的异言，未必就是妖言，但其言论显然不同于一般的世俗之论，难免会被世人视为怪异。若是民间百姓借助诗歌随意干进，在言论缺乏自由的明代，同样会因言获罪。如天顺四年（1460），江西

① 李光地：《榕村语录》卷19《宋六子二》，第340页。
② 李光地：《榕村语录》卷20《道释》，第367页。
③ 张履祥：《杨园先生全集》卷39《备忘一》，第1047页。
④ 沈德符：《万历野获编》卷29《禨祥·妖言进土》，第746页。
⑤ 郝敬：《与田肖玉》，载《尺牍新钞》卷7，第242页。

万安县民罗学渊进所作诗 300 首，命名为《大明易览》。其中《咏犬》《咏蜜》《咏虱》《嘲丑妇》诸首，有献谀当道之嫌，最后被朝廷处以下狱讯治，"坐妖言律论斩"。①

"时政之妖"现象的出现，可谓中晚明时期政治异动的典型征候。所谓"时政之妖"，其背后尚隐藏着一段故事，且为后人对传统政治中所谓的"青天"提供了另类的解读范本。史载筠州有一位姓林的佐贰官，饶有干才，只是此人在理讼时有一习惯，即必让原告胜诉。究其原因，就是原告在告词中有"林青天"之称，他就藉此邀誉。曾有新昌人鞠珮与邹氏哄斗。邹氏不胜忿恨，将鞠珮族人推下崖跌死。此案经新昌知县审理，已经"置邹于理矣"。邹氏获知林氏能让先告者胜，因此重新上告。上司将此案批发林氏重谳，林就改判鞠珮有罪。为了一己声誉，致使重刑信手出入，如此从古未闻的判案事例，难免被人视为"时政之妖"。②

揆诸明代诸多"妖言"事例，很多牵涉官场内部的争斗。如弘治年间，知州刘概、御史汤鼎因妄言朝政，"忌者遂指为妖言"，③ 就是一个典型的案例。这个案件看似简单，其实背后尚包含官场争斗的残酷事实。事实的经过大抵如下：当时汤鼎上奏，对内阁大学士刘吉及礼部尚书周洪谟多有弹劾之言。为此刘吉怀恨在心。为此，御史刘璋就秉承刘吉之旨，上疏弹劾汤鼎。疏中称寿州知州刘概向汤鼎献梦，通过"妖言"向汤鼎献媚，并言汤鼎接受贿赂，理应革职赎徒。明孝宗下旨，将汤鼎发肃州卫充军。疏中所言刘概献梦一事，其实就是刘概向汤鼎馈赠银子，且在书信中有如下之言："别后梦中时相会。一夕梦老人骑牛背行泥泞中，公左手把一五色石，右手提牛肉，引就正路。"云云。刘概此信，就被人借题发挥，比附信中所云人在牛背，即成一个"朱"

---

① 沈德符：《万历野获编》卷 25《著述·诗祸》，第 636 页。
② 姚旅：《露书》卷 8《风篇上》，第 194 页。
③ 陈洪谟：《治世余闻下篇》卷 1，中华书局 1985 年版，第 38 页。

字，此乃国姓。为此，引发明孝宗大怒，刘概被拟"妖言坐斩"，后因被人所救，才得以不死。①

在明代中晚期的"妖言""妖书"案件中，最为典型的案例，当数弘治末年的"妖言"案及万历年间的"妖书"案，且其事均涉及宫闱隐秘之事，需要重加梳理与解读。

弘治末年的"妖言"案，因涉及武宗的生母问题，虽朝廷仓促结案，但终究还是使生活在当时的人们心生疑虑。从史料的记载来看，此案的经过大抵如下：弘治末年，孝康皇后张氏擅宠，导致六宫俱不得进御。武宗出生后，随即正位为东宫太子，且后来出生的蔚悼王死后，孝宗再无其他儿子。于是，北京慢慢开始流播"浮言"，称太子并非出自中宫。当时有一位武城卫军余郑旺，生有一女儿，先入高通政家，后进入宫内。郑旺因此结纳内侍刘山，并向外宣言，称其女郑金莲，现在圣慈仁寿太皇太后周氏宫中，实为东宫的生母。孝宗听闻此言后大怒，即刻下旨，将刘山处以磔刑，并将郑旺处斩，郑旺后遇赦得免。至正德二年（1507）十月，郑旺又传布前言，同王玺擅入东安门，且称拟将国母被幽禁之状上疏。武宗下旨，将此案发落刑部审问，经多次审讯，郑旺一概不服，而后才被正法。②

明武宗究竟是孝康皇后所出，还是郑金莲所出，而被孝康皇后攘为嫡子，抑或为他人所出。这应该说是一个疑案，若欲将其弄个水落石出，尚有待于研究者的小心求证，亦非本文的主旨所在。这一"妖言"案的关键点，则在于凡是牵涉到宫廷隐秘之事时，无论传言真实与否，朝廷必将其归入"妖言"之列，并希望尽快将此类浮言平息。

万历年间流播一时的"妖书"案，牵涉的层面相当复杂，影响力更为广泛。"妖书"案分为前后两个案件，前者为《忧危竑议》，后者

---

① 沈德符：《万历野获编》卷19《台省·汤刘二御史再谴》，第489页。
② 沈德符：《万历野获编》卷3《郑旺妖言》，第86—87页。

为《续忧危竑议》。综合诸家记载，其经过大抵如下：明人吕坤在任按察使时，曾撰写了《闺范图说》一书。太监陈矩见到此书后，就将此书进献给明神宗，神宗又将此书赐给郑贵妃，贵妃重新将此书加以刊刻，原本与吕坤并无关系。万历二十六年（1598）秋，有人另匿名撰《闺范图说跋》，命名为《忧危竑议》，"盛传京师"。书中称吕坤所著《闺范图说》，首载汉明德马后由宫人进位中宫，其意是指郑贵妃，而贵妃刊刻此书，实则是想藉此立己子为太子。在《忧危竑议》中，假托"朱东吉"其人为问答，所谓"东吉"，意思是指"东朝"。至于取名"忧危"，则因吕坤曾有"忧危"一疏，因而借其名而加以讥讽。当时给事中戴士衡、全椒知县樊玉衡一起上疏，弹劾贵妃。为此，明神宗重谪二人，而置"妖言"不问。至万历三十一年，"妖书"案再兴，其时《续忧危竑议》复出，当时太子已经确立，大学士朱赓得此书后，上闻朝廷。此书假托"郑福成"为问答。所谓的"郑福成"，其意是指"郑之福王当成也"。书中大略言："帝于东宫不得已而立，他日必易。其特用朱赓内阁者，实寓更易之义。"明神宗获知此书后大怒，下旨锦衣卫搜捕，随后捕获𤩽生光，坐以极刑。①

由上不难发现，万历年间的两次"妖书"案，其缘起为宫廷内的权力争斗，亦即东宫太子的存废问题，然已经波及外廷的权力之争，甚至导致"举朝纷纷"的乱象。其实，按照明代所定的律令，凡是遇到匿名文书，要求搜缴以后一概焚毁。不加焚毁，且上报朝廷，其意无非是藉此倾轧自己的政敌而已。尤其是万历三十一年的"妖书"案，不仅牵涉到外廷的权力之争，甚至还与"妖诗"纠缠在一起，进而藉此讹诈。如当时捕获的𤩽生光，原本是顺天府学的生员，曾经讹诈包继

---

① 关于万历年间前后两次"妖书"案的记载，可分别参见：《明史》卷114《后妃一》，第3538页；张怡：《玉光剑气集》卷4《国是》，第164页；沈德符：《万历野获编》卷18《刑部·忧危竑议》《刑部·乙卯闯宫》，第474—475页；沈德符：《万历野获编补遗》卷3《刑部·戊戌谤书》，第873—874页。

志，藉此撼动郑妃之戚。当时他就捏造"妖诗"，云："五色龙文贴碧天，谶书特地涌祥烟。定知郑主乘黄屋，愿献金钱寿御前。"将此诗张贴在郑戚门前及各个巷口，"以资诈害"。① 无赖生员皦生光牵涉案件之中，致使万历年间的"妖书"案显得更为复杂。尽管如此，晚明"妖书""妖诗"的流行，以及由此向政治领域的广泛渗透，更是当时社会异动的一大佐证。

妖物：物质生活之异化

谣谶之语，《洪范》五行中已有记载，称之为"诗妖"。至于"物妖"之说，后世亦多有记录。如在五代时，徐温之子徐知训在广陵，"作红漆柄骨朵，选牙队百余人执以前导"，称为"朱蒜"。天祐末年，广陵人竞服短裤，称为"不及秋"。至天祐十三年（917）六月，徐知训为朱瑾所杀，正好应验了"朱蒜不及秋"之说。②

时至明代，同样出现了一些奇异古怪之物，诸如"鼓妖""木妖""猪妖"之类。成化十四年（1478）八月早朝，东班文官队列中，似若听到有"甲兵声，众皆辟易，不复成列"。卫士"皆露刃以备不虞，久之始定"。此类无形有声现象的出现，古已有之，且被称为"鼓妖"。③ 至天启七年（1627）八月，"鼓妖"现象再次出现。当时崇祯帝刚即位，南面正立，将就宝座，忽然"大声发于殿之西，若天崩地塌然，仗马既惊，百僚震恐"，崇祯帝亦"为之震动"。如此怪异现象的出现，同样被一些所谓的"识者"加以过分的解读，断言其为"西方有事"的征兆。④ 至于"木妖"，明人陆粲亦有如下两则记载：一是临顿里中

---

① 张怡：《玉光剑气集》卷4《国是》，第164页。
② 吴处厚：《青箱杂记》卷3，载《宋元笔记小说大观》第2册，第1669页。
③ 沈德符：《万历野获编》卷29《機祥·朝参讹传》，第737—738页。
④ 叶梦珠：《阅世编》卷10《纪闻》，第232页。

百姓金氏家，有一个旧杨木杌，已经使用了七八年。有一天，忽然生出十余条枝条，青色，粗逾食箸；二是苏州桃花坞徐铁匠家木杌，后亦生出枝条。① 还有"猪妖"，如王铎尚未发达之时，距他所居八里，有一百姓家的猪忽然发出人声，且能说人休咎。王铎感到好奇，就与已中举人的族兄一同前往。猪见到他们，忽说此人为尚书，且似有所回避。县官得知此事，"以为妖，命除之"。②

诸如此类奇异古怪之物的出现，若是缺乏科学常识，不得其解，自然就会将其视为"物妖"，甚至对此加以政治化的解读。无论是"人参千岁为小儿"之说，还是"枸杞千载为犬子"之论，若是稍具理性的科学知识，其实并非"妖草"，而仅仅是一种特殊的自然现象而已，更遑论从中解读出政治阴谋的结论。③ 然若以此为讨论的起点，那么明代中晚期广泛出现的"服妖"与"物妖"现象，正好证明了当时物质生活之异化。

（一）服妖：奇装异服

明代中晚期，随着社会好尚的狂热与急剧的变更，在服饰时尚上出现了一种心理变态的现象，有些人近乎病态地不断渴望更独出心裁或更富刺激性的服饰，于是，奇装异服出现了。这就是所谓的"服妖"。服妖现象勃兴，正好证明了明代中晚期服饰风尚的三大流变：

一是服饰上的男女错位，也即男穿女服，女穿男衣。按照传统观念，男女易位，可以象征一种"服妖"。史载成化十六年（1480），福建长乐县，地中突起一阜，高三四尺，在人畜践踏之下，就会陷下去，但不久又涌出一山，广袤五丈。在传统观念看来，这显属男女易位之

---

① 陆粲：《庚巳编》卷10《木妖》，第124页。
② 谈迁：《北游录·纪闻下·物怪》，第414页。
③ 如顺治初年进士汤调鼎，著有《辨物志》，议论多发人神智，其中对人参具人之形乃至枸杞千载为犬子之说，多有理性的解释。参见王士禛：《香祖笔记》卷2，上海古籍出版社1982年版，第29页。

象，且又印证了当时万贵妃之"服妖"。所谓万氏之服妖，亦即万氏身为女性，却穿"男服"。从史料记载可知，"万氏丰艳有肌，每上出游，必戎服佩刀侍立左右，上每顾之辄为色飞"。①

按照儒家的经典所说，古代男子上衣下裳，而妇人则服不殊裳，将衣裳向连，而上下一色。其本意是说"妇人尚专一德，无所兼"，所以衣、裳一色。传统的观念也认为，"妹喜带男子之冠而亡国，何晏服女人之裙而亡身"。② 服饰上的阴阳反常现象，显然是一种不祥之兆。但明代道袍的盛行，说明男子也开始衣、裳相连，如同女衣。③ 又据记载，明代中期的江南才子唐寅（伯虎），就是一位高才放诞、好为诡谲之行的人。当有人慕名来访他时，他却穿着妇女装束，与一个和尚下棋。④ 至于男人以红紫为裤，则始自嘉靖末年，不过当时仅仅是那些市井轻薄儿才作此穿着。其后，秀才一类的读书人亦纷纷仿效，而且以红紫制作衣裳。⑤ 如顾承学，也是"时衣妇人衣，红衫粉额"。⑥ 张献翼，"身披采绘荷菊之衣，首戴绯巾"；刘凤，是文坛耆宿，却"衣大红深衣"。⑦ 王廷陈，字稚钦，好酒自放，"间衣红窄衫"，跨马或骑牛，啸歌于田野之间。⑧ 晚明江南富贵公子的衣服，"大类女妆，巾式诡

---

① 沈德符：《万历野获编》卷3《宫闱·万贵妃》，第84页。

② 程春宇：《士商类要》卷4《立身持己》，载《明代驿站考》附录，第357页。

③ 相关的解释，可参见张尔岐：《蒿庵闲话》卷1，第293页。

④ 郑仲夔：《隽区》卷7《诞隽》，载中国社会科学院历史研究所明史研究室编：《明史资料丛刊》第3辑，第225页。

⑤ 伍袁萃：《林居漫录·多集》卷5，收入《四库全书存目丛书》子部242册，台南庄严文化事业有限公司1997年版。按：毕懋良也说晚明生员"服必红紫"。参见毕懋良：《两浙学政》，明万历三十八年（1610）刻本。

⑥ 宋懋澄：《九籥集》卷5《顾思之传》，第95—96页。

⑦ 沈德符：《万历野获编》卷23《张幼予》，第582页。按：照明代的制度，红帽是俘囚所戴，一献阙下，即就市朝，大非吉征。而张献翼则头戴绯巾，处之若素，无不说明晚明人格趋于独立者的基本特点。

⑧ 张萱：《西园闻见录》卷23《任诞》，收入《续修四库全书》第1068册，上海古籍出版社2002年版。

异"。① 这是男子服朱裙画裤。与此相反，当时妇人的衣服却如文官，裙则如武官，② 或者妇人"上衣长与男子等"，③ 体现了一种女服男装化的倾向。

正如前面所述，传统中国的服饰理念，始终贯穿着儒家的伦理准则。如衣服的长短之式，男女截然不同。女服上衣齐腰，下裳接衣，是代表"地承天"；男服上衣覆裳，是表示"天包地"。但到了明代中期以后，妇女服饰发生了根本的变化，已完全突破了传统的儒家伦理观念。如在南京一带，妇女的衣服袖大过膝，袄长掩裙；妇女戴髻旧式，高仅三寸，尖首向前。到了正德初年，北京的女髻已高达五寸，首尖向后，以致当时有"妇人髻倒戴"之谣。这种妇人戴髻的风气，流传到天下各省，于是纷纷高髻，尖首向后，称"反面髻""背夫髻"。④ 无论是衣长裳短，还是"背夫髻"的出现，在传统观念看来，都是一种"服妖"，甚至会引起妖贼之乱，但在这种服饰风尚的背后，何尝不是社会发展的一种新动向。

二是服饰上的喜新厌旧，进而形成服饰的时尚化。揆诸诸多传统史料，若是服饰追求时新乃至花样翻新，同样会被视为"服妖"。追溯明代中晚期服饰时尚化的演变历程，当始于城市，尤其是苏州，其"苏样"与"苏意"之类新名词的形成，已经足以证明苏州已经成为明代服饰最为时尚的城市。然其影响所及，则遍及各地。如原本民风淳朴的通州，至万历年间，服饰已经开始追求"时样"。通州的里中子弟，诸如罗绮一类的面料已经不再流行，而是从远方购买"吴绸""宋锦""云缣""驼褐"之类价高而又美丽的面料，以此制作衣服。即使是裤

---

① 李乐：《见闻杂记》卷2，第155页。
② 郎瑛：《七修类稿》卷9《国事类·衣服制》，第97页。
③ 赵世显：《客窗随笔》卷2，载《赵氏连城》，明钞本。
④ 霍韬：《渭厓文集》卷9《为定服饰以正风化事》，明万历四年（1576）霍与瑕刻本。

子、袜子，亦都采用"纯采"。其所制衣服，"长裙阔领，宽腰细折，倏忽变易"，号为"时样"。①

服饰时尚化的现象，在明代妇女服饰生活反映得尤为明显。如苏州妇女之袜，或以异香为底，围以精绫；或凿花玲珑，以香麝为囊。行步霏霏，印香在地，成为一时风尚。② 至于衣服，晚明妇女更是崇尚"水田衣"，其实就是零拼碎补之服。这种服饰时尚的出现，尽管在当时人看来，是一种"大背情理"之举，却因人情"厌常喜怪"，最后导致"群然则而效之"。③

三是在服饰上突出一个"奇"字，随之而来者，则是奇装异服的普遍涌现。毫无疑问，习惯与时尚可以使眼睛迁就所有甚至荒唐怪诞的东西，因为对时尚的追求已使人们看不出它们的缺陷。晚明奇装异服的出现乃至流行，正好证明了这一道理。

明末文人冯梦龙在其所纂《古今笑史》中，曾有"今吾苏遍地曹奎矣"之论。④ 上面所谓的曹奎，就是进士曹奎，喜欢"作大袖袍"，以"异服"惊世骇俗。所谓的"大袖袍"，在明末江南相当流行，就是其袖类似妇人，长达三尺许，几至垂地，非但不便拜揖，且大费衣料。秀才头上所戴，则盛行"嚣嚣巾"，前后二片，长各尺许，行走之时，风动如飞。至于妇女服饰，无论大家小户，衣服均崇尚纯黑。故当时有谣谚云："男子头上蝴蝶飞，女人身上和尚衣"。⑤

在明代中晚期的奇装异服中，有两种现象值得引起关注：一为服饰之近于"虏服"，这是蒙古习俗影响及于中原服饰的明证。据史料记载，明末北京的贵人好穿窄袖短衣，甚至"以纱縠竹籤为带，取其便

---

① 万历《通州志》卷 2《风俗》，收入《天一阁藏明代方志选刊》，上海古籍书店 1982 年版。

② 余怀：《妇人鞋袜考》，载《中国香艳全书》第 1 册二集卷 4，第 204 页。

③ 李渔：《闲情偶寄·声容部·治服》第 3《衣衫》，第 157 页。

④ 冯梦龙纂：《古今笑史》第 2《怪诞部·异服》，第 51 页。

⑤ 尤侗：《艮斋杂说》卷 4，第 83 页。

易"。其后，北方的士人多好"虏服"。民间百姓制作巾帻，低侧其檐，自掩眉目，称之为"不认亲"。还有妇人的辫发，"缀以貂鼲之尾"。① 按照传统的观念，章服必须有等，不可变乱。窄袖短衣，近于"虏服"；而以纱籇替代金银，更是贵贱颠倒的反映。二为服饰时尚受到外来文化的影响，"发裙"或"马尾裙"的流行，就是典型例证。综合诸家记载，发裙以马尾织成，系于衬衣之内，故又称"马尾裙"。此裙原本是从朝鲜传入，如隆庆年间，朝鲜入贡使者入京，其穿着自带以下，雍肿如甕，蒲伏而行，显见裙下亦有氅衣。发裙一经出现，在成化末年很快成为时尚服饰，先是流行于一些粗俗官员、暴富子弟，而后像内阁大学士万安、礼部尚书周洪谟，亦纷纷穿用，藉此以为观美。时风之下，最终导致京城营操的官马被人偷拔鬃尾，以致弘治初年下令禁约。②

奇装异服的出现，大多源自那些人格狂放、行为怪诞之人。他们的穿着打扮别具一格，怪模怪样，也形成一时的风气。如山阴人祁骏佳，打扮以嗜奇出名，平常去冠弛带，用墨纱束额，"而以金线圜其文"。有人问他是什么用意，他解释是"季布钳遗意"。③ 顾玉川，尤好奇服，时常"衣纸衣"，"冠纸冠，方屋而高二尺"；邹公履，"披孔翠裘，戴榭笠如车轮"，也是一副怪相。④

这种服饰之怪，一直延续到清初。据谈迁记载，顺治十一年（1654），越中妇女的服饰同样开始呈现一种怪异的现象，此即所谓的

① 陈子龙：《安雅堂稿》附录一《论史·五行志服妖》，第 364 页。
② 关于发裙或马尾裙之流行，其相关的记载，可参见王锜：《寓圃杂记》卷 5《发裙》，第 41 页；陈洪谟：《治世余闻下篇》卷 3，第 57 页；于慎行：《谷山笔麈》卷 15《杂闻》，第 176—177 页；陆容：《菽园杂记》卷 10，第 123—124 页；沈德符：《万历野获编补遗》卷 4《嗤鄙·大臣异服》，第 913 页。
③ 顾公燮：《丹午笔记》94《祁骏佳嗜奇》，第 85 页。
④ 曹禾：《顾玉川传》，收入张潮辑：《虞初新志》卷 3，载《笔记小说大观》第 16 册；李寄：《天香阁随笔》卷 1。

"衣饰诡异"。譬如妇女理鬓完毕之后，再次将其揉为乱丝，"垂垂纷纷，笄不加首"，这是以乱发为时尚；又如衣服外短内长，"递袭递短"，这是突出衣服内外的层次感；至于弓鞋，原本很窄，故意多出若干寸，在鞋子前头用塞上绵絮，使鞋子"直而不纤"。①

（二）物妖：时尚之物

在明代中晚期，透过"物妖"现象，有时又能部分反映出当时时尚之物的盛行。如明末烟草之传入，乃至被人视为"草妖"，以及明末江南流行吃黄雀之俗的风行，甚至被人视为"食妖"，大抵均为饮食生活异化的典型例证。烟草自明末从海外传入之后，很快风行海内，老壮童稚、妇人女子，无不吃烟。大街小巷，尽摆烟桌。② 烟草的传入，慢慢改变了明末人们的生活，使吃烟成为人们日常生活必不可少的组成部分。一至清代，递烟、敬烟之俗也开始渗透到了百姓的社交生活之中。③ 至于明末江南生活中，"不念黄雀小，但念黄雀肥"现象的出现，甚至不顾"汤德""圣言"，只顾满足自己的口腹之欲，更是成为一种"食妖"。④

在"物妖"广泛涌现的时代，苏州因为操持着当时海内的时尚潮流，更是成为各色"物妖"的集散地，尤以嘉靖、隆庆、万历三朝为盛。根据王鏊《震泽长编》的记载，苏州人聪慧好古，善于模仿古法

---

① 谈迁：《北游录·后纪程》，第 22 页。

② 关于烟草传入中国及风靡民间的史实，姚旅《露书》、杨士聪《玉堂荟记》、谈迁《枣林杂俎》、方以智《物理小识》、王士禛《香祖笔记》、叶梦珠《阅世编》、刘廷玑《在园杂志》等均有记载。相关钩稽，参见谢国桢选编、牛建等校勘：《明代社会经济史料选编》，福建人民出版社 2004 年版，第 51—53 页。

③ 清初人董含云："明季服烟有禁，惟闽人幼而习之，他处百无一二也。近日宾主相见，以此鸣敬，俯仰啼唾，恶态毕具。始则城市服之，已而沿及乡村矣。始犹男子服之，既则遍满闺阁矣。习俗移人，真有不知其然而然者。"参见董含：《三冈识略》卷 6《三吴风俗》，清钞本。

④ 萧诗：《释柯集·黄雀行寄愚庵马先生》，载《明清上海稀见文献五种》，第 369 页。

制作器物。书画之临摹，鼎彝之冶淬，均能令人真赝不辨。苏州人赏识品第相当有见识，且善于操持海内上下进退之权，凡是苏州人以为雅者，则"四方随而雅之"；苏州人以为俗者，则四方"随而俗之"。如斋头清玩、几案床榻，苏州人均以紫檀、花梨为尚。苏州人所制器，崇尚古朴，不尚雕镂。即使器物有所雕镂，亦无不模仿商、周、秦、汉的式样。在苏州时尚的影响下，海内乃至僻远之地，无不争相效尤，以至于寸竹片石，摩隆成物，动辄价值千文百缗，如陆子匡之玉、马小官之扇、赵良璧之锻，"得者竞赛，咸不论钱，几成物妖"。① 以扇子为例，苏州所产折扇，亦成时尚之物，且被时人目为"扇妖"。苏州折扇，最重扇骨，至于扇面，即使撒金，亦不足贵。至于扇骨，诸如紫檀、象牙、乌木之类，已均被视为"俗制"，所尚者为棕竹、毛竹，甚至称之为"怀袖雅物"。折扇制作名家，先有马勋、马福、刘永晖等名手，然所制折扇，其价仅值"数铢"。一等沈少楼、柳玉台等制扇名家出，且与时风相应，其制作的扇子，价格顿时上涨到一两银子。与上述名家同时的还有一位蒋苏台，制扇"尤称绝技"，一柄甚至可以卖到三四两银子。即使如此，还是"冶儿争购，如大骨董"。②

妖事：文化生活之转向

在明代中晚期，与前述妖人、妖言、物妖相应，"妖事"亦不断涌现，且在某种程度上体现了文化生活之内在转向。所谓"妖事"，明末文坛领袖钱谦益曾有明确的论断，即将"三峰之禅""西人之教""楚

---

① 顾炎武：《肇域志·江南八》。按：此则记载，亦为王士性所收（参见王士性：《广志绎》卷2《两都》，第18页），惟点校者标点有误。如"陆子匡之玉、马小官之扇、赵良璧之锻"一句，点校者作"陆于匡之玉马、小官之扇、赵良璧之锻"，又"陆子匡"误作"陆于匡"。

② 沈德符：《万历野获编》卷26《玩具·折扇》，第663页。

人之诗"三者，视为"世间大妖孽"，且认为三妖不除，"斯世必有陆沈鱼烂之祸"。① 此外，诸如"文妖经贼"现象的出现，同样可以作为晚明"妖事"兴盛的佐证。

（一）三峰之禅：狂禅之风行

尽管在明代的士大夫群体中，仍然有不少学者坚守儒学的藩篱，将佛、道二教经典视为"妖书"，甚至诟骂信仰佛道之人甚于"盗贼"，② 然就其大势而言，随着晚明儒佛道三教合流之风的盛行，士大夫信佛之风随之蔓延。

所谓三峰之禅，实可视为晚明禅宗的一大变动，且反映了当时狂禅习气的盛行，进而被正统人士视为"禅学蛊"与"妖邪"。在晚明信佛的士大夫群体中，钱谦益最为重视教宗，故对晚明的狂禅习气不乏针砭之言。根据他的勾勒，晚明的狂禅之风大抵体现在以下三个方面：一是"抹杀教典，诋谰尊俗，以盖护其肤浅督乱之衣钵"。换言之，禅门中一二巨子，"以小辩饰其小智，以大妄成其大愚"，其结果则造成"魁侩""魔民"窜入禅门，倡言"彻悟"，"棒喝如剧戏，付拂如酒筹。以瞽视瞽，以聋听聋"。这无疑就是"佛灯中微，法运单弱"的明证。③ 二是"狂禅盛行，宗教交丧"。此风所至，甚至一座庵院便有一尊祖师，一尊祖师便刻一部语录。其结果则导致禅门风气顿变，即"吟诗作偈，拈斤播两，盲聋喑哑，互相赞叹"，甚或"架大屋，养闲汉"，禅门日趋世俗化。④ 三是"禅学蛊坏"，甚至"魔民横行，鼓聋导瞽，从者如市"。禅门弊端所至，最终导致禅门既如"丑净之排场"，

① 此语见钱谦益与黄宗羲书，收于黄宗羲：《南雷文定》附录，台北世界书局1964年版，第1页。

② 袁宗道：《白苏斋类集》卷10《送夹山舅之任太原序》，第128页。

③ 钱谦益：《有学集》卷45《书华山募田供僧册子》，载《钱牧斋全集》，第1503页。

④ 钱谦益：《初学集》卷81《书西溪济舟长老册子》，载《钱牧斋全集》，第1732页。

"拈椎竖拂，胡喝盲棒"；又如"市井之弹词"，"上堂下座，评唱演说"；甚至"缪立宗祧，妄分枝派"，互相争夺禅门正统。①

事实确是如此。受此狂禅习气影响，甚至有人因此而误及生命。袁中道的族兄弟袁继洲即为典型一例。据载，袁继洲原本业儒，因多年不得志于科场，至中年时才信奉道家之言，饮食起居，极其谨慎。至后，又改学禅宗。尤其是当一位禅师明确告诉他，禅的关键在于悟，至于"一切情欲，当恣为快乐，于此原无妨碍"。此即所谓的"无碍禅"。继洲更是欣然从之，"饮啖任情且多，不戒衽席，久之遂病"。临死之时，虽有悔悟，深悟"放下"并非"放逸"，却为时已晚。② 此外，在晚明的士大夫群体中，如李贽、屠隆之流，身非佛氏之徒，不穿佛氏之服，甚至不行佛氏之行，却专喜说佛氏之言，假借"空诸所有"之义，藉此"眇视一切，以骋其纵欲荒诞之说"。诸如此类的佛教史转向，同样被明末清初人王弘撰斥为"欺世之妖"。③

（二）西人之教：基督教之传入

自晚明基督教传入中国以后，在士大夫与民间百姓中，固然不乏信奉者，甚至其中涌现出了如徐光启、李之藻、杨廷筠这样的信徒，进而被视为基督教的"三大柱石"。然深受儒家文化与佛学熏染的明代士大夫，对于基督教的传入，难免会产生排斥的心理，将其视为"妖孽"，甚至将信奉者视为"不轨之徒"。

冯从吾是恪守儒家教义的忠实信徒，对基督教不免持有一种反对的态度。当有人向他问起利玛窦"天主"之说时，他却认为，道之大原出于"天"。儒家之学，尽管"以天为主"，但并不专言"天"，而是"祖述尧舜、愿学孔子"，这正好是"尊天"之处。而基督教正好相反，置尧舜、孔孟不言，专言"天主"，这无疑就是挟天子以令诸侯，犹如

① 钱谦益：《初学集》卷86《题佛海上人卷》，载《钱牧斋全集》，第1808页。
② 袁中道：《珂雪斋近集》卷3《书继洲及对山事》，第116页。
③ 王弘撰：《山志》初集卷4《学佛》，第96页。

曹操、王莽，其实就是"不轨之徒"，理应"诛其人，火其书"。①

钱谦益尽管是儒家学者，却对佛教相当敬信。他出于一个佛教徒的真诚，对自万历末年进入中国的基督教，持一种排斥的态度。他认为，自从"泰西狡夷"窜入中夏以来，士庶受到基督教的诱惑，"敢于背违祖训，毁弃佛像，甘为左食侮言之徒"，其结果则导致"未几而羯奴叛，莲妖兴，生民涂炭，王师在野，刀兵之祸，迄今未艾"。②

（三）楚人之诗：诗风之求异

所谓楚人之诗，所指即以公安、竟陵为区域象征的晚明诗派，其论诗则以"性灵"为主旨，反映了明代诗风的内在转向。这种诗风之求异，同样被人视为晚明"妖事"兴盛之一证。

明代诗风，自王、李崛起之后，摹拟刻画成风，确乎不得不转而求变。公安三兄弟起而非之，一是闻者涣然神悟。如此转变，正如朱彝尊在《静志居诗话》卷 16 中所言，堪称"若良药之解散，而沈疴之去体也"。这是肯定公安派的主张与影响。然在论及钟惺时，朱彝尊则又将亡国之罪归于公安、竟陵的文学表现，称公安派"倡浅率之调以为浮响，造不根之句以为奉突，用助语之辞以为流转。著一字务求之釉晦，构一题必期于不通"。尤其是竟陵派钟惺《诗归》一出所造成的"一时纸贵"之势，更是"取名一时，流毒天下，诗亡而国亦随之矣"。在《静志居诗话》卷 18 言及谭元春时，亦说竟陵派诗风如"摩登伽女之淫咒，闻者皆为所摄，正声微茫"。还有在《静志居诗话》卷 21 "陈子龙"一则中，称竟陵派崛起之后，好异者诗张为幻，最终导致"帝释既远，修罗药又交起搏战，日轮就暝，鹏子鹗母四野群飞"。细绎其意，还是将公安、竟陵视为妖孽魔女。其后，沈德潜在《明诗别裁集》的自序中，亦因袭此说，将公安袁氏，竟陵钟氏、谭氏，比为"自郐

---

① 冯从吾：《冯少墟续集》卷 1《都门稿·语录》，清康熙十二年（1673）重刻本。
② 钱谦益：《初学集》卷 81《募修开元寺万佛阁疏文》，载《钱牧斋全集》，第 1728 页。

无讥"，是"诗教衰"的典型征候，进而导致"国祚亦为之移矣"。至清乾隆时修《四库全书》，四库馆臣在《四库全书总目提要》卷190《明诗综》条中，同样称公安派倡导"纤诡之音"，竟陵派标榜"幽冷之趣"，其结果则是"幺弦侧调，嘈囋争鸣，佻巧荡乎人心，哀思关乎国运，而明社亦于是乎屋矣"。由此可见，上面数家，无不诋公安、竟陵纤诡浅率，为亡国之祸端。①

（四）文妖经贼：八股文风之尚怪

在晚明文化异动的变迁历程中，尚有值得一个关注的现象，此即八股文风之转而尚怪，以致被人视为"文妖"。考文妖之说，早在元末明初，即有其例。当元末杨维桢主盟四海文坛之时，却被"文本经术"的王彝鄙薄为"文妖"，著文数百言，诋毁杨维桢"文不明道，而徒以色态惑人，媚人，所谓淫于文者也"②。

通观明代八股时文风气的演变历程，确乎是日趋于浮靡。早在嘉靖年间，蓝田就将这种八股文风称为"文妖经贼"。从当时盛行一时的《止斋论》《绳尺论》《策学衍义》《譬水群英》之类来看，确实已经如李梦阳所言，"其气苶以索，其词刻以峭"。③ 可见，蓝田之言，虽显得有些激进，但揆之明代的八股风气，也算并不为过。至万历十四年（1586）之后，即使是八股文的名家，亦公开宣称："文到人不省得处才中，到自家不省得处才高中。"这是文章不重章法之佐证。又说："文章关甚么人心世道？"这是醉生梦死之语。如此风气，致使举业文字如"晦夜浓阴封地穴，闭目蒙被灭灯光；又如墓中人说鬼话，颠狂人说风话，伏章人说天话；又如《楞严》《孔雀》，咒语真言"。其结果

---

① 以上数家之说，均可参见曹淑娟：《晚明性灵小品研究》，第4—5、14页，注（6）。

② 朱国祯：《涌幢小品》卷18《文淫妖》，第350页。

③ 李开先：《闲居集》卷7《文林郎河南道监察御史北泉蓝公墓志铭》，载《李开先全集》上册，第579页。

则是人心巧伪，"日趋于魑魅魍魉"，被吕坤视为"世道之大妖"。①

明末的时文风气，大多议论气势，无不想凌驾前人，掀天揭地，其实却是理不足，与题意亦不甚相干，甚或卑鄙无味。究其原因，还是时人不肯看书。不愿读书，难免对题理懵然不晓。理不胜，则思以词采胜。以词采胜，则求新奇灵变，藉此悦人之目，最终导致"离经叛道而不可止矣"。②明末的"时文鬼怪"现象，其例俯拾即是，不妨举下面三例加以说明。如崇祯末年，有一位福建提学副使，专门追求时文鬼怪，非此不录，写得通顺者反而都被置于劣等。当时泉州府学岁试，第一题是"何事于仁，必也圣乎！"有一人破题云："东周不可以玉帛之会，会夫夫者，愿天尝生圣人。"发落之后，同侪大多不解，叩问为何如此破题。其人答云："此最明显，东周即天子之都，焉能人人皆主玉帛？此指不能施济也。下句破'必也圣乎'。"因此人姓范，于是人人称之为"范东京"。又有一位老秀才作时文，为"沧浪之水清兮"四句。前后文所用都是平常语，苦于腹内空空，无从下笔，但深怕考官将其置之末等，于是就加上二句云："沧浪之水清且粲，中有鲤鱼长尺半。"提学副使在阅其前作之后，已置之六等。一等看到此二语，不但加点，还将其升至四等。还有一位童生，做完试卷后，将文章拿给他的亲戚看。亲戚读后，道："如此平常，恐不能得志。"童生道："已完，乃何？"不得已，只好在篇末加一末尾，云："乱曰：'邛若登，乾复坤。'"他的意思是说，我名若能登案，则天下变成地上，这是说自己根本没有进学的可能。可是，提学在看了前文之后，已是平平点过，拟将其置于一旁。不料在见到末尾之后，于是密密加点，此童生因此得中秀才。按照传统的观念，国家将亡，妖孽尽见。明末时文趋怪之风，于是就被清初理学大家李光地视为"时文言妖"，是国家将亡的一种表征。③

---

① 吕坤：《呻吟语》卷6《外篇·词章》，第365—366页。

② 李光地：《榕村续语录》卷19《诗文》，中华书局1995年版，第878页。

③ 李光地：《榕村续语录》卷19《诗文》，第879—880页。

综上所述，明代中晚期的社会堪称"妖魔化"的时代。在这样的时代，"妖人"辈出，"妖言"四起，"妖物"勃兴，"妖事"频出，这是很自然的事情，却又从另外一个侧面反映了晚明社会与文化的基本风貌。至于如何看待这一现象的萌生，乃至透过这一现象的表面进而揭示其本质，则因观察者的视角不同而意见歧异。细分之，大抵包括以下三类见解：

一是传统的"妖孽"之论，并以阴阳五行说为基础。这一派的论者认为，天人之际，不过阴阳二气而已。阳为君子，为中国；阴为小人，为夷狄。阳德上升，那么君子济济一朝，夷狄纷纷效顺，并祯祥毕集。阴运否极，那么小人得志，夷狄鸱张，并妖孽四出。妖孽的出现，明有徵验。① 此类传统之见，在汉代班固的时代，仅仅将"人头畜鸣"视为不祥，并未意识到"鸱质而凤吟者"，更是一种"妖孽"。后来的道学先生，所论陈陈相因，无不如此。唯有南宋时期的朱熹，更是以其敏锐的眼光，直透"鸱质而凤吟者"的底蕴，且一言道破。如朱熹认为，像叶梦得、宇文虚之类，所为极是乱道，但每次进言，必以正心、修身为先。这正与鬼念大悲咒相似，实则"妖言"而已。又如曹操，诗见颇为得人，即使谈及酒令，也要将其引申到周公的身上，究其所为，实则是"贼"。②

二是见怪不怪的平情之论，将"妖孽"的出现仅仅视为人情使然。晚明的士大夫，自王世贞以来，多喜谈说怪诞之事。天下怪诞之事，大多成于好事者之口，但其中又有"有所托"与"有所讳而为之者"之别。谈怪说妖，喜异好奇，人之常情，于是一倡群和，傅会粉饰，踵迷传讹。③ 换言之，厌故而乐新，同样是人之常情，人即使不喜怪，然还

---

① 袁中道：《珂雪斋集》卷19《江南水灾考》，第829页。

② 陈弘绪：《寒夜录》卷上，载《豫章丛书》子部第2册，江西教育出版社2002年版，第190页。

③ 王弘撰：《山志》初集卷6《怪诞》，第147页。

是喜欢耳闻怪事。正如明末人冯梦龙所言，若是人"常所怪而怪所常，则怪反故而常反新矣"。① 可见，新故之间，其实存在着互相转换的关系。

三是别出机杼的新论，对传统的"五行"说加以重新的审视，进而对"妖孽"说另作解读。自《汉书·五行志》之后，基本确立了五行之说，将天之五星、地之五方与人之五事视为互相感应的一体，都是情气之用，称之为"五行"，进而以此类推。然就五行而言，正如明人张瀚所言，天地灾异之变，考之人事，未必尽能相合。天地之大，不可知者尚多，何况一直被董仲舒、刘向、刘歆所推崇的《春秋》，原本在记载灾异之时，相当慎重，并未着于"事应"。② 至于"妖人"云云，正如清人徐珂所言，并非事实的真相，而是专制时代，思想禁锢，人们缺乏自由的意识，且又政教不分，故动辄以"大逆不道戮人"。其人一经遭戮，人云亦云，加甚其词，耳目中无不有"妖人"两字。③

晚明"妖孽"论的甚嚣尘上，固然不乏道学先生的偏见，将诸多不符合传统规范的人、言、物、事，一概斥之为"妖"，甚或将其妖魔化。然若是转换分析的视角，晚明"妖孽"现象的勃盛，反而可以证明晚明"是个社会文化剧烈变动的时代"。④ 可见，解读观点的歧异，同样可以显示晚明史内容之丰富，问题之复杂。

当然，从社会与文化内在变迁的理路来看，晚明亦不能一概视之为言异行怪，而是在其内部开始悄然发生另外一种转向，进而对"异书""异人"加以重新的诠释。如董其昌认为，作为一个士君子，理应多读"异书"，多见"异人"。但他所谓之"异"，并非"曰宗一先生之言，

① 冯梦龙纂：《古今笑史》第2《怪诞部》，第46页。
② 张瀚：《松窗梦语》卷5《灾异纪》，第97页。
③ 徐珂：《清稗类钞》第3册《狱讼类·朱方旦教案》，中华书局2003年版，第1003页。
④ 龚鹏程：《晚明思潮与社会变动·前言》，收入淡江大学中文系主编：《晚明思潮与社会变动》，第1—2页。

索隐行怪为也"。在他看来，凡是"村农野叟，身有至行"，就是"异人"。"方言里语，心所了悟"，便是"异书"。① 可见，在他看来，所谓的"异"，不是追求一种外在形式上的与众不同，而是内心"自有超识"。这显然是从喜异转而回归庸常。

一至清初，随着礼教与社会秩序的重建，特立独行的"妖人"更是受到了来自新朝力量的法律惩治。如金圣叹，平日狂放不羁，每次食完狗肉，就登坛讲经，"缁素从之甚众"。其人颖敏绝世，下笔机辩澜翻，所评稗官词曲，如《水浒传》《西厢记》之类，无不手眼独出，受到下层知识人与民众的欢迎。然其在清初的结局，则因哭庙案的牵连而被处斩。② 又如优伶王紫稼，就是吴梅村所作《王郎曲》中的"王郎"，妖艳绝世，举国趋之若狂，倾靡一时，即使朝中贵臣，亦无不受其迷惑，其后的结局也是"立枷死"。③ 自此以后，中晚明时期广为所见的所谓"妖孽"现象暂趋沉寂。

---

① 董其昌：《画禅室随笔》卷4《杂言》上，清康熙五十九年（1720）挹藻堂刻本。
② 尤侗：《艮斋杂说》卷5，第99页；王应奎：《柳南随笔》卷3，第46—47页。
③ 尤侗：《艮斋杂说》卷4，第80—81页。

二、天崩地陷：清初士人的理性反思及其改良之策

甲申、乙酉之际（1644—1645），明朝覆亡，清朝代之而起。明清易代这一历史进程，看似是简单的朝代更替，却给士大夫留下了"天崩地陷"的震动。痛定思痛，经历了惊心动魄这一幕的士大夫，开始对明朝为何覆亡的原因做出深层次的反思。

当然，明朝的覆亡也是渊源有自。早在万历年间，一些关心时事且颇具实心任事精神的士大夫，已经敏锐地觉察到，朱明王朝正处于岌岌可危的窘境，并以"漏舟焚室"加以形容。如吕坤在给明神宗的上奏中，就形象地将当时的时势比拟为以下两点：一是"如坐漏船，水未湿身"；二是"如卧积薪，火未及体"。① 做出如此比喻，决非危言耸听的空穴来风，而是确实基于时事情实之上的入木之见，诸如：连岁饥馑，干戈四起，闾阎小民，春无"两食"，即一天难以两餐饱腹，冬无"完裤"；山谷之中，恶少成群，不为乞丐，则为盗贼。国势之危，犹如人之重病缠身，已是"腹心痞满，四肢干枯"，神医扁鹊见此，难免胆战心惊，深感无从下手。②

面对如此情势，最为直截的办法，就是急忙"登涯"、速速"起

---

① 吕坤：《去伪斋集》卷1《忧危疏》，载《吕坤全集》上册，第18页。
② 吕坤：《去伪斋集》卷2《停止砂锅潞绸疏》，载《吕坤全集》上册，第66页。

卧"，否则就会面临积于千日、决于一旦的危局。为此，他们无不提出了改革良策，以期大明江山能趋于稳定而不被倾覆。尤其是面对风俗浇漓，这种改良之议，朝野已是互相呼应。以在朝者的议论来看，早在万历年间，吕坤就著有《禁约风俗》一篇，认为风俗俭朴抑或奢侈，看似简单，实则关系到百姓的生死，断言"节俭无非美俗，奢华尽是邪心"。① 出于世教隆污、风俗美恶的考虑，吕坤首先提出了"扶持世教"之法，② 进而通过"守先王之礼"而使俭约之风得到推崇，认为只有"君子"（士大夫）"谨其事端"，才可以做到不开人情窦而恣"小人"（百姓）的无厌之欲。③ 可见，更多的是强调士大夫在端正风俗方面的职责。就在野的议论来看，田艺蘅著有《非文事》《非武备》《非民风》三篇。其中之"非文事"，目的在于"是经"；"非武备"，目的在于"是纬"；而"非民风"，目的则是"是本"。如此设想，其目的正如田艺蘅所言，就是通过自己的"刍谈荛议"，进而成为上层统治者的"药箴石谏"。④ 尤其是在《非民风》这一篇中，田艺蘅更是将矛头直指那些上层统治者，认为"民之风，上风之也"，正是因为他们的朝令夕改，才最终导致"民风日弊"。他认为，百姓之病，并非来自天灾的威胁，而是来自"官邪"的侵害。官邪之病，其结果就是贿赂公行，是非不白，利害莫恤，控诉无门。这是一种"积薪之忧"。⑤

晚明的时势，尽管"漏舟"已有倾覆之忧，"积薪"更有随时引火上身之患，但当时朝野的普遍意见，还是不想对整个明代朝局做出一番"掀揭天地"的整顿与改革，藉此"惊骇世俗"，而是仅仅设想通过"拆洗乾坤"之举，以期收到"一新光景"之效。⑥ 在经历了"天崩地

① 吕坤：《实政录》卷3《禁约风俗》，载《吕坤全集》中册，第1000页。
② 吕坤：《呻吟语》卷5《外篇·治道》，第266页。
③ 吕坤：《呻吟语》卷5《外篇·治道》，第267页。
④ 田艺蘅：《留青日札》卷37《非夫过言》，第1167—1168页。
⑤ 田艺蘅：《留青日札》卷37《非民风》，第1189—1190页。
⑥ 吕坤：《呻吟语》卷5《外篇·治道》，第274页。

陷"一幕之后，士大夫才开始从制度的层面，诸如君权、相权、法制、田制、赋税、军制乃至学校制度等方面，对明代制度的弊端及其对明朝覆亡应负的责任，做出较为理性的反思。当然，这种汹涌的反思大潮，必然会涉及明代风俗的弊端。为此，他们又从士风政俗、消费习俗、文化风俗诸方面，对明代风俗加以全面的清理，进而提出自己的改良之策。

贪墨嚣张：对士风政俗的反思

风俗与一朝政治生态关系相当密切。在风俗之中，尚有"民风""士风"与"仕风"之别。这三者之间的关系，其最为关键的一点，则在于转变"仕风"。正如明人吕坤所言："变民风易，变士风难；变士风易，变仕风难；仕风变，而天下治。"① 明末清初著名学者顾炎武，尤其重视风俗与一朝政治之间的关系。他认为，有了人伦，然后才有风俗；有了风俗，然后才有政事；有了政事，然后才有国家。② 换言之，传统的观念认为，道有升降，政由俗革。显然，传统的政治始终无法摆脱风俗的影响。而政治的沿革，从制度的层面，乃至士风、仕风、士气，同样可以藉此以观一代的政治风俗。

明末清初学者张履祥将晚明"仕风""士风"概括为"贪"与"戾"两字。他认为，晚明的士大夫以及相关的人心风俗，唯有"贪戾"而已，其间虽有"甚与不甚"之别，但没有不贪不戾之人。③ 如此概括，大抵已经道出了明代"仕风""士风"的底蕴，即在朝"仕

① 徐栋辑：《牧令书》卷23《宪纲·答汪方伯书》，载《官箴书集成》第7册，第567页。
② 顾炎武：《亭林文集》卷5《华阴王氏宗祠记》，中华书局1983年版，第108页。
③ 张履祥：《杨园先生全集》卷42《备忘四》，第1162页。

风"之"贪"，在野"士风"之"戾"。

（一）仕风政俗

所谓仕风，其实就是一种政治风俗。就明代的官场风气而言，大抵可以用"伪""私"两字加以概括。两者交合，则最终导致官场士气"卑弱"，委靡成风，犹如"越绵"，"不团而软"。究其目的，还是为了"趋爵位""纵货贿"。① 换言之，"伪"则导致"吏乏廉静之操，而贪污日著"，此即仕风之贪；"私"则导致官员结党营私，而官场门户日甚，此即仕风奔竞。②

1. 贪墨之风

明初立国，明太祖朱元璋起自民间，深知元末官场贪污的弊端，所以在建国之后，通惩贪酷官吏，甚至直接加以诛杀，以快小民之心。诸如制《大诰》《省贪录》诸书，以行戒谕；又定惩贪之法，规定官吏受枉之法，赃满一贯之钞，处以绞罪，藉此重典以震慑官吏。随着法令的逐渐推行，贪风渐趋革除。沿及成祖、仁宗、宣宗、英宗、景帝、宪宗、孝宗各朝，亦无不加意吏治，凡是官员有政绩，往往特敕奖励，如成祖之于史诚祖，仁宗之于刘纲，即为其例。又宣德中，先择京官 9 人为知府，继择 25 人为知府；正统中，择京官 11 人为知府。这些人后来大多成为良吏与名臣。朝廷既以吏治为重，中外大臣亦无不留意人才。即使到了英宗、武宗之际，内外多故，而民心却无土崩之虞，完全仰仗吏鲜贪残之故。③

至正德年间，官场贪风重又泛滥。官以赂升，罪以赂免。辇毂之下，贿赂公行；郡县之间，诛求无忌。④ 尤其是至嘉靖、隆庆之后，吏

---

① 赵贞吉：《三几九弊三势疏》，载《明经世文编》卷 254，第 2683 页。
② 王邦直：《陈愚衷以恤民穷以隆圣治事》，载《明经世文编》卷 251，第 2639 页。
③ 赵翼撰，王树民校证：《廿二史札记校证（订补本）》卷 33《明初吏治》，第 759—760 页。
④ 何瑭：《民财空虚疏》，载孙旬编：《皇明疏钞》卷 38，明万历十二年（1584）刻本。

部考察之法徒为具文，全都不自顾惜，巡抚、巡按之权又太重，举劾惟贿是视，于是所有官员无不以贪墨奉上司，吏治日偷，民生日蹙，而明朝廷亦随之灭亡。①

摸诸明代政治风俗史，官场贪墨之风的形成，确乎初起于正德以后。在成化、弘治两朝之前，士大夫尚未"积聚"。有些官员家庭，即使父子两世通显，其家"到底只如寒士"。有些家庭，即使门阀甚高，其业亦"不过中人十家之产"。至正德间，仕风为之一变，士大夫竞相"营产谋利"，如参政宋恺、御史苏恩、主事蒋凯、员外郎陶骥、主事吴哲，家产都是"积至十余万"。②

嘉靖三十年（1551）前后，官场仕风又起变化，仕风更是由清变贪。如嘉靖年间，严嵩当政，官场贿赂风气大开，"官无大小，皆有定价，而馆职尤重"，大有公开卖官之势。知钻刺、乐行贿者，则得好官甚至高官，至于那些不知官场习气、特立独行，并与这种风气大相径庭之人，反而被人认为是"蠹人"。③ 当时一般市民聚在一起谈论，唯一的话题是："某某做官回，囊资何其厚也，是何其能也！"假如做官回乡，宦囊积薄，就会被人骂为"呆子"。尽管当时官场贪墨风气已经形成，但还是有所顾忌，所以做官回乡，行李到了国门，大多还是偷偷在晚上进城，告诫他人："勿使乡党见。"但随后就起了变化，做官回乡，其宦囊都是大白天在闹市中搬运，唯恐乡党百姓看不见，失去一个炫耀自己的机会。这是以贪墨为荣。④ "好官不过多得钱耳"。这原本不过是

---

① 赵翼撰，王树民校证：《廿二史札记校证（订补本）》卷33《明初吏治》，第759—760页。

② 何良俊：《四友斋丛说》卷34《正俗一》，第312页。

③ 陆树声，就被他的门生张治看成是"蠹人"。陆氏为官有清声，当时严世蕃派人向他传话，只要松江绫子200匹，就"以翰苑予之"。陆氏却不明世故，谢道："本不敢希翰苑，又实无一绫，惟公所置之。"不过，在当时能做到这样洁身自好者确乎凤毛麟角。事见于慎行：《谷山笔麈》卷5《臣品》，第50页。

④ 戚继光：《愚愚稿》下，载《止止堂集》，第316页。

一句玩世不恭之语。到了明代，确实已经成为"入官之美谈"。①

至万历末年，官吏贪风更是日增月益。为此，京城官场，大被嘲讽，诸如：称台省官为"抹桌布"，其意是说他们"以垢攻垢"；称吏部为"腌鸭蛋"，其意是说他们"关防严密，而暗入滋味"；称翰林官为"鹭鸶"，其意是说他们"品似清高，见鱼即攫"。所嘲虽有不同，总的意思还是说官员不过"爱钱而已"。②

明代官场贪墨之风，实与明亡相终。如崇祯朝北京官场行贿，不再转托他人，往往是见面时致通刺，一揖之后，托言自己有诗、史请教，再从袖中拿出来。凡是银，就说是"拙作"；是金，就说是"新作"；是珍珠，就说是"小作"。受贿者一听即可会意，随即笑而纳之袖中。③即使到了甲申年（1644）三月十六日，李自成农民军已经攻陷昌平。就在十七日这一天，太监还差人索要考选官赏银，每名 10 两。④

至南明弘光朝，马士英、阮大铖当政，更是纳贿卖官成风。尤其是阮大铖，"侵挠铨政，其门如市"。⑤ 如一个小小的监纪之官，亦须行贿 2000 两银子，方可得到。⑥ 至于司道之官，更是"价率三千金"。⑦

面对如此贪墨之风，清初士大夫无不加以反思针砭。如顾炎武指出，自万历以后，"黩货之风，日甚一日，国维不张"，最终导致"人心大坏"。⑧ 换言之，明代的官场已是"无官不赂遗"，"无守不盗窃"。究其原因，还是因为这些官员在束发读书之时，所受到的教育全是"千钟粟""黄金屋"一类的怀利之言，故一旦服官，即求其"所大

---

① 叶燮：《己畦琐语》，载《官箴书集成》第 2 册，第 659 页。

② 王嗣奭：《管天笔记外编》卷下《世道（兼治术）》，载张寿镛辑：《四明丛书》第 2 册，第 1175 页。

③ 归庄：《归庄集》卷 10《随笔二十四则》，第 517—518 页。

④ 李清：《三垣笔记附识》中《崇祯》，中华书局 1982 年版，第 221 页。

⑤ 李清：《三垣笔记》下《弘光》，第 113—114 页。

⑥ 李清：《三垣笔记》下《弘光》，第 108 页。

⑦ 李清：《三垣笔记》下《弘光》，第 115 页。

⑧ 顾炎武撰，黄汝成集释：《日知录集释》卷 13《贵廉》，第 322 页。

欲"，君臣上下，怀利以相接，遂成流风，不可复制。①

顾炎武的反思，显然也得到了王夫之、唐甄的认可，他们提出了相同的看法。如王夫之认为，在明初之时，尚是"家法忠质，宫廷洁清"。后因"法教不施"，"风俗苟简"，最终导致"贪下游，极重不复"。官吏、亡赖因为贪婪求利，凭借"锄豪右"之名，对"大贾富民"实施朘刻掠夺，其结果则是"粟货凝滞，根柢浅薄，腾涌焦涩，贫弱孤寡佣作称贷之途空，而流死道左相望也"。② 唐甄也认为，"天下之大害莫如贪"。为官之人，"星列于天下，日夜猎人之财"。一旦所获较多，却又被"陵己"的上官搜括而去。无奈之下，只好再从百姓那里搜括。"转亡，转取，如填壑谷，不可满也"。官吏贪墨之害，甚于盗寇。"盗不尽人，寇不尽世，而民之毒于贪吏者，无所逃于天地之间"。其结果，则导致"富室空虚，中产沦亡，穷民无所为赖，妻去其夫，子离其父，常叹其生之不犬马若也"。③

2. 门户党争之风

明自万历中期以后，朋党之风、门户之习已是相当普遍，其结果则是"诸司不问职业，而言门户，朝廷不重法纪，而顾私交"。④ 可见，门户之分，朋党之结，虽有势、利、情之别，但门户一旦形成，就会只顾私交，不问朝廷，只重门户，不问职业。

揆诸晚明政治史的实际情况，确是分党与标榜之风甚炽。如万历末年，朝士分党，竞立门户。有"东林之党"，以无锡顾宪成、高攀龙与金坛于玉立等人为代表，以东林书院讲学为标榜，常州、镇江之人，纷纷攀附；有"昆山之党"，以顾天峻及湘潭人李胜芳为代表，苏州人纷纷攀附；有"四明之党"，以沈一贯为代表，所附者多为浙江人；有

---

① 顾炎武撰，黄汝成集释：《日知录集释》卷 13《名教》，第 312 页。
② 王夫之：《黄书·大正第六》，载《梨州船山五书》，第 29 页。
③ 唐甄：《潜书》下篇上《富民》，第 106—107 页。
④ 丁元荐：《尊拙堂文集》卷 2《士风》，清顺治十七年（1660）丁世濬刻本。

"宣城之党"，以汤宾尹为代表，宁国、太平之人，纷纷攀附；有"江右之党"，以邹元标为代表；有"关中之党"，以冯从吾为代表。天启初年，东林独盛，"仕途捷径，非东林不灵"。这种门户习气，甚至波及诸生，"复社""几社"，不一而足。家驰人骛，胜过东汉末年的标榜之风。①

东林、复社，争相标榜，引发阉党与之颉颃。如天启年间，魏忠贤专权，当时就造有《百官图》《邪党录》《天鉴录》《同志录》《点将录》，将列在这些名单中的人一概目为"东林党人"，想藉此杀朝廷之士。崇祯末年，阮大铖作《蝗蝻录》，尽列复社名士，认为复社是"东林之后劲"，亦想藉此尽杀天下之清流。②

面对明末的门户、党争之风，经历了明清易代的清初士大夫，无不对此做出了深刻的反思。以东林、复社为代表的"清议"之风，在晚明盛极一时。顾炎武认为，假若政教、风俗并不"尽善"，允许"庶人"议之。又认为，只要"清议"尚存，即使是天下风俗最坏之地，尚足以维持一二；一旦"清议"亡失，则"干戈至矣"。③尽管顾炎武对"清议"多持肯定之言，但亦不得不对东林党提出审慎的批判。他认为，万历末年，缙绅之士，"不知以礼饬躬，而声气及于宵人"。此言的根据在于，汪文言攀附东林声气，最终反而成为"东林诸公之大玷"。④唐甄也对"清议"提出了批评，认为"多言者，以议论害治，以文辞掩道，以幸直乱正，使人尚浮夸而丧其实"。持清议之人，尽管多次上疏，且"繁称经史"，"廷折百官"，但终究属于"败类之人"，

---

① 谈迁：《枣林杂俎》智集《逸典·分党》，第64页。

② 黄宗羲：《陈定生先生墓志铭》，载《黄宗羲南雷杂著稿真迹》，第173页。

③ 顾炎武撰，黄汝成集释：《日知录集释》卷13《清议》，第311页；卷19《直言》，447页。

④ 顾炎武撰，黄汝成集释：《日知录集释》卷13《流品》，第316页。

"虽贤必去之"。① 为此，他更是直言："党者，国之危疾，不治必亡。"②

顾炎武、唐甄的声音，在清初士大夫群体中不乏附和之人。宋人欧阳修有言云："惟君子有党。"针对此说，张履祥深不以为然，认为君子不应该立党，"立党则虽公而亦私，为害于国家非小"。究其原因，还是因为很多朋党，始于风节，而终于势利。以万历、天启年间为例，东林党尽管"重道义，矜名节"，然一至崇祯年间，已是"士无操行，不足算矣"。③ 张鼐也不得不感叹，明末士大夫的风尚，已是愈趋愈下，"鳏鳏惟异己是除，私人是引"。如此不论官方，不谈才品，目中已无"君父"，很难做到"服天下""挽世运"。④

（二）士风士气

很多史料记载已经明确揭示，明末风俗寖薄，士习益变，"曲跽为恭，厚貌为信，喜怒相疑，愚智相欺，诞谩以言，而险德以行"。士人身处此世，犹如进入百戏之场，耳目眩惑，很难砥行立名。⑤ 这些读书士子之行，正如明人郭子章所言："受书几何，则芥视青紫；稍知搦管，即奴婢屈宋。矜激意气，则鄙乡之老成者为枯钝；羡艳声势，则结当路之子弟为党与。"⑥ 照理说来，士之廉，犹如女之洁，属于分之当然。但晚明士人之廉者，无不具有一种"傲物"之心。究其原因，正如戚继光所言，在晚明的时代，士人之廉，确属不易。"上则父母期必其成家，中则妻孥欲丰其衣食，下则子孙厚望其蓄遗。父母、妻孥、子

① 唐甄：《潜书》下篇上《尚治》，第104页。
② 唐甄：《潜书》下篇下《除党》，第161—162页。
③ 张履祥：《杨园先生全集》卷25《问目》，第696页；卷27《愿学记二》，第747页。
④ 张鼐：《与姜箴胜门人》，载《尺牍新钞》卷10，第379页。
⑤ 钱琦：《测语》卷下，载《盐邑志林》卷26，影印明刻本。
⑥ 郭子章：《学政》，载席启图辑：《畜德录》卷1《立志》，上海扫叶山房石印本。

孙，皆己之可欲而不能割者"。① 除非能做到割爱窒欲，或斩钢截铁，
否则就难免会被官场习气所染，要不了多久，也就同流合污了。所以，
戚继光认为，士人具傲物之心，其本意还是偏于要做好人一边。晚明的
事实确已证明戚继光所说不误。士习、仕风一至晚明，已是"大坏"。
对此，焦竑有如下揭示："盖士习大坏，知营身家不知有民瘼，知急交
游不知有吏职；稍自好者，以宠赂公行，势难独立，有相随而靡耳。"②
一至晚明，士人之耻尚被完全颠倒了，如德业不如人，不以为耻，所耻
者乃在名位与享受不如人。

晚明士风、士习之变，其最为显著的表现，就是讲学之风与结社之
风的盛行。下面分而述之。

1. 讲学之风

明代讲学之风，尽管自王学崛起之后已经颇为流行，然直至东林讲
学会兴起，才使在野讲学与朝内风气桴鼓相应。天启五年（1625），御
史张讷上奏，要求拆毁书院与天下讲坛。尽管所言与政治之争相关，而
且对书院、讲坛多有不公之词，但他的说法也基本反映了明末讲坛的风
气。换言之，张讷的上奏，至少有以下三点颇值得注意：一是讲坛相当
重视的是一种"声气"，尽管书院分散全国各处，甚至南北相距达几千
里，但"脉络总之一条"，朝野可以互相呼应。二是讲坛的参与者，其
社会阶层面更是在逐渐扩大，讲坛不仅仅为读书人而设，而是对社会各
阶层敞开大门。三是讲坛的创设者或参加者，通过其言而落实到其事，
而其事无非是为了"遥制朝政"。③

---

① 戚继光：《愚愚稿》上《大学经解》，载《止止堂集》，第 253—254 页。

② 焦竑：《澹园集》卷 5《国计议》第 28 页；卷 47《崇正堂答问》，第 722 页。

③ 《明熹宗实录》卷 62，天启五年八月庚辰条。按：明末人陈于陛对讲学也持批
评态度，而且道出了讲学与朝政的关系。他说："学问只当平居讲明，朋友切磋。至于
招延党与，朝廷之上，公然设会，徽名乱政，罪之尤者。今之讲学，舍正学不谈，而以
禅理相高，浸成晋代之风，司国论者其惩之。"见氏著：《意见·讲学》，载《宝颜堂秘
籍》广集。

针对明末士人的讲学之风，清初士大夫同样提出了尖锐的批评。如唐甄认为，讲学必然导致"树党"，而树党的结局，则必然会"争进退"，其结果则"使学者扳援奔趋而失其本心"。这些讲学之徒，尽管"口心性而貌孔颜"，其实不过是"败类之人"而已，"虽贤必去之"。① 张履祥更是直言，明末的讲学之辈，已经成为"学术膏肓"。这是因为，随着讲学的开展，士子纷纷依附，一唱百和，"如伐木者呼邪许"，然究其目的，不过是藉此"取荣名"或"邀捷径于终南"而已。换言之，这些讲学之徒，终日讲读《论语》，只是沉溺于"小人喻利"之一言；终日谈说《孟子》，只是孳孳于"邪说暴行""生心害事"之一途。②

明末以东林讲学为代表的讲学之风，尽管一时造成"世尚气节"之风。然即使这种所谓的气节，到了清初，士大夫也开始加以理性的反思。如唐甄认为，这些讲求气节之人，实有一种矫激之病，即借助气节而树立自己的声望，甚至不顾事情的是非曲直，其目的还是为了"自清而浊人，自矜而屈人。以触权臣为高，以激君怒为忠"。③ 清初理学名臣李光地也认为，明代士大夫如黄道周之辈，尽管炼出一股不怕死的风气，名节果厉。然若仔细考察，这些士人仅仅限于"批鳞捋须，九死不回"而已，只是在"意见意气上相竞"，其实，他们对于自己所争之事，对于君国是否有益，并未盘算明白。这是典型的"行有余而知不足"。其结果，东林之盛，一如东汉之末，不过是"处士横议，遥执朝权，竞胜不止"，最终导致明朝倾覆。④

2. 结社之风

在明末，读书士子之间盛行交游，江南尤甚，即使是僻邑深乡，也

---

① 唐甄：《潜书》下篇上《尚治》，第104页。
② 张履祥：《杨园先生全集》卷2《与叶静远一》，第38页。
③ 唐甄：《潜书》上篇下《去名》，第59页。
④ 李光地：《榕村语录》卷22《历代》，第405—406页；李光地：《榕村续语录》卷18《治道》，第863页。

是千百为群，"缔盟立社无虚地"。①

文社的兴起，原本是为了适应士子揣摩八股文风气的需要。随后的结果却令人有些意外。随着八股时文分出门户，慢慢开始渗透到朝政，与朋党相互呼应。其结果，则导致门户立，朋党分，名实淆，三者牵涉文章、人品、学术，其实则是"名盛而实衰"。② 这是晚明学术与政治互相渗透之后所反映出来的政治风俗的实录。

早在明季，已有士人不为社盟之风所惑，进而保持人格的独立性。颜士风就是典型之例。他曾告诫张履祥云："古称百里一士，千里一贤。谓彼皆贤士，何贤士之多？如非贤士，敝俗伤教，莫此为甚。胡入为?"进而赋《贫交诗》一首寄呈张履祥，以坚其志。尽管如此，明末复社中人如周钟、张溥的名声已经大为远播，远近名士，先后相接。③一至清初，与朝廷禁止社盟的政令相应，在士大夫中间也出现了反对士子结盟的看法，并将其视作一种"恶道"。④

清初士大夫对明末社盟之风的反思，其例甚多。如陆符针对明季士习之坏作了深层次的揭露，认为社盟中人，"啖名者日多"，"狂惑至此，播为乱气，若澜倒堤决，莫之堙塞"，最终导致天下大乱。更为甚者，他还将明季坛坫之徒比喻为另外一种"盗贼"。⑤ 陈璜亦深以明季士子鸡坛歃血之举为戒，认为只有"为士而不入盟，居官而不入党"，才称得上是"中立之君子"，进而成为"狂澜一砥"。⑥

---

① 张履祥：《杨园先生全集》卷31《言行见闻录一》，第882页。
② 归庄：《归庄集》卷3《送黄蕴生会试序》，第223页。
③ 张履祥：《杨园先生全集》卷31《言行见闻录一》，第883—884页。
④ 如申涵光就说："结盟是近日恶道。古人不轻交，故交必不负。今订盟若戏，原未深交，转眼路人，又何足怪!"见氏著：《荆园小语》，载《借月山房汇钞》，上海博古斋据清张氏刊本。
⑤ 全祖望：《鲒埼亭集外编》卷25《陆大行环堵集序》，载《全祖望集汇校集注》中册，第1216页。
⑥ 陈璜：《旅书·社盟》，载《昭代丛书辛集》卷12，清道光吴江沈氏世楷堂刻本。

奢侈成风：对消费习俗的反思

明代的生活消费习俗，久已奢靡成风。而这种奢靡之风，与官场的贪墨之风更是互为因果。换言之，由于明代官俸甚薄，士大夫为了维持奢华的生活，只能依靠贪墨；而贪墨得来的钱财，士大夫一旦将其广泛用于日常生活的享受，则更使奢靡之习蔚然成风。

明人古和雷曾对当时官场趋于奢侈之风深感不解。据他回忆，早在嘉靖十一年（1532）自己中进士时，当时的进士同年，通常是三四人共居一处寓所，每一间房子中摆放两张床，相对而寝，出入骑马，有时则骑骡子。到了隆庆二年（1568），刚中进士之人，已是一人独居一处寓所，而且还"独力雇骑，与膴仕不异"。对此，他有以下疑惑：这些进士"不知有何俸禄，侈用到此"！① 这位老先生确实可爱而又迂腐。其实，士大夫为了保持一种做官者的"体面"与"气势"，这些初入仕途的书生，无不将眼睛盯着金银。归有光的记载，大抵已经可以解答这位古老先生的疑惑。嘉靖时期，官场风气已经变得相当"薄恶"。书生才做官，脱去襕衫，戴上乌纱帽，着上官袍，便有了一种为官的气势。到了他们去上任，满眼望见的只是"如堆积金银"。所以，时人有一俗语，说"无饿死进士"。② 尽管此言在归有光看来会坏人名节，但确实反映了当时的实情。

至万历末年，士大夫更是相习奢侈，凡是宫室、车马、衣服、器用之属，无不崇饰华丽，边越等伦。即或有些人以清高自命，宦橐无多，亦"称贷母钱缔构园亭卉本，耽娱山水诗文，以是优游卒岁为快"。如亲串朋好偶逢吉庆生辰，他们就"相率敛钱造杯制帐，更迭酬唱，以

---

① 李乐：《见闻杂记》卷7，第664页。

② 归有光：《震川先生别集》卷8《与沈敬甫十八首》，周本淳校点，上海古籍出版社1981年版，第910页。

为固然"。① 这种现象，在当时的文学作品中也得到了很好的反映。如周清原所著小说《西湖二集》，就说这些读书人靠几篇帖括策论，"骗了个黄榜进士"之后，就一味只是"做害民贼。掘地皮，将这些民脂民膏回来，造高堂大厦，买妖姬美妾，广置庄园，以为姬妾逸游之地，收蓄龙阳、戏子、女乐"。②

晚明士大夫奢靡之风，可以张居正、李三才两人为例加以说明。如张居正奉旨归葬，所坐步舆，为真定知府钱普所创，"前重轩，后寝室，以便偃息。旁翼两庑，各一童子，立而左右侍，为挥扇炷香。凡用三十二人举之"。路过州县，招待宴会的菜品，即使水陆已过百品，张居正还以为"无下箸处"。③ 淮扬巡抚李三才，也是"用财如流水"。在招待顾宪成的筵席上，更是"盛陈百味"。④

在官场奢靡之风的影响下，民间百姓亦开始以奢侈相尚。即以山西一省为例，民间百姓已是"争夸满身锦绣，互斗惊眼楼台，鼓乐震心，肥甘厌口"。就服饰来说，商贾工农之家，已是一概穿着织金妆花；即使倡优妆饰，也是金珠满头；至于"床门帏帐、浑身衣服，俱有金销"。光是一套销金所费的工价，就可买一套衣裳；至于妇女佩戴的首饰，"戴金不戴银"已成一时风气，有时甚至一只金簪，就重达一两二钱，而且在簪子上还有"累丝嵌珠""叠轻拔细"一类的工巧技艺。就饮食来说，民间开设酒席，通常使用倡优戏子，或者摆设"连十、连五看席"，再用五色绢帛结彩加以装饰。酒席的奢靡，导致酒的产量大增，光是汾州一地，所生产的白酒，一年就需要消耗掉万余石粮食。就居住、交通工具来说，房屋多是雕刻彩画，此外还有镀银鞍辔、缎绢围裙、捺织座褥、金银器皿。就婚礼来说，当聘妇之时，也是"锦绣装

---

① 杨嗣昌著：《杨嗣昌集》卷 33《访据疏》，第 823 页。
② 周清原：《西湖二集》第 29 卷，人民文学出版社 1989 年版，第 477 页。
③ 张怡：《玉光剑气集》卷 31《惩诫》，第 1108 页。
④ 张怡：《玉光剑气集》卷 31《惩诫》，第 1108 页。

花，刻丝捺纱，被褥枕顶，夸眼虚文，文过饰僭"。就丧礼来说，光是丧家所用的棺罩，常常就要费去数两银子；丧礼时所用纸扎品的摆放，甚至长达一里；在殡期间，要搭台棚唱戏、请客；出殡之时，又用绫帛梭帕收头。就祭祀来说，所用之物亦极其奢华，诸如盘花果罩、飞走像生、绫罗旛盖、锦缎铭旌、扎塑人物、装演队戏，不一而足。①

总体上说，晚明的世道已经发生突变，诸如：士子鲜衣美食，浮谈怪说，玩日愒时，而将农工视为"村鄙"；妇女傅粉簪花，冶容学态，袖手乐游，而将勤俭视为"羞辱"；官员盛从丰供，繁文缛节，奔逐世态，而将教养视为"迂腐"。② 这就是说，无论是社会的上层，还是社会的下层，甚至是闺房女子，无不养成一种浮游、享乐、奢华之习。

面对如此奢靡的消费习俗，清初的士大夫开始将其上升到明朝覆亡的角度加以认知，进而做出相对理性的剖析。黄宗羲在总结明朝百姓穷困的原因时，除了从赋敛的角度加以剖析之外，还从习俗、蛊惑、奢侈三个方面加以深层次的分析。他认为，就习俗而言，自吉凶之礼亡失之后，民间就以相沿之俗为礼，婚姻所追求的不过是"筐筐""装资""宴会"而已；丧礼亦仅仅限于"含殓""设祭""佛事""宴会""刍灵"等几种仪式。所有这些婚丧习俗，无不受到"佛"与"巫"的"蛊惑"，且奢靡成风。在这种奢侈习俗中，尤以"倡优""酒肆"与"机坊"三者为甚：倡优之费，"一夕而中人之产"；酒肆之费，"一顿而终年之食"；机坊之费，"一衣而十夫之暖"。③ 明代钞法的废止，铜钱的壅塞，再加之奢靡之风的盛行，致使银子的使用量激增。随之而来者，则是"伪银"小即假银的广泛出现，甚至山东济南的一些人家，专以制造假银为生。顾炎武在总结明代奢侈之风时，首先看到了假银流行的危害，认为假银的广泛使用，不但欺骗"市人"，而且直接欺骗

---

① 吕坤：《实政录》卷3《禁约风俗》，载《吕坤全集》中册，第1000—1003页。
② 吕坤：《呻吟语》卷4《外篇·世运》，第215页。
③ 黄宗羲：《明夷待访录·财计三》，载《梨州船山五书》，第40页。

"官长"，足以证明"民间巧诈滋甚"。① 当然，顾炎武对明代风俗的反思，同样触及仕风政俗，认为奢靡之风乃至贪墨之风的形成，无不与官风的转变有关。换言之，士大夫"才任一官"，就以"教戏唱曲为事"，就会"官方民隐，置之不讲"，最终导致"国亡""身败"。② 陆陇其亦认为，明季风俗，浇漓之习，久已成风，衰颓至极。无论是民间冠婚丧祭之礼，还是宫室衣服饮食之节，无不崇尚奢侈，其结果则是"富者炫燿，贫者效尤，物力既绌，则继之以贪诈，故靡丽日益，廉耻日消"。③

至于唐甄，对明代奢靡习俗的反思则更为精深。首先，他从人生具有"五欲"的角度，剖析奢靡之风形成的内在原因。他认为，人生于气血，气血成身，身有四官，而心在其中。内心一旦把持不住，就会形成"五欲"，即身体喜好穿"美服"，眼睛喜好看"美色"，耳朵喜好听"美声"，口嘴喜好吃"美味"，鼻子喜好闻"美香"。这种五欲的存在，最终导致对奢靡与享受生活的追求。为了满足身体的需求，就会"非貂狐之温不以为裘，非锦段之华不以为茵"；为了满足眼睛的需求，就会"吴越佳冶之女，列于房帷，姑苏奇巧之优，供其宴乐"；为了满足口嘴的需求，就会过分追求"玉田之嘉谷，德易之美酒，闽广之海珍"；为了满足耳朵的需要，就会追求"艳姬歌曲，巧伶奏声，靡靡曼曼"；为了满足鼻子的需求，就会"兰桂芬于园囿，沈涎馥于堂室"。④ 其次，他从仕风政俗趋于贪墨的角度，剖析奢靡之风形成的外在原因。他直言指出："盖贪之锢人心也甚矣！治布帛者，漂则白，缁则黑。由今之俗，欲变今之贪，是求白于缁也。"发出如此感慨的前提，就是有鉴于明末贪墨之风的盛行。当时所谓的"能吏"，且被市人羡慕、乡党

---

① 顾炎武撰，黄汝成集释：《日知录集释》卷 11《伪银》，第 277 页。
② 顾炎武撰，黄汝成集释：《日知录集释》卷 13《家事》，第 325 页。
③ 顾炎武撰，黄汝成集释：《日知录集释》卷 8《法制》，引陆陇其语，第 310 页。
④ 唐甄：《潜书》上篇上《七十》，第 36—37 页。

尊敬者，无非借助贪墨而过着奢华的生活，如"一袭之裘，值二三百金"，"优人之饰，必数千金"。至于平日所用，诸如金盏、银罍、珠玉、珊瑚之类，奇巧之器，更是不可胜计。反之，若是一位官吏廉洁，"出无舆，食无肉，衣无裘"，反而被人视为"无能"，甚至被市人所贱、乡党所笑。①

叛道媚俗：对文化风俗的反思

清初学者张履祥曾经提出"天下有三重"的说法。他所谓的"三重"，就是"政事""学术""风俗"。② 换言之，"三重"既是三大重要之事，也是维持社会秩序稳定的三道藩篱。除了"政事"可以归之为仕风政俗之外，其他如"学术""风俗"，则代表着学风传承与人们生活习惯的变迁，大抵均属广义的文化风俗的范畴。清初学者颜元也认为，明代文化风俗中，有三者堪称"大欺世""大误人""大乱道"，即"帖括""禅宗""宋家道学"。③ 至于顾炎武，则将"举业至于抄佛书""讲学至于会男女""考试至于鬻生员"三者，称为"一代之三变"，更是一语道破了明代文化风俗演变的基本历程。

张履祥、颜元、顾炎武三位学者的说法，大抵已经反映清初士大夫对明代文化风俗加以反思的基本思路，而其集聚点则在以下三点：一是以"宋家道学"为代表的讲学之风的形成，最终导致三教合流之风的盛行，进而流变为"讲学至于会男女"；二是以"帖括"为标志的科举之风的形成，最终流于弊端，导致"考试至于鬻生员""举业至于抄佛书"；三是无用之书流行，不但伤风败俗，且最终导致在士民中形成一种"玩"的心态。在这三点上，有些仅仅限于文化风俗，而有些则已

① 唐甄：《潜书》下篇上《富民》，第 107 页。
② 张履祥：《杨园先生全集》卷 25《问目》，第 705 页。
③ 颜元：《朱子语类评·训门人语》，载《颜元集》，第 286 页。

经渗透到仕风政俗之中。

（一）道学之弊：三教合流的盛行

自宋代道学形成之后，明代不但有所继承与发展，甚至将其学说推至极致。明朝覆亡的残酷现实，促使清初士大夫对道学之风多有反思。正如颜元所言，"宋家道学"的见解，只是局限于"静言训诂"，若是将其应用到"朝陛、疆场、齐治、均平"，全无用处。[①]

颜元的说法仅仅触及道学之弊的一端，而更大的弊端，还在于道学形成之后导致的儒佛道三教合流之风的盛行。三教合一之说，莫盛于阳明之门。察其立言之意，原本或许是想使墨尽归于儒。然浸淫一久，儒道日晦，佛、道之说日昌，未有逃禅以入儒，只见逃儒以入释，波流风煽，无所底极。尤其是自万历以后，学术日晦，更是形成一种"说书者多以释、老解儒书"的现象。[②]

针对如此风气，早在明末就已经有人开始加以批评。如孙承宗曾与一位宰官及一位老衲游览西山。在一起座谈之时，老衲一味讲《中庸》，而宰官反而讲《楞严经》，且意兴勃勃，不能自已。两人问孙承宗，为何不发一言，孙承宗说："适见一异事，秀才忽变为僧，僧忽变为秀才。"[③] 这则事例大抵已经可以看出明末儒佛合流的倾向，且孙承宗并不以此为然。

一至清初，士大夫群体更是对此风气加以深刻的反思。在明代的学者中，尽管尚有人稍知君臣父子之义，称佛、道与儒家门户虽别，道理自同，但如此之说，在张履祥看来，仍是"开门揖寇"之论。此外，张履祥认为，"三教一源"之说，一方面犹如秦桧之主和议，"外边虽文饰，实是降虏"；另一方面，借助佛道之说以昌明儒家之道，又犹如唐玄宗之用安禄山，"所用者小，而所害甚大"。进而言之，张履祥将

---

① 颜元：《朱子语类评·训门人语》，载《颜元集》，第286页。
② 张履祥：《杨园先生全集》卷3《与吴仲木十五》，第65页。
③ 孙奇逢：《夏峰先生集》卷8《重修太室法王寺记》，第286—287页。

晚明盛行一时的"三教一门"之说，认定为"学术之祸中于世运，夷夏之闲亦至于尽决"，其结果则会流于正道尽失，"率兽食人"。① 颜元直斥禅宗识悟之弊，"只在心头恍惚，口头打诨，推之身上事上全不相应"。② 除此之外，颜元的观察更为细微。他敏锐地觉察到，在乡下的村庄中，并无夫子庙，"淫祠"却遍布天下村庄。与此相应，一些里巷之杰，感到忧虑的仅仅是"寺、观不修，无僧、道焚香"，对于子弟之"不孝、不弟"，却并不深以为忧。如此风俗，无不证明气运大衰。③ 与三教合一之说不同，孙奇逢尽管对佛、道并无贬斥之语，却就儒、佛、道三教重新加以辨析。他认为，"三教圣人，法各为用，治世、出世正不必相袭，不以相借而加显，不以相拗而加晦，各有极诣也"。相比之下，儒家以经世为业，"可以兼收二氏之长"；而佛、道二氏以出世为心，"自不能合并吾儒为用"。为此，他建议三教之徒理应各守师说，尽各自的"本分"。④

"讲学至于会男女"，所指为李贽之事，而李贽恰恰就是三教合流论的坚定支持者。如万历三十年（1602）闰二月，礼科给事中张问达在纠疏中，即称李贽"寄居麻城，肆行不简，与无良辈游庵院，挟妓女白昼同浴，勾引士人妻女，入庵讲法，至有携衾枕而宿者，一境如狂。又作《观音问》一书，所谓观音者，皆士人妻女也"。对此，顾炎武深感忧虑，加以针砭。⑤

（二）帖括之弊：科举求利的流行

科举之弊，导致明代人才匮乏乃至明朝覆亡。这是清初士大夫的普

---

① 张履祥：《杨园先生全集》卷 28《愿学记三》，第 764 页；卷 26《愿学记一》，第 708 页；卷 28《愿学记三》，第 777—778 页。

② 颜元：《朱子语类评·训门人语》，载《颜元集》，第 286 页。

③ 钟錂编：《颜习斋先生辟异录》卷上《辟异总论》，载《颜元集》，第 603—604 页。

④ 孙奇逢：《夏峰先生集》卷 7《重修宝藏寺募疏》，第 268 页；卷 8《白衣庵记》，第 279 页。

⑤ 顾炎武撰，黄汝成集释：《日知录集释》卷 18《李贽》，第 439 页。

遍看法，促使他们从各个层面对帖括之弊加以剖析。清初学者颜元认为，科举帖括的风行，导致士人的一生聪明，只是用在"犹毫、水墨上，推之口头、手头全不相应"。① 为此，他将"选举"与"科甲"之优劣作了如下评析：选举即使存在着弊病，然所取之人，均为有用之才；科甲即使无弊，然所得之人，多为无用之士。在选举制下，士人尚有"顾惜名节意"；一旦科甲盛行，导致后世文人，对名节"全无顾惜"。② 鉴于此，他断言八股之害，"甚于坑焚"。③

颜元的说法无疑得到了顾炎武的附和。对于明代科举之弊，顾炎武以"考试至于鬻生员""举业至于抄佛书"加以概括。所谓考试至于鬻生员，是指钟惺于天启初年任福建提学副使时，"大通关节"。④ 所谓"举业至于抄佛书"，显然与三教合流之风桴鼓相应。为此，顾炎武在所著《日知录》中有很好的梳理与清算。对于明代举业抄佛书之风，顾炎武大抵依据艾南英的说法加以疏证。根据艾南英的考述，在嘉靖年间，尽管王阳明的学说已经盛行于世，然士子举业，尚谨守程朱，无敢"以禅窜圣"。自李春芳、徐阶相继执政之后，尊崇王氏之学，于是隆庆二年（1568），《论语》程义，首开宗门，此后浸淫无所底止。在艾南英所著《皇明今文待序》中，当论及明代举业中出现为禅之说时，尽管已经列举了相关的举业文字，但还是"姑为隐其名"。为此，顾炎武专门加以注解，认定此人为万历五年（1577）这一科的杨起元。⑤

除此之外，顾炎武对于明代老庄之说进入举业文字的风气进行了很好的揭示与反思。他认为，隆庆二年（1568），当时的会试主考官"厌五经而喜老庄，黜旧闻而崇新学"。于是，首题出了一个《论语》题，

① 颜元：《朱子语类评·训门人语》，载《颜元集》，第 286 页。
② 钟錂编：《颜习斋先生言行录》卷上《法乾》第 6，载《颜元集》，第 642 页。
③ 钟錂编：《颜习斋先生言行录》卷下《习过之》第 19，载《颜元集》，第 691 页。
④ 顾炎武撰，黄汝成集释：《日知录集释》卷 18《钟惺》，第 440 页。
⑤ 顾炎武撰，黄汝成集释：《日知录集释》卷 18《举业》，第 432—433 页。

其中子曰"由诲汝知之乎"一节，其程文破题云："圣人教贤者以真知，在不昧其心而已。"根据顾炎武的注解，文中"真知"之说，一出自《庄子·大宗师篇》"且有真人而后有真知"之说，一出自《列子·仲尼篇》"无乐无知，是真乐真知"之论。显然，这是明以庄子之言，掺入举业文字。自此以后，举业所用，无非释老之书。①

（三）无裨实用之书的风行

版刻泛滥芜杂，这是书籍出版业的最大特点，大抵反映了明代文化通俗化、大众化乃至商业化的趋势。明清易代之后，随着清初礼教秩序的重建，一些士大夫开始对明代的出版之风加以反思，尤以王夫之最为突出。他以一个"玩"字概括明代很多书籍尤其是史书的特点，可谓一针见血。所谓"玩"，就是"喜而弄之之谓"。这显然是为了适应商业化与娱乐化的需要。王夫之认为，明末的史书，诸如《千百年眼》《史怀》《史取》诸书，以及屠隆的《鸿苞》、陈继儒的《古文品外录》之类，"要以供人之玩，而李贽《藏书》，为害尤烈"。②

这种对书籍出版的清理，并非王夫之一家之言，而是得到了清初许多学者的呼应。如黄宗羲尽管并未将明人文集列入禁止之列，但他还是建议，在士人文集中，凡是古文"非有师法"，语录"非有心得"，奏议"无裨实用"，序事"无补史学"之类，均"不许传刻"。至于时文、小说、词曲、应酬代笔之书，若已经刊刻，则"追板烧之"。此外，若是有士子"选场屋之文及私试义策，蛊惑坊市者"，那么，必须处以生员"黜革"，现任官"落职"，致仕官追夺"告身"。③ 顾炎武认为，"淫词艳曲，传布国门"，会起到"诱惑后生，伤败风化"的不良效果。为此，他建议将此类市场上通行的书籍与"非圣之书"一起焚

---

① 顾炎武撰，黄汝成集释：《日知录集释》卷18《破题用庄子》，第434页。
② 王夫之：《俟解》，载《梨州船山五书》，第1—2页。
③ 黄宗羲：《明夷待访录·学校》，载《梨州船山五书》，第13页。

毁，藉此达到"正人心"的目的。① 张履祥更是将版刻之书进行了全面的清理。他将书籍分为以下四类：第一类是有关"修己治人"之书，如《六经》、诸史、先儒理学以及历代奏议，需要加以"珍重护惜"；第二类是医药、卜筮、种植之书，也算得上是"有用"之书；第三类是诸子百家、近代文集，则"虽无可也"；第四类是异端邪说、淫辞歌曲之类，"能害人心术，伤败风俗"，必须"严距痛绝"。②

行己有耻：改良风俗的应对之策

针对明代的败风颓俗，清初士大夫除了从各个层面加以反思之外，尚审慎地提出了各自改良风俗的应对之策。简言之，包括以下三个方面：一是倡导个人"行己有耻"，通过廉耻感的恢复以规范个人的行为习俗；二是由"俗"返"道"，即通过礼教的重建以制约社会群体的行为习俗；三是针对各个层面的弊端风俗，提出自己相对较为具体的应对之策。

（一）行己有耻：规范个人行为习俗

面对士风的嚣张，仕风的贪墨，民风的奢靡，清初士大夫无不提出了自己的设想，藉此规范个人行为习俗。细究之，大抵包括以下三点：

其一，重新倡导个人"名节"，以传统的"名教"制约个人行为。如张履祥认为，古人行己有耻，能有所不为，所以不必重视"名节"，即使如此，个人的"大德"亦大多不会逾越名教藩篱。在张履祥看来，明末以来的时势，已是"廉耻道丧，无所不为"，重视"名节"，尤显必要。③ 顾炎武亦认为，"变化人心""荡涤污俗"的最好方法，就是"劝学""奖廉"二事。那么，何以劝学、奖廉？按照顾炎武的设想，

---

① 顾炎武撰，黄汝成集释：《日知录集释》卷13《重厚》，第316—317页。
② 张履祥：《杨园先生全集》卷48《重世业》，第1376页。
③ 张履祥：《杨园先生全集》卷39《备忘一》，第1053页。

还是需要用一个"名"字加以匡正。诸如"名教""名节"乃至"功名"之类，即使不能使天下之人"以义为利"，但还是可以使他们"以名为利"。换言之，尽管如此之举，尚未可称"纯王之风"，但毕竟可以"救积洿之俗矣"。①

其二，重新倡导"知耻"之说，希望通过"行己有耻"而规范个人行为习惯。历来论风俗者，无不看重一个"耻"字，甚至认为风俗之衰，主要在于"耻尚失所"。所谓的"失所"，就不仅仅限于"羞恶"一端。正如明末人袁光南所言："小节无知，便属麻木；大节无耻，便落禽犊。"② 明末清初人魏禧也极看重一个"耻"字。他认为，即使是盗贼娼优，若是有些耻意在，便可教化。反之，若其人虽无大恶，但在遇到羞耻之事时，恬然可安，肆然不畏，那么就会终身必无向善之日，其结果就是恶事无所不为。鉴于此，他总结道："耻字是学人喉关，圣人教人，与小人转为君子，皆从耻上导引激发过去。人一无耻，便如病者闭喉，虽有神丹，不得入腹矣。"③

魏禧之论，大抵与王夫之、孙奇逢之说若合符节。如王夫之认为，士之知耻，这是士风的关键。他说："人之能为大不韪者，非其能所有惧也，唯其能无所耻也。故血气之勇不可人，而犹可器使；唯无所耻者，国家用之而必亡。"他认为，士若耻心荡然，就可清可浊，无不可为，以得宠而避辱，甚至"弒父与君而罪不及"。④ 针对世教衰微、民不兴行的时势，王夫之认为，惟有"知耻之功"，方可达到"见不贤而

---

① 顾炎武撰，黄汝成集释：《日知录集释》卷13《名教》，第312—313页。
② 施闰章：《施愚山集·文集》卷16《袁君启先生小传》，第334页。按：袁光南作有《自励篇》，其中云："孩心自如如，韶光已六十。岁月易消磨，此生不再得。往莫追，来须策。富贵会有命，执鞭岂其欲？钦哉尼父言：有耻士先录。耻则通天关，贯地轴，支撑宇宙不碌碌。小节无知，便属麻木；大节无耻，便落禽犊。麻木愧血肉，禽犊忝眉目。有耻天心见，无耻人欲泪。求志永配命，敢不矢自勖。"同上注，附记。
③ 魏禧：《魏叔子日录》卷1《里言》，载《魏叔子文集》，第1059页。
④ 王夫之：《读通鉴论》卷5《哀帝》，第107页。

内自省"。① 孙奇逢亦认为，人若不知耻，不用说不会去做"忠孝大节"一类的事情，即使"小廉曲谨"之事，亦不肯去做。鉴于此，他将"知耻"二字上升到人生"第一义"的角度加以认知。②

假若说"知耻"尚停留于观念的认识，那么"行己有耻"显属将认识落实到具体的行动上。孔子论士，列为三品，而以"行己有耻"为先，其意可知。读书人在平常日子里，当然可以骄语高节，哆口谈廉，似乎做到行己有耻很容易。其实，一旦付诸行动，面对货利的诱惑，仍然不免失足。为此，顾炎武重提"行己有耻"，将此视为改良风俗尤其是士风的关键。按照传统的观念，礼、义、廉、耻，属于国之"四维"。细分之，礼、义属于治人的"大法"，而廉、耻则属于立人的"大节"。顾炎武认为，在这四者之中，"耻"尤为重要。究其原因，还是因为人之不廉，甚至"悖礼犯义"，其根源都是在于"无耻"。就此而论，士大夫之无耻，即可视为一种"国耻"。③ 当然，"有耻"之说，尚须落实于行为之中，诸如子臣弟友、出入、往来、辞受、取与之间，均属"有耻之事"。在顾炎武看来，士大夫不应将"恶衣恶食"视为自己的耻辱，而应将匹夫匹妇不能"被其泽"视为耻辱。这就是说，假若一个士人不先"言耻"，那么就会成为"无本之人"。④

其三，倡导从"习气"返回"性气"，藉此纯洁个人心灵。在王夫之看来，自明末以来，父教其子，兄教其弟，乃至师友互相教导，无非都是一种"习气"。为此，他断言："末俗有习气，无性气。"习气移人，已是不可"复施斤削"。为此，王夫之主张恢复"性中之生气"，保持自己个人行为人格的独立性，而不是"舍己以为天下用"。⑤ 孙奇

---

① 王夫之：《思问录内篇》，载《梨州船山五书》，第9页。
② 孙奇逢：《夏峰先生集》卷14《语录》，第570页。
③ 顾炎武撰，黄汝成集释：《日知录集释》卷13《廉耻》，第314页。
④ 顾炎武：《亭林文集》卷3《与友人论学书》，载《顾亭林诗文集》，第41页。
⑤ 王夫之：《俟解》，载《梨州船山五书》，第18页。

逢深以人之难脱"习气"为忧。即使那些自称"拔俗之士"，其实他们日用之习见、习闻、所趋、所避，最后还是不知不觉地落到习气中去。为此，他主张士人应该加大"学修之力"，去除"习气"，使自己的"真性流行"。①

（二）礼教重建：制约群体的行为习俗

人心、风俗，互为转圜。清初士大夫为了改良风俗，首先想到的就是"正人心"。如孙奇逢认为，"世界之坏，人心为之也"。在他看来，明末以来的人心已是"素不良于行"。子弟不习父兄之教不必言，即使所谓的礼义之家、诗书之子，也是"不亲不逊之极，满腔恣睢，百事乖谬，比比而是"。② 面对"政事""学术""风俗"三者"俱败"，张履祥希望通过"正人心"而加以挽救。至于如何"正人心"，张履祥的应对之法就是"举直错诸枉，知心则知复矣"。③ 顾炎武在《与人书》中亦说，国家治乱的关键，必在于"人心风俗"。至于如何转移人心，整顿风俗，则必须恢复"教化纲纪"。④

顾炎武所谓的"教化纲纪"，其实就是儒家传统的礼教，亦即通过礼教秩序的重建而规范群体的行为习俗。这就是所谓的以礼制俗。如张履祥通过列举种种丧葬"俗弊"，旨在说明自明季以来，"习俗锢人，贤者不免"。而张履祥的目的，则旨在使人人知道流行丧葬习俗之非，进而追求符合礼文的丧葬习俗，以达臻"复礼"的目标。⑤

假如说群体的行为习惯构成一种风俗的话，那么，清初学者陈确提出的以礼制俗之论，大抵反映了清初士大夫群体改良风俗的基本思路。这就是说，人们的行为习惯，受到了来自"力"（个人或家庭的财力）

---

① 孙奇逢：《夏峰先生集》卷 13《语录》，第 543 页。
② 孙奇逢：《夏峰先生集》卷 2《与杜君异》，第 46 页。
③ 张履祥：《杨园先生全集》卷 25《问目》，第 705 页。
④ 顾炎武：《亭林文集》卷 9《与人书九》，载《顾亭林诗文集》，第 93 页。
⑤ 张履祥：《杨园先生全集》卷 18《丧祭杂说》，第 525—534 页。

与"礼"（国家的制约力量）两个方面的制约：一方面，人们可以根据自己之"力"而行动，若是力所能为而不为，就是"偷"，反之，力所不能为而为之，则属"愚"；另一方面，人们的所有行为又必须受到"礼"的制约，凡是礼制允许为而不为，就是"俭"，反之，礼制所不得为而为之，则属"僭"。① "道"与"俗"正好是一相对的关系，亦即"道则不俗，俗则非道"。② 针对"无事而非俗，无时而非俗"，甚至"畔礼媚俗"的情势，诸如冠礼之形同虚设，婚礼之论财，丧礼之设佛事，祭礼之重墓祭、轻庙祭，陈确提出了由"俗"返"道"之论，更为值得引起关注。在陈确看来，"道"中有"礼"，"非俗之谓也"；然"道"又有"本"，则非仅仅"矫俗之谓也"。可见，陈确所谓的"道"，并非外在形式的"礼"的简单恢复，而是要进入内心。换言之，既非"离日用而言道"，亦非"泥日用而言道"。③

当然，所谓的风俗，其分类相当繁复，既有"一世之俗""一方之俗"，也有"一州一邑之俗""一乡之俗"，甚至还有"一家之俗"。按照传统的观念，移易风俗，"当自一家始"。④ 揆诸清初士大夫改良风俗之举，大抵亦是始自一家，即通过《家则》《女则》《家规》的制定，规范家庭门风，藉此改善乡里之俗。如巢端明针对里俗嫁娶之家，侈靡相尚，多不由礼，就斟酌古今，定为《家则》，以期"一门恪守"。针对世之女子多有失教，又撰《女则》，"以训门内诸女"。⑤ 孙奇逢亦制有《家规》18则，藉此希望一家之中，老老幼幼，夫夫妇妇，"各无惭德"，回归到"羲皇世界"的境界。⑥ 此外，孙奇逢又作有《家祭仪

---

① 陈确：《陈确集·文集》卷4《养生送死论》下，第157页。
② 陈确：《陈确集·文集》卷5《道俗论》上，第169页。
③ 陈确：《陈确集·文集》卷5《道俗论》下，第171页。
④ 贺钦：《医闾先生集》卷2《言行录》，载《四明丛书》第12册，第7239页。
⑤ 张履祥：《杨园先生全集》卷33《言行见闻录三》，第932页。
⑥ 孙奇逢：《夏峰先生集》卷10《家规》，第388页。

注》，藉此规范家庭祭祀仪式。① 而黄宗羲的应对措施，则是通过采用《朱子家礼》而改革民间吉凶习俗，藉此达到以礼革俗的目的。②

（三）具体改良之策

人之常情，确乎从俗易，违俗难。当风俗善美之时，凡是具有中人之资以下之人，无不薰陶渐染；而当风俗颓败，那么必须由豪杰之士挺然特立，与俗违拗，方能去恶从善。③ 清初的士大夫无不认为，改良风俗，并使之趋于淳厚，这是"士君子"的职责。④ 至于"拨乱世而反之正"，则更有待于"后贤"的兴起。⑤

针对明季的败风颓俗，如何"移风振俗"或"移风易俗"？清初的士大夫亦大多提出了具体的改良之策。举其荦荦大者，大抵包括以下几点：

其一，主张从"聚于城"回到"聚于乡"。清初的士大夫大多认为，无论是风俗之败，本业之荒，还是盗贼之起，究其原因，还是由于"游民多而田赋重"。⑥ 游民的增多，显然源于田赋的加重，徭役的繁杂。顾炎武的回忆显然有利于对这一变迁历程的认识。这一变迁大势大致可以概括如下：就普通百姓来说，最初山野之氓，白首不见官长，安于畎亩，不至城市。到了后来，因为役繁讼多，终岁之功，半在官府，百姓甚至有"家有二顷田，头枕衙门眠"之谚。再加上"山有负嵎，林多伏莽"，无奈之下，百姓只得"舍其田园，徙于城郭"。就士人来说，亦不再将自己局限于本地的学校之内，而是变为"求名之士"，纷纷前往京城，于是，"辇毂之间，易于郊坰之路矣"。至于商人，为了追求"锥刀之末"，更是行走江湖，不辞辛劳。人从乡村流入城市，已

① 孙奇逢：《夏峰先生集》卷10《家祭仪注》，第391—392页。
② 黄宗羲：《明夷待访录·学校》，载《梨州船山五书》，第13页。
③ 贺钦：《医闾先生集》卷2《言行录》，载《四明丛书》第12册，第7243页。
④ 孙奇逢：《夏峰先生集》卷2《与李霖九》，第67页。
⑤ 顾炎武撰，黄汝成集释：《日知录集释》卷18《朱子晚年定论》，第439页。
⑥ 张履祥：《杨园先生全集》卷39《备忘一》，第1068页。

使百姓之心不再安静，行为亦变得乖张。为此，顾炎武认为，改善风俗的关键，在于"制民之产，使之甘其食，美其服"。① 惟有如此，方可使百姓从聚于城回到聚于乡。古有"小乱居城，大乱居乡"之说。面对明清易代之后的大乱之世，张履祥同样主张"居乡"。不过，张履祥认为，居乡的前提是必须很好地实施"保聚"之法，否则乡村盗贼公行，乱兵纵横，居住亦很困难。②

其二，针对士风政俗的败坏，清初的士大夫亦大多提出了自己的改良建议。细加概括，又可包括以下三点：一是就士风之好名、嚣张，通过名实之辨，倡导崇实之风，再通过恢复"敬""理"而对士人行为加以约束。如唐甄认为，因为好名之风的流行，"无才而人称其才，无德而人称其德"，导致人"巧言令色，便媚取合，而失其忠信之情"。如此好名之人，不过是一些"败类之人"而已，"虽贤必去之"。③ 孙奇逢认为，士人因为打破了"敬""理"的束缚，追求"洒脱自在"，最终导致肆无忌惮。所以，他主张，"洒脱"生于"天理之常存"，"天理之常存"生于"敬畏之无间"，④ 希望通过"天理""敬畏"而对士行有所约束。二是就朋党、门户之风，提出了一些改良之策。如唐甄认为，朋党是"国之危疾"，不治必亡。那么，如何治理朋党，他认为唯一的"良药"就是"在绝其缘而已"。一旦绝其缘，则"邪党不伐而自破，正党不解而自散"。⑤ 而张履祥则是通过倡导"无欲"而解决朋党、门户之争。在他看来，因为"有欲"，才导致人、我之别，有人、我之别，才导致胜负得失因之而起，甚至出现"争党"。一旦"无欲"，那么，"天下为一家，中国为一人"，党争、门户自然熄灭。⑥ 三是就明

---

① 顾炎武撰，黄汝成集释：《日知录集释》卷12《人聚》，第291页。
② 张履祥：《杨园先生全集》卷19《保聚附论》，第584页。
③ 唐甄：《潜书》下篇上《尚治》，第104页。
④ 孙奇逢：《夏峰先生集》卷13《语录》，第541页。
⑤ 唐甄：《潜书》下篇下《除党》，第161—162页。
⑥ 张履祥：《杨园先生全集》卷26《愿学记一》，第719页。

代官场的贪墨之风，清初士大夫亦提出了一些具体的治贪之道。王夫之是从制度的层面加以思考，希望通过惩治贪墨"定制"的确立，以便对官场贪墨之风有所抑制，藉此确立一种奖廉去贪之风。① 唐甄之说却不同于王夫之，认为赏、杀之法，并不能让人有所劝威，必须依靠"渐之以风"，才能彻底解决。这就是说，必须从"人君能俭"做起，才能"百官化之，庶民化之"，最终达到"官不扰民，民不伤财"。②

其三，针对明季以来消费习俗的奢靡之风，清初士大夫大提出了许多具体的改良之策，尽管其目的都是为了去奢而守朴，其设想却因人而异。如黄宗羲从"治本"与"治末"两个角度，提出了惩治奢靡的具体设想：就治本来说，就是通过"明学校之教"，而后让百姓的吉凶之俗"一循于礼"，进而"投巫驱佛"；就治末来说，就是对市场上所有不切实用的"奇技淫巧"之物，"一概痛绝"，如"倡优有禁，酒食有禁，除布帛外皆有禁"，藉此起弊振俗。③ 顾炎武认为，"国奢示以俭"，这是"君子之行，宰相之事"。换言之，通过"修之身，行之家"，而后"示之乡党而已"。为此，他提出，倡导俭约之风，必须自大臣之家开始。换言之，"大臣家事之丰约，关于政化之隆污"。④ 唐甄认为，惟有去奢而守朴，才能达到天下大治。唐甄的设想，不同于明代顾宪成提出的通过礼义、学校之教，以恢复先王之治，而是主张"民自为善而不知"，亦即通过形成一种新的风俗，以改变旧的风俗。⑤ 而陆陇其则从"经制宜定""学校宜广""赏罚宜审"三个方面，提出了解决奢靡之风的设想，认为这三者是"所以导民之具，而风俗

---

① 王夫之：《黄书·大正第六》，载《梨州船山五书》，第30页。
② 唐甄：《潜书》下篇上《富民》，第107页。
③ 黄宗羲：《明夷待访录·财计三》，载《梨州船山五书》，第40—41页。
④ 顾炎武撰，黄汝成集释：《日知录集释》卷13《俭约》《大臣》，第318—319页。
⑤ 唐甄：《潜书》下篇上《尚治》，第102—103页。

之本原也"。①

其四，对于文化风俗的改良之策，清初士大夫主要集中于家庭礼俗的改良。如何商隐面对风俗之敝，深感自己具有"挽回匡救"之责，认为士大夫即使不能"起其衰而正其失"，亦不可推波助澜。所以，他主张在婚礼习俗方面，必须去除"媒氏"。② 针对民间习俗中的淫祀之风，颜元主张恢复礼制。然而一家有一家当祭之神，一神有一神当祭之时，一时有一时当行之礼，其间的仪文、度数，各有定则，人不能随意加以增减。可见，颜元在家庭祭祀上主张以礼制俗。当然，他所谓的礼，不是为刻意求异于俗而"妄任胸臆"，甚至"礼自我出"，而是"少参古礼行之"。③

综上所述，清初士大夫从仕风政俗、消费习俗、文化风俗三个方面，对明代风俗作了系统的反思，并进而提出了自己改良风俗之策。究其反思的目的，大抵不外以下两点：

一是对"盛王之世"的期盼，藉此回复到三代之治。清初士大夫对明代制度、风俗的反思，黄宗羲的《明夷待访录》与顾炎武的《日知录》堪称代表作。尽管学界对《明夷待访录》撰写宗旨尚有争论，黄宗羲自己已经承认，当他撰写此书之时，尽管"乱运未终"，但他还是对"三代之盛"犹未绝望。④ 就此而论，顾炎武可以说是黄宗羲的知音，他在看到此书之后，对其撰写目的亦作了推测，此即"百王之弊可以复起，而三代之盛可以徐还"⑤。顾炎武主张风俗的拨乱反正，有待于"后贤"，那么，他所著的《日知录》，其目的又何在呢？这可以

---

① 顾炎武撰，黄汝成集释：《日知录集释》卷 8《法制》，引陆陇其语，第 310 页。
② 张履祥：《杨园先生全集》卷 33《言行见闻录三》，第 938 页。
③ 颜元：《习斋记余》卷 4《与刘焕章论礼书》，载《颜元集》，第 452 页。
④ 黄宗羲：《明夷待访录》，载《梨州船山五书》，第 1 页。
⑤ 顾炎武：《亭林佚文辑补·与黄太冲书》，载《顾亭林诗文集》，第 238—239 页。

他自己的话语加以阐释。他认为自己所论，与黄宗羲相同者"十之六七"。① 而其编纂宗旨，更是一语道破："有王者起，将以见诸行事，以跻斯世于治古之隆，而未敢为今人道也。"② 可见，也是将治世的希望寄托在"后王"的身上。

就清初士大夫风俗改良设想的宗旨来说，很多人采取一种上溯的方法。于是，明代成化、弘治年间，首先成为他们心目中风俗淳朴的理想世界。再往前溯，则是对东汉的景仰，如顾炎武所持"斥周末而进东京"的态度，其实就是一种《春秋》之意。③ 因为在他的眼里，三代以下，风俗之美，当属东汉。④ 至于他们的终极目标，还是回复到"盛王之世"，亦即三代之治。如陆陇其提出的关于改良风俗的建议，其目的就在于"去奢从俭，返朴还淳，共登三代之盛"。⑤ 这是一种"盛王之世"，既"教化行而风俗美丽"，又"一道德以同俗"。⑥

二是通过华夷之辨，藉此确立华夏文化的认同感。清初士大夫回复三代之治的理想，尽管尚不脱传统知识阶层的思维定式，而明清易代之后的时势，却又使清初士大夫的风俗反思及其观念带有浓厚的华夏文化认同感。顾炎武的"亡国""亡天下"之辨，堪称典型例证。在他的心目中，"易姓改号"，仅仅是"亡国"而已；惟有"仁义充塞，而至于率兽食人，人将相食"，才称得上是"亡天下"。⑦ 可见，所谓的"亡天下"，就是华夏民族文化的危亡。这就导致顾炎武对史书记载中的"微词"格外关注，并刻意加以钩稽。如文天祥《指南录叙》中，

---

① 顾炎武：《亭林佚文辑补·与黄太冲书》，载《顾亭林诗文集》，第239页。

② 顾炎武：《亭林文集》卷4《与人书》25，载《顾亭林诗文集》，第98页。

③ 顾炎武撰，黄汝成集释：《日知录集释》卷13《周末风俗》，第305页。

④ 顾炎武撰，黄汝成集释：《日知录集释》卷13《两汉风俗》，第305页。

⑤ 顾炎武撰，黄汝成集释：《日知录集释》卷13《宋世风俗》，引陆陇其语，第310页。

⑥ 张履祥：《杨园先生全集》卷48《平世以谨礼义（下略）》，第1381页。

⑦ 顾炎武撰，黄汝成集释：《日知录集释》卷13《正始》，第307页。

"北"字原本都应作"卤"字；胡三省注《通鉴》，在谈及石敬瑭以山后十六州赂契丹之事时，仅云"自是之后，辽灭晋，金破宋"，其下阙文一行，原本应是"蒙古灭金取宋，一统天下"，却"讳之不书"。为何顾炎武如此看重"微词"下的微言大义，究其原因，还是由于他认定"易姓改物，制有华夏"。① 揆诸明清易代大势，其中的涵义不言而喻。这种华夏文化认同感，并非顾炎武一人所独有，而是清初士大夫共同的民族文化心理。张履祥在梳理明末以来"风俗偷薄""人心离散"的历程时，其落脚点还是放在"夷狄纵横二三千里，长驱入京师，而无一人御之"上，可见其目的除了证明在风俗观上有"乱贼与贞良""仁义与不仁义"之别外，更应关注的是"中国与戎狄"之辨。②

尽管清初士大夫的风俗反思及其改良，其目的仅仅在于回复三代之治以及认同华夏文化，而他们所谓的"后王""后贤"，亦不可遽断为新朝统治者，但毋庸否认的是，他们出于深层次的风俗反思乃至改良之策，倒与清初社会秩序与礼教秩序的重建若合符节。

---

① 顾炎武撰，黄汝成集释：《日知录集释》卷20《古文未正之隐》，第460页。
② 张履祥：《杨园先生全集》卷19《保聚附论》，第584页。

结束语：梦回明朝

说到明朝，现在的人动辄称为"大明"。其实，这明显不符历史记载的书法。毫无疑问，"大明"是明朝的国号，但按照历史时期的制度规定，以及历史学界的书法惯例，唯有王朝时代的"臣民"，本朝人称自己的朝代，方可加上一个"大"字。即以明朝为例，当朝人除了称"大明"之外，又别称"皇明""昭代"，或称"我朝""本朝"。明亡之后，清朝人称谓明朝，则称"前明""前朝"，或径称"明"。时代变了，自1911年帝制结束以后，明朝早已成为过去。今人研究明朝，直称"明朝""明代"即可，唯有如此，方显平实，且又符合历史的书法。

明亡，明清易代，对从明朝过来的人而言，这一朝代鼎革犹如天崩地陷。生活在清初的旧朝遗臣子民，难免会产生一些感伤情绪，对旧朝多了几分留恋之情，"梦忆""梦寻"明朝，有时甚至"梦回"明朝。

令人产生感伤情绪且留恋旧朝的起因，终究还是在于两朝鼎革以后的社会变动，而社会变动的最直接表现，则是清初乱后景象的不堪，以及士族的变迁。就清初乱后景象而言，明显与晚明的一片繁盛形成鲜明的对比。

先来看留都南京。根据故老的记载，南京旧院，风光旖旎，士人冶游成风。院中色艺俱优者，或20人，或30人，结为"手帕姊妹"。每当上元佳节，以"春檠具肴盒相赛"，称为"盒子会"，说白了就是厨艺大赛，以得奇品为胜，输者罚酒，斟酒给胜者。为了赢得比赛，那些院中绝色名妓的相好，也纷纷挟金前来相助，厌厌夜夜，弥月而止。为此，沈周专门写了一首《盒子词》，以纪其胜。这是明代中期的盛况。即使到了明末，南京胜会，仍然略有此风。一等明清易代，旧院鞠为茂草，风流云散，菁华歇绝。院中稍负色艺者，也均被武人挟持而去，盒子胜会，更是不可复睹。

以江南为例，明末清初史家谈迁所写《江南》《吴趋行》《广陵怀古》《蜀冈》诸诗，就是通过新与旧、繁盛与衰败的对比，而后生出留恋旧朝之情：想当初，"人言江南乐"；看今日，"乐事易萧索"。想当初，苏州繁华，令人艳羡："繁华窈窕世莫比，并璧骈珠尽可怜；腴田跨邑雄绮陌，五百十里不须驿；柳丝处处系骅骝，画舫家家斗楼戟。"看今日，历经盘门、胥门，已是"多丘墟瓦砾"。想当初，扬州"十年前亦号太平"，太平时节扬州的平康，正所谓"二分明月在扬州"；看今日，扬州已是"乱后色减"。

江南如此，北方的城市、集镇，更是由盛转衰。以山东临清为例，据谈迁《临清》一诗可知，在明朝，"清源旧全盛，鼓瑟更吹竽。奇货多阳翟，名倡竞小苏。"入清以后，却已"惊尘移耳目，旷土掩头颅。三匝依秋树，时闻城上乌。"以山东清平县的集镇为例，根据谈迁《北游录》的记载，因为战乱导致人口急剧减少。如魏家湾集，"旧市人三千余家，今耗甚"；郗山集，在运河东，"旧三千余家，半殷姓，俱微子后"。遭乱之后，"邱墟十之九，问殷氏尚五百人，大半徙微山，微山流籍殆万家"。

两朝鼎革，最为直接的反映就是新旧权势阶层的更替。谈迁《长安道》诗，显然就是这种更替的实录，且对比明显："来日长安道，车马竞驰骤。范蔡拜相时，卫霍封侯后。五陵游侠儿，射猎逐狡兽。"到了清初，"去日长安道，青门瓜离离。穰侯出函谷，太傅谪南陲。逐客书未上，任安独相随。"换言之，明清鼎革，导致明朝旧的勋戚家族开始衰落。据谈迁《北游录》记载，嘉定侯周奎之孙周德泽，原本官锦衣。年17岁时，遭乱贫甚，只好僦居一室。谈迁见到他时，已是"绨袍不备，有寒色"。武清伯李诚铭的二个孙子，在清初也是"贫甚，不能自活"。至于崇祯朝外戚都督田弘遇，同样在清初衰败不堪。谈迁有《沧州间多贵人墓毁甚》诗，大抵可以说明，自明清易代之后，沧州贵人之墓大多被毁。诗句有云："丝鞭日驭姿叱拨，朱门渐见雕墙空。况今举目异江河，墓棘萧条寻斧柯。石兽倾斜双足断，龙文雨洗篆难磨。"

反观那些原先不过是勋戚贵族的苍头，却因两朝鼎革而投靠新贵，转而变成新兴的发达阶层。据谈迁《北游录》记载，如董某，原本是武清伯李诚铭的苍头。入清以后，投靠肃王府，"岁输百金而牟利"；权某，原本事奉外戚田弘遇。入清之后，"没其赀致富，子弟补诸生"，甚至"里门鼎鼎，或树旗焉"。可见，新的布衣新贵阶层的出现，实则建立在旧朝士大夫家族的衰落之上。此即谈迁《洛阳道》诗所云，"马邓昔布衣，言辞亦謇讷"。不过入清以后，他们已是"扬扬出朝门，时贵骈肩谒。平揖列侯前，不在树勋伐。田园广瀍涧，筐筥致冀越。徒步蹑青云，三川不忧竭"。新贵们驰马于铜驼街，意气何等勃勃，以致"引得路人遥指羡"。

俗语云：至人无梦。其实，并非无梦，而是所梦不只是一己之私，而是天下之大。梦是什么？简而言之，梦不过是一种"思"与"缘"而已，藉梦可以探究到的，则是梦者内心的轨迹。人各有各的心思，也就各有各的梦。古人之梦，除却皇帝与庶民之外，知识人的梦，若是稍加分类，大抵可以分为以下两类：一是道学梦，二是名士梦。道学梦的源头可以追溯到孔子梦见周公，这无疑是深具重建道脉与礼教秩序的心思所致。追踪孔子后尘者，梦中所见，无非文王、孔子、周敦颐、邵雍、张载、朱熹、陈白沙、王阳明之流。诸如此类的梦境，足证梦者读其书，想见其人，不免有生不同时之慨，于是转向梦中想见，幽明相通，究其目的还是为了证明自己是道脉的天然继承者。名士梦则不同。带有名士习气的知识人，并不将传承道脉的重任压在自己的肩上。他们往往带有一些夸诞之气，于是不乏在梦中见到自己的前身，甚或将自己的前身通过梦境塑造成一个得道的高僧。

清初史家谈迁《梅花落》诗第七首，有句云："异处各异梦。"因为生活的境遇不同，清初士人遗民的明朝梦随之亦有所差异。

理学名臣李光地，在梦中见到了洪武皇帝朱元璋，且君臣之间不乏一番推心置腹的对话。尤其是朱元璋将自己的治国理念，甚至不得已而诛戮功臣之类的心思和盘托出，更是可以透视出李光地梦境背后的深层心思，即作为理学名臣，他早已以重建道脉与礼教秩序的新朝帝师自居。

就遗民的感伤情绪而言，顾炎武也不例外。通观他的诗歌，感伤情绪浓郁。细加分析，主要体现在以下两个方面：首先，是对个人家族境遇的感伤，对因明清易代而导致家族衰败多有叹息。顾氏《寄弟纾及友人江南》诗所咏，家族变迁，对比明显：想当初，家有"赐茔"，有田产，有房产，子姓成行，科名接武，蝉联二百载；一旦沧海桑田，田产、房产易手，已是"他人代为主"，自己成为游子，"驱车去关河，行行远豺虎"。如此别离之哀，难免令人唏嘘不已。其次，是对城市的回忆与对比，尤其集中于南京、江南、西安三地。以南京为例，据顾氏《赠林处士古度》《白下》两诗可知：当万历年间，名硕相依，高会于白下亭，卜筑于清洗湄。一旦江山改色，频年戈甲相寻，西风落叶，草木随之枯萎。重新登临此地，确乎令人有"从教一掬新亭泪，江水平添十丈深"之感。江南锦绣之地，太平之世与乱离之世，对比同样明显。顾炎武《兄子洪善北来言及近年吴中有开淞江之役书刺示之》一诗显示：太平之世，江南百姓，如饮甘荼，春祭三江，秋祭五湖，衣冠济济。区区江南一地岁输百万之赋，以供北京。即使如此，尚是"吏无敲朴民无逋"，可以过着"江头担酒肴，江上吹笙竽"的逍遥日子。

一等易代，战乱四起，秦关楚塞，战事方酣，让父老顿生愁绪。面对如此境遇，自称"伧父"的顾炎武，不免想起过去的日子，即"忽忆秋风千里莼，淞江亭畔坐垂纶，还归被褐出负薪"，安闲而又萧逸。南京如此，江南又是如此，即使僻处西北的西安，其盛衰同样令人感伤。据顾炎武《长安》诗可知，长安为汉帝都。当汉代盛时，其景是："千门旧宫掖，九市心廛闳。云生百子池，风起飞廉观。呼韩拜殿前，颉利俘桥畔。武将把雕戈，文人弄柔翰。"一旦赤眉乱起，则遗迹烟芜，名流星散。汉之长安如此，今日的北京、南京也如此。顾氏咏长安之诗，实蕴明清易代之感伤。

金堡在清初出家之后，取法名澹归。他在《长安梦说为卢长华少参赠别》中，已经将"长安道上，走马观花，世界迁讹"，如此等等，视为"惘然一梦"。据澹归和尚自述，当初他驻锡常州的时候，正好有一位旧朝时的同年经过，不曾前来相访，于是就有几个人出来打抱不平，说："他直恁无礼，不认澹归同年！"不料澹归和尚竟道："同年同年，他与我同这一年做官，不曾与我同这一年做和尚。如今点简将来，不来访的三十棒，旁不愤的三十棒，澹归也是三十棒。何以故？这一队汉都在那里讨同年，未有了日在。"长安不再是旧时的长安，同年何曾还是旧时的同年。在澹归眼里，长安已成梦境，做梦的是梦，说梦的也是梦。

清初遗民的心思，大多集中于"悔""思""忆"三者。复社四公子之一的侯方域，其读书之堂，原本取名"杂庸"。入清之后，随着步入壮年，对过去的文采、豪举、轻纨、走马一类的生活，不免生出忏悔之意，于是将堂名易为"壮悔"。随后，又改名为"四忆"，正如侯方域所言，"忆之所以悔也"。此外，如黄宗羲有《思旧录》，所思均为相交甚深的旧人；木匠出身的诗人萧诗，其所写《十忆诗》，诗歌所咏，均属"忆故人也"，亦即"忆故人之情状"，用意显然也落在"不忘旧"上。

与那些一概沉溺于明朝的遗民不同，谈迁、顾炎武、黄宗羲三人，固然仍不乏思明之绪，但他们将目光更多地转向期待"圣人"与"后王"上。

谈迁有一首《圣人出》（《北游录·记咏上》）诗，细绎诗意，足证他身处乱世，仍然期盼如刘邦一类的圣人重出，以一统山河。

顾炎武对明代制度之弊的梳理及其批判，旨在学术救世，以待"后王"采择之用。顾氏在《与黄太冲书》中，直言自己所著《日知录》的宗旨，完全与黄宗羲的《明夷待访录》相同，是为了"待后王"。在顾炎武的著述中，"待后王"之说，反复申述其意。如顾氏在阐述《日知录》一书的纂辑宗旨时，亦明确道出："意在拨乱涤污，法古用夏，启多闻于来学，待一治于后王，自信其书之必传，而未敢以示人也。"在他的编年诗集中，有《春雨》一首。中有句云："朝来阅征书，处士多章显。幸得比申屠，超然竟独免。"又云："未敢慕巢由，徒夸一身善。穷经待后王，到死终黾勉。"对此诗句，清人吴映奎断言："盖一首以自幸，一首以自信。"其意是说，前者庆幸自己能保持遗民志节，后者坚信自己之学可以"待后王"。

毫无疑问，所谓的"后王"，决非是南明残余势力，顾氏对"复明"之举似信心不足；亦非李自成、张献忠之义军及其余部势力，社会阶级的基础早已决定了顾氏对农民义军持有一种先天的阶级偏见，进而视之为"盗"与"贼"；更非新朝满清，顾氏一生保持遗民志节，不与新朝合作，足以为证。那么，顾炎武著书所待的"后王"，意旨在何？一言以蔽之，所谓的"后王"，是一种理想政治与制度的化身。具体而言，顾炎武在《与人书》中，"法古用夏"一说已经道尽其中的内蕴："有王者起，将以见诸行事，以跻斯世于治古之隆，而未敢为今人道也。"可见，所谓的"后王"，决非今人，而是理想中的"三代之盛"与"盛王之世"。

明史研究者想象中的明朝，与明末清初士人遗民心目中的明朝，无疑存在着很大的差异。研究者的宗旨，在于通过史料的钩稽、考辨、论证，藉此获得并展示一个更具真实性的明朝。研究者已经远离明朝，尽管研究者在研究的过程中，会与明朝人在思想上发生碰撞，或者在心灵上有所沟通，甚至由衷生出一种对明代士大夫闲适生活的歆羡，但理智又不断提醒研究者，明朝如同花落流水，不可避免地离我们远去，梦回明朝也仅仅是一种梦想罢了。而明末清初士人遗民则不同。他们固然也会因明朝覆亡而做出一些理性的反思，甚至崭露批判的锋芒，但他们终究是从明朝过来的人，儒家固有的夷夏之防意识深深植根于心，于是难免对已亡的旧朝抱有诸多的留恋，导致他们心目中与笔下的明朝，无疑感性多于理性。

士人遗民笔下"梦忆""梦寻"的明朝，仅仅可以作为观察明朝的起点与话头，决不可左右研究者对明朝的理性认知。以此为起点，笔者经过多年的研究，希望藉此建构一个基于现代知识体系下的真实的明朝，尤其将着眼点置诸社会转型与文化变迁的大视野之下。为示说明，不妨将笔者经过研究而得以建构的明朝描摹如下：

——在儒家传统士大夫的眼里，明代尤其是晚明，无疑是一个"势利世界"，更是一个"衰世"。无论是"势利世界"之说，还是"衰世"之论，究其本质，无不是商业社会的基本特征。若转换考察的视阈，以明代的社会流动与文化转向为考察对象，那么，"游""玩"二字大抵可以概括明代社会与文化的异动。从学理上说，游是一种社会状态，玩则是当时人们的一种心态；游是个人的生活历程，而玩则是个人的生活目的。从目的、结果来看，游逸所致，必成嬉玩。换言之，游与玩堪称相辅相成，且终成"游玩"一词。

在晚明，人们游逸嬉玩成风。这一现象的背后，则是明代的社会流动与文化变迁。无论是官绅的沉湎曲蘗、游戏娼乐，士人群体中职业"游客"的出现，农民从"定业"到"迁业"；还是工匠、商人为了末作求利而走游四方，行脚僧人为了募缘而云游天下，以及妇女不再讲求

"主中馈"的"内职"，一心追求"衣饰是尚，口腹为恣"，均是游逸、游惰的典型征候。游逸一旦成为社会常态，其结果必会导致嬉玩成风。换言之，无论是士大夫的游逸，还是普通民众的游逸，最后必会归结到一个"乐"字。明朝人并非不读书，而是他们读书的心态仅仅限于玩的层面；明代文人学者撰文著书，无不抱着一种玩的心态，既快乐自己，又愉悦他人；明代的士人学佛、僧人谈禅，无不带有"玩"的色彩，以佛为游戏，亦即李贽所谓的"与诸佛诸祖同游戏也"。

与此相应，明代文化开始趋于"多样性"、通俗化与商业化。一方面，明代是一个崇尚新奇的时代，无论是知识界的学术思想及行为，还是一般大众的生活好尚，无不以新奇为美，以新奇为时尚；另一方面，举凡儒学的庸俗化，教育的平民化，以及文章的口语化，无不证明明代文化有趋于通俗化之势。此外，明代文化开始与商业结缘，且日趋商业化。无论是出版界中评本书的流行，书坊伪刻书的盛行，还是小说、戏曲、民歌等通俗文学的风行，无不是文化商业化的典型表征。

——在明代，"不务本业"已经渐成气候，这是一种群体角色的转换，而后导致业余精神勃盛。自明代中期以后，随着社会流动的加速，随之出现了冯梦龙所谓的"世事十反"这一特殊现象，主要表现为以下十种表象：达官不忧天下，草莽之士忧之；文官多喜谈兵，武官却不肯厮杀；有才学人不说文章，无学之人偏喜说文；富人不肯使钱，贫人却肯使钱；僧道茹荤，平人却多持素；闾阎会饮大多通文，秀才却反显粗卤；有司官多裁抑豪强，乡宦却又把持郡县；官愈尊则愈言欲退休，官愈不达则愈自述宦迹。

毫无疑问，这是一种时代风尚，其结果则造成时人纷纷追求业余爱好，无不以此作为一种时髦。这更是一种不务本业的特殊现象。细究之，又可分为以下两类：一是地方官员任意役使很多职业人士，令其整日在衙门中伺候，使他们无暇从事自己的本业，尤以阴阳生、医生、塾师为甚。这可称之为被动的不务本业。二是很多职业人士，由于受到当时社会风气的影响，不再坚守自己的本业，而是更喜欢从事与本业无关的事务：诸如虽不擅长书法，笔砚却讲求精到；虽不以医为业，家中却多存有经验之方；虽不工于弈棋，书斋案头却必备楸枰。这可称之为主动的不务本业。

——若是将视角集聚到明代的官场，我们不难发现这样一种现象，即官员出仕已经从"为人"转向"为己"。据谢肇淛《五杂组》的记载，明代官场上流行"命运低，得三西"这样一句谚语。所谓的"三西"，即山西、江西与陕西，或因处于边地，或因经济落后，或因民风刁讼，为官甚难，且无多少油水，百官视为仕路畏途，避之犹恐不及。

客观上的环境之异，自然造成为官之地的肥瘠之别，致使官员苦乐不均。对为官之地的挑肥拣瘦，固然不能遽断为一种官场病态，但至少说明明代官场生态已经开始发生根本性的转变，即为官者弃"事君""惠民"于不顾，而是更多考虑"事亲"，甚至是一己之私，并与儒家所倡导的为官本义渐行渐远。此即自宋以后儒家士大夫所常言的古之仕者"为人"，今之仕者"为己"。随之而来者，则是官场生态发生根本性的变化，而后形成一种"官场病"。

——对于国家与地方来说，府州县官的选择显得尤为重要，无论是"民社存亡"，还是"百姓死生"，无不取决于府州县官的贤否。就明代而言，作为官员层级序列中的地方官，同样必须遵循官场规则，而后达到"致君泽民"这一理想。为了"致君"，地方官必须忙于"催科"，更多地替"国计"着想，以便解决朝廷的财政危机；为了"泽民"，地方官又必须以"抚字"为先，不得不替"民生"多做考虑，以便安定地方秩序。于是，在"国计"与"民生"之间，明代地方官不免陷入一种矛盾的心态，随之而来者，则是对"民瘼"的关切，以及地方官在施政实践中更为偏向于解决"民生"问题。

——明代是中国传统社会末期，专制皇权的极度强化与政治腐败以后所导致的政治权力的分崩离析，使明代的民间舆论蜂拥而起，各式各样的议论遍布朝野。明代的舆论分为三大系统：一是官方的言论系统。科道（六科、十三道）是官方的言论机构，科道官是言官。以科道为中心的言论系统，是调剂君臣关系乃至君民关系的官方舆论体系。而发抄六科的奏本，正好又成了官方邸报的新闻来源。用明朝人洪朝选的话加以概括，这就是"朝廷之制"，属于一种政治体制的层面。二是民间的舆论系统。其中包括谣谚、口号、匿名文书、揭帖等来自大众心声的言论。用明朝人洪朝选的话加以概括，这就是"舆人之评"，属于一种民间的舆论。三是晚明知识人群体的"清议"，用洪朝选的话加以概括，这是一种"君子之论"，尽管它或许也多来自在野甚至民间，但在知识人看来，它更代表的是一种"公论"。

——明代的文武关系，实与明代军事制度的演变桴鼓相应。按照黄宗羲的说法，有明兵制，"盖亦三变"：明初之时，以"卫所之兵"为主；中期之后，卫所之兵变而为"召募之兵"；至崇祯、弘光年间，召募之兵又变而为"大将之屯兵"。三者各有弊端，最终造成明朝覆亡。尽管明朝覆亡的原因殊为复杂，然不得兵将之用，显为其中之一。随兵制变迁而来者，在制度的层面，文武关系亦发生了内在的转变：明初立国，重武轻文；中期以后，崇文黜武；一至明季，武将开始跋扈。与此相应者，则是文人尚武与武将尚文风气的形成及其勃盛，以及文武合一论的崛起。

——明代中期以后，传统模范开始崩坏，新的典范随之确立。所谓的"模范""楷模""标准"，无不都是符合儒家传统道德的典范。典范一旦树立起来，就会成为人们亦步亦趋的榜样。为了鼓励大众向模范学习，传统的统治者不惜替这些模范树立牌坊、祠堂，以供人们敬仰。在芸芸众生中树立模范，犹如在道德上立下规矩与准绳。生活在模范阴影下的人们，无不通过"养性"而对自己的行为加以约束，不敢越雷池一步，藉此使自己的德行达臻完美。若是超越了传统的规矩与准绳，那么也就成为"异端"人物，从而引起上下的口诛笔伐。

晚明是社会与文化精神发生变动最为明显的时期。以传统的道德模范、楷模而论，一至晚明，已不再以"人品"论定，而是受到了来自官位权力、金钱财富两个方面的挑战。当时的笑话已经犀利地道出了"近日官大的人品都自佳"的实情。具体来说，诸如：乡饮酒礼不再由年高德劭者主持，而是只要是"封公"，乡里就推举他主持乡饮；当了财主，便自然会被推举为大善人；至于家里有人中了举人、进士，大家更是无不说文章的气脉在他家里兴起。这显然已经成为一种"末世通弊"，而且贤者不免。随之而来者，则是儒家传统模范的崩坏乃至新典范的重建。

——"明学"作为"宋学"的继承者，进而并称"宋明理学"，明代的士大夫理应属于隋唐以后新型的士大夫。与此同时，就明代士大夫极度追求"清议"，且具个性解放的特点来说，其精神世界则又是六朝士大夫的直接继承者。

近人赵园引明末清初学者王夫之之说，将明代士气概括为"躁竞""气矜""气激"，认为这些已经成为明末的"时代氛围"，又是士处此时代的"普遍姿态"。这或许可以成为一家之言，但似乎与晚明人对当时士习"时尚"的概括有所不符。如明人赵用贤就说："今天下士习率饰为软媚醇谨，雍雍自好，期不拂于时尚。"王凤云亦揭示道："近世士大夫习于阿谀软熟，以诡随污合为通才，一遇秉正守介之士，指为怪异不祥之物，靡焉成风。"可见，当时的士习恰好是"软媚醇谨"。这就是说，明代的士风前后有所变化，而从士风变迁中，则不难看出士大夫精神史的内在转向。

——借助江南的地理优势以及市镇经济的繁荣，再加之江南士人通过科第而陆续进入仕途，以世代簪缨为特点的江南士大夫家族在明朝重新得以确立，其行为乃至风尚，成为一时楷模。

明代江南的文化生活，大抵可以"风物闲美"四字加以概括：说其"风"，是指江南形成"时尚"之风，出现时尚人物，并进而引领着全国的时尚潮流；说其"物"，是指江南人性益巧，物产益多，工艺日精，并且出现了"物带人号"的现象，很多物品以时尚人物命名；说其"闲"，是指基于生活富足的前提之下，无论是江南的士大夫，还是一般的庶民百姓，无不带有一份闲情逸致的心境，追求生活的娱乐化，甚至出现了职业的"帮闲"与"女帮闲"；说其"美"，是指江南的文化生活存在着一种追求艺术化的倾向。

——在清末辛亥前后的知识人眼里，明太祖可以称得上是"驱除鞑虏"的"民族英雄"典范。太祖建立明王朝之后，即以汉、唐制度衣钵继承者自期。立国之后，明太祖所实施的政策措施，无不集聚于恢复汉、唐制度上。这可以从下面两个方面得到有力的证据：一则远承汉代。或许基于同是布衣出身的相同的经历，明太祖朱元璋对汉高祖刘邦的所言所行抱有极大的认同感，如分封诸子，迁徙人口以实京城之举，无不是在制度建设上对汉高祖的极力模仿。一则近祧唐代。在皇位继承方面，元武宗、元文宗均立其弟为皇太子，这种彝伦不叙的行为，难免会受到深受礼教熏染的汉人质疑。所以明太祖即位以后，就明确对蒙古人的继嗣之俗加以禁约，甚至在榜文中以不无嘲讽的口吻反驳道："以弟为男，不思弟之母是何人？"至洪武元年（1368）十一月，下诏禁止辫发、胡髻、胡服、胡语，衣冠尽复唐代旧制，即"士民皆束发于顶，官则乌纱帽、圆领、束带、黑靴，士庶则服四带巾，杂色盘领衣，不得用黄玄"。

作为汉人建立的最后一个王朝，是否真的如明代史家所言，人伦已达臻"大明之世"，而且风行长达百有余年的"胡俗"，确已"悉复中国之旧"？其实，正如明人郎瑛的敏锐观察之言，"风俗溺人，难于变也"。蒙元遗俗，即使在"一洗其弊"之后，并无尽革，而是因袭难变。无论是已有的研究成果，还是重新梳理明朝人的日常生活，无不足证蒙元遗俗已经广泛渗透到明人日常生活之中，风俗确乎存在着因袭难变的一面相。风俗因袭难变的面相，转而又可证明"国家"认同与

"文化"认同并非存在着统一性，且各民族之间的物质与文化交流，存在着一种双向交融的倾向。

——研究一个时代的社会生活，不能不考虑到"礼"的观念问题。在传统社会，按照儒家的观点，礼无疑是一种道德规范，是对人们生活、习俗的规范约束。到了宋明理学家那里，这种观念无疑得到了加强，并使社会生活更趋伦理化、规范化甚至等级化。

社会生活的变化，显然有赖于礼这一观念的变化，或者说礼教这根绳索的松懈。伴随着明代中期以后商业化的浪潮，首当其冲者就是商业化对礼教的冲击，以及由此而来的人们对礼的重新体认以及反思。其结果却是得出了适应新的社会土壤并切合时代的新的礼观念。换言之，在晚明很多学者的眼里，所谓的"礼"，却实在难以离开那些吃饭穿衣的人伦物理，随之而来的则是生活的商业化与世俗化，甚至出现了流行时尚。

——在传统的中国士人中，自古以来就出现两分的现象，对旅游表现出不同的看法。一派是"通人达士"，常常喜欢言游，并将读书与行路结合在一起。名山大川足以涤人胸怀，发人才性，而五方谣俗、方言物产、仙踪灵迹，怪怪奇奇，无疑也有助于新人耳目、廓拘蔽良。而另一派则是"儒者"，尤其是自宋以后的道学家，却将旅游看成是玩物丧志，甚至闹出了有人在衡阳做官而不曾一登南岳的笑话。道学家生活的拘禁、矜持，自然阻隔了他们与山水游览的亲近。

旅游是大自然对人们的召唤。这是明朝人士思任对旅游别具一格的见解。他将自己的旅行记，定名为《游唤》，显然就是为了表达这么一层意思。人之出行，不仅仅是增长见识，开拓视野，而是顺应大自然的一种召唤，也就是所谓的"游唤"。明人好游成习，竞渡、游春乃至狎游，无不形成一股时尚之风。明代文人士大夫对山水旅游之乐，大多持一种肯定的态度。对他们来说，游览大自然中如诗如画的山水风光，不仅仅是一种美的享受，更是为了显示他们生活情趣的雅致。至于对自然山水的欣赏，尽管各人会有不同的体验，但从总体上说，无不讲究游兴、游情、游意、游道。游兴，是指人们游览山水时所必须具备的兴致，也即旅游的动机。游情，是指人们在游览山水风景时产生的情感体验及其各种方式的抒发。游意，是文人士大夫通过游览所追求和获得的意味或艺术灵感。游道，是指人们出游时的说道和讲究，具体细化，包括对游人分类之细以及对游具的讲究。

——人除了自然的生物属性之外，又兼具社会生物的属性。作为一个社会人，人的名、字、号势必会成为人际交往的指代符号，亦即所谓的称谓，进而构成社交礼仪的一部分。随之而来者，则使名、字、号在自然的符号系统之外，又增添了社会符号系统的意义。透过明代别号流行之风，足以反映明朝人的好名习气，而在这一习气的背后，则有着更深层次的社会史研究价值。

随着时代的变迁，大抵自唐宋以后，尤其是到了明代，作为符号系统的名、字出现了以下三大转向：一是从名、字"不计其美恶"转而变为讲究"名字之美"，甚至形成一股"慕乎美称"之风。二是从称字转而变为称"翁"称"老"，虚美之风又进一层。三是从称字转而变为称号，此风尤以明代为盛。明代自别号盛行之后，"字多所避，不以加于尊行"。

明人别号的流行乃至泛滥，此风滥觞于士大夫，其流风所及，上自帝王，下及奴仆、舆隶、俳优，乃至盗贼、僧人、妇女，无不有号。别号在明代的风行乃至泛滥，固然是明代文人风雅生活的具体反映，但也与文人的好名之习休戚相关。

透过明人别号流行之风这一表象，我们尚可读出下面三点积极性的意义：一是士民、良贱、僧俗、雅俗之间的互动，进而导致士、农、工、商四民界限的突破，甚至出现了社会阶层趋于平等的倾向。二是透过别号流行之风，同样可以读出明人自我、个性张扬的特点。三是经雅俗互动之后雅文化的确立。明代别号的流行，自始至终是文人士大夫处于这一风潮的主体乃至领导地位。毫无疑问，在雅文化的确立过程中，士大夫一直掌握着话语权。无论是帝王、太监，还是农工商、僧人、妇女，无不喜取别号，无疑也是为了迎合以士大夫为主体的雅文化。

——婚姻从"包办"向"自主"的转变，不能不说是女性自我意识的一种增长，以及社会的一种进步。明代小说《二刻拍案惊奇》有言："从来女子守闺房，几见裙钗入学堂？文武习成男子业，婚姻也只自商量。"应该说是当时部分女子在婚姻上追求自主的一种侧面反映。从婚姻观念来看，晚明的社会确乎处于这样一种转变过程之中。

明代中期以后，男女之间的婚姻主要来自下面两个方面的挑战：首先，按照传统的观念，婚姻论财，不过是一种"夷虏之道"，为儒家道德所不齿。明代中期以后的民间婚姻风气，却多受金钱、财产关系的冲击，一改过去专讲"门当户对"以及讲究门第，随之而来的则是离异与妇女再嫁蔚成风气。其次，则是"情"对礼的冲击，男女之间的结合，不再以"父母之命"为准绳，而是以男女之间是否相合、相投为准绳，随之而来的则是妇女的"淫奔"之风。

在晚明时期，妇女生活出现了一些新的动向，诸如对"才子佳人"式婚姻的追求，妇女离婚与改嫁形成一时的风气，"奸妇"的出现与"淫居"之风的形成，悍妇现象的出现以及由此而形成的妇妒之风。如此等等，不一而足。

——明代中期以后，堪称是一个极具变化的时代，社会与文化呈现出诸多转向的迹象。面对如此巨大变动的挑战，势必引发生活在这一时代的知识人的回应，甚至不乏惊诧之感，将诸如此类的变动视为家庭的不祥之相和社会的"大怪"。

那么，如何认识这种历史转向？简言之，可以用"声""名""妖""孽"四字加以概括。尽管只有简短的四字，但反映的信息则颇为丰富，即声、名、妖、孽的出现，无不"心和而出"，这就不能不让我们就王阳明心学的崛起与明代中晚期社会、文化的变动加以通盘考察；而声、名、妖、孽四字合在一起，即为声名与妖孽。透过声名、妖孽，大抵又可反映下面两大动向：一是对"声名"的追求，随之出现了大量的名士；二是社会与文化的"妖孽"化，而妖人、妖言、妖事的层出不穷，大抵可以作为妖孽化的最好注脚。按传统的儒家观念来看，这无疑是一种不祥之兆，甚至是给那些尚沉湎于儒家之说的士人"顶门一针"，但确实可以看出当时社会与文化的历史转向。

在正统人士看来，明代中晚期是一个妖魔化的时代。服饰趋于新奇，甚至怪模怪样，被人斥为"服妖"；时尚、稀罕之物，不断涌现，人们趋之若鹜，同样被人斥为"物妖"。至于人，也不再与传统儒家的中庸相符，不但毫厘未妥，甚至还作怪，这种作怪就难免被人视为"妖人"。

——甲申、乙酉之际（1644—1645），明朝覆亡，清朝代之而起。明清易代这一历史进程，看似是简单的朝代更替，却给士大夫留下了"天崩地陷"的震动。痛定思痛，经历了惊心动魄这一幕的士大夫，开始对明朝为何覆亡的原因做出深层次的反思。

在经历了"天崩地陷"一幕之后，士大夫开始从制度的层面，诸如君权、相权、法制、田制、赋税、军制乃至学校制度等方面，对明代制度的弊端及其对明朝覆亡应负的责任，做出较为理性的反思。当然，这种汹涌的反思大潮，必然会涉及明代风俗的弊端。为此，他们又从士风政俗、消费习俗、文化风俗诸方面，对明代风俗加以全面的清理，进而提出自己的改良之策。

啰唆地说了这些，最后还是回到原本的主题吧。梦回明朝，心境各异。清初遗民梦回明朝，有的只是一种思旧、忆旧与恋旧，甚至不乏"壮悔"之类的忏悔赎罪之心。这是一种幻灭感。心态稍好者，则不过如谈迁《梦中作》诗所云："往业倾颓尽，艰难涕泪余。残编催白发，犹事数行书。"无非是借明史的编纂，保留仅存的一点思明心绪。当然，最为积极的是顾炎武、黄宗羲般的心境，即将希望寄托于"后王"。对于明史研究者而言，所谓的梦回明朝，并非真有心思回到明朝，不过借助于"梦回"二字，描摹出一个更为真实的明朝。

参考文献

一、古籍文献

不著撰者：《居官格言》，《官箴书集成》第 2 册，黄山书社 1997 年版。

不著撰者：《居官必要为政便览》，《官箴书集成》第 2 册。

不著撰者：《初仕要览》，《官箴书集成》第 2 册。

陈朝君：《莅蒙平政录》，《官箴书集成》第 2 册。

陈弘谋辑：《从政遗规》，《官箴书集成》第 4 册。

陈弘谋辑：《居官戒录》，《官箴书集成》第 4 册。

陈建撰：《皇明通纪》，钱茂伟点校，中华书局 2008 年版。

《崇祯长编》，台北"中央"研究院历史语言研究所校印本，1966 年。

戴金编次：《皇明条法事类纂》，东京古典研究会 1966 年版。

邓球：《皇明咏化类编》，明隆庆间刊钞补本。

范晔：《后汉书》，中华书局 1965 年版。

刚毅：《牧令须知》，清光绪十五年（1889）江苏书局刻本。

怀效锋点校：《大明律》《大明令》，法律出版社 1999 年版。

觉罗乌尔通阿编辑：《居官日省录》，《官箴书集成》第 8 册。

龙文彬：《明会要》，中华书局 1998 年版。

李容辑：《司牧宝鉴》，《官箴书集成》第 3 册。

《明实录》，台北"中央"研究院历史语言研究所校印本，1966 年。

《明史》，中华书局 1974 年版。

陶尚德等：《南京刑部志》，清钞本。

佘自强：《治谱》，《官箴书集成》第 2 册。

沈国元：《两朝从信录》，明刻本。

申时行等修：《明会典》，中华书局 1989 年版。

汪天锡辑：《官箴集要》，《官箴书集成》第 1 册。

吴遵：《初仕录》，《官箴书集成》第 2 册。

徐榜：《宦游日记》，《官箴书集成》第 1 册。

徐栋：《牧令书》，清道光二十八年（1848）安肃李炜刻本。

叶燮：《己畦琐语》，《官箴书集成》第 2 册。

余治：《得一录》，《官箴书集成》第 8 册。

袁黄撰，刘邦谟、王好善编辑：《宝坻政书》，《北京图书馆古籍珍本丛刊》第 48 册，书目文献出版社 1988 年版。

郑端：《政学录》，《官箴书集成》第 2 册。

朱元璋：《宝训》，张德信、毛佩琦主编：《洪武御制全书》，黄山书社 1995 年版。

朱元璋：《大诰》《大诰续编》，《洪武御制全书》。

抱阳生编：《甲申朝事小纪初编》，书目文献出版社 1987 年版。

曹臣：《舌华录》，明万历刻本。

陈弘绪：《寒夜录》，《豫章丛书》，江西教育出版社 2002 年版。

陈继儒：《岩栖幽事》，诸伟奇、敖堃主编：《清言小品菁华》，海天出版社 2013 年版。

陈继儒：《小窗幽记》，上海古籍出版社 2000 年版。

陈继儒、程铨：《古今韵史》，《四库全书存目丛书》本。

陈维崧：《妇人集》，虫天子编、董乃斌等校点：《中国香艳全书》，团结出版社 2005 年版。

陈洪谟：《治世余闻下篇》，中华书局 1985 年版。

陈璜：《旅书》，《昭代丛书辛集》，清道光吴江沈氏世楷堂刻本。

陈全之：《蓬窗日录》，上海书店出版社 2009 年版。

陈于陛：《意见》，《宝颜堂秘籍》广集，上海文明书局 1922 年石印本。

陈贞慧：《书事七则》，清道光间吴江沈氏世楷堂重印本。

程勿庸辑：《性理字训》，日本方圆斋藏本。

程希尧：《文园漫语》，明钞本。

程羽文：《鸳鸯牒》，《中国香艳全书》。

褚人穫：《坚瓠集》，柏香书屋 1926 年铅印本。

［朝鲜］崔溥撰：《漂海录》，葛振家点注，社会科学文献出版社 1992 年版。

戴冠：《濯缨亭笔记》，明嘉靖华氏刊本。

邓士龙辑：《国朝典故》，北京大学出版社 1993 年版。

丁雄飞：《小星志》，《中国香艳全书》。

董其昌：《画禅室随笔》，清康熙五十九年（1720）挼藻堂刻本。

董含：《三冈识略》，清钞本。

杜联喆辑录：《明人自传文钞》，台北艺文出版社 1977 年版。

法式善：《陶庐杂录》，中华书局 1997 年版。

范成大：《揽辔录》，《范成大笔记六种》，中华书局 2004 年版。

范濂：《云间据目钞》，清光绪四年（1878）上海申报馆仿聚珍版印本。

方师濬：《蕉轩随录》，中华书局 1995 年版。

冯梦龙：《智囊全集》，江苏古籍出版社 1986 年版。

高濂：《雅尚斋遵生八笺》，书目文献出版社 1988 年版。

龚炜：《巢林笔谈》，中华书局 1997 年版。

顾公燮：《丹午笔记》，江苏古籍出版社 1985 年版。

顾起元：《客座赘语》，中华书局 1997 年版。

顾炎武撰，黄汝成集释：《日知录集释》，中州古籍出版社 1990 年版。

郭子章：《学政》，席启图辑《畜德录》，上海扫叶山房石印本。

何良俊：《四友斋丛说》，中华书局 1983 年版。

何孟春：《余冬序录摘抄》，沈节甫辑：《纪录汇编》，上海商务印书馆 1938 年版。

洪应明：《菜根谈》，上海古籍出版社 2001 年版。

胡应麟：《少室山房笔丛》，台北世界书局 1980 年版。

黄奂：《黄玄龙小品》，清康熙刻本。

黄暐：《蓬轩吴记》，王稼句点校编纂：《苏州文献丛钞初编》，古吴轩出版社 2005 年版。

黄瑜：《双槐岁抄》，中华书局 1999 年版。

黄宗羲：《明夷待访录》，杨家骆主编：《梨州船山五书》，台北世界书局 1988 年版。

计六奇：《明季北略》《明季南略》，中华书局 1984 年版。

金埴：《不下带编》《巾箱说》，中华书局 1997 年版。

江盈科：《雪涛小说》，上海古籍出版社 2000 年版。

姜准：《岐海琐谈》，上海社会科学院出版社 2002 年版。

焦竑：《支谈》，《宝颜堂秘籍》汇集。

焦竑：《玉堂丛语》，中华书局 1997 年版。

孔齐：《至正直记》，《宋元笔记小说大观》，上海古籍出版社 2007 年版。

蓝浦撰、郑廷桂补辑：《景德镇陶录》，清光绪十七年（1891）刻本。

郎瑛：《七修类稿》《七修续稿》，上海书店出版社 2001 年版。

厉鹗：《玉台书史》，《中国香艳全书》。

李光廷：《乡言解颐》，中华书局 1982 年版。

李寄：《天香阁随笔》，陶社校刊本。

李乐：《见闻杂记》《续见闻杂记》，上海古籍出版社 1986 年版。

李清：《三垣笔记》，中华书局 1982 年版。

李日华：《六研斋二笔》，凤凰出版社 2010 年版。

李日华：《紫桃轩杂缀》，凤凰出版社 2010 年版。

李绍文：《云间人物志》，《明清上海稀见文献五种》，人民文学出版社 2006 年版。

李诩：《戒庵老人漫笔》，中华书局 1982 年版。

李延昰：《南吴旧话录》，上海古籍出版社 1985 年版。

李渔撰：《闲情偶寄》，江巨荣、卢寿荣校注，上海古籍出版社 2000 年版。

李中馥：《原李耳载》，中华书局 1997 年版。

梁维枢：《玉剑尊闻》，上海古籍出版社 1986 年版。

梁章钜：《浪迹续谈》，中华书局 1997 年版。

林时对：《荷牐丛谈》，江苏广陵古籍刻印社 1990 年版。

刘声木：《苌楚斋续笔》，中华书局 1998 年版。

刘廷玑：《在园杂志》，中华书局 2005 年版。

刘献廷：《广阳杂记》，中华书局 1957 年版。

陆粲：《庚巳编》，中华书局 1997 年版。

陆容：《菽园杂记》，中华书局 1997 年版。

陆绍珩：《醉古堂剑扫》，岳麓书社 2003 年版。

陆文衡：《啬庵随笔》，清光绪二十三年（1897）刻本。

陆以湉：《冷庐杂识》，中华书局 1984 年版。

吕坤：《呻吟语》，上海古籍出版社 2000 年版。

明佚名：《草庐经略》，《粤雅堂丛书》，清道光、光绪间南海伍氏刻本。

钮琇：《觚賸》，上海古籍出版社 1986 年版。

平步青：《霞外捃屑》，中华书局 1959 年版。

戚继光撰，邱心田校释：《练兵实纪》，中华书局 2001 年版。

齐学培：《见吾随笔》，《清言小品菁华》。

钱琦：《测语》，《盐邑志林》，影印明刻本。

钱谦益：《列朝诗集小传》，上海古籍出版社 1983 年版。

钱泳：《履园丛话》，中华书局 1997 年版。

屈大均：《广东新语》，中华书局 1985 年版。

阮葵生撰：《茶余客话》，李保民校点，上海古籍出版社 2012 年版。

沈德符：《万历野获编》，中华书局 1959 年版。

申涵光：《荆园小语》，《清言小品菁华》。

施闰章：《矩斋杂记》，黄山书社 1992 年版。

宋雷：《西吴里语》，张钧衡辑：《适园丛书》第 6 集。

宋起凤：《稗说》，中国社会科学院历史研究所明史室编：《明史资料丛刊》第 2 辑，江苏人民出版社 1982 年版。

孙静庵：《明遗民录》，谢正光、范金民编：《明遗民录汇辑》，南京大学出版社 1995 年版。

谈迁：《枣林杂俎》，中华书局 2006 年版。

谈迁：《北游录》，中华书局 1997 年版。

汤漱玉：《玉台画史》，《中国香艳全书》。

陶奭龄：《小柴桑喃喃录》，明崇祯八年（1635）刻本。

陶宗仪：《南村辍耕录》，中华书局 1997 年版。

田艺蘅：《留青日札》，上海古籍出版社 1985 年版。

屠隆：《考槃余事》，《丛书集成简编》，商务印书馆 1965 年版。

涂时相：《养蒙图说》，清乾隆十三年（1748）刻本。

王锜：《寓圃杂记》，中华书局 1984 年版。

王穉登：《吴社编》，《说郛续》，清顺治三年（1646）刻本。

王夫之：《俟解》，《梨州船山五书》。

王夫之：《黄书》，《梨州船山五书》。

王夫之：《噩梦》，《梨州船山五书》。

王夫之：《读通鉴论》，中华书局 2002 年版。

王夫之：《宋论》，中华书局 2003 年版。

王弘：《山志》，中华书局 1999 年版。

王士禛：《池北偶谈》，中华书局 2006 年版。

王士禛：《香祖笔记》，上海古籍出版社 1982 年版。

王嗣奭：《管天笔记外编》，张寿镛辑：《四明丛书》，广陵书社 2006 年版。

王应奎：《柳南随笔》《柳南续笔》，中华书局 1983 年版。

王有光：《吴下谚联》，中华书局 2005 年版。

王永彬：《围炉夜话》，《清言小品菁华》。

王仁裕：《开元天宝遗事》，中华书局 2006 年版。

魏禧：《兵迹》，陶福履、胡思敬编：《豫章丛书》，江西教育出版社 2002 年版。

卫泳：《悦容编》，《中国香艳丛书》。

文秉：《定陵注略》，清钞本。

文元发：《学圃斋随笔》，台北伟文图书出版有限公司 1976 年版。

文震孟：《长物志》，《丛书集成简编》，台北商务印书馆 1966 年版。

吴处厚：《青箱杂记》，《宋元笔记小说大观》。

吴甡：《忆记》，浙江古籍出版社 1989 年版。

吴翌凤：《逊志堂杂钞》，中华书局 1994 年版。

伍袁萃：《林居漫录别集》，《四库全书存目丛书》本。

谢肇淛：《五杂组》，上海书店出版社 2001 年版。

徐学谟：《归有园麈谈》，《清言小品菁华》。

徐珂：《清稗类钞》，中华书局 2003 年版。

徐三重：《牖景录》，明刻《樗亭全集》本。

徐应秋：《玉芝堂谈荟》，《笔记小说大观》，江苏广陵古籍刻印社 1983 年版。

阎秀卿：《吴郡二科志》，沈节甫辑《纪录汇编》，上海商务印书馆 1938 年影印本。

颜之推撰，王利器集解：《颜氏家训集解》（增补本），中华书局 2002 年版。

姚旅：《露书》，福建人民出版社 2008 年版。

姚廷遴：《记事拾遗》，《清代日记汇抄》，上海人民出版社 1982 年版。

姚廷遴：《历年记》，《清代日记汇抄》。

杨慎撰，王大淳笺证：《丹铅总录笺证》，浙江古籍出版社 2013 年版。

杨循吉：《吴中故语》，《苏州文献丛钞初编》。

杨兆坊：《杨氏塾训》，明万历三十一年（1603）刻本。

叶梦珠：《阅世编》，上海古籍出版社 1981 年版。

叶权：《贤博编》，中华书局 1997 年版。

叶盛：《水东日记》，中华书局 1997 年版。

叶子奇：《草木子》，中华书局 1983 年版。

尤侗：《艮斋杂说》，中华书局 2006 年版。

余怀：《板桥杂记》，上海古籍出版社 2000 年版。

余怀：《妇人鞋袜考》，《中国香艳全书》。

余继登：《典故纪闻》，中华书局 1981 年版。

于慎行：《谷山笔麈》，中华书局 1997 年版。

俞樾：《茶香室丛钞》，中华书局 1995 年版。

俞樾：《湖楼笔谈》，中华书局 1995 年版。

俞樾：《九九销夏录》，中华书局 1995 年版。

俞弁：《山樵暇语》，《四库全书存目丛书》。

张潮：《幽梦影》，《清言小品菁华》。

张潮辑：《虞初新志》，《笔记小说大观》。

张岱：《陶庵梦忆》，上海古籍出版社 1982 年版。

张岱：《西湖梦寻》，上海古籍出版社 1982 年版。

张尔岐撰：《蒿庵闲话》，张翰勋整理，齐鲁书社 1991 年版。

张谦德：《瓶花谱》：《四库全书存目丛书》本。

张瀚：《松窗梦语》，中华书局 1985 年版。

张瀚：《奚囊蠹余》，明隆庆六年（1572）刻本。

张居正：《通鉴直解》，明崇祯四年（1631）刻本。

张居正：《四书直解》，九州出版社 2010 年版。

张萱：《西园闻见录》，哈佛燕京学社 1940 年铅印本。

张怡：《玉光剑气集》，中华书局 2006 年版。

张志淳：《南园漫录》，云南图书馆 1911 年刻本。

章学诚：《乙卯笔记》，中华书局 1986 年版。

赵翼撰，王树民校证：《廿二史札记校证（订补本）》，中华书局 2001 年版。

赵世显：《芝莆丛谈》，《赵氏连城》，明钞本。

郑瑄：《昨非庵日纂》，《笔记小说大观》。

郑仲夔：《耳新》《隽区》，《明史资料丛刊》第 3 辑，江苏人民出版社 1983 年版。

郑澍若：《虞初续志》，《笔记小说大观》。

周晖：《金陵琐事》《续金陵琐事》，南京出版社 2007 年版。

周亮工：《因树屋书影》，张朝富点校，凤凰出版社 2018 年版。

周密：《癸辛杂识》，《宋元笔记小说大观》。

周文华：《汝南圃史》，《四库全书存目丛书》本。

邹枢：《十美词纪》，《中国香艳全书》。

朱弁：《曲洧旧闻》，中华书局 2002 年版。

朱国祯：《涌幢小品》，王根林校点，上海古籍出版社 2012 年版。

袾宏：《竹窗随笔》，台湾印经处 1958 年版。

庄元臣：《叔苴子内篇》，《粤雅堂丛书》本。

蔡清：《虚斋集》，上海古籍出版社 1991 年版。

曹学佺：《曹学佺集》，江苏古籍出版社 2003 年版。

陈第撰： 《一斋诗文集》，郭廷平点校，福建教育出版社 2012 年版。

陈薦夫：《水明楼集》，明万历四十三年（1615）序刊本。

陈确：《陈确集》，中华书局 1979 年版。

陈献章：《陈献章集》，中华书局 1987 年版。

陈益祥：《陈履吉采芝堂文集》，明万历四十一年（1613）刻本。

陈子龙：《安雅堂稿》，辽宁教育出版社 2003 年版。

戴重：《河村集》，清钞本。

丁元薦：《西山日记》：《四库全书存目丛书》本。

丁元薦：《尊拙堂文集》，清顺治十七年（1660）丁世濬刻本。

董其昌：《容台别集》，明刻本。

方鹏：《矫亭存稿》，明嘉靖十四年（1535）刻十八年续刻本。

方孝孺：《逊志斋集》， 《四部丛刊》本，上海商务印书馆 1929 年版。

方孝孺著、徐光大校点：《逊志斋集》，宁波出版社 2000 年版。

费宏撰：《费宏集》，吴长庚、费正忠点校，上海古籍出版社 2007 年版。

冯从吾：《冯少墟续集》，清康熙十二年（1673）重刻本。

冯梦祯：《快雪堂集》，明万历四十四年（1616）黄汝亨、朱之蕃等刻本。

冯惟敏撰：《冯惟敏全集》，谢伯阳编纂，齐鲁书社 2007 年版。

傅山：《傅山全集》，山西人民出版社 1991 年版。

高拱撰：《高拱全集》，岳金西、岳天雷编校，中州古籍出版社 2006 年版。

高攀龙：《高子遗书》，《乾坤正气集》本。

龚鼎孳撰：《龚鼎孳集》，孙克强、裴喆编辑点校，人民文学出版社 2014 年版。

龚自珍撰：《龚自珍全集》，王佩诤校，上海古籍出版社 1999 年版。

顾苓撰：《塔影园集》，李花蕾点校，华东师范大学出版社 2014 年版。

顾宪成：《小心斋札记》，《景印文渊阁四库全书》本。

顾炎武：《顾亭林诗文集》，中华书局 1983 年版。

顾允成：《小辨斋偶成》，《景印文渊阁四库全书》本。

归昌世：《假庵杂著》，上海古籍出版社 1983 年版。

归有光：《震川先生集》，周本淳校点，上海古籍出版社 2013 年版。

归庄：《归庄集》，上海古籍出版社 1984 年版。

郭子章：《蠙衣生蜀草》，明万历十八年（1590）周应鳌刻本。

洪朝选：《洪芳洲先生归田稿》，台北洪福增重印本，1986 年版。

贺钦：《医闾先生集》，《四明丛书》本。

何乔新：《何文肃公集》，清康熙三十三年（1692）刻本。

何心隐：《何心隐集》，中华书局 1981 年版。

华夏：《过宜言》，《四明丛书》本。

黄凤翔：《田亭草》，林中和点校，商务印书馆 2018 年版。

黄道周：《黄道周集》，翟奎凤等整理，中华书局 2017 年版。

黄省曾：《五岳山人集》，明嘉靖刻本。

黄宗羲：《黄梨洲诗文集》，《传世藏书》，海南国际新闻出版中心1996年版。

黄宗羲：《黄宗羲南雷杂著稿》，吴光整理，浙江古籍出版社1987年版。

黄宗羲：《黄宗羲全集》，浙江古籍出版社2005年版。

黄宗羲：《南雷文定》，台北世界书局1964年版。

侯方域撰、王树林校笺：《侯方域全集校笺》，人民文学出版社2013年版。

侯峒曾：《侯忠节公集》，1933年铅印本。

霍韬：《渭厓文集》，明万历四年（1576）霍与瑕刻本。

焦竑：《澹园集》《澹园续集》，中华书局1999年版。

姜埰撰：《敬亭集》，印晓峰点校，华东师范大学出版社2011年版。

江盈科：《江盈科集》，岳麓书社1997年版。

孔贞时：《在鲁斋文集》，《四库禁毁书丛刊》本。

李光地：《榕村语录》《榕村续语录》，中华书局1995年版。

李开先：《李开先全集》，文化艺术出版社2004年版。

李日华撰：《恬致堂集》，赵杏根整理，上海古籍出版社2012年版。

李日华撰，屠有祥校注：《味水轩日记校注》，上海远东出版社2011年版。

李攀龙：《李攀龙集》，齐鲁书社1993年版。

李应昇：《落落斋集》，《乾坤正气集》本。

李贽：《焚书》《续焚书》，中华书局1975年版。

李贽：《初潭集》，中华书局1974年版。

李邺嗣：《杲堂文钞》，《四明丛书》本。

缪昌期：《从野堂存稿》，《乾坤正气集》本。

刘宗周：《刘子全书》，清道光刻本。

刘宗周：《刘宗周全集》，浙江古籍出版社 2007 年版。

刘城：《峄桐集》，《贵池二妙集》本。

陆深：《俨山文集》，明崇祯十三年（1640）重订本。

罗伦：《一峰文集》，上海古籍出版社 1991 年版。

罗钦顺：《困知记》，中华书局 1990 年版。

骆文盛：《骆两溪集》，明万历四十一年（1613）张时震刻《合刻武康四先生集》本。

吕坤著：《吕坤全集》，王国轩等整理，中华书局 2008 年版。

吕柟：《泾野子内篇》，中华书局 1992 年版。

马从聘：《兰台奏疏》，《丛书集成新编》，台北新文丰出版公司 1985 年版。

茅坤：《茅坤集》，张梦新、张大芝点校，浙江古籍出版社 1993 年版。

倪岳，《青溪漫稿》，上海古籍出版社 1991 年版。

庞尚鹏：《百可亭摘稿》，明万历二十七年（1599）庞英山刻本。

戚继光著：《止止堂集》，王熹校释，中华书局 2001 年版。

钱澄之：《田间文集》，黄山书社 1998 年版。

钱谦益：《钱牧斋全集》，上海古籍出版社 2003 年版。

钱谦益著、潘景郑辑校：《绛云楼题跋》，中华书局 1958 年版。

丘濬：《重编琼台稿》，上海古籍出版社 1991 年版。

瞿式耜：《瞿式耜集》，上海古籍出版社 1981 年版。

全祖望撰，朱铸禹汇校集注：《全祖望集汇校集注》，上海古籍出版社 2000 年版。

施闰章：《施愚山集》，黄山书社 1992 年版。

宋濂：《宋濂全集》，浙江古籍出版社 1999 年版。

宋懋澄：《九籥集》，中国社会科学出版社 1984 年版。

宋讷：《西隐文稿》，清乾隆三年（1738）刻本。

宋琬：《宋琬全集》，齐鲁书社 2003 年版。

宋应星：《宋应星佚著四种》，上海人民出版社 1976 年版。

孙奇逢：《夏峰先生集》，中华书局 2004 年版。

谭纶：《谭襄敏公奏议》，清嘉庆重刊本。

谭元春著：《谭元春集》，陈杏珍标校，上海古籍出版社 1998 年版。

唐伯虎撰：《六如居士集》，应守岩点校，西泠印社出版社 2012 年版。

唐顺之：《唐荆川先生文集》，《丛书集成续编》，上海书店 1994 年版。

唐甄：《潜书》，中华书局 1984 年版。

陶望龄：《陶文简公集》，明天启七年（1627）陶履中刻本。

屠隆：《鸿苞集》，明万历二十八年（1600）茅元仪刻本。

万表：《玩鹿亭稿》，《四明丛书》本。

万斯同：《石园文集》，《四明丛书》本。

王鏊撰：《王鏊集》，吴建华点校，上海古籍出版社 2013 年版。

王夫之：《王船山诗文集》，中华书局 1983 年版。

王艮：《王心斋先生全集》，1911 年刊本。

王思任：《王季重十种》，浙江古籍出版社 1987 年版。

王廷相撰：《王廷相集》，王孝鱼点校，中华书局 2009 年版。

王锡爵：《王文肃公牍草》，明万历四十二年（1613）王时敏刻本。

王阳明：《王阳明全集》，上海古籍出版社 1995 年版。

王以旂：《王襄敏公集》，明万历元年（1573）王簬刻本。

汪道昆：《太函集》，黄山书社 2004 年版。

汪琬撰：《汪琬全集笺校》，李圣华笺校，人民文学出版社 2010

年版。

魏大中：《藏密斋集》，《乾坤正气集》本。

魏际瑞：《魏伯子文集》，《四库禁毁书丛刊》本。

魏禧：《魏叔子文集》，中华书局 2003 年版。

文徵明撰：《甫田集》，陆晓东点校，西泠印社出版社 2012 年版。

吴伟业：《吴梅村全集》，上海古籍出版社 1999 年版。

吴仁度：《吴继疏先生遗集》，清乾隆吴炯刻本。

吴甡：《柴庵疏集》，浙江古籍出版社 1989 年版。

吴中行：《赐余堂集》，明万历二十八年（1600）刻本。

吴应箕撰：《吴应箕文集》，章建文点校，黄山书社 2017 年版。

谢肇淛：《小草斋文集》，《四库全书存目丛书》本。

萧诗：《释柯集》，《明清上海稀见文献五种》。

熊开元：《鱼山剩稿》，上海古籍出版社 1986 年版。

徐枋：《居易堂集》，华东师范大学出版社 2009 年版。

颜钧：《颜钧集》，中国社会科学出版社 1996 年版。

颜元：《颜元集》，中华书局 2012 年版。

严嵩：《钤山堂集》，《四库全书存目丛书》本。

阎尔梅：《阎古古全集》，民国间铅印本。

杨士奇：《东里文集》，中华书局 1998 年版。

杨嗣昌撰：《杨嗣昌集》，梁颂成辑校，岳麓书社 2005 年版。

杨守陈：《杨文懿全集》，《四明丛书》本。

杨一清：《杨一清集》，中华书局 2001 年版。

杨自惩：《梅读先生存稿》，《四明丛书》本。

叶春及：《石洞集》，上海古籍出版社 1993 年版。

叶绍袁：《午梦堂全集》，上海贝叶山房石印本。

袁宏道撰：《袁宏道集笺校》，钱伯城笺校，上海古籍出版社 2008 年版。

袁宏道：《袁中郎全集》，明崇祯二年（1629）武林佩兰居刻本。

袁中道：《珂雪斋近集》，上海书店 1982 年版。

袁中道：《珂雪斋集》，钱伯城点校，上海古籍出版社 2013 年版。

恽敬：《恽敬集》，万陆等标校，上海古籍出版社 2013 年版。

薛瑄：《读书续录》，清雍正十二年（1734）刻本。

张尔岐撰：《蒿庵集》，张翰勋整理，齐鲁书社 1991 年版。

张居正：《张太岳文集》，上海古籍出版社 1984 年版。

张履祥：《杨园先生全集》，中华书局 2002 年版。

张时彻：《芝园外集》，明嘉靖刻本。

张溥撰：《七录斋合集》，曾肖点校，齐鲁书社 2015 年版。

张元忭：《张阳和先生不二斋文选》，明万历张汝霖、张汝懋刻本。

赵时春撰：《赵时春文集笺校》，杜志强整理，天津古籍出版社 2012 年版。

赵用贤：《松石斋文集》，明万历四十六年（1618）刻本。

赵贞吉撰：《赵贞吉诗文集注》，官长驰校注，巴蜀书社 1999 年版。

郑思肖：《郑思肖集》，上海古籍出版社 1991 年版。

钟惺：《隐秀轩集》，李先根、崔重庆标校，上海古籍出版社 2017 年版。

周同谷：《霜猿集》，丁祖荫编：《虞山丛刻》甲集，广陵书社 2018 年版。

周之夔：《弃草二集》，江苏广陵古籍刻印社 1997 年版。

袾宏：《莲池大师全集》，张景岗点校，华夏出版社 2012 年版。

朱存理：《楼居杂著》，上海古籍出版社 1991 年版。

朱之瑜：《朱舜水集》，中华书局 1981 年版。

左懋第：《左忠贞公集》，《乾坤正气集》本。

陈子龙等编：《明经世文编》，中华书局 1997 年版。

陈子壮：《昭代经济言》，《岭南遗书》本。

贺长龄、魏源编：《清经世文编》，中华书局 1992 年版。

黄宗羲编：《明文海》，中华书局 1987 年版。

《皇朝经世文续编》，清光绪二十七年（1901）上海久敬斋铅印本。

孙旬编：《皇明疏钞》，明万历十二年（1584）刻本。

袁钧辑，《四明文征》，《四明丛书》本。

周亮工辑：《尺牍新钞》，米田点校，岳麓书社 1986 年版。

艾衲居士编：《豆棚闲话》，上海古籍出版社 1985 年版。

笔炼阁主人撰：《笔炼阁小说十种》，陈翔华等点校，浙江文艺出版社 1985 年版。

陈皋谟：《〈笑倒〉选》，《明清笑话四种》，人民文学出版社 1983 年版。

杜文澜辑：《古谣谚》，中华书局 1984 年版。

华阳散人：《鸳鸯针》，春风文艺出版社 1985 年版。

冯梦龙：《警世通言》，岳麓书社 2002 年版。

冯梦龙纂：《古今笑史》，刘英民、赵同璧等选注，花山文艺出版社 1985 年版。

江盈科：《谐史》，上海古籍出版社 2000 年版。

金木散人编：《鼓掌绝尘》，春风文艺出版社 1985 年版。

兰陵笑笑生：《金瓶梅词话》，人民文学出版社 2002 年版。

凌濛初：《二刻拍案惊奇》，岳麓书社 2002 年版。

路工编：《明代歌曲选》，上海古典文学出版社 1956 年版。

梦觉道人、西湖浪子辑：《三刻拍案惊奇》，北京燕山出版社 1987 年版。

《明刻话本四种》，《古本平话小说集》，人民文学出版社 1984 年版。

《明宫词》，北京古籍出版社 1987 年版。

《明清民歌时调集》，上海古籍出版社 1999 年版。

蒲泉、群明编：《明清民歌选甲集》，上海出版公司 1956 年版。

沈自晋：《沈自晋集》，张树英点校，中华书局 2004 年版。

吴安国：《累瓦二编》，王贞珉、王利器辑：《历代笑话续编》，春风文艺出版社 1985 年版。

无名氏撰：《包青天奇案》，锦文标点，岳麓书社 2004 年版。

西湖伏雌教主：《醋葫芦》，百花文艺出版社 1992 年版。

袁于令：《隋史遗文》，北京大学出版社 1988 年版。

赵南星：《笑赞》，周启明校订：《明清笑话四种》。

酌玄主人编辑、谐道人批评：《闪电窗》，《明清稀见小说丛刊》，齐鲁书社 1996 年版。

周清原：《西湖二集》，人民文学出版社 1989 年版。

［意］艾儒略撰：《职方外纪校释》，谢方校释，中华书局 1996 年版。

程春宇：《士商类要》，杨正泰：《明代驿站考》附录，上海古籍出版社 1994 年版。

顾炎武：《肇域志》，谭其骧、王文楚、朱惠荣等点校，上海古籍出版社 2004 年版。

顾炎武：《天下郡国利病书》，黄珅等点校，上海古籍出版社 2012 年版。

黄汴：《一统路程图记》，《明代驿站考》附录。

胡祥翰辑：《西湖新志》，上海古籍出版社 1998 年版。

刘侗、于奕正：《帝京景物略》，北京古籍出版社 1983 年版。

罗曰褧：《咸宾录》，中华书局 1983 年版。

盛时泰：《牛首山志》，南京出版社 2010 年版。

脱因修、俞希鲁纂：《至顺镇江志》，《宋元方志丛刊》第 3 册，中华书局 2006 年版。

王士性：《广志绎》，中华书局 1981 年版。

王士性撰：《王士性地理书三种》，周振鹤编校，上海古籍出版社 1993 年版。

王德乾：《真如志》，上海地方志办公室编：《上海乡镇旧志丛书》，上海社会科学院出版社 2004 年版。

吴树虚纂修：《大昭庆律寺志》，曹中孚标点，赵一新总编：《杭州佛教文献丛刊》，杭州出版社 2007 年版。

吴之鲸：《武林梵志》，王国平主编：《西湖文献集成》，杭州出版社 2004 年版。

徐崧、张大纯纂辑：《百城烟水》，江苏古籍出版社 1999 年版。

弘治《吴江县志》，《中国史学丛书》第三编，台北学生书局 1986 年版。

正德《琼台志》，国家图书馆出版社 2013 年版。

嘉靖《常熟县志》，明嘉靖十八年（1539）刻本。

嘉靖《威县志》，《天一阁藏明代方志选刊续编》第 2 册，上海书店 1990 年版。

嘉靖《贵州通志》，《天一阁藏明代方志选刊续编》第 68—69 册。

嘉靖《香山县志》，《日本藏中国罕见地方志丛刊》第 13 册，书目文献出版社 1992 年版。

万历《嘉定县志》，《中国史学丛书》第三编，台北学生书局 1986 年版。

万历《通州志》，《天一阁藏明代方志选刊》，上海古籍书店 1982 年版。

二、今人论著

柏桦：《明清州县官群体》，天津人民出版社 2003 年版。

曹淑娟：《晚明性灵小品研究》，文津出版社 1988 年版。

陈宝良：《悄悄散去的幕纱：明代文化历程新说》，陕西人民教育出版社 1988 年版。

陈宝良：《明代社会生活史》，中国社会科学出版社 2004 年版。

陈冠至：《明代的苏州藏书——藏书家的藏书活动与藏书生活》，台北明史研究小组 2002 年版。

陈万益：《晚明小品与明季文人生活》，台北大安出版社 1988 年版。

方龄贵：《古典戏曲外来语考释词典》，汉语大词典出版社、云南大学出版社 2001 年版。

费孝通：《中华民族多元一体格局》，中央民族学院出版社 1989 年版。

龚鹏程：《游的精神文化史论》，河北教育出版社 2001 年版。

顾颉刚：《顾颉刚读书笔记》，台北联经出版事业公司 1990 年版。

胡适：《中国古代哲学史》，安徽教育出版社 1999 年版。

劳思光：《新编中国哲学史》，广西师范大学出版社 2005 年版。

李伯重：《多视角看江南经济史（1250—1850）》，生活·读书·新知三联书店 2003 年版。

梁方仲：《明代粮长制度》，上海人民出版社 2001 年版。

梁志胜：《明代卫所武官世袭制度研究》，中国社会科学出版社 2012 年版。

刘咏聪：《女性与历史——中国传统观念新探》，香港教育图书公司 1993 年版。

罗筠筠：《灵与趣的意境——晚明小品文美学研究》，社会科学文献出版社 2001 年版。

瞿同祖：《清代的地方政府》，范忠信、晏锋译，法律出版社 2003 年版。

宋立中：《闲雅与浮华：明清江南日常生活与消费文化》，中国社会科学出版社 2010 年版。

王国维：《王国维遗书》，上海古籍书店 1983 年版。

王锳：《宋元明市语汇释》（修订增补本），中华书局 2012 年版。

吴智和：《明人饮茶生活文化》，台北明史研究小组 1996 年版。

姚从吾：《姚从吾全集》，台北正中书局 1971 年版。

萧公权：《问学谏往录》，台北传记文学出版社 1972 年版。

赵庆泉：《中国盆景——造型艺术分析》，台北渡假出版社 1992 年版。

赵园：《明清之际士大夫研究》，北京大学出版社 1999 年版。

郑涵编：《吕坤年谱》，中州古籍出版社 1985 年版。

郑克晟：《明代政争探源》，天津古籍出版社 1988 年版。

郑克晟：《明清史探实》，中国社会科学出版社 2001 年版。

郑天挺：《元史讲义》，王晓欣、马晓临整理，中华书局 2009 年版。

周作人：《知堂书信》，黄开发编，华夏出版社 1994 年版。

朱倩如：《明人的居家生活》，台北明史研究小组 2003 年版。

陈宝良：《晚明的尚武精神》，中国明史学会主编：《明史研究》第 1 辑，黄山书社 1991 年版。

陈宝良：《明代民间舆论探析》，《江汉论坛》1992 年第 2 期。

陈宝良：《论明代的道道》，《中州学刊》1992 年第 5 期。

陈宝良：《明朝人的英雄豪杰观》，香港《中国文化研究所学报》2001 年第 10 期。

陈宝良：《从"义夫"看明代夫妻情感伦理关系的演变》，《西南大学学报》2007 年第 1 期。

陈寅恪：《邓广铭〈宋史职官志〉考证》，《金明馆丛稿二编》，上海古籍出版社 1980 年版。

陈垣：《元西域人华化考》，《励耘书屋丛刻》，北京师范大学出版社 1982 年版。

陈正宏、朱邦薇：《明诗总集编刊史略——明代篇（下）》，朱立元、裴高主编：《中西学术（二）》，复旦大学出版社 1996 年版。

何炳棣：《捍卫汉化：驳伊芙琳·罗斯基之"再观清代"（下）》，张勉励译，《清史研究》2000 年第 3 期。

李爱勇：《新清史与"中华帝国"问题——又一次冲击与反应?》，《史学月刊》2012 年第 4 期。

李治安：《元代汉人受蒙古文化影响考述》，《历史研究》2009 年第 1 期。

潘清：《江南地区社会特征与元代民族文化交融》，《东南文化》2004 年第 4 期。

鲁迅：《"吃白相饭"》，《鲁迅选集》第 3 卷，人民文学出版社 1983 年版。

钱穆：《读明初开国诸臣诗文集》，《新亚学报》1962 年第 6 卷第 2 期。

邵曼珣：《明代中期苏州文人尚趣之研究》，《古典文学》1992 年第 12 期。

邵循正：《元代的文学与社会》，《元史论丛》第 1 辑，中华书局 1982 年版。

孙卫国：《满洲之道与满族化的清史——读欧立德教授的〈满洲之道：八旗制度与清代的民族认同〉》，《中国社会史评论》，2006 年。

万明：《解读戚继光的文化身份》，张守禄主编：《戚继光研究：戚继光学术研讨会论文集》，中国文史出版社 2008 年版。

万明：《从戚继光的文化交游看晚明文化视域下的"武臣好文"现象》，《鲁东大学学报》2009 年第 4 期。

吴美凤：《明清文人闲情观——事在耳目之内，思出风云之表》，台北《历史博物馆馆刊（历史文物）》1997 年第 7 卷第 9 期。

吴智和：《明人文集中之生活史料——以居家休闲生活为例》，台北中国明代研究学会主编：《明人文集与明代研究》，台北中国明代研究学会 2001 年版。

巫仁恕：《明清城市"民变"的集体行动模式及其影响》，郝延平、魏秀梅主编：《近世中国之传统与蜕变：刘广京院士七十五岁祝寿论文集》，台北"中央"研究院近代史研究所 1998 年版。

萧公权：《圣教与异端：从政治思想论孔子在中国文化史中的地位》，《迹园文录》，台北联经出版事业公司 1983 年版。

萧启庆：《论元代蒙古人的汉化》，《内北国而外中国：蒙元史研究》，中华书局 2007 年版。

谢兴尧：《谈明季山人》，《堪隐斋随笔》，辽宁教育出版社 1995 年版。

袁同礼：《宋代私家藏书概略》，《图书馆学季刊》1928 年第 2 卷第 2 期。

张佳：《重整冠裳：洪武时期的服饰改革》，香港中文大学《中国文化研究所学报》2014 年第 5 卷。

张佳：《再叙彝伦：洪武时期的婚丧礼俗改革》，台北《"中央"研究院历史语言研究所集刊》2013 年第 84 本第 1 分册。

张佳：《别华夷与正名分：明初的日常杂礼规范》，《复旦学报》2012 年第 3 期。

［美］高彦颐：《闺塾师：明末清初江南的才女文化》，江苏人民出版社 2005 年版。

［美］列文森（Joseph R. Leveson）：《从绘画看明代及清初社会的业余精神》，张永堂译，《中国思想与制度论集》，台北联经出版事业公司 1977 年版。

［日］林友春编：《近世中国教育史研究》，东京国土社 1958 年版。

［日］夫马进：《朝鲜燕行使与朝鲜通信使——使节视野中的中国·日本》，伍跃译，上海古籍出版社 2010 年版。

〔日〕夫马进：《朝鲜燕行使と朝鲜通信使》，名古屋大学出版会2015年版。

〔日〕夫马进：《明末反地方官士变》，《东方学报》1980年第52册。

〔日〕夫马进：《"明末反地方官士变"补论》，《富山大学人文学部纪要》1981年第4号。

〔日〕吉川忠夫：《六朝士大夫的精神生活》，刘俊文主编：《日本学者研究中国史论著选译》第7卷，许洋等译，中华书局1993年版。

〔日〕桑原隲藏：《东洋史说苑》，钱婉约、王广生译，中华书局2005年版。

de Bary Wm. Theodore and the Conference on Ming Thought（eds.），*Self and Society in Ming Thought*，New York and London：Columbia University Press，1970.

E. Mclaren Anne，*Chinese Popular Culture and Ming Chant fables*，Leiden：Koninklijke Brill NV，1998.

F. Handlin Joanna，*Action in Late Ming Thought*：*The Reorientation of Lü K'un and Other Scholar-Officials*，Berkeley and Los Angeles：University of California Press，1983.

Sakakida Rawski Evelyn，*Education and Popular Literacy in Ch'ing China*，Ann Arbor：The University of Michigan Press，1979.